Nuevas perspectivas desde / sobre América Latina:
el desafío de los estudios culturales

Textos editados por
Mabel Moraña

EDITORIAL CUARTO PROPIO

INSTITUTO INTERNACIONAL DE LITERATURA IBEROAMERICANA

NUEVAS PERSPECTIVAS DESDE / SOBRE AMÉRICA LATINA:
EL DESAFÍO DE LOS ESTUDIOS CULTURALES

© Textos editados por Mabel Moraña

Inscripción N° 114.115
I.S.B.N. 956-260-185-4

Editorial Cuarto Propio
Keller 1175, Providencia, Santiago
Fono: (56-2) 2047645 / Fax: (56-2) 2047622
E-mail: clic@netup.cl

Instituto Internacional de Literatura Iberoamericana

Foto portada: **Fragmento de *Juanito Laguna*, Juan Dávila, 1994, Chisenhale Gallery, Londres**

Composición: Producciones E.M.T.
Impresión: Andros Ltda.

1ª edición, mayo del 2000

Se prohíbe la reproducción de este libro en Chile
y en el exterior sin autorización previa de la Editorial.

Serie Ensayo

Nuevas perspectivas desde / sobre América Latina:
el desafío de los estudios culturales

SUMARIO

Mabel Moraña, Introducción 9

I. GLOBALIZACIÓN Y MULTICULTURALIDAD

Jesús Martín Barbero, Globalización y multiculturalidad: notas para una
agenda de investigación 17
Néstor García Canclini, La épica de la globalización y el melodrama
de la interculturalidad 31
Renato Ortiz, Diversidad cultural y cosmopolitismo 43

II. ESTUDIOS CULTURALES LATINOAMERICANOS: APERTURAS Y LÍMITES

Carlos Rincón, Metáforas y estudios culturales 57
Neil Larsen, Los estudios culturales: aperturas disciplinarias y falacias teóricas 73
Román de la Campa, De la deconstrucción al nuevo texto social: pasos perdidos
o por hacer en los estudios culturales latinoamericanos 77
Hermann Herlinghaus, Descentramiento hermenéutico, hibridación conceptual y
conciencia histórica. Una propuesta latinoamericana por asumir 97
José Rabasa, Límites históricos y espistemológicos en los estudios subalternos 107

III. CRÍTICA, IDEOLOGÍA Y ESTUDIOS CULTURALES

Hernán Vidal, Restaurar lo político, imperativo de los estudios literarios y
culturales latinoamericanistas 121
Ricardo J. Kaliman, Un muerto que habla: en favor de la crítica ideológica 127
Alberto Moreiras, Hegemonía y subalternidad 135
Jon Beasley-Murray, Hacia unos estudios culturales impopulares:
la perspectiva de la multitud 149

IV. MEMORIA Y TERRITORIALIDAD

Jean Franco, Baile de fantasmas en los campos de la Guerra Fría 171
Julio Ramos, Genealogías de la moral latinoamericanista: el cuerpo y la deuda
de Flora Tristán 185
Nelly Richard, Historia, memoria y actualidad: reescrituras, sobreimpresiones 209
Mabel Moraña, De metáforas y metonimias: Antonio Cornejo Polar
en la encrucijada del latinoamericanismo internacional 221

V. Márgenes sociales, género, ciudadanía

Debra A. Castillo, Vidas fronterizas: mujeres prostitutas en Tijuana 233
Brad Epps, Actas y actos de inmigración 261
Abril Trigo, Migrancia: memoria: modernidá 273
Marc Zimmerman, Fronteras latinoamericanas y ciudades globalizadas
en el nuevo desorden mundial 293

VI. Intelectuales, esfera pública y políticas culturales

Beatriz Sarlo, Raymond Williams: una relectura 309
Hugo Achugar, "Nuestro Norte es el Sur". A propósito de representaciones y
localizaciones 319
Horacio Machín, Intérpretes culturales y democracia simbólica 335
Ellen Spielmann, Intelectuales brasileños 1969-1997. El caso Fernando Gabeira:
O que é isso companheiro? 351
José Teixeira Coelho Netto, Arte pública, espaços públicos e
valores urbanos no Brasil de hoje 359

VII. Culturalismo y crítica del canon

Raúl Antelo, Genealogía del mimetismo: estudios culturales y negatividad 373
Sara Castro-Klarén, Interumpiendo el texto de la literatura latinoamericana:
problemas de (falso) reconocimiento 387
Andrés Zamora, España: excentricidades y servidumbres culturales del viejo imperio ... 407
John Kraniauskas, De la ideología a la cultura: subalternización y montaje.
Yo, el supremo como libro de historia 417

VIII. Saberes locales, movimientos sociales y construcción de sujetos

Arturo Arias, Después de la guerra centroamericana: identidades simuladas,
culturas reciclables 429
Mario Roberto Morales, La articulación de las diferencias: el discurso literario y
político del debate interétnico en Guatemala 447
William Rowe, De la oclusión de la lectura en los estudios culturales:
las continuidades del indigenismo en el Perú 453
Javier Sanjinés C., Entre pinceles y plumas: desauratización de la cultura en Bolivia 461
Ileana Rodríguez, Geografías físicas, historias locales, culturas globales 475
Regina Harrison, En búsqueda del subalterno "auténtico": (aven)turismo ecológico 489

John Beverley, Postcriptum 499

Introducción

Mabel Moraña

Este volumen se presenta al lector como contribución a la lectura de algunos de los aportes más representativos de los estudios culturales producidos en la actualidad desde/sobre América Latina. Elaborados en distintos contextos académicos y desde perspectivas culturales e ideológicas diversas, los artículos aquí reunidos exponen, por un lado, una variedad temática y metodológica que manifiesta los cruces transdisciplinarios que caracterizan hoy en día este campo de estudios. Al mismo tiempo, estos trabajos son también resultado de apropiaciones teóricas diversas acerca de las complejas relaciones entre cultura, política e historia, tal como éstas se vislumbran desde el horizonte de los debates actuales y ante la crisis de los grandes paradigmas que guiaron, hasta hace varias décadas, la crítica de la cultura dentro del campo del latinoamericanismo.

La mayoría de los artículos que forman este libro fueron presentados en su versión preliminar en el Simposio internacional realizado en la Universidad de Pittsburgh en marzo de 1998. A ellos se suman otras colaboraciones invitadas, con posterioridad, a formar parte de este proyecto editorial. El objetivo principal de ese simposio fue convocar a investigadores y estudiosos de la cultura latinoamericana para una reflexión colectiva en torno a muchos de los temas que han sido objeto de debate, particularmente desde fines de los años ochenta. Entre esos temas se destacan aquellos que se refieren a las relaciones entre globalidad y regionalización, redefinición de la esfera pública y del lugar del intelectual en los procesos de institucionalización y recentralización cultural, multiculturalismo y ubicación de los "saberes locales" con respecto a los modelos de conocimiento gestados en espacios "centrales", regionales o internacionales.

Esta misma pluralidad de enfoques y temáticas hace evidente que este libro no pretende ofrecer una propuesta única sino aproximaciones parciales y hasta provisionales —a veces contrapuestas— a aspectos muy dispares de la cultura latinoamericana: el de la lectura e incorporación de tradiciones y genealogías en debates actuales, el que vincula problemáticamente cuestiones de clase, raza y género, el que atiende a los tránsitos de la migración y la consecuente reterritorialización de sujetos y prácticas culturales, el que enfoca el lugar de las ideologías en la definición de agendas culturales que se enfrentan al vaciamiento político en la posmodernidad. Se ponen asimismo, bajo escrutinio, tópicos como nación, identidad y memoria histórica, y problemas vinculados al surgimiento de movimientos sociales en el contexto de la globalidad. Estas cuestiones conectan estrechamente política y cultura, obligando a una revisión crítica de instrumentos conceptuales y aparatos teóricos que forman parte de un repertorio que hoy se asimila, en gran medida, al horizonte de la modernidad. Se analizan, finalmente, las estrategias representacionales en la cultura popular, en los medios masivos y en el arte público y se revisa el lugar de la literatura y la cuestión del valor estético ante los embates de un culturalismo que desplaza y cuestiona la función letrada.

Sin embargo, más allá de las contribuciones concretas que cada artículo provea al tratamiento de los temas abordados, creo que lo más productivo del conjunto se desprende de las luchas internas que se alojan en el cuerpo mismo de la textualidad crítica. En efecto, las tensiones y negociaciones que cada estudio entabla con sus propios presupuestos teórico-ideológicos y con las tradiciones y grandes narrativas de las que directa o indirectamente se nutre, derivan en gran medida de los arraigos disciplinarios que aún se advierten informando la referencia etnográfica, la reflexión teórica o la sustancia crítica de cada una de las aproximaciones realizadas a la cultura latinoamericana. Sin embargo, en toda su fecunda disparidad, los estudios aquí reunidos revelan una preocupación común por el problema epistemológico, tal como éste se vislumbra desde el momento actual, alterado por rupturas profundas y recomposiciones estratégicas, tanto en el campo metodológico como en el ideológico.

En efecto, ¿cómo conocer, desde la celebrada épica de la fragmentación, conjuntos sociales que aunque se resisten a toda categorización niveladora revelan todavía una especificidad que los reúne y diferencia de contextos mayores? ¿Cómo incorporar desde el "subcontinente" propuestas y discursos "centrales" con respecto a los cuales América Latina sigue ocupando el lugar de una otredad problemáticamente construida a partir de una mirada hegemónica situada en espacios de "privilegio" económico, lingüístico, epistemológico? ¿Cómo abordar, sin caer en riesgosas pero aún pertinentes polaridades (hegemonía/subalternidad, centro/periferia, Norte/Sur, escritura/oralidad) los problemas creados por la desigualdad, la explotación, la marginación, los cuales sobreviven más allá del descaecimiento relativo de los modelos interpretativos que sirvieron hasta hace pocas décadas para abordarlos crítica y políticamente? ¿Cómo desconocer, al mismo tiempo, los tránsitos y flujos que vinculan distintas localizaciones geoculturales, insertando sujetos y prácticas concretos en espacios supuestamente ajenos a aquellos que definen su origen y su genealogía? ¿Cómo restituir, finalmente, la historificación y la política a análisis que al relocalizarse en torno a la centralidad de la cultura parecen resolverse, con frecuencia, en el solaz del "pensamiento débil", las aventuras del pastiche ideológico o las trampas de la amnesia colectiva?

La formulación misma de estas preguntas pone de manifiesto algunos de los puntos en torno a los que gira la polémica actual sobre el estado y reformulación del latinoamericanismo internacional, la cual está muy lejos de agotarse en el problema del pluralismo metodológico que atraviesa los estudios culturales. En efecto, parece evidente que la cuestión político-ideológica sigue siendo primordial en esta revisión del latinoamericanismo, sobre todo en la medida en que los estudios culturales sean entendidos como la arena en la cual se dirime la creación de un bloque de poder (Jameson *dixit*) —teórico, interpretativo, representacional— que construye su objeto de estudio desde las fracturadas agendas ideológicas que suceden al quiebre del socialismo real. Lo cierto es que al margen de los fracasos y necesarias revisiones de las experiencias políticas concretas, la "lógica" del capitalismo tardío continúa constituyendo un desafío que difícilmente pueda asumirse sin un cierto grado de universalismo estratégico, sin un sentido aunque sea operativo de totalidad que sólo puede recuperarse a partir de la reconstitución de posiciones de lucha que permitan contrarrestar desde la acción social las nuevas formas de hegemonía —económica, política y cultural— en el contexto de la globalidad.

Aunque no todos los estudios que integran este libro abordan de manera explícita el tema político-ideológico, creo que es justamente la preocupación acerca de los límites internos de los estudios culturales la que recorre con mayor insistencia estos trabajos. Ya el mismo Stuart Hall reflexionaba hace tiempo sobre el peligro de la disolución de lo político al abordar la cuestión de la disciplinariedad y el método —eclecticista y pluralista— de los *cultural stu-*

dies, a la cual se ha referido también García Canclini al hablar de las "disciplinas nómades" que atraviesan el emergente campo culturalista desde los '80. Pero la (inter o trans)disciplinariedad es tan sólo un aspecto del problema. El otro —estrechamente ligado al anterior— es el del probable *disciplinamiento* de los estudios culturales en la medida en que estos se van integrando al menú académico y a sus sistemas de control institucional. Si el populismo constitutivo de los *cultural studies* termina reduciendo los antagonismos a mera *diferencia* haciendo de ésta la nueva *identidad* de la posmodernidad, el carácter revulsivo de prácticas sociales y discursos antihegemónicos tiende a quedar absorbido y naturalizado en microanálisis que no remitan a parámetros teóricos o a programas político-ideológicos mayores y que pueden correr el peligro de agotarse en su propia dinámica culturalista. Por otra parte, la propuesta de reemplazar la hegemonía de discursos "centrales" por la apuesta al pretendido privilegio epistemológico del subalterno plantea problemas similares a los que entrañara la construcción, desde afuera y desde arriba, de identidades fijas en el contexto de la modernidad. ¿Son los estudios culturales, como el mismo Jameson sugiriera, quizá más un síntoma que una apuesta teórica, síntoma, quizás, de una enfermedad que tenemos a medias diagnosticada y para la cual no tenemos la cura, porque no entendemos aún el cuerpo social al que está afectando, ni cuáles son, en cada caso, las defensas individuales o sectoriales que se pueden desarrollar para preservar qué funcionamiento, y para qué forma de sobrevida ideológica, social o cultural? O, como Raymond Williams afirmara a comienzos de los 80, ¿son los estudios culturales la manera más especializada que tenemos hoy día de hacer sociología, desde la posicionalidad presentista, fragmentaria, antihistoricista, más preocupada por lo representacional que por lo social, que sucediera al quiebre de los parámetros provistos en décadas anteriores por las ciencias sociales? Para algunos, el tema de la "emergencia" de los estudios culturales se refiere entonces menos al momento y sentido de su surgimiento, que a la *urgencia* de las soluciones que intentan proponer ante el descaecimiento de modelos anteriores cuyo reemplazo no se llega todavía a vislumbrar.

Ninguno de los temas antes esbozados se resuelve, a mi juicio, en los estudios presentados en este volumen. Pero sí se realiza en todos ellos un aporte aproximativo valioso y original a temas como los mencionados, que constituyen el foco de las elaboraciones teóricas que proliferan actualmente en torno a la reformulación del latinoamericanismo y a la legitimación de los discursos que se producen, desde distintos espacios intelectuales, como contribución a este debate.

Más allá, sin embargo, de las conclusiones provisionales a que pueda llegarse, creo que es indudable que, al menos hasta el presente, y para el caso particular de América Latina, los estudios culturales han contribuido, en gran medida, a dinamizar la reflexión y el análisis en torno a problemáticas que son esenciales a nuestro campo de estudio y a liberarnos de pesados esquemas que son insuficientes para explicar hoy día el complejo trasiego de problemas y niveles del análisis cultural. Y aunque es muy posible que muchos de los problemas mencionados, que tocan al origen y vertebración misma de los estudios culturales, constituyan las líneas de fracción que pueden llegar a causar el quiebre definitivo de la propuesta culturalista, es indudable que los estudios culturales han realizado ya, para el caso de América Latina, una intervención fundamental, quizá definitiva, en la manera de concebir la cultura y las relaciones entre canonicidad y disciplinariedad, tal como éstas eran entendidas hasta la década de los años 70. Esto no significa que las objeciones que muchos investigadores latinoamericanos hacen al cambio de paradigmas críticos que impulsan los estudios culturales carezcan de validez, ni que la tensión Norte/Sur se cancele por las articulaciones teóricas que puedan establecerse entre diversas formas de abordaje a la cuestión cultural. Ni que la distinción entre estudios culturales y crítica de la cultura que proponen algunos estudiosos no sea pertinente, como reivindicación de las urgencias que imponen las problemáticas locales a los debates del latinoamericanismo.

Uno de los objetivos del simposio de Pittsburgh fue justamente el de reflexionar colectivamente sobre la articulación o disyunciones que se expresan en los términos de la ecuación *desde/sobre* América Latina. Se trató de elaborar, en ese sentido, sobre la posicionalidad enunciativa, y sobre las determinaciones geoculturales que afectan la construcción del discurso crítico y la definición del campo, estrechando la relación entre el trabajo que se desarrolla en los distintos medios intelectuales, sujetos a muy distintas condiciones de producción cultural. Creo que el diálogo establecido respecto a esas cuestiones muestra, a las claras, los beneficios de este intercambio y la necesidad de profundizar los canales de comunicación y colaboración en todos los niveles.

Es de esperar que este libro contribuya a difundir lecturas a nueva luz y *against the grain* de la cultura latinoamericana, estableciendo un espacio de análisis que las antologías de los *cultural studies* publicadas en Estados Unidos excluyen casi sistemáticamente de su repertorio, o reducen a breves y estereotipadas menciones limitadas a lo más conocido de la literatura del *boom (*con particular referencia al realismo mágico) o al corpus —no menos canonizado por la institucionalidad académica— del testimonio, donde *el otro* supuestamente *habla* —en una ventriloquia que ha hecho derramar ríos de tinta— a través de la pluma de sus intérpretes letrados.

La enorme variedad de prácticas socio-culturales, problemas y cruces interregionales sobrepasa, en América Latina, lo que exponen los tópicos más manidos de su historia cultural, revelando una complejidad que hace imposible el uso de esquematismos y generalizaciones que pueden tener rendimiento teórico en contextos más limitados de reflexión y análisis. Es en este sentido que el problema de las fronteras y la territorialización de prácticas sociales y construcciones discursivas se vincula con el de la práctica epistémica. Muchos de los artículos aquí reunidos intentan justamente llenar los intersticios que quedan entre los paradigmas teóricos, la observación de casos y la crítica cultural con elaboraciones que, sin caer en análisis minimalistas, logren superar el integracionismo que caracterizara durante tanto tiempo a los "estudios de área", guiados por la utopía de abarcar unidades regionales *en su totalidad* y *en su esencialidad* a través de la distribución disciplinaria. Sabemos que el panorama de hoy es mucho más complejo, porque ha variado fundamentalmente el modo de definir e interrogar nuestro campo de estudio, y porque el discurso crítico mismo es hoy interpelado desde otros horizontes.

Finalmente, este volumen debería actuar como medio para efectuar la apertura no sólo a nuevos debates sobre los temas que nos ocupan, sino también para incorporar a éstos nuevas voces que se encuentran, por distintas razones, menos integradas que las que aquí ofrecemos al diálogo interdisciplinario transnacionalizado. Muchas interrogantes no del todo abordadas en estas páginas esperan una aproximación rigurosa que sólo puede ser emprendida colectivamente. La más urgente, quizá, la que concierne a la relación conflictiva entre los estudios culturales y la ideología del neoliberalismo que nos afecta y condiciona a todos, de distintas maneras. Quizá de las respuestas que puedan comenzar a ensayarse en este sentido se desprendan abordajes productivos a otros problemas estrechamente conectados con aquél: los que tienen que ver con la configuración de la institución académica, particularmente con el papel de la educación en el proceso de definición de proyectos alternativos a los de adiestramiento profesional y producción de intelectuales orgánicos de la globalización, y los que se vinculan con la transformación de la sociedad civil en todos sus niveles.

Deseo agradecer muy especialmente a quienes participaron en esta publicación, investigadores y catedráticos de primera línea en instituciones de Estados Unidos, Europa y América Latina. La paciencia, calidez y profesionalismo con que asistieron mi trabajo editorial merecen mi más sincero reconocimiento. Quiero agradecer también a quienes auspiciaron el simposio internacional en la Universidad de Pittsburgh, particularmente el Department of Hispanic Languages and Literatures, el Roggiano Fund, el Center for Latin American Studies, el University Center for International Studies, el Brazilian Studies Program, y el Program for Cultural Studies. Las generosas contribuciones de todas estas unidades académicas, pero sobre todo su confianza en la importancia y viabilidad de este proyecto fueron fundamentales. Debo expresar también mi más sincero reconocimiento a los estudiantes graduados del departamento que dirijo en la Universidad de Pittsburgh, quienes bindaron su desinteresado esfuerzo para la planificación y preparación del evento de 1998 y para la publicación de este volumen. En particular, agradezco la tenaz y calificada ayuda de Carlos Jáuregui, quien me asistió en todas las instancias que antecedieron al simposio y en la posterior recopilación de los materiales derivados de éste. En sus primeras faces, la tarea editorial estuvo a cargo del personal del Instituto Internacional de Literatura Iberoamericana, que dirijo, contando con la responsabilidad secretarial de Erika Braga. A ella, y a los correctores que ayudaron en la edición de estos artículos, mi mayor gratitud.

La presente coedición, en la que unen esfuerzos el IILI y la editorial chilena Cuarto Propio, ha permitido el lanzamiento simultáneo de este libro en distintos contextos culturales de América Latina y de Estados Unidos. Agradezco, entonces, la calificada cooperación de Marisol Vera de la Editorial Cuarto Propio que adoptó este proyecto desde el comienzo con el mayor entusiasmo y profesionalismo.

I. Globalización y multiculturalidad

Globalización y multiculturalidad: notas para una agenda de investigación

Jesús Martín-Barbero
Grupo de Estudios Culturales
Universidad Nacional de Colombia

"Al movimiento de las nacionalidades y de la liberación de los pueblos colonizados se añadió el de las mujeres y las minorías sexuales, también el de las etnias, pues la creciente globalización económica despertó fuerzas y formas de identidad cada vez más profundas, menos sociales y más culturales, que atañen a la lengua, a las relaciones con el cuerpo, a la memoria. Hay un cambio total de perspectiva: se consideraba que el mundo moderno estaba unificado mientras que la sociedad tradicional estaba fragmentada; hoy por el contrario, la modernización parece llevarnos de lo homogéneo a lo heterogéneo en el pensamiento y en el culto, en la vida familiar y sexual, en la alimentación o el vestido

Alain Touraine

Lo que estamos viendo no es simplemente otro trazado del mapa cultural –el movimiento de unas pocas fronteras en disputa, el dibujo de algunos pintorescos lagos de montaña– sino una alteración de los principios mismos del mapeado. La situación es fluida, plural, descentrada. Las cuestiones no son ni tan estables ni tan consensuales, y no parece que vayan a serlo pronto. El problema más interesante no es cómo arreglar todo este enredo, sino qué significa todo este fermento.

Clifford Geertz

1. INTEGRACIÓN ECONÓMICA Y CULTURA DE LA INDIFERENCIA

A diferencia del proceso que hasta los años setenta se definió como *imperialismo*, la globalización de la economía redefine las relaciones centro/periferia: lo que la globalización nombra ya no son movimientos de *invasión* sino transformaciones que se producen desde y en lo nacional y aun en lo local. Es desde dentro de cada país que no sólo la economía sino la cultura se *mundializa* (Ortiz, "Cultura e modernidade-mundo", p. 715). Lo que ahora está en juego no es una mayor difusión de productos, sino la rearticulación de las relaciones entre países mediante una des-centralización que concentra el poder económico y una des-localización que hibrida las culturas.

En América Latina la globalización económica es percibida sobre dos escenarios: el de la *apertura nacional* exigida por el modelo neoliberal hegemónico, y el de la *integración regional* con que nuestros países buscan insertarse competitivamente en el nuevo mercado mundial. Ambos colocan la "sociedad de mercado" como requisito de entrada a la "sociedad de la información". El escenario de la *apertura económica* se caracteriza por la desintegración social y política de lo nacional. Pues la racionalidad de la modernización neoliberal sustituye los proyectos de emancipación social por las lógicas de una competitividad cuyas reglas no las pone ya el Estado sino el mercado, convertido en principio organizador de la sociedad en su conjunto. Y ¿cómo construir democracia en países donde la polarización social se profundiza colocando al cuarenta por ciento de la población por debajo de los niveles de pobreza; qué viabilidad pueden tener proyectos nacionales cuando los entes financieros transnacionales sustituyen a los Estados en la planificación del desarrollo? El crecimiento de la desigualdad atomiza la sociedad deteriorando los mecanismos de cohesión política y cultural, y desgastadas las representaciones simbólicas

> no logramos hacernos una imagen del país que queremos, y por ende la política no logra fijar el rumbo de los cambios en marcha (Lechner, "La democratización", p. 253).

El escenario de la *integración regional* latinoamericana se comprenderá quizás mejor en su contraste con la europea. Pues aunque una y otra responden a los retos que plantea la globalización, las contradicciones que movilizan son bien distintas. Mientras la Unión Europea, pese a la enorme diversidad de lenguas y de historia que divide a esos países y, aun siendo todavía más un hecho económico que político, tiende sin embargo a crear ciertas condiciones de igualdad social y a fortalecer el intercambio cultural entre y dentro de sus países, en América Latina por el contrario, aun estando estrechamente unida por la lengua y por largas y densas tradiciones, la integración económica está fracturando la solidaridad regional, especialmente por las modalidades de *inserción excluyente* (Saxe-Fernández, p. 62; Castells y Laserna) de los grupos regionales (TLC, Mercosur) en los macrogrupos del Norte, del Pacífico y de Europa. Las exigencias de competitividad entre los grupos están prevaleciendo sobre las de cooperación y complementariedad regional, lo que a su vez se traduce en una aceleración de los procesos de concentración del ingreso, de reducción del gasto social y deterioro de la esfera pública. Y mientras en Europa pasa al primer plano la cuestión de las *naciones sin Estado,* esas identidades diluidas o subvaloradas en el proceso de integración de los Estados nacionales, y ello se traduce en el fortalecimiento público de su capacidad de producción audiovisual (Bassand *et al.*; Schlesinger; M. de Moragas), en Latinoamérica la integración de su producción audiovisual, al obedecer casi únicamente al interés privado, está por el contrario desactivando el reconocimiento de lo latinoamericano en un movimiento creciente de neutralización y borramiento de las señas de identidad nacionales y regionales (Martín-Barbero). ¡Paradoja!, al mismo tiempo que, buscando competitividad transnacional, las empresas de televisión integran cada día con mayor frecuencia libretos y actores de unos países con otros, juntando en la misma telenovela libretos brasileños o venezolanos, actores mejicanos y directores colombianos o argentinos, la telenovela –que se había convertido en un terreno estratégico de la producción y reproducción de las imágenes que estos países se hacen de sí mismos y con las que se hacen reconocer de los demás– se está viendo cada día más abaratada económica y culturalmente, reducida a un rentable recetario de fórmulas narrativas y de estereotipos folklóricos.

Mientras en los tiempos de la modernización populista, años 30-50, los medios masivos contribuyeron a la gestación de un poderoso imaginario latinoamericano hecho de símbolos cinematográficos (María Félix, Cantinflas) y musicales como el tango, el bolero, la ranchera, en los últimos años las industrias culturales del cine, la radio y la televisión atraviesan una situación paradójica: la inserción de su producción cultural en el mercado mundial está implicando su propia desintegración cultural. La presencia en el espacio audiovisual del mundo de empresas como la mexicana Televisa o la brasileña Redeglobo se hace a costa de moldear la imagen de estos pueblos en función de públicos cada día más neutros, más indiferenciados, disolviendo la diferencia cultural en el folklorismo y el exotismo más rentable y barato.

Esa transformación remite en gran medida a exigencias de la globalización que se evidencian en el reordenamiento privatizador de los sistemas nacionales de televisión en Europa y en las contradicciones culturales que conlleva la apertura económica del sureste asiático. La expansión del número de canales, la diversificación y crecimiento de la televisión por cable, y las conexiones vía satélite, han acrecentado el tiempo de programación empujando una demanda intensiva de programas que abre aún más el mercado a las telenovelas y dramatizados latinoamericanos. De España, Italia e incluso Alemania, hasta Polonia, Rusia o China la *globalización* de la telenovela latinoamericana significa, en alguna medida, la apertura de pequeñas brechas en la hegemonía televisiva norteamericana y en la división del mundo entre un Norte identificado con países productores y un Sur con países únicamente consumidores. Pero significa también el triunfo de la *experiencia del mercado* en rentabilizar la diferencia cultural para renovar gastadas narrativas conectándolas a otras sensibilidades cuya vitalidad es resemantizada en la tramposa oferta de una *cultura de la indiferencia*. Que es la otra cara de la *fragmentación* cultural que produce la globalización.

Escenario expresivo como ningún otro de las contradicciones de este fin de siglo, las tecnologías electrónicas, vía parabólicas, satélites e informática, nos exponen cotidianamente a una diversidad de las costumbres y los gustos que *integra* lo heterogéneo de las razas, las etnias y los pueblos al "sistema de diferencias" con el que, según Baudrillard, Occidente conjura y neutraliza y funcionaliza al otro. "Mientras la diferencia prolifera al infinito, en la moda, en las costumbres, en la cultura, la alteridad dura, la de la raza, la locura, la miseria se ha convertido en un producto escaso" (*La transparencia del mal*, p. 134). Como si sólo sometidas al *esquema estructural de diferencias* que el Norte propone nos fuera posible relacionarnos con las otras culturas. Ya sea mediante el *acercamiento*, que reduce las otras culturas a lo que tienen de parecido con la nuestra, silenciando o adelgazando para ello los rasgos más conflictivamente heterogéneos y desafiantes, estilizando y banalizando lo que nos choca hasta volver al otro comprensible sin inmutarnos. O por el contrario, mediante un *distanciamiento*, que exotiza al otro, lo folkloriza en un movimiento de afirmación de la alteridad que, al mismo tiempo que lo vuelve "interesante", lo excluye de nuestro universo negándole la capacidad de interpelarnos y cuestionarnos.

2. PARADOJAS DE LA DIFERENCIA EN LA SOCIEDAD MULTICULTURAL

Hasta hace no muchos años el mapa cultural de nuestros países era el de miles de comunidades culturalmente homogéneas, fuertemente homogéneas pero aisladas, dispersas, casi incomunicadas entre sí y muy débilmente vinculadas a la nación. Hoy el mapa es otro: América Latina vive un desplazamiento del peso poblacional del campo a la ciudad que no es meramente cuantitativo –en menos de cuarenta años el 70% que antes era rural está hoy en ciudades, quedando sólo un 30% en el campo– sino el indicio de la aparición de una trama cultural urbana heterogénea, esto es, formada por una densa multiculturalidad que es heterogeneidad de formas de vivir y de pensar, de estructuras del sentir y de narrar, pero muy fuertemente comunicada. Se trata de una multiculturalidad que desafía nuestras nociones de cultura, de nación y de ciudad, los marcos de referencia y comprensión forjados sobre la base de identidades nítidas, de arraigos fuertes y deslindes claros. Pues nuestras ciudades son hoy el ambiguo y opaco escenario de algo no representable ni desde la diferencia excluyente y excluida de lo étnico-autóctono, ni desde la inclusión uniformante y disolvente de lo moderno. Estamos ante cambios de fondo en los "modos de estar juntos" (Maffesoli, p. 133), de experimentar la pertenencia al territorio y de vivir la identidad.

Pero en Latinoamérica la multiculturalidad, tanto en el discurso como en la experiencia social, moviliza antiguas y nuevas contradicciones. Como afirma el chileno N. Lechner, "podría narrarse la historia de América Latina como una continua y recíproca ocupación de terreno. No hay demarcación estable reconocida por todos. Ninguna frontera física y ningún límite social otorgan seguridad. Así nace y se interioriza, de generación en generación, un miedo ancestral al invasor, al otro, al diferente, venga de arriba o de abajo" (Lechner, *Los patios interiores*, p. 99). Ese miedo se expresa aún en la tendencia, generalizada entre los políticos, a percibir la diferencia como disgregación y ruptura del orden, y entre los intelectuales a ver en la heterogeneidad una fuente de contaminación y deformación de las purezas culturales. El autoritarismo no sería entonces en nuestros países una tendencia perversa de sus militares o sus políticos sino una respuesta a la precariedad del orden social, la debilidad de la sociedad civil y la complejidad de mestizajes que contiene, haciendo del Estado la figura que contrarreste las debilidades societales y las fuerzas de la dispersión. Lo que ha significado la permanente sustitución del pueblo por el Estado y el protagonismo de éste en detrimento de la sociedad civil (A ese respecto véase Flifisch y Lechner, *Estado y política*). Los países de América Latina tienen una larga experiencia de la inversión de sentido mediante la cual la identidad nacional es puesta al servicio del chauvinismo de un Estado que en lugar de articular las diferencias culturales lo que ha hecho es subordinarlas al centralismo desintegrándolas. Pues hasta hace bien poco la idea de lo nacional era incompatible, tanto para la derecha como la izquierda, con la diferencia: el pueblo era uno e indivisible, la sociedad un sujeto sin texturas ni articulaciones internas y el debate político-cultural "se movía entre esencias nacionales e identidades de clase" (Sábato, "Pluralismo y nación", p. 12).

Es esa equivalencia entre identidad y nación la que la multiculturalidad de la sociedad actual latinoamericana hace estallar. Pues de un lado la globalización disminuye el peso de los territorios y los acontecimientos fundadores que telurizaban y esencializaban lo nacional, y de otro la revaloración de lo local redefine la idea misma de nación. Mirada desde la cultura-mundo, la cultura nacional aparece provinciana y cargada de lastres estatistas y paternalistas. Mirada desde la diversidad de las culturas locales, la nacional equivale a homogenización centralista y acartonamiento oficialista. De modo que es tanto la idea como la experiencia social de *identidad* la que desborda los marcos maniqueos de una antropología de lo tradicional-autóctono y una sociología de lo moderno-universal. Redefinida como "una construcción imaginaria que se relata" (García Canclini, *Consumidores y ciudadanos*, p. 95) la identidad no puede seguir siendo pensada como expresión de una sola cultura homogénea perfectamente distinguible y coherente. El monolingüismo y la uniterritorialidad, que la primera modernización reasumió de la colonia, escondieron la densa multiculturalidad de que está hecho lo latinoamericano y lo arbitrario de las demarcaciones que trazaron lo nacional. Hoy nuestras identidades –incluidas las de los indígenas– son cada día más multilingüísticas y transterritoriales. Y se constituyen no sólo de las diferencias entre culturas desarrolladas separadamente sino mediante las desiguales apropiaciones y combinaciones que los diversos grupos hacen de elementos de distintas sociedades y de la suya propia.

Lo que nos devuelve a la multiculturalidad de la ciudad: es en ella mucho más que en el Estado donde se encardinan las nuevas identidades hechas de imaginerías nacionales, tradiciones locales y flujos de información transnacionales, y donde se configuran nuevos modos de representación y participación política, es decir nuevas modalidades de ciudadanía.

Pensar desde ahí la multiculturalidad implica serios retos teóricos y metodológicos para los investigadores de las ciencias sociales pues su comprensión exige el estallido de las fronteras disciplinarias y la configuración de *objetos* (de conocimiento) *móviles*, nómadas, de contornos difusos, imposibles de encerrar en las mallas de un saber positivo y rígidamente parcelado. Ahí apunta lúcidamente C. Geertz cuando señala que "lo que estamos viendo no es simplemente otro trazado del mapa cultural –el movimiento de unas pocas fronteras en disputa, el dibujo de algunos pintorescos lagos de montaña– sino una alteración de los principios del mapeado. No se trata de que no tengamos más convenciones de interpretación, tenemos más que nunca pero construidas para acomodar una situación que al mismo tiempo es fluida, plural, descentrada. Las cuestiones no son ni tan estables ni tan consensuales y no parece que vayan a serlo pronto. El problema más interesante no es sin embargo cómo arreglar este enredo sino qué significa todo este fermento" (p. 76).

A esa luz, pensar la *diferencia* en América Latina ha dejado de significar la búsqueda de aquella autenticidad en que se conserva una forma de ser en su pureza original, para convertirse en la indagación del modo *desviado* y *des-centrado* de nuestra inclusión en, y nuestra apropiación de la modernidad: el de una diferencia que no puede ser digerida ni expulsada, alteridad que resiste desde dentro al proyecto mismo de universalidad que entraña la modernidad.

A esa doble tarea están contribuyendo sociólogos y antropólogos que han colocado en el eje del análisis el doble *descentramiento* que sufre la modernidad en América Latina: su tener que ver menos con las doctrinas ilustradas y las estéticas letradas, que con la masificación de la escuela y la expansión de las industrias culturales y, por lo tanto, con la conformación de un mercado cultural, en el que las fuentes de producción de la cultura pasan de la dinámica de las comunidades o la autoridad de la Iglesia a la lógica de la industria y los aparatos especializados, que *sustituyen* las formas tradicionales de vivir por los estilos de vida conformados desde la publicidad y el consumo, *secularizan* e *internacionalizan* los mundos simbólicos y *segmentan* al pueblo en públicos construidos por el mercado.

De otro lado, la moderna diferenciación y autonomización de la cultura sufre un segundo des-centramiento: esa autonomía se produce en Latinoamérica cuando el Estado no puede ya ordenar ni movilizar el campo cultural, debiendo limitarse a asegurar la libertad de sus actores y las oportunidades de acceso a los diversos grupos sociales, dejándole al mercado la coordinación y dinamización de ese campo; y cuando las experiencias culturales han dejado de corresponder lineal y excluyentemente a los ámbitos y repertorios de las etnias o las clases sociales. Fuertemente cargada aún de componentes premodernos, la modernidad se hace experiencia colectiva de las mayorías latinoamericanas merced a dislocaciones sociales y perceptivas de cuño claramente posmoderno: efectuando fuertes desplazamientos sobre los compartimentos y exclusiones que la modernidad instituyó durante más de un siglo, esto es generando hibridaciones entre lo culto y lo popular y de ambos con lo masivo, entre vanguardia y *kitsch*, entre lo autóctono y lo extranjero, categorías y demarcaciones todas ellas que se han vuelto incapaces de dar cuenta del ambiguo y complejo movimiento que dinamiza el mundo cultural en unas sociedades en las que "la modernización reubica el arte y el folklore, el saber académico y la cultura industrializada bajo condiciones relativamente semejantes. El trabajo del artista y del artesano se aproximan cuando cada uno experimenta que el orden simbólico específico en que se nutría es redefinido por el mercado, y cada vez pueden sustraerse menos a la información y la iconografía modernas, al desencantamiento de sus mundos autocentrados y al reencantamiento que propicia el espectáculo de los medios" (García Canclini, *Culturas híbridas*, p. 18).

La diferencia en la percepción que los latinoamericanos tenemos de esas perturbaciones estriba en que la modernización, identificada por los del Norte ilusionada e ilusoriamente con el *progreso universal*, dejó ver bien pronto en nuestros países la escisión que el progreso entrañaba entre razón y emancipación "convirtiendo la racionalidad ilustrada en arsenal instrumental de poder y dominación" (Quijano, *Modernidad,* p. 53). Al presentarse como opuesta, e incluso incompatible, con la diversidad de temporalidades y mentalidades que mestizaba en América Latina su razón histórica, la "razón instrumental" que guió la modernización vino a legitimar la voracidad del capital y la implantación de una economía que tornó irracional toda *diferencia* que no fuera incorporable al *desarrollo*, esto es recuperable por la lógica hegemónica (Castoriadis). El inacabado proyecto de la modernidad no puede entonces separarse tan nítida y limpiamente de la razón que inspira la modernización como pretende Habermas (*El discurso filosófico,* p. 13 y ss). De ahí que su crisis comporte para la periferia elementos liberadores. Así la posibilidad de afirmar la "no simultaneidad de lo simultáneo" (Rincón) –la existencia de *destiempos* con la modernidad que no son pura anacronía sino *residuos* (en el sentido que esa noción tiene para R. Williams en *Marxismo y literatura,* p. 144) no integrados de *otra economía*– que al trastornar el orden secuencial del progreso modernizador libera nuestra relación con el pasado, con nuestros diferentes pasados, haciendo del espacio el *lugar* donde se entrecruzan diversos tiempos históricos, y permitiéndonos así recombinar las memorias y reapropiarnos creativamente de una descentrada modernidad.

3. Espacio-mundo y ciudad virtual

Referida al *espacio* la globalización radicaliza el *desanclaje* (Giddens, p. 32) que produce la modernidad, de un lado "liberando" la actividad social de los "contextos de presencia" que la particularidad del territorio impone a las costumbres y los mapas mentales, y de otro *deslocalizando* el lazo social hasta hacerlo puramente funcional a los movimientos del capital. Lo que hace visible que el espacio-mundo es menos un espacio de unidad –de encuentro y cooperación– que de *unificación* (Milton Santos; Mattelart): tecnoesfera que conecta la descentralizada organización de las redes que rigen la producción y circulación de las mercancías con las imágenes que orientan el consumo. Pero esas "realidades" no pueden impedirnos constatar que en la contradictoria vitalidad de las redes electrónicas, en el ciberespacio, se tejen nuevas modalidades del "estar juntos" mediante las que los hombres no sólo se conectan sino que se comunican, cooperan y se encuentran. Del mismo modo que la reconfiguración que experimentan las relaciones entre el espacio público y el privado no significa sólo el declive del primero y el repliegue narcisista en el segundo (véase Sennet, *El declive* y *Narcisismo y cultura*), pues ahí se avizora la emergencia de una "esfera pública internacional" (Keane) que moviliza formas de ciudadanía mundial: como lo demuestran las organizaciones internacionales de defensa de los derechos humanos, y las ONGs que, desde cada país, median entre lo internacional y lo local. *Telépolis* es al mismo tiempo la metáfora y la experiencia del habitante de una ciudad-mundo "cuyas delimitaciones ya no están basadas en la distinción entre interior, frontera y exterior, ni por lo tanto en las parcelas del territorio" (Echeverría, p. 9). Paradójica espacialidad que emerge tanto o más del recorrido viajero –y los efectos de reconocimiento que de una punta a la otra posibilita el no-lugar: ese mundo en el que "se está siempre y no se está nunca en casa" (Augé, *Los "no lugares",* p. 122)– que en la *experiencia doméstica* convertida por la televisión y el computador en ese territorio virtual al que, como expresivamente dice Virilio, "todo llega sin que haya que partir".

En la ciudad de los flujos comunicativos cuentan más los procesos que las cosas, la ubicuidad e instantaneidad de la información o de la decisión vía teléfono celular o fax desde el computador personal, la facilidad y rapidez de los pagos o la adquisición de dinero por tarjetas. La imbricación entre televisión e informática produce una alianza entre velocidades audiovisuales e informacionales, entre innovaciones tecnológicas y hábitos de consumo: "un aire de familia vincula la variedad de las pantallas que reúnen nuestras experiencias laborales, hogareñas y lúdicas" (Ferrer, "Taenia Saginata", p. 155) atravesando y reconfigurando las experiencias de la calle y hasta las relaciones con nuestro cuerpo, un cuerpo sostenido cada vez menos en su anatomía y más en sus extensiones o prótesis tecnomediáticas. Pues la ciudad informatizada no necesita cuerpos reunidos sino interconectados.

Constituida en el centro de las rutinas que ritman lo cotidiano, en dispositivo de aseguramiento de la identidad individual y en terminal del videotexto, la videocompra, el correo electrónico y la teleconferencia (Silverston; Vezzetti; Novaes), la llave televisión/computador convierte el espacio doméstico en el territorio virtual por excelencia: aquél en que más hondamente se reconfiguran las relaciones de lo privado y lo público, esto es la superposición entre ambos espacios y el borramiento de sus fronteras. Lo público gira hoy en torno a lo privado no solamente en el plano económico sino en el político y el cultural. Y recíprocamente, *estar en casa* ya no significa ausentarse del mundo: "la televisión es hoy día la representación más aproximada del demiurgo platónico; y la fascinación que ejerce sobre los seres humanos no tiene que ver únicamente con la información o con el entretenimiento: la oferta televisiva principal es el mundo, *el teleadicto es un cosmopolita*" (Echeverría, *Cosmopolitas*, p. 81). Lo que identifica la *escena pública* con lo que "pasa en" la televisión no son únicamente las inseguridades y violencias de la calle, hoy son los medios masivos, y en modo decisivo la televisión, el equivalente del antiguo *ágora:* el escenario por antonomasia de la cosa pública. Cada día en forma más explícita la política, tanto la que se hace en el Congreso, como en los ministerios, en los mítines y las protestas callejeras y hasta en los atentados terroristas, se 'hace *de cara a las cámaras*, que son la nueva expresión de la existencia social. Y también el mercado ha invadido el ámbito privado convirtiendo al *consumo productivo* en una fuerza económica de primera magnitud: ser telespectador "equivale a convertirse en elemento de una población analizable estadísticamente en función de sus gustos y preferencias que se revelan en el consumo productivo previo a la compra de la mercancía física" (Echeverría, *Telépolis*, p. 72). Al *consumir* su tiempo de ocio la telefamilia genera un nuevo mercado y una nueva mercancía: el valor del tiempo medido por el nivel de audiencia de los productos televisivos. Y aún más decisivo es lo que sucede en el plano cultural: mientras ostensiblemente se reduce la asistencia a los eventos culturales en lugares públicos, tanto de la alta cultura (teatros, museos, ballet, conciertos de música culta), como de la cultura local popular (actividades de barrio, festivales, ferias artesanales), la *cultura a domicilio*[1] crece y se multiplica desde la televisión hertziana (que ve más del 90%, en promedio, en toda América Latina) a la de cable y las antenas parabólicas y la videograbadora que en varios países latinoamericanos ya supera el cincuenta por ciento de hogares, al tiempo que se "populariza" el uso del computador personal, el multimedia y la internet.

Los retos que al pensar le plantean los nuevos modos de sentir y de habitar en la ciudad virtual encuentran su más cruda expresión en la híbrida modernidad de los jóvenes, tanto de la que emerge en sus rituales de violencia como en sus modos de estar juntos o sus estéticas

---

[1] Sobre análisis de los cambios en el consumo cultural, además de la obra coordinada por N. García Canclini para el caso de México, véase C. Catalán y G. Sunkel.

visuales y sonoras. La legitimación de la mirada intelectual sobre la multiculturalidad de ese *mundo* se abre lentamente paso desde unas ciencias sociales que empiezan a mirar desde ahí las híbridas violencias de su modernidad: "el marginado que habita en los grandes centros urbanos, y que en algunas ciudades ha asumido la figura del sicario, no es sólo la expresión del atraso, la pobreza o el desempleo, la ausencia del Estado y de una cultura que hunde sus raíces en la religión católica y en la violencia política.

También es el reflejo, acaso de manera más protuberante, del hedonismo y el consumo, de la cultura de la imagen y la drogadicción, en una palabra de la colonización del mundo de la vida por la modernidad" (Giraldo y López, p. 260). Pero donde esa perspectiva hallará mayor densidad será en la reflexión de intelectuales y escritores que, al no estar atrapados en las demarcaciones disciplinarias, perciben mejor la hondura de la *multiculturalidad* que hoy viven los jóvenes:

> En nuestra barriadas populares urbanas tenemos camadas enteras de jóvenes cuyas cabezas dan cabida a la magia y a la hechicería, a las culpas cristianas y a su intolerancia piadosa, lo mismo que a utópicos sueños de igualdad y libertad, indiscutibles y legítimos, así como a sensaciones de vacío, ausencia de ideologías totalizadoras, fragmentación de la vida y tiranía de la imagen fugaz y el sonido musical como lenguaje único de fondo (Cruz Kronfly, p. 60).

La pista que señala ese *lenguaje de fondo* es la complicidad, la profunda compenetración, entre la oralidad que perdura como experiencia cultural primaria y la *oralidad secundaria* que tejen y organizan las gramáticas tecnoperceptivas de la *visualidad electrónica* del video, el computador, el cine, la televisión. Pensar los procesos y los medios de comunicación en América Latina se vuelve tarea de envergadura antropológica en la medida en que lo que ahí está en juego son hondas transformaciones en la cultura cotidiana de las mayorías, y especialmente de los jóvenes, que se están apropiando de la modernidad *sin dejar su cultura oral*. Las nuevas generaciones saben leer pero su lectura está atravesada por la pluralidad de textos y escrituras que hoy circulan, de ahí que la complicidad entre oralidad y visualidad no remita al analfabetismo sino a "la persistencia de estratos profundos de la memoria y la mentalidad colectiva sacados a la superficie por las bruscas alteraciones del tejido tradicional que la propia aceleración modernizadora comporta" (Marramao, p. 60). De esas alteraciones está hecha la vida de una generación "cuyos sujetos culturales se constituyen más que a partir de figuras, estilos y prácticas de añejas tradiciones que definen 'la cultura', a partir de la conexión-desconexión (juego de interfaz) con los aparatos" (Ramírez y Muñoz, p. 60), que ha aprendido a hablar inglés en programas de televisión captados por antena parabólica más que en la escuela y que se siente más a gusto escribiendo en el computador que en el papel. Frente a la distancia y la prevención con que gran parte de los adultos resienten y resisten esa nueva cultura –que vuelve obsoletos muchos de sus saberes y a la que responsabilizan de la crisis de los valores intelectuales y hasta morales– los jóvenes experimentan una empatía que no es sólo facilidad para relacionarse con el idioma de los aparatos audiovisuales e informáticos sino *complicidad expresiva* con sus relatos y sus imágenes, sus sonoridades, fragmentaciones y velocidades. Frente a la memoria larga, pero también a la rigidez, de las identidades tradicionales, los jóvenes parecen dotados de una *plasticidad neuronal* (Piscitelli, "Del péndulo...") que se traduce en una camaleónica capacidad de adaptación a los más diversos contextos y una elasticidad cultural que les permite hibridar y combinar ingredientes de universos culturales muy diversos. La mejor expresión de las hibridaciones de que está hecho el *sensorium* latinoamericano de los jóvenes hoy quizá sea el rock en español: valga como ejemplo la experiencia colombiana. Ligado inicialmente, de comienzos a mediados de los ochenta, a un claro sentimiento pacifista –grupos Génesis o Banda Nueva– el rock pasa en los últimos años a decir la cruda experiencia urbana de las pandillas juveniles en los barrios de clase media-baja en Medellín y media-alta en Bogotá, convirtiéndose en vehículo de una conciencia dura de la descomposición del país, de la presencia cotidiana de la muerte en las calles, de la falta de salida laboral, de la exasperación de la agresividad y lo macabro. Desde la estridencia sonora del *heavy metal* –preferido por los grupos de rock de los adolescentes sicarios– a los nombres de los grupos –Féretro, La Pestilencia, Kraken–, pasando por la escenografía *tecno* de los conciertos, de la discoteca alucinante al concierto barrial, en el rock se hibridan los sones y los ruidos de nuestras ciudades con las sonoridades y los ritmos de las músicas indígenas y negras, y las estéticas de lo desechable con las frágiles utopías que surgen de la desazón moral y el vértigo audiovisual.

4. EL NUEVO RÉGIMEN DE LA TECNICIDAD Y LA VISIBILIDAD: DEL PALIMPSESTO AL HIPERTEXTO

El relevamiento de la *estructura comunicativa* de la sociedad se halla ligado a la comprensión de los cambios en las condiciones del saber.[2] Empezando por la revalorización de las *prácticas* y las *experiencias* de las que emerge un *saber mosaico*, hecho de objetos móviles y fronteras difusas, de intertextualidades y *bricolages*. Si ya no se escribe ni se lee como antes es porque tampoco se puede ver ni representar como antes. Y ello no es reducible al *hecho tecnológico* pues "es toda la axiología de los lugares y las funciones de las prácticas culturales de memoria, de saber, de imaginario y creación la que hoy conoce una seria reestructuración": la visualidad electrónica ha entrado a formar parte constitutiva de la *visualidad cultural*, esa que es a la vez entorno tecnológico y nuevo imaginario "capaz de hablar culturalmente –y no sólo de manipular tecnológicamente–, de abrir nuevos espacios y tiempos para una nueva era de lo sensible" (Renaud, *Video culturas,* p. 17). La del enlace de la televisión con el computador, el videojuego y el hipertexto multimedia en "un aire de familia que vincula la variedad de pantallas que reúnen nuestras experiencias laborales, hogareñas y lúdicas" (Ferrer, p. 155).

Hablar de *pensamiento visual* puede resultar demasiado chocante a los racionalistas y ascéticos oídos que aún ordenan el campo del saber. Y sin embargo hace ya tiempo que Foucault (*Les mots et...,* p. 262) señaló los dos dispositivos –economía discursiva y operatividad lógica– que movilizan la nueva *discursividad constitutiva de la visibilidad*, la *lógico-numérica* (véase asimismo, *La arqueología...*). Estamos ante el surgimiento de "*otra figura de la razón*" (Renaud, *L'image,* p. 14) (véase Chartron) que exige pensar la imagen, por una parte, desde su nueva configuración sociotécnica: el computador no es un *instrumento* con el que se producen objetos, sino un nuevo tipo de *tecnicidad* que posibilita el procesamiento de informaciones, y cuya materia prima son abstracciones y símbolos, lo que inaugura una nueva *aleación* de cerebro e información que sustituye a la del cuerpo con la máquina; y por otra, desde la emergencia de un nuevo paradigma del pensamiento que rehace las relaciones entre el orden de lo discursivo (la lógica) y de lo visible (la forma), de la inteligibilidad y la sensibilidad. El nuevo estatuto cognitivo de la imagen se produce a partir de su *informatización*, esto es de su inscripción en el orden de lo *numerizable*, que es el orden del *cálculo* y sus mediaciones lógicas: número, código, modelo. Inscripción que no borra la figura ni los efectos de la ima-

---

[2] Es bien significativo que el libro-eje del debate que introduce J.-F. Lyotard, *La condición postmoderna*, tenga como subtítulo *Informe sobre el saber*.

gen pero hace que esa figura y efectos remitan ahora a una *economía informacional* que reubica la imagen en los antípodas de la ambigüedad estética y la irracionalidad de la magia o la seducción.

El proceso que ahí llega entrelaza un doble movimiento. El que prosigue y radicaliza el proyecto de la ciencia moderna –Galileo, Newton– de traducir/sustituir el mundo cualitativo de las percepciones sensibles por la cuantificación y la abstracción lógico-numérica, y el que reincorpora al proceso científico el valor informativo de lo sensible y lo visible. Una nueva *episteme cualitativa* abre la investigación a la intervención constituyente de la imagen en el proceso del saber: arrancándola a la *sospecha* racionalista, la imagen es percibida por la nueva episteme como posibilidad de experimentación/simulación, que potencia la velocidad del cálculo y permite inéditos *juegos de interfaz*, esto es, de arquitecturas de lenguajes. Virilio (*La máquina*, p. 81) denomina "logística visual" a la remoción que las imágenes informáticas hacen de los límites y funciones tradicionalmente asignados a la discursividad y la visibilidad, a la dimensión operatoria (control, cálculo y previsibilidad), la potencia interactiva (juegos de interfaz) y la eficacia metafórica (traslación del dato cuantitativo a una forma perceptible: visual, sonora, táctil). La visibilidad de la imagen deviene *legibilidad* (Lascaut *et al.*; Carrascosa), permitiéndole pasar del estatuto de "obstáculo epistemológico" al de *mediación discursiva* de la fluidez (flujo) de la información y del poder virtual de lo mental.

Más que un conjunto de nuevos aparatos, de maravillosas máquinas, la *comunicación* designa hoy un nuevo *sensorium* (Benjamin), nuevos modos de percibir, de sentir y relacionarse con el tiempo y el espacio, nuevas maneras de re-conocerse y de juntarse, especialmente entre los jóvenes, que los adultos tienden a desvalorizar convencidos de que los cambios que viven los jóvenes son, como lo fueron siempre, "una fiebre pasajera". Rompiendo esa inercia, M. Mead supo leer, hace ya veinticinco años, lo que en la actual ruptura generacional remite a la larga temporalidad en que se inscriben nuestros miedos al cambio, tanto como las posibilidades que éste abre de inaugurar nuevos escenarios y dispositivos de diálogo entre generaciones y pueblos: "nacidos antes de la revolución electrónica la mayoría de nosotros no entiende lo que ésta significa. Los jóvenes de la nueva generación, en cambio, se asemejan a los miembros de la primera generación nacida en un país nuevo" (Mead, p. 105). Se trata de una generación cuya empatía con la cultura tecnológica está hecha no sólo de facilidad para relacionarse con los aparatos audiovisuales e informáticos sino de *complicidad cognitiva* con sus lenguajes, fragmentaciones y velocidades. Lo que se traduce en una camaleónica elasticidad cultural que les permite hibridar y convivir ingredientes de mundos culturales muy diversos.

De ahí que los medios de comunicación y las tecnologías de información desafíen hoy especialmente a la educación, planteándole un verdadero *reto cultural* al hacer visible la brecha cada día más ancha entre la cultura desde la que enseñan los maestros y aquella desde la que aprenden los alumnos. Reto que pone al descubierto el carácter obsoleto de un *modelo de comunicación escolar* que, acosado por los cuatro costados, se coloca a la defensiva desfasándose aceleradamente de los procesos de producción y circulación del conocimiento que hoy dinamizan la sociedad. Primero, negándose a aceptar el *des-centramiento cultural* que atraviesa el que ha sido su eje tecno-pedagógico, el libro. Pues "el aprendizaje del texto asocia a través de la escuela un modo de transmisión de mensajes y un modo de ejercicio del poder, basados ambos en la escritura" (Brunner, p. 60). Segundo, ignorando que en cuanto *transmisora* de conocimientos la sociedad cuenta hoy con dispositivos de almacenamiento, clasificación, difusión y circulación mucho más versátiles, disponibles e individualizados que la escuela. Tercero, atribuyendo la crisis de la lectura de libros entre los jóvenes únicamente a la maligna seducción que ejercen las tecnologías de la imagen, lo que le ahorra a la escuela tener que plantearse la profunda reorganización que atraviesa el mundo de los lenguajes y las escrituras; y la consiguiente *transformación de los modos de leer* que está dejando sin piso la obstinada identificación de la lectura con lo que atañe solamente al libro y no a la pluralidad y heterogeneidad de textos, relatos y escrituras (orales, visuales, musicales, audiovisuales, telemáticos) que hoy circulan. Cuarto, impidiéndose interactuar con el mundo del *saber diseminado* en la multiplicidad de los medios de comunicación a partir de una concepción premoderna de la *tecnología*, que no puede mirarla sino como algo exterior a la cultura, "deshumanizante" y perversa en cuanto desequilibradora de los contextos de vida y aprendizajes heredados.

Es sólo a partir de la asunción de la *tecnicidad mediática como dimensión estratégica de la cultura* que la escuela puede insertarse en los procesos de cambio que atraviesa nuestra sociedad, e *interactuar con los campos de experiencia* en que hoy se procesan los cambios: desterritorialización/relocalización de las identidades, hibridaciones de la ciencia y el arte, de las literaturas escritas y las audiovisuales (Piscitelli, "Paleo- y neo-televisión..."), reorganización de los saberes desde los flujos y redes por los que hoy se moviliza no sólo la información sino el trabajo y la creatividad, el intercambio y la puesta en común de proyectos, de investigaciones científicas y experimentaciones estéticas. Y por lo tanto *interactuar* con los cambios en el campo/mercado profesional, es decir con las nuevas figuras y modalidades que el entorno informacional posibilita, y con las nuevas formas de participación ciudadana que ellos abren especialmente en la vida local.

Pero esa *interacción* exige superar radicalmente la concepción *instrumental* de los medios y las tecnologías de comunicación que predomina no sólo en las prácticas de la escuela, sino en los proyectos educativos de los ministerios y hasta en muchos documentos de la UNESCO. Cómo puede la escuela insertarse en la actual complejidad de mestizajes –de tiempos y memorias, imaginarios y culturas– anclada únicamente en la modernidad letrada e ilustrada, cuando en nuestros países la dinámica de las transformaciones que calan en la cultura cotidiana de las mayorías proviene *básicamente* de la desterritorialización y las hibridaciones que agencian los medios masivos de comunicación.

Un uso creativo y crítico de los medios y las tecnologías informáticas –televisión, video, computador, multimedia, internet– sólo es posible en una escuela que transforme su modelo y su praxis de comunicación: que haga posible el tránsito de un modelo centrado en la secuencia lineal que *encadena unidireccionalmente* materias, grados, edades y paquetes de conocimientos, a otro *descentrado y plural*, cuya clave es el "encuentro" del *palimpsesto* –ese texto en el que un pasado borrado emerge tenazmente, aunque borroso en las entrelíneas que escriben el presente– y el *hipertexto*: escritura no secuencial sino *montaje* de conexiones en red que, al permitir/exigir una multiplicidad de recorridos, transforma la lectura en escritura. Lo que en lugar de sustituir viene a potenciar la figura y el oficio del *educador*, que de mero retransmisor de saberes se convierte en formulador de problemas, provocador de interrogantes, coordinador de equipos de trabajo, sistematizador de experiencias, memoria viva de la institución que hace relevo y posibilita el diálogo entre culturas y generaciones.

Bibliografía

Augé, Marc. *Los "no lugares". Espacios de anonimato.* Barcelona: Gedisa, 1992.

Bassand, Michel. y otros. *Culturas y regiones en Europa.* Barcelona: Ecos-Tau, 1990.

Baudrillard, Jean. *La transparencia del mal.* Barcelona: Anagrama, 1994.

Benjamin, Walter. *Iluminaciones, 2.* Madrid: Taurus, 1980.

Brunner, José Joaquín. "Fin o metamorfosis de la escuela". *David y Goliath,* 58 (Buenos Aires, 1990).

Carrascosa, José Luis. *Quimeras del conocimiento. Mitos y realidades de la inteligencia artificial.* Madrid: Fundesco, 1992.

Castells, Manuel y Roberto Laserna. "La nueva dependencia: cambio tecnológico y reestructuración socioeconómica". *David y Goliath,* 55 (Buenos Aires, 1989).

Castoriadis, Cornelius. "Reflexiones sobre el desarrollo y la racionalidad". *El mito del desarrollo.* Barcelona: Kairos, 1979. pp. 183-223.

Catalán, Carlos y Guillermo. Sunkel. *Algunas tendencias del consumo de bienes culturales en América Latina.* Santiago: Flacso, 1992.

Chartron, Ghislaine. (dir.). *Pour une nouvelle economie du savoir.* Rennes: Presses Universitaires de Rennes, 1994.

Cruz Kronfly, Fernando. "El intelectual en la nueva Babel colombiana". *La sombrilla planetaria.* Bogotá: Planeta, 1994.

Echeverría, Javier. *Cosmopolitas domésticos.* Barcelona: Anagrama, 1995.

—— *Telépolis.* Barcelona: Destino, 1994.

Ferrer, Christian. "Taenia saginata o el veneno en la red". *Nueva Sociedad,* 140 (Caracas, 1995): p. 154-164.

Flifisch, Ángel. y otros. *Problemas de la democracia y la política en América Latina.* Santiago: Flacso, 1988.

Foucault, Michel. *Les mots et les choses.* París: Gallimard, 1966.

—— *La arqueología del saber.* México: Siglo XXI, 1971.

García Canclini, Néstor. *Consumidores y ciudadanos.* México: Grijalbo, 1996.

—— *Culturas híbridas. Estrategias para entrar y salir de la modernidad.* México: Grijalbo, 1990.

Geertz, Clifford. "Géneros confusos: la reconfiguración del pensamiento social". *El surgimiento de la antropología postmoderna.* México: Gedisa, 1991.

Giddens, Anthony. *Consecuencias de la modernidad.* Madrid: Alianza, 1993.

Giraldo Isaza, Fabio y Héctor Fernando López. "La metamorfosis de la modernidad". *Colombia: el despertar de la modernidad.* Fernando Viviescas y Fabio Giraldo (comps.) Santafé de Bogotá: Foro Nacional por Colombia, 1991.

Habermas, Jürgen. *El discurso filosófico de la modernidad: doce lecciones.* Madrid: Taurus, 1993.

Keane, John. "Structural Transformations of the Public Sphere". *The Communication Review,* 1/1 (1995).

Lascaut, Gilbert. y otros. *Voir, entendre.* París: U.G.E.-10/18, 1976.

Lechner, Norbert. *Los patios interiores de la democracia.* Santiago: Flacso, 1988.

—— "La democratización en el contexto de una cultura postmoderna". *Cultura política y democratización.* Santiago: FLASCO, 1987.

—— *Estado y política en América Latina.* México: Siglo XXI, 1981.

Lyotard, Jean François. *La condición postmoderna. Informe sobre el saber.* Madrid: Cátedra, 1984.

Maffesoli, Michel. *El tiempo de las tribus*, Barcelona: Icaria, 1990.

Marramao, Giacomo. "Metapolítica: más allá de los esquemas binarios". *Razón, ética y política*. Barcelona: Anthropos, 1988.

Martín-Barbero, Jesús. "Comunicación e imaginarios de la integración". *Intermedios*, 2 (México, 1992): pp. 6-13.

—— "De los nacionalismos a las transnacionales". *De los medios a las mediaciones*. México: G. Gili, 1987.

Mattelart, Armand. *La communication-monde*. París: La decouverte, 1992.

Mead, Margaret. *Cultura y compromiso*. Barcelona: Granica, 1971.

Milton Santos. "Los espacios de la globalización". *Revista Universidad del Valle*, 10 (Cali, 1995).

—— "Espaço, mundo globalizado, pos-modernidade". *Margen*, 2 (São Paulo, 1993): pp. 9-22.

Moragas, Miguel de. "Identitat cultural, espais de comunicació y participació democrática. Una perspectiva desde Catalunya y Europa". *Comunicació social e Identitat cultural*. Barcelona: Universidad Autónoma de Barcelona, 1988, pp. 59-82. Dossier "FR3 regions: du local o transfrontier". *Dossiers de l'audiovisuel*, 33 (París, 1990).

Novaes, Adanto. (coord.). *Rede imaginaria: televisão e democracia*. São Paulo: C. das Letras, 1991.

Ortiz, Renato. "Cultura e modernidade-mundo". *Mundialização e cultura*. São Paulo: Brasiliense, 1994.

Piscitelli, Alejandro. "Paleo- y neo-televisión. Del contrato pedagógico a la interactividad generalizada". C. Gómez (coord.), *La metamorfosis de la TV*. México: Universidad Iberoamericana, 1996.

—— "Del péndulo a la máquina virtual". S. Bleicmar (comp.). *Temporalidad, determinación, azar: lo reversible y lo irreversible*. Buenos Aires: Paidós, 1994.

Quijano, Aribal. *Modernidad, identidad y utopía en América Latina*. Lima: Sociedad & política edic., 1988.

Ramírez, Sergio y Sonia. Muñoz. *Trayectos del consumo*. Cali: Univalle, 1996.

Renaud, Alain. *Videoculturas fin de siglo*. Madrid: Cátedra, 1990.

—— "L'image: de l'economie informationelle a la pensée visuelle". *Reseaux*, 74 (París, 1995).

Rincón, Carlos. *La no simultaneidad de lo simultáneo. Postmodernidad, globalización y culturas en América Latina*. Bogotá: Ed. Universidad Nacional, 1995.

Sábato, Ernesto. "Pluralismo y nación". *Punto de vista*, 34 (1989).

Saxe-Fernández, Joha. "Poder y desigualdad en la economía internacional". *Nueva Sociedad*, 143 (1996): pp. 62-83.

Sennet, Richard. *El declive del hombre público*. Barcelona: Península, 1985.

—— *Narcisismo y cultura moderna*. Barcelona: Kairós, 1983.

Schlesinger, Philippe. "La europeidad: un nuevo campo de batalla". *Estudios de culturas contemporáneas*, 16/17 (México, 1994): pp. 121-140.

Silverston, Roger. "De la sociología de la televisión a la sociología de la pantalla". *TELOS*, 22 (Madrid, 1990).

Vezzetti, Hugo. "El sujeto psicológico en el universo massmediático". *Punto de vista*, 47 (Buenos Aires, 1993): 22-25.

Virilio, Paul. *La máquina de visión*. Madrid: Cátedra, 1989.

Williams, Raymond. *Marxismo y literatura*. Barcelona: Península, 1980.

La épica de la globalización y el melodrama de la interculturalidad

Néstor García Canclini
Universidad Autónoma Metropolitana-Iztapalapa

1. ¿Quiénes son nuestros otros? El antropólogo latinoamericano, después de escuchar en tantas ponencias que las identidades son construidas e imaginadas en interacción con los demás, pensó que era hora de estudiar comparativamente cómo se habían ido formando los perfiles culturales de América Latina desde Europa y desde Estados Unidos. Le resultaba convincente mucho de lo que se decía sobre la globalización, pero no siempre quedaba claro si tenía que ver con los latinoamericanos. Por ejemplo, los efectos de la crisis asiática –aunque parecían verosímiles en las finanzas de esta región– no tenían mucho que ver con los cambios culturales de América Latina. Estudiar estos procesos desde la cultura hacía necesario diferenciar cómo la globalización se estaciona en cada sociedad.

Si se trataban de entender los vínculos de la economía con la cultura, eran más significativos los acuerdos de libre comercio entre Estados Unidos, Canadá y México, o los que avanzan en el MERCOSUR, y los de éstos y otros países de América Latina con la Unión Europea. Sin embargo, había muy pocos estudios sobre el aspecto simbólico de estas transformaciones, y menos aún que revisaran cómo se estaban modificando las culturas latinoamericanas en el desplazamiento complejo e inacabado de la relación con Europa hacia Estados Unidos. Si "una cultura es el conjunto de estigmas que un grupo tiene ante los ojos de otro (y viceversa)" (Jameson), este sería el camino para averiguar en qué se está convirtiendo la cultura latinoamericana.

¿Es posible abarcar un universo tan vasto? Se le ocurrió que, si entre los principales constructores de narrativas y metáforas interculturales se hallaban los científicos sociales y los artistas, podía comenzar analizando sus relatos e imágenes, entrevistar a estadounidenses y europeos dedicados a estudiar o a representar artísticamente las relaciones con América Latina, para averiguar cómo veían los cambios y la perspectiva futura de las integraciones supranacionales.

El antropólogo recorrió universidades estadounidenses, europeas y latinoamericanas, asistió a algunas bienales y ferias de arte internacionales. Pero a veces se le hacía difícil acompañar las narraciones con que los artistas y los científicos representaban su fascinación ante los procesos globalizadores. Lo había impresionado una de las metáforas más potentes con que el arte de los años noventa habla de la porosidad de las fronteras y los flujos multidireccionales: la propuesta por Yukinori Yanagi en la Bienal de Venecia de 1993, en la de São Paulo de 1996 y en la muestra multinacional de arte urbano *In site*, realizada en 1994 en Tijuana y San Diego. La experiencia consistía en colocar sobre una pared unas 100 banderas de diferentes países, hechas con cajitas de acrílico llenas de arena coloreada. Las banderas estaban interconectadas por tubos de plástico dentro de los cuales viajaban hormigas que iban corroyendo y confundiendo. Después de dos o tres meses todas las banderas se volvieron irreconocibles. Podía interpretarse la obra de Yanagi como metáfora de los trabajadores que, al migrar por el mundo, van descomponiendo los nacionalismos e imperialismos. Pero no todos los receptores se fijaron en eso. Cuando el artista presentó esta obra en la Bienal de Venecia, la Sociedad Protectora de Animales logró clausurarla por unos días para que Yanagi no continuara con la "explotación de las hormigas". Otras reacciones manifestaban que los espectadores no aceptaban ver desestabilizadas las diferencias entre naciones. El artista, en cambio, intentaba llevar su experiencia hasta la disolución de las marcas identitarias: la especie de hormiga conseguida en Brasil le parecía a Yanagi demasiado lenta, y él dijo al comienzo de la exhibición que temía no llegar a trastornar suficientemente las banderas nacionales.

El antropólogo se preguntó si se podía presentar casi la misma obra en Venecia, São Paulo y Tijuana-San Diego. Esa aplicación internacional de la metáfora correspondía al juego transformacional propuesto por Yanagi: coincidía con los relatos que hablan de la globalización como un proceso homogeneizador, un sistema de flujos e interactividad que coloca a todos los pueblos en situación de copresencia. Pero lo que el antropólogo latinoamericano sabía de su disciplina le hacía difícil aceptar esa especie de interactividad indiscriminada. Aun los antropólogos que superaban la idealización de las culturas locales, como Ulf Hannerz, y admitían que el imaginario mundial podía formularse ahora como un "flujorama cultural global", aclaraban que "los flujos tienen direcciones" y escenarios preponderantes: él citaba a "Nueva York, Hollywood y la sede del Banco Mundial" (Hannerz, p. 13). Se podría ampliar la lista de símbolos de la globalización, pero igual casi todos proceden de Estados Unidos y Japón, algunos todavía de Europa y casi ninguno de América Latina. Hannerz señalaba también que hay contraflujos, por ejemplo exposiciones de artistas africanos en Londres y grupos terapéuticos de Oslo que se basan en técnicas malayas de interpretación de los sueños. Pero estos y otros ejemplos de cómo las culturas periféricas influyen en los países centrales no permiten olvidar las "asimetrías de los flujos", manifestadas en la diseminación desigual de habilidades fundamentales y formas institucionales modernas, el diferente acceso a la educación básica y superior de tipo occidental. Por eso, Hannerz sostiene que la fluidez con que circulan y contracirculan los bienes y mensajes no clausura la distinción entre los centros y las periferias.

Las ásperas contradicciones que emergen en las asimetrías globales a veces se condensan en metáforas artísticas o literarias, que sirven para hacer visibles las nuevas condiciones de interacción en la diversidad cultural del mundo. Sin embargo, pensaba el antropólogo, necesitamos situar estas imágenes en relación con datos duros, macrosociales, para saber cuál es el horizonte de inteligibilidad de la metáfora y dónde su potencial imaginativo pierde valor heurístico.

2. El especialista estadounidense en *Cultural Studies* había dedicado muchos años a deconstruir las narrativas que su país fue armando desde el siglo XIX para poner orden en la historia de suspicacias que caracteriza los vínculos entre América Latina y Estados Unidos. Descubrió que uno de los procedimientos más insistentes a los que se recurría era la retórica de la inconmensurabilidad de los estilos de vida estadounidenses y latinoamericanos. Las diferencias entre ambas regiones parecían tan frágiles como la frontera geográfica que Estados Unidos cambió de lugar hace 150 años, cuando se apropió de la mitad del territorio mexicano (lo que hoy es California, Texas, Nevada, Utah, Colorado, Arizona), y no ha dejado de agitarse desde entonces. Si la distinción no fuera tan precaria no se entendería el énfasis con que quienes colonizaron el sur del territorio estadounidense marcan la superioridad de su

condición de blancos, de ascendencia inglesa, que conquistaron esa región con su ética puritana y la religiosidad protestante, por la cual el trabajo, la frugalidad, el servicio y la honradez se presentan como sus valores básicos (Inglehart-Basañez-Nevitte). Sus discursos subrayan una y otra vez la distancia respecto de los mexicanos descendientes de españoles e indígenas, y cómo de esa mezcla proviene su gusto por el relajo, la sensualidad perezosa y violenta. Había leído que el riesgo de "ser dominados por criaturas indómitas, bárbaras y desordenadas hacía casi inevitable una lucha por la hegemonía" (de León, p. 13). Sin esa certeza de la superioridad de los blancos estadounidenses sobre los mestizos latinoamericanos ¿cómo justificar invasiones e imaginar los sometimientos como empresas civilizatorias?

Pero la confrontación entre esos modos de vida también fue y sigue siendo útil para animar las narraciones literarias, fílmicas y televisivas que exaltan el orden "americano", con el complemento antagónico de bandidos violentos, apasionados amantes latinos y mujeres provocativas ("mexican spitfire"). El especialista en estudios culturales recordaba que Paul Theroux, en *Old Patagonia Express,* afirma que "Laredo necesita la perversidad de su ciudad hermana para mantener llenas sus iglesias. Laredo tenía el aeropuerto y las iglesias; Nuevo Laredo, los burdeles y las fábricas de canastas. Cada nacionalidad parece orientarse hacia su propio nivel de competencia" (Theroux, pp. 40-41). Aun los escritores disidentes, transgresores del orden estadounidense, conciben el cruce de la frontera bajo esta oposición dualista. William Burroughs ve a México como el paraíso de los viajes alucinógenos, sin la condena que reciben en Estados Unidos. Jack Kerouac siente el tránsito a México "como si acabaras de escabullirte de la escuela, después de decirle a la maestra que te sientes mal", y entonces se abren "las puertas giratorias de una cantina y pides una cerveza en la barra, y volteas y hay tipos jugando al billar, preparando tacos, sombrerudos, algunos llevan armas en el cinturón de ranchero, y grupos de hombres de negocios cantando", se experimenta "lo que sienten los campesinos por la vida, la alegría intemporal de quienes no se preocupan por los grandes problemas culturales y de la civilización" (Kerouac, pp. 21-22).

También pensaba, a partir de una observación de Norma Klahn, que la admiración distante de esos autores hacia México, así como los estereotipos difundidos por Hollywood y las series norteamericanas, hallan su "confirmación" en las novelas, telenovelas y películas latinoamericanas donde "se desentierra" a dioses precolombinos y se conciben los conflictos contemporáneos en términos sacrificiales. La vida es interpretada con claves mágicas, jugada en rituales intensos, desde las corridas de toros a las persecuciones policiales en los mercados. *La serpiente emplumada,* de D. H. Lawrence, encuentra ecos en *Cambio de piel,* de Carlos Fuentes. La literatura y la plástica chicanas dialogan con Laura Esquivel y Frida Kahlo. La traducción al inglés de estos escritores y las megaexposiciones de arte latinoamericano en museos estadounidenses, con la debida consagración en cursos de literatura, historia del arte y estudios culturales, completan el ciclo de esta interacción organizada como contraste, aventuras signadas por el desafío de lo otro, que se acaban cuando el viajero cruza de nuevo la frontera, sale del museo, abandona la novela de realismo maravilloso y regresa a casa. "Mañana", dice la esposa, en el cuento "An old dance", de Eugene Garber, "de vuelta a nuestro buen y viejo USA" (Simmen, p. 40).

El especialista estadounidense piensa que los *Cultural Studies*, y también la antropología posmoderna que cuestionan las condiciones en que se produce y se comunica el saber, han debilitado la soberbia de los relatos colonizadores y la condescendencia paternalista ante la magia de los extraños. Ahora vivimos una situación poscolonial, porque los subalternos no se dejan representar por otros, le explicaba a sus alumnos encapsulados en el *american way of life*, pero que cada vez están aprendiendo más español.

Sin embargo, dos cuestiones le hacen dudar de estos avances. Por una parte, mientras los estudios culturales van intentando leer críticamente las obras literarias como simples discursos sociales, liberándolas del misticismo esteticista, el mercado editorial consagra como representantes de América Latina las narraciones más complacientes, y algunos centros universitarios conceden reconocimiento culto a esas novelas de hechicería, a pinturas neomexicanistas o neoincaicas, impresionados por lo que creen su valor testimonial. ¿No será tiempo de escuchar a aquellos que, habiendo pasado por los afanes sociologizantes o deconstructores de los estudios culturales, y precisamente para no ceder al mercado, retoman la "conversación interrumpida" (Sarlo, *Escenas,* p. 158, y "Los estudios culturales y ..." , pp. 32-38) sobre la singularidad y la densidad de las exploraciones estéticas, y creen hallar ahí —más que en su fuerza testimonial— la capacidad de perturbar las certezas de lo mismo, abrirnos a lo otro y a los otros? Al especialista estadounidense le habían contado que en una conferencia el antropólogo latinoamericano afirmó que uno de los cambios ocurridos al transitar del predominio europeo al norteamericano en la cultura era que comenzamos este siglo averiguando con las vanguardias cómo vincular el arte con la vida, y lo acabamos preguntándonos cómo diferenciarlo del mercado. Le parecía un poco maniquea la oposición, pero le daba para pensar.

La segunda duda le surge al ver que ciertas tendencias globalizadoras de la economía refuerzan algunas fronteras, o llevan a inventar otras nuevas. En parte, las fronteras se desdibujan y las discontinuidades entre Estados Unidos y América Latina se acortan bajo los acuerdos de libre comercio, las comunicaciones de tecnología avanzada y los intercambios transnacionales de migrantes. Pero así como el gobierno y la sociedad estadounidenses levantan nuevas barreras (la que más lo movilizó a participar en manifestaciones de protesta fue la ley 187 aprobada en California), las diferencias y distancias persisten entre los investigadores del norte y los del sur. Como leyó en una carta enviada a la revista de LASA, los del norte no publican casi nunca "los resultados de sus investigaciones en revistas especializadas latinoamericanas o en libros en español o en portugués, o en francés, cuando se trata de investigaciones sobre Haití o involucrando poblaciones francoparlantes". A menudo, los estadounidenses "retornan a su país con información o datos de los cuales no dejan copia en los países donde los han obtenido". En tanto, los investigadores latinoamericanos raras veces publican sus trabajos en el norte, "debido a los costos que involucraría su traducción, o por falta de conocimiento de, o acceso a, las publicaciones especializadas" (Dietz y Mato, p. 31).

3. También el antropólogo latinoamericano siente que los acercamientos de la globalización coexisten con barreras antiguas que se preservan y otras nuevas que se erigen. El ha criticado a sus colegas que aún siguen persiguiendo y embalsamando culturas "autóctonas", como si todavía se pudiera delimitar nítidamente lo propio y lo ajeno. Como si la tarea de la antropología fuera proveer diferencias absolutas entre pueblos resistentes e imperios colonizadores. Sus estudios de campo muestran que ahora esas distinciones se vuelven borrosas y hasta es difícil asociar en forma exclusiva las empresas, los capitales y las personas con un país particular: marcas de autos y de ropa que se acostumbraba identificar con Estados Unidos pueden indicar en la etiqueta "made in Salvador" o "in México", o "in Hong Kong". La globalización tecnológica y comunicacional, que hace circular mensajes por satélite y fusiona empresas de distintos continentes, vuelve poco eficaces las aduanas y las políticas culturales que limitaban el ingreso de películas o música extranjera. Al mismo tiempo, las migraciones que instalaron casi 30 millones de latinoamericanos en EE.UU. (la quinta parte de la población mexicana, la cuarta parte de la población cubana) no dejan establecer correspondencias estrictas entre naciones y territorios: los envíos constantes de dinero de esos migrantes (unos 4.000 millones

por año hacia México, por ejemplo) y los mensajes diarios o semanales con que informan de sus vidas a la otra parte de su familia y de su pueblo, que está a 2.000 o 5.000 km, crean circuitos comunitarios transnacionales. El conoció familias de Michoacán y de Oaxaca, en las que muchos van y vienen entre el pueblo y Estados Unidos, creando redes transnacionales que influyen en la alimentación, la escolarización de los hijos y las distracciones de los migrantes que se quedan. En parte, se parecen a las comunidades de consumidores que en cualquier ciudad grande o mediana se apropian diariamente de bienes y mensajes deslocalizados, tienen su soporte menos en territorios geográficos que en circuitos de mercancías y comunicaciones.

Pero la épica del mercado y de las comunicaciones que unifican al norte y al sur no evita los desgarramientos de viejas y nuevas fronteras. Por ejemplo, entre los que reciben espectáculos hollywoodenses por televisión gratuita y los que se comunican por internet, entre los que se instalan en la cultura audiovisual y los que aún privilegian la ciudad letrada. Así como en los países centrales hay *mainstream* para las elites y a la vez globalización para marginales, en las sociedades latinoamericanas cada año aumenta la brecha entre el 5 o 10 por ciento conectado a las redes donde se obtiene información para tomar decisiones e innovar y, por otra parte, los asalariados empobrecidos y los nuevos desempleados.

También hay fronteras entre las generaciones para las cuales América Latina fue "inventada" por Europa, y las jóvenes o no tan jóvenes que encuentran su horizonte en Estados Unidos. El pasaje del origen latino-europeo a un "destino" norteamericano ha modificado a las sociedades latinoamericanas, a las ciencias sociales, las artes y las referencias de autoridad y prestigio en la cultura masiva. En menos de cincuenta años las capitales de nuestro pensamiento y nuestra estética, piensa el antropólogo, dejaron de ser París, Londres y Madrid, porque sus lugares en el imaginario regional fueron ocupados por Nueva York para elites intelectuales; por Miami y Los Angeles para el turismo de clase media; por California, Texas, Nueva York y Chicago para los trabajadores migrantes.

Más aún: se va perdiendo la concepción europea de la ciudad, como núcleo de la vida cívica y comercial, académica y artística. Las "metrópolis" estadounidenses de muchos latinoamericanos ni siquiera son ciudades: los universitarios aspiran, más que a conocer las grandes urbes norteamericanas, a vivir en Stanford, Duke o Iowa, *campus* sin ciudad. Los sectores medios apuntan sus fantasías a Disneylandia o Disneyworld, y a *shopping centers* que proponen recorridos desurbanizados si los pensamos desde la imagen de las ciudades europeas, que sólo persisten en unas pocas excepciones norteamericanas como Nueva York o San Francisco.

El antropólogo se acuerda de que este desplazamiento de Europa hacia Estados Unidos comenzó mucho antes, cuando Nueva York y Hollywood robaron la idea de arte moderno y también la épica del *western*, la síntesis audiovisual del cine como gozo masivo y no sólo exploración intimista, el rock que proporcionaba encuentros interclasistas mientras lo políticamente correcto era emocionarse con la revolución cubana, y las lavadoras y los refrigeradores que rehicieron la vida doméstica en los años cuarenta y cincuenta, cuando el feminismo era tan incipiente que apenas conseguía que las mujeres fueran autorizadas a votar.

¿Cómo nombrar la subordinación al poder norteamericano, "justificado" con las fascinaciones tecnológicas que ya desde entonces mezclaban su control ideológico con servicios y seducciones muy atendibles? ¿Cómo representar la complejidad que estos juegos fueron adquiriendo en la época de los intercambios desiguales diseminados? ¿Qué significa ser *los otros* en tiempos de globalización, cuando usamos las *videos* japonesas para ver películas de Hollywood y coproducciones intercontinentales?

Al realizar trabajo de campo en la última experiencia de *In Site* –de septiembre a noviembre de 1997, ese programa de arte urbano efectuado en San Diego y Tijuana, con la participación de 42 artistas procedentes de casi todos los países americanos, desde Canadá hasta Argentina–, una de las obras que más le interesó al antropólogo fue la de Marcos Ramírez Erre. Ese artista tijuanense colocó un enorme caballo de Troya a pocos metros de las casetas de la frontera con dos cabezas, una hacia Estados Unidos, otra hacia México. Evita así el estereotipo de la penetración unidireccional del norte al sur. También se aleja de las ilusiones opuestas de quienes afirman que las migraciones del sur están contrabandeando lo que en Estados Unidos no aceptan, sin que se den cuenta. La segunda cabeza atenúa la grandilocuencia épica e introduce el drama. Además, le decía el artista cuando lo entrevistó que este "antimonumento" frágil y efímero es "translúcido porque ya sabemos todas las intenciones de ellos hacia nosotros, y ellos las de nosotros hacia ellos". En medio de los vendedores mexicanos circulando entre autos aglomerados frente a las casetas, que antes ofrecían calendarios aztecas o artesanías mexicanas y ahora agregan "al Hombre Araña y los monitos del Walt Disney", Ramírez Erre no presenta una obra de afirmación nacionalista sino un símbolo universal modificado. La alteración de ese lugar común de la iconografía histórica que es el caballo de Troya busca indicar la multidireccionalidad de los mensajes y las ambigüedades que provoca su utilización mediática. El artista reprodujo el caballo en camisetas y postales para que se vendan junto a los calendarios aztecas y "los monitos de Disney". También dispone de cuatro trajes de troyanos a fin de que se los pongan quienes deseen fotografiarse al lado del "monumento", como alusión irónica a los registros fotográficos que se hacen los turistas junto a los símbolos de la mexicanidad y del *american way of life*.

Cuando vio esta obra pensó que lo más fecundo que el arte puede proponer no son representaciones publicitarias de nuestro canon mágico, sino otras que problematicen los estereotipos de la globalización y de las fronteras. Abrir en la monotonía de la homogeneización espacios para las incertidumbres de quienes viven en las fronteras desgarrados por fuerzas discrepantes, quienes las atraviesan para ir a otra parte, y también las preguntas de quienes conocen esas experiencias lejos de donde suceden a través de los medios de comunicación.

Quizá el arte tiene hoy posibilidad de hablarles a todos ellos. Para ampliar su elocuencia y su escala de resonancia, necesita ocuparse de la recomposición de las culturas nacionales y de lo que se construye más allá de ellas. Esta tarea, piensa el antropólogo, no puede ser sólo de los artistas. Podrá extenderse en la medida en que las instituciones, los intermediarios y los públicos participen –más allá del estrecho horizonte del mercado– en la reelaboración de los mapas de la interculturalidad.

4. El antropólogo y el especialista en *Cultural Studies* fueron a la Feria de arte ARCO, en Madrid, en febrero de 1998, pero no se encontraron, porque era más multitudinaria y tumultuosa que una reunión de LASA o de la Asociación de Antropólogos Americanos. A los dos les interesó ver de qué modo los españoles –que en 1997 dedicaron la feria a América Latina y este año a Portugal– practican mediante el tráfico de obras su objetivo de convertirse en intermediarios entre los latinos rezagados y la Europa próspera. Y también tratan de disputarle a Estados Unidos el ser los *brokers* entre América Latina y el mundo. Encontraron una feria donde algunas de las principales galerías de Nueva York, París y Buenos Aires, de Alemania, Italia y México, se colocaban junto a las de todas las regiones de España y de Portugal. Vieron pinturas de Andy Warhol y Keith Haring en una galería francesa, cuadros del argentino Kuitca en una galería mexicana de Monterrey, del mexicano Gabriel Orozco en una galería francesa, y, una de las obras que mejor se vendió, la de Juan Dávila –frisos que evocan a la vez las imágenes del *comic* y del folklore campesino conosureño del siglo XIX, enmarcados con grecas precolombinas–, presentada como la instalación de un artista chileno que produce en

Australia. En cierto modo, esta feria –como las de otros países europeos y como las bienales multiplicadas en América Latina durante los años noventa– expresan la globalización y el policentrismo del mercado, a los artistas que viven a menudo fuera de sus sociedades originarias y pueden ser representados por galerías de varios países. Por eso, muestran en sus obras mucho más o algo distinto que su color nacional. Esta feria, como las bienales de São Paulo y de Venecia, y la *documenta* de Kassel, demuestran que hay otros focos de irradiación fuera de Nueva York, aunque esta ciudad concentre el mayor número de operaciones en la economía mundial del arte y en la administración de los gustos.

Sin embargo, pocas veces la descentralización y el desarrollo de bloques regionales conduce a una articulación equilibrada entre lo local y lo global. Con motivo de la Feria de Madrid, el diario *El País* les preguntó a diez artistas españoles cuál consideraban la obra de arte más importante o significativa de este siglo que se acaba: salvo uno, que eligió "El gran vidrio", de Marcel Duchamp, los demás mencionaron obras de Picasso, Miró, Tápies, todos españoles. ¿Qué adquieren los museos españoles cuando tienen estas mezclas interculturales en su propia casa? El Centro Gallego de Arte Contemporáneo compró, en la Feria de Madrid, sobre todo pintura de Galicia, las instituciones catalanas instalaciones hechas en Barcelona invitan a artistas de casi todo el mundo, estimulan la presentación de obras electrónicas que viajan desterritorializadas, pero en las adquisiciones prevalece la complicidad con el vecino. Peor aún es el desconocimiento de los antropólogos españoles, franceses e italianos, con pocas excepciones, sobre las ciencias sociales de los países latinoamericanos.

Al antropólogo se le ocurrió que estas combinaciones paradójicas de globalización económica y nacionalismo cultural daban material para formular preguntas que los economistas no se hacen. Pero le preocupaba que los estudios culturales, la corriente que le parecía más capacitada para cuestionar las relaciones hegemónicas entre la cultura, la nación y la globalización, casi no se interesasen por entender lo que el arte, la literatura y los medios significan como hechos del mercado. En esa enciclopedia que es el libro de Lawrence Grossberg, Cary Nelson y Paula Treichler, *Cultural Studies*, ni uno de sus cuarenta artículos está dedicado a la economía de la cultura; se habla de la comunicación, del consumo y la mercantilización, pero en sus 800 páginas no se encuentra casi ningún dato duro, ni gráficas, sólo tratamientos discursivos de hechos que requieren ser analizados empíricamente. Como observó Nicolás Garnham, tal vez en su única crítica consistente a los estudios culturales, durante su polémica con Lawrence Grossberg, el descuido de la dimensión económica tiene que ver con que los *Cultural Studies* se hayan dedicado mucho más al consumo, la recepción y el momento interpretativo, y muy poco a la producción y circulación de bienes simbólicos (Garnham, p. 37).

5. El especialista en *Cultural Studies*, que enseña cultura latinoamericana en una de las universidades mejor equipadas de Estados Unidos, usa la vasta biblioteca de su institución para citar en su última ponencia lo más reciente que se publicó en América Latina. Su fervor internético le permite comentar las declaraciones que el subcomandante Marcos realizó la semana pasada, y encuadra todo eso en lo que Fanon aportó a la descolonización, según lo interpreta Homi Bhabha en sus últimos textos. Cuando el estudiante peruano resume esa ponencia de su profesor para su padre argentino que se exilió en Lima, recibe a vuelta de correo electrónico la pregunta de quién es Homi Bhabha, y también la sorpresa de que el especialista en América Latina citara a ese sociólogo reciente para hablar de Fanon, incluso de que se ocupara de Fanon como novedad para entender América Latina, sin mencionar los debates hechos en Buenos Aires, en São Paulo y en México sobre ese autor en los años sesenta,

cuando se lo tradujo al español, y se discutió abundantemente, demasiado, subraya el padre, si les servía a los latinoamericanos lo que Fanon escribió para Africa. Además, recordaba que en el cono sur generó interés desde que Sartre lo había citado, pero también para pensar contra la cultura que Sartre representaba. El padre iba a agregar que le gustaría que el hijo le mandara algún texto de Bhabha para saber de qué se trataba, pero nada de Fanon, aunque no puede hacerlo porque la luz se corta debido al diluvio desacostumbrado para Lima –dicen que por la corriente del Niño–, y cuando la electricidad vuelve ya no tiene tiempo más que para enviar el *e-mail, el emilia*, como le contaron que dicen los puertorriqueños, y debe salir a dar su clase en la Universidad de San Marcos. Se va pensando qué diría Fanon de que ahora todo lo que no se explica por la corriente del Niño se explica por la globalización.

6. Finalmente, el especialista estadounidense en *Cultural Studies* y el antropólogo latinoamericano se encuentran. Tengo dudas de contarles esto porque en verdad se reunieron dos veces: una en un *campus* de Estados Unidos y otra en una capital de América Latina. Grabé las dos conversaciones, pero por un descuido no anoté en los cassettes los lugares, de manera que no sé cuál ocurrió en el *campus* y cuál en la ciudad latinoamericana. Por momentos, me parece posible diferenciarlas porque en el diálogo que creo ocurrió en el *campus* el latinoamericano está ostentosamente feliz: tal vez porque acaba de pasar la mañana en la hemeroteca de la universidad y fotocopió decenas de artículos recientes de revistas en inglés y en español, inconseguibles en su país. En cambio, en el otro cassette me parece reconocer el malestar del especialista estadounidense, que hubiera deseado que el congreso se hiciera en una ciudad pequeña y antigua, como le prometieron al invitarlo (le hablaron de Cartagena, Pátzcuaro o Tucumán), y no en esta capital tumultuosa en la que ya estuvo seis veces y que imita cada vez más torpemente los *shoppings* y el urbanismo de la clase media norteamericana.

El diálogo fue arduo, ante todo, porque el antropólogo latinoamericano veía al especialista en *Cultural Studies* como representante global de la cultura académica estadounidense, y éste tuvo que explicarle las diferencias de trabajar en California o en el este, y que ni siquiera es lo mismo ser "hispano" en Los Angeles, Miami, Nueva York o Chicago. Para el experto en *Cultural Studies* también fue laborioso aceptar que los estudios culturales existían en América Latina desde hacía varias décadas, aunque no llevaran ese nombre, y que las búsquedas transdisciplinarias, el estudio de la multiculturalidad y sus vínculos con el poder tenían formatos distintos que en Estados Unidos, y a la vez diferentes en México y Perú, donde lo intercultural pasa en gran parte por la presencia indígena, o en el Caribe, donde es central lo afroamericano, o en el Río de la Plata, en que el predominio de la cultura europea simuló una homogeneidad blanca. Cuando se pregunta quiénes son nuestros otros, la respuesta no es la misma en toda América Latina, ni en todo Estados Unidos.

El diálogo los llevó a admitir que no existe el especialista estadounidense en *Cultural Studies*, ni tampoco el antropólogo latinoamericano. Hay hombres y mujeres que trabajan en estos temas, cubanos que viven en Estados Unidos o en España, argentinos en México y en Brasil, uruguayos en Argentina y en Australia, chilenos en Alemania, estadounidenses que cambian de ciudad o de país cada cinco años, todos llevamos adentro un caballo de Troya con dos cabezas, todos dejamos cosas en La Habana, en Buenos Aires y en Santiago, incluso amigos que se quedaron a vivir allí y también saben de caballos bicéfalos. Sentimos a veces la tentación de vestirnos de troyanos y tomarnos fotos junto a pirámides, *campus* desterritorializados, culturas subalternas o híbridas y ferias transnacionales, pero más a menudo parecemos módicas hormigas que corren de una conferencia en el barrio a un congreso internacional, a una carta de solidaridad enviada por e-mail.

Cuando el antropólogo expresaba su preocupación porque en Estados Unidos había más investigadores y estudiantes de doctorado haciendo tesis sobre países latinoamericanos que en toda América Latina, el especialista en *Cultural Studies* se preguntaba por qué los universitarios argentinos, chilenos y peruanos no se interesaban en estudiar a los norteamericanos. Si hace medio siglo que existe un proyecto de Harvard sobre Chiapas ¿por qué apenas en esta década los mexicanos, y más recientemente los brasileños, comienzan a indagar qué pasa en esa sociedad del norte donde habitan millones de conciudadanos migrantes? Se habla de americanización, pero para muchos intelectuales de América Latina –como le oyó decir a Beatriz Sarlo– "Estados Unidos parece un modelo secreto". Quizá por eso, más que aparecer en su trabajo empírico y conceptual, irrumpe en metáforas y narrativas. ¿Qué saberes va a producir esta tendencia expansiva de las universidades, los museos y las galerías estadounidenses, mientras los españoles y latinoamericanos estudian sólo sus propias sociedades y se interesan por su arte doméstico? No es sólo una cuestión de publicaciones intelectuales. El especialista en estudios culturales recordó que a principios de marzo de 1998 escuchó en Austin, en la Reunión del Directorio Nacional de Medios Hispanos, que la prensa publicada en español en Estados Unidos había facturado, en 1997, 492 millones de dólares en publicidad, más que el conjunto de los medios escritos de México. ¿Qué sabemos en la academia de las 1.214 publicaciones periódicas en castellano, 24 de ellas diarias y 246 semanarios, que se hacen en Estados Unidos, de las 93 televisoras, 591 radios y 340 servicios de Internet que hablan en español dentro del territorio estadounidense?

Se preguntó si tanta producción de libros y ponencias tenía por finalidad entender las sociedades y sus relaciones con los otros. O los textos de estudios culturales, de antropología y las exposiciones de arte, se dedican, más que a interpretar la vida social, a hacer funcionar a las instituciones.

Ese encuentro no les llevó a grandes coincidencias. Salvo cuando se fueron caminando, por el *campus* para subir a sus coches, o por la avenida de la capital para tomar el metro, en distintas direcciones, y los dos pensaron que habría que escribir una novela en la que no el protagonista, sino un personaje secundario, semiescondido en la narración, sorprendido inesperadamente en una esquina, reuniera frases de varios latinos y varios anglos, las dijera como propias, hablara todo el tiempo como si viviera en otra parte y esa fuera la manera de estar aquí, o se expresara como los que están cerca y ese fuera el modo de alejarse.

7. El antropólogo o el especialista en *Cultural Studies*, no sé decirles cuál pero este es el instante en que menos importa porque el antropólogo había leído mucho de *Cultural Studies* y el especialista norteamericano sabía bastante de antropología, en fin, uno de ellos se preguntó qué quedaba del sujeto después de que el estructuralismo lo había deconstruido y quién era el *otro* luego de que el posestructuralismo y el posmodernismo lo mostraban como imaginado por un yo que tal vez no existía. ¿No era necesario reconstruir algún tipo de sujeto que se haga responsable, y también reconsiderar, más allá de la dispersión de otros imaginados, la existencia de formas empíricamente identificables, no sólo discursivamente imaginadas, de la otredad?

Se le ocurrió que para pasar de la otredad construida a algo más específico había que hablar del *otro* que sufre y que goza, del *otro* que me importa a mí, de nuestros *otros*. Imaginó que la manera adecuada de estudiar la épica de la globalización era interrogarla desde el melodrama de la interculturalidad, los relatos de la convergencia multitudinaria de consumidores de muchas naciones cruzados con los encuentros, y también los desencuentros, con quienes son nuestros *otros* próximos: ¿podría corregirse la narración totalizadora de Fukuyama y el Banco Mundial con las de Ignacio Cabrujas y Paul Auster?

Así se acordó de una frase de un filósofo francés en la que entrevió la manera de hablar de los antropólogos latinoamericanos y de los especialistas en *Cultural Studies* como sujetos, de sus posibilidades de pensarse desde algún lugar más o menos consistente como ellos y como *otros*. Creía recordar que la frase con la que Gaston Bachelard terminaba su texto era ésta: "yo soy el límite de mis ilusiones perdidas" (Bachelard, p. 97).

Pensó que no era mucho decir eso sobre el yo, pero por el momento le pareció reconfortante.

BIBLIOGRAFÍA

A.A.V.V. *In site 94: una exposición binacional de arte-instalación en sitios específicos*. San Diego Installation Gallery, 1995.

ARCO, Feria Internacional de Arte Contemporáneo, Madrid, 1998.

Appadurai, Arjun. *Modernity at Large. Cultural Dimensions of Globalization*. Minneapolis-Londres: University of Minnesota Press, 1996.

Bachelard, Gaston. *Etudes*. París: Librarie Philosophique J. Vrin., 1970.

Bhabha, Homi. *The Location of Culture*. Londres y Nueva York: Routledge, 1994.

Beverley, John. "Estudios culturales y vocación política". *Revista de crítica cultural*, 12 (julio, 1996): pp. 46-53.

Campa, Román de la. "Latinoamérica y sus nuevos cartógrafos: discurso poscolonial, diásporas intelectuales y enunciación fronteriza". *Revista Iberoamericana*, LXII/176-177 (julio-diciembre 1996): pp. 697-717.

Dietz, Henry y Daniel Mato. "Algunas ideas para mejorar la comunicación entre los investigadores de Estados Unidos y América Latina. Una carta abierta". LASA, Forum, XXVIII/2 (1997): pp. 31-32.

Garnham, Nicholas. "Economía política y estudios culturales: ¿reconciliación o divorcio?". *Causas y azares*, IV/6 (Primavera de 1997): pp. 33-46.

Grossberg, Lawrence. "Estudios culturales vs. economía política: ¿quién más está aburrido con este debate?". *Causas y azares*, IV/6 (Primavera de 1997): pp. 47-60.

―― "Cultural Studies, Modern Logics, and Theories of Globalization". *Back to Reality? Social Experience and Cultural Studies*. Angela McRobbie (ed.). Manchester, Nueva York: Manchester University Press, 1997.

Grossberg, Lawrence, Cary Nelson and Paula Treichler (eds.), *Cultural Studies*. Nueva York-Londres: Routledge, 1992.

Hannerz, Ulf. "Fluxos, Fronteiras, Híbridos: Palavras-chave da Antropologia Transnacional". *Mana*, 3/1 (abril, 1997): pp. 7-39.

Inglehart, Ronald, Miguel Basañez y Neil Nevitte. *Convergencia en Norteamérica, política y cultura*. México: Siglo XXI-Este País, 1994.

Jameson, Frederic. "On Cultural Studies". *Social Text*, 34 (1993): 17-52.

Kerouac, Jack. *Lonesome Traveler*. Nueva York: Mc Graw-Hill, 1960.

Klahn, Norma. "La frontera imaginada, inventada o de la geopolítica de la literatura a la nada". *Mitos en las relaciones México-Estados Unidos*. Schumacher, Ma. Esther (comp.). México: FCE-SRE, 1994.

León, Arnaldo de. *They Called Them Greasers*. Austin: University of Texas Press, 1983.

Sarlo, Beatriz. *Escenas de la vida posmoderna: intelectuales, arte y videocultura en la Argentina*. Buenos Aires: Ariel, 1994.

—— "Los estudios culturales y la crítica literaria en la encrucijada valorativa". *Revista de Crítica Cultural,* 15 (noviembre, 1997): pp. 32-38.

Simmen, Edward. *Gringos in Mexico*. Fort Worth: Texas Christian University Press, 1988.

Theroux, Paul. *Old Patagonia Express*. Boston: Houghton Miffin, 1979.

Valenzuela, J. "La prensa hispana de EE.UU. gana más por anuncios que la mexicana". *El País* (2 de marzo de 1998): p. 28.

Yúdice, George. "Tradiciones comparativas de estudios culturales: América Latina y Estados Unidos". *Alteridades,* 5 (México, 1993).

—— "Civil Society, Consumption, and Governmentality in Age of Global Reestructuring: An Introduction". *Social Text,* 45 (1995): 1-25.

Diversidad cultural y cosmopolitismo

Renato Ortiz
Universidade Estadual de Campinas

El debate sobre la diversidad cultural tiene implicaciones políticas. Si queremos escapar a la retórica del discurso ingenuo, que se conforma con afirmar la existencia de las diferencias olvidando que se articulan según diversos intereses, hay que exigir que se les den los medios efectivos para que se expresen y se realicen como tal. Es un ideal político que no puede evidentemente circunscribirse al horizonte de tal o cual país, de tal o cual movimiento ético, de tal o cual "diferencia". Incluye una sociedad civil que va más allá del círculo del Estado-nación, y que tiene el mundo como escenario para su desarrollo.

1. El debate sobre la diversidad cultural se plantea hoy en día bajo el signo de una aparente contradicción. Se afirman simultáneamente conceptos que muchas veces parecen excluyentes: integración/diferencia, globalización/localización. Algunos analistas de mercado no vacilan en preconizar la existencia de un planeta homogéneo, unidimensional, recién unificado por los vínculos de la sociedad de consumo.[1] Los individuos tendrían en todas partes las mismas necesidades básicas: alimentarse, vestirse, desplazarse por la ciudad, ir al cine o de compras, etc. Correspondería al mercado y a los bienes materiales modelados satisfacer estas necesidades. Existe una visión antagónica entre quienes sobrevaloran los movimientos étnicos (ya sea para afirmarlos como elementos de construcción de las identidades locales, ya sea para rechazarlos como una amenaza a cualquier propuesta de unificación). La declinación del Estado-nación habría inaugurado una era de fragmentación social, saludable o peligrosa, según los pronósticos más o menos optimistas. Así se ha generalizado la metáfora de la "balcanización". El mundo contemporáneo estaría constituido por espacios inconexos, por fragmentos diversos (algunos dicen "fractados") independientes unos de otros. En el contexto de la formación de bloques económicos, la Comunidad Europea y el Mercosur por ejemplo, se reproduce la misma polaridad analítica. Al principio se hace énfasis en el primer término: la integración. Se privilegia así la dimensión referida a la expansión de las fronteras (moneda única europea, mercado común, libre circulación de las personas, intercambio entre países, etc.). Sin embargo, una vez considerado este aspecto integrador se vuelve inmediatamente a la premisa anterior: la diferencia cultural (especificidad de las regiones, riqueza de las culturas locales, variedad de los pueblos y del patrimonio nacional). De modo que el debate oscila entre "totalidad" y "parte", entre "integración" y "diferencia", entre "homogeneización" y "pluralidad". Es como si nos halláramos ante un mundo esquizofrénico: por una parte, posmoderno, infinitamente multifacético; y por otra, uniforme, siempre idéntico.

Esta bipolarización ilusoria se agrava cuando es refutada en el plano ideológico. Totalidad y parte dejan de ser momentos del análisis intelectual para convertirse en pares antagóni-

---

[1] Pienso en Theodore Levitt, teórico del mercadeo global. "The globalization of markets".

cos de posiciones políticas. Por una parte tendríamos el "todo", asimilado de manera apresurada al totalitarismo, y por otra las "diferencias", ingenuamente celebradas como expresión genuina del espíritu democrático. Modernidad o posmodernidad, Habermas o Lyotard, derecha o izquierda, razón o irracionalismo: escoger una de esas trincheras se vuelve un imperativo de sobrevivencia epistemológica.[2] Es como si viviéramos una Guerra Fría en el plano de los conceptos. "Tomar partido", ésta sería la única manera de superar la contradicción aparente entre integración y diferenciación, cada cual retrayéndose en el seguro universo de alguno de esos compartimientos herméticos. Pero, ¿podrían las sociedades ser comprendidas en esta forma? Este pensamiento dicotómico, que recuerda las clasificaciones primitivas estudiadas por Durkheim y Mauss, ¿es realmente convincente?

2. Dos disciplinas nos ayudan a considerar la problemática de la diversidad cultural. La primera es la antropología. Surge al final del siglo XIX, recalcando la radicalidad ajena. Al examinar las sociedades primitivas, revela tipos de organizaciones sociales fundamentalmente distintas a las sociedades industrializadas (relaciones de parentesco, creencias mágicas, explicaciones mitológicas, etc.). Para algunos autores esta distancia es tal que hasta se hace imposible comprenderlas (es el caso de Levy-Bruhl, cuando define la mentalidad primitiva como algo ininteligible para el pensamiento científico). Ciertamente, para el conjunto de la disciplina, esta orientación fue luego desechada (no tendría sentido que un área del conocimiento se constituyera a partir de la negación de lo que se propone estudiar). De cualquier manera, en ambos casos, lo que está planteado es el entendimiento entre grupos distantes en el espacio y en el tiempo, o sea, un conjunto de formaciones sociales que habrían florecido a la sombra de la historia de los mundos "civilizados" (europeo, chino, islámico). En principio, cada una de ellas constituiría un lugar aparte, tendría una identidad y una centralidad propias. Toda cultura debería por lo tanto arraigarse en un territorio específico, con un centro y con fronteras bien delimitadas, alejando el caos, el desorden, lo ajeno, lo peligroso. Por ello, los pueblos primitivos perfeccionaron una serie de mecanismos purificatorios y exorcistas para relacionarse con el extranjero. Este siempre se concebirá, y así nos lo muestra Van Gennep, como un elemento potencial de perturbación del orden, social o mitológico (*Os Ritos de Passagem*). Las fronteras, simbólicas y geográficas, deben ser respetadas para que la integridad cultural pueda mantenerse. La antropología nos enseña, por tanto, que los pueblos dispersos por el planeta constituirían una serie diversificada de culturas, cada una con sus características intrínsecas e irreductibles. No es casual que el debate sobre el relativismo cultural se de en el pensamiento antropológico desde sus inicios. Pese a la existencia de corrientes más universales (el estructuralismo es una de ellas), predominó en la antropología clásica una comprensión de la unicidad de cada cultura. Los estudios se vuelven hacia el entendimiento de una totalidad que expresaría de forma inequívoca el "carácter" de un pueblo (para hablar como los culturalistas norteamericanos).[3] El énfasis sobre la diferencia se pone de manifiesto incluso cuando los antropólogos comienzan a interesarse por las sociedades modernas, desplazando el método de observación participante hacia un nuevo contexto. Al analizar objetos como el folklore y la cultura popular, los antropólogos toman en cuenta aspectos que, en principio, escaparían a la lógica de la "modernización", de la "civilización occidental", de la

---

[2] Me refiero a los textos de J.-F. Lyotard: *O pós-moderno* y al de J. Habermas: "A modernidade como projeto inacabado".

[3] Por ejemplo Ruth Benedict: *Padrões de Cultura*. Visión que la autora retoma en su estudio sobre la sociedad japonesa; véase *The Crysanthemum and the Sword*.

"modernidad", de la "cultura burguesa".[4] Los calificativos no importan mucho, los utilizo para deslindar el horizonte trabajado por la mirada antropológica. El mundo estaría entonces constituido por una miríada de pueblos, cada cual con su modalidad y su territorio específico.

La segunda disciplina es la historia. Ella nos habla de la multiplicidad de pueblos y civilizaciones que se interpenetran y se suceden con el paso del tiempo (egipcios, sumerios, griegos, romanos, chinos, árabes...). Un cuadro que va transformándose continuamente desde la Antigüedad hasta la Edad Media. La desaparición de muchas civilizaciones afianzó en algunos historiadores la creencia de que las sociedades modernas serían análogas a los organismos vivos. Spengler y Toynbee vulgarizaron la concepción según la cual cada civilización experimentaría necesariamente una etapa de ascenso y otra de descenso, una etapa de vida y otra de muerte (Spengler).[5] Postuladas por la metáfora organicista, sus fuerzas vitales se extinguirían con el tiempo. En todo caso, al hablar de civilizaciones, lo que me interesa recalcar es que también se pueden retomar las ideas de centro y de límite. Con sus costumbres, dioses, idioma y conquistas, las civilizaciones se arraigarían en un lugar determinado. Ya no se trataría de la tribu, unidad demasiado pequeña, sino de la ciudad-Estado, el reino o el imperio. Extensiones que pueden variar del mundo chino al mundo europeo o japonés. Por ello, entre los historiadores florece toda una corriente dedicada al estudio del contacto entre civilizaciones, pero cada civilización buscando proyectarse con su lógica más allá de su marco (conquistas romanas e islámicas). En este sentido, diversidad cultural significa diversidad de civilización.

Pero la historia nos revela además un movimiento de integración que difícilmente podríamos aprehender si nos limitáramos a una perspectiva antropológica. Sabemos que, a partir del siglo XVI, el capitalismo emergente en una parte de Europa occidental tiende a ser más abarcador, sus ambiciones se desbordan más allá de los mares. La época de los descubrimientos y de las grandes navegaciones da inicio a otro ritmo de integración entre los pueblos. Este capitalismo llega hasta América y Asia bajo forma de colonialismo. Es la raíz de un fenómeno actualmente en el tapete: la globalización. Pero existe una duda: ¿cuál es la amplitud de este movimiento integrador? ¿Envuelve a "todos los pueblos del planeta", como pretende una visión que lo identifica con un *"world-system"*? ¿Tendría esta misma dimensión sistémica? Aquí se dividen los puntos de vista. Para una corriente de pensadores, como Immanuel Wallerstein, el capitalismo ya era capitalismo desde el siglo XVI (*The Modern World System*). Estaba ya definido en sus rasgos estructurales y lo que había era un movimiento de expansión. La historia sería entonces un ajuste temporal a las exigencias sistémicas. Otros autores buscan recalcar la importancia de la Revolución Industrial. Según ellos, el término capitalismo sería más apropiado para designar un tipo de sociedad nacida en esa época. El punto de ruptura no fue el siglo XVI sino la Revolución Industrial. No pretendo extenderme en este debate, lo retomo sólo en la medida en que remite a la temática que estamos discutiendo. Creo que los intelectuales del siglo XIX (de Saint-Simon a Marx) tenían razón cuando afirmaban la especificidad del modelo industrial. De hecho, viendo la historia desde este punto de vista (como lo hacen, por ejemplo, Jack Goody y Eric Wolf), la Revolución Industrial divide las aguas. El mundo colonial, pese al poder y a la avidez de las metrópolis, no era único: convivía a disgusto con otras "economías-mundo" (China y el norte de África). En realidad, el dominio británi-

---

[4] Un texto representativo de este tipo de estrategia es el de Roberto Redfield: *The Folk Culture of Yucatan*.

[5] Al respecto, Toynbee publicó varios volúmenes en la serie *Estudio de la Historia*.

co no pasaba de las regiones costeras, ni siquiera en India, pues le era difícil implantarse dentro del continente.[6] También América Latina podría ser vista como un espacio donde la presencia española y portuguesa, aun siendo hegemónica, no conseguía integrar a la población negra e indígena dentro de un mismo molde civilizatorio.

Con esto quiero decir que, a pesar de los movimientos integradores, el mundo anterior a la Revolución Industrial todavía encerraba mucha diversidad. Diversidad en un doble sentido. Primero, de civilización. El poderío de los imperios europeos (Inglaterra, Francia, España, Portugal) era ciertamente efectivo si se le considera desde el punto de vista del continente americano. Estados Unidos, la América española y la portuguesa son extensiones de los proyectos metropolitanos. Sin embargo, desplazando nuestra mirada hacia la realidad del mundo asiático o islámico, es necesario puntualizar las limitaciones impuestas a la expansión occidental. Un ejemplo: Japón. Desde el siglo XVI hasta mediados del XIX este conjunto de islas, unificadas bajo el dominio Tokugawa, permaneció fuera de la órbita comercial europea (los pocos contactos se hacían a través de una modesta presencia holandesa, en el extremo oeste del país, en Nagasaki). Claro, existían influencias de origen extranjero (por ejemplo, la introducción de las armas de fuego se dio con la llegada de los portugueses), pero la "civilización japonesa", muy volcada aún hacia el imperio celestial de China, se desarrolló al amparo de los intereses europeos.[7] Lo mismo puede decirse con respecto al mundo islámico (Miquel, Lewis). Hasta el momento de las invasiones napoleónicas, poseía una dinámica completamente independiente de las potencias occidentales. Pero la diversidad anterior a la Revolución Industrial era parte también de las sociedades del Antiguo Régimen. Sólo desde un punto de vista genérico se puede calificar a los Estados europeos como racionales y técnicos. Es cierto que la racionalidad del capital mercantil predominaba junto a los emprendimientos de los ricos comerciantes, pero se trataba de un sector restringido. A pesar del desarrollo científico, cuyas raíces se remontan al Renacimiento, a las premisas de la Ilustración, a la gestión burocrática del aparato del Estado, durante los siglos XVII y XVIII prevalecieron las fuerzas de la tradición (aristocracia, religiosidad popular, creencias mágicas, economía agrícola, estamentos sociales, etc.).[8] En realidad, las sociedades europeas constituían un verdadero archipiélago de mundos regionales, poco integrados unos con otros. Dicho de otra manera, aunque es posible encontrar en los siglos anteriores algunos rasgos del fenómeno que hoy llamamos globalización, el surgimiento y la consolidación de este proceso, a mi modo de ver, sólo fueron constituyéndose cualitativamente con el advenimiento de la modernidad.

3. Revolución Industrial y modernidad van juntas. Trajeron consigo un proceso de integración hasta entonces desconocido: la constitución de la nación. Distinta a la noción de Estado (muy antigua en la historia de los hombres), la nación es fruto del siglo XIX. Presupone que en el ámbito de un territorio determinado ocurra un movimiento de integración económica (surgimiento de un mercado nacional), social (educación de "todos" los ciudadanos), política (advenimiento del ideal democrático como elemento ordenador de las relaciones en-

---

[6] Carlo Cipolla argumenta que el predominio europeo en Asia se limita a la costa marítima. La conquista y el control de vastos territorios dentro del continente se realizó más tarde, como subproducto de la Revolución Industrial; *Canhões e Velas na Primeira Fase da Expansão Européia: 1400-1700*.

[7] Consultar *The Cambridge History of Japan*, vols. 3 y 4.

[8] Buena parte de esta tradición se prolonga durante todo el siglo XIX, véase Arno Mayer: *A Força da Tradição*.

tre partidos y entre clases sociales), y cultural (unificación lingüística y simbólica de sus habitantes). La nación segrega por tanto una conciencia y una cultura nacional, o sea un conjunto de símbolos, conductas, expectativas compartidas por aquellos que viven en su territorio. Proceso que se consolida en el siglo XIX y se extiende durante el siglo XX por todos los países. En cada uno de ellos, según sus historias particulares, surge una cultura nacional. No nos imaginemos la construcción de las naciones como algo natural, como una necesidad teleológica, según lo pensaban varios autores del siglo XIX (se creía que en la cadena evolutiva de las sociedades, la nación sería el tipo más perfecto de formación social). Esta construcción resulta conflictiva, implica intereses contradictorios, disputas y dominios. Buena parte de la memoria nacional es una invención simbólica, las tradiciones son ideológicamente vehiculizadas, como si siempre hubieran existido. Resulta no obstante que cada país se ve como una unidad específica. Según decía Herder, la nación es "un organismo vivo", modal, que difiere de la vida existente en otros lugares. La diversidad tiene por tanto un nuevo significado. El mundo sería la sumatoria de los encuentros y las desventuras de culturas nacionales diversificadas.

4. La modernidad avanza con las revoluciones industriales, ya no solamente con la inicial sino también con la segunda (a fines del siglo XIX) y la tercera (a mediados del siglo XX), produciendo un movimiento integrador que traspasa las diversidades étnicas, civilizadoras y nacionales. Al expresarse como modernidad-mundo, las atraviesa ubicándolas en el marco de una "sociedad global" –para hablar como Octavio Ianni (A Sociedade Global)–. Las relaciones sociales ya no se limitan a los individuos que viven en el contexto de tal o cual cultura, sino que se presentan cada vez más como "desterritorializadas", o sea, como realidades mundializadas. Contrariamente al argumento antropológico que fijaba la cultura en un lugar geográficamente definido, o a las premisas nacionales que arraigaban a las personas en el suelo fijo de un territorio, ahora tenemos un "desencaje" de las relaciones sociales a nivel planetario.[9] Queda en entredicho la idea según la cual toda cultura poseía un centro: la tribu, la civilización, la nación, delimitando un entorno bien preciso. La modernidad-mundo atraviesa las diversas formaciones legadas por la historia, desde los pueblos primitivos hasta los países industrializados.

Concebir la modernidad-mundo como un movimiento integrador no es considerarla como algo homogéneo. Los sociólogos muestran que la modernidad siempre es diferenciadora. Vinculada al modo de producción industrial, se funda en un proceso de individualización y de autonomía creciente. Racionalización del conocimiento, como quería Weber –emancipación del pensamiento científico con respecto a la religión y a las creencias mágicas; subdivisión del campo de la ciencia y constitución de disciplinas distintas (física, sociología, antropología, psicología). La especialización del conocimiento se vuelve una exigencia de las sociedades modernas. Es una diferenciación que llega hasta los valores tradicionales, liberando a los individuos de las redes de la cohesión comunitaria. La sociología nace privilegiando esos temas. Durkheim busca en la división del trabajo la clave explicativa de esta diferenciación social. El paso de la solidaridad mecánica a una solidaridad orgánica reflejaría precisamente este aspecto. Es un movimiento que puede incluso adquirir un cariz "patológico" con la fragmentación social y la anomia de los individuos. Tönnies retoma la misma problemática mediante dos pares conceptuales, "sociedad" y "comunidad". La ciudad se convierte así en el

---

[9] Acerca de la relación entre el proceso de mundialización de la cultura y la constitución de los lugares, véase Ortiz: "Espaço e territorialidades" en Um Outro Território.

lugar privilegiado de las relaciones anónimas e impersonales, en contraposición a las agrupaciones rurales, la aldea, donde los contactos *face à face* favorecerían los rasgos de cohesión. Por ello, Simmel considera la ciudad como el *locus* donde "las diferencias explotan", o sea, donde se afirma la irreductibilidad del individuo. La modernidad-mundo trae consigo un elemento diferenciador, su naturaleza. Esto significa que la mundialización es simultáneamente una y diversa. Una, como matriz civilizadora cuyo alcance es planetario. En este sentido, me parece impropio hablar de "modernidad japonesa", "modernidad europea", "modernidad latinoamericana", como si se tratara de estructuras completamente distintas. Una matriz no es un modelo económico en el que las variaciones se dan en función de los intereses en juego o de las oportunidades de mercado. Capitalismo, desterritorialización, formación nacional, racionalización del saber y de las conductas, industrialización, avances tecnológicos, son elementos compartidos por todas esas "modernidades". Los sociólogos pueden entonces considerarlas como parte de un tronco común, revelando así sus nexos constitutivos. No obstante, la modernidad es simultáneamente diversa. Primero, atraviesa de manera diferenciada cada país o formación social específica. Su realización se da según las historias de los lugares. Las naciones son diversas porque cada una de ellas actualiza de manera diferenciada los elementos de una misma matriz. La modernidad varía, por tanto, según las situaciones históricas (tiene una especificidad en América Latina, otra en Japón o en Estados Unidos). Segundo, contiene en sí un movimiento de diferenciación que envuelve a los grupos, las clases sociales, los géneros y los individuos.

5. Si mi razonamiento es correcto, puede decirse que el término diversidad se aplica de forma indiferenciada a fenómenos de naturalezas diversas. Primero, a tipos de formaciones sociales radicalmente distintas (tribus indígenas, etnias, pasadas civilizaciones y naciones). Recalco este aspecto un tanto ausente del debate contemporáneo. Aun tomando en cuenta el eje hegemónico de la expansión de la modernidad-mundo, hay que reconocer la existencia de un legado de la historia. Civilizaciones, etnias, tribus indígenas no son un anacronismo, algo "fuera" del tiempo. A no ser que creamos en la vulgata de la ideología de progreso, popularizada por el pensamiento evolucionista del siglo XIX. Mundo islámico, sociedades indígenas, grupos étnicos (en África o en Europa central) no son testimonios de "atraso" o señales de barbarie. Se trata de formaciones sociales plenamente insertadas en la actualidad (o sea, inmersas en las relaciones de fuerza que las determinan). Al considerarlas como vestigios, se desconoce que la historia es también el momento presente de entrelazamiento de tiempos no contemporáneos. Segundo, la diversidad se aplica en cuanto diferenciación intrínseca de la propia modernidad-mundo-individuo, movimientos femenino, homosexual, negro, crisis de identidad, etc. Estos movimientos se han acelerado hasta tal punto que muchos los perciben como síntoma de una nueva fase histórica, de una posmodernidad. Es como si cualitativamente esas diferencias fueran equivalentes, mientras que cualquier antropólogo conoce la especificidad de los pueblos indígenas. En realidad, la noción misma de "pueblo" resulta inadecuada para describirlos. Lo colectivo sólo tiene sentido cuando lo contraponemos a las sociedades industriales. La idea de miríada me parece más apropiada para aprehender su realidad. No hay "indígenas", a no ser en singular, y siempre deben ser calificados son *Kamaurá, Suruí, Cintalarga,* etc. (basta ver la diversidad de lenguas indígenas para constatar la multiplicidad de lo que el pensamiento postula como homogéneo). Cada unidad tiene una centralidad y un territorio que se articulan y se contraponen a los intentos de integración. En esto radica la importancia de la cuestión de la tierra (o sea, de las fronteras). Perderla sería desarraigarse, desencajarse, lo que sucedió con los campesinos en Europa y en América Latina durante el proceso de

industralización y con varios grupos indígenas. So pena de desaparecer, los llamados pueblos primitivos tienen que defenderse contra la expansión de las fronteras, ya sean nacionales o mundiales. Diversidad significa aquí afirmación de una modalidad social radicalmente distinta. El caso de las sociedades islámicas (y no hay que olvidar que éstas son heterogéneas) es de otra naturaleza. Se afirma que esta civilización encuentra buena parte de su sentido en los principios religiosos del Corán, pero sería incorrecto imaginarlas como totalmente apartadas de la modernidad. Las transformaciones ocurridas durante los siglos XIX y XX, aun apuntando hacia un fracaso de la "modernización", indican la existencia de sociedades que asimilaron algunos aspectos de la Revolución Industrial (y no sólo el progreso tecnológico, como se suele decir). El dilema del mundo islámico es cómo equilibrar, o sea, cómo contener los elementos de la modernidad en el marco de un Estado y una sociedad civil donde el código religioso todavía pretende ser la última fuente de legitimidad.[10] Totalmente distinta es la cuestión feminista. Emerge como una reivindicación dentro de la matriz de la modernidad. Se lucha por la igualdad de oportunidades y de trato entre géneros. Identificar los movimientos indígenas con el de las mujeres y clasificarlos como minorías es simplemente confundir las cosas. Claro que se afirma un principio de "buena intención", pero esto no nos ayuda en nada para comprender o resolver el problema. La construcción de la identidad en los movimientos de género es el resultado de las ideas y de la organización interna de las sociedades modernas. La oposición entre masculino y femenino no es algo insuperable. Hombres y mujeres, pese a sus sensibilidades diferenciadas, viven en un mismo universo. Hago hincapié en el término utilizado: insuperable. En el caso de las sociedades indígenas, toda "superación", sea en el sentido hegeliano o no, implicaría su desaparición. La separación es la razón de ser de esas culturas. Por ello, lo que estoy sugiriendo es que es necesario hacer, en el debate sobre diversidad, una distinción cualitativa entre las diferencias. Postularlas como equivalentes (como lo hace el discurso posmoderno) es un error.

6. La diversidad cultural no puede verse sólo como una "diferencia", o sea, algo que se define en relación a otra cosa nos remite a alguna otra cosa, toda "diferencia" es producida socialmente, es portadora de sentido simbólico, y de sentido histórico. Un análisis que sólo considere el sentido simbólico, tipo hermenéutica, corre el peligro de aislarse en un relativismo poco consecuente. Es como si la cultura fuera realmente un texto y cada quien le diera su propio significado. La lectura se derivaría entonces de una intención arbitraria: el posicionamiento del lector. No habría una relación necesaria entre los textos, su existencia se vincularía únicamente al interés de la mirada que lo decodificaría. En su irreductibilidad, las culturas no serían comparables unas con otras, serían indiferentes unas a otras. Afirmar el sentido histórico de la diversidad cultural es sumergirla en la materialidad de los intereses y de los conflictos sociales (capitalismo, socialismo, colonialismo, globalización). La diversidad se manifiesta por ende en situaciones concretas. Claro que se puede hacer una lectura textual de las culturas primitivas (en parte, éste es el objetivo de la Antropología), pero considerándolas dentro de un horizonte más amplio. Una cosa es que leamos las sociedades primitivas como un texto (lo que significa que *Los argonautas del Pacífico...* de Malinowski es una entre varias interpretaciones posibles de un mismo dato empírico), mientras que otra es entender el destino de los

---

[10] La interpretación del fundamentalismo propuesta por Oliver Roy es sugestiva. Para el autor, no se trata de una "fuga" de la modernidad sino de una respuesta a la modernización incompleta y desigual de los países árabes, y de una crítica a las instancias religiosas tradicionales (los umelas); véase *Genealogía del Islamismo*.

habitantes de las islas Trobriand. En este caso, es imposible aprehender el cambio que las afecta sin sumergirlas en el flujo del tiempo, sin que las consideremos en el marco de una "situación colonial".[11] El texto "pueblos trobriandeses", con su mitología, su *potlach*, sus creencias, será redefinido, transformado por la presencia del comercio, del cristianismo, de las autoridades coloniales. De igual modo, diría que hoy el contexto cambió. La globalización es el elemento situacional prevalente. Reordena nuestro marco de entendimiento. El relativismo es una visión que presupone que las culturas se abstraigan de sus condiciones reales de existencia, creando así la ilusión de que cada una de ellas quedaría totalmente autoconcentrada o, mejor dicho, sería un texto. En realidad, este estatuto, postulado por el razonamiento metodológico, es negado por la historia. En el mundo de los hombres, las sociedades son relacionales pero no relativas. Sus fronteras se entrelazan y, más de una vez, amenazan el territorio vecino. La discusión acerca de la diversidad no se reduce por tanto a un argumento lógico-filosófico, necesita ser contextualizada pues el sentido histórico de las "diferencias" redefine su propio sentido simbólico.

Decir que la "diferencia" es producida socialmente nos permite distinguirla de la idea de pluralismo. A mi modo de ver, traducir el panorama histórico-sociológico en términos políticos es engañoso, porque estaríamos presuponiendo que cada una de esas múltiples unidades tiene la misma validez social. En esta perspectiva, la cuestión del poder se borra. No habría jerarquía ni dominio. En realidad estaríamos aceptando de manera implícita la tesis según la cual el contexto histórico o bien no interfiere con las diversidades, o bien en última instancia sería pluralista, democrático, lo cual es un contrasentido (o mejor dicho, sólo tiene sentido cuando consideramos ideológicamente el mundo). Se ha desarrollado en tiempos recientes toda una literatura que gira en torno al paso de lo "homogéneo" a lo "heterogéneo". La producen los economistas, los sociólogos, los administradores de empresas y los divulgadores científicos (pienso en los escritos de Alvin Toffler). La historia es aprehendida en términos dicotómicos, como si nos halláramos en el umbral de una nueva era, de una "tercera ola". Para este tipo de óptica, el pasado habría sido uniforme, unívoco, privilegiando los "grandes relatos", y en contrapartida el presente se caracterizaría por la diseminación de las diferencias, por los "pequeños relatos", por la multiplicidad de identidades. Aplicada al mercado, esta visión optimista asimila lo homogéneo al fordismo, a la producción en serie y masiva, y asimila lo heterogéneo, lo diverso, al capitalismo flexible de este fin de siglo. El mundo actual sería múltiple y plural. Diferenciación y pluralismo se convierten así en términos intercambiables y, lo que es más grave, ambos se funden en el concepto de Democracia. En esta operación mental hay algo de ideológico. Se trata, primero, de una falsedad histórica. No cabe duda de que las sociedades modernas son más diferenciadas que las formaciones sociales anteriores, ciudad-Estado, civilizaciones, tribus indígenas. El proceso de diferenciación, vinculado a la división del trabajo, es intrínseco a la modernidad. Pero no hay que olvidar que, desde el punto de vista civilizatorio, la diversidad existente antes del siglo XV era ciertamente más amplia que la que hoy conocemos. Innumerables culturas, lenguas, economías-mundo, economías regionales, costumbres, desaparecieron en el movimiento de expansión del colonialismo, del imperialismo y de la sociedad industrial. A veces me da la impresión de que el discurso sobre las diferencias lidia difícilmente con esos hechos. Ante lo inexorable de la modernidad-mundo, hay que imaginar el pasado como si representara el dominio de la indife-

---

[11] Recuerdo que el concepto de "situación colonial" fue introducido por Georges Balandier, precisamente con la intención de escapar al relativismo del culturalismo norteamericano; véase *Sociologie actuelle de l'Afrique noire*.

renciación y de la uniformidad. Tal vez podría decirse del mundo contemporáneo lo que Maxime Rodinson pondera en las sociedades islámicas de algunos siglos atrás ("La nation de minorité"). Las especificidades religiosas, en el caso de la convivencia del islamismo con el judaísmo o el cristianismo en un mismo territorio, lejos de ser parte de un cuadro de tolerancia (como dicen algunos historiadores), eran parte de un "pluralismo jerarquizado". O sea, la diversidad se ordenaba según las relaciones de fuerza dictadas por el código islámico. Las idiosincrasias del mercado o de las identidades no existen en tanto "textos" autónomos, sino que participan de un "pluralismo jerarquizado", administrado por las instancias dominantes en el contexto de la modernidad-mundo.

Como corolario del argumento anterior, puede decirse que las "diferencias" también esconden relaciones de poder. Por ejemplo el racismo, que afirma la especificidad de las razas para seguidamente ordenarlas según una escala de autoridad y poder. Por ello, es importante comprender cuándo el discurso sobre la diversidad oculta cuestiones como la desigualdad. Sobre todo cuando nos movemos en un universo donde la asimetría entre países, clases sociales y etnias no se puede argumentar. La imagen según la cual el mundo sería "multicultural" y estaría constituido por un conjunto de "voces" (imagen muy corriente en los organismos internacionales tipo Unesco) no es satisfactoria. El lema de la "unidad en la diversidad" (hoy en día común entre quienes se refieren a la Comunidad Europea) puede ser un lenitivo cuando se enfrentan problemas para los cuales todavía no hay respuestas, pero su validez sociológica es sumamente dudosa. Durante todo el siglo XX esta frase estuvo a la orden del día en las elites latinoamericanas. Lo mestizo, lo sincrético (ahora, con el posmodernismo, volvemos a una apología del mestizaje), se convierte en símbolo de la superación de los antagonismos sociales. Por ello, un autor como Gilberto Freyre puede aprehender la historia brasileña en términos de "democracia racial". El país sería el producto del cruce armónico, de la aculturación de europeos, negros e indios (*Interpretação do Brasil*). La diversidad étnica se expresaría al unísono en la unidad nacional. El inconveniente es que esas "teorías", que no son necesariamente brasileñas pues se han difundido por toda América Latina, omiten precisamente el contexto en el que se da la interacción cultural. Fundadas en una perspectiva culturalista, retiran toda "diferencia" de la historia, reificando a los individuos en una visión idílica de la sociedad (o sea, conveniente para las elites dominantes).[12] La desigualdad puede ser entonces absorbida en tanto diferencia, y se anula ante la contribución específica de cada una de las partes.

Dentro de la perspectiva que estoy planteando, el mundo difícilmente podría ser visto como un caleidoscopio –metáfora utilizada con frecuencia por varios autores–, un instrumento en el cual los fragmentos coloreados se combinan de manera arbitraria en función del desplazamiento del ojo del observador. Pero las interacciones entre diversidades no son arbitrarias, se organizan según las relaciones de fuerza que se ponen de manifiesto en situaciones históricas. Existe orden y jerarquía. Si las diferencias son producidas socialmente ello significa que, al descuidar sus sentidos simbólicos, quedarán signadas por los intereses y conflictos definidos fuera del ámbito de su círculo interno. Dicho de otra manera, la diversidad cultural

---

[12] Es interesante notar que la antropología culturalista norteamericana tiene un papel importante en el proceso de construcción de las imágenes nacionales. Esto no ocurrió sólo en América Latina, donde los estudios de Herskovitz, Robert Redfield, Margaret Mead y Ruth Benedict ejercieron gran influencia. Lo mismo ocurrió en Japón: el culturalismo presentaba un conjunto de conceptos apropiados para la elaboración de la "diferencia nacional". Al respecto, consultar Harumi Befu: "A critique of the group model of Japanese Society".

es diferente y desigual porque las instancias y las instituciones que las construyen tienen distintas posiciones de poder y de legitimidad (países fuertes o países débiles, transnacionales o gobiernos nacionales, civilización "occidental" o mundo islámico, Estado nacional o grupos indígenas).

7. En el contexto de la modernidad-mundo hay una institución social que adquiere un peso desproporcionado. Me refiero al *mercado*. Se trata de una instancia no sólo económica, como suelen imaginar los economistas, sino también productora de sentido. Lejos de ser homogéneo, según pensaban los teóricos de la comunicación masiva, el mercado crea diferencias y desigualdades.[13] Basta ver el universo del consumo y de los estilos de vida. A través de los objetos consumidos, los individuos expresan y reafirman sus posiciones de prestigio o de subordinación. El consumo requiere disponibilidad financiera y capacidad de discernir (hay una educación para el consumo). Las marcas de los productos no son meras etiquetas, agregan a los bienes culturales un sobrevalor simbólico consustanciado en la *griffe* que lo singulariza en relación a otras mercancías. Yo diría, en los términos sociológicos de Bourdieu, que el mercado es fuente de distinción social y refuerza la separación entre grupos y clases sociales (*La distinction*). Se redimensiona así lo que se entiende por valor cultural –sobre todo al tratarse de las industrias culturales. Al tener el mercado una amplitud globalizada, desplaza a las otras instancias de legitimidad que conocíamos, por ejemplo el gran arte o las tradiciones populares. Establece por tanto una jerarquización entre las diversas producciones culturales, garantizando un lugar destacado para aquellas que se ajustan a su lógica. Por ello, cualquier discusión acerca de la diversidad que deje de lado este aspecto mercadológico resulta inocua. No es que la cultura se haya convertido en una mercancía (no creo que este concepto se aplique a los universos simbólicos, excepto como metáfora). Sin embargo, en el conjunto de relaciones de fuerza mundializadas, debido a los intereses en juego, el mercado cultural adquirió una dimensión de la que no disfrutaba hasta entonces. Para aquellos que discuten acerca de la integración, sobre todo en el marco de una política de formación de bloques (Tratado de Libre Comercio de América del Norte [TLCAN], Mercosur, Comunidad Europea), es crucial que el debate vaya más allá de los intereses económicos inmediatos. De no ser así, el marco de reflexión quedará atrofiado, circunscrito a los temas legitimados por el *status quo*.

8. En un mundo globalizado, la diversidad cultural debe ser considerada desde un punto de vista cosmopolita. Sólo una visión universalista puede valorar realmente lo que llamamos "diferencia". Querramos o no, ello exige que se relativice la manera como se solía considerar la cultura nacional. Los ideales de la Ilustración europea preconizaban que lo universal se realizaría a través de la nación. Libertad, igualdad y democracia fueron principios que orientaron el surgimiento de las naciones (lo digo a sabiendas de que nunca se realizaron completamente). La propia lucha anticolonialista se fundamentaba en esas premisas. Para existir como pueblos libres, los países colonizados tuvieron que romper con la metrópoli y constituirse en naciones independientes. Mientras tanto, la relación entre la nación y lo universal se rompió. La modernidad-mundo replantea el problema sobre otras bases. Ante el surgimiento de una sociedad globalizada, la nación pierde su preeminencia para ordenar las relaciones sociales. Su territorio es atravesado por fuerzas que la trascienden. Las formaciones naciona-

---

[13] Para una discusión acerca del concepto de masa y su inadecuación al entendimiento de la problemática de la mundialización de la cultura, véase Renato Ortiz: "Cultura, comunicação e massa".

les se constituyen ahora en diversidades (y no en punto final de la historia, como querían los pensadores del siglo XIX), lo que significa que las culturas nacionales adquieren un peso relativo. Pasan a ser consideradas en el ámbito de las otras diversidades existentes.

Sé que la historia del universalismo encierra numerosos percances. De la razón instrumental, como decía Adorno, al etnocentrismo arrogante. No siento predilección ni nostalgia alguna por ese presente/pasado de la "razón occidental" (asociar la idea de razón a la de occidentalidad es un *tour de force* eurocéntrico; al igual que en los departamentos de filosofía se sustenta el mito de la raza griega como punto de origen de todo pensamiento racional, dejándose de lado la riqueza de otras culturas: china, árabe, india [Amin]). Lo universal no existe en abstracto, especie de *a priori* kantiano cuya presencia sería inmanente a la mente humana. Las sociedades tuvieron que sufrir profundas transformaciones para que pudiera expresarse la universalidad del pensamiento. Una de ellas fue el advenimiento de la escritura. Tal como lo recalca Jack Goody (*A lógica da escrita*), la escritura hizo posible para las culturas un grado de abstracción y de trascendencia que les permitió escapar a las imposiciones locales (de los dioses, los poderes y las creencias).[14] Por ello, Weber considera como universales las religiones que se fundamentan en textos escritos: budismo, confucianismo, islamismo, bramanismo, cristianismo. Al igual que las "diferencias", lo que calificamos como universal siempre se sitúa históricamente. En este sentido, el debate sobre el universalismo tampoco se reduce a una posición teórica, a un juego de argumentos contrapuestos a otros (al relativismo, por ejemplo). Las instituciones sociales, ya sean las religiones, los Estados, o las transnacionales, llevan en sí elementos de universalidad (religiosa, política o mercadológica). No obstante, aun admitiendo que lo universal sea un constructo histórico (muchos filósofos piensan de otra manera), no puedo dejar de comprender que ésta es la única vía posible para dar cuerpo a los ideales de libertad y democracia. Sólo una perspectiva cosmopolita puede afirmar, por ejemplo, el derecho de los pueblos indígenas a poseer sus tierras. Al reconocerlos como diferentes y no iguales (lo cual es distinto a desigual), debido a los ideales anteriores les atribuyo una prerrogativa de derecho. Así no estoy refiriéndome al universal colonizador de nuestros antepasados. Sólo una perspectiva cosmopolita me permite criticar la pretensión del mercado de constituirse como única universalidad posible. En nada avanzamos considerando la categoría "totalidad" como un anatema (una señal de totalitarismo). Históricamente las "diferencias" sólo pueden existir cuando son reducidas por fuerzas integradoras que las engloban y las rebasan. Independientemente de que lo consideremos como perversión o realización del "proyecto de modernidad", el mercado trasciende, por su dimensión planetaria, las fronteras y los pueblos. De ahí su vocación para constituirse en un "gran relato", o sea, un discurso donde la universalidad sólo es conveniente para los grandes grupos económicos y financieros. Por ello, el debate sobre la diversidad cultural tiene implicaciones políticas. Si queremos escapar a la retórica del discurso ingenuo, que se conforma con afirmar la existencia de las diferencias olvidando que se articulan según diversos intereses, hay que exigir que se les den los medios efectivos para que se expresen y se realicen como tal. Es un ideal político que no puede evidentemente circunscribirse al horizonte de tal o cual país, de tal o cual movimiento étnico, de tal o cual "diferencia". Incluye una sociedad civil que va más allá del círculo del Estado-nación, y que tiene el mundo como escenario para su desarrollo.

Traducción: Amelia Hernández

---

[14] Consultar también Walter J. Ong.

BIBLIOGRAFÍA

AA.VV. *The Cambridge History of Japan.* Vols. 3 y 4. Cambridge: Cambridge University Press, 1990-1991.

Amin, Samir. *L'Eurocentrisme.* París: Anthropos, 1988.

Balandier, Georges. *Sociologie actuelle de l'Afrique noire.* París: PUF, 1971.

Befu, Harumi. "A critique of the group model of Japanese Society". *Social Analisis,* V/6 (1980).

Benedict, Ruth. *Padrões de Cultura.* Lisboa: Livros do Brasil, 1900-1981.

—— *The Crysanthemum and the Sword: Patterns of Japanese Culture.* Boston: Houghton Mifflin Company, 1946.

Bourdieu, Pierre. *La distinction.* París: Minuit, 1979.

Cipolla, Carlo. *Canhões e Velas na Primeira Fase da Expansão Européia: 1400-1700.* Lisboa: Gradiva, 1989.

Freyre, Gilberto. *Interpretação do Brasil.* Río de Janeiro: José Olympio, 1941.

Goody, Jack. *The East in the West.* Cambridge: Cambridge University Press, 1996.

—— *A lógica da escrita e a organização da sociedade.* Lisboa: Edições 70, 1986.

Habermas, Jürgen. "A modernidade como projeto inacabado". *Arte em Revista,* 5.

Ianni, Octavio. *A Sociedade Global.* Río de Janeiro: Civilização Brasileira, 1993.

Levitt, Theodore. "The globalization of markets". *Harvard Business Review,* 5-6 (1983).

Lewis, Bernard. *O Oriente meio.* Río de Janeiro: Zahar, 1996.

Lyotard, J.-François. *O pós-moderno.* Río de Janeiro: José Olympio, 1986.

Malinowski, Bronislaw. *Los argonautas del Pacífico Occidental: un estudio sobre comercio y aventura entre los indígenas de los archipiélagos de la Nueva Guinea melanésica.* 2ª ed. Barcelona: Ediciones Península, 1975.

Mayer, Arno. *A Força da Tradição.* São Paulo: Companhía das Lêtras, 1987.

Miquel, A. *L'islam et sa civilisation.* París: Colin, 1986.

Ong, Walter J. *Oralidad y escritura: tecnologías de la palabra.* México: Fondo de Cultura Económica, 1987.

Ortiz, Renato. "Espaço e territorialidades". *Um Outro Território.* São Paulo: Olho d'Agua, 1996.

—— "Cultura, comunicação e massa". *Um Outro Território.* São Paulo: Olho d'Agua, 1996.

Redfield, Roberto. *The Folk Culture of Yucatan.* Chicago: The University of Chicago Press, 1941.

Rodinson, Maxime. "La notion de minorité et l'Islam". *L'Islam: politique et croyance.* París: Fayard, 1993.

Roy, Oliver. *Genealogía del Islamismo.* Barcelona: Ediciones Belletarra, 1996.

Spengler, Oswald. *La decadencia de Occidente.* Madrid: Espasa Calpe, 1958.

Toynbee, Arnold Joseph. *Estudio de la Historia.* 2ª ed. Madrid: Alianza Editorial, 1971.

Toffler, Alvin. *The Third Wave.* Nueva York: Bantam Books, 1980.

Van Gennep. *Os Ritos de Pasagem.* Petrópolis: Vozes, 1978.

Wallerstein, I. *The Modern World System.* 2 vols. Nueva York: Academic Press, 1976-1979.

Wolf, Eric. *Europe and the People without History.* Berkeley: University of California Press, 1982.

II. Estudios culturales latinoamericanos: aperturas y límites

Metáforas y estudios culturales

Carlos Rincón
Freie Universität Berlin

I

En el curso de la conferencia internacional "*Cultural Studies: Now and in the Future*" en abril de 1990, Stuart Hall hizo una exposición con abiertos propósitos autorreflexivos. La parte principal de su intervención la desarrolló a manera de revisión retrospectiva. Esta estrategia le proporcionó los argumentos para enfrentar su tema: el proyecto de los *Cultural Studies* como práctica, su posición institucional, la centralidad o marginalidad de sus practicantes como intelectuales críticos. Consiguió así formular un diagnóstico de lo que era entonces el *ahora* del proyecto de los *Cultural Studies*, y bosquejar un pronóstico acerca de su posible futuro. La revisión la introdujo con estos términos:

> Quiero volver atrás, al momento en que se "hizo la apuesta" en los *Cultural Studies*, al momento en que con las posiciones había algo en juego. Este es un camino para abrir la pregunta sobre la *worldliness* (el lado material, terrestre) de los *Cultural Studies*, para utilizar un término de Edward Said. No pongo aquí el acento en la connotación secular de la metáfora, sino en el lado material, terrestre, la mundanidad de los *Cultural Studies* (Hall, "Cultural Studies and...", p. 278).

Luego Hall hizo la siguiente declaración:

> Pongo el acento en lo "sucio" del juego semiótico, si así puede decirse. Intento sacar el proyecto de los *Cultural Studies* del aire puro de significado, textualidad y teoría para devolverlo a algo chocante, abyecto. Esto envuelve la difícil tarea de investigar algunos de los cambios de orientación teórica o momentos de los *Cultural Studies* ("Cultural Studies and...", p. 278).[1]

No es difícil percibir la ambivalencia de este enunciado, dentro del propósito autorreflexivo que anima la exposición de Hall. ¿A qué viene esa formulación acerca del intento de hacer retornar los *Cultural Studies* de un espacio enrarecido a otro que sería más primordial? Si se la aísla, puede leerse como distanciamiento frente a una dirección que tiende a imponerse, con la que no se siente cómodo, para optar en favor de un retorno de los *Cultural Studies* a otro modelo que, paradójicamente, resulta más prístino por su contaminación. Es cierto que la frase final y, sobre todo, el desarrollo de la revisión retrospectiva, los resultados que proporciona, neutralizan la ambigüedad. En la reconstrucción propuesta por Hall, el proyecto de los *Cultural Studies* incluye, además de su problemática inicial, y junto con la expansión de la

---

[1] Véase también L. Grossberg (pp. 87-105).

cuestión del poder –"política, raza, clase y género, subyugación, dominación, exclusión, marginalidad, alteridad, etc."– y la consideración de lo personal como político, la subjetividad y el agenciamiento, también las cuestiones del texto en sus afiliaciones y de la textualidad como lugar de representación y resistencia. Para ser más precisos en lo que a este último punto se refiere, del encuentro de los *Cultural Studies* con el estructuralismo, la semiótica y el posestructuralismo, Hall desprendía estos avances teóricos:

> la importancia crucial del lenguaje y de la metáfora lingüística para cualquier estudio de la cultura; la expansión de la noción de texto y textualidad, pero como una fuente de sentido y como lo que escapa de y pospone el sentido; el reconocimiento de la heterogeneidad, de la multiplicidad del sentido, de la lucha por cerrar arbitrariamente la infinita semiosis más allá del sentido; el reconocimiento de textualidad y poder cultural, de la representación misma, como un lugar de poder y regulación; de lo simbólico como una fuente de identidad ("Cultural Studies and...", p. 283).

Es en esos términos como el proyecto de los *Cultural Studies* podía pretender, en la exposición de Hall, dar cuenta de fenómenos y procesos contemporáneos de manera más cabal que las descripciones sociológicas, etnológicas, de la economía, la antropología, la crítica literaria o la teoría del arte acerca de ellos, sin excluirlas.

¿Qué clase de desafío –y para qué instancias– pueden constituir en América Latina los estudios culturales? ¿Cuáles son las nuevas perspectivas que vienen a ofrecer sobre la América Latina contemporánea, más allá de los resultados de las formas de análisis cultural que habrían practicado las disciplinas establecidas? La búsqueda de caminos para solucionar esos interrogantes parte aquí de dos premisas. A su escrutinio están dedicados los numerales siguientes (II y III). Su resultado es el loteo de un campo de trabajo, vinculado de manera directa con el tipo de cultura teórica propia de América Latina en la mayor parte del siglo que concluye, y con el debate actual de los *Cultural Studies*. Se trata del examen del instrumentario conceptual, hoy disponible, comenzando precisamente con algunas metáforas que, ante la defección del aparato conceptual tradicional frente a las nuevas prácticas culturales, han adquirido valor epistemológico. A partir de la comprobación del final del rechazo aporético de las metáforas en el análisis cultural se estudia entonces, en los apartes siguientes, el rendimiento de una metáfora clave. Esta resulta revestida en la actualidad de función conceptual, tanto para el desciframiento de las prácticas de apropiación y circulación cultural como en la representación de esos procesos en discursos específicos: hibridación, su genealogía (IV) y funcionamientos (V).

II

Premisa inicial: la desazón afectiva que despiertan todavía los estudios culturales, vistos como provocación entre amplios sectores académicos e intelectuales que trabajan en (o sobre) América Latina, no tiene que ver sólo con las problemáticas, campos de objetos, estrategias investigativas, estilos intelectuales asociados a ese proyecto. Ni tampoco depende de modo primordial de situaciones disciplinarias propiamente dichas. Me refiero, en el terreno de las humanidades, a la situación creada con el ascenso incontenible de los medios electrónicos, el ocaso de los intelectuales públicos, el fin del puesto hegemónico de la literatura frente a otras prácticas culturales, la pluralización abrumadora de las fuentes por considerar, la erosión y problematización de los cánones nacionales de las literaturas, la disolución de los límites de las disciplinas que tuvieron a su cargo la literatura o las artes plásticas (véase Moraña, Rincón y Schumm). Me refiero, en el caso de las ciencias sociales duras, a la manera como manejan desde hace años sus agobiantes crisis. Por una parte, a la imposibilidad en que se encuentra la sociología en sus formas empírico-analítica, interpretativa y de análisis crítico, como pretendida ciencia social sistematizante y generalizadora, que excluyó de su enfoque de la modernización el estudio de la cultura, de salir del pantano en que está desde el final de la Guerra Fría; y mucho menos de recuperar, en el análisis del cambio social, político y cultural, el potencial crítico que jugó y perdió, al revelarse sus presupuestos no sólo insuficientes sino falsos.[2] Y a la manera, por otra parte, como la antropología, con su institucionalización latinoamericana en organismos y programas estatales volcados hacia la administración indigenista, no pudo seguir el camino marcado por críticas "radicales", formuladas desde 1973 (*Autocritique de la science*, Jaubert & Lévi-Leblond; *Le clair et l'obscure*, Delfendahl; *Le miroir de la production*, Baudrillard), para pasar al escrutinio de alteridades, relaciones y diferencias culturales, sino conformarse con el derrotero señalado también en ese momento por Claude Lévi-Strauss:

> la antropología no sobrevivirá más que aceptando perecer para renacer bajo un nuevo aspecto [...] allí en donde las culturas indígenas tienden a desaparecer físicamente [...] la investigación se continuará de acuerdo con las vías tradicionales (p. 70).

Con gran dificultad se concede hoy que a la antropología latinoamericana podría concernirle en algo, el doble punto de partida de la disciplina en su reorientación de acuerdo con la teoría de la significación: la quiebra de la autoridad etnográfica de la antropología cultural, y la consideración de las etnografías –las representaciones de alteridad cultural producidas por la escritura de los etnólogos– como textos (Clifford y Markus; Markus).

Si el motivo de las reacciones afectivas no reside, empero, en rasgos adjudicables a los estudios culturales ni depende ante todo de situaciones de crisis disciplinarias conocidas ¿por qué puede percibírselos como provocación? Pienso que es menester dirigirse más bien en otra dirección: considerar las predisposiciones intelectuales propiamente dichas. Son ellas tal vez las que dan ocasión a esas notorias reacciones afectivas, y por eso esta situación particular, compartida de manera amplia, puede constituirse en punto final de una historia. Que así resulta factible interrogar: la de una específica cultura teórica moderna surgida a partir de los años veinte como constitutiva de la modernidad periférica en América Latina. Desde el punto de vista de los estudios culturales, se puede comprobar entonces que ideologemas, discursos y estilos intelectuales propios de esa cultura teórica, han llegado al límite de su rendimiento cognoscitivo y político.

III

La segunda premisa tiene alcance estratégico. Sirve aquí para situar un propósito analítico: definirlo más como campo de trabajo que como tema. Para amojonar sus linderos es necesario referirse a la situación presente de los *Cultural Studies-estudios culturales*: al lado del afianzamiento de mitos fundadores, historias pías y propósitos de responder a la pregunta

---

[2] La reciente polémica chilena sobre el final de la sociología muestra la timidez del diagnóstico de Enrique Goneariz Morega y Jorge Vergara Estévez.

what is-qué son los estudios culturales (Bennett), se intenta asumir su debate interno y las críticas hechas desde el exterior, para retratar a los estudios culturales en el acto de reinventarse a sí mismos.

El primer desarrollo puede especificarse a partir de las preguntas siguientes: 1. ¿Con qué concepto de cultura operan los *Cultural Studies*? 2. ¿Cómo definir su campo de estudios y qué actitud tienen ante los conflictos? 3. ¿A qué niveles de la actividad cultural se sitúan los intereses cognoscitivos y se definen sus métodos? Se le reconoce representatividad y pretensión programática al panorama propuesto por *Cultural Studies as Critical Theory*. El concepto de cultura que se desprende de la argumentación desarrollada por Agger en ese libro, parte de un presupuesto básico: el rechazo de la estratificación cultural, de la oposición binaria *high-low*, dominante hasta hace unas décadas en el debate y en las investigaciones sobre cultura. Se trata, más propiamente, de la elaboración de un concepto expansivo y no sólo ampliado de cultura, en el viejo sentido antropológico de la diversidad cultural: la visión de la cultura como dimensión expresiva de la vida en común y serie de artefactos y símbolos empíricamente inventariable y clasificable. Determinada como modo de vida de un pueblo, en la línea de Raymond Williams, la concepción de cultura de los *Cultural Studies* resulta por eso reacia a la idea de valores absolutos. De allí también la legitimación y politización –convertida por una tendencia "populista" en celebración– de la cultura popular producida industrialmente, que dejó así de ser considerada simple epifenómeno o vehículo ideológico de mistificación. En ese marco, el reconocimiento de la socialización de sus propias identidades a través de los medios y de las comunicaciones, pertenece a la autocomprensión tácita de quienes practican los *Cultural Studies*. (En últimas: "A mí me gusta más la TV que la literatura".) El fin de la idea de la cultura como sistema unitario, cerrado o fijo va emparejado con la consideración de la cultura como proceso, sujeto a dinámicas de surgimiento y renovación. Es por eso mismo que si, como lo consideraba hace casi dos décadas Hall, los *Cultural Studies* emergieron "as a distinctive problematic" a mediados de los años cincuenta, en el momento en que se disolvía la cultura tradicional de la *English Working Class* y despegaba una amplia expansión del sistema educativo inglés (Hall, "Cultural Studies Two Paradigms", p. 19), la investigación y la anticipación del conflicto les pertenece, tal como les fue inherente el concepto de clase. La idea de conflicto aparece regida, a su vez, por la concepción de las relaciones cara-a-cara o de las significaciones sociales como producto de las interacciones humanas. La generalidad de las manifestaciones de la vida social, ahora "culturalizadas", constituye su campo de interés, carente por eso de diferencias zonales. Producción, distribución y consumo o, en otros términos, inserción, mediación y recepción de representaciones culturales, a todos sus niveles, resultan entonces susceptibles de abordajes interdisciplinarios, guiados por criterios epistemológicos que se proclaman relativistas y eclécticos. Por ello mismo John Fiske puede destacar este rechazo, como determinante para los *Cultural Studies*:

> producir o aceptar criterios para definir sus límites o su centro: el campo no está formalizado, su topografía se encuentra lejos de haberse fijado, de manera que dentro de él cualquier posición puede llegar a ocupar un espacio más elevado o más central que otros (Fiske, p. 370).

En cuanto a los intentos de balance, debe destacarse que los más ambiciosos tienen su punto de partida en el campo, acremente disputado, de los estudios de la comunicación. Se trata de aquél que, acoplado o como parte de una primera definición de subáreas de los *Cultural Studies*, galvanizó en los años ochenta el interés hacia éstos por parte de las fundaciones y las corporaciones en los Estados Unidos. El trazo de la crónica de la internacionalización de una *academic enterprise* que ha llegado a los cuarenta años, ha permitido establecer divergencias en genealogías, presupuestos, categorías analíticas y, sobre todo, desarrollos cuyo desciframiento exige la consideración de procesos culturales y políticos particulares. Ya al simple nivel de las teorías y los métodos, un desarrollo como el inglés, que partió del rechazo del canon literario rígido de la *great tradition* cultivado en los estudios de F.R. Leavis y sus seguidores, para cumplir un recorrido que incluyó "fenomenología, etnometodología, el estructuralismo de Lévi-Strauss, Althusser, Gramsci, posmarxismo, psicoanálisis y otras líneas de la teoría literaria francesa, posmodernismo y, más recientemente, la política de identidad, poscolonialismo y posnacionalismo" (Ferguson y Golding), muy poco puede coincidir con arqueologías e historias argentinas, peruanas, brasileñas o colombianas. En todo caso, se imponen en esos balances comprobaciones de diverso orden. De un lado, "es claro que la era de expansión de los *Cultural Studies* de la pasada década ha terminado" (XVIII), y que los "*Cultural Studies* se encuentran en estado de transición" (XXVI). Por otro, aunque el eje anglonorteamericano tiene relevancia principal, se consigna respecto a su práctica en Australia y América Latina, que "a mediados de los años noventa el hemisferio sur es el lugar de lo que se puede llamar *emergent 'alternative' Cultural Studies*" (XVII).[3]

Son tres las fuerzas principales que moverían actualmente a que se revalúe y se reinvente el proyecto de los *Cultural Studies*:

> La primera es la alta visibilidad de los *Cultural Studies*, la consecuencia de su avance internacional, institucionalización académica y colonización disciplinaria a través de la proliferación de asociaciones profesionales, conferencias, celebridades teóricas, revistas y textos. La segunda fuerza deriva de la inclinación de los estudios culturales hacia una pedagogía de infinita plasticidad, con intereses que incluyen, aparte de su propia historia, género y sexualidad, constitución de la nación e identidad nacional, colonialismo y poscolonialismo, raza y etnicidad, cultura popular y audiencias, ciencia y ecología, políticas de identidad, pedagogía, las políticas de estética y disciplinaridad, instituciones culturales, discurso y textualidad, lo mismo que "historia y cultura global en una época posmoderna" (Nelson, Treichler, Grossberg, *Cultural Studies*, pp. 18-22). La tercera fuerza que empuja a los *Cultural Studies* a lo largo de la senda de la revisión, proviene directamente de la crítica externa (Ferguson y Golding, XIII).

Dentro de esa crítica externa, junto al lamento por parte de algunos sociólogos de lo poco que tiene que decir su disciplina acerca de la cultura y el arte, se incluye su preocupación por la preponderancia en los Estados Unidos de los enfoques sobre género, sexualidad y raza, en detrimento absoluto de las cuestiones clasistas. Más que las observaciones críticas de historiadores y socio-psicólogos, y del diferendo entre economía política y *Cultural Studies*, hay un desencuentro en su reciente trayectoria que también merece ser tomado en cuenta. Los propósitos de hacer de la etnografía posmoderna "fuente de correctivos metodológicos" para los estudios sobre consumo de productos de los medios electrónicos, cristalizaron en el mismo momento en que se afirmó en antropología el abordaje textualista (Morley). Es precisamente en este último punto, en la orientación proporcionada por textualismo, estrategias discursivas, prácticas significantes, narrativas y metáforas, representación y significaciones

---

[3] Acerca de los "*emergent 'alternative' Cultural Studies*" se remite, entre otros, a: K.-M. Chen, "Not yet the postcolonial era: the (super)nation-state and transnationalism of *cultural studies*: response to Ang and Stratton".

polisémicas, en donde parece residir el núcleo de los debates internos.

Crítica externa y debate interno coinciden entonces, por una parte, en el enfoque sobre cuestiones relativas a la dimensión política de los *Cultural Studies* y, por otra, sobre problemas de método, motivación y significado. La crítica a los enfoques "populistas" de las relaciones entre cultura y poder, desplegados en el análisis de los medios masivos y el consumo cultural, no se contenta con considerarlos políticamente problemáticos. Darían ocasión, inclusive, a que los *Cultural Studies* se vean en dificultades de legitimación, por la adopción de un modelo de política contemporánea ajustado a la lógica del capitalismo y, de manera más fundamental, por su "irónico retiro de la política *per se*" (Ferguson y Golding, XXIV). Otros señalamientos, en particular sobre la pérdida de energía e innovación, están vinculados obviamente a la institucionalización de su campo de trabajo. Por otra parte, en estrecha relación con la revisión de lo que se critica como insuficiencias en el análisis de las relaciones entre placer, resistencia y poder, entre lo popular-masivo y lo político, se encuentra la coincidencia en la revisión de cuestiones de método propiamente dichas. Se la intenta no a nombre de una pretensión sistemática general sino, más bien, de exigencias de rigor que tienen una valencia precisa: la cuestión del textualismo no es técnica filosófica o de lógica interna de un programa investigativo sino, simplemente, política. Las críticas, basadas sobre argumentos epistemológicos, pueden resumirse como sigue: 1. Con el textualismo, las actividades culturales resultan transformadas en textos que deben leerse, en lugar de ser consideradas en términos de "instituciones o actos por analizar"; 2. Los trabajos inspirados por el textualismo presentan un elevado grado de "teoricismo" anti-empirista que les resta utilidad y mérito; 3. El textualismo ha acarreado "una forma de análisis altamente dependiente de metáforas". En su argumentación a propósito de este último punto, Ferguson y Golding manifiestan:

> Ahora bien, como Hall nos recuerda, "las metáforas son algo muy serio. Afectan nuestra práctica" (Grossberg, Nelson y Treichler, *Cultural Studies*, p. 282). Pero la metáfora, como segundo orden construido, sin el cual ninguna forma de análisis es posible, es diferente de la metáfora por mero gusto, la sugestiva semejanza de realidad pero no su construcción analítica [...] Ciertamente, el uso de metáforas físicas y temporales es siempre apabullante; las infinitas dificultades acarreadas con la contradictoria adopción y exposición de la noción de esfera pública, de Habermas, es un caso que sirve de ejemplo. El análisis con metáforas plantea excepcionales problemas dentro de los *Cultural Studies*, precisamente por dejarse llevar de manera inquietante hacia el teoricismo e idealismo antes anotados (Ferguson y Golding, XXII).

La necesidad de encontrar explicación a reacciones de rechazo y bloqueo para la recepción de los estudios culturales, condujo a proponer una primera hipótesis sobre predisposiciones intelectuales unidas a la tradición de la cultura teórica, constituida dentro de la trayectoria y el perfil que adquiere la modernidad periférica de las sociedades latinoamericanas. Sin embargo, la formulación de esa hipótesis apenas abre la posible respuesta. Es necesario establecer qué predisposiciones están en juego, es decir, cuáles llevan a esos efectos contraproducentes. Pues tal como no se trata simplemente, en esos rechazos, de repetir que serían sólo una nueva moda académica importada, ni de las consecuencias prácticas que conlleva en la vida universitaria el desafío teórico de los estudios culturales,[4] lo determinante no podría ser tam-

---

[4] A manera de contrapunto, ver John Stratton y Ien Ang, "On the Impossibility of a Global *Cultural Studies*: 'British' *Cultural Studies* in an 'International Frame'" (pp. 361-191).

poco la reserva ante el recurso, en la determinación de procesos y fenómenos culturales, a la traslación figural de sentido ni al pensamiento por imágenes valorativas. Rasgo dominante de esa cultura teórica ha sido, precisamente, su basamento en metáforas para determinar, en la intersección de una serie de prácticas discursivas, su concepto de cultura, teorizar sujeto e identidad, o construir el cuerpo y la nación.

El propósito de hacer del análisis de las metáforas epistemológicas un campo de trabajo, como parte de una fase de reflexión intensiva de investigación básica, paralela a las ofertas de innovación extensiva de los estudios culturales, implica poner en cuestión una reducción hermenéutica del trabajo interpretativo. Su asimilación a la práctica de la identificación y transmisión de sentido cede el paso a los interrogantes sobre las condiciones de posibilidad de sentido y las condiciones sensibles de la percepción. Por otra parte, el campo de trabajo gana atención por dos razones. En primer lugar, con su examen se puede establecer por qué ha dejado de funcionar la semejanza, asumida largamente como identidad imaginaria, en metáforas que hasta hace poco representaron papel paradigmático, para producir complejas edificaciones conceptuales, adelantadas por las prácticas discursivas en que se basaban las articulaciones del saber sobre las culturas latinoamericanas. Hasta el punto, por ejemplo, de que "el concepto de mestizaje" resulta hoy, para Antonio Cornejo Polar, "el que falsifica de una manera más drástica la condición de nuestra cultura y literatura" ("Mestizaje e hibridez", p. 7). Luego, permite enfocar en estadio emergente los fenómenos y procesos culturales que se plasman y toman forma con ayuda de esas nuevas metáforas. Porque en la fase de sedimentación cognoscitiva en que se encuentran, a la vez que movilizan un potencial imaginario que estimula la creatividad discursiva, su eficacia para describir y dar cuenta del carácter y complejidad del cambio global actual, reside en designar procesos más que en fijar resultados.

Quedan por definir principios de elección, nivel de análisis y elementos que serían de relieve, y métodos propiamente dichos. Para esto debe tenerse en cuenta que en el curso de los años ochenta pasó a primer plano, en distintos terrenos del análisis cultural, la pregunta por las formas de apropiación y circulación de cultura. No tiene por qué extrañar que muchos de los nuevos planteamientos provengan de lo que fue el mundo colonial o de su estudio. Durante mucho tiempo, los problemas de la apropiación cultural sólo tuvieron papel secundario en la ciencia de los países industrializados. Allí en cambio, en donde los problemas de la colonización cultural pertenecen a las interrogaciones centrales de las ciencias humanas y sociales, ha tenido lugar un salto adelante en el conocimiento, que ha dado también nuevos impulsos en Europa y Norteamérica. Las perspectivas de la apropiación y la circulación pueden entonces proporcionar un criterio para la selección de las metáforas por estudiar. Perspectivas arqueológicas y genealógicas, de historia de los conceptos, e historia de la cultura y de la imaginación científica tal vez sean pertinentes para este tipo de investigación.

IV

Destacar en el caso latinoamericano la doble genealogía que tiene la metáfora de la hibridación dentro del debate teórico-cultural contemporáneo, obliga a relacionar las predisposiciones intelectuales de nuestra cultura teórica, con los procedimientos con que desde los años veinte fue controlada la producción, selección, organización y redistribución del discurso americanista que articuló la metanarrativa eufórica del mestizaje. Pues los procesos de control discursivo para el despliegue sin problemas de esta narrativa identitaria permiten conectarla con aquellos que movieron, todavía al acercarse los años ochenta, a subrayar la absoluta especificidad de América Latina, en que seguían insistiendo los cientistas sociales. Esa fijación, inclusive en medio del desconcierto detonado entonces entre los intelectuales, y de transiciones y procesos de redemocratización, tuvo conocidos resultados paradójicos: se ignoró toda la fase norteamericana del debate sobre el posmodernismo, en el sentido tipológico del término, incluidos no sólo el debate en arquitectura o artes visuales sino también el triple papel de metaficciones como las de García Márquez y Borges; se desconoció hasta entrados los noventa el análisis del discurso colonial, con todo lo que hay de metafórico en la posición poscolonial; no se incluyó en la agenda latinoamericana de asuntos culturales el imperativo de la conexión en red (véase Rincón, *Mapas y pliegues*, pp. 101-109). De manera más general, en su conferencia inaugural del Simposio "Celebraciones y lecturas: la crítica literaria en América Latina", realizado en Berlín a fines de 1991, Jean Franco había precisado:

> Para mí, es evidente que la crítica literaria tradicional no nos proporciona el lenguaje ni el método para hablar de la contemporaneidad. Por esto ha sido necesario crear otro espacio. [...] A pesar de los distintos enfoques y objetivos de investigadores latinoamericanos y norteamericanos (no puedo por razones obvias hablar de la investigación europea), veo que los estudios culturales forman una importante zona de contacto que va a permitir la exploración de algunos problemas teóricos que a mi parecer no se han abordado todavía en forma adecuada. Uno de estos problemas es el estatuto de excepcionalidad que ocupa América Latina en casi todos los debates contemporáneos –sobre la posmodernidad, por ejemplo, sobre el poscolonialismo, y sobre el feminismo (Franco, pp. 19-20).

"Tanto en el siglo XIX como a finales del siglo XX *Hybridity* ha sido un tema clave del debate cultural" (Young, *Colonial Desire*, p. 6). Con estos términos Robert Y. C. Young adopta un *motto* que lo autoriza para proceder a pasar revista a tres estadios de la cuestión de la hibridación, antes de dedicarse a trazar su genealogía histórica –el tema de su libro , desde los orígenes biológicos y botánicos del término. La forma como se conceptualiza y la clase de elementos que se transfieren, las posibilidades y límites del concepto de *Hybridity* pasan por estas fases: 1. Aquélla en donde se incluyen en el siglo XIX ideologías raciales y debates sobre fertilidad de las uniones interraciales, desarrollados por monogenistas y poligenistas, en el momento de la expansión colonial; cuando dejan de ser viables al aceptarse en el siglo XX el principio de la evolución, las teorías racistas asumen sus argumentos y se los explaya en el tratamiento sexualizado del tema de la atracción y la aversión entre las razas; 2. El desarrollo desde los años treinta en los trabajos de Michael Bajtin de un modelo que incluye dos formas de *linguistic hybridity*, la una orgánica y la otra intencional, paradigma de decisivo alcance para el análisis de las interacciones culturales; 3. Desde comienzos de los ochenta, "The Cultural Politics of Hybridity", al trasladar Homi K. Bhabha a la situación colonial, la subversión de la autoridad como dimensión social concreta de la hibridación lingüística que estableció Bajtin, para redifinir *Hybridity* como "problema de representación e individualización colonial". La hibridación del discurso colonial invierte las estructuras de dominación y como forma –o estrategia– de la diferencia cultural produce, según Bhabha, con el nomadismo de las culturas, "una radical heterogeneidad, discontinuidad, la permanente revolución de las formas" (Bhabha, "The Commitment", p. 13).

Debe retenerse, además, en cuanto a conceptualización y posibilidades de *Hybridity*, que haciendo eco de los planteamientos de Bajtin, apoyándose en la semiótica o en métodos del posestructuralismo considerados híbridos, *Hybridity* se tornó en una categoría corriente desde los años sesenta dentro del debate internacional sobre la arquitectura posmoderna, y en los setenta, en los Estados Unidos, en la crítica de arte posmodernista y en los trabajos de los analistas de los medios masivos electrónicos y la vida cotidiana. Esta noción es utilizada para descifrar constructos heterogéneos, en donde los códigos se cruzan sin producir mezcla y de acuerdo con innovativas estrategias e intereses. Se aplica tanto a modos composicionales, tratamiento de materiales, agenciamientos de formas de significación y posiciones de sujeto, como a los espacios del trabajo artístico. Cuando al acercarse los ochenta comienzan a proliferar las teorías complejas sobre el posmodernismo, dándole al término un nuevo sentido epocal que se agregó al tipológico que ya presentaba, críticos como Ihab Hassan pueden hacer por eso de *Hybridity* uno de los aspectos definitorios de la posmodernidad, de sus "intermanencias" (Hassan, p. 162). En sentido semejante, del otro lado del Atlántico, Wolfgang Welsh invoca a propósito de la *Hybridbildung*, que es para él una de las líneas de fuerza en el panorama de *die Postmoderne*, consideraciones de Lyotard al final de *La condition postmoderne*, para destacar la diferencia entre lo moderno y la experiencia posmoderna de la codificación múltiple (Welsh, pp. 322-325). Finalmente, dentro del ámbito de los *Cultural Studies*, Simon During muestra en la introducción de su *Reader* el desarrollo que lleva, a partir del uso del término técnico "polisemia" por parte del "estructuralismo político-psicoanalítico", al concepto de *Hybridity*, desprendido de él. Son sus mutuas limitaciones lo que subraya: mientras polisemia se refiere a signos aislados, *Hybridity* no explica cómo "textos o significantes particulares están, en parte, ordenados por intereses materiales y relaciones de poder" (During, p. 7).

V

El concepto de apropiación designa un tipo de actividad que precede a la problemática del sujeto y del signo. El empleo del concepto de hibridación para designar situaciones de apropiación cultural, y fenómenos y procesos culturales tan disímiles como los reseñados, hace necesaria, si se quieren alcanzar certezas comparativas, la referencia a los discursos y paradigmas que determinan en cada caso su funcionamiento. En el caso latinoamericano la metáfora de la hibridación está incluida dentro del paradigma de la heterogeneidad cultural,[5] en una de sus dos vertientes. Heterogeneidad es, en los estudios literarios en América Latina, una metáfora que ya había olvidado su procedencia desde la química cuando la tomaron, a finales de los setenta, del discurso económico de la teoría de la dependencia. En aquél, la heterogeneidad estructural constituía, como característica negativa de las formaciones económico-sociales latinoamericanas, un obstáculo para el cambio. Hay, por lo tanto, dos líneas dentro de la situación teórica de los años setenta, que Cornejo Polar consiguió asumir y reorientar. Una que había sido subterráneamente unificadora, centrada en la problemática del paso de una formación económico-social a otra, en las cuestiones teóricas del salto cualitativo, la continuidad y la ruptura revolucionaria, que había conducido al estado de elaboración que consiguió alcanzar el modelo lógico de la teoría de la dependencia. Dentro de esa línea, en análisis que por ser económicos pretendían ser también sociales y políticos, heterogeneidad formaba parte de juicios de valor acerca de las formaciones económico-sociales latinoamericanas. En la otra, desarrollada por el ensayismo literario, se seguían celebrando como

---

[5] Véase la bibliografía analítica sobre el tema preparada por Scharlau, Münzel y Garscha. Consultar también Armbruster y Hopfe (eds.) y el subcapítulo "Konzeptionen Kulturelle Heterogeneität" en Görling.

específicas las situaciones de articulación y contacto intercultural, dejadas de lado por la visión en compartimentos estancos de las ciencias sociales, bajo los rótulos del realismo mágico y el (neo)barroco americano. En una conferencia de 1975, editada en 1981, Alejo Carpentier volvía a recorrer así toda la claviatura: "América, continente de simbiosis, de mutaciones, de vibraciones, de mestizajes, fue barroca desde siempre" ("Lo barroco y lo real maravilloso", p. 123).

Con la formulación y operacionalización en 1978 de su hipótesis sobre las "literaturas heterogéneas", Cornejo Polar consiguió construir un modelo estructural que incluyó diversos niveles sociológicos –contexto social de producción, mundo temático referencial, condiciones étnico-sociales de recepción– de dos subsistemas literarios en el Perú (Cornejo Polar, "El indigenismo").[6] El complejo tejido de experiencias políticas y de reflexiones teóricas en que se formó el pensamiento de José Carlos Mariátegui lo llevó a considerar las culturas andinas bajo el aspecto de la "pluralidad inorgánica". Cabe afirmar que ese organicismo negativo se oponía a la visión, tocada de utopismo, del paradigma de la mezcla biológica –y, por extensión, cultural– que postulaba la superación de las oposiciones en lo mestizo como síntesis trascendente. En tiempos en que frente al uso unilateral e ideológico de la categoría omnicomprensiva de totalidad sólo parecía posible renunciar a ella, en favor de una especie de interpretación empirista del marxismo, Cornejo Polar buscó unir el problema de la objetividad epistemológica con el de la especificidad histórica. Con ayuda de la idea de totalidad contradictoria, inspirada por *Lire le Capital*, pudo seguir afirmando lo nacional como sistema cerrado de relaciones, al mismo tiempo que reivindicó la no reconciliación de lo diverso en la coexistencia de diferentes subsistemas literarios dentro de la literatura nacional peruana. Al cabo de una década, la utilidad y pertinencia de la problemática de las literaturas heterogéneas había de conducir no sólo a detalladas descripciones de las formas y mecanismos de hibridación textual, que se dan dentro de complejas redes de discursos y medios lingüísticos bajo condiciones comunicacionales de asimetría. Llevó a probar también que es posible su teorización semiótico-cultural.[7]

En la segunda vertiente de reflexión sobre la heterogeneidad, inaugurada por Carlos Monsiváis, en 1978, con sus análisis de prácticas cotidianas de la cultura popular (Monsiváis, pp. 98-118), que detonaron el decisivo debate sobre el tópico, se precisó su campo semántico. Además de la transformación epistemológica de las historizaciones y narrativizaciones tradicionales de la cultura popular, y de las posibilidades de modalización temporal que introdujo en su consideración, Monsiváis desarrolló de manera simultánea una forma innovadora de práctica crítica, susceptible de captar las nuevas heterogeneidades. Sobre su recopilación de crónicas aparecida en 1981, Jean Franco ha escrito:

> El reto es como tomar en cuenta las relaciones cada vez más complejas entre la recepción y circulación de los bienes simbólicos a nivel transnacional, nacional y regional, como abarcar una cultura que hoy en día no es solamente transnacional o nacional, sino también regional y local. [...] No se trata de defender una identidad supuestamente pura sino, por el contrario,

---

[6] Véase también el dossier preparado por John Kraniauskas, "From the Archive: Introduction to Antonio Cornejo Polar (1936-1997)" (pp. 13-38).

[7] Es ésta, en particular, la línea investigativa desarrollada por Martin Lienhard. Véase "Las huellas de las culturas indígenas o mestizas-arcaicas en la literatura escrita de Hispanoamérica" (pp. 79-93); "La épica incaica en tres textos coloniales (Juan de Betanzos, Titu Cusi Yupanqui, el Ollantay)"; "Pachacuty Taki: canto y poesía quechua de la transformación del mundo" (pp. 165-198); y *La voz y su huella. Escritura y conflicto étnico-social en América Latina (1492-1988)*.

investigar las nuevas formas de cultura que constituyen las múltiples identidades de nuestro tiempo [...] Ejemplar en este sentido es el libro de Carlos Monsiváis *Escenas de pudor y liviandad*, un verdadero tratado sobre el gusto y sobre la formación de identidades culturales en el fluctuante panorama transnacional. El laberinto de la soledad se ha convertido en el laberinto de la ciudad, lugar de culturas que chocan, que se defienden y se inventan. Lo que demuestra el libro de Monsiváis es la distancia entre la crítica académica y la cultura emergente. Propone implícitamente otra forma de crítica que necesita la inmersión que difícilmente se puede practicar en las instituciones académicas actuales. Por eso el auge de la crítica tiene que terminar en la autorreflexión y en la transformación de esas instituciones demasiado arcaicas para adaptarse a esa cultura que se les escapa (Franco, pp. 20-21).

La peculiaridad de la situación de las ciencias sociales latinoamericanas después de la quiebra, con la crisis financiera de 1982, de todos los proyectos de desarrollo económico-social intentados en el subcontinente durante medio siglo, se evidenció en dos debilidades inherentes a los modelos y estrategias socio-culturales diseñados para el cambio, que propuso en 1987 la ambiciosa recopilación de Martner.[8] La primera se derivaba de la ineficacia analítica de las tesis dependentistas, dentro de la nueva etapa del proceso de globalización, de cuyas dinámicas no conseguían dar cuenta. La segunda resultaba constitutiva de la forma coyuntural con que esas disciplinas intentaron recobrar actualidad, adoptando una perspectiva –la cultura– y abordando una problemática –el carácter de la modernidad latinoamericana– que les habían sido del todo ajenas. Por el contrario, una de las contribuciones que apuntó en otra dirección, la de José Joaquín Brunner, se apoyó en análisis posmodernos de la vida cotidiana. Su principal interés residía en haber demostrado que las dimensiones de espacio y tiempo, supuestamente metahistóricas, se hallaban en movimiento desde hacía mucho. A partir de textos de Monsiváis, Brunner hizo coincidir y calcarse heterogeneidad y posmodernismo:

La noción de heterogeneidad cultural [...] nos refiere más directamente a una suerte de posmodernismo regional *avant la lettre*. [...] Heterogeneidad cultural significa, en fin, algo bien distinto que culturas diversas [...] de etnias, clases, grupos o regiones o que mera superposición de culturas, hayan éstas encontrado o no una forma de sintetizarse. Significa, directamente, participación segmentada y diferencial en un mercado internacional de mensajes que "penetra" por todos lados y de maneras inesperadas el entramado local de la cultura, llevando a una verdadera implosión de sentidos consumidos/producidos/reproducidos y a la consiguiente desestructuración de representaciones colectivas, fallas de identidad, anhelos de identificación, confusión de horizontes temporales, parálisis de la imaginación creadora, pérdida de utopías, atomización de la memoria local, obsolescencia de tradiciones (Brunner, "Un espejo trizado", p. 218).

Esa problemática de la heterogeneidad encontró una nueva inflexión en los trabajos de Néstor García Canclini cuando circunscribió en 1989 el campo semántico de la hibridación, a partir casi de una sinonimia basada en la idea de mezcla:

---

[8] Las dos secciones en que se divide el libro de Martner se titulan: I. "Los modelos socioculturales del desarrollo latinoamericano" y II. "Estrategias alternativas para el desarrollo de América Latina". En la primera está incluido el artículo de José Joaquín Brunner, "Los debates sobre la modernidad y el futuro de América Latina" (pp. 73-116).

> Se encontrarán ocasionales menciones de los términos sincretismo, mestizaje y otros empleados para designar procesos de hibridación. [...] prefiero este último porque abarca diversas mezclas interculturales –no sólo las raciales a las que suele limitarse "mestizaje"– y porque permite incluir las formas modernas de hibridación mejor que "sincretismo", fórmula referida casi siempre a fusiones religiosas o de movimientos simbólicos tradicionales (García Canclini).

A la vez que con su punto de partida dejó abierto el contacto con el discurso de la mezcla, enfocó la "heterogeneidad multitemporal", decisión preferencial que coincide sólo en parte con el interés de los estudios académicos modernos en privilegiar el tiempo por encima del espacio. A propósito de los bosquejos conceptuales del "espacio posmoderno" y el "tiempo posmoderno" Hans Ulrich Gumbrecht ha señalado que indican en primer lugar, y sobre todo, "la insuficiencia de nuestras categorías de descripción" (p. 62). Ahora bien, precisamente la doble opción indicada le permitió a García Canclini emplear en su libro, guiado por un interés cognoscitivo de orden antropológico y tipo hermenéutico, la metáfora de la hibridación como categoría descriptiva asumida por las ciencias sociales duras, aunque son las posibilidades de combinaciones binarias, y no las multipolaridades establecidas en análisis posmodernos, las que reclaman preferentemente su atención. El precio que pagó para realizar su inventario de formas fenoménicas de lo híbrido: no abordar la cuestión de la fase actual de la globalización, en donde categorías estáticas como campo cultural y capital cultural resultan desplazadas por la noción de flujos de capital multicultural; la problemática de la heterogeneidad cultural no se hace simplemente la correspondiente a la heterogeneidad *multi*cultural sino que ha sido resituada por la cuestión de la diferencia cultural; desterritorialización no se reduce a un préstamo léxico aplicado a la relación antropológica identidad-espacio, sino funciona como en *L'Anti-Oedipe*, dentro de una teoría general de la sociedad capitalista. Por otra parte, en un momento en que las relaciones económicas, políticas y culturales de América Latina con los Estados Unidos se hacen más cercanas que nunca, quedaron sin paralelizarse las descripciones de los modos de manifestación de lo híbrido, con la fase culminante de un debate norteamericano, que venía desenvolviéndose desde los años sesenta, dentro de la que se intentó redefinir a los Estados Unidos como sociedad multicultural.

Algunas de las contribuciones de más interés en la discusión *de Culturas híbridas. Estrategias para entrar y salir de la modernidad*[9] destacaron rasgos significativos de su proyecto: la búsqueda de un método interdisciplinario, a partir de las ciencias sociales, para describir los nuevos fenómenos, como razón de ser del libro en cuanto balance del trabajo de aquellas en los años ochenta (Jean Franco); el nuevo planteamiento de los problemas como su mérito principal (Petra Schumm); la localización de las formas de hibridación inventariadas como una de las varias dinámicas actuantes en las actuales culturas urbanas, cuando se las considera desde un punto de vista antropológico (Jesús Martín-Barbero). Conviene subrayar, además, una peculiaridad de la discusión en Alemania: incluyó la preocupación por la procedencia de

---

[9] Se trata del debate documentado en *Travesía. Journal of Latin American Cultural Studies* 1 (2/1992, pp. 124-170), con contribuciones de Mirko Lauer, Jean Franco, John Kraniauskas, Gerald Martin, Jesús Martín-Barbero y Néstor García Canclini, y de las exposiciones incluidas en Birgit Scharlau (ed.), *Lateinamerika denken. Kulturtheoretische Grenzgänge zwischen Moderne und Postmoderne*, entre otras las de Carlos Rincón, Irina Busch, Ottmar Ette, y sobre todo, Petra Schumm ("Mestizaje und culturas híbridas - kulturtheoretische Konzepte im Vergleich", pp. 59-80). Gerald Martin anotó que se trata de un libro no con uno sino "con dos títulos" (p. 152).

los materiales teóricos empleados y tomó como punto de referencia las teorizaciones ya existentes sobre hibridación. Por eso no sólo el recurso a Bajtin y a Tzvetan Todorov, quien acuñó en 1986 el término *cultures hybrides*:

> La interacción constante de las culturas desemboca en la formación de culturas híbridas, mestizas, creolizadas, y esto a todas las escalas: desde los escritores bilingües, pasando por las metrópolis cosmopolitas, hasta los Estados pluriculturales (Todorov, p. 20).

Sobre todo, la inclusión de la manera como la teoría poscolonial ha venido descifrando con esa metáfora-concepto, a partir de las elaboraciones propuestas por Bhabha, experiencias de representación, resistencia, migración, diferencia, raza, género, lugar, posición, desplazamiento y sujeto (véase Chambers y Curti). Después de haber revisado la cuestión de la alteridad y los estereotipos racistas coloniales apoyándose en el modelo psicoanalítico del fetichismo, Bhabha llegó por un camino nuevo, que resultó fundamental, a preguntas y respuestas nuevas. Con los conceptos de "hibridación", *"mimicri"* y "paranoia" pasó a analizar las condiciones del discurso colonial, y la naturaleza performativa de las identidades diferenciales, para hacer de la hibridación, desde la perspectiva teórica del análisis del discurso, un proceso de enunciación performativa (Young, *White Mythologies*, p. 150). El efecto del poder colonial es la producción de hibridación, la resistencia se hace discernible cuando textos y discursos son hibridizados en el contexto de otras culturas: la hibridación está en el lugar de enunciación y en el de destino, el Otro en el Mismo. En su contribución más temprana sobre el tema, la ponencia de 1983 "Signs Taken for Wonders: Questions of Ambivalence and Authority Under a Tree Outside Delhi, May 1817", Bhabha había propuesto esta definición inicial de hibridación:

> Hibridación [...] no es un término que resuelve la tensión entre dos culturas [...] en un juego dialéctico de "reorientación" [...]: espejamiento colonial, doble inscripción, no produce un espejo en donde lo Mismo se capta a sí mismo; es siempre la pantalla trizada del Mismo y su doble, el híbrido.
> Esta metáfora viene muy al caso porque sugiere que la hibridación colonial no es un *problema* de genealogía o identidad entre dos *diferentes* culturas que puede ser resuelto como una cuestión de relativismo cultural. Hibridación es una problemática de representación e individualización colonial que invierte los efectos de la desaprobación colonialista, de manera que los otros saberes "denegados" ingresan en el discurso dominante y zapan las bases de su autoridad –sus reglas de reconocimiento (Bhabha, *The Location*, p. 114).

Las intervenciones de Bhabha están orientadas por la cuestión de la diferencia cultural – "el proceso de la enunciación de cultura como "cognoscente", autoritativa, adecuada para la construcción de sistemas de identidad"– y no por la diversidad cultural, que da lugar, según señala, a las "nociones liberales de multiculturalismo, intercambio cultural o la cultura de la humanidad" (Bhabha, *The Location*, p. 34). Desde esta posición reelaboró las metáforas posestructuralistas del texto, la disyunción temporal y la diseminación del sentido, aplicadas a la cultura. El análisis de las condiciones institucionales y estructurales de la producción de sentido y las posicionalidades siempre en flujo le permitió así considerar la hibridación con relación al espacio y al poder coloniales, las comunidades imaginadas y el tiempo de la nación, una amplia gama de estéticas y una serie de textos literarios ejemplares. Sobre las teorizaciones realizadas por Bhabha a partir de algunos de esos textos, Kwame Anthony Appiah observaba: "La hibridación literal de una Morrison o un Rushdie –autores que discute y admira–

proporciona un modelo para la hibridación figurativa de toda cultura en una era de globalización" (Appiah).

Si los fenómenos que sellan la época actual y sus culturas son la computarización del mundo y la manipulación genética junto con el clonaje, ¿no resulta absolutamente anacrónica una metáfora proveniente de la doctrina decimonónica de la herencia para pretender descifrarlos? Esta objeción de principio corresponde a uno de los polos de la crítica. Las dudas sobre la relevancia cognoscitivo-analítica de hibridación, entendida como simple proceso de cruce, así dependa de las dislocaciones y articulaciones entre lo tradicional y lo moderno, de la dimensión interactiva de la producción y circulación de bienes culturales en sus relaciones con la economía, o de la matriz reestructuradora constituida por las tecnologías mediáticas electrónicas, resultan plausibles, mientras su significación siga reducida al de síntomas del posmodernismo *avant la lettre* de América Latina. En el otro polo, hasta situarse en el límite de la catacresis, se reprime ostensivamente la función connotativa de la metáfora como modo de crear nuevas combinaciones de ideas. La eficacia de esa asimilación de su funcionamiento a la comparación, para neutralizar hasta el papel descriptivo de hibridación, depende de una operación adicional: ignorar, para no tropezar con dificultades fácticas, que la genética y la agro-industria existen. Se produce así "la asociación casi espontánea [...] con la esterilidad de los productos híbridos" (Cornejo Polar, "Mestizaje", p. 7).

Aunque el punto requiere más discusión de la que puede intentarse entablar, aquí cabe sugerir que al estilo de cultura teórica al que corresponden la imaginería y el uso de las figuras en esta interpretación trivial, pertenecen también, a propósito de los estudios culturales, otras asociaciones no tan espontáneas. A la reacción de extrañeza y rechazo ("son otra moda que se quiere imponer desde fuera"), se pueden unir entonces la sensación del retorno de lo semejante ("siempre se han hecho en América Latina estudios culturales"), y de inquietud al no corresponder a los ideales de rigor a que se pudieron asociar alguna vez disciplinas como la narratología, o la primera semiótica. ¿Emblema de la disminución? El trabajo de la pérdida no se satisface con volver siempre a comenzar: la promesa del cambio es tal vez, en últimas, lo que se echa de menos en los estudios culturales.

BIBLIOGRAFÍA

Agger, Ben. *Cultural Studies as Critical Theory*. Londres-Washington, DC: Falmer Press, 1992.

Appiah, Kwame Anthony. "*Cultural Studies*. The Hybrid Age?". *Times Literary Suplement* (Londres, 27-V-1994).

Armbruster, Claudius y Karin Hopfe (eds.). *Horizont-Verschiebungen. Interkulturelles Verstehen und Heterogeneität in der Romania. Festschrift für Karsten Garscha*. Tübingen: Gunter Narr Verlag, 1998.

—— "Konzeptionen kultureller Heterogeneität". Reinhold Görling, *Heterotopia. Lektüren einer interkulturellen Literaturwissenschaft*. Munich: Wilhelm Fink Verlag, 1997.

Bennett, Tony. "Out in the Open: Reflections on the History and Practice of *Cultural Studies*". *Cultural Studies*, 10/1 (1996): pp. 133-153.

—— G. Martin, G. Mercer y J. Woollacott (eds.). *Culture, Ideology, and Social Process*. Londres: Open University-Batsford, 1981.

Bhabha, Homi K. *The Location of Culture*. Londres, Nueva York: Routledge, 1994.

—— "The Commitment to Theory". *New Formations* 5 (1988).

Brunner, José Joaquín. *Un espejo trizado. Ensayos sobre cultura y políticas culturales.* Santiago de Chile: FLACSO, 1988.

—— "Los debates sobre la modernidad y el futuro de América Latina". *Diseños para el cambio. Modelos socio-culturales.* Caracas: Editorial Nueva Sociedad, 1987.

Carpentier, Alejo. "Lo barroco y lo real maravilloso". *La novela latinoamericana en vísperas de un nuevo siglo y otros ensayos.* México/Madrid: Siglo XXI, 1981.

Chambers, Ian y Lidia Curti (eds.). *The Post-colonial Question. Common Skies, Divided Horizons.* Londres y Nueva York: Routledge, 1996.

Chen, K.-M. "Not Yet the Postcolonial Era: The (Super)nation-state and Transnationalism of *Cultural Studies*: Response to Ang and Stratton". *Cultural Studies,* 10/1 (1996): pp. 17-70.

Clifford, James y Georges E. Markus (eds.). *Writing Culture: The Poetics and Politics of Ethnography.* Berkeley: University of California Press, 1986.

Cornejo Polar, Antonio. "Mestizaje e hibridez: los riesgos de las metáforas. Apuntes". *Revista de Crítica Literaria Latinoamericana,* 24/47 (1998): 7-11.

—— "El indigenismo y las literaturas heterogéneas: su doble estatuto socio-cultural". *Revista de Crítica Literaria Latinoamericana,* 7-8 (1978): pp. 7-22.

During, Simon (ed.). "Introduction". *The Cultural Studies Reader.* Londres, Nueva York: Routledge, 1993.

Ferguson, Marjorie y Peter Golding (eds.). "*Cultural Studies* and Changing Times: An Introduction". *Cultural Studies* in Question. Londres: Thousand Oaks/Nueva Delhi: Sage Publications, 1997.

Fiske, John. "Down Under *Cultural Studies*". *Cultural Studies,* 10/2 (1996): pp. 369-374.

Franco, Jean. "El ocaso de la vanguardia y el auge de la crítica". *Crítica literaria hoy. Entre la crisis y los cambios: un nuevo escenario,* C. Rincón & P. Schumm (eds.), *Nuevo texto crítico,* 14-15 (1995).

García Canclini, Néstor. *Culturas híbridas. Estrategias para entrar y salir de la modernidad.* México: Editorial Grijalbo, 1989.

Goneariz Morega, Enrique y Jorge Vergara Estévez. *La crisis teórica de la sociología latinoamericana. Una investigación-reflexión.* Santiago de Chile: FNICT, s.f.

Görling, Reinhold. *Heterotopia. Lektüren einer interkulturellen Literaturwissenschaft.* Múnich: Wilhelm Fink Verlag, 1997.

Grossberg, L. "Identity and *Cultural Studies*: Is That All There Is?". *Questions of Cultural Identity.* S. Hall & P. du Gay (eds.), Londres: Thousand Oaks/ Nueva Delhi: Sage Publications, 1996.

—— Cary Nelson y Paula Treichler (eds.). "Cultural Studies: Introduction" y "Cultural Studies and its Theorical Legacies". *Cultural Studies.* Nueva York, Londres: Routledge, 1992.

Hall, Stuart. "*Cultural Studies* and its Theoretical Legacies". *Cultural Studies.* L. Grossberg, C. Nelson & P. Treichler (eds.), Nueva York, Londres: Routledge, 1992.

—— "*Cultural Studies*-two Paradigms". *Culture, Ideology and Social Process.* T. Bennett, G. Martin, G. Mercer y J. Woollacott (eds.), Londres: Open University-Batsford, 1981.

Hassan, Ihab. "Pluralismus in der Postmoderne". [1985]. *Die unvollendete Vernunft: Moderne versus Postmoderne.* D. Kamper & W. van Reijen (eds.), Frankfurt am Main: Suhrkamp Verlag, 1987.

Kraniauskas, John. "From the Archive: Introduction to Antonio Cornejo Polar (1936-1997)". *Travesía. Journal of Latin American Cultural Studies,* 7/1 (1998): pp. 13-38.

Lévi-Strauss, Claude. *Anthropologie Structurale deux.* París: Plon, 1973.

Lienhard, Martin. *La voz y su huella. Escritura y conflicto étnico-social en América Latina (1492-1988).* Hanover, NH: Ediciones del Norte, 1991.

—— "Las huellas de las culturas indígenas o mestizas-arcaicas en la literatura escrita de Hispanoamérica". *Perspectivas de comprensión y explicación de la narrativa latinoamericana.* José M. López de Abadía, Bellinzona: Casagrande, 1982.

—— "La épica incaica en tres textos coloniales. Juan de Betanzos, Titu Cusi Yupanqui, el Ollantay". *Lexis*, 9/1 (1985): pp. 61-86.

—— "Pachacuty Taki: canto y poesía quechua de la transformación del mundo". *Religiosidad Andina. Allpachis Phuturinga,* 31-32 (1988): 165-198.

Lyotard, Jean François. *La Condition Postmoderne rapport sur le savoir.* París: Editions de Minuit, 1979.

Markus, George E. (ed.). *Rereading Cultural Anthropology.* Durham, Londres: Duke University Press, 1992.

Martner, Gonzalo (ed.). *Diseños para el cambio. Modelos socio-culturales.* Caracas: Editorial Nueva Sociedad, 1987.

Monsiváis, Carlos. "Notas sobre la cultura popular en México". *Latin American Perspectives,* 1 (1978): pp. 98-118.

Moraña, Mabel (ed.). *Crítica cultural y teoría literaria latinoamericanas. Revista Iberoamericana,* LXII/ 176-177 (1996).

Morley, David. "Theoretical Orthodoxies: Textualism, Constructivism and the 'New Ethnography' in *Cultural Studies*". *Cultural Studies* in Question. M. Ferguson & P. Golding (eds.), Londres: Thousand Oaks/Nueva Delhi: Sage Publications, 1997.

Rincón, Carlos. *Mapas y pliegues. Ensayos de cartografía cultural y de lectura del Neobarroco.* Santafé de Bogotá: Tercer Mundo Editores, 1996.

—— y Petra Schumm (eds.). *La crítica literaria hoy. Entre la crisis y los cambios: un nuevo escenario. Nuevo texto crítico,* 14-15 (1995).

Scharlau, Birgit, Mark Münzel y Karsten Garscha. *Kulturelle Heterogeneität in Lateinamerika. Bibliographie mit Kommentaren.* Tübingen: Gunter Narr Verlag, 1991.

Stratton, John y Ien Ang. "On the Impossibility of a Global *Cultural Studies*: 'British' *Cultural Studies* in an 'International Frame'". *Stuart Hall: Critical Dialogues in Cultural Studies.* D. Morley y Kuan-Hsing Chen (eds.), Londres, Nueva York: Routledge, 1996.

Todorov, Tzvetan (ed.). "Le croisement des cultures". *Le croisement des cultures. Communications,* 43 (1986): pp. 5-24.

Ulrich Gumbrecht, Hans. "nachMODERNE ZEITENräume". *Postmoderne-globale Differenz.* R. Weimann y H. U. Gumbrecht (eds.), Frankfurt am Main: Suhrkamp Verlag, 1991.

Welsh, Wolfgang. *Unsere Postmoderne Moderne.* Weinheim: CH, Acta Humaniora, 1987.

Young, Robert J. C. *Colonial Desire. Hybridity in Theory, Culture and Race.* Londres, Nueva York: Routledge, 1995.

—— *White Mythologies, Writing History and the West.* Londres, Nueva York: Routledge, 1990.

Los estudios culturales: aperturas disciplinarias y falacias teóricas

Neil Larsen
University of California, Davis

Al abordar el tema de los estudios culturales en América Latina, corremos el riesgo inmediato de que la mera conjunción de los dos términos reproduzca una estructura mental – o una ideología– del colonizado: como si el primero de los dos (los estudios culturales) fuera algo ya conocido y generalmente aceptado por todos (o al menos por los no "atrasados") y sólo fuera cuestión de ajustársele el segundo (América Latina). Así que entiéndase, antes de proceder, que al plantearse, una vez más, esta conjunción no se liberan los estudios culturales de la necesidad de una crítica o autocrítica previa a cualquier reconsideración de su posible alcance o pertinencia regional. Claro que tampoco se justifica la actitud –finalmente no menos revestida de mentalidad colonial– de rechazar en seco los estudios culturales por simple criterio de un declarado "anti-imperialismo" intelectual o cultural. Es decir que una crítica general dirigida a lo que podemos llamar la metodología de los estudios culturales no excluye la simultánea necesidad de examinar con espíritu crítico su inevitable "exportación" hacia espacios "poscolonizados".

Un cierto "sentido común" suele entender el asunto de los estudios culturales en los siguientes términos: que la crítica tradicional *estetizante*, tanto de tipo conservador (T.S. Eliot, F.R. Leavis) como radical (Adorno y Horkheimer), entra en una crisis de legitimación frente a la creciente reproducción masiva de la cultura, fenómeno que tenderá a invalidar las mismas categorías metodológicas de una estética literaria tradicional. Para poder legitimarse, entonces, los críticos e investigadores literarios deben ampliar la concepción del propio objeto intelectual para que abarque no solamente a textos literarios canónicos sino a textos y autores antes considerados como extraliterarios, para no hablar de otros medios masivos y/o populares de la cultura, como cine, televisión, música popular, etc. De acuerdo con los términos de la notoria polémica sobre lo "políticamente correcto", seguir limitándose al estudio del canon es mantener en exclusión a textos representativos de las minorías étnicas y sexuales y de las mujeres. O, desde la perspectiva contrapuesta, es mantener la línea contra el asalto de los nuevos "resentidos" (*dixit* Harold Bloom) a los valores eternos del arte y de la civilización.

En el caso de América Latina, se agrega a este "sentido común" la supuesta necesidad de re-pensar la descolonización modernizadora de la región como proceso que pasa también por la cultura popular o hasta por las culturas marginales. Ya no se puede rechazar, como antes solían hacer las elites intelectuales latinoamericanas, esa(s) cultura(s) como irremediablemente "atrasadas" o "bárbaras", ni tampoco limitar la concepción de modernización cultural, como brevemente se hacía durante el apogeo del "boom", a una exclusiva "revolución dentro de la literatura".

O sea, en general la defensa de los estudios culturales presupone una oposición conceptual entre la cultura popular y lo "estético". En el caso de Latinoamérica, ésta se vuelve en lo que es además una oposición entre lo "estético" y, digamos, lo moderno como lo descolonizado o lo autóctono –esto como condición de que, en el contexto latinoamericano, el recurrir a lo popular suele tener como objetivo retórico no sólo el repudio de una cultura de elite sino el de una cultura percibida como colonizante y artificiosa.

Ahora bien, a pesar de que el "sentido común" nos repita mil veces que no hay nada más natural e inocente que "estudiar" la "cultura", la lógica que opone lo "popular" a lo "estético", aun con intención de valorizar el primero de los dos términos, se remite a una ideología de larga y muy sospechosa ascendencia. Reconocemos aquí, en su forma más antigua, la regla platónica que limita la esfera de la experiencia estética a los pocos miembros de una elite capaz de recibir la inspiración divina. (Aunque Platón pretendía exiliar a los poetas de su utopía, no lo hacía porque los sospechaba de afanes democráticos.) Es en Aristóteles, pero aún con más nitidez en el pensamiento revolucionario burgués, que surge el más conocido desafío a una estética platónica, al negarse la separación entre cuestiones de forma estética y la cuestión de la forma social como tal. (Pensemos, por ejemplo, en la filosofía estética de Schiller.) Al iniciarse la decadencia de la sociedad burguesa, y la de su clase de intelectuales orgánicos, se recurre de nuevo a la vieja exclusión platónica, pero manifestada esta vez en forma dual: por un lado, la teoría y práctica de una estética en oposición abstracta y absoluta a la sociedad, con bases filosóficas en Nietzsche e incorporación práctica en los primeros movimientos de vanguardia artística; y por otro lado la concepción de lo estético, lo literario, etc., como objetos del reduccionismo y del relativismo de la sociología positivista.

El hecho de que el vanguardista neo-nietzscheano y el positivista pedante y profesionalizado se hayan encontrado casi siempre en relación de repudio mutuo no justifica que perdamos de vista lo que une, a un nivel más profundo y dialéctico, a los dos: la concepción de lo estético como un mero compartimento reificado de lo social –compartimento que, en el caso del esteticismo vanguardista, se convierte en plataforma desde donde uno se imagina como libre de cualquier mediación social.

En cuanto desarrollo tardío de esta estructura, o dualismo ideólogico, los estudios culturales no dejan de comprar su populismo y anti-elitismo cultural –o de cambiar una categoría estrechamente "esteticista" por la aparentemente más amplia e inclusiva de la "cultura"– al precio de excluir de su concepción subyacente de la relación entre cultura y la forma de la sociedad el menor rasgo de negatividad. Pensemos aquí, por ejemplo, en un John Fiske, que tipificaba los estudios culturales (al menos los del mundo angloparlante) de los últimos años cuando insistía en la libertad e integridad cultural del consumo popular –su "derecho" de "elegir" las mercancías culturales que deseara consumir. Fiske, es decir, le atribuye al propio acto de consumo una libertad esencial, no obstante la determinación rígida de este acto por las relaciones de producción y del intercambio de mercancías. La cuestión más profunda y decisiva –la de cómo las prácticas culturales podrían ejercer una fuerza negativa en relación a la mayor y más radical falta de libertad propia de una existencia capitalista y enajenada– o simplemente no se plantea, o, en el peor de los casos, se descarta como ilusoria.

Pero ¿se puede decir lo mismo de los estudios culturales en el caso latinoamericano? Hay que pensar esta cuestión con cuidado. Mientras la misma reversión de un esteticismo efectivamente vanguardista ("*modernist*") a una metodología neopositivista y empiricista, proporcionada por la sociología vulgar burguesa, se puede observar hasta cierto punto en el trabajo de un García Canclini, es verdad, sin embargo, que la legitimación metodológica de la cultura popular en América Latina responde a la necesidad urgente de ajustar las cuentas con un elitismo de residuos colonialistas. Para este último, lo "popular" había quedado excluido no solamente de los cánones del gusto estético sino de la cultura nacional oficial como tal.

Constatar el hecho de que, por ejemplo, la escultura cerámica michoacana o los romances de sertanejos emigrados a São Paulo no sólo siguen siendo vigentes dentro de la modernidad latinoamericana sino que contribuyen *ellos mismos* a formar e interpretar esa modernidad representa sin duda un paso importante en el desarrollo del pensamiento crítico en América Latina. Por lo tanto se podría afirmar que, en cierto sentido, lo que termina metodológicamente en un callejón sin salida en el contexto social metropolitano, se viste de un carácter más progresivo en el contexto latinoamericano o "poscolonial". He aquí la posible "apertura" de los estudios culturales.

Lo que importa es no desapercibirse de las trampas y falacias de este tipo de excepcionalismo. Aunque los vestigios de la colonización y de lo premoderno tienen una fuerte permanencia en América Latina, esto no quiere decir que la moderna cultura de consumismo revalorizada por los estudios culturales no haya echado raíces tan profundas en el sur como en la metrópoli del norte. Es decir que los estudios culturales son tan susceptibles de convertirse en una apologética del consumismo enajenado en Latinoamérica como en los espacios híper o posmodernos.

Y hay otro factor a considerar al respecto. Que yo sepa, los estudios culturales en su forma "auténtica" Escuela-de-Birmingham aparecieron por primera vez en América Latina a mediados de la década de los ochenta, poco después de inundar la academia norteamericana. Este era el período de la llamada re-democratización en el Brasil y el Cono Sur, y, a pesar del impulso prestado al ideal de la revolución social por las grandes luchas sociales centroamericanas de esa época, los intelectuales de izquierda en Latinoamérica empezaban a sentirse presionados –sutil pero insistentemente– a dar por clausurada la ruta revolucionaria hacia la emancipación de la dependencia colonial y a adoptar una estrategia menos "política" de formar alianzas con los "nuevos movimientos sociales". En efecto, a los intelectuales de izquierda se les urgía aceptar como hecho inevitable la integración neocolonial de América Latina dentro del orden capitalista global, a cambio de políticas estatales menos represivas, por lo menos al nivel más visible. Dentro de esta coyuntura ideológica la nueva importancia política concedida por los estudios culturales a la cultura popular no dejaría de hallar un público receptivo. Modelados desde antes para satisfacer las necesidades "teóricas" de intelectuales "post" marxistas en Gran Bretaña, mientras éstos, quemados por el thatcherismo, buscaban la manera de concluir un *rapprochement* con el *Labour Party* y la democracia social en general, los estudios culturales se prestaron de modo aún más conveniente a una política "post" revolucionaria (pero con pretensiones de crítica social) en América Latina.

Para concluir: sea en el norte o en el sur, la vuelta hacia los estudios culturales sólo puede redimir su populismo y su anti-esteticismo si al mismo tiempo logra deshacerse del abrazo comprometedor de la sociología neopositivista y si encuentra la manera de superar los parámetros estrechamente estetizantes de los estudios literarios beletrísticos sin dejar de pensar la negatividad de su nuevo objeto crítico –la "cultura", si es que realmente debemos darle ese nombre– en su relación a la sociedad como totalidad.

De la deconstrucción al nuevo texto social: pasos perdidos o por hacer en los estudios culturales latinoamericanos
(Hacia una economía política de la producción de capital simbólico sobre América Latina confeccionado en la academia norteamericana)

Román de la Campa
SUNY-Stony Brook

I

　　Los estudios culturales son sólo un aventurado deseo posdisciplinario para muchos intelectuales; para otros ya configuran un nuevo y amplio campo de estudios digno de la sociedad globalizada; para muchos más, no cesan de marcar el paso de un interminable debate sobre el futuro académico. Se intuye, sin embargo, que ese debate también suele encubrir una de las grandes paradojas de las disciplinas humanísticas actuales: ¿cómo acoplar el gran legado cultural de occidente al orden global que hoy promueve el capitalismo neoliberal? Los más opuestos a los estudios culturales, entre ellos el filósofo Richard Rorty, atisban una peligrosa disminución del rigor disciplinario acumulado por la crítica humanística, desde el romanticismo hasta la deconstrucción; los más allegados, Stuart Hall y otros seguidores de la escuela británica, por ejemplo, encuentran en los estudios culturales el registro más fértil del quiebre disciplinario actual, el cual cobra un nuevo auge en los nuevos logros de esa misma crítica, es decir, la deconstrucción, entendida ésta como praxis central de la posmodernidad y el posestructuralismo. Hay, por supuesto, posiciones intermedias, pero conviene notar que entre éstas, más que alternativas esclarecedoras, se suelen manifestar nuevas formas de engendrar y lanzar proyectos a un mercado académico cada vez más necesitado de nuevas envolturas –mercado que no siempre exige mayores distinciones entre estudios culturales, feminismo, marxismo occidental, subalternidad, poscolonialismo, posmodernismo, performatividad, ficcionalidad no creativa, otras formas de hablar por "el otro", nuevas historias literarias, antologías representativas de todo lo anterior, y otros rótulos muy atendidos por las casas editoriales universitarias.

　　Mi interés sobre ese impulso llamado estudios culturales, tomando en particular las líneas que lo definen desde la universidad norteamericana, remite al eje de esa paradoja humanística: la deconstrucción en tanto denominador común indiferenciado de muchos discursos culturalistas actuales. No obstante los diversos, y a veces opuestos modos en que ésta se profesa, se trata de una forma de leer, escribir, y hasta pensar, que siempre gira hacia la designificación de los discursos que sostienen las identidades, es decir, el horizonte de sentido antes entendido simplemente como visión de mundo o realidad. Vista así, la deconstrucción arma y desarma al mismo tiempo los nuevos géneros críticos de las ciencias humanas. Les permite denegar su vocación univoca de *telos* modernizante y abrirse a la polisemia encauzada por la negación filosófica. Hay, claro está, elementos dudables en esta apertura. En tanto praxis de-significadora del legado moderno, se acerca, quizá sin darse cuenta, a la lógica del mercado capitalista tardío, el cual exige obsolescencia como condición de apertura hacia lo nuevo, también como ley en abstracto. Queda por verse también hasta qué punto la deconstrucción posibilita articular el lado social de la cultura. Los desmontes académicos permanecen predispuestos al distanciamiento individualizado del antiguo orden letrado, siempre alejado del mundo de vivencias y experiencias. La televisión en cable o satélite y el internet avecinan la cultura de la calle a la biblioteca, y viceversa. La globalización electrónica acecha las guaridas intelectuales, hace más transparentes los invernaderos de la alta modernidad, y desvela la placidez de la reflexión negativa adorniana.

Más allá de estas dudas, paradojas e interrogaciones, me interesa también considerar la posibilidad de una cartografía de nuevos marcos comparativos para los discursos sobre América Latina. Me refiero a una configuración que reconozca la condición transnacional de lo latinoamericano y sus practicantes –*latinoamericanistas* de diversos estilos, ideologías y modos de subsidio– que permita también re-significar una nueva relación entre las disciplinas de lo social dirigidas hacia la investigación empírica, y las nuevas humanidades orientadas hacia descalces discursivos. Todo esto, a mi entender, implicaría una "inter" o multidisciplinariedad capaz de aprovechar y problematizar el legado deconstructor al igual que su impacto sobre los estudios culturales. En tal caso se vuelve imprescindible abordar esclarecidamente lo que Nelly Richard y Homi Bhabha han llamado "metáfora verbal" al referirse al amplio espacio teórico que gobierna la deconstrucción. Digo esclarecidamente porque ésta ya sostiene un vasto radio de aplicaciones no siempre explicitado, desde la crítica a la metafísica occidental de corte derrideano, por ejemplo, hasta las nuevas propuestas de intelectual "subalterno" latinoamericano, o la crítica del mismo (véase Rabasa, Gugelberger).[1] Se trataría de un acercamiento más hereje y atento a las contradicciones inherentes a ese nuevo paradigma epistemológico, sin negar sus aportes al entendimiento discursivo de la historia y la filosofía, es decir a lo que suele entenderse a grandes rasgos como desmonte de metarrelatos y *epistemas*.

Se puede ya atisbar que los estudios culturales, no obstante la inestabilidad disciplinaria que los caracteriza, exigen esa atenta herejía más que la literatura y la filosofía. En un estudio reciente del tema racial en los Estados Unidos, George Lipsitz destaca la necesidad de acortar el vacío entre los acercamientos humanistas y científicos sociales integrando lo más avanzado de ambas culturas de investigación. La obra de Lipsitz, conocido investigador de los llamados estudios étnicos, constituye un acercamiento análogo a los estudios culturales en Estados Unidos. Su búsqueda es novedosa porque parte de los intersticios disciplinarios pero al mismo tiempo intenta resemantizarlos para acercarse a lo social en forma dinámica. Este deseo ya se puede entrever también en otros aportes recientes, entre ellos la antología *The Politics of Culture in the Shadow of Capital,* editada por Lisa Lowe y David Lloyd. Hay allí un profundo reconocimiento de las aperturas tan cuidadosamente auscultadas por la deconstrucción, pero también un oído muy atento a las exigencias del texto social que siempre se escurren de la liminalidad escritural.

---

[1] En esas antologías se encuentran perspectivas divergentes de la relación entre deconstrucción y subalternidad.

II

Los estudios culturales dicen exigir un acercamiento distinto al mundo de la cultura y sus formas. El rigor de esa exigencia se podría constatar en su capacidad de conjugar tres elementos tácitos a todo campo de estudio en las ciencias humanas actuales.

a) *Quiebre disciplinario*: esa crisis de las formas del saber que afecta tanto al estatuto del legado humanístico como al de las ciencias sociales, aunque de diferentes formas que no siempre convidan a un reencuentro entre ambas, sino más bien a la absorción o implosión de la totalidad desde una de sus partes. Así se puede entender el valor metadisciplinario que han adquirido la economía y la textualidad discursiva en la era posmoderna, ambas impelidas por una profunda capacidad de desplazamiento polisémico.[2] Importa también observar que los estudios culturales en Estados Unidos giran más hacia las humanidades, mientras que en América Latina han sido atendidos más por los científicos sociales. Queda por verse si ambos sectores se leen mutuamente, tanto aquí como allá, y si reconocen la ausencia de marcos comparativos –entre disciplinas, entornos nacionales y comunidades lingüísticas– que siempre quedan soslayados en la constitución de lo latinoamericano. Esta des-lectura se complica más si se observa que las temáticas de los estudios culturales latinoamericanos suelen ser muy distintas en Estados Unidos, donde hoy se privilegia un poscolonialismo o la subalternidad de corte más bien literario o histórico, y América Latina, donde prevalecen acercamientos que giran hacia la transculturación o una reconversión cultural de corte más bien antropológico. La falta de marcos comparativos, sin embargo, se suele manifestar en ambas instancias: es consabido que no es lo mismo, obviamente, hablar de subalternidad, criollismo, hibridez, y (pos) modernidad en la zona andina que en El Caribe, en el Cono Sur, o en las universidades norteamericanas (donde también hay diferencias regionales y de clase). Casi nunca se observan estas diferencias.

b) *Diseminación teórica*: estrechamente vinculada al quiebre disciplinario, pero en cierto modo su lado inverso. Remite a la proliferación teórica de las últimas décadas, la cual gira en torno a la crítica de metarrelatos y suele consistir mayormente en una relectura humanística de los discursos "duros" de las ciencias sociales o hasta de las ciencias físicas. Conviene notar, y aclarar, sin embargo, hasta qué punto este es un nuevo horizonte discursivo que permite reacomodar con mayor facilidad las tradiciones humanísticas que las científico-sociales, con la excepción, si acaso, de la nueva antropología. Es decir, desde la deconstrucción hay posibilidades de acoplar la crítica literaria y la nueva antropología con gran amplitud, no obstante la radicalidad de sus presupuestos filosóficos. En tanto *praxis* de lectura siempre distante de la acción social, todavía sostiene las costumbres del investigador solitario ante sus textos, mientras que el trabajo empírico de la sociología y a veces de la misma historia, o de las ciencias políticas, no encuentra cauces de ajuste con igual facilidad. La deconstrucción (de-significación, desmonte, descalce, entre otros sinónimos que serán usados a través de este ensayo) reacomoda la literatura y la filosofía con mayor ambigüedad, mientras que las ciencias sociales quedan sin sostén una vez desmontado el *telos* modernizante. Uno de los grandes desafíos para los estudios culturales será un sondeo de posibles reencuentros disciplinarios entre la producción empírica y su confección discursiva. Sin ellos atendemos a una posmodernidad que sólo respeta los datos económicos y la especulación epistémica, o los junta en un

---

[2] El registro más importante sobre este tema en lengua española (traducciones del inglés en su mayor parte) se encuentra en la antología *Cultura y Tercer Mundo*, Beatriz González Stephan (ed.).

nuevo orden del saber anclado exclusivamente en la revolución digital, la bolsa, y la indeterminación epistemológica.

c) *Apuesta culturalista del capitalismo global*: confección del deseo consumidor a través de la producción televisiva e informática que estrecha profundamente sus vínculos con la energía imaginativa de las artes y otros presupuestos performativos. Este aspecto, profundamente contradictorio, incorpora activamente el carácter vivencial de la globalización en el terreno de producción académica: las escuelas se vuelven agentes secundarios de escolarización; los medios masivos y la educación instrumental de las corporaciones instrumentalizan los imaginarios de los ciudadanos en tanto consumidores; llegar a ser clase media exige capital simbólico que no siempre se adquiere en la escuela; no hay canales establecidos para descifrar o interpretar críticamente la sociedad globalizada por su cuenta. Esta podría ser la frontera de mayor importancia para los estudios culturales, y también la menos atendida por la de-significación. Los estudios de la televisión, internet y otras nuevas cotidianidades massmediáticas participan claramente en una relación distinta con el intelectual académico de letras, inclusive el deconstructor. El espacio antes entendido por "la calle" irrumpe ahora con nueva fuerza y legitimidad, actúa como articulación que voltea la división entre la alta y baja cultura a través de la televisión. Se hace más difícil separar la textualidad sedimentada de las experiencias de los consumidores. La recepción cultural se vuelve mucho más medible a través de las estadísticas del consumo que gobiernan la producción, particularmente por medio del internet. En suma, el espacio del investigador o intermediario se hace irremediablemente más público, y por ende más político, aun cuando estos inesperados retos provengan del estrato económico del propio capitalismo y no de su oposición, como antes se esperaba.

No son fácilmente separables estos tres elementos, pero tampoco se suelen conjugar los tres al unísono, puesto que hacerlo conlleva contradicciones a veces inesperadas para los defensores al igual que para los críticos de los nuevos estudios culturales. Es ya bastante común tropezar con la noción de que las crisis de identidades, la multitemporalidad, y el multiculturalismo que hoy se palpa en casi todas partes del mundo siempre ha sido parte integral de América Latina y que, por lo tanto, allí se podría encontrar la quintaesencia de la cultura posmoderna (ver capítulo introductorio a Amaryll Chanady). Pero este es un planteamiento que suele emitirse solamente desde el lado celebratorio de la posmodernidad literaria, cuyo valor re-codificante de la alta cultura ha sido atendido cuidadosamente por diversas prácticas deconstructivas inspiradas en la obra de De Man, Derrida, Foucault, Lyotard y otros. Pero si nos referimos al terreno de la cultura más general y la articulación de lo social que producen sus formas, la experiencia latinoamericana no cobra tan fácilmente valor de modelo para la posmodernidad. Queda en las manos del teórico entonces todo el texto social como estorbo para la apreciación crítica celebratoria –toda una materia insalvable que permanece en manos de los que habitan la cotidianidad desde modernidades fallidas o en proceso de desmonte sin horizontes. Los proyectos revolucionarios de antaño pasan así al nuevo archivo de errores originarios de la gesta modernista –el criollismo sobre todo– que toda una nueva (y a veces no tan nueva) generación de intelectuales se dedica a desmontar desde la lejanía posmoderna. "No merecemos nuestros países", declaraba desdeñosamente el locutor-escritor peruano Jaime Bayly en febrero del 98, mientras conversaba con una bella modelo internacional de origen colombiano en su programa nocturno de entrevistas producido en Miami.

Claro que la emigración de clase media o alta, o la condición nómada del teórico en la diáspora, globalizado o transnacionalizado, son loterías que están más allá del alcance de muchos latinoamericanos, aun para los intelectuales. ¿Cómo acoplar la vida cotidiana del ciudadano que sigue viviendo la modernidad fallida sin escapes posmodernos u otros dispositivos que le permitan olvidar que la época posterior tampoco proveerá la llave de su salvación? De ahí la posible importancia de los estudios culturales para una lectura más compleja del abismo entre los textos literarios y los textos culturales de la llamada posmodernidad. Temo que desde la crítica literaria latinoamericanista de Estados Unidos, aun aquella que se acerca ahora al espacio cultural, ese abismo sólo tiende a agrandarse. No pretendo con esto sugerir que las respuestas disciplinarias que reciben estos problemas en América Latina sean más acertadas simplemente porque se den allá. Esa confección de lo latinoamericano también exige atención, y obviamente la recibe. Gran parte del nuevo latinoamericanismo consiste en un profundo –algunos dirían exclusivo– desmonte de las identidades locales y regionales de allá: nacionalismos, autoctonías, criollismos, y otras localizaciones que configuraron históricamente el campo de estudios sobre América Latina, sobre todo en el sector letrado. Mi interés no es menguar esta necesaria auscultación, sino también observar más críticamente las coordenadas de esa mirada deconstructora, es decir, incluir su lado de acá, tomando en cuenta la posibilidad de que desde hace más de una década, la ambición más hegemónica del latinoamericanismo transnacional se produce en Estados Unidos.

Son ya numerosas las propuestas posmodernas que buscan redefinir el pasado, presente y futuro de América Latina, síntoma no sólo del alcance de ese presupuesto sino también de las presiones de producción que se montan sobre el intelectual humanista en este período de privatización. Muchas de ellas surgen del campo literario que descubre la posmodernidad latinoamericana como un fenómeno escritural que data desde las crónicas coloniales, y se caracteriza más que nada, por la negación, el error, y la textualización lúdica de la imposibilidad social latinoamericana. Estas lecturas, sin embargo, comienzan a dar paso a otra vertiente posmoderna, también articulada desde un marco institucional mayormente literario, pero ahora acentuando las inquietudes de los estudios culturales, avecinándose a la deconstrucción con perspectivas más sociales, y cobijándose ante la intensa duda política que ocasiona el desmembramiento de los proyectos revolucionarios socialistas posterior a 1989.

Un ejemplo importante se encuentra en la propuesta de estudios poscoloniales, escuela encauzada fundamentalmente por críticos literarios dedicados al estudio de América Latina como un conjunto de sociedades fundamentalmente marcadas por residuos coloniales que fueron desatendidos por la hegemonía modernista estatal y que ahora resurgen bajo la sociedad posmoderna.[3] Tómense también las líneas que suelen definir el debate sobre la posible posmodernidad del género testimonio, que suele vincular la escuela poscolonial al nuevo grupo de "estudios subalternos latinoamericanos". Partiendo de los presupuestos de John Beverley, por ejemplo, se idea el testimonio latinoamericano como modelo de anti-literatura, o de literatura pos-humanista, que en cierto modo conlleva a una posible posmodernidad de izquierda. Aquí se persigue una delicada fusión de elementos divergentes: integrar el testimonio a la historia posmoderna en tanto eje de la versión de izquierda, designar el proyecto estatal moderno latinoamericano como utopía criollista fallida, asignar las clases subalternas latinoamericanas como modelo de resistencia a la modernidad, y modelar un nuevo papel para los intelectuales que recogen esta transmisión de fusiones teóricas desde la lejanía.

Hay varios aspectos de esta amplia empresa que me interesa resaltar. El primero sería observar que contiene una curiosa ambigüedad en cuanto al estatuto literario del género testimonial: lo niega y lo reafirma al mismo tiempo. Propone problematizar la literatura tradicional (léase sobre todo el boom) a partir de una nueva textualidad que destina el testimonio

---

[3] Ver Walter Mignolo al respecto, y también la discusión mía de los problemas y las posibilidades de estos estudios en "Latinoamérica y sus nuevos cartógrafos".

como nueva forma literaria (léase aquí sobre todo testimonio indígena). Podría decirse que la lógica interna a esta transferencia equivale a una transmisión de influencias posmodernas, digamos de Borges a Rigoberta, que cobra mucho más sentido dentro de los debates académicos norteamericanos que en las sociedades latinoamericanas. El corpus moderno latinoamericano que pasa al canon de la literatura mundial en gran medida por la influencia borgeana quedaría pues cruzado por el modelo textual que ahora repercute en los debates multiculturales de Estados Unidos, donde la historia indígena sigue fundamentalmente negada. Claro que en América Latina ambos lados de esta ecuación responden a otros impulsos, puesto que la posmodernidad académica no se encuentra allí tan encasillada en el boom, ni el multiculturalismo responde a las coordenadas de una sociedad de identidad tan homogénea. Pero queda claro que la propuesta de estudios subalternos transforma radicalmente la historia del testimonio que emerge desde los sesenta con textos como *Biografía de un cimarrón* de Miguel Barnet, discurso antropológico-realista todavía anclado fundamentalmente en la problemática de la modernidad estatal.

El valor de modelo "literario no literario" que ahora se le otorga al testimonio en Estados Unidos es una transición explicable quizá por el intento de Beverley de fusionar, en la década de los noventa, dos acercamientos divergentes a la deconstrucción: uno literario, el otro social. Es una empresa ingeniosa en varios aspectos, pero también contradictoria en muchos otros. Ratifica algo ya innegable: el género testimonial está compuesto por toda una serie de pactos escriturales entre autores, editores, locutores e informantes que implica una condición profundamente escritural no tan alejada de la confección literaria. Esta postura no autoriza, sin embargo, el rango estrictamente secundario que le concedía al testimonio la crítica más apegada a los textos autorreferenciales del boom desde los años setenta.[4] Por ello se busca afirmar una nueva valoración del género testimonial después del duro revés de la revolución centroamericana –fenómeno político que en gran medida dio lugar a múltiples articulaciones de testimonio triunfalista, o de emergencia utópica. Esto implica apartarlo de la inmediatez de la derrota, restituir su valor como impulso incompleto de la subalternidad latinoamericana, y salvaguardar un nuevo valor de texto testimonial, ya no como posibilidad de la articulación revolucionaria, sino su opuesto, como imposibilidad de todos los proyectos de estado de la modernidad criolla latinoamericana, sean éstos de procedencia golpista, electoral, o revolucionaria.[5] Chiapas cobra un sentido particular en esta revisión.

El testimonio cobra nueva vida entonces desde esta praxis del latinoamericanismo académico, sobre todo a partir de las discordias sobre el multiculturalismo norteamericano y los cauces locales de la deconstrucción. Por otra parte, la propuesta de Beverley también busca una praxis inspirada en la vocación gramsciana de los estudios culturales británicos, en este caso anclada en una lectura de corte mas bien realista de testimonios, prestando más atención a la historia de Rigoberta como índice de conflictos posnacionales, que a las complicaciones textuales, que por otro lado han sido de importancia primordial para muchos críticos interesados estrictamente en el valor literario del mismo. No hay duda de que importa restaurar la importancia del relato de vida de Menchú que propone Beverley, no sólo para los debates curriculares de las universidades de Estados Unidos, sino en pos de una relación más diver-

---

[4] Según Roberto González Echevarría, por ejemplo, el post-boom testimonial contribuye a una vuelta atrás al discurso realista de la novela de la tierra, aunque más ingenuo (*Myth and Archive*, p. 221).

[5] Se puede trazar esta estrategia entre los libros y ensayos de John Beverley escritos durante los noventa. Véase en particular las diferentes perspectivas que se articulan entre *Literature and Politics in the Central American Revolution* y "Our Rigoberta" en *The Real Thing*.

gente con los otros discursos de la posmodernidad latinoamericana, particularmente la literaria. Pero también conviene llevar esta relectura a diversas coyunturas histórico-culturales que podrían empezar por postular las diferencias entre Guatemala, México, otras zonas de América Latina y Estados Unidos. Conviene notar, igualmente, que la noción del testimonio como modelo literario "pos-humanista" para América Latina exige un relieve mucho más aclarador, puesto que la literatura allí responde a diferentes estratos estéticos, históricos, y epistemológicos que en Estados Unidos.

Cotejar la posmodernidad con textos de vida indígena es, no cabe duda, una tarea que demanda consideraciones políticas, económicas y textuales desatendidas por el archivo académico que suele demarcar esa noción de época. Esto implica atender el contraste que algunos testimonios le rinden a un discurso de elite criolla masculinista que se codifica a partir de los escritores del boom durante los sesenta y setenta (ver Gugelberger para una muestra exhaustiva). Pero la oposición fundamentalmente binaria entre literatura moderna y subalternidad posmoderna puede ceder a una lectura reduccionista del contexto cultural latinoamericano. En su importante libro sobre la cultura política de la revolución centroamericana el mismo Beverley observaba hace unos años que la poesía de Rubén Darío cobró un nuevo valor a partir de la revolución nicaragüense (*Literature and Politics*). ¿Por qué enclaustrar entonces el destino alegórico de García Márquez, entre muchos otros escritores latinoamericanos de gran importancia mundial, a un corpus que sólo entiende la modernidad en América Latina y toda su literatura simplemente como discurso fallido de criollos letrados? La carga simbólica de lo que se entiende por literatura nunca llega a extinguirse, aunque obviamente suscita cambios y hasta contraposiciones. Declarar el final del orden simbólico literario, como el de las ideologías o el de la historia quizá sea otro síntoma globalizante, en sí mismo cuestionable como carga simbólica. La alusión a un orden literario pos-humanista, o pos-simbólico, exige por ello mayores aclaraciones. Borges, bien sabemos, provee un fuerte desafío del orden literario burgués, desde la misma literatura, llegando a restaurar su valor desde un nuevo horizonte de la estética epistemologizada.

Es tangible que el proyecto de estudios subalternos latinoamericanista, en su mayor parte, intenta sacar la deconstrucción del academicismo apolítico literario, y llevarla a una nueva izquierda teórica. Pero no siempre lo logra y en la mayor parte de las veces se avecina considerablemente al mismo esquema que quisiera negar. El ejemplo más importante quizá se encuentre en el reiterado desmonte de la modernidad literaria latinoamericana que subyace en casi todas las propuestas subalternas y poscoloniales. Aquí se entiende por modernidad todo lo que va de la independencia al boom, pasando por el modernismo, las vanguardias y el revolucionismo. El desmonte resultante sólo concibe esta larga historia en términos de partes execrables de una gran totalidad fallida, definible como sociedad criolla, sin mayores deslindes en cuanto a momentos históricos, políticos o literarios. Todos caen en una misma bolsa. Pero este acercamiento a fin de cuentas constituye otro tipo de totalización que denota más bien un desasosiego político que una deconstrucción radicalizada, y corre el riesgo de canjear la lectura del devenir histórico latinoamericano por levitaciones epistemológicas que nos permitan imaginarnos sociedades inmediatamente distintas desde la lejanía.

Es por ello importante deslindar el reclamo que hace Nelly Richard de este proyecto a partir de la deconstrucción vinculada a la "nueva escena" cultural chilena posterior al golpe militar. Richard repara que la asignación del testimonio como nuevo eje de la posmodernidad literaria latinoamericana remite más bien a un modelo estético metropolitano impuesto desde Estados Unidos ("Signos culturales y mediaciones académicas"). Sugiere que esa asignación corresponde más bien al valor de uso que ha cobrado la literatura de América Latina para la posmodernidad hegemónica en general y para los especialistas del campo de los estudios latinoamericanos en particular. Aunque este planteamiento pueda parecer un retorno al viejo esquema centro-periferia, ése no es su propósito central, sino el de matizar las contradicciones y las jerarquías propias del discurso transnacional de lo posmoderno, que gobierna todavía el código del desmonte de los centros. Ningún latinoamericanista, de acá o allá, ha abordado estos aspectos de la política transnacional del discurso literario posmoderno tan incisivamente como Richard. Su acercamiento deconstructivo también cuestiona el modo en que se emplea. No obstante, su reparo en cuanto a la participación del testimonio en el archivo posmoderno parece desatender vertientes más hegemónicas de la posmodernidad literaria latinoamericana, sin duda anteriores a la propuesta de Beverley. De hecho, como vimos, la propuesta de subalternidad inspirada en el género testimonial constituye en sí un intento de contrapesar el paradigma instalado en torno al boom literario, o a ciertas lecturas de Borges o García Márquez como modelos únicos inscritos en lo mejor del boom.[6]

Podría decirse que la crítica de Richard aborda un desmonte de algunos síntomas inmediatos al uso "metropolitano" del archivo posmoderno, pero que descuida los más allegados a un esteticismo muy cercano a la vanguardia deconstructora, al igual que la propensión de ceñirse a un descarte casi total del ámbito de lo social, síntoma ya generalizado en la fase neoliberal del capitalismo global.[7] Esta ambivalencia se observa con más especificidad, a mi entender, tomando en cuenta la historia cultural chilena circunscrita en los dos libros de Richard, *La estratificación de los márgenes* y *La insubordinación de los signos*. Ambos parten de la urgencia de armar un plan de trabajo deconstructivo en el plano de la cultura nacional, no solamente en torno a la política del estado oficial, sino también, o más aún, a las esferas institucionales de la antigua izquierda académica chilena, y en particular a los paradigmas de producción intelectual de las ciencias sociales. Por un lado, el proyecto de Richard resulta altamente sugerente para otras coyunturas de América Latina, puesto que lleva la deconstrucción al espacio institucional de la cultura, desatando su alcance desmitificador de presupuestos anquilosados por las tradiciones académicas, tanto de izquierda como de derecha. Descalza la monumentalidad del proyecto moderno con rigor performativo y herramientas de análisis bien pulidas. No cabe duda, sin embargo, de que se trata de un programa de trabajo circunscrito exclusivamente a la situación nacional de Chile, y confeccionado por un enfoque artístico-literario que sólo vislumbra el texto social en términos de una designificación perenne de los discursos nacionales. Quizá por ello descuida los conflictos internos de la narrativa latinoamericana que propone Beverley en cuanto al testimonio, o los entiende exclusivamente dentro del plano de imposiciones metropolitanas. Los descalces que provee Richard de la cultura académica chilena tienen implicaciones obvias para toda América Latina, donde la desmitificación de paradigmas gastados apenas ha comenzado, pero importa notar que no son igual-

---

[6] Ver la propuesta de Alberto Moreiras en cuanto a la centralidad post-simbólica de Borges, "Pastiche, Identity, and Allegory of Allegory".

[7] La contrapropuesta de Richard, de una literatura testimonial diferente, gira en torno al testimonio de Diamela Eltit. Ver "Bordes, diseminación, postmodernismo: una metáfora latinoamericana de fin de siglo". Es una propuesta valiosa en tanto que muestra la fuerza deconstructora que contiene la ficción de esta importante escritora chilena, aunque no observa los límites de ese modelo en cuanto a la representación de toda América Latina. Hay, obviamente, grandes diferencias entre *El Padre Mío* y el texto de Rigoberta, pero también conviene deslindar diferencias entre Chile y Guatemala no gobernadas estrictamente por la creación literaria cosmopolita que Richard tiende a privilegiar. A fin de cuentas, el debate debe acudir a un marco comparativo de discursos y sociedades latinoamericanas tanto o más que al contraste centro-periferia.

mente aplicables al diverso mundo de naciones, culturas y literaturas latinoamericanas, ni proveen una mirada suficientemente matizada del contexto norteamericano. A esto podría añadirse otra duda: no parece aportar una crítica capaz de imaginar un proyecto social alternativo, ni una lectura menos totalizante de la modernidad latinoamericana.

¿Cómo mediar, en todo caso, entre estos diversos aportes que hasta hoy sólo han cedido una especie de diálogo entre sordos? No sólo hay falta de debates, existe también una tendencia a confeccionar antologías de ensayos crítico-teóricos que incluyen voces obviamente opuestas sin el menor reconocimiento editorial de diferencias, dejando a los lectores-consumidores en el vacío o ante un mundo en que todo cabe en todo. Más que un campo de estudios, o comunidad de especialistas, se observa en estos estudios latinoamericanos una lógica de promoción individual o de pequeños grupos cuya producción continua garantice el establecimiento de códigos análogos de capital simbólico. Reitero por ello que los estudios latinoamericanos exigen un marco mucho más comparativo que permita diversas delimitaciones simultáneas, entre ellas el intenso debate sobre el latinoamericanismo entre América Latina y Estados Unidos, al igual que la adaptación diferenciada de la posmodernidad, los marcos institucionales que legitimizan o impiden la deconstrucción, la codificación de los desmontes literarios de alta cultura, las diversas lecturas que permite el testimonio, y el poder de los lenguajes de la crítica. Debe observarse, por ejemplo, que el vocablo "subalterno" remite a un plano semántico muy distinto en español que en inglés, y que el uso de esa voz para significar una nueva crítica de estudios latinoamericanos también exigiría delimitaciones regionales de carácter sociolingüístico. No se trata de un mero traslado académico de un vocablo sin historia en cada lengua o región.

Todo esto será, obviamente, materia para un debate complejo, pero ya se puede entrever la necesidad de estos marcos comparativos. Me pregunto, por ejemplo, si la industria del testimonio –particularmente en Estados Unidos, donde adquiere ahora un valor nacional– no debiera advertir con más cuidado las diferentes lecturas de Menchú (texto y personaje político) que se dan en América Latina. ¿Sería ésa, como todas las interrogantes sobre el problema de la recepción, una labor más o menos empírica más allá de los intereses de los estudios literarios, destinada por ello a los estudios culturales? ¿No será que el texto más social de Menchú, al igual que el corpus más reconocido como literatura posmoderna, son ambos parte integral de una discursividad latinoamericana que hoy exige ser estudiada en su contradictoria simultaneidad? No hay duda de que el quiebre disciplinario actual se hace patente en estos resquicios. A ello debe añadirse el ocaso de los estudios del área nacidos durante la Guerra Fría, y el nuevo mercado de discursos transnacionales. Todo ello conduce a la promesa de una cartografía comparativa sobre América Latina y sus múltiples comunidades discursivas, marcos que debieran acoplar también los discursos latinos emitidos en Estados Unidos, desde la diferencia, claro está.

La reciente visita del Papa a Cuba, por ejemplo, mostró el poder de la constante locución televisiva desde Estados Unidos hacia América Latina. Esa transmisión, ya hecha completamente en español, hizo palpable el modo en que lo latino cambia la relación norte-sur durante los noventa, asumiendo cada vez una mayor conciencia de mercado cultural dirigido hacia América Latina desde la latinidad diaspórica de Estados Unidos. En el mismo contexto, pero en dirección opuesta, importaría analizar si la emigración constante de latinoamericanos no ha cambiado radicalmente la autodefinición de los grupos latinos de más larga historia en Estados Unidos. De lo chicano y nuyorican, apelativos minoritarios que surgen en los sesenta y setenta con manifestaciones literarias narradas mayormente en inglés, se ha pasado a lo latino norteamericano con una intensidad sólo explicable por el cordón de transmisión continental de pueblos, economías, culturas y lenguajes en la era del capitalismo global.

En todo caso, importa recordar que los discursos sobre la cultura latinoamericana actual tienen sus gustos, contornos y jerarquías tanto acá como allá, y que se pueden observar múltiples puntos intermedios entre ambos ámbitos y otros. No debe pasar desapercibido, sin embargo, que los espacios de producción y circulación norteamericanos se han vuelto enormemente influyentes. Es inútil disimular que no pilotean el campo de estudios desde lejos, por lo cual prefiero llamarlos *loci* de legitimización, no de enunciación, porque reducen considerablemente la noción utópica de que estamos ante un firmamento de múltiples enunciaciones inconexas de igual valor e iguales posibilidades. Si se hiciera un estudio comparativo de la economía política de estos espacios, se esclarecería también un poco el debate sobre cuál representación de la posmodernidad latinoamericana es más hegemónica.

III

Las "nuevas escenas discursivas" que organizan el pensamiento de Nelly Richard, al igual que la "metáfora verbal" de Homi Bhabha, tienden a reconceptualizar lo político estrictamente como de-significación perenne de estructuras verbales, tarea de vigilancia epistémica que sin duda ha ofrecido grandes aportes a los nuevos espacios del saber. Queda por verse, sin embargo, en qué modo permiten acercarse a todo un mundo de vidas, cuerpos y deseos cotidianos que siguen nutriendo y dando poder a los textos sociales de un capitalismo global que se ha mostrado muy capaz de nutrirse de esos mismos cambios del saber. En un libro reciente titulado *Justice Interruptus*, Nancy Frazer explica las afinidades entre el antiesencialismo deconstruccionista (desmonte de identidades) y el pluralismo multiculturalista (celebración de las diferencias) –discursos aparentemente opuestos que hoy informan los estudios culturales norteamericanos, particularmente el feminismo y los discursos étnico-raciales. El afán del primero es deconstruir las identidades indiscriminadamente, mientras que el otro busca celebrarlas todas sin distinción. Dos caras de la misma moneda, insiste Frazer, que resisten llevar el valor estratégico de las identidades y las diferencias al terreno de la política social. Las diferencias culturales, reitera, sólo se pueden elaborar libre y democráticamente sobre la base de la igualdad social. Obviamente Frazer entiende que ésta no es una tarea tan simple como antes se pensaba, y que será imposible abordarla sin vigilancia epistémica, pero también intuye que pocos intelectuales se desviven por asumir el lado social de los desmontes en un momento marcado por el ocaso del legado izquierdista de la modernidad y el sesgo apolítico de la deconstrucción posmoderna.

Al enfocar los estudios culturales latinoamericanos desde Estados Unidos se puede entrever también que nuestros estudiantes –esa colectividad a veces perdida en la búsqueda del "otro" imaginado por el campo de estudio literario (latinoamericanos, subalternos u otros)– son sujetos que se orientan en el mundo a partir de una antología repleta de imágenes y sonidos, tanto o más que palabras impresas. Y no se trata solamente de contenidos fácilmente desmontados desde un culturalismo anclado en las artes. Nuestros estudiantes adquieren herramientas sofisticadas de análisis textual electrónico directamente de los medios massmediáticos y absorben pedagogías performativas de las industrias de servicio al consumidor que éstos promueven. La pantalla televisiva o computarizada promueve canales de difusión que circulan por todo el continente un sinfín de discursos autobiográficos análogos al testimonio; también es capaz de animar divertida e indiscriminadamente hasta los más profundos gestos epistémicos con parodias autorreferenciales que canibalizan los textos de mayor alcance deconstructor, y al son de un buen acompañamiento musical. Pero en ese poder radica también un saber que reta el aura de las letras. Es el ámbito del nuevo intelectual que Fredric Jameson ha llamado "el otro burocrático", cuya producción funcional dentro de la cultura global podría poner en jaque el valor de la competencia intelectual humanista.

Es en este resquicio donde se encuentra quizá el mayor desafío a la crítica literaria que ahora intenta posmodernizarse, ya por medio de los estudios culturales, o en rumbo a las diversas manifestaciones de lo poscolonial o lo subalterno. Pero aquí hay un trasfondo mayor. Se observa un nuevo reto a la producción de capital simbólico del intelectual humanista por parte de ese "otro" productor de la industria cultural globalizada que también abarca funciones educativas –des-codificantes y re-codificantes al mismo tiempo– a través de nuevos productos de consumo simbólico confeccionados para el cine, la televisión, revistas de consumo especializado, y por supuesto el internet. Se dramatiza así con mayor ahínco la diferenciación que hiciera Yuri Lotman entre la cultura de la *gramaticalización*, que busca interpelar el mundo desde la convección o lectura de textos individuales, y la cultura de la *textualización*, que entiende los textos y la sociedad en una red infinita de múltiples lenguajes, imágenes y estímulos.[8] Hay pues muchas variantes del pos-humanismo; una de ellas proviene de los resquicios de la cultura académica humanista, ahora reforzándose con las imágenes de implosión teórica. Otra variante del pos-humanismo, aparentemente más desconcertante, proviene de la cultura global tecnologizada. Un puente más crítico entre ellas podría ser también objeto de los estudios culturales.

Nótese la vehemencia con que Harold Bloom recoge las velas del quiebre disciplinario desde la institucionalidad literaria: "Nada resulta tan esencial al canon occidental como sus principios de selectividad, que son elitistas sólo en la medida que se fundan en criterios puramente artísticos [...] Uno sólo irrumpe en el canon por fuerza estética, que se compone primordialmente por la siguiente amalgama: dominio del lenguaje metafórico, originalidad, poder cognitivo, sabiduría y exuberancia en la dicción" (Bloom, *El canon,* p. 8). Pero podría mostrarse que la nueva antología de los estudios culturales, la de nuestros estudiantes, e inclusive la de los "otros" intelectuales de la industria cultural, contiene su propia exuberancia expresiva e idiomas metafóricos. Tómese como ejemplo el exceso oral de la música *rap* o el movimiento corporal de la salsa. En cuanto a sabiduría y poder cognitivo, ya entramos en un terreno que el arte no siempre desea, y cuya presencia en las artes, cuando se insiste, es prontamente reclamada por la filosofía, la historia, la lingüística, y, por supuesto, la ideología. El lamento estético que hace Bloom en nombre de la literatura es importante por las contradicciones que introduce a la política cultural de la globalización, pero también importa reconocer, como bien hiciera Jakobson hace mucho, la arbitrariedad de todo intento definitorio de lo literario.

Lo que queda claramente definido con el libro de Bloom es el intento de preservar el privilegio exégeta que entendía la cultura como experiencia estética sólo alcanzable por seres cultos instruidos en las artes. Parece dispuesto a dejar de lado las relaciones intertextuales de su libro más importante, *The Anxiety of Influence,* que le permitiera, hace ya veinticinco años, un acercamiento mucho más amplio e imaginativo a las relaciones entre los estudios literarios y otras formas culturales. Su consigna actual implica por lo tanto un atrincheramiento ante el quiebre disciplinario y la contracción del aparato humanístico universitario, ambos promovidos por dos fuerzas que no siempre se miran en el mismo espejo que las refleja: el acecho de

---

[8] Ver la discusión de Jesús Martín-Barbero sobre esta importante fase de la cultura norteamericana, en su libro *De los medios a las mediaciones: comunicación, cultura y hegemonía.*

la cultura massmediática a la producción de capital simbólico, y la homogeneidad teórica de los discursos deconstruccionistas, cuya afinidad teórica también anacroniza dramáticamente el aparato disciplinario universitario. Esta contracción se observa aun a niveles bibliográficos, en listas de lectura obligatoria de muchas disciplinas que suelen replicar los mismos títulos, de los cuales una gran mayoría sólo circula en traducción al inglés. Confieso que los leo, y que me interesan profundamente, pero temo también que la proliferación de este paradigma de esfuerzos análogos ya exige más síntesis y crítica. Para Bloom esta saturación traza el camino de la sospecha o hasta el rechazo total de un nuevo encuentro –incierto pero prometedor– entre la literatura y la filosofía, que ahora se desborda hacia los espacios del feminismo y los estudios culturales. Se puede dudar con Bloom, sin embargo, si los nuevos espacios del saber evacuan prematuramente valores estéticos y éticos necesarios aún para la era posmoderna o desatienden el tipo de recuperación del legado cultural moderno que él propone, aun si no remitieran a cierta nostalgia con cargas teleológicas.

Las historias más acreditadas de los estudios culturales también encubren otras incertidumbres. De la conocida escuela inglesa de Birmingham se suele dar un salto directo a la escena actual norteamericana. Esta demarcación se explica en parte por dos factores innegables: a) la importante vocación gramsciana que nutrió el surgimiento de la escuela británica de estudios culturales en los cincuenta y sesenta que todavía es añorada por algunas vertientes actuales, y b) el carácter paradigmático que adquieren en Estados Unidos, donde se produce el mayor intento de ajuste académico a las convulsiones globales, dado el tamaño y poder de ese aparato universitario. Importa notar, no obstante, que esta importante transmisión queda restringida a la vertiente anglosajona de esta historia, y que hay otras escalas y desvíos posibles, otros intentos valiosos durante todo el siglo. En algunos casos se trata de aportes en gran medida rehusados por la academia norteamericana pero que cobraron gran fuerza en Europa y América Latina –la semiótica rusa e italiana, por ejemplo, o la escuela de Frankfurt, cuya intensidad interdisciplinaria influye considerablemente a los estudiosos de Birmingham. En el ámbito latinoamericano también se encuentra una vieja y variada tradición de pensamiento cultural importante –Mariátegui, Ortiz, Arguedas, Rama, entre otros.

Hoy se atiende algo más a esa escuela latinoamericana, pero más bien como un ejemplo que ha sido anulado por su cercanía a los discursos de la modernidad, el mestizaje, o el criollismo que ahora se entienden como una suerte de pecado original latinoamericano que impide el paso a un futuro quizá definible como sociedad civil sin libreto nacional fuerte. Importa sin duda desmontar esos discursos, aunque cuesta imaginar todo lo que ello implica en el terreno social y político de América Latina desde la distancia teórica norteamericana. Un énfasis exclusivo en los flujos premodernos y coloniales más bien borran las historias de los estudios culturales latinoamericanos, saltando sobre el cuerpo de las modernidades difíciles, anulando la materialidad cultural desde la lejanía, en un momento sin utopías sostenido por las promesas del capitalismo neoliberal y el hermetismo de la de-significación inmanente. Por otra parte, la historia de los estudios culturales podría avistar también el extraordinario impulso que cobra la cultura de masas en Estados Unidos durante la primera mitad del siglo. Allí se encuentra una valiosa muestra de cómo se reinventó este país a sí mismo durante esa época, convirtiéndose en la primera nación que se identificara plenamente con la cultura de masas. ¿Cómo se configura esa influencia ahora en América Latina?

Hay, pues, mucha historia olvidada en ese salto de Birmingham a Nueva York, que no sólo esquiva contornos geográficos importantes, sino que también descuida diferentes acercamientos teóricos hacia el fenómeno de la cultura. Una historia comparativa de estas predilecciones sería cautivante. En el caso norteamericano, por ejemplo, podría rastrearse la tajante separación entre las ciencias sociales y las humanidades, la influencia del marco chomskiano en la lingüística que divorcia a esa disciplina de los acercamientos sociales o literarios al lenguaje, y la inmensidad de un aparato literario dividido en lenguas nacionales europeas que cobra mayor auge a partir de las inversiones ocasionadas por la Guerra Fría, en particular el lanzamiento del Sputnik.

Podría decirse, además, que América Latina faculta una agrupación más reciente y diversa de intelectuales (de muy diversas índoles y modos de subsistencia) cuya obra remite ampliamente a los estudios culturales más que a ningún otro campo de estudio. Pienso en Jesús Martín-Barbero, Carlos Monsiváis, Néstor García Canclini, Nelly Richard, Jorge Castañeda, Beatriz Sarlo, Norbert Lechner y Martín Hopenhayn, entre otros, que apenas empiezan a ser reconocidos en Estados Unidos, y usualmente sólo en círculos literarios. Pero esa obra –en muchos casos reflexiones de científicos sociales o intelectuales de la cultura– tampoco adquiere ingreso armónico en los marcos poscoloniales, subalternos o posmodernos que usualmente se encuentran alejados de problemáticas culturales más amplias, particularmente las massmediáticas. Esto se debe a que son obras que le hablan a la cultura latinoamericana como espacio social en vivo, no desde debates literarios organizados por mercados académicos que no dejan de remitir a las exigencias –amplias pero nacionales al fin– de la academia norteamericana. Los estudios culturales producidos en América Latina permanecen algo más al margen de esa lógica de ambiciosos proyectos transnacionales que exige la academia globalizada– redefinir la historia, reinventar los campos de estudio, declarar nula la modernidad latinoamericana sin más, concertar la subalternidad continental desde Estados Unidos como eje posmoderno, postular hegemonías del objeto de estudio, etc. Esta es, no cabe duda, una economía de producción simbólica mucho más propensa a teorizar a gran escala con productos vendibles y seductores para una comunidad de intereses que incluye la imaginación de los jóvenes de posgrado (de acá y allá) y las casas editoriales al mismo tiempo. ¿Cómo acatar la función de la deconstrucción que se nutre de esta economía de producción? ¿Cómo introducir comparativamente las lecturas nacionales de lo latinoamericano que se dan en América Latina al discurso latinoamericanista transnacional?

IV

Otra historia de los estudios culturales –algo más completa y de mayor alcance en el conocimiento de sus propios límites– quizá se encuentre en un ensayo del conocido crítico jamaiquino Stuart Hall. Se trata de una reflexión personal sobre su participación en la escuela de Birmingham. Registra dudas y deudas, sobre todo debates internos con el feminismo, la cuestión racial, un marxismo más abierto a las articulaciones culturales, y el enorme aporte del nuevo horizonte discursivo. Es allí, sin embargo, donde Hall hace una distinción que suele ser ignorada por los lectores de su importante ensayo. Se trata de la diferencia entre el "giro" y el "aluvión" deconstructor. El giro, precisa, fue un paso imprescindible para los estudios culturales encauzado por el rigor de los avances posestructurales, sobre todo la atención que permiten a la materialidad verbal de las formas culturales y los procesos sociales. El aluvión, aclara, corresponde al impacto de la economía global en la influyente academia norteamericana. Los estudios culturales cobran entonces un relieve de mercado menos inclinado a la reflexión social. La deconstrucción se ve entonces afectada, o limitada, por los desafíos y las tensiones institucionales que allí conmovieron al aparato universitario, particularmente a las disciplinas literarias. Los lamentos de Bloom, como vimos, confirman este diagnóstico. Todo ello, señala Hall, conduce al aluvión deconstructor –un acercamiento disciplinario predispuesto a la especulación teórica globalizante que acude a cualquier objeto o fenómeno de cualquier lugar o época sin mayores especificaciones ("Cultural Studies and its Theoretical Legacies").

No debe olvidarse que en Estados Unidos la tradición de estudios literarios ocupa un espacio que cuenta con cientos de universidades públicas estrechamente vinculadas a un complejo de bibliotecas y casas editoriales, al igual que divisiones disciplinarias muy costosas. La crisis sentida en la última década ha cerrado o consolidado muchos departamentos de estudios de lengua y literatura europea que antes daban sentido a las humanidades. La excepción ha sido la lengua española, en tanto lengua también americana, hoy hablada por más de 30 millones de "latinos" en Estados Unidos. Claro está que los estudios literarios o culturales de interés a esta población también están en estado de flujo y debate. El mercado editorial, o político de "lo latino" ya no tiene contornos definibles. Algo análogo se puede decir de los estudios de la literatura anglo-norteamericana. Debido a la creciente presencia de latinos que escriben en inglés con un marco cultural distante del anglosajón –a los cuales se añaden las voces asiáticas y caribeñas– se palpan hoy muchas inquietudes sobre lo que se entiende por cultura literaria norteamericana. El reto a los estudios literarios tradicionales es pues categórico, y con ello van las inevitables ansias en cuanto al futuro disciplinario académico que a veces llega hasta el contexto más amplio de todas las humanidades y ciencias sociales. Tampoco debe olvidarse que las ciencias sociales norteamericanas, en general, han evitado hasta hace poco la inquietud de los nuevos estudios culturales, aun después del duro cuestionamiento de los grandes *epistemas* modernos ocasionado por la economía neoliberal y la deconstrucción humanística. Falta, claro está, un acercamiento al impacto de estas profundas transformaciones en las diversas regiones latinoamericanas. Hasta entonces el diálogo entre los estudios culturales norteamericanos y los estudiosos de la cultura en América Latina seguirá siendo de sordos. Pero quizá en ese desencuentro se hallen posibilidades inéditas. El extrañamiento mutuo entre latinoamericanistas de acá y allá causará pausas a la hora de confeccionar proyectos de investigación; y si se dan nuevos puntos de encuentro, no serán suministrados exclusivamente a partir del academicismo literario.

No ha de sorprender a nadie por ello que el debate sobre los estudios culturales en Estados Unidos responda a inquietudes muy distintas de las del británico. No es un simple traslado que se extravía de su vocación gramsciana al cruzar el Atlántico. En Estados Unidos los estudios culturales permanecen dentro de una órbita literaria muy amplia y abierta, amparada por un enorme sistema universitario estatal que logró extenderse, hasta la contracción privatizante más reciente, a las clases sociales y grupos minoritarios menos privilegiados. La creciente heterogeneidad nacional, cada vez más conflictiva, se filtra por los estudios literarios más que por ninguna otra estructura académica, buscando una fusión renovadora del crisol de las razas entre la nueva multiculturalidad y el viejo monolingüismo que quizá sea imposible. El inglés de la nación se mira en los estudios literarios buscando una metáfora del capitalismo global: absorber todos los estímulos y transformarlos en nuevas monedas de cambio. El desafío a esa tradición viene ahora de otras imágenes: la fuerza externa de la *performance* visual massmediática que ya produce su propia antología multicultural y ese "otro burocrático" que parece poner en jaque al profesor de letras.

Entre literatura y cultura –dos categorías disímiles pero mutuamente maleables– hay relaciones cambiantes de gran valor heurístico que suelen quedar implícitas, o pasar a escisiones innecesariamente tajantes. No sólo es obvio que la literatura ha ocupado una posición especial entre las formas culturales modernas, sino también que cobra un valor primordial en la confección y la articulación de metarrelatos, tanto para el orden de lo nacional y del género sexual, como en la mera concepción de época que orienta nuestros horizontes históricos. Además, la literatura ha constituido un código cultural que se caracteriza precisamente por su capacidad de renovarse, nutriéndose constantemente de otras formas culturales. Desde la literatura se organiza también gran parte de la modernidad humanística que incluye, por supuesto, ese espíritu de crítica que Octavio Paz traza desde el romanticismo y que llega a obtener un sentido de profunda autocrítica en la lectura de Adorno sobre el arte y la música de la alta modernidad (*Los hijos del limo*). Llegando ya a nuestros días importa notar que lo literario, aun ya deconstruido su estatuto humanístico, sigue en cierto modo modelando un horizonte escritural en el cual la de-significación obtiene su mayor ámbito de transgresión polisémica. Menard, Bustrófedon y Melquíades son ya figuras centrales del canon literario posmoderno, y Menchú de los estudios culturales. Visto así, desde el profundo culturalismo literario norteamericano, se puede vislumbrar con relativa armonía toda la morfología "pos" que ahora escudriña el legado histórico y filosófico de occidente.

El resultado es muy distinto si se miran estos flujos teóricos desde la óptica de los estudios culturales, si se incluye una discusión diferenciada del feminismo, la etnicidad, los estudios raciales, la teoría gay o lesbiana, la ecología y, sobre todo, la reorganización capitalista de las jerarquías posnacionales. Conviene por ello advertir un poco más los diversos rumbos de oposición o resistencia a los estudios culturales de mayor influencia. Bloom convida a una defensa de valores literarios que sea capaz de absorber la dispersión global desde la centralidad estética occidental, y en inglés; Richard Rorty, desde la filosofía pragmática norteamericana, insta por una aclaración también estética y geopolítica de la posmodernidad. Plantea que la indeterminación o liminalidad ontológica que suele registrar la deconstrucción como nueva vanguardia epistemológica es un lujo observable primordialmente desde la filosofía y la literatura, el cual no le corresponde a los pueblos del tercer mundo, sino sólo a las sociedades de gran tradición burguesa que pueden tomar por sentado sus derechos y pasar por alto sus conflictos identitarios (Rorty, "Tale of Two Disciplines"). Y Fredric Jameson, desde el marxismo occidental, postula que la articulación entre cultura y economía, sin la cual los estudios culturales carecerían de especificidad crítica y metodológica, encuentra su mejor vehículo conceptual en los estudios literarios, particularmente si lograsen un entendimiento profundo de la poética althusseriana, la cual permite abordar críticamente el problema de la articulación entre discursos culturales y mercados en la era globalizante ("On Cultural Studies").

A modo de ejemplo y conclusión de estos apuntes, sólo me voy a detener aquí en la propuesta de Jameson, aunque estimo que las tres recogen diversos síntomas del mismo problema a partir de la academia norteamericana a finales de los ochenta o principios de los noventa.[9] No debe olvidarse por un momento que todo lo antedicho obtiene giros adicionales si se pregunta dónde queda América Latina en la cartografía de los estudios culturales, o cómo se configura desde sus múltiples orillas. Las difíciles relaciones entre cultura y literatura se agudizan profundamente con otras confecciones de lo latinoamericano más allegadas a la pluralidad de formas culturales. El ensayo de Jameson y el acontecimiento bibliográfico que lo motiva son sólo otro trasfondo importante para el empalme latinoamericano esbozado anteriormente: los problemas suscitados por los estudios culturales y las teorías que sostienen su *locus* de legitimización más influyente del momento.

El trabajo de Jameson tiene su antecedente inmediato en la conocida antología *Cultural*

---

[9] Una discusión más pormenorizada de las posiciones de Bloom y Rorty se encuentra en mi ensayo "Culturals Studies, Globalization and Neoliberalism".

Studies editada por Lawrence Grossberg, Cary Nelson y Paula A. Treichler. La publicación de este exhaustivo tomo en 1990 marcó un hito en la institucionalización de los estudios culturales norteamericanos. Importa notar primeramente que fue lanzado conscientes de que ya existía un mercado más o menos informal para los estudios culturales en Estados Unidos, de manera que los editores del volumen lo diseñaron partiendo de un plan cuidadoso que ya registraba una inmensa variedad de temas y tópicos emergentes. Más importante aún, sin embargo, es el capítulo introductorio, del cual se desprenden varios presupuestos que han influido en la formación actual de este nuevo campo. Se observa primeramente el contexto del quiebre disciplinario, no tanto como registro del vacío creado por esos quiebres sino como respuesta fértil al mismo. De manera que los editores persiguen un reencuentro multidisciplinario de mayor alcance social, no el agotado confín de rejuegos entre la epistemología y la estética que abunda en muchas antologías posmodernas. Proponen también que se entiendan los estudios culturales como una extensión del impulso originario de la escuela británica de Birmingham, con una insistencia muy particular en la definición política de la cultura que caracteriza esa conocida tradición; y dudan con gran fervor –y vale decir pocos argumentos explayados– de cualquier acercamiento a los estudios culturales desde la literatura. Esta duda, o más bien frustración, no llega a esclarecerse del todo, pero parece dirigirse más bien a las dificultades de trasladar la tradición de Birmingham a la academia norteamericana, sin llegar a percatarse de que ésta procede de una estructura de apoyo institucional a los estudios literarios muy distinta a la británica, y de que es también una academia cuya relación con el mercado de productos simbólicos es muy fluida, es decir, mucho más capaz de hacer rentables los proyectos académicos.

Jameson, en un largo ensayo recogido por *Social Text* un año después, da rienda suelta a sus dudas sobre el futuro de los estudios culturales, y más aún sobre la institucionalización de ese paradigma en Estados Unidos. Pasa revista primeramente a las limitaciones disciplinarias de los proyectos representados en este volumen fundacional y concluye que sólo hay dos salidas del atolladero conceptual que atisba en él: a) la articulación althusseriana como poética pos-estructural capaz de articular la lógica cultural del capitalismo global en forma dialéctica y dialógica al mismo tiempo; y b) el potencial de los programas de estudios de la comunicación canadienses, los cuales, dada su cercanía al aparato hegemónico de producción cultural norteamericano, exigen todo un radio de distinciones, conflictos y acercamientos críticos a la cultura global massmediática que no se observan en los estudios culturales internos a Estados Unidos. También se pregunta por el tipo de intelectual que infunden estos proyectos, si se acercan al intelectual orgánico gramsciano, o al intelectual traidor de Sartre, o si son más bien representantes de "nueva ondas" definibles como intelectuales transmisores de los gustos de masa atenta al consumo televisivo sin marcos conceptuales de oposición. Finalmente expresa, con cierto horror, la amenaza del "otro burocrático" discutida anteriormente: productores de capital simbólico entrenados a servir la nueva industria cultural sin vocación de letrado opositor.

Hay otros momentos menos pesimistas en el texto de Jameson. Confiesa, por ejemplo, un gran interés por las posibilidades utópicas que observa Donna Haraway en torno a los nuevos discursos biológicos y ecológicos, la nueva concepción del cuerpo humano, el examen de la identificación genérico-sexual, y un sondeo de la identidad planetaria tomada por sentado por tantas civilizaciones ("The Promises of Monsters"). Son, sin embargo, breves menciones enteramente sombreadas por las profundas dudas de Jameson en cuanto al estatuto disciplinario de los estudios culturales. Pero hay algo más sorprendente en su largo ensayo. Me refiero al tono aquejado, al insoslayable sustrato de lamento que marcan las páginas de uno de los críticos más prolíficos de la cultura posmoderna durante los últimos veinte años. Desde mediados de los 80, después de la publicación de su *Political Unconscious*, Jameson lanza un gran desafío a la especialidad literaria que ocupara su brillante carrera hasta ese momento. Se dedica entonces a examinar la arquitectura, el tercer mundo, el cine, y la escena posmoderna en general, pero siempre centrado en una poética marxista como eje primordial de articulación y comprensión entre los múltiples modos de producción del capitalismo tardío (la televisión, la música popular y la cibernética permanecen más lejos de sus intereses).

Se trataba de un espacio que Jameson venía negociando desde el mismo *Political Unconscious*, entre el marxismo althusseriano y el pos-estructuralismo filosófico (léase deconstrucción con residuos dialécticos) en tanto teoría posmoderna de la literatura occidental, que luego intentaría englobar con una teoría literaria tercermundista de tendencias más modernas, nacionalistas o realistas que incluía a China, la India, Africa y América Latina sin mayores distinciones. Este segundo elemento resultó difícil de sostener y dio lugar a serios debates, sobre todo por la teleología occidentalista que implicaba para las culturas literarias del llamado tercer mundo. Pero fue un espacio conceptual importante en su primer aspecto: le permitió a Jameson explorar el lado artístico de la posmodernidad, la cual juzgó en forma ambigua pero todavía prometedora, y lo condujo también a un inevitable acercamiento tipo estudios culturales –cine, arquitectura, economía–, es decir, a desafiar el ámbito acostumbrado de las letras, aunque siempre desde una ambiciosa poética articulatoria que restauraba la función crítica del intelectual. Sólo ese marxismo occidental, argumentaba Jameson, podía restituir (léase salvar) el horizonte humanístico centrado en los estudios literarios. Ello implicaba extender la estética de Adorno hacia una poética capaz de auscultar las contradicciones inmanentes del capitalismo tardío en el arte y la cultura posmoderna.

El quiebre final del socialismo y del tercermundismo oficial perturba ambos lados de ese espacio conceptual. Después del 89, la promesa vanguardista de la posmodernidad occidental se trastorna más con la globalización económica y las doctrinas neoliberales, y el proyecto teleológico inspirado en la modernidad estatal del tercer mundo pierde más prestigio. Al mismo tiempo, el desarrollo de la televisión global, los pactos de libres mercados y la producción simbólica del "otro burocrático" cobran más importancia e intensidad como lógica cultural de esta economía. Hay, obviamente, un gran espacio entre la resistencia de Bloom y el desencanto de Jameson, pero también se pueden entrever preocupaciones análogas en cuanto a la tradición humanística. Uno reclama el esteticismo occidental, antologizado en lengua inglesa, como base reivindicativa de valores literarios para la cultura global. El otro insiste en la relevancia de la poética occidental inspirada simultáneamente en la dialéctica marxista y la discursividad pos-estructural. Para Jameson, esa sería la única avenida disciplinaria posible para los estudios culturales, si es que todavía mantienen la ambición crítica ante una hegemonía cultural capitalista cada vez más totalizante. Obviamente, este reclamo exige atención, aunque dista del planteamiento de Stuart Hall en un aspecto fundamental. Si bien Hall también plantea la premura de un eje articulatorio para los estudios culturales, no lo manifiesta con tanta fijeza, ni tan anclado en la poética ("Cultural Identity and Diaspora"). Insiste más bien en la movilidad de múltiples ejes –feminismo, raza, nación, clase social, entre otros–, al igual que una valoración más amplia de la relación entre textualidad y formas culturales.

Queda por verse entonces si los estudios culturales, o los estudios de la cultura en su pluralidad de formas y economías, permiten un giro novedoso y profundo hacia la orilla social del quiebre disciplinario, hacia los saberes de ese "otro burocrático", hacia la antología massmediática internalizada por nuestros estudiantes, y hacia la articulación comparativa de los estudios culturales americanos. Esta vuelta, quizá difícil para la posmodernidad todavía atrincherada en el antiguo régimen letrado, exigirá sin duda nuevos *loci* de legitimización y códigos de lectura capaces de avistar más particularmente la interlocución latinoamericana y canadiense del continente americano.

BIBLIOGRAFÍA

Beverley, John. *Literature and Politics in the Central American Revolution.* Austin: University of Texas Press, 1990.

—— "Our Rigoberta". *The Real Thing: Testimonial Discourse and Latin America.* George Gugelberger (ed.), Durham: Duke University Press, 1996.

Bloom, Harold. *El canon occidental.* 2ª ed. Barcelona: Anagrama, 1996.

—— *The Anxiety of Influence.* 1968. Nueva York: Oxford University Press, 1975.

Chanady, Amaryll (ed.). *Latin American Identity and Constructions of Difference. Hispanic Issues.* Minneapolis: Univesity of Minnesota Press, 1994.

De la Campa, Román. "Cultural Studies, Globalization and Neoliberalism". *The Politics of Research.* E. Ann Kaplan y George Levine (eds.), New Brunswick: Rutgers University Press, 1997.

—— "Latinoamérica y sus nuevos cartógrafos: discurso poscolonial, diásporas intelectuales y miradas fronterizas". *Revista Iberoamericana,* LXII/176-177 (julio-diciembre, 1996): pp. 697-717.

González Echevarría, Roberto. *Myth and Archive: A Theory of Latin American Narrative.* Cambridge: Cambridge University Press, 1990.

González Stephan, Beatriz (ed.). *Cultura y Tercer Mundo.* Caracas: Nueva Sociedad, 1996.

Grossberg, Lawrence, Gary Nelson y Paula Treichler (eds.) *Cultural Studies.* 1990. Nueva York: Routledge, 1992.

Gugelberger, George (ed.). *The Real Thing: Testimonial Discourse and Latin America.* Durham: Duke University Press, 1996.

Hall, Stuart. "Cultural Identity and Diaspora". *Colonial Discourse and Postcolonial Theory.* Patrick Williams y Laura Chrisman (eds.), Nueva York: Columbia University Press, 1994.

—— "Cultural Studies and its Theoretical Legacies". *Cultural Studies.* Gary Nelson, Paula A. Treichler y Lawrence Grossberg (eds.), Nueva York: Routledge, 1992.

Haraway, Donna. "The Promises of Monsters: A Regenerative Politics for Inappropriate/d Others". *Cultural Studies.* Gary Nelson, Paula A. Treichler y Lawrence Grossberg (eds.), Nueva York: Routledge, 1992.

Jameson, Fredric. *The Political Unconscious: Narrative as a Socially Symbolic Act.* Ithaca, Nueva York: Cornell University Press, 1981.

—— "On Cultural Studies". *Social Text,* 34 (1993): pp. 17-52.

Lipsitz, George. " 'Swing Low, Sweet Cadillac': White Supremacy, Antiblack Racism, and the New Historicism". *American Literary History,* 7/4 (Winter, 1995): 700-725.

Lowe, Lisa y David Lloyd (eds.). *The Politics of Culture in the Shadows of Capital.* Durham: Duke University Press, 1997.

Martín-Barbero, Jesús. *De los medios a las mediaciones: comunicación, cultura y hegemonía.* México: Ediciones G. Gili, 1991.

Mignolo, Walter. "Colonial and Postcolonial Discourse: Cultural Critique or Academic Colonialism?". *Latin American Research Review,* 28/3 (1993): 120-134.

Moreiras, Alberto. "Pastiche, Identity, and Allegory of Allegory". *Latin American Identity and Constructions of Difference. Hispanic Issues.* Amaryll Chanady (ed.), Minneapolis: University of Minnesota Press, 1994.

Paz, Octavio. *Los hijos del limo.* Barcelona: Seix Barral, 1974.

Rabasa, José. "On Zapatismo: Reflections on the Folkloric and the Impossible in a Subaltern Insurrection". *The Politics of Culture in the Shadows of Capital.* Lisa Lowe y David Lloyd (eds.), Durham: Duke University Press, 1997.

Richard, Nelly. "Signos culturales y mediaciones académicas". *Cultura y Tercer Mundo.* Beatriz González Stephan (ed.), Caracas: Nueva Sociedad, 1996.

—— "Bordes, diseminación, postmodernismo: una metáfora latinoamericana de fin de siglo". *Las culturas de fin de siglo en América Latina.* Rosario: Beatriz Viterbo, 1994.

Rorty, Richard. "Tale of Two Disciplines". *Callaloo,* 17/2 (1994): 575-585.

—— *Objectivity, Relativism, and Truth.* Cambridge: Cambridge University Press, 1991.

Descentramiento hermenéutico, hibridación conceptual y conciencia histórica.
Una propuesta latinoamericana por asumir

Hermann Herlinghaus
Centro de Estudios Humanísticos de Berlín

El texto parte de una observación comparativa relevante para el debate en torno a los estudios culturales. La escisión entre posestructuralismo y hermenéutica que parecía sellarse tempranamente con el diálogo "inverosímil" que hubo entre Gadamer y Derrida en 1981 en París, no se suele compartir por un notable grupo de teóricos que desde Colombia o México, Chile o Brasil han reconsiderado críticamente el tema de la modernidad. El balance es obviamente distinto si se considera la labor crítica de los estudios latinoamericanos en las academias norteamericanas o europeas. Las experiencias heterogéneas del pensamiento descolonizador incitan hoy a una relectura de la llamada escisión, a fin de contribuir a una reformulación de las categorías y espacios que los estudios culturales están atravesando en los escenarios de la avanzada globalización.

La reflexión se va a dedicar mayormente a perspectivas que se (re)articulan "desde" América Latina, y esto no quiere ser una opción de legitimidad. Hay una "razón libidinal" que favorece el diálogo con enfoques que el autor de estas líneas ha percibido como puesta en prueba, y a veces un desbloqueo, de sus propias premisas epistemológicas de "primer" y "segundo" mundo europeos.

¿Puede existir hoy un conjunto de epistemologías latinoamericanas del pensamiento crítico, o ocurre más bien una diseminación global de recursos críticos que se sitúan en el diálogo desde sus respectivas localidades y cargas de legitimidad? Lo segundo parece encontrar su signo riguroso, aparte del pensamiento latinoamericanista en Norteamérica, en la transición chilena descrita por Thayer como movimiento "pos-estatal" y "pos-nacional", lo que implicaría también "pos-latinoamericano" (p. 176). Si este es el caso, una pregunta reaparece, trascendiendo su retórica simplicidad: ¿qué se teoriza en qué lugar, desde qué raíces y condicionamientos, y con qué fin? La diferencia no es reducible a particularismo, pero lo particular puede permitir la refocalización de un determinado problema: el deseo de poner en escena (nuevamente) un "sentido" crítico autónomo en vista de las fuerzas arrasadoras del mercado global (un "inconsciente hermenéutico" de la crítica cultural antihermenéutica). La tentación es grande, ya que la globalización se viste de un "espíritu-máquina universal" en escenarios posthegelianos, instalando los principios de unidad, identidad y totalidad ahora en el histórico revés del discurso moderno. Existen también desde posiciones latinoamericanas, otras lecturas de lo global, lecturas que retoman ciertos desafíos de la hermenéutica filosófica e incluso de la teológica para reabrir la empresa crítica a la opacidad *explicación-comprensión*, sin simpatizar con una ontologización del sentido, y sin caer en un "revisionismo" histórico. Ya no puede haber "un sentido (interpretativo) del ser", pero tampoco es viable que cualquier proyecto hermenéutico sólo disfrazaría una voluntad metafísica al poder. Aquí se está marcando el cruce de dos descentramientos. Uno consiste en la desconfianza ante cierta inercia de un "duelo" que atraviesa una parte del pensamiento crítico hoy (Moreiras) –una predisposición de éste de no prescindir de un adversario omnipotente para formular posturas de rotundo inconformismo–. El otro implica el cuestionamiento de la misión ontológica de la propia hermenéutica, emprendido por estrategias de comprensión que podrían denominarse "hermenéutico-culturales". Anticipamos nuestro argumento aquí: en este cruce se sitúa un determinado movimiento de estudios culturales latinoamericanos, aunque sus actores tengan distintas preferencias.

¿Qué pueden aportar perspectivas hermenéuticas en vista de la repolitización múltiple de los sujetos sociales y de las relaciones centro-periferia en este cambio del siglo? Cuando en 1981 el intercambio entre Derrida y Gadamer se había truncado, Philippe Forget se refirió a una cierta falta de voluntad dialógica en ambos filósofos. Y, explicando la resistencia de Derrida, dijo que él sabía muy bien lo inútil que era querer "luchar con las armas y en el terreno del otro" (Forget, p. 10). El fenómeno de esta afirmación resalta por su franca aporía. A la posición antimetafísica se le atribuye un lugar que se caracteriza por su exterioridad al "otro". Viene implícito, en segundo lugar, que "el terreno" y "las armas" de la hermenéutica podrían ser prescindibles. De esta manera se parece prescindir también de potenciales críticos de la hermenéutica que ella misma, por otra parte, no supo hacer productivos en Europa. La reminiscencia alude a situaciones del debate actual.

De los teóricos que han retomado el problema, Tomás Moulián fue uno de los más explícitos. Nos detenemos en el modo como él reproblematiza la noción de conciencia histórica en vista de la dictadura y la transición posdictatorial chilenas. Cuestiona una postura habermasiana formulada en 1986 en el marco de la "querella de los historiadores" en Alemania. Desde una mirada externa a la discusión alemana sobre identidad histórica, la posición de Habermas es interpretable en el sentido de que el nazismo alemán y la tragedia de Auschwitz no debieran ser enfocados con las herramientas de la "comprensión". Dice Moulián:

> El problema de esas afirmaciones tan rotundas es que ellas confunden comprensión con justificación, con aceptación moral. [...] es indispensable colocarse en el mundo de vida de los actores para desenmascarar las categorías reflexivas, el tipo de moralidad que hicieron posibles el genocidio judío o, en Chile, el terror de la revolución capitalista. [...] La comprensión no busca la reconciliación con el Otro (pp. 372-373).

La "polémica" chileno-alemana tiene un fuerte peso ético, ya que el peligro de que el gesto hermenéutico es apropiado por un revisionismo histórico que reclama hegemonía política (la preocupación de Habermas), es latente en ambos casos, tal como es latente en el mundo entero. Pero la opción chilena por –a la vez– comprender los mecanismos de lo abominable reclama una dimensión de acercamiento crítico que aparentemente estaba bloqueada en la querella alemana donde, de hecho, la cercanía de las nociones *Verstehen* (comprensión) y *Verständnis* (semánticamente entre intelecto-comprensión-aceptación) no permitía precisar la clave de análisis cultural. Moulián, en cambio, articuló una necesidad política que iba más allá de un "contradiscurso" capaz de deconstruir lo terrible o de administrarlo a la distancia, buscando un "rediscurso" apto de situarse, por debajo de lo dualista, en lo contingente de las genealogías de "lo actual". Su recurrir a una perspectiva hermenéutica de la comprensión buscaba vincular la crítica de la ahistoricidad (el olvido) con aquella de un historicismo renovado (desprenderse de la actualidad con gesto objetivista). Una conciencia histórica afirmaría, después de Nietzsche y Heidegger, el "estar en la historia" de la comprensión. Su objeto no es un "objeto" sino una relación entre "realidades" históricas y realidades de la comprensión histórica. No está de más recordar la observación de Gadamer (*Wahrheit und*) sobre la base común del discurso ilustrado y el discurso romántico europeos. Ambos habían compartido el esquema de la superación del *mythos* por el *logos*. Sólo sus conclusiones a partir de un "desencantamiento del mundo" eran opuestas. Este esquema dualista ha producido su propia trayectoria en el discurso de la modernidad latinoamericana, a tal punto que iban a ser los pensadores críticos de una "posmodernidad periférica" los que llegaron a cuestionarlo (Herlinghaus y Walter). Habría que insistir una vez más en la necesidad de no confundir perspectivas históricas, ya que determinadas posturas latinoamericanas que se autodenominaron durante un tiempo "posmodernas" demarcaron esfuerzos intelectuales diferentes a "la excluyente fórmula disciplinaria del posmodernismo" que Jameson propone eludir (p. 90). Pero aquí no se trata de reconsiderar un concepto que (en sus linajes céntricos) mostró una creciente inercia cuando, después de la cesura global de "1989/1990", el Otro de la modernidad occidental parecía salir definitivamente de las distancias reguladoras.

Precisamos que es en el contexto de necesidad crítica de una relectura hermenéutica de la modernización –quiere decir reapertura de racionalizaciones forzadas al entendimiento– que Moulián llegó a formular la necesidad de una "pasión historiográfica" en el cambio de este siglo (p. 373). El teórico chileno es mucho más político que Gadamer, pero curiosamente comparte con el filósofo alemán un gesto común en contra de Habermas: el escepticismo ante una reflexión que excluye la conciencia retórica de la misión crítica, y que tiene miedo de "comprender" la cotidianidad social porque podría implicar el reconocimiento de estructuras de autoridad y poder que atraviesan la vida cotidiana (Gadamer, *Rhetorik*). Moulián hasta llega a afirmar que:

> Se puede decir que el acto práctico de apropiación histórica, esto es la intervención sobre lo dado [...], requiere de una conciencia historiográfica entendida como mito movilizador más que como teoría. No se necesita tanto de una verdad como de una apropiación del pasado en cuanto fuerza simbólica, unificadora, capaz de modelar el presente. El mito es un saber convertido en creencia capaz de suscitar el apasionamiento que conduce a la praxis (p. 380).

Estas palabras son agudas y polémicas. En su manera de emprender la historización de un "Chile actual", incitan a recordar una "genealogía" hermenéutica del pensamiento histórico.

La modernidad en América Latina nació como discurso de una modernidad precaria, no como autoafirmación emancipatoria. Dicho de otro modo, nació con los signos de un drama hermenéutico. Una latente crisis de sentido histórico acompañaba su incorporación en una modernidad occidental "cuyo corazón latía lejos" del continente. La modernidad latinoamericana se generaba como búsqueda incesante y anacrónica de las modernizaciones y los modernismos y, en lo que al siglo veinte se refiere, "ya no sólo como fenómeno de sus intelectuales y tecnócratas sino como proceso de masas" (Brunner, p. 195; Casullo, p. 95). Queda por denotar dentro de esa bien sabida condición lo prefigurativo que de ella emanaba y que influía a los imaginarios ideológicos por venir. Su nexo será una permanente *(re)construcción* del sentido histórico que va a durar todo el siglo veinte.

La mirada comparativa viene al caso. Una "nación tardía" de Europa, como Helmuth Plessner llamó a Alemania en 1959, fue el territorio donde una vez la hermenéutica desarrolló sus contornos como disciplina filosófica y teoría de reglas. En el siglo diecinueve, complejas filosofías de la historia desplazaron el optimismo de la *Aufklärung*, bregando con las fuerzas instrumentales de la civilización y los dominantes conservadurismos políticos. Quedaba obvio que no existía "un sentido" diferenciado de la historia. En estas condiciones, la crisis de la interpretación de la historia se hizo más dramática en la Alemania regionalista y atrasada que por ejemplo en Inglaterra o Francia (Pfeiffer). Fue ahí que Dilthey rescató la casi olvidada hermenéutica teológica, y la modernizó con vista a la psicología, las ciencias jurídicas, la filosofía y la literatura. La hermenéutica, más que disciplina específica, se conformó como agencia reguladora del sentido histórico que el presente de antaño parecía haber dispersado. Dilthey actualizó las viejas nociones retóricas de la experiencia y la comprensión, para ahora enraizarlas en los grandes textos literarios como linaje central de la tradición. A estas condiciones remite la "universalidad" de la hermenéutica que todavía Gadamer ha defendido, y que vivía una construcción paradójica: la conexión, por un lado, entre experiencia de vida y sus respectivas formas y simbologías y, por el otro, un "sentido hondo de la historia" que se buscaba en un movimiento de consecutiva traducibilidad del habla humana (a través de sus "textos") hacia el presente.

¿Qué estatus puede tener la hermenéutica a la luz de los procesos desiguales de la globalización? Obviamente no es rescatable como teoría. Pero se hace síntoma de la historicidad del pensamiento en vista de condiciones específicas de acceso a la modernidad. Y se convierte fuera de Europa, como va a mostrar un segundo paso reflexivo, en factor de la hibridación conceptual que caracteriza unos estudios culturales "pos-nacionales" en América Latina. Recordamos que fueron, y en cierta medida lo siguen siendo, los comunicólogos, los sociólogos y los antropólogos los que reformularon, desde la mitad de los años ochenta, sus propias bases disciplinarias a través de aperturas hermenéuticas. Afincaron sus análisis en la "comprensión" de una modernidad cuyo sentido anacrónico parecía resistirse a las capacidades "explicativas" que estas disciplinas, en sus versiones canónicas, habían generado. Fue un esfuerzo deliberadamente "no explicativo" en términos de categorías recibidas aquel que articuló García Canclini con su conocido subtítulo "Estrategias para entrar y salir de la modernidad". Se trataba primero de "comprender" lo que era difícilmente racionalizable o, dicho con Guattari, se emprendía "un viaje de ida y de vuelta entre el sentido y el sin-sentido" de la modernidad. Atribuirle relativismo a esta perspectiva significaría olvidar la historicidad en la cual se iba formando un discurso crítico, ahora con vista a los desplazamientos de identidades y de esquemas explicativos del presente. Tratar de comprender los nuevos mecanismos de "subjetivación" en el mercado y en sus bordes no equivalía a un festejo de su triunfo homogenizador, igual que trabajar y abrir brechas en el mercado académico no aerodinamiza necesariamente los saberes.

Hubo, por cierto, un aspecto irritante que emanaba de aquellas concepciones que, a partir de los años ochenta, se entendían como unos nuevos estudios en torno a la modernidad latinoamericana. La tarea de los sociólogos había sido hablar de modernización. De "modernidad" habían hablado o los tecnólogos o los teóricos de la literatura y las artes, con premisas claramente delimitadas las unas de las otras. Pero ahora se diseñaba un mapa de posicionamientos conceptuales y desbordes disciplinarios que cuestionaban aquella división de trabajo en que hablar de modernidad era misión casi exclusiva de los académicos, literatos y filósofos. La trama secreta de una reubicación (del discurso) de la modernidad (periférica) en determinados contextos de modernización se configura a partir del fenómeno de la "comprensión" de los nexos "habla-comunicación" dentro de la modernidad. Y esto quiere decir también que su historia va ganando más transparencia en lo que fue reprimido y excluido. Como la racionalización, sea gnoseológica o sistematizadora no puede operar sin exclusión, descubrir las tramas de lo históricamente marginalizado no puede prescindir de enfoques más heterogéneos de pensamiento, es decir hermenéuticos. Un comunicólogo como Jesús Martín-Barbero, quien viene de la filosofía, descubre al análisis cultural de la modernidad una perspectiva crítica con herramientas de la hermenéutica que los propios estudios literarios apenas consideraban. Desde ahí, una confusión de la querella actual parece revelarse como falsa dicotomía de "sociólogos conformistas" versus "crítica cultural fuerte", signo de nuevas divisiones de competencias intelectuales y académicas que dejan muchos desamparados. La situación es compleja, y cabe invertir aquí la expresión de Forget que le atestiguaba a Derrida no querer "luchar en el terreno del otro". La aludida reconfiguración global de intereses epistemológicos a nivel de centro(s)-periferia(s) está generando precisamente esto: mapas inseguros en donde los unos luchan en los terrenos de los otros. Tal constelación suele ser difícil, como se sabe, hasta entre aliados. Sin embargo, los propios estudios culturales no pueden menos que reconocerse en su nueva heterogeneidad, lo que no es un mero problema de las diferencias entre la tradición británica y los movimientos que se han ido articulando en territorios norteamericanos y en Australia.

Lo anterior remite a la pregunta por un potencial críticamente hermenéutico, tal como fue articulado en América Latina. En uno de los libros que recién está entrando en debate transnacional, su autor español-colombiano describe su camino de la siguiente manera:

> Venía yo de la filosofía y, por los caminos del lenguaje, me topé con la aventura de la comunicación. Y de la heideggeriana morada del ser di así con mis huesos en la choza-favela de los hombres, construida en barro y cañas pero con radiotransistores y antenas de televisión (Martín-Barbero, *De los medios a las mediaciones ...*, p. 9).

La cita autobiográfica remite al puente "modernidad-hermenéutica" para luego descentrarlo. Heidegger marca un despegue conceptual para un teórico que se dedicará a cuestionar la filosofía del lenguaje –como depositaria del sentido interpretativo del ser– desde las ciencias sociales, pero recién después de haber desmontado una concepción "dura" de sociología con herramientas lingüísticas, indagando en el lenguaje como tejido de lo social.

El "encuentro" con Heidegger es difícilmente discutible sin considerar el papel de "interlocutor" de Paulo Freire. Martín-Barbero, que se doctoró con Ricoeur y Ladrière con una tesis titulada "La palabra y la acción", había iniciado su perspectiva de estudios culturales, a fines de los sesenta, con el intento de trazar un nexo conceptual entre la hermenéutica de lo narrativo de Ricoeur y la hermenéutica retórica del teólogo brasileño. "Hermenéutica retórica" demarcaba un concepto diferencial de los "juegos de lenguaje" (Wittgenstein) que los refería a su situacionalidad histórica y de ahí les daba un programa pedagógico. Lo social se concebía, en una radicalización de Jaspers, como "situación", la que confirió al proyecto interpretativo un estatus participativo y, por buena parte, antiacadémico. Se menciona, de paso, al carácter conceptual (y no meramente funcional) que cobraban y debían seguir cobrando, en la visión de Raymond Williams, los estudios culturales por su iniciativa de educación democrática de mayorías (Freire, p. 154). No hubo, según "La pedagogía del oprimido", un "estar siendo en el mundo" (Freire, p. 94) sin aquella historicidad que permite distinguir entre opresores y oprimidos. Esta diferenciación es concebida en términos de una asimetría que causa trizas a la visión ontológica (y que al lado del análisis de estructuras exige su crítica comprensión): "autentificarse" humanamente exige de los oprimidos primero percibirse cómo "están siendo [...] en el mundo, como seres inacabados, inconclusos, en y con una realidad que siendo histórica es también tan inacabada como ellos" (Freire, p. 95). La opresión se dilucida como fenómeno que –culturalmente– a los hombres les "prohíbe ser" (Freire, p. 55) en el sentido de auto-interpretación; quiere decir comprensión. No disponiendo los oprimidos del derecho al habla, les es negada también la reflexión comprensiva sin la que no hay acción. El funcionamiento de la hegemonía aparece en esta perspectiva como auto-alienación hermenéutica de las culturas subalternas: "El oprimido vio en el opresor su testimonio de hombre", problema poco asumido por los conceptos de intelectualidad "orgánica" de aquella década. Fue desde una óptica de teología comprometida que se comenzaron a relacionar en América Latina los conceptos de "dominación" y "comprensión", poco después del auge del movimiento de *Cultural Studies* en Gran Bretaña. Aunque las ilusiones pedagógicas y metas macrosociales de esta visión teológica no iban a enraizar en "las palabras y las cosas" por venir, la trama hermenéutica del análisis de lo social constituye un hilo que será rescatado, bajo el impacto de los años ochenta, como constituyente de unos nuevos estudios latinoamericanos en torno a la modernidad. Dicho de otro modo, el carácter específico de esos estudios sería este: un radical descentramiento de las categorías hegemónicas de la modernidad, pero también –como paradoja asumida– una reformulación no ontológica del proyecto hermenéutico desde los bordes de la cultura letrada, con vista a los cruces políticos que se divisaban entre las prácticas sociales, los imaginarios colectivos y la audiovisión avanzada.

Una contribución decisiva viene del pensamiento de Martín-Barbero cuya recepción en los países latinoamericanos está desempeñando un papel catalizador capaz de interferir en las distancias que nuevamente se abrieron, en los noventa, entre el pensamiento crítico y los estudios de la comunicación. El recordó, en tiempos en que ya nadie hablaba de Freire, que el educador de la liberación "había sabido transformar la mirada fenomenológica en una pragmática que, convergiendo sobre la capacidad performativa del lenguaje [...], incorporaba el análisis de la "acción del lenguaje" a un programa de acción en el que la alfabetización de adultos, el aprendizaje de la lengua, se convertía en proceso de liberación de la palabra propia" (*De la comunicación a*, p. 201). Recuerda que

> el programa de Freire contuvo para mí la primera propuesta de una teoría latinoamericana de la comunicación, pues es al tornarse pregunta que la palabra instaura el espacio de la comunicación, e invirtiendo el proceso de alienación que arrastra la palabra cosificada, las "palabras generadoras", como Freire las llamaba, rehacen el tejido social del lenguaje posibilitando el encuentro del hombre con su mundo y con el de los otros (*De la comunicación a*, p. 202).

La hibridación conceptual que Martín-Barbero ha diseñado en las entrelíneas de la filosofía y las ciencias de la comunicación salió de varios sistemas categoriales. Propuso, en vista de una modernidad heterogénea, hacer el paso de la categoría del lenguaje a un concepto hermenéutico de comunicación. Si se alude a la cita anterior, las "antenas de televisión" indicarían, a primera vista, una miseria electronizada. Pero "comunicación" no es pensada como extensión del lenguaje. La "heideggeriana morada del ser", en donde la interpretación equivale a "experiencia" universal, dejaba al lado lo que Martín-Barbero llamaría "narratividades socio-existenciales". Esto implicaba a su vez que el concepto de comunicación debió ser desfuncionalizado, es decir descentrado de sus dominantes lógicas instrumentales de acumulación y compatibilidad, y orientado hacia unas palabras que, sin ser "habla" codificada, se comunicaban desde el silencio. La metáfora de la cita trasciende el habla ("morada del ser") hacia aquella "comunicación" que habita en la "choza-favela de los hombres". Esta espacialización situacional de la problemática del "sentido" se dirige contra una universalidad que fundaba la traducción interpretativa y apropiatoria de cualquier comportamiento humano (Gadamer) en un modelo ontológico del lenguaje. Paralelamente, Martín-Barbero desmontó una visión apocalíptica de comunicación con miradas dialógicas hacia Gramsci, Benjamin y Thompson. En vez de ser funcionalización del "habla", "comunicación" fue concebida como el Otro del habla. Se relaciona a una "otra economía del sentido" si se alude al concepto de la "economía moral" de las comunidades plebeyas que había formulado E. P. Thompson. Resulta, desde luego, un gesto distinto reformular una perspectiva hermenéutica desde la comunicación que desde el lenguaje, como también resulta diferente cuando es emprendido fuera de las academias de centro. Y va obviamente más allá de la condición nihilista de la hermenéutica (la despedida de la verdad objetiva) que Vattimo constataba en una actualización de Nietzsche. Se da el paso extenso de la "heideggeriana morada del ser", atravesando una hermenéutica teológica de la liberación, hacia un concepto de modernidad como proyecto de comprensión socio-histórica de los "juegos del lenguaje" en vista de un análisis más exacto de la desigualdad. Asumir la heterogeneidad socio-cultural se entiende como un paso adelante en términos de, como dijera Williams, un materialismo cultural.

Cuando Martín-Barbero habló en el libro *De los medios a las mediaciones* de un "profundo desencuentro entre método y situación" (p. 9), se había referido por ejemplo a la sordidez de pensadores, tanto de la comunicación como de la modernidad, de percibir y "reconocer" "la palabra que puja por abrirse camino desde el silencio de los dominados" (p. 19). Y aquí se trata –no de una idealización, sino– de un radical desmontaje de un proyecto (intelectual) de representación. La lectura de este párrafo debería tomar en cuenta que el teórico refiere hoy su perspectiva hermenéutica a la terrible ambivalencia de "esa palabra". Hace también hincapié en la caída del muro de Berlín y la disolución del mundo estatal socialista cuando afirma, de manera parecida a Moulián, que relacionar las nociones de explicación y comprensión en vista de una abarcadora crisis de representación intelectual, es necesidad política del análisis historizador (*De la comunicación a*, p. 205). La alusión al muro de Berlín no es casual. En la Alemania de la unificación había ocurrido uno de los más graves "desencuentros entre método y situación" de los sistemas de pensamiento crítico. Las ciencias sociales y culturales (de ambos lados, aunque de manera distinta) vivieron el colapso de sus ilusiones de objetividad, capacidad pronóstica, legitimidad. La nueva autoridad política y la vieja razón emancipatoria se metamorfosearon en el inconfundible afán "neocolonial" que supo convertir la macrofrontera de antaño en una nueva cartografía de muchas fronteras y exclusiones "pequeñas". Antes, la mayoría del pueblo de la RDA –obsérvese que el término "pueblo" sirve en ese contexto– se había imaginado el mundo de Occidente con ayuda de la pantalla televisiva. Y optó por aquella modernización que consistía en la incorporación al mercado capitalista. Fue ese un momento complejísimo que ni un racionalismo neoliberal (que se apresuró en confirmar su propia razón) ni una nostalgia adorniana (que quiso "reconocer" el colonialismo de la industria cultural) sabían realmente comprender. Las implacables realidades exigían (no tanto rechazar o festejar ideológicamente la transición a un capitalismo unificado, sino) primero "comprender", y dar ese paso doloroso pero necesario porque sin él no habrá eficaz resistencia frente a las "explicaciones" autocomplacientes del neoconservadurismo.

Establecer nexos entre una conceptualidad hermenéutica descentrada y la dinámica cultural de las comunicaciones en el mundo se dibuja, según las perspectivas referidas, como necesidad crítica, esfuerzo conceptual dirigido hacia lecturas más eficaces de las dinámicas de la globalización. Puede ser que este esfuerzo acompaña un desplazamiento del pensar crítico de unos territorios estratégicos a espacios que se reconocen en creciente medida como tácticos. Nadie parece reclamar la exclusividad de ese desplazamiento. Pero también en Europa crece una sensibilidad de que "entre la hipocresía democrática y la coherencia totalitaria", como lo expresó Martín-Barbero, hay caminos más incómodos por asumir.

BIBLIOGRAFÍA

Apel, Karl Otto. *Rhetorik, Hermeneutik und Ideologiekritik (Retórica, hermenéutica y crítica ideológica). Hermeneutik und Ideologiekritik (Hermenéutica y crítica ideológica).* Frankfurt Main: Suhrkamp Verlag, 1971.

Brunner, José-Joaquín. *Un espejo trizado. Ensayos sobre cultura y políticas culturales.* Santiago: FLACSO, 1988.

Casullo, Nicolás. *Posmodernidad de los orígenes. Nuevo Texto Crítico,* 6/III (1990): pp. 95-104.

Forget, Philippe (ed.). *Text und Interpretation (Texto e interpretación).* München: Wilhelm Fink Verlag, 1984.

Freire, Paulo. *Pedagogy of the Oppressed.* Nueva York: Herder and Herder, 1970.

Gadamer, Hans-Georg. *Rhetorik, Hermeneutik und Ideologiekritik (Retórica, hermenéutica y crítica ideológica). Hermeneutik und Ideologiekritik (Hermenéutica y crítica ideológica).* Frankfurt Main: Suhrkamp Verlag, 1971.

—— *Wahrheit und Methode. Grundzüge einer philosophischen Hermeneutik (Verdad y método).* Tübingen: J. C. B. Mohr, 1960/1986.

García Canclini, Néstor. *Culturas híbridas: estrategias para entrar y salir de la modernidad.* Buenos Aires: Editorial Sudamericana, 1992.

Habermas, Jürgen. *Vom öffentlichen Gebrauch der Historie (Sobre el uso público de la historia). Historikerstreit (Querella de los historiadores).* München/Zürich: R. Piper, 1987.

—— *Rhetorik, Hermeneutik und Ideologiekritik (Retórica, hermenéutica y crítica ideológica). Hermeneutik und Ideologiekritik (Hermenéutica y crítica ideológica).* Frankfurt Main: Suhrkamp Verlag, 1971.

Herlinghaus, Hermann y Monika Walter (eds.). *Posmodernidad en la periferia. Enfoques latinoamericanos de la nueva teoría cultural.* Berlín: A. Langer Verlag, 1994.

Jameson, Fredric, *Slavoj Zizek, Estudios culturales. Reflexiones sobre el multiculturalismo.* Buenos Aires/Barcelona/México: Paidós, 1998.

Laverde Toscano, María Cristina y Rossana Reguillo (eds.). *Mapas nocturnos. Diálogos con la obra de Jesús Martín-Barbero.* Bogotá: Universidad Central/Siglo del Hombre Editores, 1998.

Martín-Barbero, Jesús. *De los medios a las mediaciones. Comunicación, cultura y hegemonía.* Barcelona: Editorial Gustavo Gili, 1987/1991.

—— *Procesos de comunicación y matrices de cultura. Itinerario para salir de la razón dualista.* México: Ediciones Gustavo Gili, 1988.

—— *De la comunicación a la filosofía y viceversa. Nuevos mapas, nuevos retos. Mapas nocturnos. Diálogos con la obra de Jesús Martín-Barbero.* María Cristina Laverde Toscano y Rossana Reguillo (eds.), Bogotá: Universidad Central/Siglo del Hombre Editores, 1998.

Moreiras, Alberto. *Postdictadura y reforma del pensamiento. Revista de Crítica Cultural,* 7 (1993): pp. 26-35.

Moulián, Tomás. *Chile actual. Anatomía de un mito.* Santiago: Lom-ARCIS, 1997.

Pfeiffer, K. Ludwig y Michael Walter (eds.). *Kommunikationsformen als Lebensformen (Formas de comunicación como formas de vida).* München: Wilhelm Fink Verlag, 1990.

Plessner, Helmuth. *Die verspätete Nation (La nación tardía)*. Stuttgart: W. Kohlammer, 1962.

Thayer, Willy. *La crisis no moderna de la universidad moderna*. Santiago: Editorial Cuarto Propio, 1996.

Thompson, E. P. *The Moral Economy of the English Crowd in the Eighteenth Century. Thompson, Customs in Common*. Londres: The Merlin Press, 1971.

Vattimo, Gianni. *Oltre l'interpretazione. Il significato dell'ermeneutica per la filosofia*. Roma/Bari: Editori Gius. Laterza & Figli, 1994.

Williams, Raymond. *The Politics of Modernism. Against the New Conformists*. Londres/Nueva York: Verso, 1989.

Límites históricos y epistemológicos en los estudios subalternos

José Rabasa
University of Michigan

> Mira que los frayles y clérigos cada uno tienen su manera de penitencia; mira que los frayles de San Francisco tienen una manera de doctrina y una manera de vida y una manera de vestido y una manera de oración; y los de Sant Agustín tienen otra; y los de Santo Domingo tienen otra; y los clérigos otra [...] y así mismo era entre los que guardaban a los dioses nuestros, que los de México tenían una manera de vestido y una manera de orar [...] y otros pueblos de otra; en cada pueblo tenían una manera de sacrificios [...] (Don Carlos de Ometochtzin, 1539).

El cacique de Tetzcoco, don Carlos Ometochtzin, según uno de los testigos en el proceso que siguió la Inquisición contra él, exponía en sus discursos a su pueblo una visión de mundos múltiples. Si existe una variedad de perspectivas católicas, se preguntaba Ometochtzin, ¿por qué no pueden éstas coexistir con las variantes mexicanas? Este atrevimiento epistemológico le costó la vida a Ometochtzin cuando fue ajusticiado por "hereje dogmatizador".

En una de las láminas del *Códice Telleriano-Remensis* (figura 1), que corresponde a los años 1541-1543, encontramos una perspectiva semejante a la de Ometochtzin en la representación de dos frailes, un franciscano y un dominico, que son identificados con diferentes posturas, vestimentas y símbolos representativos de sus doctrinas. En la sección perteneciente a la época colonial, los tlacuilos del *Telleriano-Remensis* inventaron un vocabulario pictórico que deriva de la antigua tradición a fin de codificar las nuevas realidades del caballo, las instituciones coloniales, o las figuras históricas de la conquista (figura 2).[1] Al igual que Ometochtzin, el tlacuilo, en el que no sólo figuran los diferentes mundos franciscanos y dominicos, también incluye en la misma lámina una concepción del mundo indígena, particularmente en la pintura de la guerra del Mixtón de 1541 en Nueva Galicia. Sabemos que este alzamiento en el norte de México fue motivo de gran preocupación para las autoridades coloniales.[2] No

---

[1] *Telleriano-Remensis* consiste de cuatro secciones: 1) la *veintena*, serie de fiestas que se celebraban en cada uno de los veinte meses del año; 2) el *tonalamatl* o calendario del destino; 3) la historia de México-Tenochtitlán; 4) una historia de período colonial que aun cuando continúa la historia precolombina es formalmente distinta. Es más, los cambios formales marcan el corte histórico de la conquista.

[2] Una vez acabado este trabajo vine a conocer el bello libro de Miguel León Portilla, *La flecha en el blanco*. León Portilla documenta la alianza intelectual entre el señor de Nochiztlán Francisco Tenamaztle (uno de los líderes de la guerra del Mixtón que había sido deportado a España) y Fray Bartolomé de las Casas. Tenamaztle y Las Casas denuncian ante las cortes de Valladolid (ca. 1554-1555) la usurpación de la soberanía de los pueblos indios y la imposición de un orden colonial, un par de años después del debate entre Las Casas y Juan Ginés de Sepúlveda (1551-1552). Como lo

Figura 1

es del todo extraño que tres páginas más adelante se deje de usar color y que la inscripción de las fechas carezca del cuidado de los tlacuilos (figura 3). También resultan chocantes las caligrafías dejadas, llenas de tachones de los comentaristas españoles, cuyas observaciones destruyen la integridad física y epistemológica del manuscrito. En una de las láminas del *tonalamatl*, calendario del destino, podemos observar cómo caligrafías y borrones estéticamente repugnantes invaden el texto pictórico. De este modo, establecen un contraste desolador frente a la cuidadosa caligrafía de los escribanos mestizos e indios que reproducen la letra impresa y se limitan simplemente a identificar las figuras o a dar otra información contenida en el texto pictórico (figura 4).

Un comunicado zapatista reciente nos permite visualizar la capacidad de habitar una pluralidad de mundos como una característica constante de los discursos subalternos desde la conquista hasta nuestros días. Estoy pensando en ese momento de lucidez en el que la Coman-

indica León Portilla, en los argumentos de Tenamaztle se vislumbran los principios de la "Declaración de los derechos del hombre y el ciudadano" enunciados en 1779 en la Asamblea Constituyente francesa y la "Declaración universal de los derechos humanos" en 1948 en las Naciones Unidas (p. 15). Se puede argumentar que Tenamaztle es una instancia más de esas posibilidades perdidas en las que el discurso subalterno asentaba las bases para una coexistencia de múltiples mundos. Existen ordenanzas de la Corona que son indicio de que las autoridades españolas estaban plenamente conscientes de la injusticia de la invasión de América, pero la misma insistencia en colonizar y evangelizar "pacíficamente" también es muestra de una incapacidad de comprender los principios que planteó Tenamaztle.

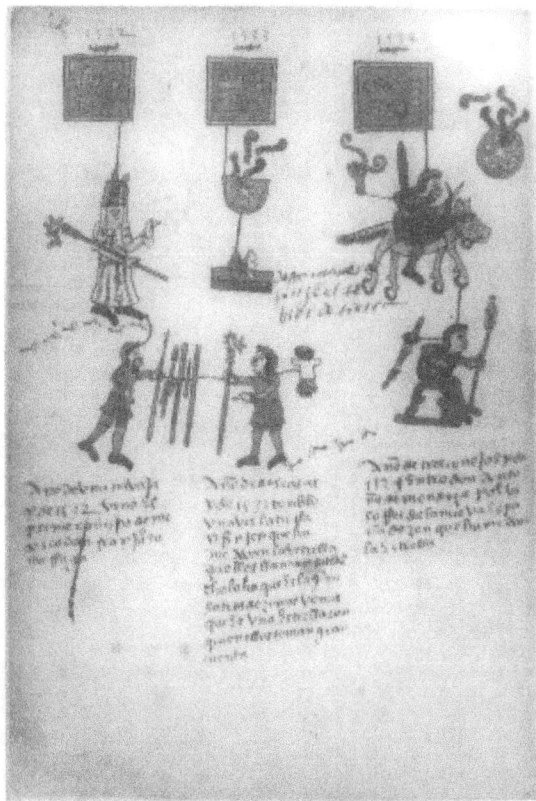

Figura 2

dante Trinidad, durante una sesión de los diálogos con el gobierno mexicano, se dirige en tojolabal a los representantes del gobierno para luego preguntarles en español si habían entendido. Más allá de una afirmación de la lengua tojolabal, en el acto lingüístico de Trinidad está en juego una concepción del mundo indígena que no puede ser simplemente reducida a un problema de traducción. La pregunta célebre de Gayatri Spivak sobre si puede hablar el subalterno toma un giro inesperado puesto que resulta ser el gobierno el imposibilitado de hablar, es decir, termina siendo un sujeto racista, epistemológicamente torpe, moralmente denso e incapaz de entender el presente histórico de un ahora, de un presente mesiánico. Recuérdese el *jetztzeit* de Walter Benjamin, que no tiene nada que ver con el concepto histórico del progreso (Spivak, "Can the Subaltern Speak?"; Rabasa).

A partir de estos desencuentros culturales, por adoptar la expresión de Julio Ramos, quisiera explorar los siguientes límites históricos y epistemológicos en los estudios subalternos: 1) La necesidad de habitar mundos múltiples es una característica de los espacios y discursos subalternos; 2) La coexistencia de diferentes mundos en los discursos subalternos implica un *iluminismo desiluminador*; 3) Toda postulación de un sistema o ideología dominante constituye en última instancia una engañifa –una ilusión óptica, un *trompe-l'oeil* auto-impuesto–. Antes que nada quisiera evocar a partir de estos actos de habla subalternos la posibilidad perdida de una coexistencia de mundos plurales en las expresiones de Ometochtzin y el tlacuilo, pero también llamar la atención sobre el peligro amenazante de volver a caer víctimas del engreimiento occidental en los diálogos entre el gobierno mexicano y los zapatistas. Si la intervención de Trinidad complica la ubicación de lo postcolonial en los

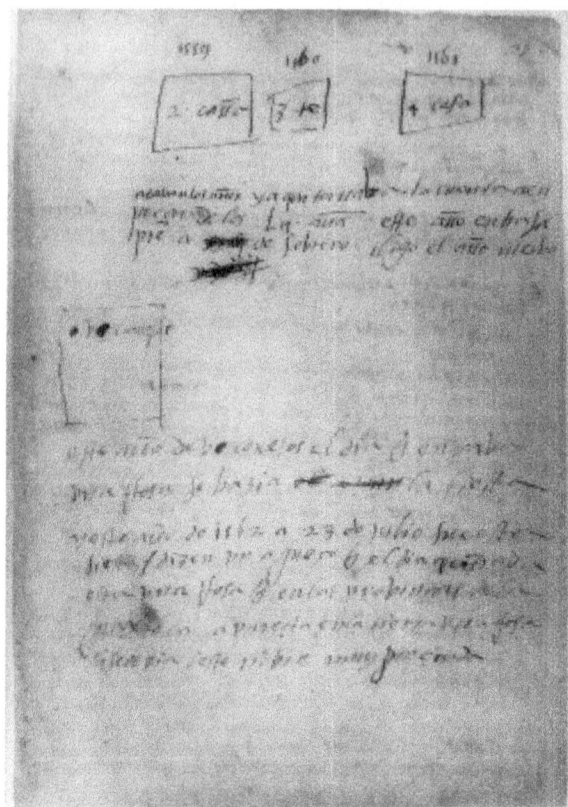

Figura 3

centros metropolitanos y su definición en las migraciones diaspóricas, los actos de Ometochtzin y el tlacuilo son un recordatorio de que lo postcolonial participa de pasados múltiples, y que debemos cuestionar las historias totalizadoras de la modernidad.[3] Debemos también cuestionar la tendencia contradictoria de los estudios poscoloniales en inglés que, por una parte, establecen que "todo" empezó en el siglo diecinueve, mientras que, a la vez, achatan el pasado histórico ya sea aplicando indiscriminadamente categorías inoperantes antes del siglo dieciocho a otros momentos de la historia de Occidente, o reduciendo con un gesto igualmente aplanador las empresas coloniales anteriores a simples violaciones y subsecuentes abandonos de los territorios.[4] No se trata de elaborar una apología del imperio español, sino de corregir un pensamiento homogeneizador de la historia.

---

[3] La genealogía Descartes-Kant-Hegel, sea con propósitos positivos o críticos –e.g., Husserl, Lacan, Foucault, Habermas–, no es más que una posibilidad narrativa que comúnmente tomamos por paradigma dominante. Otras lecturas de la historia de la modernidad podrían privilegiar a Spinoza, Vico, Leibniz, Baudelaire, Wittgenstein como expresiones de la modernidad no derivativas del primer grupo. Esta segunda lista es arbitraria y no pretende ser una narrativa alternativa, sino sugerir la posibilidad de acercarse a la modernidad en términos de una pluralidad de mundos posibles.

[4] El texto paradigmático es *Orientalism*, de Edward Said, pero esta tendencia también se da en los escritos de los subalternistas de la India, e.g., Guha, Chaterjee, Chakrabarty. Sus trabajos han aparecido en la serie *Subaltern Studies* (ver la antología de Guha y Spivak). Para una versión española de algunos ensayos representativos del grupo de la India, ver Rivera Cusicanqui y Barragán.

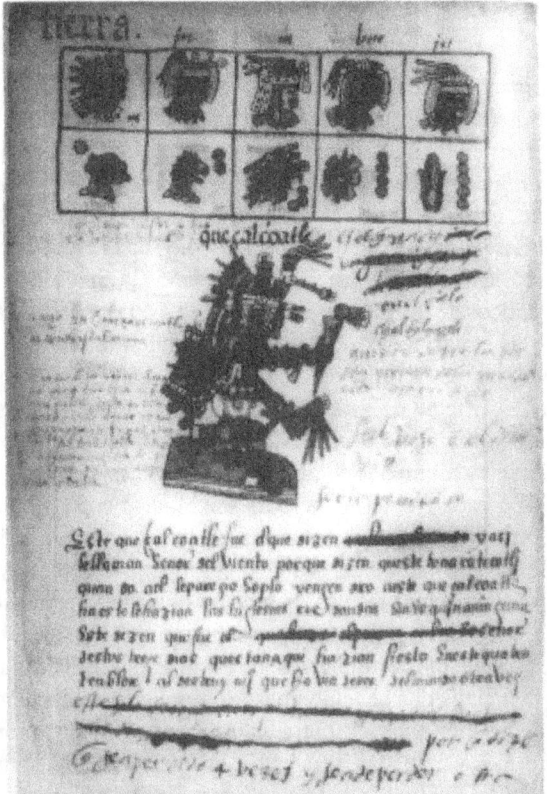

Figura 4

Por límites entiendo tanto la separación de dos cosas o espacios culturales, como los límites del conocimiento que corresponderían a los límites del objeto. Siguiendo a Kierkegaard y a Heidegger, Ranajit Guha ha indicado que, más allá del temor frente al mundo exterior del Club Inglés, está la ansiedad que provoca lo desconocido: la imposibilidad de penetrar en el mundo del colonizado y la toma de consciencia de un fracaso colonial (Guha, "Not at Home"). Aun cuando Guha escribe sobre la crisis del pensamiento liberal decimonónico en la India, sus observaciones sobre la voluntad hegemónica, el fracaso imperial, y la imposición del dominio son aplicables al adoctrinamiento y al consenso requeridos en la administración del bautismo. También a las leyes españolas que enfatizan el amor y la paz en las ordenanzas que aspiraban a controlar y a regular la exploración, pacificación y asentamiento de territorios coloniales. La pintura de la guerra del Mixtón claramente evoca el temor a la insurrección, pero la mirada del tlacuilo que sugiere la capacidad de concebir y codificar una pluralidad de mundos en un solo espacio de representación conlleva el tipo de ansiedad que asociamos con lo que en inglés se llama lo *uncanny*, lo extraño. La intervención de Trinidad también circunscribe los límites del conocimiento y el control: más allá de un temor a la insurrección, podemos vislumbrar la toma de conciencia del gobierno en el sentido de que su supuesto monopolio sobre la racionalidad está en bancarrota.

1. Subalternidad y multiplicidad de mundos

Si bien el investigador en los estudios subalternos puede habitar varios mundos dentro de una tradición occidental, sólo puede intuir la coexistencia y compatibilidad de mundos modernos y no-modernos en los sujetos subalternos. No excluyo, por supuesto, la posibilidad del intelectual subalterno de manejar tanto las formas discursivas occidentales de los estudios subalternos como formas de expresión y comunicación no-modernas; tampoco descarto el desaprendizaje de un privilegio histórico y epistemológico en la práctica cotidiana. El Subcomandante Marcos y los tres ladinos que se internaron en la Selva Lacandona en los años ochenta son paradigmáticos de este tipo de desaprendizaje en su apertura a las formas de vida y de organización de las etnias mayas. Los estudios subalternos, en tanto que "estudios", se limitan a un desaprendizaje teórico. Le dejo a la buena o mala conciencia del antropólogo o del traductor decidir si participa de este sentido plural de mundos. Debo precisar que esta formulación de mundos múltiples no implica un complejo híbrido sino la coexistencia de espacios híbridos diferentes. El mundo tojolabal de Trinidad es tan híbrido como el del español que utiliza para dirigirse al gobierno, pero no son el mismo. Sin embargo, debemos a su vez insistir en una porosidad entre estos mundos, en un espacio comunicativo en el que el mundo tojolabal enriquece las categorías occidentales, mientras que éstas cuestionan reificaciones del mundo tojolabal, según formas de vida de una autenticidad sospechosa. Una tal coexistencia de mundos múltiples entraña un pensamiento anti-esencialista que evita la necesidad de establecer esencialismos estratégicos, es decir, identidades fundadas en una oposición binaria frente a esencialismos hegemónicos (Spinosa y Dreyfus; Goodman).

La noción de mundos múltiples no contradictorios nos permite pensar en sujetos que a la vez sean mestizos, híbridos y nómadas, sin incurrir en la celebración de una síntesis cultural, o limitarse a ver un conflicto entre dos o más culturas. Las diferencias cognitivas en las lenguas dan lugar a las nociones de mundos relativamente inconmensurables con espacios discursivos propios.[5] Hablar de inconmensurabilidad implica señalar los límites de la traducción (es decir, cuestionar la transparencia y accesibilidad de otras lenguas), así como los límites de toda tentativa de subordinación lógica de una lengua a otra (Spivak, "Politics of Translation"; Harrison). Bajo esta perspectiva, la intervención de Trinidad sugiere que pensar las demandas zapatistas en tojolabal carece de un equivalente en español. Pensar en español, por el otro lado, significa tener acceso a una serie de discursos antropológicos, legales, publicitarios, que obviamente no se reducen ni al discurso del gobierno, ni a una lógica dominante de Occidente que tendemos a identificar con ese ente metafísico que llamamos la "escritura". Como si la escritura consistiera de un espacio y un tiempo homogéneo. Mientras que la lucidez de Ometochtzin nos llega a través de la escritura inquisitorial, la pintura del tlacuilo nos recuerda que la pintura o la escritura pictográfica, más que el alfabeto latino, constituyó el canal de comunicación más importante en el siglo XVI (Cummins).

Ya en el siglo XVI el franciscano Bernardino de Sahagún concibió la importancia de la escritura pictográfica para comprender el mundo nahua. Sus investigaciones etnográficas incluían tres momentos que iban de un primer registro pictográfico a una expresión oral en que los colegiales escribían en náhuatl, a un tercer momento en que estos conocimientos permitían la identificación de formas culturales en la vida cotidiana y en la confesión. Estos cono-

---

[5] Para un replanteo del pensamiento de Whorf que no implique una concepción del mundo de corte romántico ni un concepto de lengua estable que supuestamente contenga una tal visión del mundo, ver Lucy; Hill y Mannheim.

cimientos también tenían la finalidad de adentrarse en la metafísica y en la cartografía del cuerpo nahuas. En términos que nos recuerdan la lógica de conceptos de Guillermo de Occam, Sahagún define su labor etnográfica como una indagación sobre las formas de escribir y hablar. Occam postula la arbitrariedad del habla y la escritura frente a lo que denomina los conceptos mentales, por ejemplo, los términos "flor" en español y "xóchitl" en náhuatl difieren, pero el concepto mental es el mismo. Está implícito en la filosofía de Occam el hecho de que diferentes lenguas participen de diferentes lógicas con diferentes grados de racionalidad, los que, por extensión, acarrean diferentes formas de organizar y concebir el mundo (Adams; Panaccio). Para Occam el latín era la lengua más adecuada para la lógica, la gramática y la ciencia. No es de extrañarse que Sahagún y otros franciscanos les enseñaran latín a colegiales trilingües, ya que esperaban que los "secretos" del náhuatl se hicieran accesibles a través de una discusión de la gramática náhuatl en latín. No está de más recordar que el término *gramática*, en el siglo XVI, significaba investigar, entre otras cosas, la articulación lógica de la realidad y la naturaleza de los signos, más que las meras reglas del habla y la escritura correcta. Sahagún vio claramente la posibilidad de nombrar, organizar y concebir el mundo desde perspectivas plurales, pero, a diferencia del tlacuilo y Ometochtzin, le fue imposible comprender, sin incurrir en la contradicción, que una multiplicidad de mundos pudieran coexistir en un espacio cultural, y, aún menos, en una conciencia individual. Expresiones como las del tlacuilo y Ometochtzin eran prueba para Sahagún de que los indígenas mintieron cuando se convirtieron en los primeros años de la evangelización. Si podemos trazar el lenguaje del temor en aquellos lugares del texto de Sahagún que plantean la necesidad de constituir un arsenal para hacerle frente al diablo, la ansiedad se manifiesta en el dilema irresoluble que los misioneros encuentran entre la destrucción de las costumbres que acarreaba la hispanización y los secretos impenetrables del náhuatl que minaban la traducción de las doctrinas cristianas. Ometochtzin parece perplejo ante la voluntad universalizante de los misioneros y el *impasse* que ésta genera, pero retiene una distancia altiva que sin duda molestó a los misioneros. Trinidad nos viene a confirmar lo que estos indígenas del siglo XVI ya habían visto: para sobrevivir en un régimen colonial hay que saber habitar por lo menos en dos mundos. El grado de visibilidad de este saber es proporcional a la tolerancia. La lucidez epistemológica e histórica le costó la vida a Ometochtzin, mientras que ignoramos el destino del tlacuilo. Por su parte, el discurso de Trinidad está al borde de caer en un sinsentido en tanto que manifiesta las limitaciones epistemológicas e históricas de los representantes del gobierno mexicano.

2. ILUMINISMO DESILUMINADOR

Si bien la intervención de Trinidad expresa una concepción de mundos plurales compatibles y la obligación ética de reconocer la posibilidad de habitarlos sin incurrir en una contradicción, esta *iluminación* tan reciente para el discurso occidental ya estaba presente en los discursos indígenas desde el principio de la colonización de América (Spinosa y Dreyfus). De ahí que el discurso zapatista se pueda leer como la luz para acabar con todas las luces.

La coexistencia de mundos múltiples tiene su correspondiente modalidad en el discurso colonial. De hecho, es estructural al poder colonial la constitución de un mundo aparte con categorías propias. La Corona insistió no sólo en el conocimiento de las lenguas para la evangelización y la administración de las colonias sino también en la codificación del derecho indígena, de los *usos y costumbres*, para juzgar casos entre indios (Stavenhagen, *Derechos indígenas*; Zavala, "Instituciones indígenas" y "Las instituciones jurídicas"; Schwarz). Tanto las gramáticas de las lenguas como la codificación del derecho son invenciones europeas. Si en un principio las gramáticas y los derechos indígenas fueron formulados con la intención de proteger las comunidades indígenas de la destrucción que acompañaba la hispanización, en la práctica facilitaron la gobernabilidad de las colonias. Las autoridades coloniales tenían la última palabra sobre el uso correcto de las lenguas y autenticidad de los *usos y costumbres*. De ahí que los indios adquirieran la condición de menores de edad por su supuesta incapacidad de entender las leyes españolas y hablar bien sus propias lenguas. Este iluminismo colonial anticipa la emergencia de la etnografía en el siglo XVIII, cuando esta disciplina se define como la ciencia que escribe la verdad de los pueblos orales (De Certeau). La Ilustración también promoverá la clasificación de lenguas y culturas inferiores a las europeas bajo el binario "pueblos con Estado (con *historia*)" y "pueblos en estado natural (sin *historia*)" (Guha, *Dominance*, pp. 162-163). Textos como el *Telleriano-Remensis* dejan en claro que las autoridades españolas veían la necesidad de conocer el pasado de los pueblos que aspiraban a gobernar, y, a no ser con la intención de lograr efectos ideológicos o retóricos, eran poco propensas a alegar exclusividad histórica. Una cosa es creer en la historia universal, y otra que la Corona ignorara intencionalmente las especificidades históricas de los pueblos que buscaban incorporarse dentro del *telos* universal del catolicismo. Ya sea por respeto o por razones políticas, se consideraba indispensable para la administración de las colonias conocer los *usos y costumbres*, y por lo tanto, las historias locales. La diferenciación que hace Hayden White dentro de la tradición occidental entre la historia propiamente dicha (con un cierre narrativo) y los anales y las crónicas (con estructuras abiertas carentes de narrativa) es inaplicable a las historias de corte precolombino, donde la genealogía, los anales, el itinerario geo-histórico, el mapa-historia son favorecidos por pueblos con diferentes tradiciones políticas y concepciones del mundo (Boone). No es otro el argumento de Ometochtzin. En una tradición que pone énfasis en la lectura y no en una supuesta estructura dada en el texto, no tiene sentido diferenciar escrituras con cierre y sin cierre narrativo.[6]

El binario "pueblos con Estado (con *historia*)" y "pueblos en estado natural (sin *historia*)", que surge con la Ilustración, tuvo como consecuencia que los espacios legales y lingüísticos indígenas fueran desprestigiados, si no invalidados, en la mayor parte de América Latina después de la independencia, y que bajo el mismo plumazo se le negara a los indios la plena ciudadanía en los nuevos estados, dando así lugar a un colonialismo interno (García Martínez; Stavenhagen, *Derechos* y "Clases, colonialismo y aculturación"). El ángel de la historia, el concepto del progreso, se encargará de reducir las lenguas y los derechos indígenas a instancias folklóricas, a formas de vida premodernas, condenadas a desaparecer. La lámina del *Telleriano-Remensis* ya exponía la relatividad de lo moderno en la identificación de las modalidades dominicas y franciscanas (lo moderno y lo antiguo son las categorías usadas por los misioneros para definir la ruptura histórica de la conquista). El lenguaje pictórico de la guerra del Mixtón manifiesta un presente mesiánico, el *ahora*, de un espacio contestatario ajeno a la lógica del progreso histórico. Frente a la codificación o destrucción de las lenguas y de los *usos y costumbres*, encontramos espacios mágicos, con lógicas propias, si se quiere expresiones folklóricas, cuyas reglas no llegan a ser codificadas por el poder. Una cosa es vivir, pensar, hablar, debatir los *usos y costumbres* en tojolabal, ya sea para conducir la vida cotidiana o para organizar el alzamiento zapatista, y otra muy diferente es entender, discutir, debatir en

---

[6] Diferenciación que da lugar a los binarios oralidad/escritura, sin/con historia. Habría también que establecer diferentes tradiciones de lectura entre los pueblos mesoamericanos. Para una revisión del binario oralidad/escritura a partir de una etnografía de la lectura, ver Boyarin.

español la propiedad de los *usos y costumbres* para definir los derechos culturales o las autonomías de los pueblos indios. La matanza de Acteal en diciembre de 1997 desgraciadamente es una muestra de la carencia de razón de los indígenas asociados con el PRI, de su falta de argumentos ya no sólo en términos occidentales sino también indígenas. A partir del uso técnico del concepto gramsciano del término *folklore*, según el cual las doctrinas filosóficas adquieren la condición de folklore al perder su vigencia, podemos argumentar que el gesto de Trinidad es una instancia de un *iluminismo desiluminador* en tanto que desdice (reduce a instancias folklóricas) la racionalidad de todo iluminismo que establezca a las contendientes formas de la modernidad como los únicos espacios históricos válidos y posibles.

3. Toda postulación de un sistema o ideología dominante constituye en última instancia una engañifa

Si bien los textos de Ometochtzin, del tlacuilo y de Trinidad forman parte de un tejido de rebelión, resistencia y subversión, el concepto de mundos plurales nos libera de la moral que sólo valora artefactos culturales en los que podamos encontrar actos de resistencia. Estos sujetos indígenas nos permiten romper con esa variante tan engañosa, a la par que fastidiosa del *cogito*, "resisto, por lo tanto soy". De ellos podemos aprender que la resistencia está en los materiales, más a la manera del soplador de vidrio, y que toda suposición de que existe un sistema dominante constituye una limitación epistemológica e histórica. Por supuesto esta formulación no excluye ni ignora formas de opresión que constituyen binarios, pero la coexistencia de dos mundos no necesariamente implica una relación binaria.

De ahí que podamos pensar al dominico, al franciscano y a los rebeldes del Mixtón como mundos discretos e independientes, como lo predicaba Ometochtzin. No deja de ser posible, sin embargo, una lectura en la que el tlacuilo, en su afirmación de la pluralidad, también denunciara la intolerancia española. Así, el bautismo establecería el límite de la participación en el mundo colonial cristiano, la confesión el espacio desconocido del colonizador, y el río en la pintura del Mixtón la separación simbólica entre el mundo mágico-religioso de los rebeldes y el mundo cristiano del requerimiento. De hecho, en el plano temporal la lámina va de la catequesis necesaria para el bautismo, al rechazo de la interpelación del requerimiento, a la vigilancia y el castigo del sacramento de la penitencia frente a la revelación de un fracaso colonizador. Diría Guha, esta lámina testifica el paso de una voluntad hegemónica a la inevitable necesidad de imperar por medio de un "dominio sin hegemonía" (Guha, *Dominance*). Por supuesto, también se puede leer un acto de resistencia en la lucidez analítica del tlacuilo que implica poder identificar la relatividad de un mundo que se piensa como universal y totalizador. De ahí la necesidad de reducir al absurdo la interpelación del requerimiento, el "eh, tú, o aceptas la soberanía de España o te mato". Pero el tlacuilo no se piensa a sí mismo según los parámetros de la dialéctica hegeliana del amo y el esclavo. El reconocimiento de la soberanía española del requerimiento o de la existencia de un dios único del bautismo es una fantasía del poder. Bajo la estructura de un dominio sin hegemonía, el indígena habita el mundo del caballo, de la escritura alfabética, de los instrumentos musicales, de las narrativas de la conquista sin que este mundo le sea ajeno ni esté concebido en una relación de oposición con respecto a formas culturales anteriores a la conquista. En vez de pasar a celebrar la ascendencia del esclavo al señorío, habría que recordar que ya Hegel se burlaba de tal resolución dialéctica, concibiéndola como una "obstinación, una libertad –dice Hegel– que sigue manteniéndose dentro de la servidumbre" (Hegel, p. 121). La última carcajada de la astucia de la razón, que Hegel le atribuye a la historia, correspondería a la modulación del *cogito* que exige el reconocimiento, la aserción "¡yo también soy sujeto!". Una formulación sería "resisto, por lo tanto existo"; otra, la noción del reconocimiento en la traducción. Mientras que la primera sitúa la identidad en una relación binaria que postula una ideología dominante, la segunda establece una lengua que pueda hacerse accesible a otra por medio de una equivalencia. El control y la medición del mundo colonial por la traducción es uno de los objetivos principales de los regímenes coloniales. Ya vimos el caso de Sahagún. Asimismo la capacidad de traducir el lenguaje del contrincante es un principio fundamental en el discurso de la guerra. También está claro que la resistencia no es la única forma de hacer o concebir la guerra. La resistencia no sólo es reactiva, también depende de una construcción estable del enemigo como discurso o ideología dominante. ¿Por qué definirse en oposición al lenguaje de los que ejercen el poder cuando uno puede habitar, es decir, actuar en y sobre sus mundos, sin abandonar los propios?

La lámina del *Telleriano-Remensis* da testimonio de esta habilidad de crear un espacio discursivo que no reacciona sino adopta elementos del código occidental para comunicar la especificidad de una pluralidad de mundos. El tlacuilo en ningún momento se sitúa en oposición a la escritura alfabética o a la perspectiva pictórica renacentista. La imagen frontal del franciscano capta el individualismo que fomenta la confesión, pero más allá de la vigilancia inquisitorial deberíamos imaginar al tlacuilo mirándonos desde el pasado con una sonrisa irónica que hace alarde de su capacidad de codificar una modalidad cultural occidental por medio del uso simbólico de la perspectiva. Presenciamos la codificación de fronteras mas no una existencia fronteriza, en transición.[7] El discurso colonial, por su parte, aspira a crear sujetos intermedios, estados *nepantla* según la expresión náhuatl, persiguiendo a aquellos que como Ometochtzin se negaran a concebirse dentro de la dialéctica del amo y el esclavo. El mismo concepto de *nepantla*, ni aquí ni allá, puede ser entendido en términos de *un-no-estar-convencido-de-la-necesidad-de-habitar-un-solo-mundo*. La intervención de Trinidad le recuerda a los representantes del gobierno que existe un mundo tojolabal que no puede ser sujeto por la traducción. La exterioridad y la inconmensurabilidad del mundo subalterno provocan temor a la insurrección (la guerra del Mixtón, el alzamiento zapatista), así como la ansiedad frente a la lucidez epistemológica y el ahora histórico, los que no sólo captan el relativismo de las formas occidentales, sino también manifiestan espacios que eluden la astucia de la razón hegeliana.

---

[7] Sobre el concepto de la frontera hay que establecer la diferencia entre las observaciones de Gloria Anzaldúa sobre el español chicano como lengua fronteriza, con sus reglas propias y múltiples modalidades, y la visión distorsionante que ve el *Spanglish* como un momento en el aprendizaje del inglés, en el devenir monolingüe y aun bilingüe. Sobra añadir que el español chicano tiene una vida propia que no está regida por un deseo a ser reconocido por los puristas de la lengua. Desde esta perspectiva, las observaciones sobre los diferentes mundos del tojolabal y el español de Trinidad son aplicables al español chicano. Esto implicaría decir que la "frontera", o lo "fronterizo", no se definiría como un estado intermedio, marcado por mundos "puros", sino un mundo, mejor dicho, una pluralidad de mundos con sus propias lógicas, lenguajes secretos y espacios indómitos (es decir, inconmensurables e intraducibles).

BIBLIOGRAFÍA

Adams, Marilyn McCord. *William Ockham*. 2 vols. Notre Dame, IN: Notre Dame University Press, 1987.

Anzaldúa, Gloria. "How to Tame a Wild Tongue". *Borderlands/La Frontera*. San Francisco: Aunt Lute Books, 1987.

Benjamin, Walter. "Theses on the Philosophy of History". *Illuminations*. Hannah Arendt, ed. y Harry Zohn, trad. Nueva York: Schoken, 1969.

Boone, Elizabeth Hill. "Aztec Pictorial Histories: Records without Words". *Writing without Words*. Elizabeth Hill Boone y Walter Mignolo (eds.), Durham: Duke University Press, 1994.

Boyarin, Jonathan (ed.). *The Ethnography of Reading*. Berkeley: University of California Press, 1993.

Codex Telleriano-Remensis. Eloise Quiñones Keber (ed.), Austin: University of Texas Press, 1996.

Cummins, Thomas. "From Lies to Truth: Colonial Ekphrasis and the Act of Crosscultural Translation". *Remafring the Renaissance: Visual Culture in Europe and Latin America 1450-1650*. Claire Farago (ed.), New Haven: Yale University Press, 1995.

De Certeau, Michel. *La escritura de la historia*. Jorge López Moctezuma, trad. México: Universidad Iberoamericana, 1985.

Descombes, Vincent. *The Barometer of Modern Reason: On the Philosophy of Current Events*. Nueva York: Oxford University Press, 1993

García Martínez, Bernardo (ed.). *Los pueblos de indios y las comunidades*. México: El Colegio de México, 1991.

Goodman, Nelson. *Ways of Worldmaking*. Indianapolis: Hackett Publishing, 1978.

Guha, Ranajit. *Dominance Without Hegemony: History and Power in Colonial India*. Cambridge: Harvard University Press, 1997.

—— "Not at Home in Empire". *Critical Inquiry* 23 (1997): pp. 482-493.

—— y Gayatri Spivak (eds.). *Selected Subaltern Studies*. Nueva York: Oxford University Press, 1988.

Harrison, Regina. *Signs, Songs, and Memory in the Andes: Translating Quechua Language and Culture*. Austin: University of Texas Press, 1989.

Hegel, Georg Wilhelm Friedrich. *Fenomenología del espíritu*. Trad. Wenceslao Roces. México: Fondo de Cultura Económica, 1966.

Hill, Jane y Bruce Mannheim. "Language and World View". *Annual Review of Anthropology,* 21 (1992): pp. 381-406.

León Portilla, Miguel. *La flecha en el blanco: Francisco Tenamaztle y Bartolomé de las Casas en la lucha por los derechos de los indígenas 1541-1556*. México: Editorial Diana, 1995.

Lucy, John. "The Scope of Linguistic Relativity". *Rethinking Linguistic Relativity*. John J. Gumperz y Stephen C. Levinson, eds. Cambridge: Cambridge University Press, 1996.

Panaccio, Claude. "Intuition, abstraction et langage mental dans la théorie occamiste de la connaissance". *Revue de métaphysique et de morale*, 97/1 (1992): pp. 61-81.

Procesos de indios idólatras y hechiceros. México: Publicaciones del Archivo General de la Nación, III, 1912.

Rivera Cusicanqui, Silvia, y Rossana Barragán (eds.). *Debates Post Coloniales: Una introducción a los Estudios de la Subalternidad*. Trad. Raquel Gutiérrez, Alison Spedding, Ana Rebeca Prada y Silvia Rivera Cusicanqui. La Paz, Bolivia y Rotterdam, Holanda: Historias (Coordinadora de Historia), Aruwiri (Taller de Historia Oral Andina) y SEPHIS (South-South Exchange Programme for Research on the History of Development), 1997.

Rabasa, José. "Of Zapatismo: Reflections on the Folkloric and the Impossible in a Subaltern Insurrection". *The Politics of Culture in the Shadow of Capital*. Lisa Lowe y David Lloyd, eds. Durham: Duke University Press, 1997.

Sahagún, Bernardino de. *Florentine Codex: General History of the Thing of New Spain*. Charles E. Dibble y Arthur J. O. Anderson (eds.), trads. Salt Lake City y Santa Fe: University of Utah y Museum of New Mexico, 1950-1982.

Said, Edward. *Orientalism*. Nueva York: Vintage Books, 1978.

Schwarz, Henry. "Laissez-Faire Linguistics: Grammar and the Codes of Empire". *Critical Inquiry*, 23 (1997): pp. 509-535.

Spinosa, Charles y Hubert Dreyfus. "Two Kinds of Antiessentialism and Their Consequences". *Critical Inquiry*, 22 (1996): pp. 735-763.

Spivak, Gayatri. "Can the Subaltern Speak?". *Marxism and the Interpretation of Culture*. Cary Nelson y Lawrence Grossberg, eds. Urbana: University of Illinois Press, 1988.

—— "The Politics of Translation". *Outside in the Teaching Machine*. Nueva York: Routledge, 1993.

Stavenhagen, Rodolfo. *Derechos indígenas y derechos humanos en América Latina*. México: El Colegio de México e Instituto Interamericano de Derechos Humanos, 1988.

—— "Clases, Colonialismo y Aculturación". *América Latina*, 6/4 (1963): pp. 63-104.

Whorf, Benjamin. "The Relation of Habitual Thought and Behavior to Language". *Language, Thought and Reality*. Cambridge: Technology Press of the Massachusetts Institute of Technology, 1956, pp. 134-159.

White, Hayden. "The Value of Narrativity in the Representation of Reality". *The Content of Form*. Baltimore: Johns Hopkins University Press, 1987, pp. 1-25.

Zavala, Silvio. "Instituciones indígenas en la Colonia". *Métodos y resultados de la política indigenista en México*. México: Instituto Nacional Indigenista, 1973.

—— *Las instituciones jurídicas en la conquista de América*. México: Porrúa, 1971.

III. Crítica, ideología y estudios culturales

Restaurar lo político, imperativo de los estudios literarios y culturales latinoamericanistas

Hernán Vidal
University of Minnesota

Luego de las guerras civiles de independencia y como complemento de los esfuerzos por estabilizar los nuevos Estados nacionales, en el siglo XIX los estudios literarios fueron institucionalizados como instrumento de formación de los *ethos* nacionales y como conciencia crítica de los efectos problemáticos de las diferentes etapas de la modernización latinoamericana. Con el advenimiento de la economía neoliberal, esa aureola de sacralidad nacionalista se ha perdido. La literatura se ha convertido en una mercancía más, de difícil consumo por su altísimo costo. Como consecuencia, se ha profundizado la conciencia de la crisis del estatuto académico de los estudios literarios. Si desde su creación y a través del tiempo han estado marcados por la utilidad social, ¿para qué sirven hoy en día?

Se ha sugerido que algo llamado "estudios culturales" sería una alternativa de reciclamiento para críticos literarios desilusionados o descolocados. Sin embargo, al contrario de disciplinas que claramente deslindan un objeto de estudio, determinan las condiciones epistemológicas de conocimiento del objeto y establecen protocolos especiales para narrar los resultados de la investigación, no parece haber acuerdo en cómo definir ese ente llamado "estudios culturales". No obstante, en los debates que recién se inician al respecto, los participantes se refieren a ese "campo" como si ya estuviera constituido.

Ante esta extraña petición de principios, personalmente tengo la fuerte impresión de que las discusiones actuales han presentado la relación entre los estudios literarios y los culturales con gran desorden y apresuramiento metodológico. El error principal —a mi entender— ha sido debatir directamente el nivel ideológico del problema (el aparataje teórico que se utiliza, por ejemplo) haciendo vagas referencias a la necesidad de "estudios interdisciplinarios" sin primero repasar aspectos fundamentales de la institucionalidad académica que *fuerzan* a establecer los "estudios culturales".

A este debate aportaré elementos de discernimiento básicos en cuanto a la institucionalidad académica, relevando el impacto que han tenido en el profesorado universitario norteamericano. Mostraré que la demanda masiva por parte del estudiantado de bachillerato de que se enseñen temáticas de corte sociológico y antropológico en los departamentos de lengua y literatura hispánicas ha provocado una crisis en las jerarquías académicas superiores puesto que no están preparadas para enseñarlas o no tienen interés en hacerlo. El profesorado de graduación reciente ha tratado de llenar este vacío de manera tal que se ha provocado un vaciamiento del sentido político de la investigación y de la enseñanza. Propongo que académicamente no pueden coexistir los estudios literarios con los culturales sin una clara conciencia política y que ésta puede ser restaurada transfiriendo a los estudios humanísticos aspectos fundamentales del movimiento internacional de Derechos Humanos.

Transnacionalización del sinsentido

La transnacionalización es la característica académica más evidente de los estudios latinoamericanistas actuales. La transnacionalización tomó ímpetu a comienzos de la década de 1980 con el imperativo norteamericano de "internacionalizar" el sistema educativo. La juventud debía ser preparada para competir en mejores condiciones en la economía global. Conscientes de las oportunidades de empleo que proporciona la expansión del Tratado de Libre Comercio-NAFTA, los estudiantes de bachillerato han reaccionado integrando el estudio de la lengua castellana y de las culturas hispánicas como parte integral de sus especializaciones en economía, comercio, ingenierías, relaciones internacionales, ciencias sociales, agronomía. El resultado ha sido doble: por una parte, la popularidad y el número de matriculados en los cursos ofrecidos por los departamentos de español ha crecido enormemente; por otra, buena parte del estudiantado se resiste al énfasis en la literatura que ha caracterizado a estos departamentos. Presionan para que aumente el número de cursos cuyas temáticas antes estaban más bien asociadas con lo sociológico y lo antropológico. En términos generales, para servir a esta demanda el profesorado típico de los departamentos de español –particularmente los de mayor antigüedad– bien no tiene entrenamiento o no tiene el interés.

Esta situación ha trasvasado las fronteras de Estados Unidos, con múltiples efectos. Han proliferado los programas de lengua y cultura para estudiantes norteamericanos con residencia prolongada en países latinoamericanos. Urgentemente necesitada de moneda dura, incluso Cuba ha entrado a esta competición. Junto con ofrecer una experiencia directa de las problemáticas contemporáneas de la organización social, estos programas están mejor equipados para ofrecer cursos culturales en español puesto que utilizan directamente el personal académico de las ciencias sociales.

Esta nueva especie de turismo ha contribuido a uniformar procedimientos académicos. El sistema universitario norteamericano ha influido en la academia latinoamericana transformando los módulos de cursos y su interrelación, el sistema de concesión de créditos, generalizando los grados de maestría y doctorado. El profesorado latinoamericano se ha interesado por establecer una mayor organicidad entre investigación, enseñanza y publicación, componentes que varias décadas atrás estaban muy desequilibrados entre sí.

Ante el descenso del interés en el estudio de literaturas hispánicas entre el estudiantado nacional, las universidades norteamericanas han hecho grandes esfuerzos por reclutar estudiantes extranjeros. Así como en el pasado llegaron olas sucesivas de chilenos, uruguayos, argentinos, bolivianos, salvadoreños, nicaragüenses y peruanos desplazados por los conflictos políticos de sus países respectivos, hoy llegan estudiantes desplazados por la economía neoliberal. Sobre la base de estos contactos, con el correr de los años se han negociado innumerables acuerdos, pactos y convenios formales e informales para intercambiar opiniones y publicaciones y profesorado. Estas conexiones han facilitado proyectos de investigación individuales y colectivos; han posibilitado visitas mutuas que han enriquecido temáticas y perspectivas en momentos cruciales de la vida profesional del profesorado. El apoyo financiero de las fundaciones Ford y Rockefeller fluye periódicamente.

Dentro de estos circuitos transnacionalizados recientemente han surgido reparos desde la academia latinoamericana por el tipo de imputaciones analíticas e interpretativas que se hacen desde Estados Unidos en la elaboración de estudios literarios y culturales. Particularmente se han cuestionado los conceptos de posmodernidad, poscolonialismo y subalternidad: ¿es correcto hablar de posmodernidad latinoamericana cuando estas naciones sólo acaban de consolidar los diferentes sistemas estatales de administración masiva de la sociedad que caracterizan a la modernidad?; ¿conviene aplicar conceptos surgidos de países, como India, recientemente independizados, cuando Latinoamérica tiene más larga experiencia en la ironía de administrar Estados nacionales enmascarando profundas situaciones de dependencia con la retórica de nacionalismos soberanos?

Es a veces difícil calibrar cabalmente la orientación de esa protesta porque, tanto como los académicos norteamericanos, los latinoamericanos demuestran la misma preocupación por consumir los artefactos teóricos de última moda. Sin embargo, puede asegurarse que en el trasfondo de esta protesta se percibe una preocupación ya muy antigua –la "fatalidad" de que la materia prima intelectual periférica tenga la opción de transformarse en producto de consumo universal sólo si pasa primero por la elaboración de las tecnologías del centro.

Este conjunto de problemas más o menos disperso comienza a tomar un perfil ya más definido si prestamos atención a una necesidad esencial del profesorado humanístico en Estados Unidos –el imperativo de declarar cíclicamente la obsolescencia de la producción académica. Este imperativo surge de la estrictez de las evaluaciones para el ascenso, el aumento de salario y para obtener la propiedad del cargo (*tenure*) en la carrera de catedrático. Se trata de una profesión con miles de miembros, altamente competitiva, en que se valora la más estrecha relación posible entre enseñanza, investigación y publicación. No obstante, son relativamente escasas las revistas y editoriales especializadas dispuestas a arriesgar capitales en la publicación de manuscritos escritos por individuos desconocidos, manuscritos cuyo consumo es, realmente, minúsculo. Por otra parte, los catedráticos que recién inician la carrera se mueven en un campo ya muy demarcado por los textos canónicos y las temáticas introducidas por las generaciones anteriores. No debe extrañar, entonces, que las nuevas generaciones se abran camino echando mano de las temáticas ofrecidas por las últimas novedades teóricas circuladas por la gran industria editorial. De este modo, con un mínimo de activismo se pueden organizar grupos para agitar temas que desfasen el conocimiento anterior, demarcando nuevos territorios de investigación y publicación, asegurándose la supervivencia profesional.

Conviene prestar atención a la práctica más específica de la obsolescencia cíclica entre las nuevas generaciones de investigadores porque se ha estado manifestando un extraño efecto de mímica política en los últimos años. Son estos jóvenes los que han intentado llenar el vacío dejado por la mayoría del profesorado anterior que, dado su conservadurismo, ha rehusado crear espacios para los estudios culturales en los departamentos de español. En la medida en que aplican conceptos de las teorías posestructuralista, posmodernista, poscolonial y subalternista a la situación latinoamericana, estos jóvenes parecen actuar con un discernimiento político asumido con plenitud de conciencia. Sin embargo, al entablarse un diálogo con ellos se hace evidente que su discurso responde nada más que a una aplicación teórica del todo positivista, inconsciente de las tendencias y necesidades más apremiantes de las culturas latinoamericanas en el presente. Si es que hay una voluntad política, ella proviene del ímpetu, de la inercia y del potencial político subyacente en las teorías utilizadas, no necesariamente del designio personal del investigador.

Este deterioro revela un serio retroceso en la integración de la lógica de las ciencias sociales progresistas al análisis e interpretación literaria, avance que se había logrado ya a fines de la década de 1970. Como ejemplo, podría señalarse que la eficiencia interpretativa alcanzada en el entendimiento de las implicaciones culturales de la Teoría de la Dependencia ha sido reemplazada por una caricaturización de la Teoría de Análisis del Sistema Mundial en cuanto se echa mano de su terminología pero no se da cuenta de su contenido o de sus implicaciones humanas. Toda interpretación queda empobrecida con estas deficiencias.

Esta ambigüedad mímica contrasta con la profunda politización que tradicionalmente ha caracterizado y sigue caracterizando a los académicos humanistas latinoamericanos. En décadas anteriores fue la generación académica norteamericana curtida políticamente en los largos años de protesta contra la guerra en Vietnam la que hizo suyos los grandes temas y los trabajos de solidaridad generados por las dictaduras militares de la Doctrina de la Seguridad Nacional, la Revolución Nicaragüense y la guerra civil salvadoreña. Los estudios latinoamericanistas se transnacionalizaron sobre esta base. En este momento, sin embargo, esa generación "vietnamizada" está en proceso de jubilarse y las afinidades de engarce académico entre "norte" y "sur" se están debilitando. Comienzan a escucharse voces que ya desembozadamente afirman que en la academia norteamericana se crean imágenes de Latinoamérica para fines de avance profesional que no guardan relación alguna con esa realidad.

Tanto esa mímica política como la crítica que se le dirige y ese vacío generacional exponen lo que personalmente considero como la raíz fundamental de la crisis actual de los estudios literarios latinoamericanistas. Esa raíz es más profunda y alarmante que presumir un error o un abuso en la aplicación de teorías no pertinentes. Implica, más bien, que este momento de la transnacionalización institucional de los estudios literarios y culturales latinoamericanistas se caracteriza por la pérdida de sentido del diálogo intelectual. Dicho de otro modo, se pierde el tiempo al criticar la impropiedad de ciertas imputaciones teóricas creyendo erróneamente que, al interpelarse a quienes las hacen, se interpela a entes políticamente conscientes. A la vez es una pérdida de tiempo presumir que en la producción de estudios culturales hay algún grado de concertación conspiratoria para que "el centro" siga hegemonizando a "la periferia".

Si esto es así, sería más importante explorar una base común para restablecer la cordura del diálogo. A mi juicio, esto demanda un esfuerzo por restaurar la noción de *lo político* en los estudios literarios y culturales. Es aquí donde puede situarse la contribución posible de una hermenéutica cultural basada en el Derecho Internacional de Derechos Humanos. En lo que sigue quiero demostrar que la jurisprudencia de Derechos Humanos coincide con los fundamentos de los estudios literarios y culturales. Por tanto, puede servir de base común para la restauración política a la que aludo.

Restauración de lo político

Hablo de *restauración* en la medida en que el colapso de los movimientos socialistas revolucionarios ha desprestigiado el sentido de *lo político*. Al mismo tiempo es preciso poner límites a la afirmación posmodernista de que han perdido sentido todos los discursos de redención científica de la humanidad. El Derecho Internacional de Derechos Humanos es la única ideología universalista originada en la Modernidad que ha mantenido y aumentado su prestigio y eficacia como instrumento mundial de movilización política.

Para recuperar un sentido democrático de lo político creo necesario retornar a sus orígenes en la tradición parlamentaria liberal. En ella el acto político implica encontrar los medios para trasladar a los espacios públicos, estatales e internacionales preocupaciones que demandan una consideración y una decisión colectivas que, de otro modo, quedarían sin justicia al ser confinados a los espacios íntimos y privados de la sociedad civil. Por su parte, el *acto político* de los Derechos Humanos introduce la exigencia de que en todo espacio social se reconozca la calidad de persona a todo ser humano y su derecho a la vida.

La noción de *persona* reconoce que todo homínido está dotado, *prima facie*, de razón, valores, voluntad, discernimiento y memoria para contribuir al mejoramiento de la calidad de la vida comunitaria. El Derecho Internacional de Derechos Humanos obliga y compromete a toda autoridad social a crear, facilitar y posibilitar el acceso de la persona a todo tipo de espacios, códigos, actividades, protocolos y rituales existentes, reconociéndole los derechos y obligaciones de su calidad de persona.

Es fácil discernir que el concepto de persona ha sido la base sobre la que, a través de miles de años, se construyeron las ciencias humanas. Específicamente, en lo que concierne a los estudios literarios, en su acepción original de máscara teatral, el concepto de persona ha sido el origen de los géneros retóricos –tragedia, comedia, romance, farsa, melodrama, etc.–, o cualquiera otra nomenclatura teatral que haya surgido en cualquiera otra civilización. Si entrecruzamos los códigos disciplinarios podremos comprender que los géneros retóricos son el testimonio histórico de las formas paradigmáticas usadas por la especie humana en la lucha por dignificarse a sí misma en la construcción de la cultura y de la civilización. Esta historia es la que acerca a nosotros y hace vigente hasta nuestros días el antiquísimo acervo literario acumulado por la humanidad. Esta cercanía a través del tiempo indica, además, que realmente existe una ontología humana y una memoria histórica de la especie. Así como origina los géneros retóricos de la teatralidad, esa ontología es la que fundamenta los conceptos jurídicos de Derecho Natural y de Derecho Internacional de Derechos Humanos. Estas concepciones del Derecho han estado acumulando preceptos y procedimientos legales para tiempos de paz y de conflicto armado a través de toda la historia de la especie y que todavía son vigentes.

Apunto a que es *la dramaticidad ontológica* de las personas la que se ha expresado simultáneamente a través de todos los campos discursivos de las ciencias humanas. En general, las ciencias humanas deben entenderse como un esfuerzo por captar las motivaciones para ejercer esta dramaticidad en las transacciones cotidianas de los individuos y de los grupos con los poderes cosmogónicos de una sociedad, tanto a nivel religioso como secular. Si reconocemos esto, damos un paso decisivo para entender la naturaleza de los estudios culturales puesto que ellos exigen aproximarse al conocimiento de la significación social como producto simultáneo de diferentes campos discursivos, tanto en textos escritos como en las incidencias de la cotidianeidad.

Proyectar el origen dramático-ontológico de este entramado discursivo hace improcedente diferenciar los estudios literarios de los culturales. De hecho, yo llegaría a afirmar que no existen los estudios culturales como disciplina especializada. A lo sumo se podría diferenciar diciendo que los estudios literarios se confinan al conocimiento textual de la dramaticidad humana mientras que los estudios culturales la captan en las rutinas de la cotidianeidad. Pero aún así esta diferenciación es dudosa. Lo que sí existe rotundamente son agendas de investigación motivadas por el intenso compromiso político del investigador. En última instancia, más allá de toda ideología, toda utopía política es una defensa de los Derechos Humanos.

La formulación de esa agenda requiere una postura ética que el Derecho Internacional de Derechos Humanos refrenda cabalmente. La asunción de esta postura ética tiene diferentes dimensiones. En primer lugar, con ella podemos encarar rectamente el significado humano y simbólico de las relaciones nacionales e internacionales sin sobreprivilegiar mediaciones teóricas distorsionadoras –es decir, el prurito de oscurecer el conocimiento de la situación humana sobreteorizándola. Obviamente narrar un hecho social exige un entramado teórico. No obstante, la teorización debe servir a la comprensión de los fenómenos humanos y no al revés, como ocurre frecuentemente.

De aquí surge un corolario ético complementario: debemos censurar una tendencia característica de críticos literarios acostumbrados a emitir juicios sobre textos que no pueden responderles –la de hacer imputaciones tajantes, de audacia extrema, sobre sucesos reales y seres humanos vivos. Sospecho que quizás ésta sea la causa de la protesta latinoamericana a la que me he referido.

El imperativo de una rectificación burocrática

La complejidad de los debates aludidos son síntoma de la necesidad de rectificar la organización burocrática de los estudios literarios y culturales latinoamericanistas. Todavía adheridos a la tradición geopolítica imperial, se los agrupa junto a estudios peninsulares y luso-brasileños con los que tienen escasa afinidad burocrático-intelectual. Los peninsularistas (tanto españoles como portugueses) continúan organizando su trabajo en torno a un conjunto de obras canónicas, representativas "de la cultura occidental". De allí que las áreas mejor perfiladas del canon peninsular español sean el período medieval, el Siglo de Oro, el siglo XIX y el siglo XX hasta fines del franquismo. El siglo XVIII y el período contemporáneo aparecen como grandes vacíos. Además, dado el enorme peso de su orientación canónica, el peninsularismo ha mostrado escaso interés en desarrollar estudios culturales en la manera como los practican los latinoamericanistas. Por su parte, los brasileristas gastan más energías en mantener la independencia de su perfil burocrático ante el "imperialismo" del área hispanoamericana que en reconocer un terreno intelectual latinoamericano común.

Es un hecho que el interés por los estudios literarios hispanoamericanos supera ampliamente al de los estudios peninsulares y luso-brasileños, lo cual causa fricciones permanentes entre el profesorado. En aras de la armonía burocrática, generalmente se transa imponiendo requisitos que obligan al estudiante latinoamericanista a tomar cursos que poco contribuyen o concuerdan con sus intereses. Peor aún, todavía se encuentran programas francamente reaccionarios, en que se continúa imputando a la literatura peninsular la calidad de paradigma óptimo de la "literariedad" hispánica. Por ello se exigen más cursos en esta área, no importa cuál sea la especialización del estudiante.

Los estudios literarios latinoamericanistas abandonaron la noción de canon hace ya más de dos décadas, poco después del "boom" de la narrativa. Respondiendo a sucesos como las dictaduras de la Seguridad Nacional, la Revolución Nicaragüense, la Guerra Civil en El Salvador, más bien se buscó organizar la discusión profesional, la investigación y la enseñanza en torno a problemáticas sociales nucleadoras de textos literarios, sociológicos, antropológicos y testimoniales. También se exploró el significado de la producción simbólica originada en las bases comunitarias más desposeídas de la sociedad civil –en talleres de poesía, teatro, salud física y mental, concientización sexual, artesanía (arpilleras, por ejemplo), en la teatralidad de protestas nacionales contra la represión y el terrorismo de Estado. Así se quitó énfasis a la investigación motivada por los grandes monumentos de las literaturas nacionales y por los autores consagrados o por consagrarse. Se prestó atención a creadores que jamás serán mencionados en los panteones de las culturas oficiales. La experimentación en el estudio simbólico de la cotidianeidad ha acercado nuestra investigación a la etnografía.

Estas tendencias casi han desmantelado la relación intelectual orgánica entre los estudios latinoamericanistas y los peninsulares. Si se los mantiene unidos en programas o departamentos es sólo por inercia burocrática. La lógica actual de los estudios latinoamericanistas más bien demanda contactos estrechos con otras disciplinas –la historia, con las ciencias sociales y con otras áreas de estudios tercermundistas. Todo indica, por tanto, la necesidad de un cambio de domicilio académico. Instalados en programas de Literatura Comparada y Estudios Culturales estaremos en mejores condiciones de atender a las demandas de nuestro campo, de nuestros estudiantes y particularmente a la tarea de restauración de la conciencia política. Creo que lograr esa transferencia será la tarea más importante en la agenda académica de las generaciones futuras.

Un muerto que habla: en favor de la crítica ideológica

Ricardo J. Kaliman
Universidad Nacional de Tucumán - CONICET

Tengo en mente hacer aquí un poco de teoría. No sé si debo pedir permiso para eso. Tengo mis motivos para pensar que existe cierta tácita concepción de la distribución internacional del trabajo académico, según la cual la reflexión teórica está vedada para los que nos dedicamos a estudiar las culturas de zonas no centrales, y con más razón si lo hacemos precisamente en esas zonas. En ocasiones, he sentido –quizá algunos de ustedes no lo crean, pero habrá otros que sí me comprenderán– que lo que se espera de nosotros es que simplemente apliquemos las categorías, modelos y marcos epistemológicos que se producen en aquellos núcleos que estarían habilitados para tal fin. La legitimación de este cuadro, también raramente expresada por cierto, supone que, debido a que nuestro acceso a las fuentes de información y a los debates en curso es relativamente más restringido, nunca podremos estar al tanto de los últimos avances del conocimiento; y que incluso cuando, con la consabida tardanza, logremos enterarnos, será a través de propuestas tan minuciosamente discutidas en los "otros lados" que nuestra absorción de ellas nunca podrá pretender la riqueza y sutileza de quienes han participado de su confección.

No me interesa discutir estos presupuestos en todos sus alcances. Incluso alcanzaría a admitir que en algún aspecto el razonamiento esbozado no carece de fundamento. Al mismo tiempo, sin embargo, creo que todos estaremos de acuerdo –aunque tal vez no por las mismas razones– en la discutibilidad del presupuesto subyacente en la expresión "los últimos avances del conocimiento". En verdad, no tenemos muchas garantías de que las evoluciones de nuestras instituciones sean siempre tan progresivas, ligadas como están a tantos otros intereses además de los que hacen al conocimiento mismo y al afán de buscar soluciones para las dificultades que enfrentan nuestras sociedades. Quizá esto baste, entonces, para justificar mi atrevimiento. Después de todo, existe la posibilidad de que una mirada como la mía, que llegue al desarrollo teórico desde una posición cultural diferente, esté en condiciones de advertir condicionamientos que pasan desapercibidos a quienes están envueltos en ellos y así ofrecer, para el debate, elementos de juicio relevantes que tal vez de otra manera no asomarían en nuestras agendas.

Toda esta introducción, que yo mismo no alcanzo a distinguir cuánto tiene de irónico y cuánto de certero, viene a cuento porque lo que me propongo defender es una práctica que, al menos nominalmente, parece haber caído en un descrédito generalizado: la crítica ideológica. Y aquellos que hayan sido ganados por ese descrédito, que perciban en la propia expresión "crítica ideológica" una carga anacrónica (o, con un término que algunos juzgarán todavía más lapidario, moderna), es más que probable que adopten la suficiente actitud que fácilmente adoptamos frente a los puntos de vista de colegas o legos poco enterados que insisten con presupuestos a todas luces caducos para la crema de la comunidad intelectual. Yo creo que esa sensación de caducidad misma, en particular en relación con la crítica ideológica, es pasible y digna de crítica ideológica. Y se me dirá, con justicia, que esto es circular: habría que confiar en la capacidad de esclarecimiento de la crítica ideológica para acordar en la naturaleza ideológica de, precisamente, la puesta en duda de esa capacidad. Soy perfectamente consciente de que el nudo de mi argumentación reside en romper ese círculo. Esto es, en todo caso, lo que trataré de hacer.

Lo que complica sobre todo esta discusión es que se dirige contra implícitos que cada vez buscan enunciarse menos, hasta el punto de que muchos tienen la impresión de que la crítica ideológica nunca ha dejado de hacerse. En la perspectiva que defenderé aquí, insisto en que lo que en verdad se practica son sucedáneos, que toman la forma de –o se inspiran en– la arqueología foucaultiana y/o el descontruccionismo, modalidades de trabajo que, aunque herederas de la continua reflexión sobre el concepto y la naturaleza de los procesos ideológicos, han acabado por neutralizar las potencialidades cognoscitivas y políticas de esta reflexión, fundamentalmente a partir de su cuestionamiento práctico contra el rigor racional. No deja de ser paradójico que si pudieron generalizar este cuestionamiento fue apoyándose, en gran medida, precisamente en las presuposiciones que la propia práctica de la crítica ideológica había consolidado previamente en el campo intelectual. Cuando hablo aquí de crítica ideológica, en consecuencia, no me refiero únicamente a la denuncia de mecanismos de poder que permiten la reproducción y el fortalecimiento de desigualdades sociales, lo cual hoy puede hacerse, dadas ciertas condiciones de predisposición en las correspondientes audiencias, con cierta liviandad. Apunto más bien a la necesidad de apuntalar estas denuncias en la reflexión crítica y rigurosa sobre los modelos en los que se sustentan. Por cierto, la verdadera discusión sobre esta afirmación atraviesa diversos supuestos epistemológicos, que trataré de explicitar en la exposición que sigue.

Cuando se habla explícitamente de la muerte de las ideologías, usualmente se está haciendo alusión a un marco del tipo del que presenta el demasiado leído y citado relato de Fukuyama sobre el fin de la historia, cuya vertiente neoliberal es declarada y manifiesta. En este contexto, "ideología" tiene uno de los tantos sentidos que se le han adjudicado en casi dos siglos de historia intelectual: algo así como una doctrina impuesta por regímenes totalitarios para justificar la violencia que ejercen contra cualquier tipo de oposición. Esta noción no sólo no implica el consenso social, sino que lo niega: el poder no discute ni la más mínima disidencia, sino que la ahoga a través de la violencia o el terror. Para la autosatisfacción neoliberal, el socialismo –previamente congelado en cierta imagen del comunismo soviético– queda equiparado dentro de esta categoría de ideología con el fascismo, y su pérdida manifiesta de poder político equivale al triunfo definitivo y planetario de la categoría opuesta, la democracia entendida como el imperio de un sentido común libremente ejercido por todos los miembros de una sociedad. La caída del comunismo es, en suma, la escena culminante –e incluso el *happy end*– de la muerte de las ideologías.

No es relevante para mi exposición intentar desentrañar las motivaciones ideológicas en las que este cuadro de la situación cobra sentido, lo que, por otra parte, ha sido hecho por muchos, con más o menos sistematicidad, con más o menos perspicacia. Lo que me interesa destacar es que da la impresión de que, por algún desplazamiento extraño, la muerte de esas ideologías, esto es de la ideología entendida en este sentido, ha llegado a interpretarse como la muerte de la ideología en un sentido que es radicalmente opuesto, y en el cual el término supone una pregunta precisamente sobre el consenso que se establece en una sociedad, por el cual, aun sin amenazas directas ni ejercicio sistemático de la violencia, determinados grupos aceptan un orden de cosas que favorece a otros grupos, usualmente minoritarios, a pesar de que, bajo ciertos análisis, esa distribución desequilibrada de los beneficios no encuentra justificación. No es extraño que este concepto de ideología quede excluido en los relatos neoliberales. De hecho, es en los regímenes liberales donde la pregunta –y las posibles respuestas– surgen con mayor énfasis y este concepto de ideología pone en tela de juicio precisamente la interpretación idílica del consenso social en las democracias liberales. Resulta consecuente que el segundo concepto de ideología sea considerado una bandera marxista, es decir un fruto de las ideologías en el primer sentido, y, consecuentemente, se lo da por muerto junto con ellas.

Pero si entonces es comprensible este rechazo en sectores académicos ligados con esas perspectivas, sectores que, de todos modos, tampoco habían aceptado la validez de este segundo concepto de ideología, por lo menos no abiertamente, ni siquiera antes de la caída del muro, lo que no resulta tan claro es qué ha movido a otros sectores, supuestamente menos dependientes de los intereses neoliberales, a seguir, más o menos explícitamente, el mismo camino. Me refiero, por supuesto, a la abrupta disminución no sólo de la reflexión teórica en torno al concepto mismo de ideología y las discusiones sobre los modos de aplicarlo para la comprensión de procesos concretos de reproducción social, sino de la propia palabra, que cada vez asoma más circunstancialmente, y muchas veces, cuando lo hace, parece estar pidiendo disculpas por no haberse podido disfrazar mejor.

Desde el punto de vista de su productividad, esta muerte de la ideología, la muerte de esta ideología, no encuentra justificación. Sólo ciñéndome al campo de los estudios culturales latinoamericanos, que es el que más he frecuentado, el modelo de la ideología se ha probado fructífero para la identificación y comprensión de procesos tan cruciales para comprender nuestra realidad como el desarrollo e institucionalización de la ciudad letrada, las incertidumbres y la consolidación de los estados nacionales o las variedades del indigenismo, para no mencionar sino sólo algunos tópicos cuya consideración alcanzó en determinados momentos un interés generalizado, dejando de lado una multiplicidad de casos puntuales, todos los cuales tienen como patrón general la instalación o fortalecimiento de estructuras de poder que logran reproducirse con el silencio impotente o la aprobación performativa de los propios grupos que controlan. Cuando se toma en cuenta que estos mecanismos no se reducen a las relaciones de grandes clases socioeconómicas sobre otras, sino que actúan en todas las esferas de las relaciones sociales, abarcando interacciones de género, de etnia y presumiblemente de cualquier tipo de identidad que pueda cobrar forma en las subjetividades humanas, más bien deberíamos pensar que la ideología no sólo no debe matarse, sino que debe recibir un status central en el estudio de las sociedades humanas.

Y es que, de hecho, los presupuestos del concepto de ideología no han desaparecido del discurso institucional. Si revisamos atentamente las aseveraciones que emergen en el trabajo académico, descubriremos una múltiple e incesante actividad de la voluntad de denuncia, o al menos de protesta, contra construcciones discursivas que legitiman desequilibrios arbitrarios de poder, en esferas tan diversas de la actividad humana como el control de espacios de saber o las interacciones íntimas. La capacidad persuasiva de cualquiera de estos argumentos supone la aceptación de los presupuestos fundacionales del concepto de ideología, en tanto que mecanismo articulador de las relaciones sociales y en lo que se refiere a la naturaleza no consciente (sistémica, por así decirlo) de su reproducción. La ideología, en el sentido más productivo para las ciencias sociales, es un muerto que sigue hablando. Nuestros trabajos hablan en "*ideologés*", un código que hemos internalizado a través de varias generaciones, en una tradición, la de la crítica ideológica, que parece que resulta tan convincente que persistimos en mantenerla aunque no queramos reconocerlo.

Y, sin embargo, este modo de aceptación clandestina es internamente contradictorio, porque precisamente la reflexión sobre el concepto de ideología apunta por definición contra la naturalización y/o universalización de convicciones histórica y socialmente localizadas. En la medida en que no dejemos aflorar los fundamentos para poder discutirlos –en verdad, para retomar una discusión que siempre fue consustancial a la crítica ideológica–, nuestro "*ideologés*" se convierte en un vehículo ideológico, un instrumento del que echamos mano cuando las circunstancias nos parecen convenientes, lo aprovechamos con la laxitud que la misma ausencia de explicitud nos autoriza, y lo abandonamos prudentemente cuando puede poner en tela de juicio nuestros propios privilegios.

Creo que puedo identificar algunos de los motivos argumentativos que resuenan para sustentar este estado de cosas, y tengo la impresión de que es en la discusión de ellos que puede abrirse la dimensión del diálogo con el que pretendo romper el círculo del que hablaba en el preámbulo. En un sentido muy general, adscribo tal actitud a lo que podríamos llamar "pensamiento posmoderno", aunque, por cierto, en mi fuero personal suelo entenderlo, más bien, como "ideología posmoderna", un rótulo que, me doy cuenta, no favorece el diálogo que propongo, pero que, de todos modos, con vistas a la franqueza de ese diálogo, tampoco me parece honesto ocultar.

Una primera convicción que creo que subyace a este particular entierro en vida de la ideología es la naturaleza emancipatoria de la crítica ideológica, propiedad que se convierte en su lastre en correlación con la convicción de que lo emancipatorio es propio de los grandes relatos de la modernidad, y se condena por lo tanto como fábula totalizadora mediante la cual se pretende arrancar a los individuos del presente personal en el que verdaderamente viven, proyectando su sentido a un fantasmagórico futuro colectivo. Por cierto, lo emancipatorio puede caracterizarse en términos mucho menos abarcadores, por ejemplo como la voluntad de mejorar nuestra vida y la de nuestros semejantes en este mundo, y desde este punto de vista, no sólo no se me ocurre presentar reparos a la asignación de lo emancipatorio a la crítica ideológica, sino que por el contrario, me apresuro a afirmar que, en efecto, esa es una propiedad que la reivindica. En un sentido general, cualquier esfuerzo de producción de conocimiento, creo, nos resulta más legítimo cuando enlaza su vocación epistemológica a un fundamento ético y político. En consecuencia, el nudo de la discusión se centra no en si la crítica ideológica es emancipatoria –acordamos entonces que sí lo es–, sino en la valoración de lo emancipatorio como tal, es decir si se justifica o no que miremos con recelo a la crítica ideológica precisamente por el hecho de ser emancipatoria.

Sin duda, la descripción de lo emancipatorio en el discurso posmoderno, y en la que se sostiene su estigmatización, puede plantearse de maneras diferentes a la recién esbozada, de maneras que faciliten más su estigmatización. Sin embargo, en cualquiera de los casos, presentan un flanco débil para la discusión que me ocupa, y es que los fundamentos del cuestionamiento son los fundamentos mismos de la crítica ideológica que constituye aquí nuestro problema. En efecto, la noción misma de los grandes relatos refiere a las imágenes producidas por discursos originados en los sectores ilustrados de determinadas sociedades y diseminados en la medida de lo posible en el conjunto de esas sociedades, procesos que, siempre según la misma interpretación, han influido e influyen en la conducta de vastos sujetos colectivos. En otras palabras, el relato de los grandes relatos es una de las formas de crítica ideológica realizada sin reconocerse como tal; y su capacidad persuasiva, su aceptabilidad, me atrevería a sugerir, es una función del grado en que los receptores hayan internalizado los presupuestos del modelo de la ideología. No es casual que encontremos en la historia personal de sus proponentes más destacados una larga e incluso militante experiencia en el marxismo, a veces en sus versiones más duras y ortodoxas. La circularidad, entonces, está del otro lado. El cuestionamiento de la crítica ideológica por su carácter emancipatorio se realiza a través de la crítica ideológica misma. Si seguimos el razonamiento, acabaremos concluyendo que lo emancipatorio se critica en nombre de la emancipación (probablemente la emancipación de los intelectuales posmodernos con respecto a su sujeción a cualquier compromiso social, en busca de una libertad de moverse rápidamente de un marco a otro, y de un tema a otro, sin decir demasiado de ninguno, para mejor situarse en la búsqueda del capital, simbólico y del otro).

No consideraría más o menos redondeado mi argumento si no agregara la observación de que lo utópico, que es el sello fatal con que se suelen acompañar los ataques contra las pretensiones emancipatorias, es una propiedad relativa, porque es relativo a nuestros alcances cognoscitivos el valor de la imposibilidad. En última instancia, podemos discutir la viabilidad de cualquier proyecto de sociedad e incluso demostrar la inviabilidad de muchos. Pero afirmar la viabilidad o inviabilidad de suyo, sin discusión, no aporta nada a nuestro conocimiento y no pasa de ser un síntoma de un estado determinado de la subjetividad, que en el caso del relato de los grandes relatos parece tomar la forma de una resignación desilusionada, tan históricamente localizada –y por lo tanto de validez tan relativizable– como puede serlo el más recalcitrante de los mesianismos.

De alguna manera, estas consideraciones nos conducen a un segundo presupuesto que contribuye a minar las motivaciones para la práctica de la crítica ideológica. En este caso, la pregunta sería: si todos estamos históricamente condicionados, ¿quién puede hacer crítica ideológica? ¿Desde dónde podemos hacerla que no sea otra posición ideológicamente orientada, al fin de cuentas tan válida, o, para el caso, tan viciada, como la que la crítica misma pretende denunciar? La respuesta parecería seguir otra vez el camino trazado por la resignación, aplastada ya de fatalismo: dado que no existe esa posición olímpica, no hay crítica ideológica posible sino soberbia, y no nos queda sino recogernos en nosotros mismos, asumir las irremediables posiciones que nos deparó el destino, y abandonarnos a los mecanismos ideológicos que nos gobiernan ineluctablemente.

Parece este un punto adecuado en esta exposición para conceder que la teoría de la ideología no ha estado nunca exenta de problemas, y que muchas de las distintas interpretaciones del concepto y los modelos a que ellas han dado lugar son hoy fácilmente cuestionables. Pero, naturalmente, este reconocimiento de las dificultades que afronta la crítica ideológica es mi estrategia para poner de relieve que, si bien es cierto que nadie puede pretender situarse en un inalcanzable punto de neutralidad absoluta, existe en cambio la posibilidad de diseñar un camino de superaciones progresivas, de permanente revisión, con vistas a consolidar fundamentos independientes para los modelos de la crítica ideológica. No es, como probablemente algunos estarían dispuestos a defender, por un simple cambio de paradigma que estamos hoy en condiciones de refutar, por ejemplo, postulados mecanicistas o estructuralistas en el estudio de la ideología, sino que contamos con razonamientos y, por así decirlo, evidencia empírica, que pone de manifiesto que esos postulados son inconducentes. Y ese tipo de consideraciones resulta sin duda mucho más crucial que cualquier análisis que eventualmente alcanzara a revelar motivaciones ideológicas en la emergencia y difusión de esos marcos de trabajo.

Tengo la sospecha de que el escepticismo frente a la crítica ideológica se ha alimentado en muchos casos precisamente de la pérdida de confianza, por distintos motivos, en algunos de esos modelos puntuales de ideología. Pienso particularmente, por ejemplo, en el desencanto y los callejones sin salida a los que en algún momento parecieron conducir propuestas como las de la línea althusseriana o la escuela de Frankfurt. En todo caso, estas propuestas, al fin y al cabo provisorias, se entendieron no como propuestas, como etapas en el curso de un trabajo reflexivo continuo y, ¿me atrevo a decirlo?, progresivo, sino como modelos de *toda* la ideología. En lugar de intentar superar las dificultades con nuevas propuestas teóricas, se ha optado por echar por la borda cualquier intento de hacerlo. Y, sin embargo, estos "contratiempos" son en realidad el síntoma de la propiedad más productiva de la crítica ideológica: sus condiciones de revisabilidad. Desde cierto punto de vista, resulta una circunstancia deseable el que logremos encontrar que una determinada propuesta en este terreno, quizá una que nosotros mismos estamos defendiendo, es pasible ella misma de crítica ideológica. Los argumentos, los modelos, la evidencia a la que se apele para producir convincentemente esa conclusión, serían ellos mismos pautas para un modelo que supere las limitaciones atacadas.

Quizá uno de los problemas en el trabajo sobre el concepto de ideología es que se lo suele concebir como un concepto sociológico, cuando en verdad sería más conveniente interpretarlo como un concepto epistemológico, en la medida en que se relaciona directamente con las pautas que cifran y condicionan la aceptación social de la validez de ciertas concepciones del mundo, que equivalen a la verdad en las ciencias que se ocupan de las sociedades humanas. Para hacer más precisa esta propuesta, debiera formularla mejor diciendo que la ideología es un concepto al mismo tiempo sociológico y epistemológico, pero eso significaría interpretar a la epistemología como una ciencia social, y, aunque en verdad no lo he buscado, tampoco he encontrado al epistemólogo que discuta esta alternativa.

En esta última discusión, está dando vueltas ya lo que creo es un tercer factor concurrente en el desprestigio de la crítica ideológica, que es el de su relación con la razón. Aunque las controversias en el marco de la teoría de la ideología apuntan a diferentes caracterizaciones de su relación con la verdad, y así se ha podido hablar de "falsa conciencia", "deformación", "verdad a medias" o lisa y llana mentira, está claro que, de una manera u otra, del otro lado de la dicotomía, aspiramos a sentirnos salvaguardados por una pauta que garantiza una adecuación más certera a la realidad y que se aproxima o se identifica con alguna de las nociones más aceptables de "ciencia". Nada más "moderno" que la confianza en la vigencia de esas pautas, y, al mismo tiempo, nada más sospechoso para la aproximación posmoderna: la razón, a menudo acompañada del adjetivo o epíteto "cartesiana", ha llegado a definirse en ese contexto como un instrumento de dominación pergeñado por la cultura europea para legitimar sus aspiraciones coloniales.

Como en el caso de lo emancipatorio, corresponde señalar, para iniciar un intento de respuesta, que también esta denuncia de la razón se basa en un desarrollo sustentado en análisis ideológicos. En una buena medida, constituye una inducción a partir de un tipo de proceso ideológico fácilmente identificable y que consiste en afirmar la naturaleza científica de determinadas convicciones. Sin duda, un largo período de la historia de occidente testimonia las formas más duras de estos mecanismos, cuando una especie de ingenuidad epistemológica acuerda a las proposiciones científicas un *status* de indiscutibilidad sólo comparable al de los dogmas religiosos. Pero, aun en marcos menos dominados por esta forma de positivismo, la ciencia ha llegado a comportar una autoridad que le permite canalizar procesos ideológicos de universalización o naturalización. He dicho "en marcos menos dominados por esta forma de positivismo", pero inmediatamente encuentro esa expresión demasiado suavizante, porque recuerdo que es en un marco expresamente apuntado *contra* ese positivismo, el posestructuralismo, que el reciente *affaire* Sokal ha puesto de manifiesto el aprovechamiento de ese "prestigio" consensual de la ciencia. En efecto, si algo prueban los análisis de Sokal es que el recurso a nociones de la física contemporánea en los más influyentes pensadores posestructuralistas no persigue el aprovechamiento consistente de lo que esas nociones representan originariamente, sino el ejercicio de una imaginación libre y poética sobre los campos de sentido que esos términos abren. En el discurso posestructuralista, esos términos, en realidad, más que una referencia al mundo físico, refieren a la ciencia en sí, y de ella extraen autoridad, explotando un secreto consenso no sólo no explícito sino incluso explícitamente negado de que hay en la ciencia un saber más autorizado y confiable.

En el concepto de razón incluimos las pautas de asignación del valor de verdad que son propias de la especie humana. La crítica ideológica ha podido mostrar muchas veces que ese proceso se enreda muy a menudo con intereses sectoriales y voluntades de poder. Pero de esto no se sigue la derogación de la razón misma, sino por el contrario su fortalecimiento, puesto que la posibilidad de profundizar esos análisis propone una vía para desentrañar las interacciones que la contaminan. La secuencia que lleva al escepticismo sólo tiene sentido dentro del folklore estructuralista, esa particular subcultura en la que cundió el posestructuralismo y una de cuyas leyendas fundacionales reza que todo es discurso, metamorfoseando así la razón en semiología, y desdibujando de esta manera la ya de por sí difícil huella hacia el punto de fuga del cual buscamos asirnos cuando hacemos y reflexionamos sobre la crítica ideológica.

En los últimos años, se ha empezado a escuchar con alguna insistencia en el ámbito latinoamericano una oferta que a algunos les parece muy tentadora: se nos reconocería el derecho a nuestra propia razón, y así podríamos liberarnos de una supuesta razón "europea". Leo un cierto neoracismo en esta propuesta, que sospecho está lejos de las intenciones conscientes de sus abogados. Pero además, muy probablemente por la deformación profesional del crítico ideológico, se me ocurre pensar en la analogía que presenta con los presupuestos más clásicos del liberalismo económico, en el que también están todos los individuos de una sociedad invitados a participar del mercado, idealmente en igualdad de condiciones, idealmente para que cada uno se esfuerce en su propio beneficio, porque idealmente de esta manera alcanzaremos el bien común. En todo caso, tengo toda la esperanza de que contemos con la opción institucional y las fuerzas intelectuales para rechazar la invitación, porque, con todas las dificultades que podemos tener para definir la razón de la especie humana, sigo considerándola el único árbitro independiente en base al cual confrontar los avances de los sectores más poderosos sobre las sociedades que controlan.

Mi último argumento, en fin, parte de la plausibilidad del modelo de la ideología, cosa que trataré de mostrar brevemente. Supongamos que entendemos a la ideología como la hipótesis de que los intereses y conveniencias de los sectores dominantes de una sociedad (entendiendo rápidamente como tal a un conjunto heterogéneo pero más o menos articulado de interacciones humanas) son una variable fundamental en la conformación de la subjetividad del conjunto de esa sociedad. Consideremos ahora algunos de los postulados en que se basa esta definición. Por ejemplo, que la reproducción social es una resultante de las motivaciones para la acción activas en las subjetividades de sus miembros; que la subjetividad se conforma a través de procesos de socialización; que en estos procesos juegan un papel destacado los lugares de saber, es decir aquellas posiciones en las interacciones comunicativas a las que se les atribuye, por convención social, la posesión de verdades; y, finalmente, que, por definición, los sectores dominantes tienen un acceso mucho más fluido que los otros sectores de la sociedad a los lugares de saber.

Ninguna de estas proposiciones parece controversial, en principio. Y en conjunto constituyen la explicación más atendible ni más ni menos que de la reproducción social. Pues bien, si se las acepta, la hipótesis de la ideología, del modo en que la he presentado (que, a su vez, reconoce una deuda con vastas y complejas discusiones que han permitido descartar y refinar varios de sus términos), resulta virtualmente su corolario. Esto es lo que quiero decir con plausibilidad del modelo de la ideología: que la carga de la prueba no la tenemos quienes insistimos en adoptarlo, sino quienes trabajan sin tener en cuenta sus consecuencias, como si ya se hubiera establecido que se trata de un modelo caduco y nostálgico.

Desde mi punto de vista, los mecanismos con los que se involucra la crítica ideológica ocupan un lugar central en la explicación de cualquier fenómeno social, y entre ellos por supuesto, los fenómenos culturales. El descrédito contra el que aquí me pronuncio, evidentemente, no hace justicia a este imperativo. Tanto más difícil se nos hace entonces trabajar desde los márgenes del circuito, porque entonces para poder contar lo que estamos aprendiendo, tenemos el doble esfuerzo de remontar ese descrédito para sólo entonces intentar iluminar en alguna mínima medida las culturas en las que vivimos.

Hegemonía y subalternidad

Alberto Moreiras
Duke University

La relación entre lo local y lo global es ubicua en el discurso crítico hoy y ha venido a aceptarse como marco epistemológico fundamental en los estudios culturales. Es sin embargo una relación complicada que quizá oculta más de lo que revela. Slavoj Zizek ha ofrecido recientemente un entendimiento perturbador de tal relación en términos hegelianos:

> El antagonismo político básico de hoy es el que media entre la democracia liberal "cosmopolita" y universalista (la fuerza que corroe al estado desde arriba) y el nuevo comunitarianismo-populismo "orgánico" (la fuerza que corroe al estado desde abajo) [...] Este antagonismo no debe concebirse ni como oposición externa ni como relación complementaria de los dos polos en la que un polo equilibra el exceso de su opuesto [...] sino en un sentido genuinamente hegeliano –cada polo del antagonismo es inherente a su opuesto, de forma que llegamos a él en el momento mismo en que tratamos de entender el polo opuesto por sí mismo, o de postularlo "en sí" (p. 3).[1]

Si Zizek está en lo correcto, el pensar de lo local aparecería como la mera inversión dialéctica de la ideología de acumulación flexible que acompaña al régimen presente del capital. La conclusión debería entonces ser que la localidad, como imagen especular del capitalismo global y de sus manifestaciones políticas dominantes, no constituye el lugar privilegiado para establecer una alternativa al dominio de lo global: es más bien una de sus caras. En otras palabras, no hay opción entre particularismo y universalismo, puesto que no puede haber opción: uno consume ambos al mismo tiempo. Tal definición de la relación local/global no es inconsistente con la dada por Stuart Hall, y que ha obtenido muy amplia resonancia. En palabras de Hall, "lo que llamamos 'lo global' está siempre compuesto de variedades de particularismos articulados. Creo que lo global es la autopresentación de lo particular dominante. Es una manera en la que lo particular dominante se localiza y se naturaliza y asocia a sí a una variedad de otras posiciones minoritarias" (p. 67). Lo global para Hall es pues simplemente una articulación hegemónica específica. En la noción de lo global como lo local dominante vemos implícito el acuerdo con Zizek de que "cada polo del antagonismo [local/global] es inherente a su opuesto".

Nada garantiza que lo llamado por Hall "etnicidad híbrida", o "hibridez", como resultante práctica de la dialéctica hegemónica local/global, incluso si es entendida como concepto normativo y no simplemente descriptivo, pueda entorpecer el desarrollo del capitalismo global o siquiera la plena colonización del mundo por sus contrapartidas ideológicas. La "dialéctica continua entre lo local y lo global" (p. 62) en la época contemporánea colocaría más bien al polo de lo local en una incapacidad constitutiva de generar lo que Ranajit Guha, al hablar de

---

[1] Todas las traducciones de artículos que figuran en inglés en la bibliografía son del autor.

la función de la negación para la conciencia subalterna, soñaba como "ruptura semiótica", y entendía como "[la violación] del código básico por el que las relaciones de dominio y subordinación se gobiernan históricamente en cualquier sociedad particular" (p. 36). En la medida en que todo pensamiento de lo local pueda vincularse sistemática o dialécticamente al "pensamiento único" del capital global, como argumentan Hall y Zizek, el pensamiento identitario no puede sustraerse al código básico del dominio de lo global. Esto no equivale a postular que la lucha o la tensión entre lo local y lo global, o entre lo particular y lo universal, no sea, como dice Ernesto Laclau, "una de las dimensiones básicas" de las políticas contestatarias emergentes (p. 1). Significa más bien que la lucha entre lo particular y lo universal tiene que ser redefinida precisamente al servicio de políticas democráticas. En otras palabras, tiene que ser entendida como la máscara ideológica de un antagonismo que puede ser conceptualizado alternativamente.

El punto de vista subalternista encuentra su focalización en el estudio de las formaciones culturales excluidas por cualquier relación hegemónica dada. Parecería pues haber una incompatibilidad teórica básica entre políticas culturales que tratan de incidir en relaciones de hegemonía y políticas subalternistas. Digamos que la palabra-código "hibridez" está hoy asociada en gran medida con políticas de hegemonía. Si esto es cierto o puede establecerse de forma persuasiva, entonces se hará clara la necesidad de encontrar alternativas críticas al pensar de la hibridez desde una perspectiva subalternista. Creo que es posible empezar a pensar la posibilidad de una crítica radical de las funciones antisubalternistas del pensar de la hibridez y al mismo tiempo salvaguardar una posición enunciativa de carácter programático y políticamente eficaz.

El presente trabajo ofrecerá un principio de análisis crítico a partir de la noción de doble articulación. Trataré de indicar la posibilidad de una lógica para estudios culturales no confinada al horizonte dialéctico de las relaciones entre lo local y lo global y haré una propuesta para un entendimiento del concepto de hibridez a partir de su doble articulación, en el que tal concepto quedará recuperado para un pensamiento subalternista y perspectivista, que en su fuerza de negatividad podrá quizá ofrecer una suerte de fundamento abismal para una crítica efectiva de la totalidad social. Primero, la doble articulación.

I. LA DOBLE ARTICULACIÓN

El filósofo norteamericano Michael Walzer tiene razón al decir que "la producción de diferencia en el yo y en la sociedad es el rasgo dominante de [...] la historia moderna" (p. 37), pero quizá no exactamente en el sentido en que él lo entiende. Walzer parece no percibir que la producción de diferencia en nuestros tiempos no es sólo una consecuencia de simples particularismos, sino que es más bien, necesariamente, un acontecimiento híbrido, puesto que sólo puede producirse dentro del horizonte dialéctico determinado por el juego de lo local y lo global, en el que cada uno de los polos es inherente a su opuesto. Tal fallo de percepción mina su distinción por otra parte útil entre moralidades "densas" y "tenues".

Walzer inicia su argumento desde el aserto de que hay una especie de nuevo orden mundial caracterizado por un ostensible "compromiso con formas de gobierno democráticas y por otro compromiso, más real e igualmente abarcador, con la autonomía cultural y la independencia nacional" (ix). El contraste contemporáneo entre una ideología universal y "una búsqueda extraordinariamente intensa de la 'política de la diferencia'" (ix) podría parecer difícil de manejar para la teoría política, pero sólo en la medida en que olvidemos que "lo que la raza humana tiene crucialmente en común es el particularismo: todos participamos en culturas densas que son las nuestras. En el final del poder imperial y totalitario podemos por fin reconocer eso común y empezar las difíciles negociaciones que requiere" (p. 83). La moralidad densa es por lo tanto en la concepción de Walzer una consecuencia del particularismo. Y lo tenue, o el minimalismo, es la extrapolación transcultural de esa postulada comunidad: diríamos que uso mi moralidad tenue cuando apruebo o condeno prácticas sociales y culturales de otros lugares, basando mi sanción en razón práctica pero no substantiva. Para Walzer, "si no hay [...] una única ideología maximalista correcta, entonces la mayor parte de las disputas [...] que se originen dentro de una sociedad y cultura particular tienen que ser solucionadas –no hay opción– desde adentro" (p. 49). Estamos todos atrapados dentro de nuestras prácticas densas, lo que hace que "el salto del adentro al afuera, de lo particular a lo general, de la inmanencia a la trascendencia" (p. 48) sea una mera cuestión de interpretación tenue, pero no el objeto genuino de la filosofía: "Construir una teoría desde una moralidad densa dada es en su mayor parte una tarea interpretativa (y no una tarea filosóficamente creativa)" (p. 49).

Creo que es posible reformular la distinción de Walzer notando que no hay moralidad densa que no esté siempre de antemano cruzada de interferencias tenues: en otras palabras, que toda moralidad densa es siempre esencialmente híbrida, o está hibridizada por lo tenue. No hay escape posible de la necesidad de minimalismos, como el mismo Walzer prueba (quizá *malgré lui*) al establecer la "comunalidad de los particularismos" (p. 83). Si los particularismos en cuanto tales son comunes al género humano, los particularismos son de hecho prueba de lo que Etienne Balibar llamaría "lo incondicional". Al establecerse la comunalidad de lo mínimo, y al establecerse que lo incondicional está por definición basado en una fuerza negativa o en la fuerza misma de la negatividad, se nos entrega la posibilidad de ir más allá de las ideologías densas y de las tenues: y por lo tanto se nos entrega una nueva posibilidad de experiencia, distante de la percepción tópica de que estamos destinados para siempre a movernos entre ideologías particularistas y universalistas.

Para Balibar la introducción de "lo incondicional en el terreno de la política" (p. 65) está lejos de ser un gesto metafísico en el sentido platónico. Es la mera consecuencia de lo que él llama la "universalidad ideal", esto es, la presencia perpetua, dentro de cada particularismo, de "alguna forma de insurrección abierta o latente" que se expresa bajo la forma de un reto infinito o absoluto "contra los límites de toda institución", por lo tanto, contra los límites de cualquier clase de particularismo (p. 64). Ahora bien, para Balibar, "puede demostrarse que la universalidad ideal es verdadera o absolutamente justificada sólo de forma negativa, al refutar sus propias negaciones" (p. 66). La universalidad ideal es una demanda absoluta que sólo puede definir sus términos negativamente: así, por ejemplo, dentro de cualquier sistema la libertad se entiende universalmente como no-coerción, y la igualdad como no-discriminación (p. 66). No es posible, en última instancia, ir más allá de esa determinación negativa. La universalidad ideal de Balibar está pues cercana, si no es *de facto* idéntica, a lo que Walzer entiende por minimalismo ético.

Balibar opone su noción de universalidad ideal a la noción de "universalidad ficticia o total" (p. 61), que es a su vez un concepto muy cercano en sus implicaciones éticas a lo que Walzer entiende por moralidad densa:

> La universalidad total o ficticia es eficaz como medio de integración [...] porque lleva a los grupos dominados a luchar contra la discriminación o la desigualdad en el nombre mismo de los valores superiores de la comunidad: los valores legales y éticos del estado mismo [...] Enfrentar la estructura hegemónica denunciando las fisuras o contradicciones entre sus valo-

res oficiales y la práctica real –con mayor o menor éxito– es la forma más eficaz de reforzar su universalidad (pp. 61-62).

Walzer se refiere a esta forma de crítica interna en cualquier ámbito de moralidad densa como "la subversividad de la inmanencia", diciendo que "la crítica social en términos maximalistas puede poner en cuestión, puede incluso derribar, el *maximum* moral mismo, al exponer sus tensiones internas y sus contradicciones" (p. 47). Entendamos que tal insistencia en las fisuras y las contradicciones internas no puede trascender los parámetros dados por la estructura hegemónica misma: es posible condenar la discriminación salarial concreta sólo desde un sistema que haya supuesto como valor supremo el principio de "a igual trabajo, igual salario". Por lo tanto la crítica interna impulsada por la universalidad ficticia tiene como contrapartida una aceptación de la norma y de la normalización social, es decir, un acuerdo siempre de antemano internalizado respecto de las reglas del juego hegemónico: "la hegemonía libera al individuo [...], pero ¿qué individuo? Requiere y desarrolla la subjetividad, pero ¿qué subjetividad? La que sea compatible con la normalidad" (Balibar, p. 62).

En términos de nuestro propósito, tendríamos que concluir que sólo una "subversividad de la inmanencia" es posible para cualquier tipo de política diferencial basada en la hibridez étnica en su enfrentamiento dialéctico con lo global como dominante local, en la forma en que lo entiende Stuart Hall. La política de la hibridez étnica en el marco definido por lo local/global llega a su agotamiento en la universalización potencial de una resistencia que el sistema mismo produce y puede por lo tanto siempre reinstrumentalizar potencialmente. Al mismo tiempo, sin embargo, la postulación de una dimensión aporética o heterogénea, que viene dada en la noción de minimalismo radicalizado o en la de una universalidad ideal basada en la insurrección negativa e infinita, parecería abrirle las puertas a una clase diferente de posibilidad teórica y política. Es esto lo que quiero llamar doble articulación.

La noción misma no es nueva en estudios subalternos. Su formulación más clara quizá continúe siendo la mentada por Gayatri Spivak en su concepto de "esencialismo estratégico", presentado en su "Introducción" a *Selected Subaltern Studies*. La intención formal de Spivak era alinear el trabajo hecho dentro del grupo hindú de Estudios Subalternos con su propia práctica de deconstrucción. Eso significaba, ante todo, mostrar que los estudios subalternos no proceden a partir de la postulación serial o renovada de subjetividades subalternas excepto en la medida en que tales postulaciones son usadas heurísticamente en cuanto "ficciones teóricas" (p. 7; p. 12). La conciencia subalterna, en la medida en que puede determinarse como tal, sólo puede ser definida como "el límite absoluto del lugar en el que la historia se narrativiza como lógica" (p. 16), esto es, como una forma negativa de conciencia, siempre de antemano santificada por la elite, por el polo dominante de la relación hegemónica y que, por lo tanto, no va a resultar en ningún triunfo de la autoconciencia o de la autodeterminación, sino que sólo puede producirse, en las fisuras de la articulación hegemónica, a través del desplazamiento o del fallo cognitivo. Si así no fuera, "si [...] la restauración de la posición de sujeto del subalterno en la historia fuera vista por el historiador como el establecimiento de una verdad de las cosas inalienable y final, entonces el énfasis resultante en la soberanía, la consistencia y la lógica [de la posición de sujeto subalterno] [...] habría objetificado inevitablemente lo subalterno y quedado atrapado en el juego del conocimiento como poder" (p. 16).

¿Cómo entonces darse a una práctica epistemológica de carácter restaurativo de la posición subalterna sin quedar atrapado en el riesgo de la objetificación hegemónica? Spivak reconoce que "una genealogía restaurativa no puede emprenderse sin [una] ceguera estratégica" que permita al genealogo reivindicar "una posición positiva de sujeto para el subalterno"

(p. 16). El uso estratégico del esencialismo positivista reside entonces en proceder como si fuera posible suspender la heterogeneidad radical de la conciencia subalterna para postularla como campo unificado y determinable "al servicio de un interés político escrupulosamente visible" (p. 13). De este modo, las nociones de autodeterminación o de conciencia desalienada que el subalternismo declara, por una parte, como fuertemente marcadas por ideologías utópicas, idealistas o humanistas, pueden ser usadas, de forma en apariencia contradictoria, "dentro del marco de un interés estratégico en el desplazamiento autoalienante de y por la conciencia de la colectividad [subalterna]" (p. 14).

Tal contradicción aparente en la relación entre el esencialismo estratégico contenido en las ficciones teóricas subalternistas y la radicalidad misma del subalternismo como pensamiento de la negatividad no puede concebirse dialécticamente, de forma tal que cada uno de sus polos pueda ser inherente al opuesto. De hecho, estamos lidiando no con una contradicción sino con una relación de carácter aporético. La relación aporética sólo puede encontrar viabilidad práctica mediante la postulación *ad hoc* de una doble articulación o registro doble del pensamiento que le permita al subalternista comprometerse simultánea y distintamente con la negatividad radical y con la positividad estratégica. No me parece que esto quede muy lejos de la única forma de mediación posible a ser encontrada en la diferenciación de Balibar entre una universalidad ficticia y una universalidad ideal. La universalidad ficticia está dada virtualmente en la moralidad densa postulada por la ficción teórica subalternista. La universalidad ideal es minimalista y tenue, y sólo puede sostenerse como negación y en la negación. Propongo pues que al primer registro de la doble articulación le llamemos "registro ficticio" y al segundo "registro negativo".

El registro ficticio debe invocarse en cada caso sobre la base de la necesidad política. La relación hegemónica es precisamente la relación que excluye lo subalterno como tal. Sin embargo, no puede hacerse trabajo político fuera del círculo determinado por la labor hegemónica: la acción política sólo puede entenderse como el intento de cambiar o de consolidar la relación hegemónica dada en una época y lugar determinados. Ahora bien, todo cambio hegemónico procederá a un nuevo apresamiento de lo social en cuya clausura lo subalterno – entendido como lo que viene a ser subordinado dentro de esa clase particular, la que sea, de rearticulación hegemónica– reemergerá como subalterno, aunque diferentemente constituido con respecto de su determinación previa. En otras palabras, el cambio político de la relación hegemónica puede siempre abolir algunas subalternidades, nunca todas. Pero el subalternismo debe seguir siendo fiel a sí mismo en la apuesta permanente a favor de lo subalterno. Por lo tanto, hay una necesaria diferencia entre política hegemónica, entendida como acción política dentro de la relación hegemónica, y subalternismo. El subalternismo puede hacer política hegemónica pero nunca quedará saciado en ella. Tal es la diferencia que pide la doble articulación del subalternismo.

Investigando lo que considera "un problema casi insoluble en la escritura de la historia subalterna", Dipesh Chakrabarty se pregunta si hay formas genuinas de "lidiar con el problema de la 'universalidad' del capital sin comprometerse en un exangüe pluralismo liberal que sólo subsuma toda diferencia en lo Mismo" (p. 13). Para Chakrabarty la pregunta tiene que ver con pensar el fetichismo de la mercancía en nuestra época. Si la forma de la mercancía es consecuencia del conflicto entre el llamado "trabajo real" y el "trabajo abstracto", Chakrabarty insiste en que el trabajo real no es lo mismo que lo que puede llamarse "trabajo natural". Lo "real" está siempre mediado socialmente, esto es, mediado culturalmente. En la expresión "trabajo real" hay siempre una referencia, no reconocida suficientemente en la tradición de pensamiento marxista, a la heterogeneidad irreducible de lo cultural: el mismo trabajo no es experimentado igualmente por un campesino quechua y por uno kurdo. Esa referencia "puede encontrar lugar en una narrativa histórica de la transición capitalista (o producción de mercancías) sólo como traza derrideana de algo que no puede ser encerrado, un elemento que constantemente reta desde dentro las pretensiones del capital y de la mercancía –y por implicación de la Historia– a la unidad y la universalidad" (p. 14). Esa traza, ese elemento referencial inapresable e irreducible en lo real, es precisamente la traza de lo subalterno, que aparece por tanto en la narrativa de la historia como "lo que fractura desde dentro los signos que cuentan de la inserción del historiador (como sujeto del habla) en las narrativas globales del capital. Es lo que se recoge bajo 'trabajo real', [...] la figura de una diferencia que los regímenes de gobernamentalidad en todas partes deben subyugar y civilizar" (p. 15).

Si eso es así, entonces "las historias subalternas escritas con el ojo puesto en la diferencia no pueden constituir otro intento [...] de ayudar a erigir lo subalterno como el sujeto de las democracias modernas, esto es, de expandir la historia de lo moderno para hacerlo más representativo de la sociedad como un todo" (p. 15). En otras palabras, las historias subalternas no son historiografía populista. En la formulación de Chakrabarty, a la que me sumo, el objeto de la historia subalterna en cuanto tal es desocultar las inconmensurabilidades y heterogeneidades "inscritas en el corazón" del capital/producción de mercancía. "O, para ponerlo de otra manera, la práctica de la historia subalterna apunta a llevar a la historia a sus límites para hacer su deshacerse visible" (p. 16). Es así una práctica contrarepresentacional. La visibilidad a la que apunta es la visibilidad de lo que ha sido hecho invisible en el conflicto mismo entre el trabajo real y el trabajo abstracto. Pero la visibilidad que pertenece a cualquier tipo de política hegemónica es la opuesta: esta última apunta a morar en el hacerse de la historia, puesto que su meta es establecer una nueva relación hegemónica (o consolidar la existente).

El énfasis en el deshacerse, en la contrarrepresentación, en la deconstrucción, en el trabajo de la negatividad, en la crítica de la ideología, esto es, la insistencia exclusiva en el registro negativo respecto de la posible doble articulación, no es lo suficientemente política. Como dice John Beverley, "la verdad *del* sujeto, de su localización en lo Real, no es lo mismo que la verdad *para* el sujeto [...] Las luchas sociales no son luchas entre ciencia e ideología sino más bien luchas entre clases e ideologías contendientes, que pueden o no invocar a la ciencia o a una idea de la ciencia en su autolegitimación [...] pero siempre implican lo que Spivak llama la 'metalepsis' de postular al sujeto subalterno como causa soberana" (pp. 244-245). De ahí la necesidad para todo subalternismo de postular un proyecto hegemónico, de entrar el campo de lo político al nivel de la interpelación y de la representación. Sin él, una política propiamente subalternista quedará privada de la forma de establecer la pretensión misma de eficacia dentro de cualquier articulación hegemónica.

La noción de la doble articulación del pensamiento parece apropiada a una resolución de la relación aporética entre las demandas negativas del trabajo subalternista y las necesidades políticas de la acción hegemónica (esto es, de la acción efectuada dentro del círculo y en el horizonte de la articulación hegemónica). Un modelo de doble articulación fue expuesto explícitamente por Jacques Derrida en su llamada a la constitución de una Nueva Internacional en *Spectres de Marx*. Para Derrida, la primera articulación –lo que quiero llamar el registro ficticio– funciona todavía y siempre dentro de una lógica idealista –como inevitablemente lo hace toda lógica populista (esto es, toda lógica hegemónica): "Aceptemos provisionalmente la hipótesis de que todo lo que está mal en el mundo hoy es una medida de la brecha entre realidad empírica e ideal regulativo" (p. 86). Dentro de esta primera articulación el imperativo de intervenir crítica y políticamente para tratar de cerrar la brecha entre el ideal regulativo de la democracia y los hechos empíricos que mantienen al ideal democrático fuera de la experiencia cotidiana de muchos es un imperativo necesario y fundamental. Convoca a la política hegemónica tal como fue teorizada por Laclau y Chantal Mouffe como luchas democráticas y populares: es decir, luchas posicionales y luchas sistémicas, luchas por el reconocimiento y luchas por la redistribución, políticas de identidad y políticas de clase, políticas de solidaridad y políticas de representación.

La segunda articulación de Derrida, su registro negativo, es lo que yo consideraría o traduciría como posición propiamente subalternista: "Más allá de los 'hechos', más allá de la supuesta 'evidencia empírica', más allá de todo lo que es inadecuado al ideal, sería cuestión de poner en cuestión de nuevo, en algunos de sus predicados esenciales, el concepto mismo de dicho ideal [de la democracia en nuestros términos históricos]" (pp. 86-87). El registro ficticio por su cuenta llevaría a una ocupación exclusiva con lo que Walzer llamaría descripciones densas, según las cuales no podemos salirnos de nuestro propio pellejo o apenas podemos, estamos siempre de antemano circunscritos a nuestro mundo, no nos es dado librarnos de nuestros prejuicios experienciales, y así todo lo que podemos y debemos hacer es asegurarnos de que nuestros prejuicios se mantienen con consistencia. Derrida le llama a esto un "idealismo fatalista" (p. 87). Pero la segunda articulación, por sí misma, llevaría a una crítica sin resto, a una posición absolutista de negación, y a una especie de nihilismo europeo en la formulación nietzscheano-heideggeriana. Derrida lo considera "una escatología abstracta y dogmática ante el mal en el mundo" (p. 87). Una política subalternista que adopte explícitamente la necesidad de la doble articulación puede buscar ser estratégicamente hegemónica, es decir, puede buscar una determinación populista, sin sacrificar su compromiso histórico con la conciencia subalterna y el des-obramiento del privilegio. Pero puede también ser tácticamente negativista sin caer en la indulgencia de los sueños jacobinos de terror revolucionario.

II. Hibridez salvaje y resto: la hibridez en doble articulación

Volvamos en esta segunda parte a la noción de que el concepto mismo de "hibridez" como categoría del pensamiento social está asociado en gran medida a las políticas hegemónicas. Puede verse así en la obra de Néstor García Canclini, que ha hecho quizá más que nadie a favor de la naturalización de la hibridez como concepto clave en los nuevos estudios culturales latinoamericanos. La hibridez en García Canclini tiene una vinculación genealógica con las nociones anteriores de transculturación y heterogeneidad. Pero quizás no conviene insistir tanto en su continuidad como en su discontinuidad. "Transculturación" nació, en los escritos de Fernando Ortiz, como ideología aglutinadora y capaz de sentar las bases ideológicas de construcción del estado criollista o nacional-popular en el Caribe. Cobró una gran fuerza, como muestra la obra de Angel Rama, sólo porque el estado nacional-popular, o fordista-keynesiano, fue la formación estatal dominante en América Latina hasta bien entrados los años ochenta. El concepto de heterogeneidad, desarrollado por Antonio Cornejo Polar en relación de antagonismo-suplementariedad con el de transculturación, tenía como función estratégica fundamental insistir en la crítica de la formación estatal dominante latinoamericana a partir de sus procesos de exclusión. Pero la formación estatal latinoamericana empieza a cambiar a partir de la gran crisis de la deuda pública de 1982, coincidiendo con cambios reales en la estructura del capitalismo y motivada por ellos. El proceso no es por supuesto privativo de América Latina, sino que ocurre en todas partes en formas más o menos similares. El concepto de hibridez se origina o cobra fuerza en el intento por desarrollar desde el aparato de conocimiento una política cultural que pudiera adaptarse a, controlar, o incluso dirigir, ciertos epifenómenos derivados de la nueva formación estatal, llamada neoliberal por algunos, y que en la nueva configuración del capital queda cruzada por una multiplicidad de procesos transestatales que son co-constituyentes.

Es cierto que García Canclini reivindica para su propia posición ideológica el espacio entero de la modernidad latinoamericana, que insiste en ocupar. Ahora bien, de la misma forma que para García Canclini "el modernismo no es la expresión de la modernización socioeconómica, sino el modo en que las elites se hacen cargo de la intersección de diferentes temporalidades históricas y tratan de elaborar con ellas un proyecto global" (p. 71), podría decirse que la hibridez cancliniana, no en su formulación descriptiva sino en su voluntad teórico-normativa, expresa igualmente la voluntad de "hacerse cargo" del presente por parte de las nuevas elites intelectuales. De ahí que el concepto de hibridez trascienda su calidad de concepto para convertirse nada menos que en un programa: "el tema central de las políticas culturales [es] hoy cómo construir sociedades con proyectos democráticos compartidos por todos sin que igualen a todos, donde la disgregación se eleve a diversidad y las desigualdades (entre clases, etnias o grupos) se reduzcan a diferencias" (p. 148).

John Kraniauskas fue el primero en formular reparos a la posición de García Canclini. Kraniauskas nota que la desterritorialización/reterritorialización que se convierte, en *Culturas híbridas,* en paradigma de los procesos de hibridización cultural está sujeta a una rebinarización cuyos efectos no están lo suficientemente pensados en el texto. En palabras de Kraniauskas:

> la reterritorialización capitalista puede no presentarse como tradición, o como lo que Deleuze y Guattari llaman "neoarcaísmos", sino como la producción de nuevos sujetos de un orden socio-cultural que, como el capital, es específicamente transnacional (posnacional). En otras palabras, la reterritorialización capitalista puede también localizarse –de hecho, puede localizarse especialmente– en la apertura y en el cosmopolitanismo [y en la hibridez] (p. 150).

La hibridez se acercaría entonces a ser no otra cosa que la cobertura ideológica de la reterritorialización capitalista, fuera de la cual queda todo aquello que no sea sumible en tal reterritorialización, y que pasa así a ocupar el lugar de lo subalterno con respecto de la nueva hegemonía. Si lo subalterno es lo excluido con respecto de toda relación hegemónica, la hibridez resulta un concepto clave en el proceso mismo de naturalización de tal exclusión.

El concepto de hibridez es complejo y particularmente sugestivo porque cubre fenómenos derivados tanto de la reterritorialización como de la desterritorialización capitalista: si en el segundo caso el énfasis atañería a procesos de pérdida o desgaste de identidades o posiciones previamente determinadas (es decir, la hibridez aumenta porque hay un proceso de desculturación previo, pero la desculturación es irreparable), el primero atiende a los procesos de positividad que tal pérdida constitutivamente produce (no hay desculturación sin reculturación: y tal reculturación, se piensa, puede constituir una amenaza para la economía misma del sistema). Son pues dos caras de una misma moneda, y son esas las dos caras que me interesa estudiar como tales, con el propósito precisamente de encontrar, si es posible, una tercera cara: la cara oculta o constitutivamente enajenada en la economía del concepto.

Si la posición positiva o transgresiva insiste en que es posible poner la hibridez (o la poscolonialidad) al servicio de una crítica de las identidades hegemónicas cuya consecuencia será la descolonización del imaginario planetario, todavía ocupado por el eurocentrismo como parangón cultural de la instancia colonizadora, la posición negativa o reticente suspende esa teleología redentora desde el postulado de que tal teleología es ya eurocéntrica, está ya basada en el rapto de la Historia desde el idealismo modernizante y colonial, y no es por lo tanto suficientemente materialista. Ambas posiciones permanecen como posibilidades virtuales en la concisa definición de hibridez que da, por ejemplo, Gyan Prakash: "La crítica formada en el proceso de enunciación de los discursos de dominación [colonial] ocupa un espacio que no es ni interior ni exterior a la historia de la dominación occidental sino que está en una relación tangencial con ella. Eso es lo que Homi Bhabha llama un entre-lugar, una posición híbrida de práctica y de negociación" (p. 8).

Es la transversalidad o tangencialidad misma de la hibridez con respecto de cualquiera de los polos binarios constituidos alrededor del eje de la dominación hegemónica la que le asegura la posibilidad conceptual de morar en la ambivalencia, y de buscar transgresión o preferir escepticismo reticente. Pero la indecidibilidad estructural de la posición híbrida conlleva o impone un precio político al obviar la *necesidad* de una práctica específica a partir del des-fundamento eurocéntrico. A esto apunta Dirlik al señalar que "dado que la crítica poscolonial se ha centrado en el sujeto poscolonial y no se ha preocupado por esbozar un entendimiento del mundo fuera de las posiciones de sujeto, la condición global implicada por la poscolonialidad aparece en el mejor de los casos como una proyección sobre el mundo de la subjetividad poscolonial" (p. 336). Ahora bien, la radicalidad subjetivizante de la hibridez permite una nueva consideración en sí transversal respecto de las opciones transgresivas y reticentes. Desde ella se puede deslindar el concepto analítico de "hibridez salvaje", para usar una expresión de Homi Bhabha, desde el que intentaré posteriormente presentar la posibilidad de un concepto crítico de hibridez que trascienda la opción transgresivo/reticente y forme una especie de fundamento abismal para la práctica político-intelectual llamada subalternismo.

La subjetividad híbrida, en su más fuerte radicalidad epistemológica, impide fijar la posición de discurso en cualquier identidad o diferencia. Desde tal noción, no es que a veces podamos tener identidad y a veces podamos tener diferencia, sino que ambas posiciones quedan estructuralmente minadas y se hacen aporéticas. La hibridez no aparece entonces propiamente como el lugar de una ambivalencia, o entre-lugar, sino que es más bien el no-lugar o la ambivalencia misma, en tanto suelo diaspórico o fundamento abismal de la constitución del sujeto en condiciones de capitalismo global. La hibridez, entendida bajo su modalidad más radical, no es una condición de conciliación subjetiva, sino todo lo contrario: apunta a la condición de (im)posibilidad de la constitución del sujeto socio-político como sujeto fisurado. Tal sería la hibridez salvaje o nómada, si entendemos por nómada no la subjetividad constituida en relación antagónica con el Estado o con la dominación capitalista, sino cabalmente el principio de a-subjetividad desde el que se deslinda cualquier posible operación de construcción de un Estado o régimen social.

Ahora bien, en cuanto que el sujeto fisurado queda efectivamente constituido, aun a través de su de-constitución, toda vez que *hay* Estado, o que hay sociedad, la hibridez deriva de ello su posibilidad cultural, o segunda vida, en cuanto que se da como cobertura ideológica en respuesta a la interpelación socio-estatal que la anima. De ahí su clara hegemonía en el discurso cultural tardo-capitalista, que la ha convertido en su "significante vacío" según lo define Laclau.

"Significante vacío" es el lugar de una universalidad fundante que viene a ser ocupado por cualquier elemento de una determinada cadena de equivalencias que, por circunstancias históricas siempre contingentes, desarrolle una función hegemónica. La "relación hegemónica" es para Laclau la relación entre lo universal y lo particular en cada momento histórico concreto. El postulado de que la hibridización es hoy el lugar señalado por la historia para hacer posible un proceso de democratización más activo contribuye a la creación de lo híbrido como "significante vacío" de una nueva relación hegemónica posible, y por ello no se aleja demasiado del tipo de "política cultural" propuesta por García Canclini a partir de la misma asignación de valor democrático al concepto. La "política cultural" de Laclau, como la de García Canclini, "acepta plenamente la naturaleza plural y fragmentada de las sociedades contemporáneas pero, en lugar de permanecer en este momento particularista, trata de inscribir tal pluralidad en lógicas de equivalencia que hacen posible la construcción de nuevas esferas públicas" (Laclau, p. 65). Laclau parece pues manejar el definido arriba como concepto cultural de hibridización, esto es, la hibridez como cobertura ideológica al servicio o constituyente de la nueva (posible) relación hegemónica contemporánea. Ahora bien, la lógica de Laclau entrega al mismo tiempo, en mi opinión, los medios para concebir o teorizar otro concepto de hibridización a partir de su radicalización aporética.

Para Laclau,

> si todas las identidades dependen del sistema de diferencias, a menos que el sistema defina sus propios límites [esto es, a menos que el sistema se haga *sistema*], ninguna identidad quedaría en última instancia constituida [...] Si tuviéramos una perspectiva fundacional podríamos apelar a un suelo último que sería la fuente de todas las diferencias; pero si lo que afirmamos es un pluralismo de diferencias verdadero, si las diferencias son *constitutivas*, no podemos ir, en la búsqueda de los límites sistemáticos que definen un contexto, más allá de las diferencias mismas (p. 52).

Lo que Laclau está tratando de establecer es la aporía del pensar diferencial. Ningún pensar diferencial puede establecer clausura en su constituirse sin un fundamento sistémico o fundacional que le dé lugar. En ausencia de tal fundamento, la imposibilidad de "cierre" del sistema de diferencias es su relación aporética. Tal aporía no podría por definición resolverse en el terreno lógico, y constituye por lo tanto un límite del pensamiento. En el terreno político, sin embargo, su resolución es la creación de una relación hegemónica históricamente contingente, mediante la que uno de los elementos de la cadena diferencial viene a ocupar el lugar del significante vacío o del objeto imposible: el suelo que no funda, el principio de razón que se instala en el abismo. La posición transgresiva insiste en esta resolución política del conflicto, y vive de ella. La posición reticente, en cambio, vive en la aporía lógica. Lo que a mí me interesa particularmente, puesto que de ello depende no sólo la formulación del concepto de hibridez en su versión salvaje sino también la tercera posición anunciada respecto de la hibridez como ideología, es la articulación política de tal resolución desde el punto de vista de su resto, bien entendido que tal "resto" es lo que parece excluido de la política cultural ostensiblemente propuesta tanto por García Canclini como por Laclau. Pero es Laclau el que entrega la posibilidad de su teorización al decir "la única salida con respecto de la dificultad [teórica] es postular un más-allá que no es sólo una diferencia más, sino algo que constituye una amenaza (esto es, que niega) todas las diferencias con respecto de tal contexto –o mejor, postular que el contexto se constituye a sí mismo en el acto de exclusión de algo ajeno, de una otredad radical" (p. 52).

Es la aporía misma del pensamiento la que da modelo y así abre la posibilidad de tal postulación. Lo que constituye el sistema de diferencias es, en otras palabras, lo que niega el sistema de diferencias. Y lo que niega el sistema de diferencias es indecidiblemente otro. La hibridez salvaje es ese "más allá", al margen de toda diferencia y de toda identidad, pero constituyente del sistema identitario/diferencial, que marca el lugar de una exclusión abismal y que, por quedar fuera de la relación hegemónica, simboliza en su negatividad misma el imposible lugar enunciativo de lo subalterno. Lo subalterno está aquí entendido por lo tanto en el sentido de ajenidad constitutiva a la formación hegemónica. La hibridez salvaje no *es* lo subalterno, puesto que no hay por qué postular *a priori* la hibridez o la falta de hibridez de cualquier posición concreta de sujeto subalterno, sino que como "significado vacío", y cara oculta del Significante Trascendental de la relación hegemónica, apunta al lugar de la subalternidad en su común exclusión. La hibridez salvaje es la traza constitutiva de lo real en el análisis de Chakrabarty: el límite donde la historia apunta a su deshacerse. Si la subalternidad queda constitutivamente al margen de la dialéctica de particularismos y universalidad que constituyen el motor contingente de la historia, no es porque la posición subalterna no sea en sí susceptible de promover uno u otro particularismo, o de reivindicar para sí una universalidad infinitamente más amplia que la promovida por cualquier articulación hegemónica, sino precisamente porque al ser constituida como el resto u otredad excluida de la relación dialéctica queda en posición radical de negatividad respecto de ella. Negatividad híbrida puesto que constituida en la exclusión (in)clausurante del sistema de identidades y diferencias, organiza también el lugar atópico desde el que la crítica de la totalidad, y así la posibilidad de una historia *otra*, pueden darse en acontecimiento como irrupción salvaje.

La hibridez es pues, como dice Homi Bhabha, "a la vez muy cultural y muy salvaje" (p. 18). En su sentido cultural, la hibridez sigue el registro ficticio de la doble articulación y es poco más que la consecuencia de su propia represión: nos permite encontrar acomodo en cualquiera de las relaciones hegemónicas que nos constituyen, y es así sinónimo de cualquier posición en el juego de coordenadas identitario-diferenciales que constituyen lo que se entiende por localidad o localización cultural en el mundo contemporáneo. En su sentido salvaje y deslocalizado, sin embargo, la hibridez, que en su versión cultural apunta al cruzamiento de fronteras y a la aniquilación del límite, encuentra un pliegue o segundo cruzamiento. No hay "más allá" de lo híbrido, puesto que lo híbrido se instala por definición en el "más allá". Como contra-límite la hibridez salvaje es el *non-plus-ultra* de todo límite, y así límite del límite, y posición imposible. En tanto posición imposible, es la posición que sienta de antemano la imposibilidad de cierre de todas las demás posicionalidades, siempre interiormente fisuradas. La hibridez en este sentido podría entenderse como un concepto crítico-trascendental en el sentido kantiano, a la vez inductor y destructor de toda fundamentación y de toda teleología, y semejante a lo que Kant entiende como "lo sublime". En otras palabras, es el lugar de la universalidad ideal de Balibar o del minimalismo trascendente de Walzer. Es el imposible lugar o el des-lugar articulatorio de la doble articulación subalternista.

El fallo mismo de constitución de la noción "cultural" de lo híbrido como noción clausurada, la imposibilidad de lo híbrido de ofrecerse como posición estable, otorga la posibilidad de un concepto crítico de lo híbrido como posibilidad teleológica del pensamiento y así como posible apelación a la idea de totalidad social. Ahora bien, la hipóstasis de lo híbrido, aunque dependiente teóricamente de su posibilidad "salvaje", sigue en general la posibilidad domada o "cultural" en menoscabo o denegación de la primera. La tercera posición respecto de lo híbrido anunciada arriba no es más que la radicalización de esta posibilidad salvaje en el concepto de hibridez a partir de su negatividad constitutiva. Está pues más cerca de la posibilidad reticente que de la transgresiva, pero hace del entendimiento reticente mismo un principio de praxis contrahegemónica, y así lo pone al servicio de la posición subalterna en la constitución del sistema: un sistema que ahora debe ser entendido no como cuerpo híbrido pleno sino como totalidad socio-ideológica sólo posible mediante la negación o represión de lo excluido, que es el fallo mismo de la totalización híbrida, o su fisura obscena y constitutiva;

en otras palabras, la cara oculta o el resto de la relación hegemónica, o su registro negativo.

Señala Dirlik que "la hibridez a la que se refiere la crítica poscolonial es invariablemente hibridez entre el Primer mundo y lo poscolonial" (p. 342). La hibridización cultural aparece siempre en su formulación hegemónica como crítica del eurocentrismo, puesto que aspira a desplazar al eurocentrismo en su calidad de formación hegemónica definitoria de la historia moderna del planeta. Pero Dirlik, repitiendo el argumento esbozado por Kraniauskas en su crítica a García Canclini, entiende que la aparente fragmentación ideológica que acompaña al capitalismo global en su vertiente superestructural "puede representar no la disolución del poder sino su extrema concentración" (p. 347). Eso es lo que Kraniauskas entiende por reterritorialización capitalista. Desde ella, en palabras de Dirlik,

> los *managers* de esta situación mundial conceden que [...] ahora tienen el poder de apropiarse de lo local para lo global, de admitir culturas diferentes en el reino del capital (sólo para deshacerlas y rehacerlas según lo requerido por las necesidades de la producción y el consumo), e incluso de reconstituir subjetividades más allá de las fronteras nacionales para crear productores y consumidores más a tono con las operaciones del capital. Los que no respondan [...] no necesitan ser colonizados; son simplemente marginalizados (p. 351).

De esa marginalización no se derivará sin duda una hibridización cultural en ninguno de los sentidos promovidos por García Canclini o Laclau en pro de la democratización de las nuevas esferas públicas. Pero de esa marginalización depende la memoria de otra hibridización posible, que de poder llegar a producirse constituiría, en la expresión de Ranajit Guha, una "ruptura semiótica" de consecuencias impredecibles para la relación hegemónica dominante y su limitado juego de particularismos y universalidades.

BIBLIOGRAFÍA

Balibar, Etienne. "Ambiguous Universality". *Differences,* 7/1 (primavera 1995): pp. 48-74.

Beverley, John. "Does the Project of the Left Have a Future?", *Boundary 2,* 24/1 (1997): pp. 35-57.

Bhabha, Homi. *The Location of Culture.* Londres: Routledge, 1994.

Chakrabarty, Dipesh. "Marx After Marxism: Subaltern Histories and the Question of Difference". *Polygraph,* 6/7 (1993): pp. 10-16.

Derrida, Jacques. *Specters of Marx. The State of the Debt, the Work of Mourning, & the New International.* Peggy Kamuf, trad. Bernd Magnus & Stephen Cullenberg, introd. Nueva York: Routledge, 1994.

Dirlik, Arif. "The Postcolonial Aura: Third World Criticism in the Age of Global Capitalism". *Critical Inquiry,* 20 (invierno 1994): pp. 328-356.

García Canclini, Néstor. *Culturas híbridas: estrategias para entrar y salir de la modernidad.* México: Grijalbo, 1990.

Guha, Ranajit. *Elementary Aspects of Peasant Insurgency in Colonial India.* Delhi: Oxford University Press, 1983.

Hall, Stuart. "Old and New Identities, Old and New Ethnicities". *Culture, Globalization, and the World-System. Contemporary Conditions for the Representations of Identity.* Anthony King (ed.), Binghamton: Dept. of Art and Art History, SUNY-Binghamton, 1991.

Kraniauskas, John. "Hybridity and Reterritorialization". *Travesía,* 1/2 (1992): pp. 143-151.

Laclau, Ernesto. *Emancipation(s).* Londres: Verso, 1996.

Prakash, Gyan. "Postcolonial Criticism and Indian Historiography". *Social Text,* 10/2-3 (1992): 8-19.

Spivak, Gayatri. "Subaltern Studies: Deconstructing Historiography". *Selected Subaltern Studies.* Ranajit Guha & Gayatri Spivak (eds.), Prefacio de Edward Said. Nueva York: Oxford University Press, 1988.

Walzer, Michael. *Thick and Thin. Moral Argument at Home and Abroad.* Notre Dame: University of Notre Dame Press, 1994.

Zizek, Slavoj. "The Spectre of Ideology". *Mapping Ideology.* Slavoj Zizek (ed.), Londres: Verso, 1994.

Hacia unos estudios culturales impopulares: la perspectiva de la multitud

Jon Beasley-Murray
Duke University
Aberdeen University

Al parecer, los estudios culturales ya son bastante impopulares.[1] Incluso los que en su momento se habían identificado con el proyecto, hace algún tiempo se han alejado de él, no menos por el hecho de que una fuerza supuestamente marginal y anti-disciplinaria haya sido disciplinada tan fácilmente y tan rápidamente, y se encuentre incluso en una posición central en algunos lugares o instituciones. Los estudios culturales han infiltrado varias disciplinas y han legitimado algunos métodos dentro de estas disciplinas sin realmente haber reorganizado el modo de trabajo disciplinario. Las huellas de estudios culturales brotan en los lugares más inesperados, aunque más como sentimiento que (en la formulación de Fredric Jameson) como deseo, y de igual manera se puede encontrar, aun entre sus proponentes, un sentido más o menos vago de descontento con lo que han logrado. En efecto, los críticos originales de los estudios culturales —que defendían un concepto restringido de la cultura como "alta" cultura— han perdido terreno, mientras que las críticas internas a los estudios culturales mismos plantean nuevas objeciones a la manera en que opera el concepto extendido de la cultura. Se ha abierto un espacio dentro del cual las distintas críticas —desde adentro y desde afuera— pueden tal vez construir un diálogo productivo sobre cómo transitar desde estudios culturales (tal como están ahora constituidos) hacia algún otro proyecto o alguna otra configuración del proyecto de los estudios culturales. La pregunta ahora es: *¿qué hay más allá de los estudios culturales?*

Lo que propongo agregar a este diálogo es principalmente un análisis más detallado del sentimiento que ha caracterizado a los estudios culturales. Sugiero que el sentimiento de estudios culturales es paradigmáticamente populista, es decir que en su configuración intelectual y política actual, el proyecto de estudios culturales es esencialmente un proyecto populista y este populismo constituye su límite interno más decisivo. Tal populismo limita el alcance analítico y el proyecto político de los estudios culturales, y llega a contradicciones paralizantes de las cuales *l'affaire Sokal* (recién revisitado en *Fashionable Nonsense* de Sokal y Bric-

---

[1] Se dio una versión previa de este ensayo durante el simposio "Nuevas perspectivas en/sobre América Latina: el desafío de los estudios culturales", organizado en la Universidad de Pittsburgh en marzo de 1998, y quisiera agradecer a Mabel Moraña y a John Beverley por su invitación a este evento. Se presentó también una parte pequeña durante la conferencia "Cross-Genealogies and Subaltern Knowledges", organizada en la universidad de Duke en octubre de 1998, y les debo agradecimientos a Alberto Moreiras y a Walter Mignolo por haberme dado esa oportunidad. También quisiera agradecer a Susan Brook por sus comentarios sobre distintos borradores de este ensayo, especialmente a Andy Daitsman por la traducción y a Sergio Villalobos por su ayuda y comentarios.

mont) ha dado quizás sólo un presentimiento tibio. El destino de todos los movimientos populistas es que al fin pierden su popularidad, y esto les sucede con más rapidez a los más exitosos –o en otras palabras, a los más institucionalizados. Pero incluso en su momento inicial el populismo puede encontrar ilegible o incomprensible su propio objeto privilegiado de análisis, como voy a intentar demostrar en un análisis de cómo los estudios culturales entendieron y se apropiaron el género del testimonio (y de cómo el testimonio inauguró un cierto tipo de estudios culturales), y como también intentaré demostrar en un breve análisis del peronismo.

¿Tendremos que considerar entonces la posibilidad de inventar unos estudios culturales que no sean populares, unos estudios culturales alejados del populismo?[2] Tales estudios culturales no populares, o incluso *im*populares, deben salir de su actual preocupación obsesiva por el "pueblo" como su sujeto social privilegiado, remplazándolo tal vez con la multitud como una figura alternativa a través de la cual se podría entender la subjetividad social. La multitud fue una preocupación fundacional para la filosofía política en las primeras instancias de su formación moderna (en Hobbes y en Spinoza, por ejemplo) y recientemente han adoptado esa preocupación teóricos italianos como Paolo Virno y Antonio Negri, como una manera de reimaginar la posibilidad de una política posmoderna. Una adhesión sentimental al pueblo y a lo popular estructura toda una serie de suposiciones fundacionales de estudios culturales, desde su incapacidad de tratar con seriedad el Estado hasta su promoción del concepto de hegemonía como único modelo político; una investigación sobre la perspectiva de la multitud, en cambio, reestructuraría los estudios culturales e implicaría una apreciación muy distinta de la política. La multitud atrae a los estudios culturales, pero en forma clásicamente populista la mirada estudio-culturalista la convierte en el pueblo. Se precisa entonces una reconversión de los estudios culturales, para hacerlos nuevamente impopulares. Entiendo los estudios subalternos como un paso hacia estos estudios culturales reformados y no populares, siempre y cuando el concepto de subalternidad pueda servir como puente entre pueblo y multitud. Sin embargo los estudios subalternos no han logrado todavía un concepto productivo de subalternidad: aun en los mejores casos, los estudios subalternos no son más que un ejercicio de negación, y no ofrecen –¿no pueden ofrecer?– una teoría alternativa del poder. Dirigirse a la multitud, por contraste, es también dirigirse al poder constituyente de la multitud, su auto-constitución productiva, que es al mismo tiempo una auto-afirmación.

---

[2] El argumento mío sobre los estudios culturales es también un encuentro con los estudios latinoamericanos, aunque no quisiera definir con exactitud unos estudios culturales *latinoamericanos*, por una parte porque sugiero que los estudios culturales (estadounidenses) ya son (por lo menos en parte) latinoamericanos. El intento de trazar sus influencias latinoamericanas es lo que en otra parte llamo la historia secreta de los estudios culturales ("Peronism and the Secret History of Cultural Studies"). No escribo ni *en* ni *sobre* América Latina (en los términos del simposio en que se dio la versión original de este ensayo) sino dentro del contexto de una América Latina ya completamente globalizada, una América Latina que no tiene afuera. Esto, por supuesto, no quiere decir que ahora todo sea homogeneidad; al contrario, se deben trazar precisamente las diferencias de intensidad y de grado dentro de esta América Latina global. Algunos lugares todavía son, después de todo, más latinoamericanos que otros. Mientras tanto, ilustro y desarrollo mi argumento haciendo referencia a estudios claramente latinoamericanos y latinoamericanistas, más especialmente el peronismo, y la manera en la cual el testimonio fue encargado (aun si haya sido después más o menos abandonado) por los estudios latinoamericanos (basados en los EE.UU.).

LAS SEDUCCIONES DEL POPULISMO

El populismo todavía es la columna vertebral de los estudios culturales. Como sugiere John Kraniauskas, siguiendo a Meaghan Morris, no es tanto que los estudios culturales "*hubieran caído* en el populismo [...] mejor dicho el populismo [...] es una dimensión constitutiva del campo mismo de los estudios culturales" ("Globalization is Ordinary", p. 10). Kraniauskas distingue cuidadosamente entre dos aspectos de este populismo: por un lado hay el "gesto democratizante" del "trabajo cultural de recuperación" a través del cual los estudios culturales quieren "recuperar los conocimientos, memorias y prácticas reales" de hombres y mujeres comunes entendidos como "el pueblo" (p. 11). Kraniauskas parece considerar este momento como el riesgo inevitable, y quizás justificable, de estudios culturales. Por otro lado, según Kraniauskas, este gesto recuperativo mismo reemplaza el concepto del poder con el concepto de la cultura y así tiende a minimizar la importancia de la ideología. Por eso, la "totalidad social llega a ser *totalidad cultural* [...] la economía política llega a ser *la economía cultural*" (p. 16) y, al fin, "el despojamiento de 'lo político' por 'lo cultural' [...] [deja] sólo formas 'locales' de resistencia dirigida entre configuraciones globales-locales del capital" (p. 17). La globalización de los estudios culturales es al mismo tiempo la globalización de un concepto indiferenciado de cultura, abriendo una noche política en la cual todos los gatos son pardos y abriéndose también al más blando populismo posible, dentro del cual (en las palabras de Meaghan Morris) " 'el pueblo' no tiene ninguna característica determinante" siendo sólo "el emblema alegórico determinado textualmente de la actividad del crítico mismo" (p. 17). Aquí el momento de recuperación compasiva de las voces y experiencias que no han sido oídas llega a convertirse en narcisismo, igual que dentro del populismo clásico al fin de cuentas el pueblo sólo sirve para reflejar las preocupaciones y la personalidad del caudillo populista.[3]

Podríamos entender estos dos momentos del populismo de estudios culturales, como los identifica Kraniauskas, fijándonos en la expresión de los aspectos objetivos y subjetivos de su método, es decir en la manera en que se imagina en ambos momentos respectivamente que se está estructurando la sociedad, por un lado, y su compromiso o solidaridad con una posición específica dentro de esa estructura, por el otro. Kraniauskas critica más el primer aspecto, o sea la tendencia de los estudios culturales a concebir el espacio y la estructura social como un continuo simple y culturalista, marcado sólo por la división populista entre el pueblo y el bloque de poder. Paradigmáticamente, los estudios culturales representan la sociedad como si estuviera estructurada según una contradicción primaria entre dominantes y dominados, entre lo hegemónico y lo subalterno, dentro de la cual al sector dominante (el bloque de poder) siempre le falta definición concreta. En otras palabras, los estudios culturales nos dan una representación de objetividad social que está de acuerdo con la propuesta por el populismo y la artimaña populista (de lo que hablo en "Peronism and the Secret History of Cultural Studies"), en la cual la constitución precisa del bloque de poder (en los términos de Kraniauskas,

---

[3] Hay que darse cuenta que Kraniauskas también indica que los estudios culturales a veces van más allá del populismo, hacia una celebración del "concepto burgés del individualismo posesivo, tal liberante que sea, a través del espectáculo [*entertainment*]" (p. 14). Aquí, quizás, los estudios culturales están al borde del neoliberalismo. Además Idelber Avelar nos da una caracterización y crítica de los estudios culturales como un síntoma neoliberal; pero creo yo que por la gran mayoría, en vez de realmente caerse en (o ir hacia) un individualismo basado en el mercado, los estudios culturales se quedan mucho más cercanos al concepto del grupo, y a la idea de algo como la tradición, recayendo así en un énfasis sobre el pueblo.

el funcionamiento de la ideología) queda fuera del análisis. Sin embargo, Kraniauskas demuestra más empatía por el aspecto subjetivo de los estudios culturales: dentro del marco de lo que perciben como la estructura objetiva de las fuerzas sociales, los estudios culturales en su aspecto subjetivo ven como dinámico y productivo ese antagonismo social, y privilegian la posición del pueblo como mejor en términos epistemológicos y políticos que la posición del bloque de poder. Los estudios culturales afirman la posición del pueblo –un pueblo revestido con las destrezas contestatarias e interpretativas del crítico mismo– para recuperarlo como el sujeto redentor de lo que proponen como su práctica contra-hegemónica. El auto-entendimiento de estudios culturales como una práctica radical depende de este gesto democratizante, y del sentimiento de solidaridad que lo inaugura y lo acompaña. En el mejor de los casos, los estudios culturales sencillamente reconocen la agencia con que obra el pueblo; pero en los peores casos, narcisísticamente y con una prepotencia ingenua y poco creíble, ofrecen conferir agencia al pueblo. Cualquiera que sea el caso, el asunto siempre es la agencia popular.

Al parecer, Kraniauskas quiere disociar estos dos aspectos de los estudios culturales: quiere quedarse con el sentimiento de la solidaridad mientras refuerza un concepto de hegemonía que alumbre el funcionamiento del Estado y de la ideología. En su formulación, "la ideología sin cultura es (históricamente) vacía, la cultura sin ideología es (políticamente) ciega" (p. 12). Las experiencias cotidianas de los sujetos populares, tal como las recuperan los estudios culturales, proporcionarán profundidad y textura histórica a un análisis de las relaciones de poder (y de las relaciones de producción) que sería más consciente en términos políticos. Y sin duda el aspecto objetivo es la gran debilidad del populismo, porque se presta a confusiones sobre cómo y dónde definir la línea de confrontación entre el pueblo y el bloque de poder: aquí los estudios culturales llegan a ser una práctica que aplaza siempre la política, lo que significa que el populismo siempre parece neutro en términos de ideología, y que es posible articularlo con cualquiera, en una serie de posiciones políticas concretas. Pero, por esta misma razón, Kraniauskas, siguiendo a otros teóricos de estudios culturales, trata de identificar algo así como un "populismo progresista". Esta pretensión implícita de diferenciar entre populismos sigue el trabajo de Ernesto Laclau, quien pretendió marcar la diferencia entre "un populismo de las clases dominantes y un populismo de las clases dominadas" (*Politics and Ideology*, p. 173) y el de Stuart Hall, quien en sus trabajos sobre el thatcherismo intentó especificar los rasgos de un "populismo autoritario" ("The Toad in the Garden", p. 41) en contra del cual la izquierda pretendería "generar toda una filosofía o concepción de vida alternativa" (p. 64). Es precisamente la escurridiza naturaleza política del populismo y su aparente indecidibilidad las que parecen valorizar su recuperación sentimental de la agencia popular.

Sin embargo, en efecto se ha abandonado, como imposible, la tarea de justificar los estudios culturales como un populismo progresista capaz de reconocer el poder del Estado: de hecho el trabajo reciente de Laclau aboga por (y naturaliza como si fuera inevitable) la tendencia del bloque de poder a quedar reducido a un "significante vacío" (*Emancipation(s)*, p. 36) dentro de un proceso que recíprocamente banaliza y homogeniza la identidad de los elementos diversos que constituyen lo popular. Sobre todo, el populismo pierde de vista al Estado, salvo a veces cuando pretende estar en contra del Estado, y esto incluso cuando la contradicción entre el pueblo y el bloque de poder depende de y está coordinada por el Estado. Kraniauskas muestra suficiente cautela acerca de las posibilidades de renovar los estudios culturales y también acerca del "populismo que los estudios culturales deben, quizá con razón, arriesgar y superar" (p. 11); de hecho, en otra parte sugiere un modo de análisis social fundamentado en el fetichismo (desarrollado en primera instancia en "Rodolfo Walsh y Eva

Perón: 'Esa mujer' " como un modo no-populista de entender el populismo) que sustituye un análisis discursivo de la hegemonía por un examen de la (continua) acumulación primitiva de las relaciones afectivas ("*Cronos* and the Political Economy of Vampirism").

Pero es muy fácil entender la atracción de los sentimientos democráticos que presentan los estudios culturales; tales sentimientos, la fuerza motriz de los estudios culturales, representan, en el fondo, una liviana relación afectiva que alimenta y a la vez deriva alimentación de las imprecisiones analíticas de este campo de estudios. El momento subjetivo del populismo es su mayor fuerza seductora, ofreciendo un radicalismo fácil y al parecer espontáneo: uno no necesita estar a favor (o aun en contra) de nada en particular para estar al lado del pueblo. Pero aun así, el momento de populismo subjetivo de los estudios culturales, el momento en que reclama su compromiso social, en lo más atractivo que ofrecen, los liga con una visión de objetividad social que en el fondo resulta desmovilizadora. La paradoja es sólo aparente; en rigor se trata de una aporía constitutiva en cuanto los estudios culturales reclaman ser una fuerza a favor de la movilización popular, pero resultan ser una fuerza desmovilizadora, dado que sólo son capaces de ver lo popular. Es decir, cuanto más se involucran los estudios culturales en el trabajo de recuperación (el gesto más radical y más inclusivo de su actuar democrático), tanto menos pueden ofrecer para un entendimiento del poder o del Estado. Cuanto más se arriesgan, hay menos en juego. En fin, ésta es la triste situación de los estudios culturales hoy en día en Estados Unidos: del radicalismo de su gesto inicial casi no queda nada, según esta ley de beneficios disminuyentes.

El artículo reciente de John Beverley, "Does the Project of the Left Have a Future?" ("¿Tiene futuro el proyecto de la izquierda?") rompe en cierta medida con el patrón que voy describiendo –y es además una de las más coherentes (y una de las pocas abiertas) defensas del populismo que ha emergido del campo de estudios culturales. Beverley está plenamente consciente de los límites del populismo, y rehúsa la seducción del gesto de la solidaridad en sí. Reconoce que el populismo infaliblemente involucra al Estado, y por lo tanto rehúsa la clásica retórica en contra del Estado; de hecho el populismo reformulado de Beverley se realizaría en *nombre* del Estado: "el proyecto de la Izquierda hay que plantearlo en un sentido u otro como una defensa del estado-nación" (p. 50). Así Beverley defiende una actividad recíprocamente constitutiva, en la cual se defiende al Estado en nombre del pueblo, y al pueblo en nombre del Estado, para producir una identificación entre el pueblo y el Estado. A esto se debe que defina el "problema de la Izquierda" como la cuestión de "cómo generar primero la idea y después la forma institucional de un Estado distinto, que se mueva a base del carácter democrático, igualitario, y multicultural del pueblo –es decir un Estado-pueblo–" (p. 53). Beverley apela al realismo para justificarse: dice, "ir más allá del estado-nación como el punto de referencia [...] parece ser utópico y 'ultra-izquierdista' " (p. 49) y resume su argumento como un llamado a la "supremacía de una política hegemónica sobre una política utópica" (p. 57). A mi juicio no está tan claro, sin embargo, que la meta de construir un "Estado-pueblo" sea mucho menos utópica. Esta idea no resuena tal vez con las utopías tradicionales de la izquierda, pero esto no le da –en la era de globalización que Beverley mismo también describe– un carácter más pragmático o realista.

Más significativamente, aun si fuera posible reproyectar el Estado-nación como "Estado-pueblo", esto no implica (por lo menos en la formulación que ofrece Beverley) una resolución de la dicotomía populista entre el pueblo y el bloque de poder sino, como Beverley mismo subraya, la transposición de esta dicotomía hacia un marco global. El truco populista entonces se repite y se reproduce, pero en otro nivel, porque Beverley ni menciona los aparatos transnacionales, haciendo referencia en cambio (y de una manera bastante imprecisa) a la "lógica del capitalismo transnacional (¿del capitalismo mismo?) y a los intereses de los ricos y poderosos" como las fuerzas que amenazan este estado-pueblo reimaginado (p. 51). En clásico estilo populista, el "no-pueblo" (los intereses que se dice están opuestos a los intereses populares) amenaza convertirse en un significante fantasmático y vacío. (¿Cómo se delinea este capitalismo no nacional? ¿Quiénes son estos "ricos y poderosos" que no tienen ni Estado ni nación?) El proyecto amenaza descender a un nacionalismo pequeño, más obviamente cuando Beverley juega con la idea de apoyar medidas en contra de los inmigrantes (a los EE.UU.), lo que finalmente sólo rechaza por razones pragmáticas –porque estas medidas (recientemente) no han demostrado su eficacia como mecanismos de movilización popular–. Mientras tanto, el Estado desaparece dos veces, no sólo en cuanto todas las instituciones parecen desaparecer en el nivel global o transnacional, sino también en cuanto se sumerge al Estado retóricamente en lo popular.

El artículo es interesante e instructivo por su manera de articular algunas de las presuposiciones (normalmente no habladas o inconscientes) de los estudios culturales, a la vez que Beverley encuadra su argumento en los términos de una insatisfacción con los estudios culturales, a los que él llama una "micro-política", y también con el enfoque solidario de los latinoamericanistas en EE.UU., dado que "el momento de la política solidaria y de la micro-política ha pasado" (p. 36). Lo que resulta, sin embargo, es una inversión curiosa donde los estudios culturales se convierten en la macro-política –es decir en la política del Estado– y se rechaza la solidaridad a favor de una política de identidad que recuerda tanto *l'ancien régime* como la posmodernidad: *l'état, c'est nous*. Como siempre, Beverley hace explícito lo que los demás no se arriesgan a decir: lo que está en juego con la política de hegemonía de los estudios culturales es la seducción de identificarse con el poder mismo.

Las razones históricas de la adhesión de los estudios culturales a lo popular son bastante claras. Los estudios culturales respondieron por lo menos en parte a un descontento con los análisis y movimientos basados en los conceptos de "clase" o de "masa". De un lado, los conceptos de cultura de masa y de las masas se descartaron muy tempranamente porque aparentemente eliminan la posibilidad de la subjetividad. Raymond Williams, por ejemplo, destacó en *Culture and Society* (*Cultura y sociedad*) –ese texto fundacional de los estudios culturales– que la categoría de masa no pudo reconocer el poder de lo popular: "No existen, de hecho, las masas; sólo existen maneras de ver el pueblo como masas" (p. 300). Esta es la base para la crítica tradicional de parte de los estudios culturales a la escuela de Frankfurt: el argumento de que un enfoque en la cultura de masas participa en la reificación de la subjetividad popular aun cuando pretende criticar tal reificación. Mientras tanto, y del otro lado, Ernesto Laclau y Chantal Mouffe ayudaron a facilitar la tendencia reciente a descartar el concepto de clase con su crítica del esencialismo marxista de clase, lo que a su vez, según ellos, redujo el espacio de la agencia y de la subjetividad. El concepto de hegemonía entonces "desafió [...] la identificación entre agentes sociales y clases" (p. 58) y así conformó la base para considerar otras formaciones de agencia social y para teorizar un concepto más abierto de subjetividad. La lógica de la hegemonía podría explicar la aparición de los nuevos movimientos sociales y también reconocer la importancia de las subjetividades de la mujer, del indígena, y de otros, bajo la bandera aparentemente más amplia y más diversa de lo popular. Dentro de una perspectiva orientada hacia la hegemonía, se podrían articular identidades y subjetividades diversas como parte de un programa común, considerado más apropiado a lo que Stuart Hall y Martin Jacques llamarían los "tiempos nuevos" del pos-fordismo y del pos-industrialismo. En fin, el giro de los estudios culturales para privilegiar al pueblo como la encarnación de la agencia social se derivó de un complejo de argumentos que sugerían que con las masas y con las clases no existía agencia real –sino una determinación básicamente mecánica del mercado o de las relaciones de producción– y por lo tanto tampoco existía la posibilidad de un proyecto de recuperación.

El giro hacia lo popular también parecía hacer posible un proyecto modernizante para la Izquierda, eliminando los esencialismos que heredamos del siglo XIX y las figuras mecanicistas de pensamiento que se manifestaron de manera más inquietante en el Bloque Oriental. El proyecto de los estudios culturales se imaginaba, en este sentido, como una negociación, mirando hacia adelante con las nuevas posibilidades y las nuevas identidades que un terreno ampliado de consumo (y, para Laclau y Mouffe, un terreno ampliado de derechos sociales) abrió para los grupos dominados. La prosperidad relativa de posguerra –y después, en Estados Unidos, el *boom* del consumismo de los años ochenta– parecían crear un espacio amplio para la construcción y habilitación de sujetos populares. Los estudios culturales siempre han ofrecido a sus participantes la seducción de lo nuevo, sea como una alianza con las nuevas subjetividades sociales afuera de la academia o sea, más prosaica pero también más inmediatamente, en el sentido de reponer un nuevo terreno intelectual dentro de la academia. Los estudios culturales siempre han sido presentados, en parte por sus opositores –quienes advertían que los bárbaros estaban a las puertas– como un nuevo modo de hacer las cosas; sus gestos democratizantes siempre llevan consigo el aura de transgresión; aun cuando esta lógica reclama una radicalización constante que, como he sugerido, termina empujándolos hacia la banalidad.

Pero existe un sentido en que este proyecto es prototípicamente moderno. No por nada los estudios culturales siempre llevan consigo más de un poco de nostalgia, y nunca como en sus encarnaciones más culturalistas y anti-institucionales, porque el giro hacia la defensa de la agencia popular también constituye una vuelta al sujeto moderno originario. La categoría de "pueblo" en sus múltiples usos (no como los estudios culturales suelen declarar, el individuo, para lo cual ver Aers) enmarca la idea moderna de la política desde su comienzo, como se demuestra en la afirmación espectacular de lo popular en las revoluciones francesa y estadounidense. La vuelta efectiva de los estudios culturales a un modelo preindustrial de la subjetividad social para caracterizar estos tiempos posindustriales debe hacernos pensar, o especular, si los tiempos del pueblo están o deben estar por terminar. Tal vez ya es hora de poner un fin a los proyectos de hegemonía popular, dado que, como indica Paolo Virno en su lectura de ese teórico sobresaliente de la modernidad, Thomas Hobbes, el pueblo siempre se ha identificado con la unidad nacional mediante la personificación –el hacer pueblo– del Estado en el personaje del soberano: "La idea progresista de la 'soberanía popular' tiene como su amargo contrapunto una identificación del pueblo con el soberano, o, si quieren, la popularidad del rey" (Virno, p. 200).

TESTIMONIO: UNA HISTORIA DE CASO DEL FRACASO DE LOS ESTUDIOS CULTURALES

Los breves pero intensos debates sobre el testimonio centroamericano sirven como un estudio modelo de la manera en que el populismo de los estudios culturales, que promete tanto, al fin entrega tan poco. Se ofreció el testimonio, como se sabe, en el espíritu de lo nuevo: un nuevo desarrollo en la historia literaria de Latinoamérica, que empujaría las narrativas modernistas del *boom* a un lado; requiriendo una nueva clase de métodos en estudios latinoamericanos, y así justificando la introducción de los estudios culturales; y, en los momentos más optimistas del discurso que lo promovió, posiblemente significando "una cultura democrático-popular emergente" en la misma Centroamérica (Beverley, "The Margin at the Center", p. 39). Es fascinante, entonces, que el debate sobre el testimonio terminara tan pronto. Propongo que se tomó el testimonio como un posible objeto ideal para los estudios culturales, pero al fin resultó ser imposible su lectura dentro de ese modelo: el casi total agotamiento del discurso crítico sobre el testimonio se debe entender, entonces, no como el agotamiento del testimonio sino de los límites de los estudios culturales aun en su mejor escenario. Aquí es útil examinar el momento en que llega el testimonio, para ver que aun en su primera aparición en el discurso de los estudios culturales, el intento de analizarlo dejó en mal pie a los estudios culturales y negó su pretensión de representar un método novedoso. El testimonio desbarató el efecto seductor del populismo de los estudios culturales.

El lugar del testimonio en el libro *Literature and Politics in the Central American Revolutions* (*La literatura y la política en las revoluciones centroamericanas*) de Beverley y Marc Zimmerman –una obra clásica y sintomática de los estudios culturales latinoamericanistas– es más bien secundario (aunque también de apogeo o clímax). Se puede argumentar el caso de que este libro inaugura los estudios culturales latinoamericanistas; ciertamente representa el quiebre entre estudios literarios y culturales. El libro, en términos generales, narra el papel de la poesía (y los poetas) en Nicaragua, El Salvador y Guatemala, pero la narrativa termina curiosamente –como los mismos autores reconocen– de manera inconclusa: ponen fin, en sus palabras, "muy en la mitad de las cosas" (p. 206) con un capítulo final sobre el testimonio. El testimonio aquí ocupa un lugar curioso y no poco insatisfactorio en su relato; ocupa un lugar que perturba más que promueve la narrativa central. La curiosidad más obvia es que una narrativa que enfatiza el papel central de la literatura –lo que al principio ellos describen como un "papel central ideológico" especialmente marcado en América Latina (p. 15)– termina con lo que es posiblemente el fin de la literatura. Porque el testimonio, lo que "se ha convertido tal vez en la forma contemporánea dominante de la narrativa en América Central" (p. 172) es "en principio [...] una forma extraliteraria o aun antiliteraria de discurso" (p. 178), aun cuando exista la posibilidad de que "esté apropiada por o se convierta a sí mismo en literatura" (pp. 178-179). El testimonio plantea la cuestión del límite entre los estudios literarios y culturales: ¿deben ser los estudios culturales una versión ampliada (contextualizada, politizada) de los estudios literarios, o requiere su gesto democratizante un quiebre más radical con lo literario? ¿Pueden los estudios culturales juntar la literatura *con* la política, o requieren que se escoja *entre* la literatura y la política?

Por otra parte, el testimonio también trastorna el marco general de la narrativa de Beverley y Zimmerman en cuanto al papel educativo del intelectual. Ellos justifican su énfasis en intelectuales literarios en la parte central del libro según un argumento que confiere un papel central a los intelectuales en la tarea de construir hegemonía: la *inteligentsia* centroamericana, radicalizada por la literatura y sensible a las reivindicaciones de los grupos populares, pasa a representar o autorizar los proyectos populares construyendo una relación hegemónica que a la vez es también "necesariamente una relación educacional" (p. 10). El testimonio, en cambio, interpela al intelectual como "parte de, y dependiente de" un sujeto popular colectivo (p. 176). Los intelectuales aquí, sumergidos en lo popular, funcionan de un modo muy distinto, asumiendo nuevas definiciones y papeles sociales, que la *inteligentsia* más o menos tradicional, descrita en otras partes de la narrativa de Beverley y Zimmerman, la cual solamente tiene una relación exterior con lo popular.

Al mismo tiempo, la lectura que Beverley y Zimmerman dan del testimonio marca la importancia decreciente de lo nacional-popular, o mejor dicho una erosión de la relación entre lo nacional y lo popular. El testimonio es una expresión popular cuyo campo no es principal ni necesariamente la nación y cuyo objeto no es necesariamente (si aún lo es) el Estado. Los testimonios se dirigen a "distintos públicos que son a la vez internos y externos a los movimientos populares en sí mismos [...] [y son] vehículos para la solidaridad nacional e internacional, modelos de nuevas formas de subjetividad personal y colectiva" (pp. 206-207). Construyendo relaciones entre comunidades específicas que no son de la elite y una red internacional de solidaridad, el testimonio así pasa por alto la nación y el Estado. Considerando el lazo fuerte que Beverley y Zimmerman habían establecido anteriormente entre la lucha por la hegemonía y lo popular-nacional, al fin y al cabo terminan con la implicación de que el testimonio *no* forma, en ningún sentido importante, una parte de la lucha por la hegemonía. El testimonio no es hegemónico en el sentido de que es una producción cultural subalterna y también en que no funciona para producir la hegemonía. Beverley y Zimmerman indican esta conclusión en un descontento final con una forma que "no parece estar bien adaptada para ser la forma narrativa principal en una sociedad revolucionaria elaborada" (p. 207). Es decir, el testimonio no funciona para fundar el nuevo (o la nueva forma del) Estado. Es, entonces, una "forma literaria transicional" (p. 207), concluyendo así inconclusivamente la narrativa de la literatura –porque al final parece que la literatura va a volver– sin ofrecer un comienzo nuevo; el testimonio en cambio constituye una transición insatisfactoria, tal vez un "interregno" (citando a Alberto Moreiras), cuyo deterioro se podría adivinar durante su ascenso mismo.

El testimonio atrajo el interés de los estudios culturales porque parecía ofrecer una nueva insurgencia de lo popular –en su antielitismo aparente, su rechazo de la alta cultura, o su asociación con movimientos de liberación nacional. Por un momento, después de la incorporación de *Yo, Rigoberta Menchú* en el ramo de Civilización Occidental en la Universidad de Stanford, el testimonio llegó a ocupar el centro de las "guerras culturales" en los Estados Unidos. Pero al final es una forma cultural que no cuadra bien con las concepciones populistas estudio-culturalistas sobre las relaciones entre la cultura y la política, y termina dejando solos a los estudios culturales. El testimonio parecía ser la oportunidad de radicalizar la recuperación democratizante de la cultura que ofrecían los estudios culturales, más allá de una aplicación sencilla de los estudios literarios a campos no literarios. Pero la ruptura del testimonio con lo literario también implica una ruptura con los estudios culturales mismos, dado que el testimonio disocia los aspectos subjetivos y objetivos de los estudios culturales, desligando una política gestual de sentimientos de un análisis político populista. Beverley y Zimmerman tal vez sugieren más de lo que pretenden, cuando escriben que "hay que cuestionar la estabilidad y la complacencia del mundo del lector" con el testimonio (p. 178). El testimonio resulta ser imposible de leer desde los estudios culturales en cuanto no accede al imaginario social del populismo. El testimonio perturba la narrativa estudio-culturalista a tal grado que los estudios culturales se ven forzados ahora a lamentar el deterioro aparente del testimonio justamente en el momento de su mayor éxito, en el momento mismo en el que el testimonio se vende, y se lee, más que nunca antes.

El desarreglo que muestran Beverley y Zimmerman aquí, lejos de ser atípico, es de hecho sintomático del proceder de los estudios culturales frente al testimonio, algo que se ve bien en *The Real Thing* (*La cosa real*) (Gugelberger), una colección reciente de ensayos sobre el testimonio cuya premisa es precisamente este deterioro auto-cumplido del testimonio y de la crítica del testimonio. El tono dominante de *The Real Thing* es el *pathos*, una suerte de resolución de la confusión más explícita de Beverley y Zimmerman. Al final (como describo en "Thinking Solidarity"), esta colección se encuentra trancada en un punto medio entre estudios culturales y estudios subalternos. Los diversos ensayos demuestran el deseo ambivalente del latinoamericanismo actual, situado como lo está en la contradicción aparente entre la afirmación populista –la recuperación que es, al final, la afirmación del Estado– y el duelo subalterno, cuya premisa es un deseo imposible de ubicarse en el sitio del residuo producido por el Estado. A la vez, no obstante, y tal vez particularmente en la contribución de Javier Sanjinés sobre la "democracia [neoliberal] de los 'talk shows' televisivos" (p. 261), *The Real Thing* también ofrece la posibilidad de un enfoque nuevo en relaciones afectivas que no involucren la lógica de la hegemonía. Un giro, entonces, desde el sentimiento hacia el afecto que podría llevarnos más allá de la contradicción aparente entre los estudios culturales y subalternos. Este no es necesariamente un giro "más allá del discurso testimonial" (como sugiere Sanjinés en el título de su artículo), sino que nos permite una vuelta al testimonio. El desarreglo de los estudios culturales sobre el testimonio, entonces, significa una incapacidad de moverse más allá de lo popular, mientras que tal movimiento es necesario para apreciar plenamente el testimonio.

La traición de los subalternos

Una respuesta al desarreglo dentro de los estudios culturales (y un camino adoptado por Beverley entre otros) ha sido el giro hacia los estudios subalternos. El grupo de estudios subalternos de Sudasia apropió la terminología gramsciana de la subalternidad en parte por razones similares a las que llevaron a los estudios culturales a su populismo: "lo subalterno" también es un concepto suficientemente amplio y sin definición para acomodar un proyecto democratizante mientras evita una fijación en la categoría de clase como el modo único de dominación social. La flexibilidad del concepto también evita la reificación (y el énfasis en la modernidad) que involucra un enfoque exclusivo en las masas. De hecho, Ranajit Guha define las "clases subalternas" en oposición simple con la "elite", y como tal declara, en una nota definicional que se adjunta a la declaración fundacional del grupo de estudios subalternos, que él utiliza "los términos 'pueblo' y 'clases subalternas' [...] como sinónimos" ("On Some", p. 44). Pero lo que más llama la atención aquí es la relativa falta de atención que se da a la definición de la subalternidad: en la misma nota definicional Guha gasta la mayor parte de su energía definiendo los distintos niveles y formaciones de los grupos de elite en la India, y deja lo subalterno como una categoría residual: "Los grupos sociales y elementos que se incluyen en esta categoría representan *la diferencia demográfica entre la población global de la India y todos los que hemos descrito como la 'elite'* " (p. 44, énfasis del original). De hecho, la subalternidad aquí aparece casi como una categoría de contabilidad, un mecanismo que puede dar cuenta de los residuos de una población imposible de considerar, de un modo u otro, miembros del grupo dominante. Esta maniobra de contabilidad a primera vista es un mecanismo asombroso para definir el objeto declarado de estudio del grupo, pero la definición de la subalternidad como, en la primera instancia por lo menos, una *posición vacía* es lo que facilita la ruptura realizada por los estudios subalternos con la definición gramsciana de la hegemonía y también con el imaginario populista del pueblo, y así abre el campo para un modo completamente distinto para imaginar la subjetividad.

Cuando Guha define lo subalterno restándolo de los demás, rompe decisivamente con cualquier gesto sentimental de solidaridad, rehusando conferir agencia mediante un gesto sencillo de recuperación. No se preocupa –a pesar de su lectura de Gramsci– con la agenda gramsciana, de examinar cómo se forman las "clases subalternas", ni cómo se afilian con los grupos dominantes y sus partidos, ni cómo construyen sus propios partidos y formaciones sociales en el esfuerzo de unión mediante el proceso de "convertirse en 'Estado'" (Gramsci,

p. 52). Tampoco se preocupa de darle voz al pueblo, ni de atribuirle alguna clase de presencia sustancial. En fin, el proyecto de los estudios subalternos, como lo define aquí Guha, es radicalmente distinto a un análisis de procesos hegemónicos. Los estudios subalternos se desinteresan de la hegemonía porque su contexto es una situación donde la hegemonía, por cualquier versión de los sucesos, no ha podido concretarse: para Guha, "es el estudio del *fracaso histórico de la nación para realizarse* [...] *lo que constituye la problemática central de la historiografía de la India colonial*" (p. 43, énfasis del original). En este contexto no se pueden definir los grupos subalternos dentro de una relación hegemónica, sino todo lo contrario, como los grupos que conforman el residuo de proyectos hegemónicos fracasados: los subalternos están enajenados y afuera de todas las relaciones hegemónicas. Los estudios subalternos, por lo tanto, invierten los estudios culturales: en vez de un sujeto sustancial cuya dominación (y cuya resistencia) se establece en y por las operaciones de la cultura, apuntan a un sujeto que, desde la perspectiva de la hegemonía, está siempre en las sombras y es siempre residual. Así la aseveración muy citada de Gayatri Spivak de que "el subalterno no puede hablar" ("Can the Subaltern Speak?", p. 308); después de todo, el pueblo o el subalterno imaginado dentro de una relación hegemónica habla constantemente, siempre de un modo u otro confiriendo su consentimiento a los aparatos dominantes culturales y políticos.

    La lógica de la subalternidad, en esta concepción, es muy distinta a la del populismo. Donde el populismo –y los estudios culturales– procede por adición, como en la idea de Laclau y Mouffe de que se pueden agregar cada vez más grupos sociales a la estructura hegemónica según una dialéctica de antagonismo y equivalencia (en cuanto un grupo social tras otro, primero afirman su identidad y sus reivindicaciones y después entran en lo social, cuando se reconocen estas reivindicaciones), los estudios subalternos operan según una lógica de restar. Según Guha, el subalterno no es parte de los grupos dominantes extranjeros, ni parte de ninguno de los grupos dominantes indígenas, ni un grupo que actúa según los intereses de un grupo dominante, etc. Así que los estudios subalternos son, en primera instancia, una afirmación de la negación, y su impulso crítico, como en "The Prose of Counter-Insurgency" ("La prosa de la contrainsurgencia") de Guha, un ataque sistemático a las afirmaciones de la hegemonía. La subalternidad marca los límites de la hegemonía, y los estudios subalternos buscan denunciar incluso los proyectos hegemónicos más radicales y los que aparentan ser más progresistas –como el marxismo hindú o el nacionalismo antiimperialista. Guha sugiere que la subalternidad no es recuperable: cualquier afirmación en sentido contrario es simplemente una "declaración de sentimiento" que "sólo puede ver [...] la solidaridad" (p. 84).

    Guha asevera que el sentimentalismo pierde de la solidaridad su "Otro, es decir, la traición" (p. 84). La primacía de la traición por sobre la solidaridad es un resultado de la multiplicidad de lo subalterno: las comunidades rurales hindúes reconocen "muchas otras autoridades" (p. 84) cada una de las cuales puede entrar en conflicto o contradicción con las demás. Igualmente desestabiliza las narrativas maestras que propone "la prosa de la contrainsurgencia" que pretende dar sentido a la rebelión subalterna afirmando una sola lógica o autoridad de la historia. Lo subalterno es inconstante e impredecible y rechaza la existencia de una sola esfera (secular, religiosa o nacionalista) dentro de la cual se puede pretender o alcanzar la hegemonía. Así se entiende "la rápida transformación de la lucha de clases en un conflicto comunal y viceversa" para la cual la mejor intencionada narrativa de solidaridad "sólo puede ofrecer una apología inventada o un sencillo gesto avergonzado" (p. 83). En suma, según Guha, la exterioridad de lo subalterno a cualquier relación hegemónica es una consecuencia de la traición subalterna: el subalterno rehúsa consentir al consentimiento. La hegemonía es la lucha para ganar el consentimiento, pero su operación requiere un acuerdo implícito anterior en el sentido de que el consentimiento es el punto principal de los conflictos políticos. La hegemonía tiene que llegar a dominar. Como dice Guha en *Dominance without Hegemony* (*Dominación sin hegemonía*), esto significa una equivalencia entre la sociedad civil, la nación, y el Estado (xi) –un campo relativamente cerrado que predetermina, en menor o mayor grado, todos los términos de lucha. Se puede imaginar el campo de la hegemonía (en las narrativas de la democratización) como suficientemente flexibles para abrirse a voces y grupos sociales nuevos, pero siempre se entienden tales cambios como la reconstitución de un espacio homogéneo nuevo donde todo el mundo se pone de acuerdo en las reglas del juego. La subalternidad, no obstante, no es simplemente un lugar fuera de la hegemonía, una condición exterior, constitutiva, y suplementaria, que pueda ingresar coyunturalmente al campo de la hegemonía (aun al precio de una relación nueva de exclusión, del interior y del exterior). *Ya no existe el interior ni el exterior.* Los sujetos subalternos identificados por Guha rompen cualquier idea de la hegemonía, o de algún campo sobre el cual se podrían realizar las luchas por la hegemonía, dejando a la subalternidad y a la hegemonía como conceptos ya irrecuperables, más aptos para la nostalgia que para el pensamiento utópico.

El problema con los estudios subalternos descansa, tal vez, más que en sus postulados teóricos (o prácticos), en su realización. Se puede acomodar gran parte del trabajo de los estudios subalternos dentro una metanarrativa que todavía busca la llegada de una política de hegemonía. Si, en las palabras de Guha, los estudios subalternos giran en torno al "*fracaso histórico de la nación para realizarse*" ("Historiography", p. 43, énfasis del original) puede ser tentador imaginar que todavía es posible que la nación se realice. Las declaraciones muy citadas de Gayatri Spivak acerca de un "uso *estratégico* de un esencialismo positivista en un interés político escrupulosamente visible" ("Subaltern Studies", p. 13, énfasis del original) apuntan a la constitución imaginaria de un espacio hegemónico (un espacio donde se puede ganar o perder la hegemonía) como una suerte de correlato político a una deconstrucción de la historiografía que identificaría la subalternidad como "el límite absoluto del lugar donde se narrativiza la historia en lógica" (p. 16). Un momento afirmativo vuelve al análisis social – Spivak hace referencia a una "deconstrucción afirmativa" (p. 13)– algo parecido al gesto subjetivo y recuperativo de los estudios culturales. De hecho, se puede aún imaginar que los estudios culturales en sí mismos deben ser el correlato (populista) de los estudios subalternos, y esto, más o menos, es lo que propone John Beverley en un ensayo reciente ("On the Category of 'the People' "). Sin embargo, éste es un error doble: porque la restauración de un espacio imaginario de la hegemonía (y vale recalcar que todos los espacios tales son imaginarios, y todos los esencialismos que contienen son estratégicos) reconstituye el límite igualmente imaginario de la hegemonía, efectivamente, por lo tanto, produciendo una resubalternización de los mismos agentes por quienes el primer gesto pretende hablar. No se tocan las presunciones y las afirmaciones de la hegemonía: los estudios subalternos aquí confieren un consentimiento incondicional al consentimiento como la lógica presunta de la agencia política y la contestación. Con este movimiento, los estudios subalternos caen de nuevo en el populismo: el esencialismo estratégico retiene el gesto sentimental de los estudios culturales, aun cuando la recuperación de agencia subalterna se reconoce ahora como una representación del orden del simulacro de un original ausente; y la asignación deconstructiva de la subalternidad más allá de un límite absoluto impuesto por esta reconstitución de la hegemonía significa que, como dice Carlo Ginzburg respecto a Foucault, "nos deslumbra una exterioridad absoluta que, en realidad, resulta del rechazo al análisis y la interpretación [...] Es un populismo con los símbolos invertidos. Un populismo 'negro', pero todavía un populismo" (xviii).

La debilidad de los estudios subalternos que permite esta inversión es su incapacidad de reteorizar el poder. Sorprende tal vez que un método (particularmente en el trabajo de Guha) que enfoque las insurgencias campesinas no haya hecho más para analizar el poder que se expresa en esta insurgencia. Ahí mismo Spivak y Beverley recaen en la promoción de la hegemonía, porque las únicas formas del poder que los estudios subalternos han teorizado son la hegemonía y la dominación. La cuestión del poder subalterno –de la insurgencia o traición como modalidades del poder– queda abierta y básicamente ignorada. Querríamos preguntar más profundamente, sin embargo, acerca de las "muchas autoridades más" a quienes alude Guha ("The Prose of Counter-Insugency", p. 84) o las relaciones primordiales que estructuran un principio alternativo de autoridad que se traza solamente en términos preliminares en "Conditions for Knowledge of Working-Class Conditions" ("Las condiciones para el conocimiento de las condiciones de la clase obrera") de Dipesh Chakrabarty (p. 228). Sigamos, entonces, más allá de los estudios subalternos y consideremos la multitud como una figura del poder que sustenta los proyectos hegemónicos a la vez que ofrece una visión alternativa del poder constituyente. Para Antonio Negri, es el poder constituyente de la multitud lo que puede fundar la sociedad "en el derecho a la resistencia, en la oposición al Poder [como dominación o hegemonía], en la afirmación de las fuerzas autónomas" (*The Savage Anomaly,* p. 202).

La perspectiva de la multitud

Si el pueblo es un sujeto eminentemente moderno, camuflado por los estudios culturales en ropaje posmoderno (sin importar cuánto la búsqueda por los estudios culturales de lo nuevo se debe claramente a una fascinación con la modernización), tal vez vale la pena seguir la lectura de Paolo Virno, ahí donde analiza la manera en que la filosofía distinguía, al principio de la edad moderna, el pueblo de un sujeto mucho más revoltoso, la multitud. Virno, leyendo a Hobbes y Spinoza, propone a la multitud como el sujeto renegado de la modernidad a la vez que es también el sujeto emergente de la posmodernidad pos-industrial. Describe a la multitud como el "concepto que define" la modernidad, en cuanto sostiene la constitución de la ciudadanía popular: lo popular siempre se define en oposición a la multitud (p. 201). Desde la perspectiva de la filosofía política, la multitud encarna todas las amenazas al orden social y al contrato social. La multitud, en breve, es profundamente antipopular:

> La multitud [...] evita la unidad política, es recalcitrante a la obediencia, nunca alcanza el status de personaje jurídico, y así es incapaz de prometer, concordar, ni de conseguir y transferir derechos. Es anti-Estado, pero, precisamente por esta razón, es también antipopular: los ciudadanos, cuando se rebelan en contra del Estado, son "la *Multitud* en contra del *Pueblo*" (pp. 200-201).

Intentar adoptar la perspectiva de la multitud, por lo tanto, no ofrece las mismas comodidades que el lazo sentimental de los estudios culturales con lo popular. Sin promesas, sin pactos: estamos en un mundo incierto de traición y decepción. Donde el populismo siempre puede imaginar que el pueblo está de su lado (y que él está del lado del pueblo), la lectura de Virno nos alerta al hecho de que nunca se puede confiar en la multitud, que es una fuerza desconocida e inconcebible. El propósito del Estado, y del populismo como uno de los discursos más efectivos del Estado, siempre es el de convertir la multitud en pueblo. Pero la desconfianza latente que rodea siempre el concepto mismo de lo popular revela que detrás del pueblo se esconde siempre la multitud. Ahora es posible reafirmar el riesgo del populismo: la multitud amenaza con sorprender a cualquier caudillo populista desprevenido.

La compleja invocación y supresión de la multitud se ve claramente en el populismo clásico, como es el caso del peronismo. En octubre de 1950, en el punto máximo del peronismo, encontramos un artículo anónimo en *Mundo Argentino* con el título "La Multitud es el Pueblo" que practica este mismo gesto:

> Hasta hace poco [...] los argentinos no sabíamos lo que era la multitud. Hablábamos del pueblo, hablaban del pueblo, y nadie le había visto su cara [...]. Pero en octubre de 1945 [fecha de la manifestación que llevó a Perón al poder] nos sorprendió la multitud en la calle –una multitud que era el pueblo– y le vimos la cara. Y meses después, en febrero de 1946, lo vimos actuar en las urnas [elecciones que ganó el peronismo] (p. 27).

Por lo tanto, lo popular se constituye en un acto retroactivo de nombramiento que pone a la multitud en relación con el Estado. La multitud peronista equivale al pueblo siempre y cuando exista en relación con Perón y esté reenmarcada dentro del contexto de un proceso hegemónico, articulado aquí en términos de las elecciones de 1946. La multitud aparece de repente, al parecer desde ninguna parte, pero se articula su llegada como si fuera largamente esperada, incluso hasta predestinada. Salvo que es el pueblo a quien se esperaba, y la multitud aquí sirve sólo para atestiguar la voluntad y agencia popular –para representar al pueblo y poner cara a una abstracción populista mientras se representa la multitud misma como el pueblo–. La multitud amenaza la identidad personal –el mismo autor escribe "yo también me olvidé de mí mismo, confundido entre la multitud"– hasta que es posible identificarla en términos del estado-nación, en cuya etapa la identidad personal y un adecuado sentimiento patriótico vuelven concurrentemente: "al caer la noche me escabullí hacia mi casa, muy contento de mí, de mi patria, y de su pueblo" (p. 27).

Se podrían aducir muchos ejemplos más desde la literatura sobre el populismo. En un sentido, el populismo es de hecho una meditación sobre los poderes de la multitud: el populismo identifica, apropia, y después desconoce la fuerza de la multitud en nombre del pueblo. Se pinta a la multitud como simultáneamente fanática, arrolladora e imposible de representar. Para el peronismo, esta ansiedad alrededor de y supresión de la multitud se pone en evidencia más abiertamente en referencia a la manifestación del 17 de octubre de 1945 que llevó a Perón al poder, casi como si los peronistas mismos reconocieron que este momento fundacional de su movimiento no cuadraba con el imaginario peronista. Mariano Plotkin ha escrito un libro muy bueno (*Mañana es San Perón*) acerca de las maneras en que este acto fundacional del peronismo paulatina y retroactivamente se ajustaba con la autorrepresentación peronista, mediante sucesivas reimaginaciones y reinterpretaciones en los aniversarios anuales recreando los sucesos de 1945. Las celebraciones anuales produjeron una sucesión de copias que se acercaron más y más a como imaginaban los peronistas –como era preciso imaginarlo– el acto original. Pero el esfuerzo continuo de recreación amenaza revelar la ansiedad de que la manifestación original –y por lo tanto el peronismo mismo, fundado como era en el poder manifestado en este acto público– pertenecía menos al pueblo que a la multitud. La lectura y representación peronistas del 17 de octubre, y sus aniversarios posteriores, pintan la multitud como imposible de representar, arrolladora, y fanática, pero la canalización de estos atributos mediante las figuras de Juan y Evita pretendía representar, sumergir, y pacificar estas energías de un pueblo ahora celebrando su "día de la lealtad".

Así, tomando de nuevo la relación en *Mundo Argentino*, la celebración de 1948 involucraba una "inmensa multitud" que las mismas fotografías publicadas en la revista son incapaces de representar, como dicen claramente los títulos que llevan: "la fotografía muestra sólo un aspecto parcial de la multitud" que participa en "escenas de indescriptible entusiasmo" e "incansable entusiasmo" (*Mundo Argentino*, 27 de octubre de 1948). Aquí (y en otras instancias de la movilización peronista) cualquier esfuerzo de transmitir la experiencia plena del acto termina repitiendo los topos del maravillamiento sublime ante un poder que amenaza arrastrar no sólo al individuo sino al paisaje político y geográfico del Estado mismo: la multitud está omnipresente, haciendo un *picnic* en el pasto, haciendo parar al tránsito, produciendo olas de energía y afecto que besan los muros del mismo palacio presidencial. Para evitar que la multitud arrastre el poder del Estado mismo, en este caso el poder de enunciar, hay que reconstituirla como pueblo, y ponerla en una relación determinable (y representable, reproducible) con el Estado mismo. El populismo despliega lo que llamo el "efecto del balcón" para establecer un límite entre la multitud y el Estado, e insinuando ese límite, que sustituye un contrato social, por el *contacto* social que la multitud desea y amenaza, reconstituye la multitud en pueblo.[4]

El efecto del balcón consiste en aplicar la estratagema clásica del cine de juntar una toma con su revés ("*shot-reverse shot*") al espectáculo público: no se representan juntos, en lo posible, a la multitud y a los Perón, sino que una representación (parcial, inadecuada) de la multitud está seguida por una representación del balcón desde el cual Juan y Evita le dirigen la palabra. El corte de la multitud al balcón (del balcón a la multitud) presenta a cada uno como si tuviera una relación significativa (lógica más que accidental) con el otro. Son las imágenes clásicas del populismo: la toma de media distancia (tomada de frente, y levemente abajo) de Evita en el balcón, sus brazos levantados saludando a la multitud; la de larga distancia, arriba del pueblo agolpado en la plaza pública. *Mundo Argentino* y otras publicaciones de la época imitan el efecto cinematográfico utilizando exhibiciones fotográficas yuxtaponiendo estas dos tomas haciendo así casi (pero solamente casi) redundante el comentario que acompaña las fotos: la multitud se junta "para escuchar atentamente la palabra del presidente de la República y su señora esposa"; se dice que el discurso de Evita provoca "repetidas demostraciones de cálido entusiasmo". El discurso de Evita da sentido al entusiasmo (lo que ahora se puede describir y calificar) –aunque no se informa del contenido del discurso, porque es suficiente que el afecto se subordine a la palabra. La unión de los eminentemente representables esposos Perón con la de otro modo no representable multitud, ahora da sentido y visibilidad a lo que había sido ininteligible: la multitud se convierte en pueblo.

El corte establecido en la secuencia que nos lleva desde los que están en la plaza a los que están en el balcón (y de vuelta) junta y separa: la heterogeneidad de la multitud se convierte en homogeneidad en cuanto los distintos aspectos (todos capaces de representación convencional) se juntan en lo que Laclau y Mouffe llaman una "cadena de equivalencias" (p. 127) dependiente en su relación con los que están en el balcón. Los noticieros cinematográficos de la época también presentan una narrativa en la cual, primero, la multitud se junta y crece desde grupos que se originan en los lugares más diversos –al parecer, desde ninguna parte, o desde los rincones escondidos de la ciudad y sus suburbios– para ser representados (literalmente para ser presentados de nuevo) después como el pueblo cuya reunión es inteligible sólo retroactivamente mediante su relación con el balcón, y con el Estado. Por otra parte, en cuanto se establezca esta relación, y se reduzca retrospectivamente a la multitud en un bloque homo-

---

[4] Hablando del efecto del balcón se recuerdan también los llamados "balconazos" famosos, los discursos improvisados desde el balcón del aprista Alan García mientras era presidente del Perú.

géneo (hegemónico), se puede ya transferir aspectos de la multitud hacia las figuras en el balcón: Juan y Evita generan su propia sublimidad porque ahora son siempre más grandes que la vida, dominando el fotograma con una presencia sólo comparable a los cientos y miles que atestan la plaza, y que dan sentido a su presencia.

Cuando esto no sucede –cuando, por cualquier razón, se pierde el efecto del balcón– el populismo amenaza colapsarse hacia adentro mientras la multitud surge de nuevo como una presencia posiblemente insurrecta. Este es el riesgo que corre el populismo, y se nota muy claramente en el trauma del renunciamiento de Evita Perón el 22 de agosto de 1951. Sucedió en una reunión abierta tumultuosa, con la asistencia de una multitud de unos dos millones, en donde "la Evita" intenta evitar el reclamo popular para que ella se postule a la vicepresidencia. Tomás Eloy Martínez narra el episodio como un guión de cine –un guión para una película que se debe hacer recortando las distintas representaciones hechas por los noticieros de los sucesos de ese día–. De hecho, la puesta en escena de la manifestación fue posiblemente el más cinematográfico de todos los actos peronistas. En vez de realizarse frente al palacio presidencial, con su plaza relativamente pequeña, se llevó a cabo en el centro de la Avenida 9 de Julio, una enorme extensión que divide el cuadrículo compacto del centro de la ciudad de Buenos Aires. Se levantó un andamiaje en el centro de la avenida para apoyar un balcón falso, lindando no con las alas del palacio presidencial, sino con dos fotos gigantes de Juan y Evita Perón. Las cámaras de los noticieros cortan desde esta pantalla gigante hacia la multitud abajo, quienes frenéticamente saludan con sus pañuelos. Eloy Martínez describe "el oleaje de la multitud, el peligroso vaivén por acercarse al ídolo" (p. 99); los noticieros muestran el efecto del balcón mantenido por algún tiempo más, pero también muestran una agitación creciente, y poco a poco hay menos cortes reales y más tomas panorámicas mientras la cámara gira rápidamente de la multitud hacia el balcón. Eloy Martínez escribe que Perón está "empequeñecido" (p. 101), pero no es hasta el anochecer, la salida de Evita al balcón, que el espectáculo se desintegra como espectáculo. El documental *Evita* de Juan Schröeder incluye el metraje en que Evita aparece en el mismo fotograma con la multitud, su imagen comprimida en un rincón mientras la cámara pretende captar la mayor parte de la multitud posible.[5] Se pierde a Evita, quien está a punto de desaparecer de la imagen. La manifestación parece haber salido de los márgenes de los mecanismos peronistas de control, mientras las multitudes reclaman que Evita acepte su nominación de vicepresidente. Evita sólo puede postergar su decisión, pero lo hace con dificultad e ilegítimamente: sus esfuerzos de hacer un contrato con la multitud (pidiendo que esperen cuatro días, veinticuatro horas, unas pocas horas) caen ante el reclamo de una decisión inmediata. El peronismo aquí está en crisis, en el momento mismo de su mayor éxito: el populismo promete lo inmediato y alberga una inversión afectiva, pero siempre bajo la condición de que se haga un corte, que se establezca un límite, estableciendo el pueblo como el cuerpo cuya representatividad depende de una cierta distancia de sus líderes. Sin esta distancia, el populismo halla a su "propio" pueblo plenamente incomprensible. En vida, Evita fracasa finalmente en su intento por mantener la separación y tiene que renunciar y ser renunciada: en las palabras de Eloy Martínez, el balcón se convierte en el "altar donde acaban de sacrificarla" (p. 114). (Desde luego que muerta Evita es completamente distinta; muerta, asegura que Perón siga teniendo sentido.).

Siguiendo a Michael Hardt y Antonio Negri, podríamos decir que la crisis del populismo es también la crisis de la modernidad. Hardt y Negri postulan que el pueblo es el producto del

---

[5] Quiero agradecer a Gabriela Nouzeilles el haberme indicado este aspecto de la película.

esfuerzo del Estado para resolver "la crisis de la modernidad, que es la co-presencia contradictoria de la multitud y un poder que quiere reducirla al gobierno de uno" (2.2.1);[6] el Estado desplaza esta crisis constitutiva de la modernidad presentando el conjunto de la nación y el pueblo como la forma para canalizar el poder constituyente de la multitud. Hardt y Negri postulan que "aunque el pueblo está puesto como la base originaria de la nación, la concepción moderna del pueblo es de hecho un producto de la nación-Estado, y sólo sobrevive dentro de su contexto ideológico particular" (2.2.3). Así que el estado-nación siempre predetermina al pueblo, y el estado-nación está configurado como una respuesta al poder de la multitud, *una conversión de la multitud en el pueblo* (y una conversión del poder constituyente en poder constituido). El populismo no es más que el más dramático (y posiblemente el último) intento para efectuar esta conversión dentro de la modernidad. Se puede imaginar, entonces, que la posmodernidad, y su modo neoliberal de gobierno, una respuesta al fracaso del populismo para limitar a la multitud. Como sugiere Negri, "hoy, en la transformación de la modernidad en posmodernidad, el problema vuelve a ser el de la multitud" (*El Exilio,* p. 38).

El populismo conjura la multitud, y apunta a la multitud como exceso. Pero la multitud no es simplemente el exceso que lo popular produce y del que depende, sino que es la huida por mayor, o en los términos de Virno, el "éxodo" de lo popular. La multitud no es exterior al pueblo; está, en cambio, en oposición radical a su modo de organización. Es la delineación de este éxodo continuo por parte de la multitud, este motín desde adentro, más allá, y anterior a lo nacional popular la que constituye la tarea de unos estudios culturales impopulares. Los estudios culturales impopulares deben entender la perspectiva de la multitud. Sobre esta base, su primera tarea puede ser una vuelta a ciertos fenómenos, como el testimonio, que (nuestros actuales) estudios culturales populistas han abandonado, para examinar precisamente lo que huye o escapa del populismo. Podríamos entender los distintos fracasos de los movimientos hegemónicos menos como, sencilla y banalmente, fracasos siempre atribuibles a una fuerza exterior que perturba el curso de una política hegemónica y más como los sitios de traiciones que pueden ser igualmente expresiones del poder de la multitud. La segunda tarea de los estudios culturales impopulares (¿pero es realmente posible desagregar estas tareas?) puede ser una vuelta a los ejemplos de los aparentemente exitosos movimientos hegemónicos, como el peronismo, para examinar las maneras en que la hegemonía sigue y sobrecodifica los movimientos inconstantes e impredecibles de la multitud. Los estudios subalternos han iniciado ya esta segunda tarea, y han comenzado a revelar la violencia retórica (y real) que subyace a todos los proyectos hegemónicos, pero sin enfrentar el análisis de la hegemonía en los términos del consentimiento. Si la razón de ser de los estudios culturales ha sido su afirmación de que la hegemonía es siempre provisional e incompleta –y por lo tanto hay siempre un espacio para proyectos contra-hegemónicos– la base para los estudios culturales impopulares puede ser una radicalización de esta afirmación: no existe la hegemonía, y nunca ha existido.

---

[6] Este manuscrito no tiene paginación, por lo tanto mis citas refieren a las secciones del texto.

BIBLIOGRAFÍA

Aers, David. "A Whisper in the Ear of Early Modernists; or, Reflections on Literary Critics Writing the 'History of the Subject'". *Culture and History 1350-1600: Essays on English Communities, Identities and Writing*. David Aers (ed.), Nueva York: Harvester, 1992.

Avelar, Idelber. "Dictatorship and Immanence". *Journal of Latin American Cultural Studies*, 7/1 (junio 1998): pp. 75-94.

Beasley-Murray, Jon. "Peronism and the Secret History of Cultural Studies: Populism and the Substitution of Culture for State". *Cultural Critique*, 39 (primavera 1998): pp. 189-217.

—— "Thinking Solidarity: Latin Americanist Intellectuals and *Testimonio*". *Journal of Latin American Cultural Studies*, 7/1 (junio 1998): pp. 121-129.

Beverley, John. "The Margin at the Center: On *Testimonio* (Testimonial Narrative)". *The Real Thing*. Gugelberger (ed.), Durham: Duke University Press, 1996.

—— "Does the Project of the Left Have a Future?" *Boundary 2*, 24/1 (1997): pp. 35-57.

—— "On the Category of 'the People', the Hegemonic Relation, and the Limits of Deconstruction". Manuscrito inédito preparado para la conferencia "Cross-Genealogies and Subaltern Knowledges". Universidad de Duke, octubre de 1998.

—— y Marc Zimmerman. *Literature and Politics in the Central American Revolutions*. Austin: University of Texas Press, 1990.

Chakrabarty, Dipesh. "Conditions for Knowledge of Working-Class Conditions: Employers, Government and the Jute Workers of Calcutta, 1890-1940". *Selected Subaltern Studies*. Ranajit Guha y Gayatri Chakravorty Spivak, eds. Nueva York: Oxford University Press, 1988.

Eloy Martínez, Tomás. *Santa Evita*. Buenos Aires: Planeta, 1995.

"*Evita*": *María Eva Duarte de Perón* (film). Juan Schröeder, productor. Buenos Aires: Video Star.

Gramsci, Antonio. *Selections from the Prison Notebooks*. Quintin Hoare y Geoffrey Nowell Smith (eds.), traductores. Londres: Lawrence and Wishart, 1971.

Gugelberger, Georg M. (ed.). *The Real Thing: Testimonial Discourse and Latin America*. Durham: Duke University Press, 1996.

Guha, Ranajit. "On Some Aspects of the Historiography of Colonial India". *Selected Subaltern Studies*. Ranajit Guha y Gayatri Chakravorty Spivak (eds.), Nueva York: Oxford University Press, 1988.

—— "The Prose of Counter-Insurgency". *Selected Subaltern Studies*. Ranajit Guha y Gayatri Chakravorty Spivak (eds.), Nueva York: Oxford University Press, 1988.

—— *Dominance Without Hegemony: History and Power in Colonial India*. Cambridge, Mass.: Harvard University Press, 1997.

Hall, Stuart. "The Toad in the Garden: Thatcherism among the Theorists". *Marxism and the Interpretation of Culture*. Cary Nelson y Lawrence Grossberg (eds.), Urbana: University of Illinois Press, 1988.

—— y Martin Jacques (eds.), *New Times: The Changing Face of Politics in the 1990s*. Londres: Lawrence and Wishart, 1989.

Hardt, Michael and Antonio Negri. *Empire*. Manuscrito, 1998.

Jameson, Fredric. "On 'Cultural Studies'". *Social Text*, 34 (1993): pp. 17-52.

Kraniauskas, John. "Rodolfo Walsh y Eva Perón: 'Esa Mujer' ". *Nuevo Texto Crítico*, 6/12-13 (julio 1993-junio 1994): pp. 105-119.

—— "*Cronos* and the Political Economy of Vampirism: Notes on a Historical Constellation". *Cannibalism and the Colonial World*. Francis Barker, Peter Hulme *et al.* (eds.), Cambridge: Cambridge University Press, 1998.

—— "Globalization is Ordinary: The Transnationalization of Cultural Studies". *Radical Philosophy,* 90 (julio/agosto 1998): pp. 9-19.

Laclau, Ernesto. *Politics and Ideology in Marxist Theory: Capitalism-Fascism-Populism.* Londres: New Left Books, 1977.

—— *Emancipation(s).* Londres: Verso, 1996.

—— y Chantal Mouffe. *Hegemony and Socialist Strategy: Towards a Radical Democratic Politics.* Londres: Verso, 1985.

Moreiras, Alberto. "The Order of Order: On the Culturalism of (Latin American) Anti-Cultural Studies". *Journal of Latin American Cultural Studies* (en imprenta, 1999).

Morris, Meaghan. "Banality in Cultural Studies". *Discourse,* 10/2 (primavera/verano 1998): pp. 3-29.

"La multitud es el pueblo". *Mundo argentino* (25 de octubre de 1950).

Negri, Antonio. *The Savage Anomaly: The Power of Spinoza's Metaphysics and Politics.* Michael Hardt, trad. Minneapolis: University of Minnesota Press, 1991.

—— *El Exilio.* Raúl Sánchez, trad. Barcelona: El Viejo Topo, 1998.

Plotkin, Mariano. *Mañana es San Perón: Propaganda, rituales políticos y educación en el régimen peronista (1946-1955).* Buenos Aires: Ariel, 1994.

Sanjinés, Javier. "Beyond Testimonial Discourse: New Popular Trends in Bolivia". *The Real Thing.* Durham: Duke University Press, 1996.

Sokal, Alan y Jean Bricmont. *Fashionable Nonsense: Postmodern Philsophers Abuse of Science.* Nueva York: Picador, 1998.

Spivak, Gayatri Chakravorty. "Can the Subaltern Speak?". *Marxism and the Interpretation of Culture.* Cary Nelson y Lawrence Grossberg (eds.), Urbana: University of Illinois Press, 1988.

—— "Subaltern Studies: Deconstructing Historiography". *Selected Subaltern Studies.* Ranajit Guha y Gayatri Chakravorty Spivak, (eds.), Nueva York: Oxford University Press, 1988.

Virno, Paolo. "Virtuosity and Revolution: The Political Theory of Exodus". *Radical Thought in Italy: A Potential Politics.* Paolo Virno y Michael Hardt (eds.), Minneapolis: University of Minnesota Press, 1996.

Williams, Raymond. *Culture and Society: Coleridge to Orwell.* Londres: Hogarth Press, 1990.

IV. Memoria y territorialidad

Baile de fantasmas en los campos de la Guerra Fría

Jean Franco
Columbia University

Todo el mundo parece estar de acuerdo en el hecho de que hemos llegado a un momento de clausura –el fin del final para Fukuyama, el final del Apocalipsis para Carlos Monsiváis y, para Baudrillard, el final de una ilusión del fin. Uno de los narradores de *Cielos de la tierra*, de Carmen Boullosa, recapitula un sentimiento común entre los letrados: "*Cien años de soledad* era profesión de fe para mi generación y asombro de su cualidad de historia premonitoria y utópica. Pero no vimos que tragábamos con nuestra bandera nuestro propio veneno. Muchos sueños se han muerto junto con el Sueño Mayor, y no hay utopía vigente" (Boullosa, p. 204). Lo que dichos pronunciamientos revelan es, de hecho, el final del futuro.

En los Estados Unidos, la caída del Muro de Berlín fue el suceso real y simbólico que sacudió la distribución geopolítica de la Guerra Fría y aventó los fragmentos hacia un nuevo orden mundial. Fue una clausura fortuita ocasionada cuando los alemanes del este "votaron con los pies" y convirtieron al imperio malvado en una oferta comercial. Un truco periodístico típico en los Estados Unidos es pintar el "antes" como si fuera una monótona foto en blanco y negro de una sociedad reglamentada, en comparación al colorido presente. La película de Chantal Akerman *A l'Est* actúa como un correctivo de esta visión, al ofrecer una versión literal de la "transición". Sus instantáneas lentas de gente haciendo cola, esperando para vender artículos usados, esperando autobuses, esperando trenes –la monotonía pesada del paso del tiempo en el repetitivo aburrimiento distópico de la supervivencia– revela la terrible verdad de una sociedad que ha perdido su futuro.

Las narrativas de los fines-de-dictadura en España y el Cono Sur contienen este mismo "antes" y "después" narrativo, también parodiado brillantemente en una de las últimas películas de Almodóvar, *Carne trémula*. La película, que comienza con una mujer dando a luz en un autobús durante el gran "silencio" del régimen franquista termina, una generación más tarde, con una mujer dando a luz en un taxi en medio de una masa eufórica de compradores en una bulliciosa víspera de Navidad. Un cambio epocal, de la dictadura a la libertad, ha tenido lugar, y el pasado está exorcizado. Lo que no ha cambiado es el parto intempestivo. La película de Almodóvar nos recuerda que la "transición" está siendo relatada como una historia masculina, en la que lo femenino está codificado como una reproducción fuera de la historia. El nacimiento es una fortuita caída en el tiempo (autobús o taxi) que el individuo no puede escoger. Es esta versión revisionista del "progreso" la que en último término quiero explorar, en una de las narrativas dominantes de nuestro tiempo, de la que el protagonista central es el Che Guevara.

La apropiación comercial de los aniversarios –1992, 1998– hizo inevitable que 1997, el trigésimo aniversario del asesinato del Che en Bolivia, viera la presentación del Che como ícono dentro de un nuevo orden geopolítico. Las conmemoraciones incluyeron, desde la sección especial de Casa de las Américas, "Che siempre",[1] hasta la realización de simposios académicos en los Estados Unidos. UCLA organizó un congreso, *Thirty Years Later: A Retrospective on Che Guevara, Twentieth Century Utopias and Dystopias*, en combinación con una exhibición de retratos. Cuba puso en circulación un disco compacto de canciones elegíacas dedicadas al Che, que empezaba y concluía con Fidel leyendo la carta de despedida de octubre de 1965, que el Che escribió antes de abandonar Cuba. La cara del Che apareció en los lugares más inesperados –en un partido de fútbol en Argentina, en conciertos de *punk rock* y recientemente en buzones en el *Upper West Side* de Manhattan.

No hay necesidad de enfatizar el hecho de que desde su fallecimiento ha habido una profusión de memorias sobre el Che –por parte de su padre, sus amigos de infancia, sus camaradas en Cuba y los oficiales bolivianos que ayudaron en su captura.[2] Sin embargo, las tres biografías publicadas en inglés en el año de este aniversario de su muerte incluyeron una enorme cantidad de materiales nuevos, y constituyeron tanto una evaluación retrospectiva de los logros del Che como una oportunidad mercantil. Después de haber desplazado a *Che Guevara. A Revolutionary Life*, de Jon Lee Anderson, el libro de Jorge Castañeda *Compañero*, publicado primero en español como *La vida en rojo*, fue a su vez desplazado por *Guevara also known as Che*, de Paco Ignacio Taibo II. Un total de casi dos mil páginas representa un exceso tan extraordinario que no puede menos que proponer el interrogante acerca del simbolismo del Che en una época que aparentemente niega todo lo que él representaba.

No deseo subestimar la cantidad impresionante de trabajo invertido en la creación de estas biografías, ni el material nuevo que se incluye en ellas, especialmente en las de Anderson y Castañeda. A lo largo de un período de cinco años –un lapso de tiempo que pocos académicos *tenure track* pueden gastar en un proyecto– Anderson se entrevistó con gente de Cuba, Argentina, Paraguay, México, Inglaterra, Washington y Moscú. Paco Ignacio Taibo II, autor de lo que se ha descrito como un *"best-seller internacional en el género biográfico"*, empleó materiales de periódicos, entrevistas y materiales de archivo de película y video. Castañeda, quien consultó a su vez archivos en Washington, Moscú e Inglaterra, llevó a cabo también casi ochenta entrevistas personales y telefónicas.

No obstante, como género, la biografía *post-mortem* tiene sus limitaciones porque las vidas terminan en la muerte, que nuestra sociedad tiende a considerar como un fracaso. Es por eso que la biografía es a menudo un ritual de entierro, aun cuando se presenta como un acto de resurrección. Actualmente, la popularidad del género parece responder a una necesidad de asegurarnos la significación, por tenue que sea, del individuo, en una época en la que la insignificancia, la transitoriedad y la muerte como término se hacen presentes cotidianamente. Pero en el caso del Che es la muerte la que domina el relato, porque aquella muerte ahora puede verse como la clausura de la lucha armada como camino al socialismo. Reseñando las biografías en *The New York Times*, escribió Richard Bernstein que ahora el Che "puede ser visto más como un emblema de una época que, claramente, ha pasado. El debe ser estudiado no como mártir o profeta, sino como el espejo distante de una generación que todavía lucha por entenderse a sí misma" (Bernstein, "Looking Back").

"Un espejo distante" es una metáfora extraña cuando el espejo refleja un fantasma, espe-

---

[1] La primera edición especial de Casa de las Américas, dedicada al Che, fue la edición de enero-febrero de 1968. En 1997, cada edición incluía una sección *Che siempre*. Una comparación de estas dos sería interesante pero está más allá del propósito de este artículo.

[2] Hay guías excelentes de fuentes de material en las biografías escritas por Jon Lee Anderson y Jorge Castañeda (véase Bibliografía).

cialmente en tanto que el Che es "reflejado en imágenes fotográficas desconcertantes que parecen cuestionar el presente desde un pasado que queremos enterrar". Tanto las biografías como las obras de varios artistas, en particular la instalación de Leandro Katz y su película *El día que me quieras* exhibidos en *School of the Art Institute of Chicago* en marzo de 1998, nos enfrentan con la fotografía de la imagen como lo "activamente residual" (Williams, p. 123).

Aunque son las fotografías y su uso lo que más me interesa, hay que decir algo sobre la biografía como género, cuya autoridad debe basarse en su referencialidad, aun cuando se enfrenta a los huecos y las contradicciones de la memoria y la documentación. Paco Ignacio Taibo II cree haber hallado la verdad absoluta cuando adopta como fuente primaria los copiosos escritos del Che, y declara que éste es "[...] el segundo narrador de este relato, el que importa" (xii). Pero la narrativa deriva hacia el campo de la conjetura desde el momento en que el Che no puede dar testimonio de su propio fin. "En este momento, por primera vez, el biógrafo tendrá que confiar sólo en testimonios hostiles, muchos de los cuales tenían sus propios problemas que resolver y un interés especial en distorsionar los sucesos y construir un falso relato" (p. 556). Anderson, quien tenía la ventaja de haber leído los diarios privados del Che, sigue las trilladas reglas del periodismo estadounidense, según las cuales todo tiene que pasar a través del cedazo de la personalidad. "¿Qué es lo que había impulsado a este hijo de una aristocrática familia argentina, un graduado de una Facultad de Medicina, a tratar de cambiar el mundo?" (xiv). En su búsqueda del Che "humano", Anderson no soslaya lo superfluo; al contrario, esto es esencial para su narrativa –el Che perdiendo la paciencia y palmeando el trasero de su hijo, sus programas favoritos de televisión, el nombre de su perro–. Concluye que "junto con sus equivocaciones, lo que se recuerda más del Che es su ejemplo personal, que encarna fe, fuerza de voluntad y sacrificio" (p. 753). "De algún modo él ha mantenido una influencia poderosa sobre la imaginación popular, pareciendo trascender tiempo y lugar [...] el Che ha desafiado a la muerte" (p. 753). Anderson quiere explicar así la persistencia de la imagen del Che en la memoria popular.

La biografía de Castañeda es una biografía política que se enfoca en los aspectos políticos de la Guerra Fría y que, aunque no esquiva los detalles personales (¿Tania se acostó con el Che?), se centra sobre todo en los vericuetos políticos de las relaciones cubano-soviéticas, y cubano-estadounidenses y en la exacerbación de la Guerra Fría. En este sentido, su libro es un análisis valioso, pero al mismo tiempo un análisis que busca aislar el anacrónico Che político de su ulterior imagen.

Heroica en el relato de Anderson y Paco Taibo II y un fracaso trágico en la biografía de Castañeda, la vida del Che se narra como sintomática de toda una generación. Castañeda incluso argumenta que cientos de jóvenes inocentes perdieron sus vidas debido al ejemplo del Che, como si él hubiera sido un flautista de Hamelin, que los condujera hacia el olvido (Castañeda, pp. 193-194).

En su reseña de las tres biografías en *The New Yorker*, Alma Guillermoprieto enfatiza este tema de la futilidad. La influencia del Che, escribe, "abarca casi toda la última mitad del siglo XX" pero "los *slogans* que definieron aquellos tiempos de furor y esperanza [...] parecen tontos y vacíos ahora". Estas palabras tontas y vacías, dado que fueron pronunciadas por Ernesto (Che) Guevara, el héroe guerrillero, "fueron escuchadas y seguidas alrededor del mundo" ("The Harsh Angel", p. 104).[3] Al escribir sobre el Che, los biógrafos están cruzando

---

[3] En un paréntesis en una descripción reciente de la visita del Papa a La Habana, Guillermo Prieto describe al ruso como una "lengua inútil" en la actualidad y a la economía marxista como una "disciplina inútil", revelando así sus propios prejuicios en favor del pragmatismo ("A Visit to Havana", p. 22).

el río Estigia, hacia la tierra de las sombras. Dado que con frecuencia estas biografías mencionan fantasmas y apariciones fantasmales, una alusión a Derrida y su libro *Specters of Marx. The State of the Debt, the Work of Mourning and the New International* parece inevitable. Este es un libro que ha atraído muchas críticas importantes, desde Fredric Jameson a Gayatri Spivak. Las críticas son incisivas, e indudablemente merecidas. Derrida no es, como Gayatri Spivak bien muestra, el mejor lector de Marx, no obstante lo cual él subraya útilmente el hecho de que "la hegemonía todavía organiza la represión confirmando, en ese sentido, una persecución fantasmal. Dicha persecución constituye la estructura de toda hegemonía" (p. 37).

Hay, sin embargo, una gran diferencia entre el espectro del comunismo y el exorcismo del fantasma del Che Guevara; entre la obsesión de Marx (aunque sea ferozmente paródica) con el *Gespenst* y el *Geist*, con espectros y espíritus, y la preocupación del Che con lo no material y la formación de la conciencia a través de la disciplina y el sacrificio. El Che mismo no era aficionado a los fantasmas. En el Congo lo perturbaba la *dawa*, la fuerza mágica que protegía a los guerreros en combate, dado que temía que "esta superstición se volviera contra nosotros mismos, que los congoleños nos culparían por algún fracaso en combate que resultara en muchos muertos" (Paco Ignacio Taibo, p. 419). Pero aunque el Che no estaba obsesionado por persecuciones fantasmales, sus biógrafos sí lo están.

Lee Anderson se refiere con insistencia al espíritu del Che, al *Geist*. "El cuerpo del Che puede haberse desvanecido, pero su espíritu ha seguido viviendo" (xiii), tanto como su fantasma que "continuamente reaparece como espectro (*Gespenst*) en los conflictos no resueltos que persisten desde su época" (p. 753). Anderson menciona el secuestro de los rehenes en la embajada japonesa en Lima y al líder zaireño, Laurent Kabila, a quien "el Che había tratado de ayudar en el Congo tres décadas antes". El retorno de Kabila, escribe, "es un recordatorio más de que algunas de las batallas libradas por el Che en los años sesenta, todavía esperan su desenlace". La rebelión zapatista representa otro ejemplo de este tenor, porque "es difícil no ver a Marcos como un Che Guevara renacido, adaptado a los tiempos modernos –menos utópico, todavía idealista, todavía dispuesto a luchar por sus creencias– quizá habiendo aprendido de los errores de su predecesor pero sin embargo modelado a partir de él" (p. 753).[4] Anderson, quien probablemente no es un lector de Derrida, es el que más se acerca a la idea del *revenant*, demandando justicia del presente.

Para Paco Ignacio Taibo II, la presencia espectral del Che es una cópula tenue entre el pasado y el presente; habita la brecha entre la generación actual y la de los años sesenta, dos generaciones a las que él ve como "completamente diferentes", sin puntos en común entre ellas. "Es sorprendente pero verdadero", escribe, "que el fantasma del Che, en una tierra de nadie sin visa ni pasaporte, está atrapado a medio camino en la brecha generacional entre la generación 'fracasada' (esta palabra otra vez) de los sesenta y los jóvenes, vagamente conscientes de él como "el gran comandante utópico y el abuelo rojo". Ellos entienden que el Che es todavía el heraldo de una revolución latinoamericana que, por imposible que parezca, es absolutamente necesaria". El cuasi oxímoron (imposible y necesario) parecer mostrar la duda del mismo escritor, su perezosa transferencia de la responsabilidad a una mítica juventud, "vagamente" consciente del abuelo envejecido. Pero en su relato, el fantasma del Che estaba también "apareciendo espectralmente en todo el mundo", incluso antes de su muerte, cuando, durante los meses de su desaparición pasó a la clandestinidad peleando junto con las guerri-

---

[4] Castañeda menciona que Marcos "suele invocar, gráfica o explícitamente, las imágenes y analogías del Che, sobre todo aquellas que evocan traiciones y derrotas" (*Compañero*, p. 22).

llas africanas en el Congo, y los rumores de su aparición en diversas partes del mundo se extendían como un incendio. En la campaña boliviana se describe a los guerrilleros como una banda de fantasmas. Después de su muerte, según Taibo, era como si "el fantasma del Che hubiera regresado para perseguir a sus asesinos y ajustar cuentas con ellos" (p. 580), porque varios de ellos murieron violentamente. Se dice que el Che aparece en los sueños de Fidel, y "en La Higuera, mechones de pelo y pelo manchado de sangre son expuestos como reliquias de santo". El fantasma en el relato de Taibo es un recurso conveniente, aunque melodramático, que distrae de los huecos del relato.

Castañeda, el más pragmático de los tres autores, parece ser el que menos probabilidades ofrece de suscribir la idea de una persecución fantasmal. Relata la historia de la vida del Che como un conflicto trágico entre idealismo y *realpolitik*. La vida del Che se convierte en una versión de la tragedia clásica donde su propia honradez causa su ruina intelectual. "La distancia entre sus creencias y la realidad es tal, y su honradez intelectual tan profunda, que a la hora del desengaño, el desencanto será demoledor. Tanta honestidad al formular el balance conducirá *inevitablemente* a la tragedia" (p. 236, énfasis mío). Si el Che reaparece fantasmalmente en el texto de Castañeda, no es en modo alguno el espectro de Anderson, de deseos no realizados, ni la persecución de la tierra de nadie entre generaciones, como en Paco Taibo, sino más bien como el ejemplo que ilustra qué ocurre cuando el deseo excede la posibilidad. "Lo admirable, que conviene subrayar una y otra vez, es la constancia y presciencia del argentino. Desde el inicio mantuvo las mismas ideas, afincadas en diagnósticos similares, ligadas a las mismas esperanzas" (p. 242). Es la "receta" –la solución por la lucha armada– lo que socava las virtudes del Che, al punto que Castañeda lo hace responsable por proveer, con su panfleto sobre la guerra de guerrillas, "a un par de generaciones de las Américas de la herramienta para creer, y del ardor que nutre la audacia. Pero Ernesto Guevara es también responsable de la cuota de sangre y de vidas que se tuvo que pagar" (p. 245). Fue la imagen ideal del Che, lo que él llama "la prestancia crística",[5] lo que, desde su punto de vista, sobrepasó la historia del fracaso y la derrota. Aquí, algo más que la muerte de un individuo está en juego –"la identificación entre mito y contexto. Ninguna otra vida captaría como la suya el espíritu de su tiempo; ningún otro momento histórico se hubiera reflejado con la misma intensidad en una vida como se reflejó en la suya" (p. 479). Los propios sentimientos de Castañeda sobre esto son ambiguos. Mientras reclama que "los valores del Che Guevara son relevantes todavía, junto con los de su generación", claramente cree que no hay un contexto en el cual aquellos valores puedan ser otra cosa que abstracciones. Y mientras arguye que "las esperanzas y sueños de los años sesenta todavía resuenan en el fin de un siglo privado de utopías, carente de un proyecto colectivo, y desgarrado por los conflictos inherentes a nuestra monolítica uniformidad ideológica" (xvii, edición inglesa), deja como interrogante cómo el conflicto ha de venir a partir de la "monolítica uniformidad ideológica".

Pero es la imagen del Che, representada poderosamente en dos fotografías –la exaltada imagen de la cara del Che de Alberto Korda, que ha sido reproducida en botones, afiches y pancartas, y la foto de Freddy Alborta del Che muerto–, la que ha inspirado estas meditaciones acerca de la reputación póstuma del Che Guevara. El escritor y crítico John Berger fue el primero en señalar que el cuerpo escorzado del Che en la última foto era evocador no sólo del cuadro de Mantegna del descenso de la cruz, sino que la presencia de los espectadores también evocaba una representación bastante diferente y más secular de la muerte: *La lección de*

---

[5] "Prestancia crística" se traduce a veces como "iconic" en la versión inglesa pero esto no transmite la noción de consagrado, y por eso "destinado", ni capta la noción de presencia.

anatomía de Rembrandt. En el cuadro de Rembrandt los espectadores ven el cadáver como un objeto de experimentación. En la foto del Che de Freddy Alborta, el propósito de los observadores (un oficial, soldados y periodistas) es "demostrar, en el instante de horror, la identidad de Guevara y, supuestamente el absurdo de la revolución". Sin embargo, argumenta Berger, "en virtud de este mismo propósito, el instante está excedido" ("Che Guevara", pp. 42-53). La foto, concebida como un símbolo admonitorio, un cuento de hadas con una mala conclusión, es para él la imagen de la "muerte prevista" de alguien que encontró el mundo intolerable.

Berger insiste en que el Che "no es Cristo"; los biógrafos, sin embargo, no pueden resistir la comparación. Paco Ignacio Taibo II escribe que "la foto horrible de su cara (muerta) [...] se convirtió, gracias a la hechicería técnica de los servicios de cable, en la provincia de millones alrededor del mundo. Manteniendo la tradición cristiana de venerar al Cristo torturado y a santos acribillados de heridas, la imagen inevitablemente evocó el relato de la muerte, la redención, y la resurrección. Atraídos por estos fantasmas, los campesinos de Vallegrande pasaron frente al cuerpo, en fila india, en medio de un pasmoso silencio [...] aquella noche por primera vez se prendieron velas para el Che, en las pequeñas casas del pueblo. Un santo estaba naciendo, un santo secular de los pobres" (p. 565). La "hechicería técnica de los servicios de cable", en otras palabras, las modernas telecomunicaciones, son también –extrañamente– instrumentales en la beatificación.

Sin referirse directamente a la foto, Anderson también insiste en el paralelo con la Pasión: "Entre las monjas del hospital, la enfermera que le lavó el cuerpo, y una cantidad de mujeres de Vallegrande, la impresión de que el Che Guevara se parecía extraordinariamente a Jesucristo se desparramó rápidamente; ellas subrepticiamente le cortaron mechones de pelo y los guardaron para que les trajeran buena suerte" (p. 742). Para Castañeda, la foto de Alborta es responsable de la fama póstuma de Guevara, mucho después de que sus ideas se hubieran convertido en anacrónicas. *Compañero* se abre con dos imágenes contrastantes –la foto de un Che, derrotado y atrapado, tomada inmediatamente después de su captura y la del cadáver tendido y preparado cosméticamente para ser visto. "Quien examine cuidadosamente éstas podrá comprender cómo el Guevara de la escuelita de La Higuera se transfiguró en el ícono beatífico de Vallegrande, captado para la posteridad por el lente magistral de Freddy Alborta" (p. 19).[6]

Pero es la otra foto, la de un Che con pelo largo, llevando su boina característica y mirando con exaltación mística hacia la distancia, la que los biógrafos consideran el ícono de idealismo revolucionario y desafiante. Como señala Castañeda, la foto no era premeditada sino que la tomó Alberto Korda cuando el Che apareció momentáneamente en la tribuna en un evento público para conmemorar las víctimas del sabotaje de la Coubre. Por casualidad, Korda atrapó a Guevara en un momento, perfilado contra el cielo (Castañeda, pp. 246-247). Reproducida en pañuelos de cuello, botones, afiches y –más visible que todos los demás– en el estandarte gigante que domina la Plaza de la Revolución, la cara del Che compartió el espacio con Cristo durante la visita reciente del Papa a Cuba, recalcando la lección de sacrificio en un mundo donde el sacrificio se impone y no se escoge; un disco compacto de canciones producidas en Cuba y dedicadas al Che está repleto con referencias religiosas a la eternidad, la inmortalidad y el alma áurea de Guevara.

Comentando la imagen reproducida en ese estandarte, Anderson sostiene que ésta da cuenta de la perdurable "fascinación mundial con Guevara, ya sea como producto comercial o

---

[6] La Higuera, el salón de clases del pueblo en donde el Che fue mantenido cautivo y luego ejecutado. Su cuerpo entonces fue transportado clandestinamente al pueblo de Vallegrande.

como figura histórica" –un comentario que es interesante por la alternativa equitativa que propone (producto comercial *o* figura histórica)–. Para Castañeda, es esta foto la que explica la duradera "prestancia crística" (presencia ungida o consagrada, en otras palabras, aura). Habla de "la prestancia crística del Che vivo". Comenta, describiendo su conversación con Mikoyan después de la crisis de los misiles, "Ya desde entonces la imagen crística de la bella muerte se leía en el rostro del Che". Y observa, acerca de las campañas bolivianas, que "el Che no tenía un deseo de muerte, pero anhelaba desde muy joven un destino crístico: un sacrificio ejemplar" (p. 352).

Incluso más que el hagiógrafo Paco Ignacio Taibo II, Castañeda sugiere el paralelismo con la "bella muerte" de Cristo, mientras insiste en el anacronismo de las ideas del Che. Argumentando que el Che Guevara representaba "una simbiosis mágica entre el símbolo y el *Zeitgeist*" basada en una sinonimia real (dando a entender, presumiblemente, que el Che era sinónimo con su época), Castañeda ve terminar los años sesenta con una transformación cultural en vez de política, y atribuye la supervivencia del ícono "Che" en un mundo desencantado a la fetichización de la mercancía.

> De manera que el comandante no acabó en un mausoleo ni en una plaza faraónica, sino en camisetas, *swatches* y tarros de cerveza. La década que emblematizó, no alteró el fundamento de las estructuras económicas y políticas de las sociedades contra las que se alzaron los jóvenes; su impacto se infiltró en los confines más intangibles del poder y la sociedad [...] más profunda de mayor alcance y más significativa. Si hoy el Che es un ícono cultural, se debe a que en gran parte su huella se imprimió profundamente en el terreno cultural más que político (Castañeda, p. 407).

Esto parece un ejemplo del ansia de tener todo a un tiempo. No sólo se narra el final de la Guerra Fría como el pasaje de la política idealista a la cultura del consumo, sino que el Che Guevara se convierte en el ícono de aquella transición, precisamente porque sus ideas revolucionarias no funcionaron. Castañeda no quiere dar demasiada vida a ese espectro, así que lo exorciza introduciendo el fetichismo de la mercancía y enfatizando que, si la influencia del Che ha persistido, lo ha hecho en la forma degradada de la cultura de masas. Seguramente cuando vemos el papel del Che representado por Antonio Banderas en la película de Madonna acerca de Eva Perón o su imagen impresa en las remeras de grupos *punk*, esta conclusión parece ineludible. Comentando el comercio de *souvenirs* en Bolivia, un periodista entusiasmado hace que el Che legitime *post-mortem* los mismos valores que él deploraba.

> Aquí en lo remoto de Bolivia central, la Industria Che está floreciendo. Con la excavación reciente de los restos largamente perdidos del Che, el camino en donde el carismático ícono comunista pasó sus últimos días está por convertirse pronto en Mundo Che. Cantidades de peregrinos de Berlín y Berkeley, Adams Morgan y los Andes, llegan aquí cada semana para caminar sobre las huellas dejadas por las botas de combate de Guevara. Hay aquí locales que venden refrescos y comidas a turistas al doble del precio normal, y si usted necesita una mochila del Che, unos prendedores o fotos, ellos tienen ofertas para usted. La *piece de resistance:* hay planes en marcha para poner en escena un concierto para un número estimativo de 5.000 *groupies* del Che para el 9 de octubre, marcando el trigésimo aniversario de su ejecución (Faiola, "Welcome to the Che World").

No es necesario añadir nada. Los incentivos materiales han ganado y tenemos que aplaudir.

La "Disneyficación" de América Latina, que la oficina de asuntos hemisféricos de Nelson Rockefeller ha deseado ardientemente ya desde el año 1943, cuando recomendaron caricaturas animadas en vez de viejos y tediosos letrados como una manera de ganar los corazones y las mentes del hemisferio sur, ahora se presenta como un hecho, como parte de un coro triunfal, donde las transacciones pacíficas del mercado se imponen sobre la lucha armada, las botas de excursionistas reemplazan a las botas de combate, el regateo sustituye al debate, y la cultura rige en vez de la política. El último trayecto del Che se repite como una farsa neoliberal.

La solapa de *Compañero* de Castañeda subraya el proyecto demitificatorio del libro. Muestra una foto del Che sosteniendo un cigarro y enfrascado en una conversación, probablemente tomada cuando era Ministro de Industria; la mitad inferior de su cuerpo está teñida de rojo, mientras que su cara está en un área gris, enfatizando la importancia del título bajo el cual se publicó en español, *La vida en rojo,* pero también destacando el cuerpo sacrificial, en vez de la cabeza. No es sorprendente que la solapa del libro de Lee Anderson reproduzca la imagen que Castañeda quiere desmitificar –la foto de Korda de un Che exaltado, sobre un fondo rojo–. Para Anderson, esta imagen se ha convertido en una bandera de guerra:

> Guerrilleros marxistas en Asia, Africa y Latinoamérica, ansiosos de "revolucionar" [él pone "revolucionar" entre comillas] sus sociedades, llevaron su bandera en alto cuanto entraron en la batalla. Y, cuando la juventud estadounidense y de Europa occidental se rebeló contra el orden establecido, a raíz de la guerra de Vietnam, el prejuicio racial y la ortodoxia social, el semblante rebelde del Che se convirtió en el ícono fundamental de su sublevación, fervorosa, aunque en su mayor parte fútil (solapa del libro).

Entonces, a pesar del énfasis en el poder del ícono, en último término Anderson también pone en duda los logros de una generación. Por otro lado, la solapa del libro de Paco Ignacio Taibo parece trabajar en contra de su propio proyecto hagiográfico, porque la palabra CHE, en negrita, casi oscurece una foto del Che, con excepción del enorme cigarro que asoma por entre las letras de su apodo como si fueran las barras de una cárcel. La solapa sugiere la posibilidad fascinante de la personalidad pública como un lugar de encierro.

Las cuestiones de imagen, identidad, identificación, que Castañeda tiene muy en cuenta, han sido recogidas y exploradas por varios artistas. Dado que no están limitados por las exigencias de la biografía, están libres para exponer los perfiles irregulares, y dejar los vacíos sin suturar. Aunque yo aquí me concentro en la obra de Leandro Katz, a modo de prólogo quiero considerar una instalación de Alberto Gómez –un artista argentino que trabaja en Canadá– y otras de Liliana Porter –una artista argentina que trabaja en Nueva York–. Ambos artistas se preocupan por la resignificación del ícono en la época de la reproducción mecánica, aunque, mientras Porter está preocupada por la pérdida de significación del ícono, Gómez ve esta significación reactivada en la memoria colectiva.[7]

La instalación de Alberto Gómez, "Che", incluyó diapositivas de un video, con imágenes del Che Guevara en las banderas enarboladas por aficionados argentinos durante el Campeonato Mundial de Fútbol de 1994, serigrafías del certificado de nacimiento del Che y una

---

[7] Alberto Gamboa me mandó generosamente una descripción de la instalación, que no he podido ver. Catalina Parra atrajo mi atención a la serie "Iconos" del artista chileno, Juan Castillo, en una de cuyas obras hay una foto del Che Guevara en uniforme contra una pared y bajo la foto una figura en primer plano con una cara sin rasgos distintivos. Véase Juan Castillo, "Te devuelvo tu imagen", catálogo de una exhibición en la Galería Gabriela Mistral, Santiago, Chile.

pintura en la que hay referencias a creencias precolombinas y una yuxtaposición de figuras guaraníes con la foto-ícono del Che Guevara. La instalación reúne así reproducción, identificación (el certificado de nacimiento) y una pintura; los tres elementos son concebidos con el propósito de "trabajar juntos para crear una lectura política y espiritual del horizonte utópico en América Latina", tal como éste se introduce en la memoria colectiva. "La utopía se convierte en el no-lugar, de horizontes continuamente en retirada, del deseo y la resistencia: un espacio intersticial compuesto de mística, memoria colectiva, y la todavía inacabada historia de la liberación del Nuevo Mundo". Aunque no he visto el cuadro, su descripción me interesa porque se refiere al encuentro del Che con los guaraníes, "quienes no entendían o simulaban no entender español". Lacónicamente, el Che anotó este encuentro en la entrada del *Diario* del 18 de abril de 1967. Escribe Gómez: "Para los guaraníes, el Che Guevara no era sólo un revolucionario y un místico, sino un blanco y un extranjero, sugiriendo así una contradicción interna entre la herencia del colonialismo y el sueño moderno de liberación". Esta disyunción parecería problematizar cualquier idea de la continuidad de los proyectos emancipatorios. Sin duda, plantea interrogantes acerca de la comprensión del Che de la América indígena. Aunque él planeaba aprender quechua (*Diario*, 11 de enero de 1967), raramente se encontró con los pueblos indígenas cuyos antiguos mapas estaban registrados en los lugares que menciona – Yaki, Ñancahuazú, Tikucha– y que él llegó a habitar.

Las instalaciones de Liliana Porter, *The Simulacrum* y *Untitled*, por otro lado, se ocupan de la obliteración de la memoria. En la primera (acrílico, serigrafía, collage sobre papel) la imagen fotográfica del Che (el índice) está transferida a un plato de postre que se encuentra como un artefacto u ornamento entre varios objetos *kitsch* –Donald Duck, Mickey Mouse y otro artefacto de una mujer bailando; un libro de ejercicios yace abierto enfrente del plato–. En *Untitled*, la imagen ("la imagen crística") se reproduce en una secuencia vertical de tres, con la reproducción más pequeña arriba y la más grande al fondo y fuera de foco. Otra vez, Mickey Mouse está parado enfrente del plato en el que la imagen del Che está transpuesta. En una entrevista, Liliana Porter afirmó que el objeto "Recuerdo de Cuba" no hubiera existido, si el Che Guevara no hubiera existido. Ella enfatizó en que "para que el objeto banal exista, muchas cosas tienen que haber sucedido, y la única que está rescatada es la imagen estereotipada, que se transforma en un *souvenir*, en un adorno. Esto es lo dramático; el cuadro hace una declaración sobre el paso del tiempo y sus consecuencias. El drama se encuentra en la inaprehensibilidad de la realidad, en su impenetrabilidad, en la banalidad del sentido, en el espacio vacío, en el vacío de la significación" (Porter). Claramente, Porter está preocupada por la destrucción de lo aurático, lo que ella representa a través de la miniaturización y la representación de objetos *kitsch*; en *Untitled*, la cara del Che está desenfocada y desfigurada. Mientras que una de las interpretaciones más obvias es que la apropiación por parte de la cultura de consumo destruye lo aurático, hay sin embargo otras implicaciones. Porque el tiempo y la amnesia están también incorporados en esta conversión en un objeto *kitsch* que va experimentando una mutación de sentido, de ícono a objeto de utilidad, transformado en una decoración y dispuesto indiscriminadamente junto a figuras sin referente en lo real. No por nada ella bautizó a la serie *Mutaciones*.

Las instalaciones y la película de Leandro Katz *El día que me quieras*, estrenadas en la escuela del *Art Institute* en Chicago, muestran ampliamente la ambigüedad de la imagen fotográfica, y las diversas intervenciones de la imagen en la cultura contemporánea como herramienta de identificación, de identificación errónea, y como *punctum*.

Como Katz mismo indica, su proyecto para la instalación, inspirado inicialmente por el artículo de Berger, empezó en 1987 cuando llegó a su poder la foto del Che muerto y yaciente, y trató de rastrear al fotógrafo por medio de la agencia de prensa. Finalmente, averiguó que el fotógrafo era Freddy Alborta, un corresponsal local boliviano que vivía en La Paz, y fue allí a entrevistarlo en una película; más tarde hizo varios viajes a Ñancahuazú, el lugar en donde empezó la aventura boliviana, y al Ilabaya. Aunque la película tiene su propia importancia, es especialmente interesante cuando se la ve junto con las instalaciones en las que Katz trabajó por varios años. Estas instalaciones se centran en lo que él llama las "áreas en el relato donde la pasión y el *pathos* de este incidente se cruzan, y 'enmarcan' las condiciones sociales y políticas que son recurrentes todavía en la vida latinoamericana y que continúan demandando una inspección más profunda".[8]

La instalación de Chicago enfocó el enigma, los disfraces y los relatos conflictivos. Una pared fue dedicada a Jorge Vázquez Viaña conocido como "Loro", del cual se ha dicho que huyó a los Estados Unidos o que fue ejecutado. La yuxtaposición de frases divididas en secciones por bandas negras enfatiza las discontinuidades tanto como las diferentes construcciones realizadas sobre el evento.

En otra sección de la instalación, hay fotos ampliadas de Tania en sus diversos disfraces, como Laura Gutiérrez, Haydée González, Tamara Bunke; y en otra, una foto ampliada sacada de los archivos de la policía alemana, del cuerpo desnudo del coronel Roberto Quintanilla, el cónsul boliviano en Hamburgo y Jefe de Inteligencia en Bolivia en el momento de la captura del Che,[9] así como la peluca, cartera y arma usadas por la asesina de Quintanilla, Monika Ertl. Hay también una foto ampliada del Che, disfrazado como el Dr. Adolfo Mena González para su entrada en Bolivia, una serie de cronologías, en las que los sucesos microhistóricos de la campaña boliviana se narran a partir de varias fuentes, muchas veces ideológicamente opuestas. La cronología también se cruza con otras narrativas y representaciones, incluyendo los apuntes de los guerrilleros dibujados por Ciro Bustos, después de su captura, para que los militares los pudieran identificar. Una serie de fotomontajes, compuesta de las letras fragmentadas del tango de Gardel "El día que me quieras", fragmentos de titulares periodísticos, citas del cuento de Borges "El Testigo" y fragmentos de los cuadros de Rembrandt y Mantegna. Interrumpiendo la narrativa lineal, la instalación de Katz es una meditación sobre la representación de la historia del Che que representa la muerte del Che no sólo como una conclusión sino también como un comienzo. El cuerpo del Che está expuesto antes de desaparecer, desaparición que marcó la inauguración de una práctica de "desaparecer" a los "subversivos" que sería puesta en marcha por los militares argentinos con efectos devastadores. La "desaparición" *post-mortem* del Che determinada por la CIA, Klaus Barbie, el nazismo alemán, y el ejército boliviano fue lo que finalmente condujo al Che, no al olvido, sino a su *status* actual como *revenant*.

La película documental, que también se titula *El día que me quieras*, contiene como foco central la foto del Che difunto, tomada con el propósito de identificarlo (y como prueba de identidad). En la entrevista filmada en *El día que me quieras,* Freddy Alborta explica que, como prueba de la identidad del Che, el oficial puso una foto anterior del Che al lado de la cara del difunto, para así mostrar la semejanza. A Alborta le disgustó la idea, porque quería dar cierta dignidad a una escena que de otra manera hubiera parecido caótica. Sin embargo,

---

[8] Esta es una cita de un panfleto del *School of Art Institute of Chicago*. Como es este un trabajo en curso, la instalación difiere de instalaciones previas incluyendo la que se presentaba en el Museo del Barrio, Nueva York.

[9] El Coronel Roberto Quintanilla, Jefe de Inteligencia en el Ministerio del Interior durante la campaña boliviana del Che, fue asesinado en Alemania en 1971.

tomó fotografías que muestran lo que él luego excluiría de la foto pública –los cuerpos de dos guerrilleros muertos yaciendo en el piso, un oficial del ejército levantando una foto del Che, un militar con la cara cubierta con un pañuelo para evitar el olor del formaldehído–. Una versión filmada de esa escena está incorporada en la película de Katz y muestra al oficial señalando el cadáver y hurgándolo con el dedo.

Sin embargo, las circunstancias, hasta cierto punto, condicionan la foto de Alborta. Una cobija, arrojada sobre uno de los brazos del Che, hizo pensar a algunos que sus manos habían sido cortadas.[10] La figura de un hombre en uniforme militar señalando el cuerpo, y las caras curiosas de los periodistas y testigos que trajeron a la memoria de Berger los cuadros sagrados de Mantegna y Rembrandt indican que ellos estuvieron presentes con el propósito de identificación.

Sin embargo son estos efectos fortuitos los que dan a la foto lo que Roland Barthes llamó alguna vez "el sentido obtuso", que es *el algo* intangible que ni copia ni entrega algo expresable en palabras ("The Third Meaning"). Más adelante emplearía el término *punctum* para "el accidente que punza" (*Camera Lucida*).[11] El *punctum* en este caso particular es el efecto de los ojos del Che abiertos con el propósito de la identificación, pero a la vez creando el efecto desconcertante de un cadáver vigilante. Para Barthes la foto de un difunto está viva ("es la imagen viva de una cosa muerta"); en la foto del Che, la foto de un muerto con los ojos abiertos es aún más desconcertante puesto que trasgrede la convención de que los ojos de un cadáver deben estar cerrados. Este efecto de una vida póstuma espectral hace que uno quiera reclamar el aura benjaminiana para la fotografía (Benjamin, "The Work of Art").

La instalación de Katz en Chicago también se refiere al momento de la identificación del cadáver y su contribución fortuita a la historia póstuma del Che, pero también explora la imagen como disfraz y desidentificación, conduciéndonos hacia un laberinto de seudónimos y desinformación. El cadáver de la muy disfrazada Tania estaba tan desfigurado que era casi imposible reconocerlo cuando rescataron su cuerpo del río Masacuri. Aunque los militares le dieron un entierro "cristiano", sepultaron su cuerpo secretamente, como también sepultaron los cuerpos de los demás guerrilleros y el del Che mismo. Todos los guerrilleros tenían alias, y algunos de ellos eran quechuas (Inti), otros swahilis (recordando la campaña del Congo del Che). Pero el disfraz más significativo fue el del Che, quien entró a Bolivia como el Dr. Mena. En la fotografía tomada para su pasaporte falso se ha transformado en un médico con gafas. Luce como un miembro más bien mediocre de las clases medias, tanto que aun sus propios amigos no lo reconocieron; el *Diario* boliviano revela lo incómodo que se sentía el Che durante las semanas en las cuales ya no era el Che. Pocos días después de su llegada a Ñancahuazú escribió, "mi pelo está creciendo, aunque muy ralo y las canas se vuelven rubias y comienzan a desaparecer; me nace la barba. Dentro de un par de meses volveré a ser yo" (*Diario*, 12 de noviembre). Para ser un "hombre y un revolucionario, uno de los hombres ejemplares que", en sus propias palabras, "luchan y se sacrifican y no esperan nada para sí mismos, excepto el reconocimiento de sus compañeros"[12] él también tenía que actuar el papel. Incluso, "Che" sólo puede recobrar el sentido de su misión al recobrar su apariencia ya consagrada, su máscara. Pero, de aquí se sigue que la identidad es *performativa* y que el "hombre nuevo"

---

[10] En *Compañero* (p. 493) Castañeda cita a Gustavo Villoldo, quien más tarde fue responsable de enterrar el cuerpo y que declaró que las manos habían sido quitadas quirúrgicamente.

[11] Agradezco a Rubén Gallo por destacar la relevancia de este y otros trabajos sobre fotografía.

[12] De una entrevista con trabajadores canadienses, citada por Carlos Tablada (p. 194).

tiene que vivir siempre precariamente detrás de una máscara que puede caerse en cualquier momento.[13]

El hombre nuevo comienza de la nada y no deja nada detrás. En su carta de despedida a Fidel, el Che menciona que no ha dejado una herencia material a su esposa e hijos: "No dejo nada a mi esposa o a mis hijos y no me preocupa" (John Lee Anderson). Aun antes de irse de Cuba, se despojó de su nacionalidad cubana y de su status de comandante. No tenía equipaje, exceptuando su conciencia, adquirida a través del repetido disciplinamiento del cuerpo, el cual se convierte en un tipo de conciencia o alma formada por y no anterior a aquella disciplina. El hombre nuevo es un ascético que se deshace del "viejo Adán" como un residuo dañino. Cuando su juvenil *Mi primer gran viaje: de la Argentina a Venezuela en motocicleta* se publicó, Che había expresado una reserva preliminar y reveladora porque "el personaje que escribió estas notas murió al pisar de nuevo tierra argentina, el que las ordena y pule, 'yo', no soy yo; por lo menos no soy el mismo yo interior" (*Mi primer gran viaje:...*, p. 20). Este es, por supuesto, un reconocimiento implícito en el que el "yo" es, como Judith Butler nos recuerda frecuentemente, una posición no predeterminada (*Bodies that Matter*, p. 99). Paradójicamente, el hombre nuevo, al separarse del pasado, se da cuenta de eso, pero está ciego a las exclusiones implícitas en esta construcción de su identidad porque, al identificar el sujeto revolucionario con el guerrero masculino, excluye por consiguiente lo femenino.[14] No es extraño que la instalación de Liliana Porter *Untitled* esté fuera de foco, dado que las mujeres no pueden observar el ícono como si fuera un espejo.

El énfasis en la disciplina que aparece en los escritos del Che paradójicamente viene de su falta de fe en los "incentivos materiales" y de su creencia en los incentivos morales. "Una economía socialista sin valores morales no me interesa", escribió, "una de las metas fundamentales del marxismo es eliminar los intereses materiales, el factor del 'interés individual' y la ganancia de las motivaciones psicológicas del hombre [...] si el comunismo descuida los hechos de la conciencia, podrá servir como un método de distribución, pero ya no expresará valores morales revolucionarios".[15] Pero el modelo de aquellos valores desinteresados era el guerrillero, formado en combate, un modelo que era difícil de duplicar en la vida civil. Quizás por eso el Che buscó una y otra vez repetir la experiencia, primero en el Congo y luego en Bolivia.

La errancia del Che durante aquellos últimos meses lo llevó a senderos evanescentes, señalados por mapas inexactos, hacia ríos desbordados, a través de cañones difíciles, hacia emboscadas; sus exploraciones inciertas sugieren un laberinto borgeano. Y de hecho, Katz, en la película, lee de la parábola de Borges "El Testigo".[16]

El texto de Borges es una meditación sobre la muerte del individuo, sobre las memorias que mueren cuando muere un hombre. "¿Qué forma patética o deleznable perderá el mundo?"

---

[13] Judith Butler desarrolla esto en relación con la identidad sexual en *Gender Trouble. Feminism and the Subversion of Identity* aunque para el propósito de este ensayo he encontrado su discusión de Althusser particularmente pertinente. Véase Judith Butler, *The Psychic Life of Power*.

[14] Tanto Brad Epps como Arnaldo Cruz Malavé han tratado la construcción de la masculinidad en Cuba; Epps en particular con relación a Fidel y Cruz Malavé con relación al Che. Véase Brad Epps. Se publicará el ensayo de Cruz Malavé en *Cuban Studies*.

[15] El Che no era ingenuo. Había estudiado economía marxista y estaba notoriamente ansioso porque Cuba no siguiera el modelo soviético. Véase Carlos Tablada (pp. 174-206).

[16] Publicado en *El hacedor*, traducción de Norman Thomas de Giovanni e incluido en *Selected Poems 1923-1967* (pp. 258-259). Katz lee Borges de una traducción inglesa diferente.

Pero la película también ofrece una referencia oblicua a la memoria colectiva. Luego Katz puso en escena varias versiones de "fiesta"; en la primera un grupo de bolivianos llevando máscaras representa el conflicto tradicional entre moros y cristianos aunque las máscaras tradicionales son resignificadas de manera que aluden a guerrillas y soldados. La tradición de la lucha entre moros y cristianos introducida por los españoles después de la conquista se presta a la reinterpretación en términos actuales. En otra secuencia, Katz escenifica una procesión de hombres y mujeres que caminan alegremente en una larga fila a través del campo llevando ante ellos una ondulante bandera roja. Esa fue la reconstrucción de una procesión que Katz había visto en un video en blanco y negro que registraba un peregrinaje de Vallegrande a la Higuera en homenaje al vigésimo aniversario de la muerte del Che.[17] Es una *performance* que representa un espíritu comunitario más inclusivo que exclusivo, comprometido con la vida en vez de buscar la consagración a través de la muerte.

En la película, Katz desglosa el ensayo de Berger. Che no es un fracaso, sino un hombre para quien el mundo se había convertido en intolerable. Katz nos recuerda que el mundo todavía es intolerable, que no podemos simplemente pararnos en la cima del presente como si fuésemos superiores al pasado... La película de Katz termina con la imagen de una niña sosteniendo un ramo de flores rojas. Al principio yo pensaba que eso era sentimentalismo, pero desde aquel entonces he cambiado de idea. El rojo del sacrificio está asociado metonímicamente con el rojo del regalo de la niña que mira hacia el futuro. Un regalo, sin embargo, que no es un sacrificio.

Traducción: Susan Hallstead y
Juan Pablo Dabove

BIBLIOGRAFÍA

Anderson, Jon Lee. *Che Guevara. A Revolutionary Life*. Nueva York: Grove Press, 1997.
Barthes, Roland. "The Third Meaning. Research Notes on Some Eisenstein Stills". *Image Music Text*. Stephen Heath, trad. Nueva York: Hill and Wang, 1987.
——— *Camera Lucida. Reflections on Photography*. Richard Howard, trad. Nueva York: Hill and Wang, 1981.
Baudrillard, Jean. *Illusion de la fin, ou, la greve des evenements*. París: Galilee, 1992.
Benjamin, Walter. "The Work of Art in the Age of Mechanical Reproduction". *Illuminations*. Londres: Jonathan Cape, 1970.
Berger, John. "'Che' Guevara". *The Look of Things*. Nueva York: Viking Press, 1971, pp. 42-53.
Bernstein, Richard. "Looking Back with Cooled Passions at Che's Image". *The New York Times* (26 de noviembre de 1997).
Borges, Jorge Luis. *Selected Poems 1923-1967*. Nueva York: Delta, 1968.
Boullosa, Carmen. *Cielos de la tierra*. México: Aguilar et al., 1997.
Butler, Judith. *The Psychic Life of Power*. Stanford: Stanford University Press, 1997.
——— *Bodies that Matter. On the Discursive Limits of "Sex"*. Nueva York: Routledge, 1993.
——— *Gender Trouble. Feminism and the Subversion of Identity*. Nueva York: Routledge, 1990.
Castañeda, Jorge. *Compañero. Vida y Muerte del Che Guevara*. Nueva York: Vintage Books, 1997.

---

[17] Katz me dio esta información en un mensaje de e-mail. Me dijo también que la bandera roja alude a la obra del artista brasileño Helio Oiticica.

Castillo, Juan. "Te devuelvo tu imagen". Catálogo de una exhibición en la Galería Gabriela Mistral, Santiago, Chile, 1998.

Derrida, Jacques. *Specters of Marx. The State of the Debt, the Work of Mourning, & the New International.* Peggy Kamuf, trad. Nueva York: Routledge, 1994.

Epps, Brad. "Proper Conduct: Reinaldo Arenas, Fidel Castro, and the Politics of Homosexuality". *Journal of the History of Sexuality,* VI/2 (octubre de 1993): pp. 231-283.

Faiola, Anthony. "Welcome to the Che World". *Guardian Weekly* (31 de agosto de 1997), reimpreso del *The Washington Post.*

Guevara, Ernesto Che. *The Motorcycle Diaries. Journey Around South America.* Ann Wright, trad. Londres: Verso, 1995.

—— *Mi primer gran viaje: de la Argentina a Venezuela en motocicleta.* Buenos Aires: Seix Barral, 1994.

—— *El diario del Che en Bolivia. Noviembre 7, 1966 a octubre 7, 1967.* La Habana: Instituto del libro, 1968.

Guillermoprieto, Alma. "The Harsh Angel. The Revolutionary Who Could Find no Revolt to Please Him". *New Yorker* (6 de octubre de 1997): pp. 104-110.

—— "A Visit to Havana". *New York Review of Books* (26 de marzo de 1998).

Monsiváis, Carlos. *Los rituales del caos.* México: Era, 1995.

Porter, Liliana. "A Vague Chance or Precise Laws". Entrevista con Ana Tiscornia. *Atlántica,* 13 (invierno, 1995-6): 134-137.

Tablada, Carlos. *Che Guevara: Economics and Politics in the Transition to Socialism.* Sydney: Pathfinder, 1989.

Taibo II, Paco Ignacio. *Ernesto Guevara. Also Known as Che.* Martin Michael Roberts, trad. Nueva York: St. Martins Press, 1997.

Williams, Raymond. *Marxism and Literature.* Nueva York: Oxford University Press, 1977.

Genealogías de la moral latinoamericanista: el cuerpo y la deuda de Flora Tristán

Julio Ramos
University of California-Berkeley

PALABRAS FINALES. CORNEJO POLAR Y LA CRISIS DEL LATINOAMERICANISMO

Pensada a contrapelo de la muerte, la escritura de "Mestizaje e hibridez: los riesgos de las metáforas. Apuntes" debe haber sido difícil –si no físicamente dolorosa– para Antonio Cornejo Polar.[1] Cornejo se encontraba en las últimas fases de una lucha terminal cuando redactó y dictó su incisiva reflexión sobre el estado del latinoamericanismo en nuestro fin de siglo. Ya para entonces sospechaba que aquel breve ensayo que se presentaría *in absentia* en la Convención Nacional de LASA en Guadalajara en marzo de 1997 bien podía ser su intervención final en el debate histórico –y constitutivo del campo– sobre los sujetos y las fronteras de los discursos sobre la "identidad" latinoamericana.

En este momento, aún demasiado próximo a su muerte, mientras ponderamos el sentido de su ausencia, en Pittsburgh, donde estuvo tan presente por varios años,[2] la lectura de "Mestizaje e hibridez" puede producir un efecto fantasmagórico, particularmente en el lector que se posiciona ante su ausencia, para desde allí elaborar, en la mediación de la lectura y las instituciones que la posibilitan, el registro emotivo con que se enuncia el luto y la rememoración. Y señalamos el carácter mediatizado de la rememoración porque sabemos, aquí en Pittsburgh, que es precisamente en torno a la ausencia que paradójicamente se construye el orden de los legados, las transacciones de la herencia. ¿Será más apropiada entonces la alternativa del silencio en que se consume el recuerdo, divagando entre las huellas de cotidianidades, gestos evanescentes que frustan cualquier intento de monumentalización?

Dictado y transcrito en su lecho de muerte, "Mestizaje e hibridez" resuena con la fibra de su voz, la traza de la voz recorriendo el aire. La inscripción de su entonación en el último aire es un efecto de presencia que acaso nos impide aproximarnos críticamente a la escritura del texto y aceptar plenamente los términos de la discusión impostergable a la cual nos llama vigorosamente la interpelación de Cornejo cuando anuncia, en palabras contundentes, que nuestro fin de siglo marca "lo que pudiera ser el desdichado y poco honroso final del hispanoamericanismo" (p. 11).

"Mestizaje e hibridez" es doblemente sobre cierres y finales, en la medida en que despliega una inesperada dimensión autobiográfica, acaso involuntaria, que tiende a identificar

---

[1] Apareció en la *Revista de Crítica Literaria Latinoamericana*, XXIV/47 (1998), pp. 7-11.
[2] Una versión anterior de este trabajo se presentó como ponencia en el simposio "New Perspectives in/on Latin America: The Challenge of Cultural Studies", celebrado en la Universidad de Pittsburgh en marzo 22 de 1998. Agradezco la invitación de los organizadores John Beverley, Mabel Moraña y Carlos Jáuregui.

la escena de la escritura del texto último de un autor con el cierre de todo un campo discursivo. La asociación, por cierto, no es necesariamente desproporcionada, al menos si pensamos que la obra crítica de Cornejo bien podría considerarse como una de las últimas instancias de cierto discurso latinoamericanista, el legado de los ensayistas, la compleja tradición que posibilitó el trabajo de figuras como Pedro Henríquez Ureña, Alfonso Reyes, o el mismo Angel Rama –figuras que narrativizaron la memoria, el canon de los estudios humanísticos latinoamericanos. Fueron ellos (rara vez *ellas*, por cierto)[3] intelectuales de amplia inserción política cuya autoridad suponía una red de articulaciones entre la cultura, el *nomos* nacional y la esfera pública que acaso no sea posible sostener ya en las sociedades neoliberales contemporáneas. La reflexión misma sobre el latinoamericanismo, las proliferantes genealogías que actualmente se producen sobre la ineluctable relación entre las postulaciones identitarias del campo y las instituciones del poder, apuntan a un quiebre de esa tradición. La estrategia crítica y retrospectiva implica el distanciamiento que posibilita a la perspectiva genealógica en el momento autorreflexivo del campo que cuestiona así sus verismos, más consciente de sus construcciones y maniobras retóricas así como de sus estrategias de legitimación institucional. La discusión actual acaso supone también la reubicación del trabajo intelectual y académico en el contexto de la crisis profunda de las instituciones culturales históricamente ligadas a las formaciones ideológicas del estado liberal-republicano. La autorreflexión misma es sintomática de la erosión de los modelos de integración cultural elaborados por las humanidades y las universidades modernas. Tales modelos de integración cultural, conviene insistir, desde la fundación de los estados nacionales latinoamericanos habían garantizado la legitimidad y la autoridad pública del discurso cultural y humanístico en función de la construcción de la ciudadanía. Probablemente las formaciones sociales en este fin de siglo, marcado por la globalización de la *cultura massmediática*, no requieran ya la intervención legitimadora de las narrativas ejemplarizantes de la integración nacional producidas históricamente por los discursos culturalistas. Tal vez el principio mismo de la integración cultural no sea ya del todo decisivo, en la medida en que el estado contemporáneo se retrae de los contratos históricos del "bienestar común" a la vez que el consumo y los sistemas de la comunicación masiva y cibernética producen modelos alternativos para la identificación ciudadana (García Canclini, *Consumidores*).

Sometido a tales transformaciones, el estudio de la cultura y la literatura confronta ahora el riesgo de quedar reducido a la labor de expertos que progresivamente reemplazan las figuras evanescentes del intelectual público y particularmente del humanista tradicional. La categoría misma del intelectual deviene en crisis, según señala una de las protagonistas del debate actual, Beatriz Sarlo, en sus *Escenas de la vida posmoderna*:

> quienes antes eran considerados intelectuales son los primeros en rechazarlo, y no sólo porque hayan realizado a fondo la crítica del elitismo heroico de los intelectuales modernos de viejo tipo. También porque las instituciones han cooptado exitosamente a los portadores del saber indispensable para ejercer la crítica. Los intelectuales públicos, es decir, hombres y

---

[3] No estamos sugiriendo, por cierto, que no hubiera ensayística escrita por mujeres. Es notable el corpus recogido en Doris Meyer, *Rereading the Spanish-American Essay. Translations of 19th and 20th Century Women's Essays*. Sin embargo, con la excepción de Gabriela Mistral, el diálogo con el latinoamericanismo, en tanto discurso de la identidad y del "buen gobierno" se encuentra limitado precisamente por la división del trabajo entre los géneros y el lugar problemático de la mujer como figura en el discurso identitario mismo.

mujeres cuyo teatro era la esfera pública, han entrado por miles en una zona especializada de lo público: la academia. Y en ella trabajan como expertos y no como intelectuales (Sarlo, *Escenas...*, p. 81).

Creo que sería difícil demostrar el carácter volitivo o cooptado de la transformación de la categoría y los roles del intelectual. Acaso la crisis de la categoría tenga más que ver con la debacle actual del aparato pedagógico republicano que, como bien nota la propia Sarlo

> atraviesa una crisis económica en cuyo envés puede leerse también una crisis de objetivos y la corrosión de una autoridad que no ha sido reemplazada por nuevas formas de dirección. La escuela ya no se ilumina con el prestigio que le reconocían tanto las elites como los sectores populares en las primeras décadas de este siglo. En la mayoría de los países de América Latina, la escuela pública es hoy el lugar de la pobreza simbólica, donde maestros, currícula y medios materiales compiten en condiciones de muy probable derrota con los mass-media de acceso gratuito o moderadamente costosos que cubren casi por completo los territorios nacionales (p. 121).

Ante la crisis, la propuesta de Sarlo no cesa de ser conmovedora: la defensa del legado democratizante de un aparato pedagógico que en parte debiera aun apoyar su legitimidad en la capacidad crítica del "hecho estético". En efecto, tal gesto reposiciona a Beatriz Sarlo en el debate actual sobre los "estudios culturales". Si los estudios culturales se fundamentan, en parte, en una crítica sagaz del privilegio asignado a la cultura-estética en las humanidades tradicionales –y en el reconocimiento concomitante de la heteronomía de los discursos que intervienen en la constitución de los sujetos sociales– el texto clave de Sarlo bien podría leerse como un ejercicio polémico que la coloca, curiosamente, en una aporética defensa del *valor* cultural como condición de la formación ciudadana en la democracia. Y digo aporética defensa porque, entre otras razones, para la propia Sarlo –directora de *Punto de Vista* y una de las más asiduas promotoras de la crítica cultural hacia fines de la década de los 80– la defensa del valor no puede ya sostenerse en la postulación, digamos, de una medida universal (como el oro o el dinero) para la valoración del hecho estético particular, ya que la defensa del hecho estético reconoce que "instituir valores para la eternidad es una ilusión" (p. 171).[4] Si pensamos, entonces, que la especificidad del valor necesita una medida "universal" que garantice su intercambiabilidad, nos damos entonces de frente con la aporía de un valor sin fundamento.

En el interior de este debate más amplio sobre los discursos que se disputan, digamos, el interior mismo del concepto de la "cultura", "Mestizaje e hibridez" se pregunta por el "desdichado y poco honroso final del hispanoamericanismo". La intervención de Cornejo responde también a una crisis de los "valores" culturales, en la medida en que su objeto, el "hispanoamericanismo", ha sido históricamente el repositorio jerarquizador de discursos encargado de decidir los valores (culturales y estéticos) de la identidad "propia" latinoamericana: los valores de la América *nuestra*.

---

[4] Véase también B. Sarlo, "Los estudios culturales y la crítica literaria en la encrucijada valorativa": "El gran debate público hoy gira alrededor de los valores, y las bases de una política que los tome en cuenta. El gran debate cultural; una vez que atravesamos el Mar Rojo del relativismo, podríamos comenzar a considerar valores. Por lo menos, esta es una cuestión cuya respuesta no puede limitarse al relativismo tradicional o al multiculturalismo tradicional. [...] ¿Es posible juzgar después del relativismo?"(p. 38).

ENMUNDAMIENTOS Y GUARDIANES DEL LEGADO

En efecto, en el devenir de su interrogante, el ensayo de Cornejo condensa las posiciones claves constitutivas de una zona del debate sobre la cultura que hoy se pregunta por los canales transnacionales de producción y circulación del saber sobre América Latina. Producido paradójicamente en el interior del discurso y la retórica latinoamericanista –cuyo fin sin embargo enuncia– el texto de Cornejo reinscribe las preguntas clásicas del origen, la territorialidad, la lengua y la defensa de un legado, de una herencia; preguntas en torno a las cuales se entreteje la tropología latinoamericanista (la raíz, la pureza, la familia) clásica y sus discursos identitarios. Cornejo recorre así las fronteras del campo, los límites que guardan su integridad y coherencia, y examina la legitimidad (o ilegitimidad) de los modos mediante los cuales el campo hace préstamos y traducciones de conceptos de otras tradiciones y dominios disciplinarios. No es casual, en ese sentido, que el texto de Cornejo comience con una disucsión sobre el concepto de hibridez de García Canclini, una de las metáforas matrices sostenidas por la propuesta transdisciplinaria del crítico cultural. Tampoco es casual que de la crítica del concepto de la hibridez, Cornejo se desplace a una reflexión sobre otras dimensiones de la problemática del contacto –de la "permisividad", señala– que ablanda y posibilita la perforación de los límites, de las fronteras tanto disciplinarias como identitarias del campo. El gesto de alarma es constitutivo de la construcción del dominio del sujeto y del discurso latinoamericanista que al menos desde Martí se legitima mediante la defensa de la especificidad del territorio "propio", "nuestro", delineando y protegiendo las fronteras en distintas coyunturas de globalización o enmundamiento.[5] Dado que el discurso cultural (y la "identidad latinoamericana") se produce en un espacio inevitablemente cruzado por intercambios transnacionales, por migraciones tanto de ideas como de gentes, el sujeto latinoamericanista frecuentemente se define en función de una exacerbada y paradójica defensa de las fronteras de lo "propio", alertando contra la arriesgada apertura del campo (tanto de estudios como de identidades)[6] a fuerzas externas amenazantes. Ubicado en las fronteras el sujeto latinoamericanista aconseja cautela ante el contacto, precaución ante las mezclas y las hibridaciones que parecerían ser constitutivas de la producción (y promiscuidad) de los discursos mismos. Conviene aproximarse a los posicionamientos del sujeto latinoamericanista con mayor detenimiento.

Cornejo plantea que la crisis actual del latinoamericanismo se manifiesta en una progresiva condición "diglósica" (p. 10), una fractura que divide antagonísticamente los estudios sobre la cultura latinoamericana producidos en América Latina de los estudios producidos en el exterior, particularmente en los Estados Unidos. Produciendo una escisión entre el interior y el exterior del campo, entre lo propio y lo impropio de sus enunciados u objetos, entre la autenticidad y lo inauténtico de sus postulaciones, la división es primeramente de orden lin-

---

[5] Derivado de Heidegger, el neologismo "enmundamiento" intenta enfatizar el proceso de construcción del "mundo" y problematizar así las condiciones de la "totalidad" global, en tanto efecto de intervención de un *tecné*, y del pensamiento mismo de la globalización como *tecné* de la totalización (y no como su efecto secundario). Véase su crítica de la "concepción del mundo" o "visión del mundo" en "Comments on Karl Jaspers's Psychology of World-Views".

[6] La relación simbiótica entre los estudios literarios (o humanísticos) y la "identidad" latinoamericana es constitutiva del campo latinoamericanista y su autoridad estético-cultural al menos desde el *Ariel* de Rodó. Es decir, si la identidad se define en el eje de la prioridad estético-cultural (opuesta a la razón instrumental y al capitalismo de "ellos", los Estados Unidos) el discurso encargado de estudiar y enseñar la "cultura" reclamará un lugar decisivo en la "definición" de la identidad. El latinoamericanismo se construye y opera sobre esa ambigüedad entre el discurso y el objeto.

güístico. La fractura diglósica es el efecto, según Cornejo, de la creciente diseminación y prestigio de la lengua inglesa entre los latinoamericanistas, corolario a su vez de la aparente crisis de la enseñanza del español en la escena pedagógica norteamericana. Cornejo por supuesto se distancia de cualquier fundamentalismo lingüístico, pero a la vez señala lo siguiente:

> Me siento algo arqueológico al decirlo, pero la verdad es que tengo nostalgia por aquellas antiguas épocas en las que la primera obligación del profesor y/o estudiante de español, pero también su máximo orgullo, era dominar a perfección el español. Aclaro de inmediato que no me refiero en absoluto a la nacionalidad del profesor y/o estudiante. No se me oculta que *profesores hispanos o de origen hispano* tienen –y hasta más agudamente a veces– este mismo problema (p. 343, énfasis mío).

El tránsito al inglés no representaría un problema tan serio para Cornejo si no fuera paralelo a la progresiva marginación de los saberes latinoamericanistas producidos en español. Y más aún, según Cornejo, a lo largo de las líneas de esa división lingüística se surca otra división –del trabajo– más alarmante aún:

> Por supuesto que no intento ni remotamente postular un fundamentalismo lingüístico que sólo permitiría hablar de una literatura en el idioma que le es propio, pero sí alerto contra el excesivo desnivel de la producción crítica en inglés que parece –bajo viejos modelos industriales– tomar como materia prima la literatura latinoamericana y devolverla en artefactos críticos sofisticados (p. 343).

Estemos o no de acuerdo con Cornejo, queda claro que "Mestizaje e hibridez" llega al corazón mismo de la discusión contemporánea sobre la globalización de las culturas y los saberes latinoamericanistas. Cornejo reacciona ante la crisis aguda de los saberes e instituciones vernáculas en la era neoliberal y pide cautela ante la progresiva influencia –en América Latina misma– de paradigmas teóricos metropolitanos, es decir, los estudios culturales, subalternos o poscoloniales. Su defensa de las fronteras reinscribe así la problemática del mimetismo y de la importación de saberes "extranjeros" que domina en el latinoamericanismo al menos hasta la teoría de la dependencia. Para insistir en los complejos vericuetos de los viajes de las ideas y los modelos teóricos, conviene notar que los paradigmas críticos a los que se refiere Cornejo no provienen exactamente de los centros metropolitanos. Sólo en un sentido muy relativo y arriesgado podríamos tranquilamente pensar que Guha, Bhabha, Spivak, Beverley o Edward Said son figuras de un saber hegemónico europeo o norteamericano.[7] Y es que precisamente *los mapas van cambiando de color*, tanto en las universidades norteamericanas como europeas. Las recientes reacciones abiertamente racistas contra los proyectos de diversificación del profesorado y estudiantado en el sistema universitario californiano –o las "purgas" en Berlín o París, a tal efecto– demuestran que los cambios "demográficos" no pueden reducirse a los efectos de un poder desde siempre capaz de asimilar toda instancia de diferencia y heterogeneidad. El impacto de la globalización y de las migraciones dislocan los mapas y los territorios de la identidad "en" las metrópolis mismas, relativizando incluso cualquier intento de distinción cómoda entre centros y periferias, dado que *cada norte tiene su sur* en el corazón mismo de su territorio (Deleuze-Guattari, *Kafka*).

---

[7] Véase la introducción de José Rabasa y Javier Sanjinés al número especial sobre los estudios subalternos latinoamericanos en *Dispositio*, XIX/46 (1994).

La posición de Cornejo, por cierto, no es excepcional. Por el contrario, no sería fácil comprobar la autoridad paradigmática que sus posiciones críticas ejercen en las Jornadas Andinas de Lenguas y Literatura Latinoamericanas (JALLA), por ejemplo, o en la crítica de los estudios subalternos que propuso Mabel Moraña recientemente en la *Revista de Crítica Cultural*, cuya directora, Nelly Richard, desde perspectivas y en registros de intensidad muy distintos, por cierto, que los de Cornejo o Moraña, también ha reflexionado varias veces sobre la cuestión de la apropiación de la marginalidad como combustible de las máquinas "posmodernas" de la academia norteamericana, incluso en sus zonas aparentemente más radicales y solidarias (Moraña, "El boom"; Richard, "Periferias").

Por el momento, no nos concierne tanto la dimensión *profesional* de esta polémica[8] como el antagonismo entre lo global y local que sostiene su retórica. Al menos desde el ensayo fundacional de Martí, "Nuestra América", el latinoamericanismo vernáculo se autoriza mediante la defensa –a veces abstracta y reificada– de lo local y su *resistencia* a fuerzas extranjeras en diversas instancias de globalización. No por casualidad el 1898 es una fecha fundamental en la historia del latinoamericanismo vernáculo. La guerra cubano-hispano-americana fue clave no sólo en el Caribe, donde la expansión y la presencia militar y económica norteamericana ha sido desde entonces implacable y frecuentemente inmediata. También muy al sur del Caribe, recordemos, se publica el *Ariel* de Rodó en el 900, como una respuesta culturalista al creciente peso de un insaciable Calibán –la progresiva "americanización"– que en Rodó es inseparable de la problemática de la democracia y de la emergencia interna de nuevos agentes políticos y sociales que cobraron impulso precisamente en el contexto contradictorio y múltiple de la modernización finisecular.[9] Aunque Martí había muerto en los inicios de esa guerra (que comienza, permítanme enfatizar, en el 95 y no de sopetón en el 98), sus ensayos latinoamericanistas clásicos bien pueden leerse como una respuesta estético-cultural a la reconfiguración y desplazamientos de fronteras generados por la emergencia del nuevo imperio. La crítica martiana a los proyectos monetarios e industriales del "panamericanismo" norteamericano agudamente identifican la condición de la modernidad con la transnacionalización tanto del capital como de los flujos culturales hemisféricos.[10] Es cierto que la muerte de Martí en 1895 le impidió conocer la dimensión militar de la reconfiguración de las fronteras del dominio norteamericano en el Caribe. Pero su compleja estética de lo local es a la vez una crítica y un efecto de la condensación del espacio hemisférico producido por el intento de las Américas que encontraría luego su más expresivo ícono en la construcción del Canal de Panamá, tropo y efecto empírico del panamericanismo, emblema espléndido, sin duda, de los diálogos interamericanos que habían alarmado a Martí ya desde fines de la década del 1880. Allí, en Bilboa Heights, por cierto, donde pronto quedarán sólo los despojos del complejo comercial y médico-militar de la zona del Canal, se proyecta la construcción de una *Ciudad del Saber*, una nueva Universidad Panamericana, modelada en las *American Universities* de El

---

[8] Es decir: se trata de una discusión que en parte responde a la reconfiguración de un campo profesional que, al menos en los Estados Unidos, reconoce en la distinción del origen nacional una de las líneas de fuerzas que dividen y estratifican el campo, autorizando o desautorizando a sus sujetos.

[9] De ahí, por ejemplo, la relación entre estética y disciplina en el *Ariel* de Rodó, para quien la "estética de la conducta" es el eje mismo de la gubermentalidad y la gobernabilidad en una sociedad cambiante, abierta a los "peligros de la degeneración democrática" (*Ariel,* p. 18, p. 22).

[10] Me refiero a los textos sobre las Conferencias Internacional y Monetaria celebradas en Washington en 1889, incluidos en el volumen *Nuestra América* (pp. 35-132).

Cairo y de Beirut. Como si las articulaciones posibilitadas por los discursos académicos y las instituciones del saber pudieran ahora sustituir, tras la Guerra Fría, la presencia militar norteamericana en la Zona luego del traspaso acordado por el tratado Carter/Torrijos de 1976. Por otro lado, no habría que sobrestimar la viabilidad económica de la *Ciudad del Saber*, su proyecto de hospedar a más de 25 mil alumnos de todas partes del hemisferio, ni escatimar la resonancia utópica del plan de modulación súbita del cómodo y exclusivo espacio que por tantos años había ejercido el *Officer's Club*, con sus mesas de poker y cortinas de terciopelo, virtualmente transformado en una sala de reunión y reposo para la facultad y el personal académico.

En la vena del latinoamericanismo vernáculo, "Mestizaje e hibridez" se arma en torno a la oposición entre lo global y lo local. Pero en contraste con sus antecesores, cierto "pesimismo" (p. 344) lleva a Cornejo a sospechar que el impacto contemporáneo de la globalización –concomitante a la crisis de las instituciones pedagógicas y culturales latinoamericanas– bien podría decidir el "poco honroso final" del latinoamericanismo y su reemplazo por las prácticas y modelos epistemológicos (como los estudios culturales y subalternos) que privilegian el inglés y el manejo de traducciones y que al hacerlo parecen responder menos a las necesidades de sus interlocutores latinoamericanos que a las demandas de los mercados académicos del poderoso Norte.

DESBORDES TERRITORIALES (¿DÓNDE QUEDA EL CENTRO?)

Acaso por la coyuntura personal en que fue escrito el ensayo –acaso también por la polémica que buscó suscitar en el congreso internacional de la asociación latinoamericanista norteamericana en que fue leído, en un espacio de tiempo muy limitado– "Mestizaje e hibridez" no precisa las diferencias internas, la *heterogeneidad* del campo latinoamericanista metropolitano. Tampoco se encarga de explorar las paradojas de los intercambios intelectuales y culturales transnacionales que por razones diversas problematizan la categoría y la experiencia misma de lo "local". Por ejemplo, es innegable que desde la formación en los Estados Unidos de los primeros departamentos de estudios hispánicos y latinoamericanos (literarios), en las primeras décadas de este siglo, el campo "metropolitano" mismo se ha desarrollado en íntimo contacto con intelectuales vernáculos –Pedro Henríquez Ureña, Angel Rama, o el mismo Antonio Cornejo Polar– quienes pasaron años cruciales de sus vidas educando a latinoamericanistas (nativos o no) en universidades norteamericanas. Las oposiciones entre metrópoli y periferia, entre lo global y lo local, entre el exterior y el interior del campo, son radicalmente problematizadas por el proceso mismo de la globalización, y por la función constitutiva de los viajes, exilios, o migraciones de ideas en la producción intelectual. Las fronteras duras y las distinciones topográficas tajantes entre Norte y Sur son también problematizadas por las intervenciones de críticos y alumnos chicanos, puertorriqueños y latinos en el campo, cuya experiencia y trabajo frecuentemente llevan a cuestionar las metáforas territorializantes de la raíz, de la pureza lingüística u orígenes fijos que evidentemente operan aún como los tropos y principios organizadores del latinoamericanismo vernáculo, incluso de aquel latinoamericanismo "vernáculo" profesionalizado en los Estados Unidos. Porque si bien sabemos que el archivo latinoamericanista es un tejido de discursos y hermenéuticas para la interpretación de lo que Martí llamaba el "enigma hispanoamericano" –es decir, archivo de discursos sobre la diferencia y especificidad geopolítica, cultural, identitaria, armado en torno a la doble pregunta matriz: ¿qué somos y quiénes son los otros?– menos clara nos queda la autoridad y la afiliación institucional del sujeto que se considere aún capaz de la definición tajante de la territorialidad, del lugar fijo de la localidad y su reclamo prioritario. No nos queda nada claro el lugar y la autoridad del sujeto discursivo o disciplinario capaz aun de precisar las fronteras identitarias de su objeto, en esta época en que los flujos intensificados por las modulaciones transnacionales de la acumulación flexible expanden vertiginosamente las zonas fronterizas de contacto e intercambio, mientras las migraciones del Caribe, México y América Central producen nuevas capitales de habla hispana como Los Angeles o Nueva York, inmensos enclaves translocales de gente latina ubicada precariamente en el corazón mismo del imperio. Si de territorialidades y raíces se trata, conviene entonces preguntarse *dónde* radica hoy la localidad de esa América Latina frecuentemente hipostasiada –y reificada a la vez– por los discursos de los orígenes, las lenguas puras y los legados fijos o continuos. Y por el costado más académico de la pregunta, tampoco estaría de más preguntarse si los mapas esbozados por la historia de los estados nacionales (o de las confederaciones *subhemisféricas*) determinarán aún los principios de organización de la investigación latinoamericanista y sus discursos identitarios.

En otras ocasiones he intentado trazar algunas de las líneas de fuga de la genealogía del latinoamericanismo vernáculo, de su tesitura antimperialista a partir del 98, cierto es, pero también de sus fundamentos en los principios ineluctablemente elitistas de la cultura-estética, sus ideologías de la pureza lingüística y sus demarcaciones territorializantes de los orígenes y la identidad nacional (*Paradojas de la letra*). Por el momento, para enfatizar una de las paradojas constitutivas del discurso de los orígenes y la autenticidad, permítanme sólo recordar que uno de los clásicos indisputados de la estética latinoamericanista de lo local –el fundador del tropo moderno de lo telúrico y lo autóctono– "Nuestra América" de Martí, fue escrito en Nueva York mientras Martí se encontraba inmerso en la condición de una severa discontinuidad ligada al exilio, en la misma época en que escribió sus *Versos sencillos*, cuando lo "mandó el médico al campo" –a Upstate Nueva York– a buscar su medicina lejos del ruido urbano. El canto, el trino memorable de las coplas intenta reorientar al sujeto, traza mapas acústicos, ligados a las voces maternas, y nuevas categorías de territorialidad que operan por el anverso del extravío que experimenta en la ciudad. Esa es precisamente una de las aporías irreductibles del latinoamericanismo vernáculo: la distancia insalvable entre el origen y la temporalidad de la palabra, su desplazamiento constitutivo, la *ausencia fundacional*, frecuentemente ligada al exilio o la migración, que sitúa al sujeto fuera de las fronteras de la tierra natal –y de la lengua materna– cuyas esencias paradójicamente intenta nombrar.

Por otro lado, conviene también notar la crisis interna del propio latinoamericanismo metropolitano. Tanto en las ciencias sociales como en las humanidades es evidente que el latinoamericanismo norteamericano ha entrado en una etapa autorreflexiva. El latinoamericanismo se encuentra impactado por la crisis actual de los *area studies* en las universidades metropolitanas; crisis de los estudios interdisciplinarios que sobre todo a lo largo de la Guerra Fría se encargaron de producir modelos para "entender" política, lingüística y culturalmente la diferencia geopolítica –particularmente la diferencia del "otro" tercermundista– en el cambiante mapa de las relaciones internacionales sacudidas entonces tanto por la nueva hegemonía global norteamericana como por la emergencia de los nuevos estados post-coloniales tras la Segunda Guerra Mundial.[11] Si bien son efecto de un proceso institucional bastante especí-

---

[11] Para un excelente acercamiento a la discusión sobre los estudios de área y sus construcciones de diferenciación geopolítica, véase Vicente Rafael, "Cultures of Area Studies in the United States".

fico, los estudios latinoamericanos se inscriben en el legado y comparten la razón de ser de los *area studies* que hoy son frecuentemente analizados como instancias de diversos "orientalismos" por críticos como Román de la Campa y Alberto Moreiras, quienes estimulados inicialmente por los trabajos genealógicos de Edward Said investigan incisivamente la relación ineluctable entre la producción universitaria del saber del "otro" –es decir, del estudio de la diferencia geopolítica– y los intereses y formaciones específicas del poder metropolitano.[12]

No creo que exista aún una historia general del campo discursivo e institucional en el cual se establecen los estudios latinoamericanos (tanto literarios como científico-sociales) en los Estados Unidos. Aparte de las lúcidas sugerencias del historiador Richard Morse, desconozco investigaciones que exploren la relación entre los estudios latinoamericanos y las cambiantes políticas e intereses hemisféricos de los Estados Unidos durante la Guerra Fría o durante el período clave de la Alianza para el Progreso. Y para complicar las genealogías demasiado rápidas del "orientalismo" del campo, también se podría explorar el papel que jugó cierta zona de los movimientos de la solidaridad, por ejemplo, o la etapa formativa de jóvenes académicos en los Cuerpos de Paz, quienes a su regreso de América Latina, frecuentemente radicalizados, pasaron a ejercer diversas funciones "latinoamericanistas", tanto en las universidades como en los movimientos de solidaridad (con el exilio chileno, argentino y nicaragüense) que proliferaron en la década del setenta. En efecto, los sujetos y los discursos de los saberes sobre el "otro" latinoamericano están cruzados por múltiples mediaciones y contradicciones. Su "orientalismo" no puede ser reducido al ámbito universitario ni a la producción académica, y son por lo mismo difíciles de encasillar en un análisis demasiado rápido o determinista de las articulaciones entre el saber y el poder. De cualquier modo, el campo latinoamericanista metropolitano se encuentra en una fase autocrítica: un momento de reconfiguración que a su vez responde a la relativización de las categorías de territorialidad, de límites o fronteras tanto en términos geopolíticos como disciplinarios, tanto por la fluidez de la noción misma del "área" geopolítica en la globalización actual, como por el ablandamiento de la fronteras entre las distintas disciplinas –entre las "ciencias sociales" y las "humanidades", por ejemplo– que históricamente se han disputado el interior y la autoridad en el campo de las representaciones de la diferencia latinoamericana.

En este sentido, aunque por razones bastante obvias resulta necesario distinguir entre el latinoamericanismo vernáculo y los estudios latinoamericanistas metropolitanos, la crisis de ambos remite a un punto en común: ambos son formaciones discursivas que trabajan, digamos, la demarcación del espacio y la cuestión de las fronteras. Ambas formaciones discursivas intentan distinguir y legitimar la especificidad de sus objetos en términos de variables geopolíticas que suponen la integridad más o menos autónoma de una región llamada América Latina. Como sugería antes, la validez misma de la variable geopolítica y de la integridad regional deviene en crisis en el proceso de reconfiguración de las fronteras y de las categorías discretas, orgánicas, de la territorialidad ligadas históricamente a la formación de los estados nacionales. Podría incluso pensarse que la intensificación contemporánea de la inmigración produce una nueva América Latina que se extiende hacia el Norte, un "territorio" nuevo, cuyas prácticas culturales no pueden ya ser entendidas en función de las fronteras rígidas, o en términos exclusivos de la ciudadanía jurídica. La experiencia de la migración rebasa tales categorías, las excede, en ese punto intersticial donde el emigrante o el sujeto minoritario desborda la demanda de identidad monológica exigida por el aparato jurídico-estatal.

---

[12] Los trabajos de Román de la Campa sobre el latinoamericanismo se encuentran reunidos en un libro de próxima aparición en University of Minnesota Press. De Alberto Moreiras véase "Restitu-

MIGRACIONES, EXTRANJERÍA DE LAS IDEAS Y COSMOPOLITISMO

El título de un poema del escritor nuyorican Tato Laviera, *AmeRícan,* es en este sentido ejemplar. El énfasis (incluso sonoro, si se lee en voz alta) de la *R* instalada en el centro mismo del gentilicio, de la palabra de la ciudadanía hegemónica, *American,* ahí rompe con su acento la homogeneidad lingüística del inglés, *flexionando* la lengua del imperio e instalando en su centro mismo la *R* mayúscula también abierta y multiplicada de Puerto Rico, de Puerto Rican, de Ame-Rican, de Nuyo-Rican, de Rican. Laviera trabaja a partir de prácticas de identidad que no pueden ser entendidas mediante las categorías habituales de la asimilación o de la pureza o incluso de la homogeneidad monolingüe.[13] Este tipo de experiencia y de prácticas culturales presentan problemas irreductibles para los "estudios de área", cuyas nociones de territorialidad no pueden ya contener los flujos transnacionales o translocales de gentes y culturas. Los procesos migratorios presionan asimismo los muros erectos por la tropología territorializante del latinoamericanismo vernáculo, puesto que la constitutiva escisión entre "nosotros" y "ellos" se complica y se borra en el proceso de la experiencia sobredeterminada e híbrida del espacio, la lengua y el sentido de las comunidades minoritarias generadas por las migraciones. La sobredeterminación del lugar, de la localidad de ese sujeto tampoco puede explicarse ya como un espacio vacante, como el efecto de una pérdida, fractura o simulacro de la identidad supuestamente completa e integrada del sujeto nacional. En cambio, se podría incluso pensar que en ciertas coyunturas la diferencia y otredad radical del emigrante opera como un límite paradójicamente *necesario* para la consolidación del sujeto nacional. Es el caso de la representación de los emigrantes puertorriqueños, por ejemplo, en la literatura de René Marqués (*La carreta*) o del primer José Luis González (*Paisa*). Es el caso paralelo de la dimensión territorial de la "mexicanidad" y su relación con el "extremo" *pachuco* en el discurso de Octavio Paz en el *Laberinto de la soledad*:

> Y debo confesar que muchas de las reflexiones que forman parte de este ensayo nacieron fuera de México, durante dos años de estancia en los Estados Unidos. Recuerdo que cada vez que me inclinaba sobre la vida norteamericana, deseoso de encontrarle sentido, me encontraba con mi propia imagen interrogante. Esa imagen, destacada sobre el fondo reluciente de los Estados Unidos, fue la primera y quizás la más profunda de las respuestas que dio ese país a mis preguntas. Por eso, al intentar explicarme algunos de los rasgos del mexicano de nuestros días, principio con esos para quienes serlo es un problema de verdad vital, un problema de vida o muerte.
> Al iniciar mi vida en los Estados Unidos residí algún tiempo en Los Angeles, ciudad habitada por más de un millón de personas de origen mexicano [...] (p. 15).
> En muchas partes existen minorías que no gozan de las mismas oportunidades que el resto de la población. Lo característico del hecho reside en este obstinado querer ser distinto, en esta angustiosa tensión con que el mexicano desvalido –huérfano de valedores y de valores– afirma sus diferencias frente al mundo. El pachuco ha perdido toda su herencia: lengua, religión, costumbres, creencias. Sólo le queda un cuerpo y un alma a la interperie, inerme

---

tion and Appropriation in Latinamericanism". Sobre el concepto del latinoamericanismo (irreductible a la cuestión de los *area studies*), véase J. Ramos, *Desencuentros de la modernidad en América Latina*, particularmente los capítulos "Masa, cultura, latinoamericanismo" y "Nuestra América: Arte del buen gobierno".

[13] Sobre las prácticas de la identidad en Laviera, ver Juan Flores, "La Carreta Made a U-Turn: Puerto Rican Language and Culture in the US", *Divided Borders*. Sobre Laviera, ver también J. Ramos, "Migratorias" en *Paradojas de la letra*.

ante todas las miradas. Su disfraz lo protege y, al mismo tiempo, lo destaca y aísla: lo oculta (p. 17).

Es significativo el gesto autobiográfico, confesional, con que se abre el clásico de la "identidad" mexicana. Las reflexiones sobre la identidad, "confiesa" Paz, "nacieron fuera de México". Las reflexiones sobre la identidad "propia" necesitan un pasaporte, un modo de garantizar su afiliación, precisamente en el momento de cruce de una frontera, escena primaria de su nacimiento, de su origen: "Basta, por ejemplo, con que cualquiera cruce la frontera para que, oscuramente, se haga las mismas preguntas de Samuel Ramos [sobre la identidad mexicana]" (p. 14). Es al otro lado de la frontera donde se inscribe el interrogante que da base al discurso de la identidad. Allí, en la frontera, donde se hacen porosas las identidades, el pensador muestra, exhibe su documento: cruza con pasaporte y pasaje de regreso. Concibe el discurso de la identidad como un espejeo de inversiones y diferencias, donde el encuentro dramático con el otro, tras el cruce de la frontera, posibilita la constitución de la identidad propia. Sin embargo, poco después del cruce, en Los Angeles, Paz no encuentra la imagen simple de un "otro" abstracto, norteamericano, tan frecuente, por cierto, en las oposiciones entre "ellos" y "nosotros" que proliferan en el discurso latinoamericanista clásico, al menos desde Francisco Bilbao y Martí, Rodó o Vasconcelos.

Sin embargo, más que el lugar de un otro absoluto, Los Angeles le parece más bien una ciudad "vagamente" mexicanizada que ya en la época de su estadía a fines de la década de los años 40 estaba habitada por más de un millón de personas de "origen mexicano". En ese punto del encuentro en Los Angeles de una mexicanidad "vaga" y "flotante", Paz inscribe la emblemática figura del pachuco, figuración y condensación de la "pérdida" de los valores más firmes que en cambio porta el portador del pasaporte: el pensador. La malla de la herencia y los legados lo cubren de cualquier caída, del peligro que implica su ubicación en zona porosa de la frontera. El pensador enfatiza su herencia precisamente en la medida en que esa escena primaria de la escritura del "ser" nacional, el otro –el pachuco– no la tiene: es "huérfano", "ha perdido su herencia: lengua, religión, costumbres, creencias" (*El laberinto*).

Se trata de los pachucos de California, en plena época de represión policíaca y cultural tras los motines y los juicios de los *zuit-zuiters* en la década del 40. Pachucos, es decir, antecedentes directos del movimiento chicano de los 60. Así los observa Paz: "el hibridismo de su lenguaje y de su porte me parecen indudable reflejo de una oscilación psíquica entre dos mundos irreductibles y que vanamente quiere conciliar y superar: el norteamericano y el mexicano". El pachuco es "disfraz", "máscara": simulacro de la identidad firme que el pensador busca esgrimir contra el fondo nebuloso de la identidad "vaga" y "flotante" del emigrante y sus descendientes.

¿Dónde nacen entonces las ideas de la identidad, las reflexiones de la identificación? Las ideas nacen *fuera*: también son levemente extranjeras, fuereñas. A pesar de cualquier intento de disimulo, dado que son producidas precisamente tras el cruce al otro lado de la frontera, las ideas son de origen y nacimiento dudoso, como el pachuco. *Nacen* fuera y sin embargo buscan designar la presencia misma, las esencias, el fundamento, de la *nación*. La paradoja no puede ser más contundente. Porque si el interrogante de la nación es en parte una cuestión de origen, de nacimiento, las ideas de Paz, nacidas fuera, no son propiamente nacionales. Son y no lo son, porque aunque nacen fuera, el estado sin lugar a dudas les otorgaría el documento, garantizando su ciudadanía, su reubicación en el centro del discurso de la identidad. Pero puesto que *son y no son*, pareciera entonces que las "reflexiones" de Paz se originan y se mueven también en esa zona "vaga" y "flotante" –indeterminada– de la identidad donde el pachuco –huérfano, paria, desheredado– exhibe su máscara y su disfraz, lo que hoy podríamos llamar la performatividad de su inagotable simulacro. Las ideas son, al fin y al cabo –y desde el principio– reflexiones, reflejos nacidos fuera. Pareciera que el discurso de la identidad requiere la exterioridad de sus ideas, así como el sujeto de la herencia nacional esgrime la consolidación de su legado a contrapelo de la "orfandad" y el "disfraz" vacío del otro, el emigrante. Por eso decíamos que en ciertas coyunturas históricas la problematicidad condensada en la figuración del otro es la condición misma que hace posible la fundamentación del discurso nacional, íntimamente ligado a las maniobras retóricas del latinoamericanismo vernáculo.

De ahí también se desprende el reto que presenta la literatura latina y las prácticas culturales de sujetos minoritarios a los estudios latinoamericanistas; reto que también cuestiona y presiona los límites de cualquier definición monolingüe, territorial o racista de "lo norteamericano" particularmente en la coyuntura del debate actual sobre los derechos de los inmigrantes "indocumentados" o naturalizados en California, donde la aprobación de los proyectos de ley 187 y 209 progresivamente ha desarmado las fantasías de la armonía "multicultural" y el ideal de esferas públicas fundadas sobre el consenso multiétnico. Es decir, la crisis de las categorías territoriales desatada por el proceso de la globalización (pensemos en el TLC) no necesariamente genera nuevos ámbitos de "libertad" o participación ciudadana, sino que bien puede intensificar la intervención de los poderes locales y regionales en la administración y control represivo del cambiante espacio de la ciudadanía.

De ahí que a pesar de la crisis de las territorialidades modernas desatada por el capital flexible y por la transformación del rol y de los presupuestos identitarios y jurídico-políticos de la nación-estado en la modernidad tardía, resulte difícil pensar que la mediación localizada o regional (o nacional) no sea ya un factor decisivo en las formaciones del poder contemporáneo. Conviene enfatizar este punto porque, en uno de los extremos de la discusión actual sobre la globalización, una posición influyente postula la caducidad de las categorías nacionales o regionales. Por ejemplo, para el sociólogo y crítico cultural brasileño Renato Ortiz, la internalización del capital y de la cultura, lo que él denomina *mundialização*, tiende a cancelar el peso de las categorías mismas de lo brasileño o lo latinoamericano y los recortes regionales de los procesos sociales contemporáneos.[14] Para Ortiz la mundialización reubica incluso el dominio de la decisión y de la participación política en un nuevo registro global que requiere a su vez de un nuevo tipo de pensamiento (y proyecto político) capaz de imaginar y de operar en una "esfera pública" mundial, un orden cosmopolita, el ámbito, digamos, de un nuevo ideal de la ciudadanía universal. Como si la energía avasalladora y desbordante del capitalismo contemporáneo pudiera finalmente realizar aquel ideal ilustrado del cosmopolitismo, que en Kant, por cierto, estaba también ligado a la utopía de la paz perpetua.[15] El análisis de la mundialización, en cambio, no puede dar cuenta de la proliferación bélica de los particularismos étnicos ni de la violencia organizada a niveles locales y regionales. Tampoco confronta el hecho ineludible de que la integración cosmopolita de la nueva ciudadanía global se produce sobre la superficie aplanada de las redes massmediáticas y de la homogeneización

---

[14] Señala: "Hay una cierta disolución de las fronteras que hace que las especificidades nacionales y culturales sean, por cierto de manera diferenciada, atravesadas por la modernidad-mundo. [...] Por eso el esfuerzo analítico se debe orientar hacia la comprensión de objetos que connoten esta realidad mundializada" (Renato Ortiz, *Otro territorio,* p. 17).

[15] La reflexión de Kant sobre el cosmopolitismo se encuentra en "Idea for a Universal History with a Cosmopolitan Intent" y "To Perpetual Peace: A Philosophical Sketch".

de los mercados y de los patrones y sujetos del consumo en el nuevo orden global. Ante cualquier postura celebratoria de tal aplanamiento globalizador, no es casual que proliferen las postulaciones esencialistas y nostálgicas de lo local y lo particular; proliferación incluso de nuevas posiciones regionalistas que en el caso latinoamericano bien pueden nutrirse del arsenal retórico y posiciones de sujeto elaboradas por el latinoamericanismo vernáculo; aunque acaso hoy tales posiciones no cuentan con el apoyo ni con la autoridad ideológica de los grandes proyectos emancipatorios que sustentaron la politización y la credibilidad del latinoamericanismo hasta la década del 70, hasta la crisis profunda de las izquierdas tradicionales en la década del terror estatificado.

FLORA TRISTÁN Y EL VIAJE DE REGRESO AL PAÍS NATAL

De cualquier modo, la crisis de los principios territoriales de identificación y demarcación de objetos (de estudio) parece ser ineludible, y difícil de contener mediante nociones reificadas de la localidad o de la especificidad irreductible de la rememoración. Sin embargo, tales dislocaciones no necesariamente implican la clausura o disolución del proyecto latinoamericanista. Por el contrario, podría pensarse que la porosidad de las categorías territoriales en este momento autorreflexivo del campo posibilita la construcción de nuevas aperturas, nuevos espacios de reflexión que por el reverso de cualquier clausura responden a nuevas contradicciones y luchas. Entre otras cosas –para dar sólo un ejemplo– una posible historiografía cultural latinoamericanista, inspirada acaso por las estrategias de la intervención genealógica, transita y explora los bordes fracturados de las categorías territoriales, investigando precisamente las exclusiones y los silenciamientos históricamente producidos por los discursos identitarios vernáculos y sus disputas por demarcar y controlar sus campos de inmanencia, el interior de los dominios de sus legados.

Y ya que pareciera que la disputa por la definición del legado se encuentra en el corazón mismo de los intereses, de las deudas, de la moral erecta por la empresa latinoamericanista, permítanme particularizar las líneas generales de esta intervención *en* la crisis de la empresa con un comentario sobre un texto de difícil inserción en el archivo, un texto que tal vez nunca llegue a colocarse bien en las bibliotecas del legado, una escritura que por su propia dislocación nos permite reflexionar *un poco más que a lo mejor nos comprendemos luego*. Se trata del regreso imposible de un sujeto, un *homecoming* de una mujer que viaja para cobrar una herencia en el país natal. Me refiero a las *Peregrinaciones de una paria* de Flora Tristán (1803-1844), extraordinarias memorias del viaje a Arequipa de una hija natural, nacida en París de madre francesa y padre peruano expatriado. Se trata de una figura bien conocida (en los orígenes del latinoamericanismo que después la elide) por Bolívar y Simón Rodríguez, bien ubicada en la historia del movimiento obrero francés, una agitadora inquebrantable, leída por Marx, y antepasado directo de Gauguin, quien alguna vez evocaría el recuerdo del destino dramático y a veces trágico de su abuela viajera, iconoclasta y militante. Todo esto lo cuentan sus biógrafos cuando nerviosamente intentan atraparla en las redes de un orden simbólico entre cuyas mallas se escabulle la figura en fuga –y a la vez deseante de inserción– de Flora Tristán.

No estaría de más –en otra ocasión– recorrer con mayor detenimiento algunos de los momentos emblemáticos en la historia de la recepción de las *Peregrinaciones de una paria* en el Perú, la trayectoria de su lento proceso de incorporación al *corpus* nacional que no llega a aceptarla prácticamente hasta mediados de este siglo. Cuentan que poco después de la publicación del libro en Francia (1838), los primeros ejemplares de las *Peregrinaciones...* que llegaron al Perú fueron quemados públicamente en Arequipa.[16] La primera traducción al español la intentó un viajero polaco, Szilard de Havas, en 1923, pero se extravió antes de su edición. Se publicaron luego un par de ediciones abreviadas, y finalmente la edición completa de la traducción de Emilia Romero en 1946, con un prólogo de Jorge Basadre (entonces Director de la Biblioteca Nacional de Lima) y acompañada asimismo por un aparato de notas que intenta exasperadamente enmendar y contradecir las impresiones de Tristán sobre la sociedad y la historia nacional, contraponiendo sus posiciones a las versiones de los baluartes del "crédito" institucional: gajes y placeres de la labor filológica y de una máquina de erudición que busca reubicar a Tristán en el lugar que "le corresponde": fuera de la *verdad* nacional.

Acaso debo mencionar, para explicitar las estrategias de nuestra aproximación, que un texto como las *Peregrinaciones...* no nos llama tanto la atención sólo por el hecho bastante obvio, por cierto, de su sitio subalterno o marginal en el corpus nacional y latinoamericanista. No intentamos revisar los principios canónicos del corpus con el fin de incorporar nuevos materiales a su dominio institucional. Tampoco podríamos postular aquí la soberanía o la resistencia absoluta de un sujeto cuya heroicidad (y la reducción de sus complejidades) vendría a sostener el drama de las políticas identitarias de nuestro fin de siglo. En cambio, podríamos leer allí, en la superficie misma del texto llamado menor o subalterno, el registro cabal de los principios de exclusión que posibilitan la ley del corpus nacional y sus legados. En el plano más obvio, hay al menos tres principios de interpelación a los cuales el texto de Tristán *no responde*: 1. ¿De dónde eres? 2. ¿Qué lengua hablas? 3. ¿Cuál es la herencia que garantiza tu derecho de entrada a la ciudadanía literaria? Sobre la superficie sólo en apariencia exterior de los márgenes se inscriben los límites necesarios que la institución esgrime para constituir y asegurar la inmanencia de su legado, la economía de valores que decide lo que entra y lo que queda afuera de una tradición. Por cierto, Tristán no sólo había nacido en Francia, y seguramente no hablaba "bien" el español, sino que además escribió un libro extraordinario precisamente sobre la herencia, es decir, sobre la violencia ejercida en la construcción y en la defensa de ciertos legados.

La crisis contemporánea de los principios territoriales de los legados nacionalistas y latinoamericanistas es seguramente una de las condiciones que nos permite hoy aproximarnos a una escritura aparentemente excéntrica y subalterna como la de Tristán. Se trata de una escritura cuya excentricidad podría incitarnos a reflexionar sobre todo un corpus "latinoamericano" alternativo de difícil ubicación; corpus liminar constituido, por ejemplo, por el trabajo de numerosos intelectuales "extranjeros" que sin embargo llegan a ejercer un impacto clave en los campos nacionales. Me refiero a Paul Groussac en la Argentina, por ejemplo, o al Witold Gombrowicz de los 40-50, trabajando en la traducción de *Ferdidurke* con Virgilio Piñera y otros cómplices en los cafés de Buenos Aires. Me refiero también a la figura central de Nelly Richard, quien inflexiona las planicies del pensamiento latinoamericanista contemporáneo con sus cruces teóricos y un *acento fuerte*, digamos.[17]

---

[16] Para las fuentes biográficas y bibliográficas de Flora Tristán véase el Prólogo de Jorge Basadre a la edición de *Peregrinaciones de una paria;* adelante remitimos a la paginación de esta edición.

[17] Salvando las distancias ineluctables, se trata también del acento fuerte de Tato Laviera o Pedro Pietri cuando hablan puertorriqueño (ya sea en inglés o español), o la inflexión de Tomás Rivera cuando lee a Rulfo. Tal vez no haga falta decir que Gloria Anzaldúa (*Borderlands/La Frontera*) es la Descartes de una nueva era (podría pensarse la analogía como una estrategia de legitimación)

Cierto es, por otro lado, que Flora Tristán no fue una extranjera nacionalizada y pasó apenas un año en el Perú. *Peregrinaciones de una paria* podría leerse en diálogo con una serie de *homecomings* de difícil inserción territorial, relatos de retorno al país natal de escritores que habían pasado a otra zona cultural, o como es el caso de Tristán, que se habían formado en otra lengua.

Para recordar por el momento sólo un ejemplo, vale la pena remitirnos al regreso tan distinto de la cubana Condesa de Merlín, cuyo *Viaje a La Habana*, publicado originalmente en francés, la sitúa como un personaje mediador muy importante para la constitución del campo literario cubano en la década de 1840.[18] Contemporánea de Tristán, la Condesa fue en un comienzo bien recibida por los intelectuales cubanos, quienes la consideraron una intermediaria capaz de dar a conocer su emergente producción local en los círculos parisienses. En París, en cambio, la Condesa de Merlín firmaría sus escritos cubanos con el apodo de *La criolla*, aprovechando así su contacto con Cuba (y sus escritores) para introducir un estilo que le ganaría cierta distinción en los salones parisienses (incluido el propio). Allí exhibiría lo que traía fresco y "embriagador" de Cuba: el exotismo de su literatura tropical, tónico de cuño relativamente reciente en su época. Se trata de regresos de ida y vuelta, que en nuestros días bien puede ser que estimulen y autoricen el trabajo de una zona amplia de la profesión latinoamericanista en las universidades metropolitanas, o las funciones de traducción y promoción cultural que ejercen frecuentemente los intelectuales del exilio.

El pasaporte y el reconocimiento

Por otro lado, no habría por qué subestimar el drama de la identidad sobre el que se funda el género de los viajes de *homecoming*. Es decir, no siempre son *homecoming queens* los que cuentan su regreso al país natal. El regreso en efecto despliega el drama de la pérdida y del reencuentro frecuentemente ligado a las vicisitudes del reconocimiento. Así cuenta Flora Tristán su arribo al puerto de Islay en el Perú:

> Hacia las seis de la mañana el capitán de puerto vino a bordo a hacer la inspección, como se practica en todas partes a la llegada de los barcos. Se pidieron los pasaportes y cuando leyó el mío, se elevó entre los dos o tres hombres de la aduana un grito de admiración. Aquellos hombres me preguntaron si yo era pariente de don Pío de Tristán y mi respuesta afirmativa suscitó entre ellos una larga conversación en voz baja. El resultado de esta deliberación fue que se me trataría con todas las muestras de deferencia y distinción propias de los personajes eminentes de la república. El capitán del puerto vino respetuosamente a decirme que era un antiguo servidor de mi tío [...] (p. 122)

---

para reconocer que las literaturas minoritarias nos sitúan ante prácticas culturales que efectivamente presionan a la reconsideración misma de la "tradición" latinoamericana.

[18] En la Condesa de Merlín encontramos nuevamente una escena paralela: "El corazón se me oprime, hija mía, al pensar que vengo aquí como una extranjera. ¡La nueva generación que voy a encontrar no me reconocerá a mí [...]!" (p. 86). Y luego: "Acabamos de echar el ancla [...] Los pasajeros preparan su pasaporte; me acuerdo yo del mío, y pudiera estarlo buscando todavía. Después de haber rebujado todos mis papeles, he visto que lo he dejado en París" (p. 89). Significativamente, el primero que reconoce a la Condesa en el puerto de La Habana es un sirviente esclavo de su familia.

La escena del reconocimiento –ligada ahí al nombre inscrito en la legalidad de un pasaporte– es fundamental en el proceso de identificación del sujeto viajero, particularmente del viajero o la viajera que "regresa".[19] El nombre, el apellido paterno, es un punto de enlace que bien podría restablecer los lazos y las suturas y reparar así la discontinuidad y la ausencia que se intenta cerrar en el "regreso" del sujeto al país paterno. En efecto, las *Peregrinaciones de una paria* son una intensa y dramática reflexión sobre la relación entre el nombre (paterno), los legados y el reconocimiento en la larga travesía de una mujer huérfana, (ambiguamente) extranjera, que viaja al Perú a cobrar una herencia.

La ironía en la escena del reconocimiento de Flora Tristán en la aduana de Islay es contundente. Porque si bien el capitán del puerto no conoce la historia completa de Flora Tristán, en otro registro, ya para ese momento de su relato, el lector estaba al tanto de la historia de la supuesta "ilegitimidad" de su nacimiento. Hasta el cansancio el psicoanálisis nos recuerda que el nombre es el punto de inserción del sujeto en un orden simbólico. El nombre es el punto de mediación entre la ley y la particularidad del cuerpo del sujeto. Es un punto de amarre que garantiza la ubicación del sujeto en el orden de los nombres (la lengua), en el orden de los orígenes (la genealogía) y en el orden de la propiedad (la herencia). ¿No son estos los tres órdenes a los que nos referíamos antes, cuando nos preguntamos sobre las condiciones de entrada (y de salida) de un sujeto al legado institucionalizado del corpus nacional o latinoamericanista? Tres preguntas y tres ordenamientos de los nombres en el corpus nacional: ¿De dónde eres? ¿Qué lengua hablas, y en qué grado de pureza? ¿Cuál es la herencia, el legado que reconoces y en el que reclamas una participación? Lengua, genealogía y propiedad: el nombre propio, el apellido paterno, es el punto de enlace entre los tres principios o vectores que ordenan la red simbólica patriarcal.

Flora Tristán registra la ironía de la escena primaria de su reconocimiento, un leve desliz, digamos, "un defecto de forma" en el modo en que se porta y se inscribe el nombre paterno sobre el cuerpo "indocumentado" de una hija natural. Tras contar el recibimiento del capitán, la viajera pronto insiste en precisar la condición que ya conocíamos:

> Es necesario que, para la ilustración del lector, le ponga al corriente de las relaciones existentes entre mi tío y yo y que le instruya acerca de la posición de mi tío respecto a los habitantes del país.
> Se ha visto en mi prefacio que el matrimonio de mi madre no había sido regularizado en Francia y que, como resultado de aquel defecto de forma, se me consideraba como hija natural (p. 123).

En efecto, es portadora de un apellido paterno que visto desde la perspectiva de la ley, por "aquel defecto de forma" y sus "monstruosas consecuencias" (pp. 123-124) no le correspondía. Un apellido notable de Arequipa, los Tristán y Moscoso: marca de distinción de una familia aristocrática criolla, un nombre que resuena por su amplia presencia protagonista en las etapas de independencia y fundación de república. Es decir, nombre identificatorio del cuerpo y la memoria histórica nacional. El tío de Flora Tristán –don Pío Tristán y Moscoso–

---

[19] ¿Será coincidencia que muy poco después de la llegada de Flora Tristán a Arequipa temblara la tierra? Me refiero por supuesto a la función narrativa del desastre en su relato de la llegada a la casa paterna: "Había llegado a Arequipa el 13 de septiembre. El 18 del mismo mes sentí por primera vez en mi vida un temblor. Fue aquél tan famoso por sus desastres [...]" (p. 166).

era el pilar de una familia de provincia a la que llega Flora Tristán como un terremoto[20] tras una larga y difícil travesía que había comenzado en Francia con una fuga de un marido persecutor en 1832, y que continuaría en el largo viaje transoceánico de varios meses que la llevaría en 1833 a la costa occidental africana, a Praya, a Valparaíso, y finalmente a Arequipa, a la casa, nos dice, "donde había nacido mi padre" (p. 159).

En Flora Tristán, el tropo del regreso a la casa paterna empalma con la cuestión de la herencia. "Usted sabe que me dirijo donde mi familia con la esperanza de recoger, si no la totalidad, por lo menos una parte de la herencia de mi padre" (p. 97). Ya en su correspondencia de 1829 Flora Tristán había reclamado sus derechos de heredera, argumentando que si bien el matrimonio de sus padres no había sido formalmente sancionado por la ley (aunque sí había alguna evidencia de la contracción de nupcias religiosas), su acta de bautismo documentaba su reconocimiento pleno como hija de Mariano Pío y Moscoso, muerto repentinamente cuando Flora era apenas una niña. Y añade en su carta al tío:

> Si le quedan algunas dudas, el célebre Bolívar, amigo íntimo de los autores de mis días, podrá esclarecerlas. Me ha visto educar por mi padre, cuya casa frecuentaba continuamente. Puede usted también ver a mi amigo, conocido por nosotros con el nombre de Robinson [...] (p. 124).

Robinson era el apodo nada menos que de Simón Rodríguez, el joven e iconoclasta maestro de Bolívar. Es decir, la hija "natural" recurre a los padres de la patria para que documenten la legitimidad de su nombre. No habría entonces que idealizar la posición de Flora Tristán ante el orden patriarcal que por un lado critica y que por otro desea, en función de su reconocimiento.

Por su lado, el tío no le niega su afecto, nos dice la viajera, pero responde a su reclamo con el discurso apabullante de la ley de herencia: "Convengamos, pues, que usted no es sino la hija natural de mi hermano, lo cual no es una razón para que sea menos digna de mi consideración y de mi tierno afecto" (p. 128). La interpelación afectiva opera efectivamente sobre la huérfana: "Mi tío tiene el talento exquisito de hablar a cada cual en su lenguaje. Cuando se le escucha está uno de tal modo fascinado por sus palabras que se olvidan las quejas que uno tiene contra él. Es una verdadera sirena. Nadie todavía ha producido sobre mí el efecto mágico que él ejercía sobre todo mi ser" (p. 224). La ambivalencia de la figura patriarcal se desprende precisamente de la necesidad de su reconocimiento: "Tío, le dije, ¿está bien seguro de que soy hija de su hermano? –¡Oh! [responde el tío]. Sin duda, Florita. Su imagen se reproduce en usted demasiado fielmente para ponerlo en duda" (p. 229). La paternidad tiene entonces una dimensión natural irreductible, pero el legado paterno responde a los derechos garantizados por otra ley:

> Florita, me dijo, cuando se trata de negocios, no conozco sino las leyes y pongo de lado toda consideración particular. Usted me muestra una partida de bautismo en la que usted está calificada de hija legítima. Pero no me presenta el certificado de matrimonio de su madre y la partida del estado civil establece que usted ha sido inscrita como hija natural. Con este título tiene usted derecho al quinto de la sucesión de su padre. [...] Así, pues, no tengo nada suyo,

---

[20] A partir de su lectura de Lacan, L. Althusser elabora el concepto de interpelación (y de subjetivación) precisamente como efecto de un llamado y de una apelación del sujeto en el orden familiar y simbólico. *Ideología y aparatos ideológicos de Estado*.

mientras no dé a conocer una partida revestida de todas las formas legales que compruebe el matrimonio de su madre con su hermano (p. 228).

Insisto en la dimensión monetaria de la deuda que va a cobrar la hija –deuda que produce su *subjetivación* en tanto *hija*, su transacción en el orden simbólico– porque en el caso de las *Peregrinaciones...* ese proceso de subjetivación está ineluctablemente ligado a la propiedad. *Nombre, dinero, propiedad, herencia, legado*: las asociaciones se multiplican y organizan el sentido de la protección y la identificación que reclama Flora Tristán en tanto hija. Pero sabemos bien, al mismo tiempo, que no hay que soslayar el impacto del síntoma de la lucha por una herencia material que bien puede ser una fuerza constitutiva de la identificación de un sujeto, de su relación con la ley del padre y el reconocimiento:

> La legitimidad de mi nacimiento ha sido puesta en duda. Era éste un motivo para desear ardientemente ser reconocida como hija legítima a fin de echar un velo sobre la culpa de mi padre, cuya memoria queda manchada por el estado de abandono en que ha dejado a su hija (p. 238).

La cuestión de la herencia se cruza en Flora Tristán con otras dimensiones constitutivas de la subjetividad; vectores múltiples de la identidad que atraviesan al sujeto y que se intersectan y se condensan precisamente en el lugar del nombre del padre cuya ley debiera garantizar tanto el traspaso de la propiedad como la inserción estable del sujeto en un legado, una herencia, un orden simbólico. El legado es por un lado familiar, pero también cultural, en la medida en que la identificación provista y garantizada por la legitimidad del nombre paterno es la primera instancia de inserción social del sujeto. Flora Tristán viaja al Perú no sólo para cobrar una herencia, reivindicando así la legitimidad de su nombre; viaja también para insertarse en una red simbólica nacional. No por casualidad, el prólogo del libro está firmado por "vuestra compatriota y amiga" (p. 4). Pero así como se le niega la legitimidad de su herencia también se le cuestionará, todavía un siglo después de su muerte, su ciudadanía cultural: "Paria en mi país, había creído que al poner entre Francia y yo la inmensidad de los mares podía recuperar una sombra de libertad. En el Nuevo Mundo era también una paria como en el otro" (p. 98).

LA ESCRITURA, LA REINVENCIÓN DE LOS LEGADOS Y LA VOLUNTAD DE PODER

Si pensamos entonces que se viaja para reclamar una serie de derechos que al fin y al cabo sólo pueden ser garantizados por la legitimidad del nombre, habría entonces que pensar que se escribe el viaje, el relato del viaje, para relativizar el poder de ese legado y proponer, por el reverso de la herencia, la inserción en *a-filiaciones* alternativas.[21] Porque es obvio que el viaje de Flora Tristán –la escritura del viaje– posibilita su constitución, no ya como hija, sino como *autora* de las *Peregrinaciones de una paria*. La literatura para Flora Tristán comienza precisamente donde (siempre ambiguamente) termina la necesidad del reconocimiento familiar. La escritura comienza tras la dolorosa salida o fuga de la casa paterna:

---

[21] E. W. Said propone la distinción entre identificaciones filiativas y afiliativas en *The World, the Text, and the Critic* (p. 17).

Dejaba la casa en donde había nacido mi padre y en donde creí encontrar un asilo, pero durante los siete meses que habité en ella sólo ocupé la morada de un extraño. Huía de esta casa en la que había sido tolerada pero no aceptada. Huía para ir ¿dónde [...]? Lo ignoraba. No tenía plan, y harta de decepciones, no formaba proyectos. Rechazada en todas partes, sin familia, sin fortuna o profesión y hasta sin nombre, iba a la ventura, como un globo en el espacio que cae en donde el viento lo empuja. Dije adiós a estas paredes, invocando en mi ayuda la sombra de mi padre (p. 361).

Si bien está cargado de titubeos y ambivalencia afectiva, el momento de la salida –la fuga– de la casa paterna marca el comienzo de la trayectoria de otro viaje. Ese otro viaje no es necesariamente tan desorientado como parece sugerir Tristán. La salida del Perú es el comienzo de otro itinerario: el pasaje a la literatura, a su sistema alternativo de garantías y derechos.

¿Significa entonces el paso a la literatura la constitución de un sujeto soberano, autónomo, tras la fuga dolorosa de la casa paterna? ¿Se cancela la problemática del nombre y la legitimidad en el espacio aparentemente abierto de la literatura? ¿Cómo se autoriza una subjetividad emergente, alternativa? Digamos de entrada que no cabe duda que en Tristán la literatura comienza donde termina la familia. La escritura del viaje provee incluso un espacio de reflexión con relativa autonomía desde donde se piensa precisamente la injusticia de la herencia, la violencia y los mecanismos de exclusión mediante los cuales se recortan los límites del legado familiar. Desde ese espacio de reflexión provisto en parte por la literatura, Tristán produce también una crítica de las fronteras protegidas del legado y del corpus nacional.

Su impulso crítico la lleva a trabajar, digamos, por el reverso de la historia republicana, mediante un ejercicio a veces muy cercano a la ficción –operación ligada formalmente al género de los *relatos de vida*– que le permite producir afiliaciones y modelos alternativos de acción e intervención política. Se trata de una serie de breves biografías de mujeres que ejercen la posibilidad de fugas diversas y otras estrategias de impugnación contra el ejercicio del autoritarismo (paterno). Me refiero a las historia de la evasión espectacular de la monja Dominga del convento de Santa Catalina; el relato del matrimonio de la joven princesa Carolina de Looz, engañada y traída a América desde Bruselas, según Tristán, nada menos que por el primer presidente del Perú, José de la Riva Agüero; o la breve historia de la condena al destierro y de los últimos días de Francisca de Gamarra, Pancha la Generala, "excelente amazona" (p. 441), con cuya historia trágica cierra Tristán las *Peregrinaciones...*, dando muestra de una intensidad narrativa que acaso no tenía rival –como se dice– entre sus contemporáneos. Se trata de historias afiliativas, no sólo por la temática antiautoritaria y el heroísmo excéntrico de sus modelos femeninos, sino también por las redes de circulación de la información –chismes, relatos extraordinarios, historias orales– que siempre involucran una serie de relevos entre diversas narradoras.

Lamentablemente no cuento aquí con el espacio necesario para dedicarle mayor atención a la organización discursiva de estos relatos de vida, a su trabajo de incorporación de voces subalternas mediante un complejo panoplio de técnicas de cita y discursos referidos, posiciones múltiples de los sujetos que cuentan y que conforman las fuentes complejas de un archivo de voces y de una memoria alternativa. En efecto, las *Peregrinaciones...* son tanto una crítica de los principios de exclusión que regulan la herencia y los derechos de la filiación patriarcal, como la propuesta afiliativa de un legado alternativo, inseparable aquí del ejercicio y los operativos de la escritura literaria.

Quisiera, para concluir, remitirme a dos dimensiones de la escritura literaria de Flora

Tristán que nos permitirán reflexionar brevemente sobre la ambivalencia irreductible de un discurso y una institución (la literatura) que por un lado pareciera proveer un "albergue" subalternista, un dominio alternativo para las voces y subjetividades ocluidas, a la vez que traza nuevas jerarquías, maquinarias de captura y nuevos modos de dominación. Dos historias de Flora Tristán condensan y cruzan estas pulsiones: la primera es el relato de evasión de la monja Dominga del convento de Santa Rosa en Arequipa; el segundo es el relato de la custodia y el destierro de Pancha Gamarra, "La Generala".

No es casual que la historia de Dominga se desencadene a partir de un gesto ficcionalizador del discurso: "mis ojos se dirigían involuntariamente al convento de Santa Rosa. Mi imaginación me representaba a mi pobre prima Dominga revestida con el amplio y pesado hábito de las religiosas de la orden de las carmelitas" (p. 288). El gesto ficcionalizador es muy significativo pues motiva una historia que discurre por el reverso clandestino de la historia familiar, la historia de uno de los mayores secretos de la familia de don Pío de Tristán, que Flora intentará develar precisamente en el espacio alternativo de la "imaginación". Se trata de una historia de mujeres, contada mediante un complejo juego de relevos narrativos que se originan en la propia Dominga, a quien Flora entrevista "en secreto" (p. 288), mientras la monja fugitiva se encontraba recluida en la casa paterna.

El plan mismo de la evasión espectacular provenía de un relevo: la lectura que hace Dominga de Santa Teresa:

> Un día, hacia fines del tercer año [de su reclusión involuntaria], le tocó el turno de hacer la lectura en el refectorio y Dominga encontró en un pasaje de Santa Teresa la esperanza de su liberación. Refería este pasaje que con frecuencia el demonio recurre a mil medios ingeniosos para tentar a las monjas. La santa cuenta, por ejemplo, de una religiosa de Salamanca que sucumbió a la tentación de fugarse del convento (p. 309).

Dominga lee el *exemplo* del libro canónico, digamos, al revés. Despliega una *lectura a contrapelo*, una lectura práctica, performativa, que sucumbe a las tentaciones del demonio y encuentra allí –más que una mera lección alegórica– la literalidad de su plan de evasión: le pide a su esclava negra (primera alianza) que compre e introduzca un cadáver en el convento, mediante la complicidad de la portera (segunda alianza), para luego ocasionar un fuego en su celda personal que aparentaría su trágica muerte. El cadáver inidentificable sustituiría al cuerpo propio y disimularía la fuga. Es decir: Dominga *se hace pasar por muerta*: y así pone en juego las identificaciones mediante la evasión del lugar del nombre y la subjetivación. Y a esa evasión del nombre y sus roles le corresponden, en el plano de la organización discursiva del relato, los relevos de fuentes narrativas que tienden a producir un relato armado con una multiplicidad de voces: conversaciones con la directora del convento, quien ambiguamente le confiesa a Tristán que le agradaba la idea de que el diablo interviniera allí, en Santa Rosa; y luego conversaciones con varias primas en cuyas voces citadas o referidas se apoya Tristán al confabular la historia. La multiplicidad de fuentes en la investigación *testimonial* de Tristán parecería desplazar la centralidad de la autoría –otro lugar del nombre– y abre un espacio democrático, compartido, en el interior del convento y en los intersticios de los rigores religiosos. En estos gestos pareciera fundarse un concepto de la literatura en tanto espacio de libertad, espacio hospitalario, fuera de la ley, donde se inscriben las prácticas subalternas, los relatos de la memoria prohibida o clandestina, el fundamento narrativo del *otro legado*.

Pero a la vez decíamos que en las *Peregrinaciones de una paria* la literatura está ligada a una ineluctable voluntad de poder –ligada también a la cuestión del nombre– que transita precisamente los modos de subjetivación que la literatura despliega en su trabajo con los márgenes, con las voces subalternas, en la estructura testimonial de los relatos de vida. Me refiero en parte a la voluntad de dominio, prácticamente hipnótica, que transita las miradas que se intercambian Tristán y Pancha la Generala –la autora y su informante– en el relato que emblemáticamente cierra las *Peregrinaciones de una paria*.

Si el relato de la evasión de Dominga exploraba un secreto y ubicaba las voces en una zona más o menos privatizada o clandestina de la experiencia femenina en el convento, en cambio, la historia del destierro de Francisca de Gamarra instala la narración ante la experiencia más bien pública de Pancha la Generala, "mujer guerrera [..], excelente amazona" (p. 441), "marimacho", según el insulto de sus enemigos. Cuando Flora Tristán logra entrevistarla, "La Generala", esposa de un presidente depuesto, se encontraba bajo custodia, acompañada de su fiel escudero, en un barco anclado en el puerto del Callao, listo para zarpar y efectuar la condena de Francisca al destierro. Pancha moriría unos días después en las costas de Chile y pasaría a la historia nacional como un personaje muy ambiguo, una figura cruel y violenta, mucho más decisiva y poderosa que su propio marido en la administración del gobierno y de la guerra.

A Tristán por supuesto le fascina la historia trágica de esta mujer con cuyo destierro y "abandono universal" (p. 442) se identifica. Pero acaso más significativo aún, la historia de "La Generala" le permite a Tristán cruzar las fronteras que habitualmente delimitaban la agencia y la escritura de las mujeres en las zonas de la privacidad de las elites criollas.[22] En este relato de cierre, en cambio, " La Generala" condensa el contrapunteo distintivo de las *Peregrinaciones...* que en buena medida están formalmente organizadas por la misma categoría del género, por la división del trabajo entre las escenas de la guerra y de la vida doméstica, por ejemplo, que progresivamente se intersectan y se problematizan hasta el punto del cruce final entre lo público y lo privado –y acaso la anulación de la distinción misma– en el relato de Francisca Gamarra, otra figura silenciada bajo el peso de la ley y de la historia nacional. "Doña Pancha, señala Tristán, parecía estar llamada a continuar por largo tiempo la obra de Bolívar. Lo habría hecho si su calidad de mujer no hubiese sido un obstáculo" (p. 439).

El "poder de la voluntad" (p. 429) de Pancha –así como su voluntad de poder– ejerce una fascinación notable sobre Tristán, quien ubica la historia de la ex-presidenta en un lugar privilegiado –el momento de cierre de las *Peregrinaciones...*– y acaso en el centro mismo de la red de afiliaciones que su discurso elabora por el reverso de la memoria familiar y republicana. Pancha es por supuesto distinta de las otras mujeres inscritas en la red afiliativa, no sólo porque interviene en la vida pública, por cierto, sino también porque intenta ejercer –en el relato de vida que elabora Tristán– un dominio excepcional sobre la propia autora, la entrevistadora, explicitando así la lucha por el control que atraviesa la propia escena dialógica. En el relato de "La Generala" a la posición de Tristán no es tan inconspicua como lo había sido en las "conversaciones" igualitarias de los relatos anteriores. Tristán se coloca de cuerpo entero en el escenario de una relación tan agonística como amorosa entre la entrevistadora y su poderosa informante. De ahí que no sea casual la insistencia en el peso de las miradas –su poder hipnótico– a lo largo del relato:

> En aquel momento comprendí su pensamiento. Mi alma tomó posesión de la suya. Me sentí más fuerte que ella, la dominé con la mirada. Se dio cuenta de ello, se puso pálida, sus labios

---

[22] Sobre la escisión divisiva del trabajo entre lo privado y lo público, véase el libro fundamental de Francine Masiello, *Entre civilización y barbarie* (pp. 187-217).

perdieron color. Con un movimiento brusco echó el cigarrillo al mar y apretó los dientes. Su expresión hubiera hecho estremecer al más atrevido, pero *estaba bajo mi dominio y yo leía cuanto pasaba en ella* (p. 431, énfasis mío).

Pero la informante no es pasiva. Al contrario, devuelve inmediatamente la mirada y con el gesto mismo de mirar ubica al cuerpo inconspicuo de la autora en la agonística de la escena:

Me miró largo rato sin contestar nada. También ella trataba de penetrar mis pensamientos. Rompió el silencio con el acento de la desesperación y de la ironía:
¡Ah, Florita! Su orgullo la engaña. Usted se cree más fuerte que yo! ¡Insensata! ¡Usted ignora las luchas incesantes que he sostenido durante ocho años! (p. 431).

En cierto sentido, este intercambio de miradas explicita las condiciones de la escena testimonial. Precisamente en la medida en que el intercambio de miradas materializa las posiciones de los sujetos, esta especie de escena primaria del relato de vida explicita el deseo (de penetrar el pensamiento del otro) y una notable voluntad de dominio que recorre la escena testimonial. Esa voluntad de dominio atraviesa ineluctablemente la escena del encuentro alternativo, la escena, digamos, *subalternista* de la conversación igualitaria, y socava el dialoguismo en que la literatura reclama fundar su orden afiliativo, su otro legado.

Ahora bien, no habría por qué escatimar la relación constitutiva que la literatura mantiene con los márgenes de la ley, con las identidades, digamos, que en otros órdenes discursivos permanecerían bajo la custodia, bajo el peso de la ley. Las voces tanto de Dominga como de Francisca Gamarra encuentran albergue en la escritura y en los relatos de vida de Flora Tristán. La propia Tristán, expulsada de las redes de la identificación paterna, encuentra en la literatura un modo alternativo de constituir y legitimar su nombre precisamente mediante la narración de esos relatos de vidas extraordinarias, fugitivas, agentes de pequeños o dramáticos cambios, sujetos, en fin, del acontecimiento que interrumpe los ritmos adecuados de la subjetivación. Con sus voces –en respuesta a la fuerza de sus miradas– funda la literatura esos otros legados que sostienen a su vez la autoridad de saberes e instituciones emergentes.

BIBLIOGRAFÍA

Althusser, Louis. *Ideología y aparatos ideológicos del estado*. [1970]. Buenos Aires: Editorial Nueva Imagen, 1974.

Cornejo Polar, Antonio. "Mestizaje e hibridez: los riesgos de las metáforas. Apuntes". *Revista Iberoamericana*, LXIII/180 (julio-setiembre 1997): pp. 341-344.

Deleuze, Gilles y Félix Guattari. *Kafka. Por una literatura menor*. J. Aguilar Mora, trad. México: Era, 1978.

Flores, Juan. "La Carreta Made a U-Turn: Puerto Rican Language and Culture in the US". *Divided Borders. Essays on Puerto Rican Identity*. Houston: Arte Público Press, 1998.

García Canclini, Nestor. *Consumidores y ciudadanos. Conflictos multiculturales de la globalización*. México: Grijalbo, 1995.

Heidegger, Martin. "Comments on Karl Jaspers's Psychology of World-Views". *Pathmarks*. W. McNeill, ed. Cambridge: Cambridge University Press, 1998.

Kant, Immanuel. "Idea for a Universal History with a Cosmopolitan Intent". *Perpetual Peace and Other Essays*. T. Humphrey, trad. Indianapolis: Hackett Publishing Co., 1983.

—— "To Perpetual Peace: A Philosophial Sketch". *Perpetual Peace and Other Essays*. T. Humphrey, trad. Indianapolis: Hackett Publishing Co., 1983.

Laviera, Tato. *AméRican*. Houston: Arte Público Press, 1985.

Martí, José. *Nuestra América*. Caracas: Biblioteca Ayacucho, 1977.

Masiello, Francine. *Entre civilización y barbarie. Mujeres, nación y cultura literaria en la Argentina moderna*. [1992]. Martha Eguía, trad. Rosario: Beatriz Viterbo Editora, 1997.

Meyer, Doris. *Rereading the Spanish-American Essay. Translations of 19th and 20th Century Women's Essays*. Austin: University of Texas Press, 1995.

Moraña, Mabel. "El boom del subalterno". *Revista de Crítica Cultural*, 15 (1997): pp. 48-53.

Moreiras, Alberto. "Restitution and Appropriation in Latinamericanism". *Journal of Interdisciplinary Literary Studies*, 7/1 (1995): pp. 1-43.

Ortiz, Renato. *Otro territorio. Ensayos sobre el mundo contemporáneo*. Buenos Aires: Universidad Nacional de Quilmes, 1997.

Paz, Octavio. *El laberinto de la soledad*. [1950]. México: Fondo de Cultura Económica, 1998.

Rabasa, José y Javier Sanjinés. "Introduction: The Politics of Subaltern Studies". *Dispositio*, XIX/46 (1994): pp. v-xi.

Rafael, Vicente. "Cultures of Area Studies in the United States". *Social Text*, 41 (1994): pp. 91-111.

Ramos, Julio. *Paradojas de la letra*. Caracas: Ediciones Excultura, 1996.

—— *Desencuentros de la modernidad en América Latina*. México: Fondo de Cultura Económica, 1989.

Richard, Nelly. "Periferias culturales y descentramientos posmodernos (marginalidad latinoamericana y recompaginación de los márgenes)". *Punto de Vista*, XIV/40 (1990): pp. 5-6.

Rodó, José E. *Ariel*. Caracas: Biblioteca Ayacucho, 1978.

Said, Edward. *The World, the Text, and the Critic*. Cambridge: Harvard University Press, 1983.

Santa Cruz y Montalvo, Mercedes. *Viaje a La Habana*. [1842]. La Habana: Letras Cubanas, 1974.

Sarlo, Beatriz. *Escenas de la vida posmoderna. Intelectuales, arte y videocultura en la Argentina*. Buenos Aires: Ariel, 1994.

—— "Los estudios culturales y la crítica literaria en la encrucijada valorativa". *Revista de Crítica Cultural*, 15 (noviembre de 1997): pp. 33-38.

Tristán, Flora. *Peregrinaciones de una paria*. Emilia Romero, trad. Lima: Editorial Cultura Antártica, 1946.

Historia, memoria y actualidad: reescrituras, sobreimpresiones

Nelly Richard
Revista de Crítica Cultural

El gobierno chileno de la Transición que asumió en 1990 (después de diez y siete años de dictadura militar) diseñó su horizonte político del consenso en base a ciertas gramáticas de la moderación, de la concertación y de la resignación, que crearon la imagen dilatada de una temporalidad uniforme y de plazo indefinido, sin urgencias de cambio ni fracturas utópicas, sin rupturas de planos ni sobresaltos de secuencias, sin narratividad ni suspenso. El formalismo democrático y sus protocolos de gobernabilidad hicieron que la máquina administrativa de la política controlara lo social normalizándolo, regularizándolo. Ningún desequilibrio de tono ni de conducta debía alterar esta programación mecanizada de un presente sin riesgos ni incertidumbres, y así fue desde que la Concertación pactó la fórmula de su "democracia vigilada" con los guardianes uniformados del orden institucional. Cuando ya nada dejaba prever que podía romperse esta pragmática de lo razonable coordinada por los dispositivos (militares, económicos, políticos, mediáticos, etc.) que garantizan la precisión instrumental de cada uno de los engranajes que unen entre sí los pulidos sistemas y subsistemas de la Transición, de repente algo tuvo fuerza de *"acontecimiento"*:[1] la sorpresiva captura y detención en Londres (el 16 de octubre de 1998) de Augusto Pinochet, ex-dictador y actual Senador Vitalicio. Algo –irruptor y disruptor– que trastocó la rutina de lo previsible con signos inanticipables y difíciles de asimilar a lo habitualmente conocido; algo que dislocó la serie eficiente de arreglos y cálculos del formulismo tecnopolítico con la brusquedad de un suceso que advino y sobrevino, fuera de toda preparación y acomodos. Y si bien, muy rápidamente, la máquina política convencional buscó traducir y convertir a su propia lengua de intereses (partidarios, gubernamentales) el desorden de significaciones que el acontecimiento "Pinochet" hizo explotar, lograron diseminarse socialmente flujos de expresividad, materias discordantes y no integradas a las codificaciones oficiales. Cuando el paisaje de la Transición parecía ya definitivamente saturado de previsibilidad y rutinario conformismo, clausurado por esta medianía centrista que impone sus criterios de razonabilidad para sofocar turbulencias de identidad y rebeldías de sentido, el acontecimiento "Pinochet" disparó la sorpresa de una precipitada multiplicación de voces públicas que se escaparon de las serializaciones y disciplinas del poder; que abrieron virtuales líneas de fuga por donde reimaginar la política fuera de las definiciones hegemónicas de su ejercicio administrativo.

---

[1] Coincido con M. Vicuña, quien reconoce, en los signos del "accidente Pinochet", la fuerza de "un acontecimiento desencadenante que irradia su resonancia con una intensidad máxima" y que, más allá de "la alteración de las prácticas y los modos de pensar corrientes", movilizó "la proliferación de argumentos y palabras, de discursos y dichos, de grafismos y cosas de la dicha y la desdicha" (Armando Uribe-Miguel Vicuña, *El accidente Pinochet*, p. 170).

Los años de la Transición se mostraron expertos en jugar con la falta de sucesos de un presente demasiado estacionario que, además, ha censurado las vibraciones más intensivas del pasado, dibujando –compensatoriamente– la engañosa paradoja de una actualidad hipernoticiosa: una actualidad que debe ocultar la falta de significados históricos con una sobreabundancia postiza de significantes mediáticos que crean la imagen de un *hoy* en constante y rápido movimiento, cuya velocidad de circulación en la pantalla televisiva no produce huellas de inscripción ni, por lo tanto, memorialidad. Distinguir entre actualidad, suceso, noticia y acontecimiento (para que el presente no quede reducido a la abreviatura de los titulares que el recorte periodístico de la noticia edita de su simplificada actualidad), es entonces una de las tareas críticas que nos permite someter lo real –sus artificios de construcción, su materialidad discursiva, sus ideologías prácticas, sus montajes de signos y poderes– a "una contra-interpretación vigilante".[2] Una de las tareas que debería interesarle a la crítica cultural si ésta se propone deconstruir algo más que las canonizaciones académicas y sus textos clasificados por el saber universitario. Pero desconfiar de la actualidad; tomar necesaria distancia y reserva críticas frente a las redundancias mediáticas del presente, no debería sustraernos a la lectura de cómo "la singularidad del acontecimiento" (Derrida, p. 23) puede llegar a sorprender y desajustar las reglas del control político al que los medios someten la actualidad; a fisurar la homogeneidad de ese control y a densificar ciertas zonas de oscuros significados que son comúnmente transparentados por la superficialidad del tratamiento comunicativo de la noticia. El acontecimiento "Pinochet" demostró tener la fuerza alteradora de un suceso capaz de desalinear las reglamentadas filas del consenso y de enfrentar su gobierno a los abusos y contradicciones de una racionalidad sobreprotegida por el formulismo del pacto y sus tecnicismos del acuerdo que se aplicaron en disimular los secretos de la reconciliación.

La noticia internacional de la captura y detención de Pinochet descompaginó el libreto de la actualidad nacional, haciendo saltar en las pantallas de la noticia imágenes y recuerdos largamente inhibidos por la censura expresiva a la que fue sometida la violencia de la memoria histórica; imágenes y recuerdos borroneados por las maniobras de desintensificación del pasado que agenció la Transición para neutralizar así la conflictividad del recordar. Historia, memoria y actualidad fueron zonas de enunciación política, de intervención social y de performatividad mediática, movilizadas por el acontecimiento "Pinochet", que mezclaron sus trazados públicos en constelaciones discursivas y simbólicas a veces difusas; constelaciones que se iban esbozando según los materiales brutos y exaltados que la calle les proporcionaba a la cámara televisiva en cuerpos, gestos y palabras, sacudidos por fanatismos, indignidades e indignaciones. De lo transmitido en los noticieros, he retenido ciertas escenas que, pese a que se superponen y se entrelazan aquí sin el guión lineal de una demostración o de una explicación finales, buscan comprometer el análisis crítico con una trama de conexiones argumentales derivadas de la pesada carga de semanticidad de estas escenas motivadas por el acontecimiento "Pinochet" que, si no se las salva de la irreflexividad de la noticia, están condenadas a perderse en un cúmulo de significaciones inactivas.

El hilo conductor que reúne estas imágenes de la televisión lo compone, discontinua-

---

[2] J. Derrida habla de la necesidad para "el filósofo que 'piensa su tiempo'" de prestar atención a "un presente político transformado a cada instante, en su estructura y su contenido, por la teletecnología de lo que tan confusamente se denomina información o comunicación" y de analizar los dispositivos que *producen* la actualidad, de desmontar la "hechura ficcional" de tal actualidad mediante esta "contrainterpretación vigilante": Jacques Derrida-Bernard Stiegler, *Ecografías de la televisión, entrevistas filmadas* (p. 18).

mente, la secuencia formada por el trazado agitativo y contestatario de *las protestas de mujeres en las calles de Santiago*: imágenes que los comandos pinochetistas reunidos para exigir la liberación del ex-dictador (comandos mayoritariamente compuestos por mujeres), reactualizan con furia y estridencias. No es indiferente que las mujeres sean el trazo que recorre, sígnicamente, esta zona de colisión entre historia, memoria y actualidad. No lo es porque las mujeres funcionan como el significante privilegiado de la tensión orden/revuelta cuando "una crisis amenaza el devenir de un espacio-tiempo simbólico" y la legitimidad de sus sistemas, o bien cuando se exacerban las contradicciones de valores entre "modernidad y regresión" (Mattelart, p. 12, la traducción es mía). Examinar la urdiembre de cómo las mujeres *actúan* la crisis y sus manifestaciones en la historia reciente de los cambios políticos en Chile, permite revisar las tensiones –entre regularidad e irregularidades, entre contención y desbordes– que desequilibran el discurso oficial de la Transición chilena.

LATENCIAS Y ESTALLIDOS

La memoria hace su trabajo de producción del recuerdo a través de diferentes mecanismos, voluntarios e involuntarios. Una forma de hacer memoria, construida y autorreflexiva, consiste en seleccionar materiales; en montar secuencias y desenlaces; en tejer interpretaciones; en recomponer una y otra vez las cadenas de signos que montan el discurso de la historia para confrontar públicamente entre sí relatos, sucesos y comprensiones. Esta forma de memoria activa ha sido sistemáticamente obliterada por el discurso de la Transición que no les ha permitido a las políticas del recuerdo deshacer ni rehacer sus nudos de argumentación, incluir en su trama de juicios y conciencia el examen crítico de los antagonismos que dividen el sentido de la historia con sus conflictivas luchas de interpretación.[3]

Sin embargo, la materia sedimentada del recuerdo que parece bloqueada por el no-trabajo crítico de la memoria termina aflorando a cada vez que se rompe la costra del presente y supura la temporalidad herida. Como si los pasados retenidos y detenidos en el fondo de la memoria estuvieran desde siempre esperando el reviente y estallido de las imágenes de la actualidad para colarse por las grietas de un "tiempo-ahora", y multiplicar sus partículas asociativas en los bordes de mayor saturación expresiva y pregnancia simbólica del recuerdo.

El acontecimiento "Pinochet" removió silenciosas capas de olvido y recuerdos, sacando el paisaje de la Concertación de su concertada rutina de la no-memoria (olvidar el olvido) con el repentino estallido de una noticia que pilló desprevenidos a los enmascaradores del secreto de la tortura y de la desaparición. El tema del pasado trajo a escena varias memorias de la historia nacional, deliberadas e improvisadas, concitadas y difusas, negociadas y clandestinas. La memoria de la Unidad Popular resucitó con fuerza múltiple. Por un lado, la historiografía oficial desarchivó su razón partidaria y volvió a anudar intrigas y confabulaciones en un relato viciado por el dogmatismo (los fascículos de historia escritos por Gonzalo Vial –ex ministro de Pinochet– y publicados por el diario *La Segunda*, a partir de la detención del Senador en Inglaterra). Por otro lado, salió a flote una acumulación velada de recuerdos sobreimpresos que las imágenes de la noticia le devolvieron a la pantalla como remanencia brutal. Saltándose el paréntesis de la dictadura, la memoria de la derecha instaló el recuerdo de la Unidad Popular como peligro, advertencia y conjuro, para que la anterioridad de ese

---

[3] Para una lectura crítica de las obliteraciones y tachaduras ejercidas por el Consenso sobre la memoria de la posdictadura, véase Nelly Richard.

recuerdo le diera causa y origen explicatorios –y exculpatorios– a la destrucción que vino después. La derecha manipuló el recuerdo de la Unidad Popular como símbolo violentista mientras ella misma, al exhibir el descaro de tal manipulación, ostentó la violencia de su renovado odio al enemigo de clase, al adversario ideológico.

Entre las múltiples imágenes cargadas de históricas e histéricas resonancias que invadieron las pantallas de la actualidad chilena e internacional con motivo del caso "Pinochet", están las mujeres saliendo a la calle a manifestar. La vehemencia de los comandos de mujeres pinochetistas que, con el mismo fervor nacionalista, la misma retórica patriarcal-religiosa, la misma exaltación militarista de antes, nos recordaron al Poder Femenino de la Unidad Popular que encuadraban los militantes de extrema-derecha del movimiento Patria y Libertad en los tiempos de "La marcha de las cacerolas" que precipitó el derrocamiento del gobierno de Salvador Allende en 1973.[4] Que, en ambas situaciones, la mujer haya sido el principal agente de las movilizaciones derechistas muestra cómo la frontera *orden/caos* deviene la zona de emergencia donde lo femenino es llamado, en tiempos de crisis, a elaborar políticas corporales –y familiares– de defensa y protección de la legalidad social supuestamente amenazada de tumulto y sedición.

Invadir la calle y adueñarse de su territorio –masculino– de lucha y acción social es traicionar el mandato de una femineidad burguesa que debe tradicionalmente recluirse en la privacidad del hogar y de la familia. Sólo la emergencia de una crisis vivida con todo el paroxismo de una situación de peligro autorizará a las mujeres de la clase alta a cometer dicha traición siempre y cuando, una vez neutralizado el peligro, vuelvan a lo de siempre: al confinamiento de las tareas discriminatorias (la mujer-esposa, la mujer-dueña de casa, etc.) que aseguran la normalización de los roles sociales. Tanto en los años previos al golpe militar como en las marchas pinochetistas de ahora, la transformación de las mujeres en una fuerza políticamente activa se basó en el llamado a defender la cohesión y estabilidad de la Nación entendida como una ampliación natural de la Familia.

El psicoanálisis ha mostrado las dificultades que experimentan las mujeres para adherir al contrato social, al pacto simbólico de identidad y discurso que media las relaciones entre sujetos e instituciones. O bien las mujeres se sustraen al marco de autoridad de esta fuerza normativa, permaneciendo en un más-acá de los códigos societarios: en la fragmentación y pulsionalización de lo corporal como un otro rebelde al Logos (razón y concepto) que se desata en los márgenes no-hablados del soma. O bien ellas proyectan sobre el poder "la contrainvestidura paranoica de un orden simbólico inicialmente negado [...] que las transforma en las guardianes del *status quo*, en las protectoras más celosas del orden establecido" (Kristeva, p. 356). Así se explica el compromiso histórico de las mujeres con totalitarismos y autoritarismos, su entrega en cuerpo y alma a las fuerzas del orden con la que cuentan los regímenes de violencia para hacer de ellas sus más fervorosas propagandistas. Cuando los valores del orden (continuidad, estabilidad, armonía) se sienten amenazados por la figura caotizante del des-orden (antagonismos, divisiones, conflictos) asociada a la destrucción y a la muerte, las mujeres son llamadas a encarnar la defensa de la vida que la ideología materna deposita en su condición "natural" de re-productoras y salvadoras de la especie.[5] Vida/muerte,

---

4   Ver el relato de "La guerra de las mujeres" que consigna S. Montecino en su análisis de "la política maternal" que activó la derecha como fuerza contrarrevolucionaria en los años de la Unidad Popular (Sonia Montecino, *Madres y huachos, alegorías del mestizaje chileno,* pp. 101-108).

5   Recordemos, además, que "gracias al signo universalizador de la naturaleza, la condición femenina garantizaría, más allá de las discontinuidades sociales, económicas e ideológicas, una continui-

orden/caos, integridad/disolución, son las polaridades en las que interviene el símbolo femenino para salvaguardar la homogeneidad de las esencias y la pureza trascendente de las categorías (Dios, Patria y Familia). El deslizamiento de lo *maternal-familiar* hacia lo *patrio* será efecto de una retórica patriarcal-militarista que erige a la Nación en aquel bien supremo que el sacrificio de las madres deberá defender contra el peligro anarquizante de la revolución, para salvar así lo "familiar" (tradiciones y convenciones) de las rupturas de signos con que las fuerzas del cambio trastrocan la normalidad social y pervierten su tranquilizante conformismo. La figura del enemigo interno o externo –de todo lo que amenaza con disolver la pureza cohesionadora de la Nación– obliga a una tajante demarcación valórica entre positivo y negativo que les sirve a los guardianes del Orden para consolidar la imagen de solidez e inflexibilidad de su base de fundamentación categorial. Es así como la derecha chilena se readoctrinó, se reunificó ideológicamente, para combatir los efectos de la nueva "conspiración maléfica" (esta vez, la del socialismo internacional) que representó la captura y detención de Pinochet en Londres, ayudada por la guerra de las mujeres contra las fuerzas del desorden y del mal que castigaban injustamente al "Salvador de la Patria".

Han sido analizados los modos históricos según los cuales el discurso fascista supo jugar con los deseos, pulsiones y fantasías sexuales de las mujeres (la sublimación viril del mando, la erotización del principio de autoridad) apoyándose en "la ideología dominante familiarista, católico-moralista de la burguesía capitalista" (Macciocchi, "Les femmes", p. 132, la traducción es mía) que activa la subordinación femenina al paradigma del Estado y de la Nación con sus estereotipos de obediencia de la mujer-madre y de la mujer-esposa al *Pater*: jefe de familia, jefe de la patria. Y siguiendo dicha tendencia, habría mucho que decir sobre los protocolos de autoridad religiosa que condicionan la veneración sumisa de las mujeres chilenas a los íconos de la fuerza patriarcal y militar; una veneración femenina que, extrapolando formas consagradas de religiosidad popular, convirtió a Pinochet en el "engendro adorado" (Vicuña, p. 148) de una pequeña estatua de yeso (un portátil Altar de la Patria) que fundió el rostro del Comandante con el de la Virgen María para conjugar, en una misma ritualidad creyente, la imaginería católica y el *kitsch* patriótico, el culto mariano y el fervor pinochetista.

La leyenda de "Pinochet es inmortal" que recorrió los carteles de sus adherentes en Chile y Londres, también cruzó la fe religiosa con la glorificación patriótica del poder absoluto para que, de paso, la inmortalización de la figura de Pinochet le diera crédito divino a la obra modernizadora del gobierno militar llamada así a perdurar, una vez santificada, hasta el fin de los tiempos y a reproducir –a perpetuidad– el "milagro" neoliberal. El fanatismo religioso de sus adherentes operó una re-absolutización del símbolo "Pinochet" que le dio al personaje la fijeza transhistórica de un ícono sobrehumano. Esta divinización de lo humano que mitificó a la figura del ex-dictador sacándolo del terreno demasiado contingencial de la historia, sirvió para refundar la intemporalidad del Orden que había sido burlada por la accidentalidad del suceso. Para una historia tan orgullosa de su estrategia militar de cálculos y de preparativos, de amarres y de determinaciones,[6] era necesario reinscribir la figura supraordenadora del

---

    dad fundamental de intereses entre las mujeres" que facilita su movilización unitaria (Michéle Mattelart, *La cultura de la opresión femenina*, p. 189).

[6] Dice M. Colodro, en relación a la detención de Pinochet: "el hecho subvierte la idea de que todo estaba desde el inicio predeterminado, definido según ese orden racional que, como casi siempre, es el orden del poder... Más allá de las abultadas consideraciones éticas, jurídicas o políticas, lo verdaderamente significativo de lo que estamos viviendo es esta soberanía plena del azar sobre el

destino para conjurar lo indeterminado del accidente y volver a simbolizar la trascendencia. Así fue como la "Carta a los Chilenos", redactada por Pinochet en Londres durante su detención (diciembre de 1998), vuelve a invocar a Dios y a la Providencia[7] para que la suma de fallas y azares desatada por lo no regulado del accidente terminara encontrando sentido y necesariedad bajo la figura suprema de la predestinación.

Los gritos de la calle

Los comandos pinochetistas de mujeres que bajaron a la calle, pero casi nunca al centro de Santiago, hicieron ver territorialidades sociales re-estratificadas por la ciudad de la postdictadura en la que el orden desigualitario que separa a los ricos de los pobres debe ser custodiado por fronteras municipales, cordones arquitectónicos levantados a fuerza de especulación inmobiliaria que aíslan lo "modernizado" de lo refractario al progreso, segregando desechos y suciedades fuera del barrido perímetro de acumulación y condensación monetaria. El barrio de las embajadas y del ascenso empresarial fue la sectorialidad urbana que la protesta femenina de la derecha sobremarcó como dominio reservado, propiedad inviolable de una clase económica que ejerce su superioridad en base al exclusivo y excluyente privilegio del dinero. Identidad- propiedad, cercos y terror a la invasión. Lo alto y lo bajo, lo rico y lo pobre, lo culto y lo popular, deben permanecer incomunicados entre sí por una tajante división que censura mezcolanzas y contagios entre dicotómicos sistemas de polarizaciones urbanas.

Refugiadas *fuera de* las embajadas (evocando el recuerdo invertido del tiempo en que los recintos diplomáticos les daban refugio a los perseguidos del régimen militar), las mujeres del barrio alto lanzaron sus gritos y consignas de mal habladas, de deslenguadas. Los gritos de "comunistas de mierda" surgieron desde lo bajo de una fingida escala de distinción que se vio traicionada por la facialidad de aquellas muecas desencajadas que vomitaron el odio a través de "las groserías, juramentos, maldiciones, y demás géneros verbales de las plazas públicas" (Bajtin, pp. 163-164). La violencia exterminadora del odio resquebrajó la fachada humana de una burguesa compostura hecha de obscenas máscaras, ensuciando el límite entre lo refinado y lo ordinario que tanto maquilla la socialidad de clase alta.

El otro grito de "¡a boicotear los productos ingleses!" lanzado por dirigentes mujeres de la derecha en represalia a Gran Bretaña por el secuestro de Pinochet puso en evidencia cómo estas representantes exacerbadas del neoliberalismo no conocen otro código de regulación de las conductas ni otra forma de arbitraje que no sea el *consumo*. Las cuestiones de valores y principios supuestamente transgredidas por la ofensa a "la dignidad nacional" que levantó el caso "Pinochet", fueron sancionadas en los pragmáticos términos de una lógica de mercancías que sólo atinó a reemplazar el trueque por el chantaje. Nada tan nuevo en relación a la festejada conversión del "ciudadano" en "consumidor" con la que el gobierno chileno de la Transición chilena ha terminado de vaciar a lo público de las luchas y oposiciones civiles que antes lo surcaban de rebeldías, pasiones y conflictos, para alinear ahora gustos y tendencias bajo la uniformidad numérica de una lengua del comprar que traduce premios y castigos a la

---

destino presuntamente escrito por la voluntad de los poderosos" (Max Colodro, "Necesidad o azar", p. 8).

[7] En reiteradas oportunidades (antes, durante y después del golpe), Pinochet ha recurrido a la figura de la divina Providencia, para justificar sus actuaciones remitiéndolas al cumplimiento de un orden moralmente –divinamente– superior (véase Alfredo Jocelyn-Holt, pp. 163-164).

dominante de la rentabilidad monetaria y a sus plusvalías, o bien, a un sistema crediticio que no admite otro futuro que no sea el futuro hipotecado de la deuda y sus mensualidades.

Transnacionalización del consumo y globalización económica, derechos humanos y jurisdicción internacional: el caso "Pinochet" puso flagrantemente en escena el doble filo de la paradoja que atrapa a la derecha en toda una red de contradicciones entre lo *nacional* (configuración residual de un pretérito sistema de referencias histórico-tradicionales y religiosas, que aún erige los símbolos patrióticos en bandera de protesta) y lo *postnacional* (reconfiguración mundial de las sociedades bajo los flujos desterritorializadores del capitalismo intensivo que borra lugares, identidades y pertenencias). Por un lado, la derecha chilena aplaude el discurso de la globalización económica que favorece la circulación destrabada de los bienes y valores financieros que convergen utilitariamente en su pactación de intereses multiempresariales. Por otro lado, esta misma derecha reclama anacrónicamente la vigencia de los beneficios de inviolabilidad de las fronteras que se vinculaban a la soberanía nacional y al nacionalismo,[8] cuando le toca afrontar una inesperada consecuencia de la mundialización que tanto celebra en lo económico, a saber, la transnacionalización del derecho y la globalización planetaria de la esfera de los derechos humanos. Como contraparte indeseada a la expansión capitalista que subsume a Chile en la generalidad cambiaria de las transacciones de signos de la economía-mundo, la derecha chilena se topó con esta universalización del "valor-derechos humanos" que amenazaba con levantar el proteccionismo bajo el cual su discurso jurídico de "la territorialidad de la ley" ha cómodamente defendido los abusos y violaciones de crímenes aún no sentenciados por los tribunales nacionales.

Los múltiples tironeos verbales de acentuaciones contrarias alrededor de las palabras "internacionalidad", "modernización", "derecho", "universalidad", "soberanía", "territorialidad" que invadieron las entrevistas y conversaciones televisivas en torno al caso "Pinochet", señalaron cómo las mismas palabras, según fueran habladas por los dirigentes pinochetistas o por los abogados de la Agrupación de Familiares de Detenidos-Desparecidos, al cambiar de repertorio de enunciación y pronunciación, sufren desplazamientos de valor que las convierten en campos de batalla político-discursivos donde se enfrentan las fuerzas de apropiación y de contra-apropiación del sentido. Sólo un debate *crítico* –incompatible con el ritmo de habla sin pensamiento de la actualidad noticiosa– lograría dejar de manifiesto cómo y por qué las disputas terminológicas son siempre contiendas ideológicas: pugnas por el derecho de nombrar, luchas de significación y de interpretación que derivan de la "violencia simbólica" que rige los intercambios de mensajes en competencias de legitimidad.[9] Y si de memoria se trata, recordemos que las palabras del recordar siempre dividen y se dividen, separando a los vence-

---

[8] Demás está decir que el cinismo de este reclamo por la autonomía y la soberanía nacionales se olvida perfectamente de las múltiples "intervenciones" (económicas y políticas) de los Estados Unidos en Chile, que tanto agradecieron los partidarios del régimen militar en la etapa anterior y posterior al golpe de Estado.

[9] En el capítulo "Un enfoque dramatúrgico de las luchas políticas", dice A. Joignant: "Adjudicarse las palabras, escribe Bourdieu, en las que se encuentra depositado todo aquello que reconoce un grupo, es asegurarse una ventaja considerable en las luchas por el poder" (en Pierre Bourdieu, "Espace social et genése des classes", p. 6). Y es porque, a fin de cuentas, lo que está en juego en estas disputas terminológicas es precisamente la lucha por el poder, que se puede entender que los políticos sean tan atentos y sensibles frente a las palabras empleadas, ya que la tenencia del poder de designar es una de las vías necesarias para acceder y conservar el poder de gobernar" (Alfredo Joignant, *El gesto y la palabra, ritos políticos y representaciones sociales de la construcción democrática en Chile*, p. 18).

dores de los vencidos de la historia; a los que poseen el control de la denominación de los que están excluidos de su red de favores y privilegios discursivos; a los que escriben la narrativa monumental de los que deben batallar por inscribir su letra rota o tachada en algún subrelato documental; a los que imponen los códigos de significación dominantes de los que no disponen de un vocabulario reconocidamente válido para que su experiencia del desastre cobre representación y legibilidad públicas.

El álbum de lo nacional y sus descompaginaciones

Las calles de Santiago fueron también el escenario visual de un enfrentamiento de cuerpos y de simbolicidades que pertenecen a mundos opuestos, y cuyas expresiones contrarias (ritualidades, gestualidades, creencias y hablas) poseen densidades morales y comunicativas que chocaron violentamente entre sí. A veces el enfrentamiento simbólico entre grupos de mujeres tuvo lugar entre vereda y vereda, ocupando *la mirada* (de los presentes, de los ausentes) como sitio virtual de pugnas y enjuiciamiento, como cuando los retratos de desaparecidos que sus familiares llevan adheridos al cuerpo –estos retratos que *dan la cara*– actúan silenciosamente la más perturbadora contestación visual al escándalo del anonimato, a la inidentificación de quienes ocultan el secuestro y la desaparición. Al realizar el gesto invertido de mostrar el rostro y de buscar la mirada, la intensidad visual de estos ojos de los retratos que siguen *mirando fijo* acusa el enmascaramiento de los responsables de su desaparición, y desenmascara simbólicamente a quienes de ellos –encubiertos por el tumulto festivo de la calle– siguen guardando el secreto del delito no confesado.

Desfilaron los comandos de mujeres de la derecha exhibiendo los emblemas del culto pinochetista retocados por la industria publicitaria: *posters* a *full-color*, calcomanías y poleras estampadas con la leyenda "Yo amo a Pinochet" donde el verbo "amar" tiene forma de corazón tal como lo grafican los *posters* y calcomanías del mundo entero que promocionan una ciudad, o de un ídolo popular, con esta síntesis gráfica de un idioma sin fronteras, transnacionalizado por el consumo de masas. Las beneficiadas partidarias de la modernización económica del régimen militar no podían sino retorizar sus mensajes de adhesión a Pinochet según los códigos de serialización comercial y turística de la imagen, estos códigos aprendidos "a golpe(s)", que rigen el feliz devenir-mercancía de todo signo en la era del capitalismo intensivo.

En el dolido reverso de esta industrialización publicitaria y turística de imágenes de consumo que viven la banalidad de la serie y de las *apariencias* (logotipos y estereotipos: imágenes "sin huella, sin sombra, sin consecuencias", Baudrillard, p. 23), las mujeres de la Agrupación de Detenidos-Desaparecidos que se cruzaron en la calle con los comandos pinochetistas reclamaban, ellas, por la "verdad y la justicia" de una *aparición*. Los retratos de sus familiares muestran una fotocopia en blanco y negro, gráficamente contemporánea del panfleto que agitaba, contestatariamente, un tiempo de militancias anterior a la modernización de la política que, hoy, se vale del saber eficiente y bien remunerado de los profesionales de la imagen. El desgaste de la fotocopia en blanco y negro opone no sólo su premodernidad técnica sino, también, su pasado traumado y su duelo incompleto, al brillo publicitario del afiche de Pinochet que, triunfalmente respaldado por la actual tecnomediatización de lo social, celebra un presente que calza eufóricamente consigo mismo sin desajustes de lenguage ni malestares de conciencia. En los carteles de propaganda que exhiben sus admiradoras, Pinochet sonríe al pasado y al futuro, dueño de una pose fotográfica que gobierna el presente y desafía la eternidad, mientras las fotos de los ausentes hablan del lapso de derrota de una temporalidad de vida sumergida en la fosa común de la actualidad por todo lo que la noticia de la Transición ha dejado sin editar: biografías truncas y subjetividades heridas, cuerpos dañados y afectividades rotas. Los espectadores de la calle que rodean el desfile de los retratos de detenidos-desparecidos son llamados a participar de los restos alegóricos de una disuelta ceremonia de parentescos: ya que la foto de álbum que compone muchos de estos retratos de desaparecidos evoca a la familia como soporte referencial y marco narrativo, estos retratos sueltos –descompaginados– acusan lo "nacional" (emblema de los adversarios) de no ser sino un simulacro y una parodia de unidad que ha privado a cuerpos lesionados e identidades mutiladas de los vínculos reparadores de una narrativa solidaria. Contra la superficie lisa y transparente (indemne) de una imagen victoriosa porque, afín a los nuevos tiempos de mediatización de la política, debe batallar la opacidad de un grano fotográfico cuya precariedad y devastación materiales acusan el reviente de una trama histórica hecha de supresiones y postergaciones, de diferimientos y borraduras. Un grano, el de los retratos fotocopiados en blanco y negro de los detenidos-desaparecidos, técnicamente inhabilitado para competir en nitidez operacional con la imagen saturada de cromatismo televisivo de Pinochet que pertenece, en forma y contenido, a los tiempos de *la política como imagen y espectáculo* que ha promovido la Transición[10] para alivianar la dramaticidad del trauma postdictatorial; para distraer la atención de lo que *falta* (los cuerpos y la verdad) con todo lo que *sobra*: las gratificaciones mercantiles y su estilismo publicitario de lo nuevo.

Mientras la familia pinochetista se reúne en torno al retrato de Pinochet, cuya fotogenia es producto de una cínica operación de maquillaje que ha retocado a la historia de la Dictadura con sus cosméticas del buen gobierno, la ética en blanco y negro de las fotos arrancadas del álbum familiar de los desaparecidos hace vibrar, benjaminianamente, el temblor del recogimiento aureático todavía contenido en lo irremplazablemente singular de una ausencia-presencia: en la testimonialidad de una memoria de la historia cuya temporalidad interrumpida por la catástrofe urde sus latencias *en espera de*. Muchos de los retratos de las víctimas muestran al desaparecido en una pose cotidiana, fotografiado al azar de situaciones que formaban parte de una continuidad de vida bruscamente interrumpida por la violencia militar sin que nada, en la pose indefensa, hiciera presagiar el corte homicida. Las fotos arrancadas del álbum que muestran –en plena calle– a quienes fueron arrancados de sus transcursos de vida cotidiana designan así la doble falta y sustracción que instala la pérdida, la "desaparición", en el coleccionismo familiar del archivo fotográfico. Si el dispositivo de la fotografía, al "registrar mecánicamente lo que ya no podrá repetirse existencialmente" (Barthes, p. 15, la traducción es mía), se encuentra tan determinantemente ligado a la muerte y a la desaparición; si lo fotografiado se asocia a lo *espectral* por compartir el ambiguo registro de lo real-irreal debido a un efecto-de-presencia que recrea la ilusión del cuerpo real de la persona en vivo a la vez que lo documenta como muerto en el congelamiento técnico de la pose fotográfica: ¿qué decir de la cadena de ausentamientos que socava el retrato de los desaparecidos? Si la fotografía cumple habitualmente "la función normalizadora que la sociedad confía a los ritos funerarios: reavivar indisociablemente la memoria de los desaparecidos y la de su desaparición, recordar que han estado vivos y que están muertos y enterrados" (Bourdieu, *La fotografía*, p. 53), ¿qué

---

[10] Dice A. Joignant, a propósito del notorio fenómeno de "modernización de la actividad política en Chile" que caracteriza el período de la Transición: "Más allá de las consecuencias propiamente políticas derivadas de los resultados del plebiscito de octubre de 1988 y, más tarde, de las elecciones presidenciales y parlamentarias de diciembre de 1989, el advenimiento de estas coyunturas electorales también permitió la aparición de fenómenos inéditos en Chile. Entre éstos, el conjunto de técnicas reunidas bajo el nombre de '*marketing político*'" (p. 55).

decir de las fotos que retratan a las víctimas de estas "muertes presuntas", es decir, de estas muertes sin certificación de desenlace, que siguen rondando en una doble fantasmalidad de cuerpos y de destinos sin materialidad objetivable, sin los rastros de una prueba ni su traza de verdad?

La batalla de retratos entre las defensoras de Pinochet y sus víctimas que se libraron en las calles de Santiago durante los meses cubiertos por la información de su detención nos habla, también, de esta lucha desigual entre la voz atragantada por la desesperación de quienes llevan años de impotencia reclamándole a la justicia por los huecos de silencio de estas muertes indocumentadas, y la sobreexposición mediática del cuerpo y de la noticia del ex-dictador Pinochet que sigue siendo plena y vociferante actualidad, sin ningún abismo de incerteza que haga caer la prepotencia histórica del dogma militar en la duda o en el arrepentimiento.

LAS MEMORIAS DE LA CALLE

Salir a la calle es una de las transgresiones mediante las cuales las mujeres desbordan el trazado normativo de la ideología sexual dominante que separa *lo privado* (cuerpo, domesticidad, afectividad) de *lo público* (razón, ciudadanía y política). Una de las consignas más radicales del feminismo ha sido afirmar que "lo privado también es político". La radicalidad crítica de esta consigna proviene del haber sabido politizar la cuestión del sujeto y de la identidad, de la subjetividad, que un determinado marxismo pretendía dejar relegada a la esfera de lo personal, como si sólo importara el código –economicista– de la "explotación" que gobierna la división de clase y no, también, la red simbólica de dominaciones y subyugaciones ligadas al poder de la división sexual y a sus contradicciones de género.

Esta frontera entre lo privado y lo público custodiada por el sistema de regulaciones socio-masculino que organiza la distribución territorial de roles e identidades entre hombres y mujeres, se ha vuelto objeto de múltiples desplazamientos y resignificaciones en los tiempos de la historia pasada y reciente de las protestas callejeras. Son estas protestas las que les enseñaron a las mujeres chilenas a extraer símbolos del repertorio de la casa y de la familia, para desviarlos hacia otra situación enunciativa que modificara políticamente su significado. Como dos gestos realizados por ellas en direcciones ideológicamente contrarias, recordemos el modo en que las marchas del Poder Femenino ocuparon el símbolo doméstico de la cacerola para su lucha contrarrevolucionaria durante la Unidad Popular mientras que, en los años inmediatamente posteriores de la dictadura, las luchas antidictatoriales usaron el "caceroleo" y "el fuerte sonido inarticulado de los utensilios domésticos [...] para semejar el sonido ahogado de una comunidad reprimida [...] que amplificó los ruidos de la cocina barrio por barrio" (Montecino, p. 109).

En abril de 1998, una tercera situación de protesta de las mujeres en las calles de Santiago llevó nuevamente la revuelta femenina a intersectar las gramáticas de lo privado (afectos cotidianos y rutinas sentimentales) y de lo público (la razón social y sus conflictos de intereses). En la fecha del aniversario 71 de la Institución de Carabineros de Chile, cuarenta mujeres de uniformados decidieron marchar hasta el Palacio de la Moneda, desobedeciendo las órdenes de los maridos y de sus superiores, en signo de protesta por las discriminaciones (salariales y otras) que afectaban a los funcionarios policiales de rango menor. "De la rebelión femenina y otros levantamientos" fue el titular del diario *El Mercurio* que encabezaba su reportaje haciendo referencia a la sediciosa constelación de "protestas, denuncias, reclamos, velatones, cacerolas y violencia" (*El Mercurio*) que rodeó esta nueva salida de las mujeres a la calle, citando la turbulencia de épocas anteriores como nefasto trasfondo de caotización política. El "caceroleo" que resonó nuevamente (esta vez, en las villas policiales) con motivo de las protestas de las mujeres de carabineros filmadas por la televisión sobreimprimió así, en la memoria política ciudadana, una tercera y contradictoria imagen de la revuelta donde el mismo artefacto doméstico –la cacerola– operaba ahora como símbolo de un alzamiento femenino que lograba desencadenar la crisis interna de una institución militarizada.

La protesta de las mujeres de carabineros fue ejemplar en saberse trasladar desde el interior de la casa (la queja por los bajos sueldos que afectan el presupuesto doméstico) hacia el exterior público: la denuncia de la explotación que, en base a privilegios y desigualdades, vicia el funcionamiento regular de una institución nacional. Jugando con múltiples deslizamientos de códigos entre lo doméstico y lo ciudadano, las mujeres se concentraron frente a la sede presidencial para cantarle burlonamente a la institución de Carabineros de Chile la canción del "cumpleaños feliz" –tradicionalmente asociada a la ritualidad familiar– al mismo tiempo en que ellas tomaban la iniciativa de transgredir el cerco hogareño para invadir no sólo la plaza (la Plaza de la Constitución, frente al Palacio de la Moneda) sino también la televisión: es decir, los dos principales espacios de articulación social y mediática de la construcción política. El mismo día en que protestaban en la calle (*la calle como lugar del suceso*), tres de las esposas de carabineros se hicieron entrevistar en el programa "Medianoche" de Televisión Nacional (*los medios como lugar de la noticia*), combinando así plurales estrategias de acción y de representación en una decidida intervención pública en las redes del control político. Por estos (tan bien) diseñados tránsitos entre la casa y la calle, entre la esfera privada y la esfera pública, que mueven astutas tácticas de invasión territorial; por haber generado conflictos en el interior tanto de las comisarías como de sus hogares que interpelaron doblemente la autoridad de un orden paternalizado por la verticalidad del mando, las mujeres de los carabineros fueron castigadas a golpes en plena calle por un despliegue de fuerzas especiales. Estas imágenes noticiosas de funcionarios de carabineros golpeando a las/"sus" mujeres crearon una nueva y perturbadora confusión entre lo doméstico y lo público, al introducir la figura de la "mujer golpeada" en el interior mismo de una de las instituciones de seguridad ciudadana supuestamente llamada a proteger a las víctimas cotidianas de la violencia doméstica. Pero quizás la mayor provocación lanzada por las esposas de carabineros en contra de "una institución que es la columna vertebral del Estado de Derecho" (*Ercilla*, p. 47) consistió en romper las filas del alineamiento institucional, en *des-uniformar al cuerpo uniformado*, al poner en contradicción interna su propia organización jerárquica. Denunciar la falta de equitatividad en el trato y en las remuneraciones entre oficiales y carabineros fue el punto de quiebre que le hizo comentar a la derecha que las mujeres de la protesta estaban "provocando la lucha de clases al interior de la policía uniformada" (*La Epoca*). Esta vez, los ejes de cuestionamiento a las jerarquías de poder de la ideología de clase y de la ideología sexual cruzaron hábilmente sus diagonales para simbolizar un femenino de la revuelta que desestabilizó nada menos que la institución de Carabineros de Chile, una de las instituciones de la defensa nacional.

El signo del caceroleo que, en abril de 1998, resonó nuevamente en la poblaciones de Santiago multiplicando los ecos femeninos de la sedición, creó memoria en torno a las repetidas ocasiones en las que el símbolo doméstico de la cacerola se fue trasladando de un lado a otro de las filas del orden y de la paz ciudadana durante los años de la predictadura, de la dictadura y de la postdictadura, fragmentando y reasociando los términos del sintagma "las mujeres en la calle" historizado por sucesivas contingencias políticas, según cortes y ligazones de significados tan múltiples como divergentes. Esta multiplicidad divergente de significados revueltos que giran alrededor del eje mujer-orden (y de sus normativas o disidencias de poder) fue diseminada por las imágenes televisivas de las mujeres protestando en las calles de Santiago con motivo de la captura y detención de Pinochet en Londres. Escenas de las mujeres de los comandos pinochetistas y de la Agrupación de Familiares de Detenidos-Desaparecidos que reactualizaron la memoria dividida, escindida, de una reciente historia política aún desprovista de suficientes lecturas críticas para que se desaten sus comprimidos nudos de violencia. Historia, memoria y actualidad –en fusión de planos– dieron curso a sobreimpresiones y reescrituras de esta violencia nacional que sigue agolpándose en el recuerdo, por mucho que trate de borrarla el flujo visual de la instantaneidad noticiosa. Rescatar sus imágenes llenas de sordas reminiscencias mediante proliferantes cruces interpretativos que las salven de la fugacidad y trivialidad de signos de la actualidad, es una forma de no dejar que el ritmo liviano (acrítico) de coordinación y subordinación político-mediática de la noticia suture los cortes y heridas del presente con su cosmética de la simpleza, de la incomplejidad.

BIBLIOGRAFÍA

Bajtin, Mijail. *La cultura popular en la Edad Media y en el Renacimiento, el contexto de François Rabelais.* Madrid: Alianza Editorial, 1987.

Barthes, Roland. *La chambre claire, note sur la photographie.* París: Gallimard-Le Seuil, 1980.

Baudrillard, Jean. *La transparencia del mal.* Barcelona: Anagrama, 1991.

Bourdieu, Pierre. *La fotografía, un arte intermedio.* México: Nueva imagen, 1979.

—— "Espace social et genése des classes". *Actes de la Recherche en Sciences sociales,* (junio, 1984): pp. 52-53

Colodro, Max. "Necesidad o azar". *Rocinante,* 3 (Santiago, enero 1999).

Derrida, Jacques-Bernard Steigler. *Ecografías de la televisión, entrevistas filmadas.* Buenos Aires: Eudeba, 1998.

El Mercurio. Santiago de Chile (3 de mayo de 1998): cuerpo D.

Jocelyn-Holt, Alfredo. *El Chile perplejo; del avanzar sin transar al transar sin parar.* Santiago: Editorial Planeta, 1988.

Joignant, Alfredo. *El gesto y la palabra, ritos políticos y representaciones sociales de la construcción democrática en Chile.* Santiago: Arcis/Lom, 1998.

Kristeva, Julia. "El tiempo de las mujeres". *Debate Feminista,* 10 (México, octubre 1994).

La Epoca. Santiago de Chile (30 de abril de 1998).

Macciocchi, María Antonietta. "Les femmes et la traversée du fascisme". *Eléments pour une analyse du fascisme* (París, 10/18, 1976).

Mattelart, Michéle. "Les femmes et l'ordre de la crise". *Tel Quel,* 74 (París, 1977): pp. 9-23.

—— *La cultura de la opresión femenina.* México: Ediciones Era, 1977.

Montecino, Sonia. *Madres y huachos, alegorías del mestizaje chileno.* Santiago: Editorial Cuarto Propio/Cedem, 1991.

Revista Ercilla 3.083. Santiago de Chile (20 de abril de 1998).

Richard, Nelly. *Residuos y metáforas, ensayos de crítica cultural sobre el Chile de la Transición.* Santiago: Editorial Cuarto Propio, 1998.

Uribe, Armando y Miguel Vicuña-Navarro. *El accidente Pinochet.* Santiago: Editorial Sudamericana, 1999.

De metáforas y metonimias: Antonio Cornejo Polar en la encrucijada del latinoamericanismo internacional

Mabel Moraña
University of Pittsburgh

Las numerosas revisiones que ha estado recibiendo la obra de Antonio Cornejo Polar en los últimos tiempos han puesto en evidencia, de múltiples maneras, la inserción que ésta tiene en los debates que agitan actualmente el campo del latinoamericanismo y de los estudios culturales producidos en y sobre América Latina. Sin embargo y, a pesar de las diversas perspectivas que se han utilizado para explorar los distintos aspectos de su crítica, el estudio de la obra de Cornejo Polar tiene aún un carácter fragmentario y selectivo, que retiene las marcas acotadas de la trayectoria intelectual premeditadamente regionalizada y predominantemente textualista del crítico peruano, la cual respondió, en casi todas sus instancias, a los requerimientos de debates concretos, necesidades académicas, y coyunturas ideológicas precisas.

Considerada generalmente como uno de los más altos exponentes de los alcances –aunque también, quizás, según algunos, de las limitaciones– de la *intelligentsia* criolla, la obra de Cornejo ha sido interpretada como producto propio de la *ciudad letrada*, y contrapuesta, cuando no asimilada –erróneamente, en general– al pensamiento de Ángel Rama, particularmente a las reflexiones del crítico uruguayo sobre transculturación, discurso diaspórico y procesos de institucionalización cultural.[1] En todo caso, para bien y para mal, la obra de Cornejo Polar se presenta como una de las más representativas de lo que ha sido caracterizado como el "latinoamericanismo vernáculo" o "neorregionalista", el cual se encuentra hoy, nuevamente, como en otros momentos de su historia, bajo escrutinio, en diversos contextos académicos.

Es bien sabido que la contribución historiográfica de Cornejo Polar fue, desde la década de los años 70, fundamental y particularmente productiva en el cuestionamiento y flexibilización de los modelos y principios canónicos que institucionalizaron en América Latina el gusto y la ideología dominante desde los orígenes de la vida independiente. Al mismo tiempo, en el terreno crítico sus aportes definieron una nueva manera de concebir y analizar las sociedades y culturas latinoamericanas, de cara justamente al corpus que aquella institucionalización excluía o desplazaba del repertorio oficial de las literaturas nacionales. Aunque sea cierto, entonces, que la obra del crítico peruano confirma la centralidad letrado-escrituraria en tanto espacio privilegiado de construcción simbólica y reproducción ideológica, es indudable que, en el revés mismo de la operación canonizadora, su obra crítica descubre y desencubre los juegos de poder y las negociaciones que hacen posible esa centralidad y la complicidad de esas operaciones con los proyectos de constitución y consolidación de culturas nacionales, tal

---

[1] La aproximación de las categorías de heterogeneidad, hibridez y transculturación ha sido objeto de múltiples estudios, que intentan explicar similitudes y deferencias entre esos conceptos, así como las ventajas o especificidades de su uso en distintos contextos. Al respecto ver, por ejemplo, Schmidt, García-Bedoya, Lienhard.

como éstos fueron concebidos por el pensamiento ilustrado.

Sin embargo, y a pesar de la importancia fundamental de la contribución crítica e historiográfica de la obra de Cornejo Polar, creo que sería erróneo no ver en ella, además, una *dimensión teórica*, que se construye evolutivamente en sus textos durante más de veinticinco años, y que brinda las bases para un debate acerca de los modelos epistemológicos y representacionales a partir de los cuales se efectúa la crítica de la cultura y la literatura latinoamericanas.[2]

En otra parte he avanzado algunas ideas acerca de la elaboración que recibe en la obra de Cornejo Polar, principalmente a partir de *Escribir en el aire*, la noción de sujeto como instancia que, partiendo y superando el concepto de heterogeneidad, registra y analiza otras instancias del proceso representacional y de la construcción de subjetividades colectivas, tal como éstas se inscriben en el campo cultural latinoamericano.[3] En estas páginas quiero referirme a otros aspectos teóricos relacionados con esa elaboración de la noción de sujeto como categoría relacional en la que se anudan y despliegan las contradicciones del sistema social, como desafío a toda noción fija, homogeneizante y verticalista de los procesos culturales y las (id)entidades nacionales latinoamericanos. Quiero desembocar, sobre todo, en el último texto de este autor, que tuviera una polarizada recepción entre los críticos que interpretaron hasta ahora este documento predictivo y de alguna manera testamentario del crítico peruano, producido en las últimas etapas de su vida y leído en ausencia en el congreso de LASA (1997), en Guadalajara.[4]

Me consta que Cornejo fue plenamente consciente, al producir este artículo titulado "Mestizaje e hibridez: el riesgo de las metáforas" de que éste se inscribía polémica y provocadoramente en el centro de los debates actuales sobre el latinoamericanismo, en el cruce mismo de la reflexión acerca de la vigencia de los "estudios de área" y el avance de los estudios culturales como nueva estrategia analítica y transdisciplinaria dentro y fuera de América Latina.[5] En este sentido, creo que las encontradas opiniones que suscitara hasta ahora demuestran que éste ha cumplido con su propósito, sin que su propuesta se agote, sin embargo, por el carácter doblemente coyuntural de su producción ni por las acotadas posiciones a las que ha interpelado.

En sus escasas cuatro páginas, el texto de Cornejo se organiza en torno a dos núcleos fundamentales, estrechamente vinculados. El primero constituye, con toda su brevedad, un

---

[2] Debe decirse que tal dimensión teórica no respondió, en la obra de Cornejo Polar, a un propósito concreto sino que el crítico enfatizó más bien, en diversas oportunidades, la dimensión "meramente" crítica de su trabajo. Sin embargo, en casi todos sus textos críticos, pero más agudamente en *Escribir en el aire* su crítica "antiteórica" se presenta en diálogo evidente y con frecuencia explícito con teorizaciones pertenecientes no sólo al campo de la crítica literaria sino de la antropología, los estudios culturales y las ciencias sociales.

[3] Me refiero aquí a mi nota sobre *Escribir en el aire* ("*Escribir en el aire*, 'heterogeneidad' ...) en la que analizo la evolución del concepto de heterogeneidad en la obra de Cornejo Polar, y el viraje crítico que se advierte en su último libro, donde la crítica se sitúa más explícitamente en la noción de sujeto y en las prácticas discursivas que corresponden a distintas posiciones enunciativas.

[4] Respondo aquí particularmente a la interpretación realizada por Julio Ramos acerca de este texto, incluida en la primera parte de su artículo, en este mismo libro. Sin embargo, el texto de Cornejo Polar ha sido comentado también por otros críticos en simposios y conferencias.

[5] Este texto de Cornejo Polar, publicado por primera vez en *Revista Iberoamericana*, fue reproducido luego en otras publicaciones, por ej. en *Revista de Crítica Literaria Latinoamericana* y en el libro de homenaje editado por Tomás Escajadillo. Cito aquí por la versión de *RI*.

emplazamiento firme de categorizaciones teóricas (mestizaje, hibridez, transculturación) y de estrategias críticas (ej. la utilización de conceptos antropológicos para el caso de la cultura andina) que supuestamente explicarían al crítico exterior a las culturas estudiadas, por asimilación o por continuidad con los textos analizados, el espesor significativo de éstos, su dimensión estética y su configuración discursiva. Cornejo advierte que la relación entre epistemología crítica y producción estética, al ser, como indica, "inevitablemente metafórica", se apoya en un desplazamiento o traslación imperfecta, forzada, oblicua, de significados, operando muchas veces una transferencia de sentidos de dudoso "rendimiento teórico" entre diversos dominios del saber. Aunque Cornejo reconoce el valor relativo de estos alcances, como aproximaciones parciales o provisionales a un campo de estudio, entiende que tales categorizaciones o estrategias críticas provienen en general de un espacio epistemológico "distinto y distante" del campo interpretado.

El segundo núcleo del texto de Cornejo, en estrecha vinculación con lo anterior, advierte contra la hegemonía creciente –o habría que decir, contra el nuevo empuje– del inglés como lengua del Saber, la Teoría, la Interpretación, en el ámbito del latinoamericanismo internacional.

Cornejo se refiere al uso del inglés como lengua de procesamiento teórico realizado con prescindencia de los aportes bibliográficos latinoamericanos y a la tarea de diseminación pedagógica realizada muchas veces en esa misma lengua y con arreglo a un canon teórico posmoderno que se sobreimpone, a veces con violencia, al corpus estudiado. Enfatiza, sobre todo, las implicancias que se desprenden de esas prácticas a partir de las cuales se prestigia y jerarquiza la cultura interpretante sobre la interpretada, subalternizando, por así decirlo, al objeto de estudio, y a los productores culturales (creadores, críticos, receptores inmediatos) del acervo cultural hispanoamericano. Cornejo advierte, finalmente, sobre el reemplazo imperfecto de los textos hispanoamericanos por traducciones muchas veces parciales o imperfectas, y sobre el proceso general de "falsa universalización de la literatura a partir del instrumento lingüístico con que se la trabaja". Sugiere, en este sentido, que esta tendencia podría significar, en sus palabras, "el deshilachado y poco honroso final del hispanoamericanismo" (344).

En mi opinión, el texto de Cornejo debe ser visto, por el carácter rápido y puntual de sus reflexiones y por las condiciones mismas de su producción, como una *intervención* en el sentido lato, casi performativo, de la palabra. O sea no sólo como una toma de partido sino como una operación por medio de la cual se interpone un recurso, se actúa e intercede para examinar la validez –en este sentido, la legitimidad o los principios de autorización– de un procedimiento determinado.

Ni el reclamo de Cornejo es nuevo –¿cómo podría serlo?– en el debate latinoamericanista, ni se sustenta, como el autor subraya enfáticamente, en un fundamentalismo lingüístico que reivindique la *necesaria* continuidad entre la lengua de la literatura o la cultura analizadas y la de quienes las toman como objeto de estudio. El texto de Cornejo advierte en el uso de la lengua la delimitación de espacios de poder –de autoría, autoridad y autorización teórica– que no se configuran independientemente del lugar (metafórico) desde donde se habla, es decir de los constituyentes ideológicos y la cosmovisión que acompañan esa centralidad, de las agendas en las que se inscribe, se escribe, se adscribe, un discurso crítico-teórico. Cornejo advierte en el uso preponderante del inglés y en las estrategias de exclusión que la academia norteamericana utiliza para relegar el trabajo de críticos, editores, creadores latinoamericanos a los suburbios de sus elaboraciones teóricas, la utilización de un dispositivo que es indicio de un proceso más amplio de producción y circulación de saberes y de bienes simbólicos en el contexto de la globalidad, en el cual se manifiestan claramente las presiones ejercidas por parte de académicos norteamericanos sobre el dominio del latinoamericanismo, con vistas a la solidificación de nuevas o al menos renovadas hegemonías ideológicas y profesionales. En otras palabras, llama la atención sobre el valor de uso de América Latina para la posmodernidad hegemónica, y sobre el uso del inglés como metáfora del capitalismo global.

El texto de Cornejo no distingue, por su misma premura, entre distintos proyectos teórico-ideológicos dentro del latinoamericanismo, digamos "no vernáculo" –se refiere, ampliamente, a los estudios culturales, a la crítica posmoderna, al subalternismo– preocupado como está, sobre todo por demarcar los alcances e implicancias *ideológicas* de una práctica académica y pedagógica, de un conjunto de estrategias profesionales, de un reacomodo, en definitiva, de los espacios de poder y legitimación discursiva que tiene en el uso de la lengua su expresión metafórica más significativa y sintomática.

Creo que aún asumiendo los riesgos de una violenta deseonexión de estas cuatro páginas finales de Cornejo Polar del resto de su producción crítica, sería erróneo e injusto atribuir esta reivindicación del español a un apego identitario fundado fijamente en la noción de origen (¿cuál, el prehispánico del Inkario, el del descubrimiento, el de la independencia, el cultural y metafórico de la lengua o la religión?) o a nociones de territorialidad y tradición, o a cualquier otro tipo de arraigos marcados por un conservadurismo recalcitrante, esencialista, telurista, vernacular, pesadamente axiológico, cultivado de espaldas a las transformaciones del latinoamericanismo tanto como a los cambios producidos en las mismas sociedades a las que ese campo de estudios se dirige y desde donde ese latinoamericanismo se cultiva, en lenguas diversas. Peculiar, sobre todo, atribuírselo a quien redefiniera con su trabajo crítico-historiográfico la naturaleza misma de las culturas analizadas al colocar un énfasis definitivo en la constitución diferenciada y desigual de los componentes socioculturales de los que esas culturas emergen. Erróneo, sobre todo, atribuirle la fijeza y proyección de un "legado" sustraído de los cambios históricos y culturales a quien supo moverse de la noción más plana de heterogeneidad –que sirvió, sin embargo, a pesar de su carácter inicialmente descriptivo, para desarticular ese deseo burgués y liberal llamado culturas nacionales–, hacia una concepción relacional de sujeto definido como "complejo, disperso, múltiple", hasta llegar a una final focalización en el discurso migrante, producto de la sucesiva o simultánea adscripción de individuos o grupos comunitarios en espacios culturales diversos, como resultado de los desplazamientos ciudad/campo o de la traslación interurbana.[6] Creo que es erróneo también ver en el texto de Cornejo un alegato reducido a la cuestión de valor estético, cultural, incluso ético, sin advertir que la principal preocupación que lo anima es de carácter ideológico, social si se quiere, en la medida en que el latinoamericanismo se ha sustentado en América Latina, sobre todo a partir de la modernidad, en tanto reflexión acerca de los procesos de simbolización y representación de actores y procesos sociales que se van definiendo históricamente, en su lucha por la supervivencia política, económica, cultural, dentro de los contextos de la occidentalización y de la dependencia económica.

Creo que debe recordarse, en contra de estas interpretaciones, que la crítica de Cornejo Polar, centrada aunque no reducida a la noción de heterogeneidad, explora principalmente, desde sus comienzos, la naturaleza problemática de la mediación letrada y de las operaciones de apropiación cultural e ideológica que acompañan los procesos representacionales en América Latina. En este sentido, su obra se elabora sobre todo como una *Teoría del conflicto* –

---

[6] Ver por ejemplo el artículo de Antonio Cornejo Polar: "Una heterogeneidad no dialéctica".

social, cultural, ideológico– que hace énfasis en los antagonismos que distinguen la historia y la cultura latinoamericana más que en el simple registro –y mucho menos aún en la celebración– de la cualidad diferencial que organiza, agónicamente, los componentes de esa cultura y de la literatura producida dentro de los parámetros de la nación burguesa y liberal. En el texto final en el que alerta sobre la diglosia crítica y las nuevas estrategias de universalización cultural, esa *Teoría del conflicto* se expande a nuevas zonas de contacto e hibridación cultural: la que resulta de la apropiación y procesamiento del material latinoamericano por parte de un sujeto *heterogéneo* (el latinoamericanista metropolitano) "distinto y distante", epistemológicamente hablando de la realidad interpretada.

El tema de la traducción y la preocupación con los desplazamientos y licencias metafóricas no es, entonces, una preocupación reciente en la obra de Cornejo Polar, sino uno de sus ejes principales. Como Francine Masiello anotara, la crítica de Cornejo se enfoca –sobre todo en *Escribir en el aire*– justamente en las tensiones lingüísticas que producen desde la colonia, en el proceso comunicativo, zonas de conflicto tanto como espacios de impensadas alianzas entre grupos diversos, entre oralidad y escritura, entre lenguas distintas. En este sentido, Cornejo reflexiona en distintos registros –a propósito de la literatura, en su atención a las hibridaciones interculturales, en su definición del sujeto migrante, y también en lo que se refiere a cuestiones de bilingüismo o "diglosia crítica"– en torno al tema de la *traducción* pero no, como indica bien Masiello, con un sentido meramente celebratorio, sino para enfatizar el problema de las ambigüedades, los fracasos y las experiencias de falso reconocimiento a que conduce la traslación de sentidos entre lenguas o culturas diversas. Las reflexiones del último texto de Cornejo, "Mestizaje e hibridez: los riesgos de las metáforas" –el cual debió quizá ser titulado, previendo la tentación de sus intérpretes, "el riesgo de las metonimias"– se inscriben justamente dentro de este registro. Cornejo advierte que la traslación de categorías teóricas de un espacio epistemológico a otro, al igual que el predominio diglósico que afirma el prestigio del inglés sobre el español, mantienen a ambos dominios –los de esas dos lenguas, pero también los de la Teoría y la Interpretación por un lado, y el de la cultura interpretada por otro– sólo falsa o metafóricamente unidos por los puentes quebrados de categorizaciones sólo aproximativas, pero a veces también violenta o tendenciosamente desviadas del material interpretado.

La importancia central que tiene en la obra de Cornejo Polar la idea de totalidades o de simultaneidades contradictorias que coexisten tensamente dentro de un mismo curso histórico y con arreglo a una territorialidad convencionalmente asignada como el espacio orgánico de la nación-estado no supone, sin embargo, la mera recuperación de un pluralismo étnico, lingüístico, ideológico, en las formaciones sociales latinoamericanas, ni la celebración de un multiculturalismo anodino y falsamente conciliatorio. Cornejo avanza, más bien, hacia la afirmación de una negatividad constitutiva, de una disgregación originaria, específica e históricamente determinada, que resiste todo intento de centralización reductiva o dilución teórica.

Muy lejos, en este sentido, de la visión de Rama, para quien "la cultura de la modernidad es una y la misma en todos los puntos de América Latina" (*Transculturación narrativa*, 218) Cornejo articula su *Teoría del conflicto* sobre la idea de una desigualdad constitutiva que resiste la armonía y la conciliación, tanto como la mera traslación de categorías teóricas o culturales fijas de un dominio epistemológico a otro, aunque los componentes culturales sean permeables y fluidos, en distintos grados y de acuerdo a sus propias condiciones de existencia social. Su denuncia de la ideología del mestizaje como propuesta planamente multiculturalista y conciliatoria de los antagonismos socioculturales latinoamericanos muestra que la crítica de Cornejo Polar no se detuvo en el mero registro de las tensiones interculturales a nivel continental, ni en la mera referencia funcionalista a los términos que rigieron el choque cultural y político que resultara en el desmantelamiento de las culturas prehispánicas a partir de la conquista. Más bien, su *Teoría del conflicto* aborda los productos de la cultura criolla como resultantes de la condicion neocolonial de América Latina, condición no cancelada por la independencia política y el surgimiento de naciones a nivel continental, ni por los procesos de modernización a partir de los cuales la cultura americana redefinió históricamente su participación en el contexto occidental. Condición no cancelada, tampoco, por la convivencia en la globalidad ni por los procesos de transnacionalización cultural, por muy determinante que pueda ser su impacto para América Latina y para los centros desde los que se orquesta y organiza la mundialización. Ni los procesos de criollización, cholificación o achoramiento propios del área cultural andina, ni la ideología del mestizaje alentada por las elites criollas ya desde la colonia, ni las estrategias integradoras del populismo de estado ni, más recientemente, las teorías postcoloniales distrajeron nunca en la obra de Cornejo Polar, de los antagonismos inherentes al proceso de producción cultural y construcción identitaria en y para América Latina, antagonismos que la mediación letrada contribuyó históricamente a evidenciar –y a veces a encubrir– por medio de estrategias variadas de representación simbólica.

Cornejo pone el énfasis en una contradictoriedad que se resiste a la síntesis, o sea en una antidialéctica que partiendo de la violencia colonizadora, resiste la unificación nacionalista –y en el caso de su último texto, la unicidad lingüística– dejando en evidencia, en el interior de los distintos sistemas que constituyen la sociedad latinoamericana y sus representaciones simbólicas, las pulsiones de agresión y resistencia, totalización y fragmentación, homogeneización y heterogeneidad, hegemonía y subalternidad.

Partiendo de la problematización de la mediación letrada, la obra de Cornejo se aplica sobre todo a la elaboración de la *otredad*, como contrapartida de los esencialismos identitarios, de cuño romántico-idealista, y de los reclamos de un universalismo que pretenda borrar la especificidad histórica, cultural y política de América Latina, especificidad que, no por las transformaciones que impone la globalización, parece en vías de desaparecer. En este sentido, su *Teoría del conflicto* se concentra en las operaciones de apropiación discursiva e ideológica inherentes a toda forma de representación simbólica realizada dentro de los modelos dominantes en el imaginario criollo y también en los imaginarios que se construyen desde fuera sobre ese objeto de deseo llamado América Latina. Pero el énfasis de su crítica está puesto, principalmente, en la permeabilidad, tensiones y negociaciones que hacen posible esa representación de un *otro* al que define como esencialmente diverso, exterior, antagónico, con respecto al ser social y a la conciencia que organiza las representaciones del mundo y la cultura.

Si esta teoría se opone a los principios que promueven la idea de una unificación nacionalista o de un universalismo abstracto, resistiéndose a elaborar como mera *diferencia* los *antagonismos* de fondo, se opondrá también a toda forma de globalización que suponga, en el contexto del multiculturalismo neoliberal, el borramiento de problemáticas y de agendas locales, desconociendo los efectos de nuevas formas de hegemonía en las etapas que suceden a la irresuelta modernidad latinoamericana.

La denuncia final de Cornejo acerca del predominio del inglés sobre el español y acerca de la pujante propuesta de América Latina como constructo determinado por los procesos de redefinición profesional o disciplinaria en los centros de acumulación teórica a nivel internacional es una reflexión sobre el conflicto que es inherente a la constitución misma del campo, en la modernidad y en los estadios actuales de globalización. Ni el localismo puede ser ya un refugio contra los flujos y efectos de la transnacionalización cultural, ni la globalidad puede ser asumida como una panacea universalizante donde la *diferencia* sea, como advirtiera Jameson, la esencia identitaria de la posmodernidad y el multiculturalismo el pluralismo conciliatorio de la nueva época. El texto de Cornejo no promulga lo primero, ni se deja deslumbrar por lo segundo. Su reflexión sobre la diglosia crítica y, por esta vía, sobre el posible final del hispanoamericanismo no se escribe de espaldas a las nuevas articulaciones culturales. Habla, con menos radicalismo del que le han atribuido sus intérpretes, de un predominio, de un peligro, de un exceso, de una distribución desigual de saberes, de una parcializada red de producción y circulación de bienes simbólicos.

Creo que percibe detrás de la tendencia de universalización cultural lo que Román de la Campa ha aludido como el desasosiego político de un sector intelectual que promueve una lectura del devenir histórico latinoamericano a partir de levitaciones epistemológicas por medio de las cuales los centros de la globalidad puedan llegar a imaginar sociedades distintas desde la lejanía.[7]

Seguramente Cornejo tenía presente al escribir su texto, junto a la red de teorías posmodernas y poscoloniales, los antagonismos intrínsecos, no superables a través del discurso, que son propios de las sociedades latinoamericanas, enquistadas en una premodernidad que más allá de las hibridaciones, existe aún sustraída, en muchos casos, a las leyes del mercado cultural, o a las elucubraciones proyectadas desde los grandes supermercados teóricos de un norte que sigue siendo norte en medio de la globalidad, y que no por desmontar o relegar las agendas locales decidirá su desaparición.

Toda teoría "central" (internacional o localmente hablando) –letrada, urbana, escrituraria– necesita su "indio", su subalterno, para definir en su revés el lugar del que habla, situación sin duda tributaria, como muchos críticos han reconocido, de la condición neocolonial de América Latina, que ha dejado la idea de que el "subcontinente" sólo puede ser asediado de manera unidireccional, sin llegar a adquirir reciprocidad discursiva ni llegar a obtener pleno derecho en el proceso de su autorepresentación.[8] Siendo así, tiene razón Cornejo al pensar que más allá de los efectos de la globalización y de los beneficios de la transculturación, cada lado del debate y del proceso interpretativo seguirá manteniendo su ritmo disciplinario y defendiendo intransigentemente sus cánones.[9] Quizá, en este sentido, como advierte Cornejo

---

[7] La referencia corresponde a la comunicación presentada por De la Campa en el congreso de LASA de Chicago, 1998. Sobre las posiciones de este crítico respecto a la inserción de estos problemas en el campo de los estudios latinoamericanos ver por ejemplo el estudio citados en la bibliografía de este artículo.

[8] Edward Said ha señalado la misma situación al referirse al silenciamiento del colonizado, concebido, como indica Said, con la frase de V.S. Nipau, como alguien "condenado sólo a usar el teléfono, nunca a inventarlo" (Citado por Said, 207, trad. mía). En el mismo artículo, Said analiza la problemática del observador, principalmente en antropología, dando ejemplos de la falta de teorización del analista acerca de sí mismo, de su propia posición y determinación enunciativa (212).

[9] En relación con la nota anterior, que toca al problema de la elaboración de la posición enunciativa desde la que se emite el discurso crítico, vale la pena señalar que Cornejo Polar no desconoce, en este sentido, las contradicciones que el problema de la traducción interpretativa –via antropología, crítica literaria o estudios culturales– representa incluso para su propia posición "heterogénea" de intelectual criollo situado en la exterioridad letrada, urbana, escrituraria, con respecto a las culturas indígenas estudiadas por él. Dice, al respecto, en *Escribir en el aire*: "...no voy a caer en el elegante sofisma de Spivak para quien el subalterno como tal no puede hablar, primero porque es obvio que *sí* habla, y elocuentemente, con los suyos y en su mundo y segundo porque lo que en realidad sucede es que los no subalternos *no* tenemos oídos para escucharlo, salvo cuando trasladamos su palabra al espacio de nuestra consuetudinaria estrategia decodificadora. Tenemos que

Polar, no sea la pregunta de Spivak la que cuenta –si el subalterno puede, en efecto, hablar– sino si el *otro*, desde sus lugares de privilegio lingüístico, interpretativo, representacional, puede, realmente, aprender a escuchar.

BIBLIOGRAFÍA

Cornejo Polar, Antonio. *Escribir en el aire. Ensayo sobre la heterogeneidad cultural en las literaturas andinas*. Lima: Ed. Horizonte, 1994.

—— "Mestizaje e hibridez: el riesgo de las metáforas". *Revista Iberoamericana* LXIII/180 (julio-setiembre 1997): pp. 341-344.

—— "Una heterogeneidad no dialéctica: sujeto y discurso migrantes en el Perú moderno". *Revista Iberoamericana* LXII/176-177 (julio-diciembre 1996): pp. 837-844.

De la Campa, Román. "Latinoamérica y sus nuevos cartógrafos: discurso poscolonial, diásporas intelectuales y enunciación fronteriza". *Crítica cultural y teoría literaria latinoamericanas. Revista Iberoamericana* LXII/176/177 (julio-diciembre 1996): pp. 697-717.

Escajadillo, Tomás G. *Perfil y entraña de Antonio Cornejo Polar*. Tomás G. Escajadillo, ed. Lima: Amaru Editores, 1998. 79-87.

García-Bedoya, Carlos. "Transculturación, heterogeneidad, hibridez: algunas reflexiones". *Perfil y entraña de Antonio Cornejo Polar*. Tomás G. Escajadillo, ed. Lima: Amaru Editores, 1998, pp. 79-87.

---

reconocer —al menos yo lo reconozco— que los críticos, como los gestores de testimonios o como los recopiladores-traductores de discursos otros, generalmente nativos, somos algo así como una incómoda parodia del Rey Midas: todo lo que tocamos se 'convierte' en literatura. Y sin embargo, por poco cómoda que sea, esta sospechosa alquimia resulta inevitable al menos para todos los que fuimos formados, y para que los que nosotros mismos seguimos formando, como hermeneutas de textos escritos. En última instancia, y es bueno tener conciencia de ello, la voz del subalterno nos invade en la vida cotidiana pero solamente la asumimos como parte de nuestras preocupaciones académicas cuando ha sido sometida por ciertos requerimientos: haber sido seleccionada y adecuada (y con frecuencia traducida) por colegas más o menos prestigiosos o haber quedado transpuesta y transformada (vía otro colega) en 'testimonio'. En realidad, frente a esa inmensa masa de discursos subalternos que discurren dentro de su propio espacio, y ante los que estamos desarmados, los especialistas en literatura deberíamos comenzar a sentir la misma angustiosa desazón de los nuevos antropólogos y etnólogos y encontrar el lugar desde el cual y la relación con la que nuestra práctica académica no termine por hacer del discurso del subalterno poco más que la materia prima de un producto hecho a imagen y semejanza de nosotros mismos" (220-221). Aunque Cornejo no se refiere aquí expresamente al tema de la lengua, su consideración acerca de la "exterioridad" del crítico respecto a las culturas estudiadas queda en evidencia. Agradezco a Armando Muyolema, estudiante de la Universidad de Pittsburgh, haber puntualizado la "heterogeneidad" de la obra de Cornejo Polar respecto a las culturas indígenas, particularmente en lo que toca al privilegio del español con respecto a las lenguas quechua y aymara, por ejemplo. Esta consideración obliga no a minimizar el argumento de Cornejo respecto a la relación español/inglés, pero sí a ponerlo en la perspectiva que le corresponde. Vale la pena señalar, en este sentido, que Cornejo se refiere en su artículo principalmente al uso académico del castellano en el contexto disciplinario y académico del latinoamericanismo y a los juegos de poder que se dan en ese campo particularmente en los Estados Unidos. La relación entre la puntualización de Muyolema y este parámetro preciso al que se refiere el reclamo de Cornejo Polar en su último artículo merecería, sin duda, más elaboración.

Lienhard, Martín. "De mestizajes, heterogeneidades, hibridismos y otras quimeras". *Asedios a la heterogeneidad cultural. Libro de homenaje a Antonio Cornejo Polar*. José Antonio Mazzotti y U. Juan Zevallos Aguilar, coords. Ann Arbor, MI: Asociación Internacional de Peruanistas, 1996, pp. 37-45.

Masiello, Francine. "Searching the Relationship Between Ideology and Expression". *Antonio Cornejo Polar*. Berkeley: University of California Brochure, 1998, pp. 33-34.

Moraña, Mabel. "Antonio Cornejo Polar y los debates actuales del latinoamericanismo: noción de sujeto, hibridez, representación" (en prensa).

—— "*Escribir en el aire*, 'heterogeneidad' y estudios culturales". *Revista Iberoamericana* LXI/170-171 (1995): pp. 279-286.

Rama, Ángel. *La ciudad letrada*. Hanover, NH: Ediciones del Norte, 1984.

—— *Transculturación narrativa en América Latina*. México: Siglo XXI, 1982.

Said, Edward. "Representing the Colonized: Anthropology's Interlocutors". *Critical Inquiry* 15/2 (Winter 1989): pp. 205-225.

Schmidt, Friedhelm. "Literaturas heterogéneas o literatura de la transculturación?". *Asedios a la heterogeneidad cultural. Libro de homenaje a Antonio Cornejo Polar*. José Antonio Mazzotti y U. Juan Zevallos Aguilar, coords. Ann Arbor, MI: Asociación Internacional de Peruanistas, 1996, pp. 37-45.

V. Márgenes sociales, género, ciudadanía

Vidas fronterizas: mujeres prostitutas en Tijuana

Debra A. Castillo
Cornell University
María Gudelia Rangel Gómez
Colegio de la Frontera Norte en Tijuana
Bonnie Delgado[1]
Universidad Autónoma de Baja California

> Con el nombre que quieras, tú pagas.
> Prostituta de la Ciudad de México a Aranda Luna.
>
> Pues me llamo como me llamo, ¿eh? Y soy quien soy, simplemente.
> Eso [trabajadora sexual] se escucha muy feo, ¿no? Mejor decir: ¿Desde cuándo trabaja Ud. en el ambiente de la noche?
> Prostituta de Tijuana a Rangel Gómez.

Este trabajo se ocupa explícitamente de la situación social concreta de mujeres que trabajan en la prostitución en Tijuana. No obstante, nada en este enunciado, aparentemente sencillo, es simple o directo. Hablar de "lo social" inmediatamente introduce en el estudio una dinámica compleja de discursos institucionales que compiten entre sí, y de prácticas en las cuales la tradicional metodología sociológica de observación participativa está comprometida *a priori*.

Hablar de la mujer trabajadora abre un tópico sobre el cual tanto los pensadores feministas angloeuropeos como latinoamericanos han teorizado estruendosamente de modos diversos, opuestos, y a menudo mutuamente excluyentes, sobre un trabajo (tanto el del investigador como el del sujeto investigado) que es emancipatorio, no jerárquico, teorético, activista. Hablar de mujeres implica una necesaria exploración de la construcción cultural del género y de la sexualidad –tanto de sus estereotipos dominantes como de sus márgenes ingobernables. Hablar de la prostitución es evocar lo que Wendy Chapkis llama un "'signo mágico' cuyo sentido siempre excede su definición" (*Live Sex Acts,* p. 211) hasta tal punto que empieza a parecer un grado cero de la representación, una pantalla en blanco sobre la cual proyectamos nuestros deseos y nuestras ansiedades. Hablar de Tijuana implica, a su vez, una historia compleja en la cual todos estos signos mágicos, discursos, prácticas y luchas son filtrados a través de un espacio fronterizo particular con su propia superposición metafórica de feminización y abyección, su propia historia legal, su propio pasado y presente racialmente distorsionado, sus propios intercambios determinados biculturalmente. Y cuando tratamos de entender la situación concreta de mujeres reales en esa ciudad particular, somos devueltos a narrativas

---

[1] Los autores agradecen las siguientes fuentes de apoyo para este proyecto: el Programa de Estudios Latinoamericanos y la Sociedad para las Humanidades de la Universidad de Cornell; el Colegio de la Frontera Norte en Tijuana, y el otorgamiento de la beca NSF a Carlos Castillo-Chávez.

ambiguamente enmarcadas sobre vidas que implícita o explícitamente tienen fricciones con todos estos marcos sociales, teóricos, culturales e históricos de una manera que a veces resulta cómplice, y a menudo contestataria. El interjuego entre teoría y metodología ha creado un cierto discurso familiar acerca del compromiso personal éticamente motivado, irónicamente reproducido en su (nuestra) propia crítica; el interjuego entre entrevistador y entrevistado se abre sobre otro espacio de identidades negociadas, un contradiscurso del tipo del evocado en los epígrafes de este trabajo, por el cual narrativas e identidades son continuamente reinventadas en modos que no son ni inmotivados ni ingenuos. Nuestro problema es, finalmente, tratar de entender la articulación entre estas formaciones sociales y culturales enfrentadas.

Nuestra táctica en estas páginas es la de movernos hacia delante y hacia atrás entre la puesta en escena de la metodología y la *performance* de identidad, entre lo teórico y lo temático, con el objetivo de explorar las complicidades y las apropiaciones que las afectan a ellas y a nosotros.

UN PROBLEMA DE MÉTODO

Hace unos pocos años, Lynn Sharon Chancer publicó un artículo que comenzaba solicitando al lector que imaginara la existencia hipotética de un sociólogo embarcado en un trabajo de campo de observación participante sobre la prostitución en Chicago. Las bases teóricas del artículo yacen en la percepción compartida de los lectores y la audiencia acerca de la imposibilidad, o al menos, la extrema ambivalencia de la recepción, con que tropezaría semejante proyecto dentro del espacio académico estadounidense. Como Chancer señala, las respuestas que ella recibiera a su escenario sugerido la llevaron a concluir que "algo acerca del trabajo sexual es especialmente amenazante, poniendo al investigador social/sociológicamente en riesgo más allá de los peligros ajenos a la actividad investigada en sí misma" (Chancer, p. 167).[2] Esta percepción de un riesgo que es a la vez personal (la observación participativa con trabajadoras sexuales es frecuentemente peligrosa debido a los espacios sociales en los que estas mujeres trabajan) y profesional (Chancer comenta que hubo colegas que, al ser abordados acerca de este hipotético proyecto, le preguntaron confidencialmente si ella alguna vez había sido una prostituta) conduce a un paradójico posicionamiento por parte del investigador que socava su trabajo por lo menos en dos niveles. Las connotaciones sociales altamente cargadas de este tipo de estudio tienden a identificar al investigador como un miembro de la comunidad estigmatizada, lo que va en su detrimento profesional. Incluso de mayor relevancia es el grado en el cual el trabajo mismo está comprometido. Más intensamente, quizás, que

---

[2] Uno de los síntomas de la inquietud provocada por los estudios sobre la prostitución es la plétora de términos que la rodean, cada uno con sus connotaciones particulares y su bagaje ideológico. El capítulo introductorio de *Live Sex Acts* de Wendy Chapkis, "The Meaning of Sex", ofrece un análisis lúcido de cómo términos específicos como "prostituta", "puta" y "trabajadora sexual" se ponen en juego en relación con la posición del investigador. Las mujeres entrevistadas en Tijuana para este estudio también difieren con respecto al término que prefieren para describirse ellas mismas y a su trabajo; algunas dicen, "llámame lo que soy", mientras la mayoría prefieren la referencia menos explícita "al ambiente". Hay un general (aunque no universal) desagrado entre ellas por el término "trabajadora sexual" que ven como una afectación académica. Como el propósito de este trabajo no es introducirse en estos debates, nosotros meramente tratamos de ser coherentes con estas perspectivas movedizas en nuestra elección del vocabulario usado para parafrasearlas.

en otras situaciones de observación participativa, el investigador académico tiene un especial interés en mantener distancia entre ella misma y las mujeres que son los objetos de su estudio, al grado de que "los beneficios de la observación participativa son raramente maximizados" (Chancer, p. 153). Esto es cierto tanto para el investigador, que necesita diferenciarse de las mujeres, como para las mujeres mismas, cuyas vidas difíciles les han enseñado a desconfiar de extraños que pueden querer sólo usarlas.[3]

Las observaciones de Chancer sirven como importantes llamados de atención en el estudio que sigue, un trabajo en colaboración entre una investigadora del área de salud pública, una activista social y una crítica literaria sobre las prostitutas en Tijuana, México. La experiencia en México muestra que la primera reacción de la gente que trabaja en la prostitución, al ser abordada por los investigadores es preguntar: "¿por qué estás interesada en nosotras? ¿Tienes SIDA?". Si no están satisfechas con las respuestas a estas preguntas, no participarán en las entrevistas e influirán a sus compañeras para que no participen. Investigaciones publicadas en México, como en cualquier otro lado, frecuentemente señalan la dificultad de conseguir materia que sea de utilidad: las trabajadoras sexuales comerciales son "reticentes a hablar acerca de su comercio –especialmente a foráneos identificados con las instituciones públicas" (Zalduondo, p. 167) y los investigadores frecuentemente tienen que decidir acerca de la precisión de la información recogida; como delicadamente lo expresa un artículo de investigación, refiriéndose a la veracidad de una aseveración en particular (Uribe-Salas, p. 124).[4]

Estudios recientes, como los de Schwalbe y Mason-Schrock sobre el "Trabajo identitario como un proceso de grupo", complican aún más esta discusión al inquirir sobre los modos según los cuales "las identidades son creadas, usadas y cambiadas en la interacción" (p. 114).

---

[3] Este asunto también lo trata Wendy Chapkis en su trabajo de 1995, "Too Close for Comfort: Prostitution, Participant Observation, and Sexual Stigma" ("Demasiado cerca para la comodidad: prostitución, observación participante y estigma sexual"), en el que ella responde al mismo problema teórico/metodológico propuesto por Chancer con respecto a la investigación de observación participante en California y Amsterdam. El trabajo de Chapkis ha sido más desarrollado luego en su libro, *Live Sex Acts*. Agradecemos al reseñista anónimo de *Signs* por haber traído este importante trabajo a nuestra atención.

[4] El asunto de la duda siempre ha estado presente en los estudios culturales, aunque sus implicaciones son raramente exploradas. El libro sobre metodología de las ciencias sociales de Davidson y Layder comenta que, "mientras los metodólogos de cualquier clase tienen mucho que decir acerca de cómo hacer que la gente de repuestas verdaderas o al menos completas y sinceras, se dice menos acerca de cómo un investigador puede diferenciar si la persona entrevistada dice la verdad *realmente*", permitiendo así que dichas cuestiones vuelvan a la afirmación de la buena relación como una base para el proceso de la entrevista (p. 116, p. 122). Chancer, Zalduondo, y Uribe-Salas enfatizan en la preocupación metodológica precisamente a este nivel; en los estudios de la prostitución, donde tanto la buena relación como las respuestas están puestas en duda, la base de datos tiene que ser evaluada cuidadosamente. Además, tenemos que tomar en serio las preocupaciones de escritores feministas (Chapkis y Davidson son ejemplos excelentes en el escenario anglo-europeo, como lo es Lamas en México) sobre el prejuicio masculino en la investigación social, hasta tal punto que, "el énfasis de los metodologistas ortodoxos en el control, la jerarquía y la naturaleza impersonal de la investigación científica refleja un punto de vista masculino del mundo y más en general de las relaciones humanas" (Davidson y Layder, p. 125). Aquí también existe la duda de que una entrevista con formato no jerárquico, entre mujeres, no mejoraría nuestras certezas acerca de una buena relación de entrevista, debido al hecho de que, inevitablemente, las diferencias de clase social relacionadas al diferencial de educación entre el entrevistador y la persona entrevistada vuelven a reinstalar una relación jerárquica.

Schwalbe y Mason-Schrock nos recuerdan que las entrevistas y los cuestionarios tienden a dar por sentado que la gente informa a los investigadores acerca de su (singular) identidad, cuando el trabajo identitario puede ser definido más certeramente como un proceso, como una *performance* determinada situacionalmente, y como un mecanismo para describir una posición moral con respecto a la sociedad. Ellos enfatizan "cómo la gente adopta y adapta diversas estrategias retóricas para presentarse a sí mismos como ellos quieren ser vistos en una situación dada" (p. 117). Estas estrategias adoptivas/adaptativas incluyen definir, codificar, controlar, y afirmar la identidad individual percibida/elegida/imaginada. Schwalbe y Mason-Schrock concluyen que "toda identidad puede ser convertida en una identidad moral", esto es, una que ofrece al individuo la posibilidad de crear una base de recursos personales y simbólicos que la ayudan ante una hostil cultura dominante (p. 137). Siguiendo la discusión de Schwalbe y Mason-Schrock podemos decir que las mujeres de Tijuana que trabajan en la prostitución se definen a sí mismas a la vez en su trabajo y en su vida doméstica a partir de formas que les permiten establecer los límites y fronteras de las diversas identidades morales que han asumido. Estas identidades, en el contexto de la entrevista, son puestas en juego situacional y *performativamente* en respuesta a su comprensión acerca de quién es ella en un momento en particular, cuál puede ser su capital simbólico frente a la entrevistadora, y qué da ella por sentado acerca del interés de la entrevistadora en su situación.

Este artículo se deriva de un trabajo en curso con prostitución tanto femenina como masculina, primariamente en las áreas de educación y políticas de salud pública. Además de las investigaciones publicadas, la información para este estudio provino de un proyecto cualitativo de dos fases. La primera fase implicó trabajo etnográfico en 1988, incluyendo visitas a todas las diferentes zonas de Tijuana en las cuales la prostitución es practicada, para obtener una lista tan completa como fuera posible de los lugares en los cuales la prostitución se lleva a cabo, y para comprender las características sociales y estudiar la dinámica de cada uno de estos lugares. Esta fase del proyecto incluyó entrevistas con 184 mujeres que trabajan en la prostitución en Tijuana, con el principal objetivo de evaluar su conocimiento acerca del HIV/SIDA y para tomar muestras de sangre para comprobar la prevalencia de seropositividad. La segunda fase de este proyecto tuvo lugar en 1994-1995, y consistió en treinta entrevistas en profundidad con prostitutas, llevadas a cabo, o bien en sus lugares de trabajo, o bien en clínicas médicas municipales; material tomado de estas entrevistas en profundidad sirvió como la base para los comentarios que siguen.[5] Mientras que nosotros también podemos decir "existe la duda" acerca de nuestro énfasis o nuestros datos, esperamos que este trabajo se añada al cuadro teórico diseñado por Chancer con respecto a la ambivalencia acerca de serios estudios sociológicos sobre la prostitución en la academia estadounidense, y también contribuya hacia un intercambio interdisciplinario acerca de la construcción social de la prostitución, específicamente, en la ciudad limítrofe de Tijuana, México. Con respecto a esto último, respondemos también al requerimiento de Uribe *et al.* de que se realicen más estudios multidisciplinarios sobre la prostitución en México: "hay pocas investigaciones publicadas que puedan contribuir a ampliar el conocimiento sobre los grupos que ejercen la prostitución; también son

---

[5] Además de estos estudios, Patricia Barrón Salido ha hecho trabajo de campo durante 1995-96 para su tesis de licenciatura sobre un grupo de prostitutas callejeras organizadas en Tijuana, las "María Magdalenas" y recién ha finalizado su tesis de maestría, enfocada en la reproducción social de las familias de mujeres prostitutas, en la cual el interés particular de Barrón es la doble estigmatización en sus vidas. Estos dos proyectos fueron realizados bajo la dirección de María Gudelia Rangel Gómez.

limitados los trabajos con enfoques multidisciplinarios que manejen el fenómeno desde la perspectiva epidemiológica, biomédica, etnográfica, antropológica, socioeconómica, o cultural" (Uribe *et al.*, p. 185). Nuestro propósito en este trabajo, así, es doble: 1) ver el modo en el cual la metodología metropolitana y la teoría se entrelazan para producir/inventar un discurso acerca de la prostitución que se desborda en preocupaciones éticas y políticas en México tanto como en los lugares angloeuropeos de producción de teoría; y 2) utilizar nuestro análisis de entrevistas con mujeres prostitutas de Tijuana para ver cómo sus narrativas identitarias complican las discusiones típicas de las ciencias sociales sobre prostitución y constituyen una implícita –aunque ambiguamente localizada– contranarrativa de las mismas.

INVESTIGACIÓN MEXICANA ACERCA DE LA PROSTITUCIÓN

Las discusiones acerca de la prostitución en México van desde los estudios históricos como los de González Rodríguez (1989) o Xorge del Campo (1974), pasando por la publicación de memorias o testimonios de mujeres que trabajaron en la prostitución, como las *Memorias de la Bandida* (1967) de Muñuzuri y *De oficio* (1972) de Antonia Mora, hasta estudios de las actitudes hacia la prostitución y la relación entre la prostitución y la sociedad por parte de críticos culturales como Carlos Monsiváis (*Amor perdido* y *Escenas de...*) y José Joaquín Blanco (*Cuando todas las chamacas...*). Junto con estos materiales del tipo "cultura popular" acerca de la prostitución, hay también un cuerpo de estudios profesionales sobre las mujeres que trabajan en "el ambiente" en México. Los estudios actuales en este campo se inscriben dentro de una de las cuatro siguientes clases: histórico, sociológico, médico y legal. Uribe *et al.* encuentran que los investigadores asociados con el área de la salud pública tienen mayor y más confiable acceso a las mujeres que trabajan en la prostitución en México que la gente de otras especialidades académicas, aliviando así el tipo de desconfianza entre las trabajadoras sexuales y los investigadores académicos que Chancer y Chapkis, entre otros, señalan como un problema persistente en este tipo de investigación. Al mismo tiempo, mientras que apoyamos la recomendación de los investigadores mexicanos acerca de la necesidad de reforzar los lazos de investigación con la salud pública y las ONGs (Uribe *et al.*, p. 201) –y a pesar de nuestro propio compromiso con las cuestiones de salud pública– reconocemos que a menudo este foco tiende a circunscribir las preguntas muy estrechamente a cuestiones de salud reproductiva y a preocupaciones epidemiológicas. Un tópico de investigación corriente ha sido el estudiar la relación entre la conducta de la prostituta y la propagación de las enfermedades venéreas, y particularmente, el SIDA. Así, por ejemplo, el artículo de Juárez-Figueroa *et al.* "Prevalencia de anticuerpos contra *Pneumocystis carinii* en sujetos con prácticas de alto riesgo de SIDA" (1993) y el de Uribe-Salas *et al.* "Prevalencia, incidencia y determinantes de la sífilis en las trabajadoras de sexo comercial en la Ciudad de México" (1996) tienen una conexión esencialmente tangencial con las trabajadoras sexuales en México, limitando básicamente los objetivos del estudio a proveer información orientada epidemiológicamente acerca de esta enfermedad para uso de los hacedores de políticas de salud pública.

Debido a la preocupación relativa al SIDA, ha habido un creciente interés en la comunidad científica por ver la relación entre la prostitución y la infección, tanto como un tópico de investigación por parte de las autoridades de la salud, como asimismo en tanto respuesta a la preocupación generalizada en la totalidad social. No obstante, uno de los más importantes factores limitantes de esta investigación es que no toma en cuenta el fenómeno social de la prostitución cuando define el objeto de estudio. Así por ejemplo, un estudio más matizado tomaría en cuenta mayor cantidad de entre las muchas variables relativas a la inserción de las mujeres en la prostitución, incluyendo factores que implican diferentes ubicaciones geográficas, estructuras económicas de clase dentro de la prostitución, la base clientelar, los patrones migratorios dentro y fuera de la prostitución, el uso de drogas intravenosas, etc. Los actuales estudios epidemiológicos, desafortunadamente, tienden a aplanar o a ignorar esas diferencias cruciales. Aunque se ha obtenido mucha información valiosa, el foco de la investigación realmente torna ineficaces los resultados de la investigación, al reducir a la trabajadora sexual a una categoría de riesgo e imaginar su trabajo como un lugar de infección.

El examen de Valerie Sacks de la literatura occidental sobre el tema muestra que estudios similares hechos en Estados Unidos y Europa rutinariamente presuponen un vínculo entre el HIV y la prostitución, a despecho de la evidencia de que la tasa de infección de HIV en las trabajadoras sexuales no es más alta que entre las mujeres que no son prostitutas, con la notable excepción de mujeres con una historia de uso de drogas intravenosas (p. 61). Pheterson, también, se queja de este prejuicio, citando un estudio entre muchos: "Los autores están conscientes de los 'peculiares problemas metodológicos' de la investigación relacionada con la prostitución [...] pero aún así no cuestionan si el estatus 'prostituta' es realmente la variable bajo estudio" (p. 403). Inevitablemente, se nos conduce a la conclusión de que el estudio epidemiológico del SIDA tiene tanto que ver con los prejuicios heredados como con la transmisión de la enfermedad. Dicho trabajo evoca y participa de una larga tradición en la cultura de la clase media de asociar a las trabajadoras sexuales con el estereotipo de la *femme fatale* y de estigmatizar la sexualidad femenina como contaminada. Bersani nos recuerda que semejante fenómeno cultural: " 'legitima' una fantasía acerca de la sexualidad femenina como intrínsicamente enferma; y la promiscuidad, en esta fantasía, lejos de meramente incrementar el riesgo de infección, es el *signo de la infección*" (p. 211). De acuerdo con este modelo de la promiscuidad como el *signo* lingüístico/científico de la infección, un modelo indicado implícitamente en trabajos que comienzan con la premisa de que la prostitución es una categoría de riesgo, enfermedades de transmisión sexual como el SIDA son enfermedades asociadas con lo femenino, y transmitidas por medio de su antinatural y descontrolada actividad sexual a inocentes víctimas masculinas.

Zalduondo *et al.* nos recuerdan que una comprensión del contexto social del sexo pagado requiere las perspectivas de los clientes, proxenetas y dueños de bares, dueños de casas de citas, la policía y otras autoridades (p. 173). Igualmente, una caracterización social más completa de la trabajadora sexual incluiría, mínimamente, la perspectiva de su familia. Al enfatizar en la trabajadora sexual como miembro de la sociedad anormal o marginal, los comentadores simplifican enormemente una cuestión muy complicada que incide directamente en el modo en que los hombres perciben a las mujeres y en cómo las mujeres se perciben a sí mismas en diversas interacciones sociales y narrativas. Incluso al punto de que el sustento de la trabajadora sexual "depende del mantenimiento de la misma ideología que la degrada y la convierte en una paria social" (Davidson, p. 9), su estatus liminal en la sociedad arroja una potente luz acerca de aspectos relacionadas con la construcción social del género, y sobre cuestiones de control y consentimiento dentro de las relaciones humanas.

Además, como Chancer, encontramos que ni los estudios históricos ni los sociales o legales parecen proveer la base que necesitábamos para contestar las preguntas fundamentales que queríamos formular acerca de la interacción de las prostitutas dentro de sus comunidades. Aún peor, el material está disperso y es incompleto, infectado por la evidencia de los estereotipos del investigador y la desconfianza de la prostituta. Los estudiosos mexicanos han tendido frecuentemente a llenar estos vacíos de conocimiento teórico y empírico con panoramas históricos y grandes trozos de material parafraseado de autores tan diversos como Carlos Fuentes, Susan Sontag y Simone de Beauvoir (Poniatowska, p. 98, o Careaga, *Mitos,* pp. 108-111), suplementándolos con epílogos indicando la relevancia de tales discusiones para un modelo social mexicano. El resultado en estudios de esta naturaleza es un estilo ensayístico de algún modo vago y sin foco, que depende para sus efectos de dudosas analogías, del *shock* y del autoanálisis, tanto como de la evidencia empírica de una base de datos construida a partir de unas pocas, a menudo ambiguas preguntas formuladas a una muestra de población inadecuada. Uno de esos ensayos, reconocidamente un ejemplo extremo, implica una sola conversación entre el periodista Javier Aranda Luna y una prostituta de la Ciudad de México en la que el periodista le ha pagado a ella por su tiempo (este ensayo es incluso más sospechoso, debido al hecho de que los investigadores en México tienen vedado por ley ofrecer ninguna compensación monetaria a los entrevistados).

Así, la investigación mexicana en el tema de la prostitución tiende hacia uno de los dos polos: el estudio científico estrechamente concebido o el ensayo discursivo orientado hacia la generalidad. Tratando de negociar nuestra vía entre estas dos soluciones igualmente insatisfactorias, somos devueltos una y otra vez a las preocupaciones teóricas, metodológicas y políticas que los sustentan, y a las voces de las mujeres de Tijuana, cuyas construcciones narrativas acerca de sus propias vidas y estrategias para sobrevivir a menudo tienen propósitos opuestos a las preocupaciones de los investigadores. Lo que es más poderoso en estas entrevistas es el atisbo que nos permiten dentro de las vidas de estas mujeres en tanto mujeres y no como símbolos del mal, o metáforas de la enfermedad, o representaciones desplazadas de un estilo narrativo. Sus historias rompen el generalizado silencio alrededor de la imagen de la mujer que trabaja en la prostitución en el México moderno, y abre un nuevo espacio para la continuación del estudio. Una y otra vez, en estas entrevistas con prostitutas de Tijuana estamos enfrentados a la necesidad de entender la dinámica del proceso de la entrevista en sí misma, en la cual, inevitablemente, se construye una narrativa acerca de la identidad, dialógica y situacionalmente.

James Clifford describe la difícil situación de la etnografía poscolonial como el proceso desconcertante de negociar a través de resistencias, y al mismo tiempo manejar las tensiones morales, la violencia inherente, y los disimulos tácticos del trabajo de campo moderno. Sus comentarios también parecen apropiados al modo como nosotros encaramos el estudio de personas marginales en la sociedad.

> Algún tipo de "encuentro auténtico", en palabras de Geertz, parece un prerrequisito para la investigación intensiva, pero los reclamos iniciatorios de hablar como una persona informada que es aceptada dentro, revelando verdades culturales esenciales, ya no es creíble. El trabajo de campo [...] debe ser visto como un encuentro dialógico indisciplinado e históricamente contingente, implicando hasta cierto punto tanto el conflicto como la colaboración en la producción de textos. Los etnógrafos parecen estar condenados a luchar por el verdadero encuentro, mientras simultáneamente deben reconocer los propósitos cruzados de índole política, ética y personal que socavan cualquier transmisión de conocimiento intercultural (Clifford, p. 90).

Los estudios existentes sobre prostitutas en México no reflejan bien las complejidades de la práctica social ni exploran la relación con el complejo sentido de la identidad de estas mujeres, la cual es reconstruida de acuerdo a la conciencia de los múltiples espacios que habitan. Para tomar un ejemplo simple de entre muchos: el artículo de Marta Lamas, influido por el feminismo internacional y publicado en su prestigiosa revista *Debate Feminista*, enmarca una discusión acerca de la prostitución callejera en dos áreas de la Ciudad de México – Cuauhtémoc y Miguel Hidalgo– a través de un debate sobre la violencia simbólica y las conductas estigmatizadas. Para una cierta cantidad de investigadores involucrados directamente en el campo, este estudio ha sido particularmente desafortunado con respecto a su potencial y sus consecuencias, debido a la privilegiada posición de su autora en la sociedad mexicana y en los círculos gubernamentales de México y porque la recepción internacional de la revista *Debate Feminista* garantiza al artículo un cierto impacto. En una cáustica crítica del trabajo de Lamas, Armando Rosas Solís, de la Universidad Autónoma de Baja California, escribe: "El artículo tiene una estructura muy poco clara, ya que salta desde una presentación moralista, sin especificar si se refiere al medio mexicano o al internacional, conectándolo inmediatamente con el contexto del trabajo y con la política, con el propósito de vincularlo con el movimiento internacional de prostitutas, concluyendo con una serie de aseveraciones que, dependiendo de cómo estas son interpretadas, resultan muy riesgosas [...] La totalidad del texto depende de citas para hacer propuestas, y del análisis de sus sentimientos hacia Claudia [una trabajadora sexual que ayudó en el proyecto] más que de la prostitución" (Rosas Solís). El artículo de Lamas, entonces, pretende ofrecer una nueva perspectiva acerca de la prostitución femenina basada en la experiencia del autor con grupos de investigación auspiciados por el estado, y confirmada por su propio estatus de observadora participante en la comunidad de prostitutas. Más significativamente, no obstante, como Rosas Solís comenta, su trabajo sigue estando estructurado por los códigos morales que ella misma critica, respondiendo inconscientemente a los estereotipos que se derivan de una particular clase media alta, la localización cultural mexicana dominante.

Más llamativamente, en el típico lenguaje de la clase media, la categoría de femineidad es disociada de los adjetivos "mala" o "decente" para cernirse inequívocamente sobre un cierto tipo de conducta femenina, empujando a otros sujetos femeninos en un abismo discursivo. Nótese, por ejemplo, esta entrevista en un libro de Roberto Martínez Baños, Patricia Tejo de Zepeda y Edilberto Soto Angli en el cual la libertad de expresión sexual es inmediatamente traducida por la mujer de clase media entrevistada en una definición *de facto* de la prostitución, la cual presupone que la libertad sexual es incompatible con la femineidad misma. Las entrevistadas describen adicionalmente la esencial característica de la prostituta, no como un intercambio de sexo por dinero, sino como un degenerado e inmoral disfrute de relaciones sexuales:

> Corazón: Yo conozco a muchas muchachas que salen con uno tres días y al cuarto, a la cama. Y esto pienso que es negativo porque esa mujer ya no es mujer, ya es otra cosa, ya es una mujer que se vende. Para mí es una prostituta, es una mujer de la calle.
> Patricia: Si es por puro placer, sin sentir amor y se acuestan con el primero que se encuentren, pues, realmente sí, son prostitutas.
> Corazón: Y está peor, porque ni les pagan (Martínez Baños *et al.*, p. 91)

No es solamente que este intercambio manifiesta una internalización del tradicional doble estándar por el cual las mujeres se hallan divididas en dos campos: decentes y malas, sino que aquellos seres humanos femeninos que se niegan a acomodarse fácilmente en alguna de esas categorías son despojados de la femineidad misma. Para Patricia y Corazón, "la mujer" es definida no sólo en oposición a "hombre", sino también a diferencia del otro ser provisto de género, la puta. En su conversación, Corazón y Patricia se hacen eco de la famosa frase elíptica de Federico Gamboa, refiriéndose a su prostituta-protagonista, Santa: "¡No era una mujer, era una [...]!" (Gamboa, p. 15). Curiosamente, las mujeres entrevistadas encuentran a sus contrapartes incluso más moralmente reprensibles si no participan en la simple y más tradicional definición de prostituta –el intercambio de sexo por dinero–. Así, la mujer liberada sexualmente representa una particular amenaza para la sociedad si ella tiene sexo por placer, debido al hecho de que una lectura tradicional de esta formación social estipula que una mujer decente es indiferente al sexo; entonces la prostituta, que acepta dinero por un servicio desagradable en el que no encuentra ningún placer, se acomoda más fácilmente a la norma social.

Lamas reconoce sus propios prejuicios y discute en su artículo cómo éstos fueron disipados a través de su trabajo con mujeres en la prostitución. Ella concluye su artículo con una exhortación a un tratamiento más equitativo: "Una lucha por establecer mejores condiciones sociales tiene que incluir la tarea de deconstruir esta simbolización de las prostitutas como el mal o el pecado, tan ligada al pensamiento religioso y tan lejana de aspiraciones democráticas o libertarias" (Lamas, p. 132). En su comentario sobre este trabajo, Rosas Solís señala con precisión cómo esta conclusión demuestra que Lamas de hecho no deconstruye el modelo que describe a las mujeres o como decentes o como putas, sino que más bien reestablece los estereotipos que su retórica aparentemente rechaza, dado que su trabajo no demanda una comprensión más matizada de los múltiples roles y espacios ocupados por las prostitutas en México, sino más bien por una revisión de la estructura simbólica de la clase dominante para apropiarse de la imagen de la mujer en la prostitución. En otras palabras, la discusión que Lamas promueve permanece dentro de un horizonte moral único y no reconoce estructuras alternativas en las cuales la figura de la prostituta se introduce a sí misma –o es introducida– en términos distintos a los de malvada/no malvada. Esta tipología negativa de la prostituta sugiere a Rosas Solís que Lamas tiene un interés teórico/estructural en mantener la discusión sobre la prostitución en términos de marginalidad y estigma; su perspectiva, a pesar de sus seis meses de trabajo de campo en las calles de la Ciudad de México, sigue siendo la de su origen de clase media alta, en lugar de tomar en cuenta de un modo más allá de lo anecdótico la perspectiva de las mujeres que trabajan dentro de las muy variadas estructuras de clase de la prostitución.

La diferencia de opinión entre Lamas y Rosas Solís tiene importantes efectos materiales en cómo y por quién son dirigidos los estudios sobre prostitución en el contexto mexicano. En México, donde la competencia por recursos escasos es a menudo muy dura, y donde las diferentes regiones del país varían ampliamente, la investigación actual ha tendido a ser tan estrechamente enfocada, que los resultados no son útiles para acceder a generalizaciones de un significado más amplio, ni han sido capaces de influir las políticas públicas a nivel nacional. Asimismo, la prostitución ha sido raramente estudiada como un fenómeno social en sí mismo, creando un vacío de conocimiento sobre una población que, con la aparición del SIDA, ha caído recientemente bajo un escrutinio aún mayor. Estudios más matizados, que se dirigen a las concretas realidades sociales de hombres y mujeres que trabajan en la prostitución, requerirán un cambio de foco y de recursos. No es irrelevante en este contexto que Marta Lamas disfruta de una importante posición en el gobierno mexicano y dirige una importante publicación que ha dado a su artículo amplia circulación, mientras que Rosas Solís ocupa una posición menos privilegiada en Tijuana, habiendo expresado sus puntos de vista a través de un fax personal. Una de las frustraciones al releer el material existente es que inevitablemente nos devuelve a la consolidación de estereotipos como éstos en contextos análogamente politizados. Construcciones alternativas de la femineidad –no importa el género o el origen de clase de sus autores– se resuelven en evocaciones verbales proyectadas contra este telón de fondo preexistente, en el mejor de los casos apuntando a luchas en curso en la cultura popular acerca de los derechos de género. En cualquier caso, el fenómeno social de la prostitución, y las vidas de las mujeres implicadas en ella, son percibidos como marginales con respecto al más amplio contexto social.

La escasez de reflexiones serias en los contextos personales y las construcciones sociales de la prostitución es particularmente irónica en lugares como Tijuana, en los que la conjugación de marginalidad geográfica y moral ha estado siempre estrechamente dada. Dada la "Leyenda Negra" acerca del desarrollo de Tijuana como una avanzada de la cultura mexicana y como un gigantesco burdel al servicio de los Estados Unidos, su crecimiento poblacional, tanto como su desarrollo económico han ido de la mano con actividades que son estigmatizadas y prohibidas en otros lugares y, en Tijuana, la estrecha imbricación de identidad (provincial) y sexualidad femenina (anormal) es particularmente pronunciada. La infamante imagen internacional de Tijuana como un mercado de carne para los Estados Unidos –hombres de los Estados Unidos cruzan la frontera para comprar sexo de mujeres mexicanas, mientras que los hombres mexicanos cruzan la frontera para vender su trabajo en los campos de los Estados Unidos– sugiere que tanto desde México central como desde los Estados Unidos se desarrolla una tendencia a feminizar Tijuana de una manera particularmente estigmatizada y marginalizante. Un resultado de este proceso es la concepción generalizada de la ciudad como feminizada; es diversamente descripta como una "dama generosa" que permite un mejor nivel de vida a sus habitantes, como una "frívola jovencita" que atrae a los hombres solamente para hacer que éstos "pierdan sus almas" y finalmente, como una "decadente y grotesca prostituta" que abusa de aquellas almas desafortunadas que atraviesan Tijuana en cualquier dirección. Tijuana, en este aspecto, confirma la primacía de las nociones centralistas acerca de las provincias como no atractivas en el mejor de los casos y como degradadas en el peor. Más curiosamente aún, en vista de la notoria representación de Tijuana a través de una imagen de femineidad no doméstica, hasta muy recientemente, ya sea debido a, o a pesar de este estereotipo, escritores y científicos sociales han tendido a evitar el estudio de las mujeres reales que trabajan en los clubes nocturnos como meseras, bailarinas, *strippers*, y prostitutas. Como señala agudamente Patricia Barrón Salido, incluso en estudios respetados de figuras marginales de Tijuana "parece que la prostitución permanece en la elipsis" (p. 7).[6]

Complicando el cuadro más aún, están las actitudes ambiguas reflejadas en los comentarios de las mujeres que trabajan en la prostitución –en parte determinadas por el origen social de la mujer, en parte dependiendo de su ubicación geográfica y de su lugar en la estructura jerárquica de las trabajadoras sexuales, en parte codificadas en relación con el interlocutor (lector, cliente) y las presuposiciones acerca de sus deseos y expectativas, en parte dependiendo del espacio de enunciación (ya sea que se publique en un libro, o sea entrevistada en el lugar de trabajo, en su casa, en una clínica o en otro lugar). Por ejemplo, Claudia Colimoro, trabajadora sexual de la Ciudad de México, presidenta de una organización llamada Mujeres por la Salud en Acción contra las Enfermedades de Transmisión Sexual y el SIDA (formada en 1985), presenta una imagen de las trabajadoras sexuales muy diferente de aquellas codifi-

---

[6] Barrón Salido hace referencia a un informe específico sobre la situación en Tijuana. Cita una extensa lista de Martín de la Rosa de personas marginales: "vamos a ocuparnos en este apartado de los peones, los albañiles, meseros, lavacoches, periodiqueros, 'las Marías', los que 'ya volvieron del otro lado' (metedólares), los que 'quieren ir al otro lado', las empleadas domésticas, las 'que lavan ajeno', 'los yonkeros', los 'cholos', los barrenderos, los artesanos, los vendedores ambulantes, [...] los desocupados".

cadas en los estereotipos populares. En contraste con la glamorosa y terrible imagen de la mujer fatal de "la dama del alba" (eufemismo para el SIDA del cantante Víctor Manuel en una canción popular) o de la mujer atraída inapropiadamente hacia el placer sexual, Colimoro señala que el 80% de las trabajadoras sexuales mexicanas son madres, una realidad que "hace que las mujeres tengan que llevar una vida doble para satisfacer las necesidades de sus hijos y ocultar su ocupación diciendo en su casa que trabajan de meseras o enfermeras" (Ojeda, p. 78). La observación de Colimoro sugiere una tensa y a menudo amarga renegociación de roles aceptados dentro de la comunidad, en la cual la prostituta y la santa madre ocupan el mismo espacio social, entre la casa y el bar, complicando así cada uno de ellos. Pero, incluso Colimoro no va lo suficientemente lejos en su observación, desde el momento en que la referencia a la "doble vida" y "esconder la profesión" sugiere que las mujeres en la prostitución tienden uniformemente a aceptar las constricciones de la retórica moral de la cultura dominante, que las condena como inmorales en el espacio doméstico, mientras que subrepticiamente (o encubiertamente) demandan su disponibilidad sexual en las diversas zonas de tolerancia reconocidas.

Un cuadro algo diferente emerge de un largo estudio de casos, de más de 1600 prostitutas en seis ciudades, realizado en 1987-1988, en el que los investigadores, junto con la Secretaría de Salud, en una serie de preguntas en entrevistas interrogaron a mujeres trabajando en prostitución acerca de sus actitudes hacia una variedad de prácticas sexuales. Las mujeres respondieron a una serie de afirmaciones, y se les solicitó que discriminaran entre lo que ellas juzgaban aceptable para ellas mismas y aceptable para otras.

Claramente, estas mujeres conocen los códigos retóricos de la moral cultural dominante; no obstante, su propio sentido de las conductas apropiadas no siempre coincide con esas normas. Evidencia de esta falta de ajuste entre las normas culturales puede ser observada en los resultados de las entrevistas de mayo de 1988 con 783 de estas mujeres. Estas respuestas dan lugar a un cuadro del contexto social de estas mujeres que no está estrictamente limitado por las constricciones de la cultura moral dominante, sino que aparece como mucho más fluido. Por ejemplo, un muy alto porcentaje de las mujeres está de acuerdo con la afirmación de que la fidelidad a la propia pareja es algo positivo, tanto en lo que respecta a ellas mismas como en lo que respecta a las otras. (80%-70%; aunque alrededor de un tercio de las mujeres entrevistadas no encontraron nada particularmente reprensible en las relaciones extramaritales), no obstante hay un acuerdo casi tan alto acerca de la aceptabilidad de la práctica de recibir dinero a cambio de favores sexuales, tanto para ellas como para las otras (82%-69%). Igualmente, las casi 800 mujeres entrevistadas evidencian también una tasa sorprendentemente alta de aprobación con respecto a la sociedad en general (42%) acerca de tener relaciones sexuales con desconocidos (Secretaría de Salud, iv, pp. 6-7). Del mismo modo en que vacilaríamos en extraer conclusiones de la entrevista de Colimoro acerca del grado en que las mujeres prostitutas comparten las normas de la clase media, asimismo parece pertinente no emitir juicio apresuradamente acerca de la muy diferente narrativa construida en las encuestas de la Secretaría de Salud. Leer las dos al mismo tiempo, sin embargo, nos trae a la memoria el grado en que asuntos que sustentan gran parte de la investigación social/etnográfica/de salud pública –la oposición entre buena y mala información, o la presuposición de que la investigación puede alcanzar una simple y única "verdad" sobre el sujeto de investigación– las cuales necesitan ser complicadas con la toma de conciencia de que esas narrativas acerca de vidas de mujeres (tanto aquellas que implícitamente creamos en nuestros escritos de investigación, como aquellas que nos son provistas en las respuestas de las entrevistas) son construidas en diálogo y situacionalmente.

Otro hecho que contribuye a las confusiones del estatus de la prostitución en México es que, mientras que la prostitución es censurada como un insoslayable mal social, y las prostitutas son consideradas a la vez inmorales y casos patológicos, el acto de vender el propio cuerpo por dinero cae dentro de una zona gris en lo que respecta a la legislación, no del todo ilegal, y más o menos regulada dependiendo de las políticas locales y los estatutos.[7] En la sección del Código Penal mexicano que trata de "los delitos contra la moral pública", son identificados como actos criminales los siguientes: "ultrajes a la moral pública o a las buenas costumbres, corrupción de menores, lenocinio, provocación de un delito, y apología de éste o de algún vicio" (González de la Vega, p. 304; Moreno, p. 239). Así, la prostitución es técnicamente legal, mientras que las casas de prostitución están puestas fuera de la ley bajo la prohibición que rige contra el proxenetismo. A pesar de esta regulación federal, estados individuales a veces han optado por legalizar y regular casas de prostitución en las así llamadas "zonas de tolerancia". Como Salazar González apunta, estas leyes estaduales en funcionamiento están en conflicto con el código federal, y así parecen ser inconstitucionales (p. 99, p. 122). Igualmente, como comenta una autoridad estadual: "Aun cuando la prostitución no está contemplada legislativamente como delito, no implica que los sujetos que a su ejercicio se dedican, tengan que hacerlo sin ninguna restricción" (CONASIDA, *Resultados,* p. 22). Dado el ambiguo estatus legal de la prostitución, el continuo acoso a las callejeras en la mayor parte del país se halla técnicamente basado, no en el acto de intercambiar dinero por sexo, sino en la apariencia personal de la prostituta, dado que ella puede ser legalmente acusada de realizar "un atentado contra el pudor y las buenas costumbres" y puede ser detenida por treinta y seis horas (Lamas, p. 111). A los ojos de la sociedad dominante, tal como se halla corporizada en el código legal nacional, la prostituta, entonces, corporiza un vicio inmoral pero legal, un crimen que va más en contra del buen gusto de la clase media que contra el orden social.

PROSTITUCIÓN EN TIJUANA

Quizás porque Tijuana ha sido tan a menudo estigmatizada en la retórica centralista mexicana como una "ciudad-puta" y una plaga particularmente odiosa en la autoimagen nacional, sirve como un lugar natural para explorar las presuposiciones detrás de los códigos sociales y culturales, y sobre lo que dicen estos códigos acerca de la forma que toman las investigaciones sobre la prostitución. Ya sean abiertamente políticos, subrepticiamente moralistas, deliberadamente "políticamente correctos", o aisladamente científicos, los estudios acerca de la prostitución tienden a enmarcarla como una experiencia límite, excluida de los conceptos centralistas de la identidad y de la nación. Tijuana, casi demasiado nítidamente, combina exclusiones morales y geográficas que simbolizan el cuerpo saludable del estado. Desde ambos lados de la frontera, Tijuana representa esa vulgar, vil y amenazante cosa que la moralidad de la clase media debe resistir y de la que no puede dejar de hablar.

Esta imagen contemporánea está profundamente enraizada en el volátil pasado de la

---

[7] Debates recientes en el Congreso Federal en enero de 1997 sobre la regulación de la prostitución dentro de la Ciudad de México han intensificado la conciencia nacional sobre las contradicciones e inconsistencias en los códigos locales y federales. En el contexto de la audiencia de *Signs,* es importante también subrayar que los códigos legales ambiguos influencian las circunstancias bajo las cuales se realizan estudios de prostitución en México; lo más notable es que, a diferencia de los Estados Unidos, el investigador no está trabajando con una población legalmente criminalizada.

ciudad. El crecimiento de Tijuana a comienzos de siglo tuvo mucho que ver con la retórica prohibicionista vigente en los Estados Unidos. Cuando Los Angeles prohibió los bares y las carreras de caballos en 1911, la pequeña ciudad mexicana al otro lado de la frontera recibió un súbito afluente de bares, licorerías y clubes nocturnos. En 1916 el hipódromo abrió sus puertas, acrecentando el influjo de turistas al punto de que en 1920 Estados Unidos trató de controlar el movimiento, ordenando que la frontera fuera cerrada entre las 6:00 PM y las 8:00 AM. Con el nuevo Casino Agua Caliente (1920), la atracción de Tijuana para los turistas se incrementó dramáticamente. Al mismo tiempo, las industrias predominantes contribuían a serios problemas en la frontera, exacerbados por la Gran Depresión de 1929. Murrieta y Hernández anotan: "El glamour de Hollywood se desplazó a Tijuana. Fue el refugio de los revolucionarios acosados, de los Cristeros perseguidos por la ley, de los trabajadores de granjas expulsados de los Estados Unidos por la crisis de 1929, y de los mexicanos que arribaron a poblarla, seducidos por su crecimiento y distancia" (Murrieta y Hernández).

La "Leyenda Negra" de Tijuana como un gigantesco burdel para turistas de los Estados Unidos, soldados con base en San Diego y mexicanos en tránsito hacia las prósperas explotaciones agrícolas de California, hace el estudio acerca de la prostitución en esta ciudad a la vez necesario y excepcionalmente dificultoso. Un factor de complicación adicional es el difundido desprecio en la centralizada estructura de poder de México por todas las cuestiones relativas a las fronteras. Carlos Monsiváis, por ejemplo, subraya los costos políticos, sociales y culturales de la división tradicional entre la Ciudad de México y el resto del país: "Se santificó el juego de opuestos: civilización y barbarie, capital y provincia, cultura y desolación. Desde principios del siglo [...] cunde una idea: la provincia es 'irredimible', quedarse es condenarse" ("De la cultura mexicana", p. 197). Desde el punto de vista de la Ciudad de México, la frontera norte es imaginada como quizás la más "irredimible" de todas las representaciones provinciales. Es, desde la perspectiva centralista, la región más afectada por la corrupción cultural, lingüística y moral del vecino de México poderoso y desafortunadamente cercano, los Estados Unidos.

Uno de los lugares más ambiguamente negociados de cada lado de la frontera es el de la sexualidad femenina. En los bares y calles de Tijuana al menos dos versiones dominantes (estadounidense, mexicana) y dos versiones marginalizadas (clase baja) de los estereotipos masculinos y femeninos se encuentran en la fricción de dos conjuntos de normas morales culturales. De esta manera, una categoría ya problemática de femineidad se convierte en algo aún más inestable, al mismo tiempo que el choque de expectativas culturales agudiza y pone de manifiesto nuestra comprensión de los límites de los paradigmas de investigación que prematuramente recortan el alcance de sus análisis.

Se estima que en Tijuana hay 15.000 mujeres trabajando en la prostitución, entre algunos sectores de las calles y 210 establecimientos (clubes nocturnos). Los clientes incluyen dos grupos grandes: turistas y visitantes de los Estados Unidos y, crecientemente, de otros países; y secundariamente, migrantes internos desde otros estados en México (más del 94% de los trabajadores migrantes son hombres, con una concentración particular en el grupo entre los 25 y los 34 años de edad). Estas mujeres oscilan en edades entre los 20 y los 50 años, y han estado involucradas en la prostitución por períodos que van desde unas pocas semanas a muchos años. Trabajan en una variedad de establecimientos, que van desde los menos exclusivos hasta los lugares más caros. Mientras que las circunstancias familiares varían, la mayoría de las mujeres indican que vienen del interior rural, a menudo de situaciones de extrema pobreza. La violencia familiar (el padre que golpea a la madre, padres que golpean a los niños) es común, y las mujeres frecuentemente buscan escapar de un hogar abusivo, ya sea formando parejas con hombres jóvenes a una edad muy temprana (a menudo tan jóvenes como trece o catorce) o buscando trabajo. Tienden a caer en la prostitución, que pueden o no abandonar y retomar a lo largo de los años, por necesidades económicas, impulsadas ya sea por el fracaso de una relación o por condiciones de trabajo intolerables en otros empleos. Algunas de las mujeres son completamente independientes; otras tienen parejas; la mayoría tiene hijos. En algunos casos, la pareja o los hijos saben de su trabajo; en otros casos no. Sus actitudes hacia la industria sexual varían ampliamente, pero la mayoría de las mujeres indica que ellas han establecido ciertos límites en su trabajo e insisten en prácticas específicas que les permiten establecer una zona de *confort* dentro de su profesión, mientras que al mismo tiempo puntualizan el fracaso de otras mujeres de la misma comunidad al hacer eso –un factor que comúnmente se ve como coayudando a la drogadicción y a las enfermedades venéreas.

Una cierta cantidad de mujeres indican que su primera experiencia sexual fue la violación. Una describe cómo fue secuestrada en un auto por un joven a quien ella conocía sólo de vista, y quedó tan herida por la violación que su atacante se asustó y la dejó en un hospital. Otra describe cómo fue obligada a mantener relaciones sexuales cuando tenía trece años. Una tercera describe una violación llevada a cabo por su empleador.

> Pues cómo fue tan frío, tan cruel. No me lo vas a creer, pero ese señor después de violarme me pagó. Sí, me botó el dinero. Y yo lo necesitaba. Yo estaba estudiando en ese entonces en Hermosillo y trabajando y este señor era el gerente de la empresa, me ofreció raite y de ahí en lugar de ofrecerme un raite, y yo le acepté raite porque estaba lloviendo mucho, entonces, de ahí me llevó a un hotel. Así con todo lujo de violencia y prepotencia me metió a un cuarto a empujones, hizo lo que quiso, todavía me amenazó y pues. Nosotros habíamos sido de una condición no precisamente humilde, sino de clase media pero muy retraídas por mi mamá. Entonces, la educación que nos habían dado, ¿no? No fui capaz de reclamar ni nada de eso, ¿no? Me sentía avergonzada, me sentía humillada, impotente. Y lo tomé con tranquilidad, no me podía quejar con nadie. Y ya después, pues seguí, seguí más o menos la misma ruta nomás que seguí cobrando.

La historia de la violación de esta mujer por parte de su empleador no es sino una variante más violenta de las muchas historias de acoso sexual en el lugar de trabajo, confirmando un estereotipo machista muy difundido de que las mujeres independientes son una buena presa para los avances sexuales. Como dice con simpleza una de las entrevistadas, ella se convirtió en una prostituta "porque no tengo estudio y a cualquier parte que vaya el caso es lo mismo". Otra mujer describe su paso de trabajo en trabajo, tratando de evitar el exceso de familiaridad de parte de los jefes, y expresa su frustración cuando se da por sentado que una viuda joven con un hijo está sexualmente disponible como uno de los beneficios normales del trabajo del jefe. Finalmente, concluye que no hay manera de evitar ser forzada a tener relaciones sexuales, así que decide prostituirse ella misma voluntariamente, y por paga: "y resulta que al final de cuentas tienes que hacerlo [...] y ya no tienes hasta dónde libertad de hacer". Una y otra vez en estas historias las mujeres describen una estructura social basada en la dominación masculina en el lugar de trabajo y en el derecho del género masculino sobre las mujeres que son percibidas como fuera de sus roles tradicionales, primero por permanecer desligadas de un protector masculino, segundo por intentar entrar en el campo del trabajo pagado. Las alternativas –mantener relaciones sexuales con colegas de trabajo varones o cambiar constantemente de trabajo– son vistas como opciones crecientemente inestables e inviables.

Las mujeres admiten libremente que la prostitución les provee de un estándar de vida mejor que otros trabajos no calificados, ya que un trabajo por salario mínimo no es suficiente para comprar comida para ellas y sus familias y mucho menos para pagar la renta. Asimismo, además de pagar la comida y la renta, los relativamente altos ingresos del trabajo sexual les permiten un cierto ingreso manejado discrecionalmente, y consecuentemente un cierto grado de libertad. Así, mientras que muchas de las mujeres indican que las circunstancias las forzaron al trabajo sexual, dado que voluntaria o involuntariamente éste constituiría parte de cualquier empleo, el estrechamiento de las opciones de trabajo paradójicamente ofrece ciertas ventajas a la mujer que es capaz de usar el sistema para su propio beneficio. Las mujeres pueden elegir el número de días y el número de horas que van a trabajar por día; pueden elegir el número de clientes que atienden y los clientes específicos de entre aquellos hombres que se encuentran solicitando sus servicios; pueden ahorrar su dinero y abandonar la prostitución por completo, o abandonarla por un período de tiempo. Dado que el trabajo sexual, a la vez que es tensionante y agotador, permite esta flexibilidad, algunas de las mujeres describen cómo mantienen sus empleos en la economía informal a la vez que venden sus favores sexuales; cuentan cómo compran y venden productos del otro lado de la frontera, o trabajan en negocios, o venden comestibles.

Algunas mujeres ven en la prostitución la oportunidad para vivir una vida independiente, en la cual ya no dependen de una pareja abusiva, poco confiable e infiel. Como una mujer dice: "no me gusta depender de nadie, ni que se posesionen de mi mente, de mi tiempo, de mi persona. No me gusta que me manejen por el hecho de estarme dando una cantidad a la semana o al mes". Otra mujer cuenta que ella ha venido a Tijuana desde su casa en el campo sólo por unos pocos meses, de manera de ganar el dinero para saldar una deuda. Otra, volvió del retiro para pagar gastos en los que desconsideradamente incurrió su pareja inmediatamente anterior. Otras están ahorrando dinero para establecer un pequeño negocio, o para comprar un camión. Otra, incluso, está trabajando por un tiempo porque quiere ser capaz de dar a sus hijos la clase de regalos que ella deseaba y no tuvo cuando era niña. Algunas mujeres indican que ellas son el único apoyo de familias extendidas, incluyendo sus propios hijos, sus padres, y las familias de hermanos, y que ellas trabajan más horas, o dejan de trabajar por un tiempo, dependiendo de la necesidad familiar. Como una mujer entre muchas señala: "no me gustaba al principio, pero me hice a la idea de que me tenía que gustar porque tenía que atender a mi mamá, a mi hermana y a dos niños que tengo".

Esta actitud de ver el lado positivo de una experiencia que de otra manera sería muy desagradable es muy común a todas las mujeres entrevistadas. De manera destacada, las mujeres en estas entrevistas casi invariablemente se describen a sí mismas como excepciones a la regla general dentro de las comunidades de prostitutas, e indican que esa diferencia reside precisamente en la actitud que ellas llevan a su trabajo. Las mujeres que son egoístas o dudan de sus motivos y metas, dicen las mujeres entrevistadas, son las que con más probabilidad se han de destruir a sí mismas a través del abuso de drogas. Mujeres como ellas mismas, que son capaces de dar un paso fuera de su contexto inmediato y centrarse en el lado positivo de sus trabajos, son las que sobreviven, permanecen saludables, y tienen la inteligencia de usar el sistema contra sí mismo. Muy importantes, entre los aspectos positivos, son las recompensas que se acumulan al ver a la familia mejorar; muchas de las mujeres señalan con orgullo lo bien que les ha ido a sus propios hijos y sobrinos, precisamente debido a la asistencia que ellas han sido capaces de proveerles: estos son niños con lo suficiente para comer, y ropas decentes para llevar; niños que han terminado la escuela secundaria, escuelas técnicas, e incluso la universidad. En este punto, estas respuestas son sorprendentemente coherentes con respecto a los hallazgos de la terapeuta Clara Coria en su trabajo con mujeres de clase media, sugiriendo el grado en el cual las prostitutas de Tijuana entrevistadas se han construido narrativamente a sí mismas en estos diálogos de acuerdo a modelos de buena y mala maternidad, irónicamente, a la vez encontrando apoyo y complicando la estructura de valores que las degrada. Coria habla de "fantasías de prostitución" en sus clientas de clase media que se manifiestan en "el pudor frente al dinero [...] hablar de dinero 'impúdicamente' (sin pudor) sería como evocar una sexualidad prohibida" (p. 45). Para evitar la asociación con esta fantasía de prostitución, dice Coria, "las mujeres son capaces de posponer o renunciar a intereses personales para no hacerse pasibles de semejante estigma" (p. 74). Las prostitutas entrevistadas aquí también distinguen entre el buen dinero (usado para propósitos altruistas como sostener a la familia) y el mal dinero (usado para autogratificación, por mujeres que consecuentemente se convierten en propensas a otros vicios como las drogas y el alcohol), permitiéndoles distanciarse de las necesidades de su trabajo. Paradójicamente, no obstante, si seguimos la línea de razonamiento de Coria, las prostitutas de Tijuana encuentran fuerza en una posición ideológica que las excluye explícitamente, sugiriendo así cómo las identidades están ligadas a dictados culturales.

    Al mismo tiempo, estas mujeres nos recuerdan que el trabajo no necesita ser completamente desagradable, rompiendo así con la fantasía de prostitución de la clase media que asocia el deseo, la sexualidad femenina y el dinero a lo largo de líneas bastante diferentes. En la fantasía de la cultura dominante, una prostituta es menos reprensible moralmente si sufre interminablemente por su trabajo, y más degenerada si lo disfruta; la buena madre, o el buen dinero, nunca pueden ser ligados a la sexualidad transgresiva y menos aún a la satisfacción de deseos ilícitos. Un buen número de las mujeres de Tijuana comentan que encuentran satisfacción sexual con sus parejas, especialmente con los clientes habituales, o con hombres que las tratan como seres humanos, con amabilidad y prudencia. Una mujer incluso ve posibilidades de desarrollo humano en la prostitución misma, cuando una se aproxima a ella con la actitud correcta: "realmente es una escuela [...] si se toma de una manera positiva [...] a mí me ha servido mucho en que he aprendido a valorar a la gente, a valorarme yo misma, a comprender, a entender, a investigar también".

    Aunque, si el trabajo tiene sus aspectos positivos con respecto al desarrollo humano, las recompensas, no obstante, caen ambiguamente en un ámbito familiar. Chapkis lo dice sucintamente: "se espera que las mujeres hagan trabajo emocional y que lo hagan voluntariamente" (p. 81). Así, muchas de las mujeres de Tijuana valoran exactamente esa cualidad de cuidado y mantenimiento emocional que comúnmente define las relaciones de largo término fuera de los intercambios comerciales de la prostitución. Paradójicamente, lo que las oprime en un lugar ofrece una oportunidad de alivio de la opresión en otro, y sirve como una estrategia de supervivencia y un modo para estructurar lo que Schwalbe y Mason-Schrock ven como una identidad social moralmente aceptable. Complicando este cuadro, por supuesto, están las expectativas de los clientes. El cliente mexicano de clase baja comparte un lenguaje común y presumiblemente una cultura común con la prostituta; no obstante, tiende a ser un usuario transitorio en lugar de un privilegiado cliente habitual. Para clientes de los Estados Unidos, que van a México buscando a la mujer que brinda cuidados, chapada a la antigua, cuya ausencia ellos lamentan en su interpretación de las mujeres pertenecientes a la cultura dominante estadounidense, este trabajo emocional llena expectativas estereotípicas de otro tipo, que son a menudo (¡en mensajes de internet al menos!) proyectadas en otro tiempo o en otro espacio. Y complicando este cuadro aún más está el explícito contraste entre esta labor emocional y la estereotípica imagen de la prostituta endurecida que se aísla a sí misma de su trabajo. Si, como Chapkis nota en su investigación con prostitutas de Amsterdam, el profesionalismo está favorablemente asociado con una habilidad de distanciarse a sí misma del propio trabajo (p.

78), entonces estas narrativas, que dan una valencia positiva al compromiso emocional con los clientes, sugieren también el grado en el cual algunas de estas mujeres en la situación de entrevista deseaban alinearse con los estereotipos culturales dominantes de la buena mujer, como un mecanismo de defensa contra el mortífero profesionalismo del estereotipo de la "puta mala".

Las mujeres entrevistadas no pierden de vista los aspectos desagradables de sus vidas, complicando aún más la narrativa que ellas configuran de sí mismas, y mostrando sus fisuras e inconsistencias inevitables. Ellas reconocieron libremente la posibilidad de que las mujeres se pierdan si no son suficientemente fuertes para superar el medio ambiente, el cual por su propia naturaleza es desagradable y depresivo. Una mujer describe lo difícil que es trabajar diariamente, "hagas o no hagas el acto sexual". Explica: "es la tensión, es la desvelada, es el alcohol, es, aunque no fumes, ya estás fumando [...]". Otra añade a eso el estrés de fingir ser feliz y tener que reírse cuando menos lo desea. Otra más, comenta acerca del alto grado en el uso de drogas y alcohol entre las mujeres: "A veces yo comprendo a las muchachas cuando yo las veo que se dan su pase de coca o de cristal y sus acá todos lo que traen. Yo las considero porque yo sé que tienen que aguantar a cualquiera, a cualquiera. Y para aguantar a cualquiera hay que, no hay que andar en sus cinco sentidos. Apenas tomándose unos tragos o la droga para que así pueda uno soportar a cualquiera". De esta manera, indirectamente, las mujeres hablan de sus propios problemas con las drogas o el alcohol, mientras directa y específicamente se describen a sí mismas como la excepción a esta regla general de agotamiento, violencia y abuso de drogas.

Frecuentemente, las mujeres cambian de la primera a la segunda o a la tercera persona en los puntos cruciales de su narración, distanciándose de este modo de una experiencia personal desagradable. Por ejemplo, en la cita que sigue, la mujer describe en segunda persona sus experiencias en el bar donde trabaja, desplazando y generalizando sus propias experiencias, mientras que sus comentarios sobre su vida hogareña están expresados en la primera persona:

> Y va de todo, y tanto pues tienes que soportar un viejo borracho que anda hasta las mangas y te diga cosas y tienes que aguantarte porque estás ahí. No vas a darle una cachetada, pues no, ¿cómo te verías? Todo el mundo te corre. Te aguantas y te quitas nada más del lugar [...] Sales ya aquí, piensas, a respirar aire fresco. Es lo que te digo. Yo llego a la casa y quisiera [...] pero como llego tan cansada, tan malhumorada, a veces fastidiada. Duermo, descanso y al día de mi descanso lo primero que hago, me levanto, me doy un regaderazo, y me voy a caminar al parque [...].

Hay una cierta poesía en este pasaje, que puede dividirse nítidamente en dos partes. La narración en segunda persona de las primeras frases evoca un espacio restringido, en donde el movimiento está limitado, como lo están también las posibilidades de respuestas verbales a comentarios provocativos. En el bar, la mujer se siente sucia y desea aire fresco. La segunda mitad de la selección provee la contraparte de la primera; aquí hay el proceso de limpieza del cuerpo y del alma; la ducha, la caminata en el parque, la recuperación del "Yo".

La división de la identidad en el lenguaje –de la voz en primera persona a segunda o tercera, y a la inversa– reproduce una división común en los espacios vitales en la vida de la mujer. Muchas de las mujeres esconden a sus familias sus verdaderos trabajos, diciéndoles que son camareras en un restaurante, cajeras en una tienda, trabajadoras en plantas de montaje, vendedoras en tiendas o en la calle, o que limpian casas, en algunos casos usando una fuente secundaria de ingresos como un disfraz para la principal. Muchas prostitutas, especialmente aquellas con niños, evitan el tópico de su trabajo con sus familias; como dice una mujer, "yo no les voy a dejar el trauma a mis hijos". Con sentido más realista quizá, como señala otra, sería muy difícil que los niños no adivinasen lo que está pasando en cierto momento: "posiblemente cuando era niño pues lo podía engañar. Yo sé que hoy siendo él un adulto no lo voy a poder engañar porque en primer lugar una persona que no tiene un empleo, que es una mujer, que se ve más o menos físicamente y que trae mucho dinero en la bolsa y compra carro y hace esto y hace lo otro, pues es muy difícil de que alguien se la trague". Asimismo, aunque la familia extendida pueda recibir una versión distanciada y suavizada de la historia de empleo de la mujer, la mayoría de las relaciones afectivas de largo plazo, con convivencia, saben acerca de la profesión de su pareja, aunque consideraciones de "respeto" hacen que aquella profesión sea un secreto a voces, que no se discute. Como una mujer dice específicamente, en respuesta a la pregunta "¿le dirías a tu hijo de tu trabajo?": "no, porque yo sé que él lo tiene sobreentendido. Y si él guarda silencio es por respeto. Entonces, si yo hablo, ¿qué caso tiene?". Aquí, el delicado juego del mudo entendimiento mutuo crea una relación más cercana y respetuosa con su niño, en la cual cada uno de ellos respeta las distancias implícitas establecidas por el amor y la costumbre.

En cualquier caso, para la mayoría de estas mujeres el tópico de su trabajo es más o menos tabú fuera de su ambiente de trabajo; ya sea por vergüenza, o preocupación de dar al niño un mal ejemplo, o simplemente un tipo de respeto no manifiesto por la privacidad por parte de la pareja y los niños de cada mujer, la profesión de esta última sigue siendo no reconocida. "A veces digo yo, no tiene por qué saber de mi vida cualquier persona [...] Tengo muchas [...] amistades pero no, muchas no saben ni la mitad de mi vida porque soy muy reservada". Una vez más, las virtudes valoradas por la sociedad dominante –reserva, respeto, responsabilidad en la crianza– están reinscriptas diferencialmente en la doble vida de la prostituta, donde lo que está dicho y lo que permanece implícito, tanto en el trabajo como en la casa, constituye la contradicción misma de su vida.

Este silencio a dos voces sobre un secreto obvio no es siempre la regla. Una de las mujeres entrevistadas indica que en su familia la relación que ha construido con sus niños les ha permitido ir más allá del reconocimiento tácito de su profesión, en la que el trabajo de la madre se convierte en un tema de preocupación no hablado. La mujer indica que todos sus niños saben exactamente qué es lo que hace para ganarse la vida, y que el apoyo de ellos es extremadamente importante para ella en el sostenimiento de una vida integrada. Ella indica, razonablemente, que dado que sus hijos saben exactamente qué hace su madre y por qué, nunca sentirán la traición o la vergüenza que aflige a algunas familias, cuyas madres tratan de mantener el secreto de sus verdaderos trabajos. Ella emplea su vida, asimismo, como una lección para sus hijos acerca del valor de la educación, y enfatiza orgullosamente en el éxito que han tenido ellos en la escuela. Del mismo modo, otra mujer comenta que sus hijos siempre han sabido de su profesión; no obstante, ahora que sus hijas están llegando a la edad de tener novios, han decidido entre todas que no quieren que los novios lo sepan, temiendo que se produjeran malentendidos, en explicaciones que sólo podrían ser extrañas.

Mientras la mayoría de las mujeres indican que prefieren mantener las dos mitades de su vida completamente separadas, un tema común que circula en las entrevistas es la necesidad económica de trabajar en la prostitución para mantener una familia y, en un comentario paralelo, la importancia de mantener un foco en la familia mientras se trabaja, de manera tal de preservar la salud y el auto-respeto. Así, paradójicamente, las mismas fuerzas que las empujaron hacia la prostitución son las mismas que les dan la fuerza para sobrevivir a sus aspectos destructivos. Debido al hecho de que Tijuana ofrece tan visiblemente una alternativa a la prostitución para el trabajador no calificado –a través del trabajo en las maquiladoras o plantas de montaje– estas narrativas de necesidad familiar están aún más fuertemente inscriptas, tanto como lo está la necesidad de imaginar su identidad básica como la de la buena y sacrificada madre. La maternidad, entonces, es tanto una condición previa para muchas de estas mujeres, como el factor más importante en la definición de su sentido de identidad. "Yo me dediqué por entero a mi hijo", dice una mujer. Otra agrega, "sea yo una prostituta, [...] siempre las tuve bien cuidadas", reconociendo implícitamente el prejuicio social dominante que ve a las mujeres que trabajan en la prostitución como irresponsables y malas: el estereotipo de la pecadora o la *femme fatale*. Otra mujer, cuyos hijos saben que ella trabaja en la prostitución, usa su propia vida como el ejemplo para motivar a sus hijos a trabajar duro en sus estudios. Al reproducir para el entrevistador una de estas conversaciones entre la mujer y sus hijos, ésta cita lo que decía a su niño: "yo no quiero que Ud. sea lo que yo soy. Si Ud. sabe que está mal lo que yo estoy haciendo por esto y esto otro, yo quiero que estudie y que Ud. sea muy diferente a mí". En este caso, la mujer marca para el entrevistador una distancia clara entre lo que ella es (una madre responsable) y lo que hace (vender su cuerpo para pagar la educación de sus hijos).

La madre responsable no está sólo valorizada como un bien social absoluto: es percibida como un mecanismo de supervivencia en el mundo –de otro modo destructivo– de la zona roja. Un ejemplo sirve para muchos casos:

> Pero he visto muchas mujeres que nada más se prostituyen para drogarse y ni siquiera se dan cuenta de cómo están sus hijos. No les importa su alimentación, ni estudio, ni nada. Nada más ellas se prostituyen para el beneficio de ellas, para satisfacer los deseos que ellas traen. Y eso es lo que a mí en la prostitución no me admira de nada. Simplemente uno se metió a esa clase de vida, pues hay que sacarle provecho y cuidarse uno.

El *pathos* evocado en estos comentarios es demasiado fuerte para ser ignorado. Esta mujer define elocuentemente las cualidades obligatorias en la vida de una prostituta; para trabajar en el mundo deshumanizado de la zona roja, el auto-respeto y el respeto para con los otros son claves en la supervivencia. Al mismo tiempo, para poder funcionar, la mujer tiene que separar dentro de ella misma los papeles de madre/cuidadora y de trabajadora sexual. No obstante, si la separación es demasiado absoluta, la mujer cae víctima de los peligros del mundo de la prostitución: las drogas, el egoísmo.

Y sin embargo, como es claro, el proceso mismo de la entrevista une las dos partes de las vidas de las mujeres y, sea o no una consecuencia del cuestionario, el cuadro resultante es notablemente consistente con otras historias de mujeres profesionales en otras actividades, más tradicionalmente aceptadas. Abrumadoramente, historias sobre mujeres profesionales –ya sea una prostituta callejera en Tijuana o una abogada eminente– en algún punto ponen énfasis en el concepto de sí mismas en tanto mujeres en relación a su casa y sus niños: un rasgo generalmente ausente en las historias de hombres profesionales. Se da por sentado que la identidad de una mujer es explicada más claramente en relación a su vida hogareña, en tanto que la identidad del hombre está consumida por su profesión. Este factor, en el marco de las entrevistas en profundidad a mujeres en Tijuana relacionadas con el trabajo del sexo, y quizá en sus vidas reales también, les da su más importante cualidad de distanciamiento: porque todo lo bueno que ellas ven en su profesión tiene que ver con el servicio a otros, y son las débiles o las desprevenidas quienes son consumidas por la profesión, y por consiguiente, destruidas.

Tenemos que traer a colación también que para las mujeres en la prostitución, su trabajo a menudo transcurre en un espacio ambiguo, ni totalmente legal, ni totalmente ilícito. Dentro de la zona roja, ciertas conductas están aceptadas; fuera de aquel espacio particular tanto los clientes como las prostitutas entran dentro de otro conjunto de relaciones sociales, familiares o sexuales, que pueden reflejar o no expectativas muy diferentes en lo que hace a la conducta de hombres y mujeres. Es precisamente la permeabilidad de la frontera entre lo que se permite y lo que no se permite –dice Angie Hart hablando de la zona roja española– lo que convierte al espacio de prostitución en algo tan excitante para los clientes: "Muchos clientes [...] describen su presencia en el barrio como un 'vicio'. No obstante, fueron capaces de disfrutar este 'vicio' en un ambiente en el que esto fue aceptado como una búsqueda del ocio [...]" (p. 219). Tanto para los hombres como para las mujeres, entonces, las relaciones que establecen dentro del distrito de luz roja están ambiguamente codificadas. Para los hombres, es una actividad de tiempo libre, muchas veces imaginada como algo no estrictamente malo, sino como un jugar a la transgresión, un practicar un supuesto "vicio", entre comillas irónicas; para las mujeres es un trabajo temporal y generalmente desagradable. Si los clientes a veces expresan interés por cruzar estos límites entre espacios diversamente codificados –deseando direcciones particulares o rogando casarse con las prostitutas– son las mujeres mismas quienes hacen el esfuerzo para conservar la separación entre las dos partes de sus vidas; rechazando la proposiciones de sus clientes, y sólo permitiendo infrecuentemente a hombres que han conocido como clientes convertirse en miembros permanentes de sus vidas fuera del trabajo.

Para ejercer algún control sobre sus circunstancias, estas mujeres describen las técnicas que emplean para crear zonas de *confort* para ellas mismas en un medio ambiente tenso e inseguro. Una de las maneras en que las mujeres definen fronteras dentro de la prostitución es mediante la definición de algunas prácticas específicas que usan para crear espacios reservados, muchas veces en sus propios cuerpos. Así, todas las mujeres entrevistadas insisten en que requieren el uso de condones por parte de sus clientes y, uniformemente, todas las mujeres que confiesan haber adquirido una enfermedad venérea en algún momento de sus vidas insisten en que se contagiaron fuera del trabajo, con una pareja que no era cliente, y con quien, entonces, fueron más negligentes en lo que respecta a insistir en prácticas de sexo seguro. Una de las mujeres dice que su única experiencia con una enfermedad de transmisión sexual data de su juventud, antes de comenzar como prostituta, cuando un novio le contagió una enfermedad, y ella ni siquiera se dio cuenta de por qué estaba enferma. Otra mujer comenta que fue infectada porque quería una vida social fuera del trabajo, que implicara salir a comer afuera e ir al cine, y mostrar cariño hacia un hombre. No obstante, "los hombres andan sueltos como las mujeres de las maquiladoras" y para ella estos contactos fuera del marco profesional de prostitución causan todos los problemas porque, a diferencia de las trabajadoras responsables del sexo, mujeres y hombres que actúan promiscuamente de una manera no profesional tienden a difundir enfermedades. Otra describe su repugnancia al enterarse de que su pareja tenía gonorrea. Ella, por su parte, se realizó un análisis inmediatamente, y pudo probar exactamente dónde residía la culpa cuando su análisis salió negativo. En respuesta, no sólo arrojó a su novio de su vida inmediatamente, sino que se negó a llevarlo a su casa desde la clínica en su auto, "no, no, no, le dije, no vayas a dejar aquí microbios". Una vez más, tomamos estas historias por ser, no tanto un relato preciso de la seguridad relativa en lo que respecta al contagio dentro de la prostitución, sino en tanto mitologías modernas, relatos cautelosos que invierten el mito cultural dominante sobre la prostitución como un sitio de infección. En estas historias, a diferencia de los más familiares relatos de clase media sobre las malas mujeres que enferman a los hombres al transmitirles sus viles enfermedades femeninas, es la hipócrita cultura dominante la que victimiza a las mujeres, quienes están constantemente alerta a estas persistentes amenazas que tienen su origen en un espacio contaminado fuera del trabajo sexual formal. Seguramente, esta imagen de la profesional informada se sostiene como cierta sólo para un cierto subconjunto de prostitutas en Tijuana; al mismo tiempo, se nos recuerda que cuales sean las fantasías que los clientes puedan traer a su encuentro con la prostituta, casi por definición la mujer tiene mucha más experiencia que el hombre, desequilibrando así cualquier diferencia de poder que pueda haber codificado las expectativas patriarcales y las relacionales sexuales pagadas.

De una manera análoga, las mujeres describen las prácticas sexuales específicas que abordan con referencia a un código que también establece fronteras que indican reserva física y mental, e incluso un tipo de pudor patriótico. Al ser interrogadas por sus prácticas sexuales, las respuestas son sorprendentemente uniformes: las mujeres indican constantemente que prefieren el sexo vaginal "normal". Algunas de ellas expresan ignorancia acerca de otras prácticas sexuales; algunas indican que bajo circunstancias especiales llevarían a cabo sexo oral, aunque a regañadientes; todas niegan violentamente que consientan el sexo anal con un cliente. Cuando el cliente realiza el pedido, una mujer dice que normalmente responde: "soy mujer, no maricón". Otra sugiere que perversiones tan antinaturales podrían venir sólo de extranjeros o por contagio con prácticas extranjeras: "todavía soy muy mexicana, ¿verdad? Yo sexo anal no lo realizo por ningún concepto". Otra responde con indignación a la indagatoria sobre prácticas sexuales diferentes del sexo vaginal: "¡jamás! Te estoy diciendo que yo soy limpia en todo aspecto sexual [...] nunca jamás en la vida permití que me hicieran cochinadas ni que me dijeran que yo tenía que hacerlo". Incluso, otra describe su técnica con clientes insistentes; ella les dice: "mira, la verdad es que quiero llegar virgen de un lado de mi cuerpo para el día que yo me case [...]". Una vez más, lo que las mujeres están marcando con estos comentarios es un cierto espacio social confortable, quizá real, quizá construido en los imaginarios intercambios de expectativas en la entrevista. Claramente, la demanda de sexo oral y anal son comunes —como una mujer entrevistada en la Ciudad de México por otro investigador señala: "me imagino que como la novia o su mujer no pueden vienen con una a ver si pega" (Aranda Luna, p. 99)— y otra evidencia sugiere que en Tijuana, como en otras partes, el servicio más común ofrecido al cliente es el *mitad y mitad* (estimulación oral seguida por sexo vaginal que eficazmente tiene al cliente afuera en veinte minutos). Lo que las mujeres en Tijuana están señalando en esta situación de entrevista es una particular reserva personal, una castidad dentro de la prostitución, que figura implícitamente como una de las cualidades diferenciales que separan a estas mujeres del conjunto de otras prostitutas que son, quizás, menos estables, menos morales, más presas del lado destructivo de sus trabajos. Una vez más, lo que es crucial aquí es la manera en que estas mujeres están construyendo una identidad moral y coherente en relación a la situación de entrevista. Estamos menos preocupadas con el hecho de si las mujeres individuales enuncian realmente o no la desagradable y muy predominante oferta de "mamada-y-cogida" a sus clientes, que con cómo su sentido de mismidad y el mantenimiento de una frágil frontera conspiran para crear una identidad deseada que se intersecta con, tanto como ocasionalmente se opone a, sus vidas profesionales.

Aquí también, a otro nivel, discretamente, las trabajadores sexuales están enfrentando indirectamente las preocupaciones de la cultura mexicana dominante sobre la prostitución como sitio de infección, dado que muchas de ellas están conscientes de que el SIDA está asociado particularmente con los homosexuales y con el sexo anal. Al definirse como profesionales y castas, ellas se posicionan implícitamente fuera de las construcciones simplistas dominantes en la sociedad sobre ellas. En palabras de Chapkin, esta construcción típica es la siguiente:

La falta de interés en la "contaminación de prostitutas" –en vez de *a través* de ellas– pone de manifiesto la creencia de que las prostitutas (como los homosexuales) ya están enfermas desde siempre; la real contracción ocasional de una enfermedad de transmisión sexual no representa un cambio de estatus significativo. El mensaje parece ser que para la "puta", quien ha abandonado la femineidad apropiada por la promiscuidad conducida por el dinero [...] las enfermedades y la muerte son lo natural, lo esperado, el castigo sancionado (p. 166).

En Tijuana, una vez más, la naturaleza de esta conciencia de los límites se pone en juego; no sólo son excluidos el comercio anal y la homosexualidad del repertorio de prácticas normales, son excluidos como una perversión explícitamente *extranjera* –una impugnación clara de las expectativas culturales dominantes y sobreentendidos acerca de la prostitución como una enfermedad–. Entonces, estas mujeres sugieren: la contaminación no está aquí en mi cuerpo, ni está localizada en el espacio geográfico de la Zona Norte, ni puede ser atribuida a la identidad nacional mexicana; reside afuera, al otro lado de la frontera, en la otra cultura contra la cual tenemos que estar vigilantes. En cada caso, la delimitación implica la demarcación de fronteras alrededor de las cuales una amenaza tiene que ser excluida –protegiendo el cuerpo, la comunidad, la nación– tanto como un reconocimiento explícito de la cualidad contradiscursiva de estas aseveraciones. También, en cada caso, la narrativa permite deslizamientos, para la mujer que no protege sus límites y cae de una construcción narrativa en otra, de un mito en otro mito.

El uso de condones es uno de los problemas más impugnados al establecer las reglas básicas para la relación sexual entre una mujer y su cliente. Mientras que el estudio de Marta Lamas sobre la prostitución callejera en la Ciudad de México llega a la conclusión de que "ninguna chica se niega a hacerlo sin condón, pues eso representa perder al cliente" (Lamas, p. 123),[8] las mujeres entrevistadas en Tijuana son mucho más unidas e inflexibles acerca del uso del condón, al punto de que uno de los tópicos más comunes en la conversación fue el intercambio de historias y sugerencias de métodos para convencer al cliente reticente. Como una de las mujeres nota, es importante tener un acuerdo firme entre las mujeres por el cual sólo se aceptarán clientes con condones, dado que como ella dice, el 99% de los hombres tratan de evitar su uso: "vamos a suponer que yo aceptara irme con un cliente sin condón, al ratito ya le gustó otra y también sin condón. Y es donde va el contagio". Uno de los argumentos más comunes es el de que la mujer sabe que está libre de enfermedades debido a sus chequeos regulares, pero que el cliente no puede dar la misma garantía; este argumento tiene el beneficio de reforzar el mensaje de que la mujer profesional ofrece ventajas al hombre cuidadoso de su salud y que la zona roja es un ambiente más seguro para los hombres no monógamos que la comunidad más amplia. El argumento alternativo es común también: que

---

[8] La conclusión de Lamas es también coherente con otros estudios locales, aunque no con las declaraciones realizadas por las mujeres entrevistadas para el estudio en Tijuana. Por ejemplo, el reporte CONASIDA de trabajadoras sexuales en el área de Tuxtla Gutiérrez en el sur de México indica que las mujeres en esta área "no realizan en su práctica diaria negociaciones para utilizar el condón, la experiencia parece ser poca. Reiteran un rechazo hacia el uso del condón en casi todo tipo de cliente, con excepción de 'los hijos de riquillos' " ("Resultados", p. 13). De manera similar, los clientes entrevistados en Ciudad Hidalgo, también al sur de México, cuentan a los entrevistadores que en aquella ciudad el uso del condón reportado por las trabajadoras sexuales es mucho más alto que el verdadero uso del condón por parte de los clientes ("Análisis", p. 19), y mujeres en Jalisco se quejan de que mientras están conscientes del riesgo a la salud, no pueden usar condones porque sus clientes se niegan a usarlos (Rivera *et al.*, p. 77).

el cliente puede creer que está libre de enfermedades, pero debido al hecho de que no puede tener la misma seguridad con respecto a su pareja, el uso del condón redunda en su mayor beneficio.

El *Informe técnico* nacional indica que el 95% de las prostitutas estudiadas sienten que deben usar condones (Secretaría de Salud 1989, vi., p. 4), que el 57% ha usado condones en los nueve meses previos al estudio (Secretaría de Salud, vi., p. 8) y que aproximadamente 15% de ellas los usan todo el tiempo (Secretaría de Salud, vi., p. 11). Obviamente, las respuestas de las mujeres entrevistadas a profundidad en Tijuana, en su insistencia uniforme en el compromiso inquebrantable del uso permanente de condones con sus clientes, no concuerdan con las estadísticas nacionales. Tanto Hernández Avila como Uribe-Salas nos recuerdan que las preguntas relativas al uso de condones están particularmente cargadas, y que las respuestas necesitan ser evaluadas en relación a contextos de comportamiento, sociales y políticos (Hernández Avila, p. 185, pp. 187-188, y Uribe-Salas, p. 124).[9] No intentamos resolver la cuestión de si las mujeres están mintiendo o no, pero quisiéramos señalar meramente al evaluar estas respuestas que la conciencia de las mujeres acerca de la importancia del uso del condón indica una conciencia acerca de las cuestiones comprometidas en la práctica del sexo seguro y sirve implícitamente para definir dos espacios ideológicos importantes: 1) el de la mujer entrevistada como saludable e inteligente; 2) el espacio de la prostitución como un sitio libre de infección donde el conocimiento es puesto en práctica, en comparación con las prácticas menos profesionales y menos cuidadosas de la población general. Una vez más, los comentarios sobre el uso constante del condón ayudan a crear ciertos límites y fronteras dentro del medio ambiente de la trabajadora, y a confirmar su propia estima.

CONCLUSIONES

¿Qué podemos decir finalmente, entonces, acerca de la perspectiva de la prostituta dejando de lado la manera en que ella enmarca su historia vital para el consumo de las clases privilegiadas, ya sea en la forma de *testimonio* o de una entrevista de investigación? Con respecto a los estereotipos familiares, Rosas Solís –quien sugiere a partir de su experiencia personal y de entrevistas profesionales con cientos de prostitutas en más que dos docenas de ciudades mexicanas en diecisiete estados sobre un período de treinta años– que:

> Simbolizar a las prostitutas como el mal, el pecado, o la basura social no es algo dirigido hacia las mujeres que poseen esta ocupación [...] es utilizado en función de las mujeres que no son prostitutas y están interesadas en el placer sexual [...] por otro lado, este simbolismo, que preocupa tanto a los científicos sociales, no molesta a la mayoría de las mujeres que trabajan en la prostitución.

---

[9] Un factor importante para recordar con respecto al uso del condón es que existen diferencias significativas en el predominio de la infección de HIV en las ciudades importantes de México, aunque el alto uso del condón no tiene correlación con las ciudades en las que hay un riesgo más alto de infección. Una explicación por el relativamente alto uso del condón reportado en Tijuana sería la eficacia de programas educativos y preventivos, particularmente entre la base clientelar en las ciudades del sur de California. Evidencia anecdótica de grupos de noticias en internet sugiere que los clientes estadounidenses de las prostitutas en Tijuana son conscientes y apoyan el requisito universal del constante uso del condón.

> El otro simbolismo [...] el de la prostitución como un trabajo como cualquier otro, es algo que la mayoría del tiempo tampoco les preocupa.
> El problema de la prostitución no debe ser enfocado desde el punto de vista de la demanda masculina [...] el problema debe de ser tratado desde el punto de vista de la educación en las familias y escuelas, de la influencia del ambiente social; estas cosas determinan la conducta y los estereotipos que sigue la gente; de estos surge la creación de necesidad, y por esta razón se abre el espacio para que se convierta en un negocio.

Rosas Solís destaca el hecho curioso de que es dentro de la así llamada sociedad "decente" que las mujeres están condenadas por mostrar evidencia de deseo sexual. Entonces, si una mujer viene de una clase o una crianza que parecen colocarla dentro de la categoría de "mujer decente", ella puede ser estigmatizada con el dañino epíteto de "puta" si se porta de una manera entendida dentro de su contexto social como sensual/sexual. Al mismo tiempo, dentro del espacio social de la comunidad de la prostituta, dichas acusaciones serían irrelevantes; es sólo en relación con la estigmatizada y abatida "otra" que los insultos adquieren su fuerza.

Una y otra vez, se nos recuerda la cualidad situacional de nuestro propio trabajo, su reubicación de fantasías que penetran el imaginario social en el cual la prostituta o sus metáforas representan cualquier cualidad corruptora o peligrosa que necesita ser expulsada de la sociedad en un tiempo dado, y que por cualquier traición necesaria vuelve a amenazar a la sociedad con su corrupción. En este trabajo hemos comenzado el proyecto de interrogar estas formas sociales, observando las sombras de narrativas detrás de textos metodológicos y teóricos explorando las invenciones y reinvenciones de la identidad y la cultura en los diálogos entre el entrevistador y la entrevistada. En los intersticios de estos semienunciados, semiformulados textos en la sombra, tenemos un atisbo de los compromisos y los deslizamientos de los discursos dominantes tanto mexicanos como metropolitanos. En este sentido, nos suscribimos a la preocupación que Wendy Chapkis tan elocuentemente plantea en su libro *Live Sex Acts*:

> El escribir este libro me ha convencido de que necesitamos desarrollar la capacidad de escuchar estas historias sin reducirlas a competidoras por el estatus de la Verdad. Tenemos que escuchar el significado más que el mero "hecho", preguntar por qué una historia está relatada de esta manera, cómo la localización del hablante forma el relato, cómo la posición de la audiencia afecta lo que se escucha y considerar cuidadosamente lo que está en juego políticamente, personalmente y estratégicamente al invocar esta versión particular en este momento y en este contexto (p. 212).

Chapkis nos recuerda que las discusiones acerca de la prostitución –aun cuando pasan por o están disfrazadas en la retórica de la investigación científica objetiva y libre de valoraciones– tienden hacia la disimulación de agendas políticas altamente cargadas. Estas agendas no son las mismas en México y en los Estados Unidos, pero la presuposición subyacente acerca de la categoría denominada "trabajadora sexual" es compartida. No obstante, las narrativas de las prostitutas en Tijuana que hemos estado describiendo en estas páginas representan un desafío continuo a la recuperación teórica y metodológica. Aun en nuestra transcripción narrativa de sus voces, ellas permanecen ingobernables, recalcitrantes. Como escribió en sus comentarios uno de los críticos anónimos de una versión anterior de este trabajo, "algunas se oponen a los estereotipos populares, algunas no". Algunas reinscriben estereotipos específicos (sobre mujeres, sobre prostitutas), algunas viven en contra de las expectativas convencionales. Siguen siendo inabarcables, y en este decisivo aspecto las narrativas de las mujeres sirven crucialmente, no como índices del Otro de la cultura dominante, expulsado y contenido, sino como su sombra suplementaria. Es esta calidad cómplice la que más amenaza las categorías habituales, y es por eso que es tan frecuentemente silenciada o reducida a mera cacofonía. Estas vidas fronterizas, leídas en el contexto de prácticas de estudios culturales y de la teoría de las ciencias sociales, nos recuerdan que llamamientos al "conocimiento" y "entendimiento" –los términos con los cuales empezamos nuestro modesto propósito– inevitablemente aumentan los riesgos en un juego complejo de sentidos contrapuestos. Su colaboración nos ha forzado a repensar la cuestión de lo social; su presencia arroja sombra sobre cualquier dirección teórica. Si la comprensión aún nos elude, tenemos por lo menos algunas pistas acerca de dónde es que tenemos que ir para profundizar las preguntas que tenemos que hacer.

Traducción: Susan Hallstead y
Juan Pablo Dabove

BIBLIOGRAFÍA

Aranda, Clara Eugenia. *La mujer: explotación, lucha, liberación*. México: Editorial Nuestro Tiempo, 1976.

Aranda Luna, Javier. "Una también es gente". *El nuevo arte de amar: usos y costumbres sexuales en México, 1975-1983*. Hermann Bellinghausen, ed. México: Cal y Arena, 1990, pp. 99-106.

Arreola, Daniel D. y James R. Curtis. *The Mexican Border Cities: Landscape Anatomy and Place Personality*. Tucson: University of Arizona Press, 1993.

Barrón Salido, Patricia. *Las "María Magdalenas": El oficio de la prostitución y su estrategía colectiva de vida*. Bachelor's thesis. Tijuana: Colegio de la Frontera Norte, 1995.

Bartra, Eli, *et al*. *La Revuelta: reflexiones, testimonios y reportajes de mujeres en México, 1975-1983*. México: Martín Casillas Editores, 1983.

Bellinghausen, Hermann (ed.). *El nuevo arte de amar: usos y costumbres sexuales en México*. México: Cal y Arena, 1990.

Bersani, Leo. "Is the Rectum a Grave?" *AIDS: Cultural Analysis, Cultural Activism*. Douglas Crimp (ed.), Cambridge, MA: MIT Press, 1988.

Blanco, José Joaquín. *Cuando todas las chamacas se pusieron medias nylon (y otras crónicas)*. México: Joan Boldó i Climent, 1988.

—— *Función de medianoche: ensayos de literatura cotidiana*. México: Ediciones Era, 1981.

Careaga, Gabriel. *Mitos y fantasías de la clase media en México*. México: Cal y Arena, 1990.

—— *La ciudad enmascarada*. México: Cal y Arena, 1992.

Chancer, Lynn Sharon. "Prostitution, Feminist Theory, Ambivalence: Notes from the Sociological Underground". *Social Text*, 37 (1993): pp. 143-171.

Chapkis, Wendy. *Live Sex Acts: Women Performing Erotic Labor*. Nueva York: Routledge, 1997.

—— "Suggestive Language: On Sex Workers and (Other) Feminists". *Sub/versions*. Working Paper Series. Santa Cruz: University of California (Winter 1991): pp. 1-6.

Clifford, James. *The Predicament of Culture: Twentieth Century Ethnography, Literature, and Art*. Cambridge: Harvard University Press, 1988.

Códigos penal y de procedimientos penales para el D. y T. F. y federal de procedimientos penales. Puebla: Editorial Cajica, 1964.

CONASIDA (Consejo Nacional para la Prevención y Control del SIDA). "Análisis de la situación de Ciudad Hidalgo, Chiapas". *Internal technical report*, 1995.

—— "Resultados del análisis de la situación y propuesta para desarrollar una intervención para aumentar la seguridad del sexo comercial, en Chiapas, área de Tuxtla Gutiérrez". *Internal technical report*, 1995.

Coria, Clara. *El sexo oculto del dinero: Formas de dependencia femenina*. Grupo Editor Latinoamericano, 1986.

Davidson, Julia O'Connell. "The Anatomy of 'Free Choice' Prostitution". *Gender, Work and Organization*, II/1 (1995): pp. 1-10.

—— y Derek Layder. *Methods, Sex and Madness*. Nueva York: Routledge, 1994.

De la Rosa, Martín. *Marginalidad en Tijuana*. Tijuana: Cuadernos CEFNOMEX, 1985.

Del Campo, Xorge. *La prostitución en México*. México: Editores Asociados, 1974.

Espinosa Damián, Gisela. "Feminism and Social Struggle in Mexico". *Third World-Second Sex*. Miranda Davies (ed.), Londres: Zed, 1987, pp. 31-41.

French, William E. "Prostitutes and Guardian Angels: Women, Work, and the Family in Porfirian Mexico". *Hispanic American Historical Review*, 72 (1992): pp. 529-553.

Gamboa, Federico. *Santa*. México: Fontamara, 1903.

García García, María de Lourdes, et al. *Enfermedades de transmisión sexual y SIDA*. México: Secretaría de Salud, Instituto Nacional de Diagnóstico, 1995.

García Jiménez, Marcelino. *Breve estudio sobre la prostitución en México*. Law thesis. Tijuana: Universidad Autónoma de Baja California, 1987.

Gomezjara, F., et al. *Sociología de la prostitución*. México: Ediciones Nueva Sociología, 1978.

González de la Vega, Francisco. *Derecho penal en México: Los delitos*. México: Porrúa, 1968.

González Rodríguez, Sergio (ed.). *Los amorosos: Relatos eróticos mexicanos*. México: Cal y Arena, 1993.

—— *Los bajos fondos: El antro, la bohemia y el café*. México: Cal y Arena, 1989.

Hart, Angie. "(Re)constructing a Spanish Red-Light District: Prostitution, Space, and Power". *Mapping Desire: Geographies of Sexualities*. David Bell y Gill Valentine (eds.), Nueva York: Routledge, 1995, pp. 214-228.

Hernández Avila, Mauricio, Patricia Uribe Zúñiga y Bárbara O. de Zalduondo. "Diversity in Commercial Sex Work Systems: Preliminary Findings from Mexico City and Their Implications for AIDS Interventions". *AIDS and Women's Reproductive Health*. L.C. Chen (ed.), Nueva York: Plenum, 1991, pp. 179-194.

Juárez-Figueroa, Luis Alfredo, Mauricio Hernández-Avila, Patricia Uribe-Zúñiga y George Smulian. "Prevalencia de anticuerpos contra *Pneumocystis carinii* en sujetos con prácticas de alto riesgo de SIDA". *Rev. Inv. Clin.*, 45 (1993): pp. 229-31.

Lamas, Marta. "El fulgor de noche: algunos aspectos de la prostitución callejera en la ciudad de México". *Debate Feminista*, 8 (1993): pp. 103-133.

Lara y Pardo, Luis. *La prostitución en México*. México: Librería de la Vda. de Charles Bouret, 1908.

Macías, Anna. *Against All Odds: The Feminist Movement in Mexico to 1940*. Westport, CT: Greenwood, 1982.

Martínez Baños, Roberto, Patricia Trejo de Zepeda y Edilberto Soto Angli. *Virginidad y machismo en México*. México: Posada, 1973.

Maytrajt, Miguel y Mirta Arbetman. "La condición de la mujer, el proceso de trabajo y la salud mental". *Fem*, 14 (febrero, 1990): pp. 15-24.

McClintock, Anne. "Sex Workers and Sex Work: Introduction". *Social Text,* 37 (1993): pp. 1-10.

Monsiváis, Carlos. *Amor perdido.* México: Era, 1977.

—— *Escenas de pudor y liviandad.* México: Grijalbo, 1981.

—— "De la cultura mexicana en vísperas del TLC". *La educación y la cultura ante el Tratado de Libre Comercio.* Julio López, *et al.* (eds.), México: Nueva Imagen, 1992, pp. 189-209.

—— "La mujer en la cultura mexicana". *Mujer y sociedad en América latina.* Lucía Guerra-Cunningham (ed.), Irvine, CA: Editorial del Pacífico, 1980, pp. 101-117.

Mora, Antonia. *Del oficio.* Prólogo de María Luisa Mendoza. México: Editorial Samo, 1972.

Moreno, Antonio de P. *Curso de derecho penal mexicano.* México: Porrúa, 1968.

Muñuzuri, Eduardo. *Memorias de "La Bandida".* México: Costa-Amic, 1967.

Murrieta, Mayo y Alberto Hernández. "Puente México: la vecindad de Tijuana con California", Working paper, Colegio de la Frontera, 1991.

Ojeda, Néstor L. "Prostitución en los noventa". *Nexos,* 17/203 (noviembre, 1994): pp. 76-80.

Pacheco Ladrón de Guevara, Lourdes C. "Haz conmigo lo que quieras: la prostitución urbana en Nayarit". *Mujeres y sociedad: salario, hogar y acción social en el occidente de México.* Luisa Gabayet, *et al.* (ed.), México: Colegio de México, 1988, pp. 125-140.

Pheterson, Gail. "The Category 'Prostitute' in Scientific Inquiry". *Journal of Sex Research,* 27.3 (1990): pp. 397-407.

Poniatowska, Elena. "Xaviera Hollander o las glorias de la prostitución". *Fem: Diez años de periodismo feminista.* México: Planeta, 1988. pp. 74-78.

Posada García, Miriam. "Prostitución: del engaño al abuso cotidiano". *La Jornada* (25 de julio de 1995).

Quijada, Osvaldo A. *Comportamiento Sexual en México: El hombre.* México: Tinta Libre, 1977.

Rivera, George Jr., Hugo Vicente-Ralde y Aileen F. Lucero. "Knowledge about AIDS among Mexican Prostitutes". *Sociology and Social Research,* 76/2 (1992): pp. 74-80.

Rosas Solís, Armando. "Comentarios". Manuscript response to Lamas's article, cited with permission, 1996.

Sacks, Valerie. "Women and AIDS: An Analysis of Media Misrepresentation". *Social Science and Medicine,* 42/1 (1996): pp. 59-73.

Salazar González, José Guadalupe. *Reglamentación del trabajo de las mujeres en los centros nocturnos.* Law thesis. Tijuana: Universidad Autónoma de Baja California, 1986.

Schwalbe, Michael L. y Douglas Mason-Schrock. "Identity Work as Group Process". *Advances in Group Processes,* 13 (1996): pp. 113-47.

Secretaría de Salud. *Informe técnico. Evaluación del impacto de la estrategia educativa para la prevención del SIDA en México 1987-88.* Cinco volúmenes: *Mujeres dedicadas a la prostitución, Hombres homo-bisexuales, Estudiantes universitarios, Personal de salud* y *Público general.* México, 1989.

Stern, Steve J. *The Secret History of Gender: Women, Men, and Power in Late Colonial Mexico.* Chapel Hill: University of North Carolina Press, 1995.

Toledo, Martín. *El drama de la prostitución: Las que nacieron para perder.* México: Editores Mexicanos Unidos, 1981.

Uribe, Patricia, *et al.* "Prostitución en México". *Mujer: Sexualidad y salud reproductiva en México.* Ana Langer y Kathryn Tolbert (eds.), Nueva York: World Health Organization; The Population Council and EDAMEX, 1996, pp. 179-206.

Uribe-Salas, Felipe, *et al.* "Prevalence, Incidence, and Determinants of Syphilis in Female Commercial Sex Workers in Mexico City". *Sexually-Transmitted Diseases* (marzo-abril, 1996): pp. 120-126.

VV.AA."La industria sexual mexicana". Special section. *Nexos,* 17/203 (noviembre, 1994): pp. 75-98.

Vargas, Ana (comp.). *La casa de cita: Mexican Photographs from the Belle Epoque.* Londres: Quartet Books, 1986.

Zalduondo, Bárbara O. de, Mauricio Hernández Avila, Patricia Uribe Zúñiga. "Intervention Research Needs for AIDS Prevention Among Commercial Sex Workers and their Clients". *AIDS and Women's Reproductive Health.* Nueva York: Plenum, 1991, pp. 165-177.

Zenteno, Alejandro. "3.000 mexicanas vendidas en Japón". *Unomasuno,* 3 (mayo, 1996): pp. 1-16.

Actas y actos de inmigración

Brad Epps
Harvard University

> Así se vivía: entrando y saliendo.
> *Los museos abandonados,* Cristina Peri Rossi.

> Burlábamos la cicatería discriminatoria de los visados.
> *Las semanas del jardín,* Juan Goytisolo.

¿Qué está en juego en nuestra reunión?[1] ¿De qué manera son significativos nuestros movimientos? ¿Nuestros puntos de partida, nuestros deseos y nuestros destinos? ¿Nuestros

---

[1] El presente trabajo –versión abreviada de un trabajo en curso– se presentó el 19 de marzo de 1998 en un simposio internacional organizado por la Universidad de Pittsburgh. He querido mantener los elementos orales de la ponencia para mantener el "espíritu" oral de las entrevistas en las que se basan mis observaciones y especulaciones. Estas entrevistas, con inmigrantes legales e "ilegales," fueron realizadas en Berkeley, Boston/Cambridge y Nueva York en los últimos tres años. El hecho de que las entrevistas, o conversaciones, versaran sobre entrevistas, tenidas y/o temidas, con algún agente o funcionario del INS, no deja de ser irónico: señala, quizás inevitablemente, el problema del sujeto que desea saber/conocer, la afinidad entre el investigador académico y el investigador gubernamental. Es importante decir que el trabajo de campo –que, bromas aparte, es más bien un trabajo de ciudad– se ha centrado en entrevistas y/o conversaciones (unas treinta y cinco) con inmigrantes hispanohablantes (dominicanos, mexicanos, y cubanos en su mayoría, pero también con puertorriqueños) que de algún modo "se identifican" como homosexuales (gays y lesbianas) o bisexuales. Algunos pertenecen, en mayor o menor grado, a la comunidad gay y lesbiana, pero no todos. Dicho sea de paso, "la comunidad gay", *generalmente urbana* (de ahí el "trabajo de ciudad"), dista mucho de ser un todo coherente, ya que divisiones de todo tipo hacen que sea más legítimo hablar de "comunidades". Por otra parte, la noción misma de tal "comunidad" no puede ser estable, ya que en muchas culturas la sexualidad no se articula en términos de hetero/homo/bi sino en términos de posición en la cópula –"activo" o "pasivo" según la terminología convencional e "insertivo" o "receptivo" según la terminología antropológica actual–. De ahí que el lesbianismo, dentro de un marco tan fálico, no sea el blanco de tanta atención político-policial. Algunos de los entrevistados viven, además, una especie de doble silencio: con respecto a los agentes del INS y otros burócratas afines y, de forma más íntima, con respecto a sus propios amigos y familiares. La seropositividad constituye otro problema, otro silencio, incluso dentro de la llamada comunidad gay y lesbiana. Algunos de los entrevistados cuentan que, aunque viven su sexualidad de forma más o menos pública, ocultan su seropositividad. Ahora bien, los aspectos discursivos y performativos señalados aquí, los diversos "actos de pasar" y de "hacerse pasar por", no se limitan al grupo, o grupos, entrevistado(s). Cuestiones de afiliación política, de estado civil, de antecedentes penales, etc. implican a una gran variedad de personas. Se entrevistó a varios heterosexuales también que contaron cómo se veían, o se creían, obligados a asumir, y desempeñar, determinados papeles: el matrimonio feliz, el individuo apolítico, el admirador de los valores norteamericanos, el buen ciudadano, etc. He preferido, con todo, echar mano de una óptica más "periférica" o marginal a fin de recalcar, en la medida de lo posible, la *centralidad* de dicha óptica, las formas en que nos implica a todos.

orígenes y nuestros fines? ¿Nuestras formaciones y nuestros objetivos? ¿Cómo se ve ya afectada nuestra reunión por nuestra separación? Entre tantas preguntas, no quisiera dar por sentado "nuestro" estado, es decir, el estado del "nosotros" que estoy desplegando aquí. Por cierto, el estado del pronombre plural –y tal vez inevitablemente el del singular– constituye parte del problema que quisiera que "nosotros" consideráramos: juntos y por separado. Para evitar que el problema sea demasiado abstracto o gramatical, mero juego de palabras y no de personas, déjenme situarlo de modo más concreto. Nos vemos reunidos aquí, en la Universidad de Pittsburgh, para un coloquio titulado "Nuevas perspectivas en/sobre América Latina: El desafío de los Estudios Culturales". Hasta aquí, todo bien, y, al parecer, bien claro. ¿Pero qué es lo que aquí se asume? ¿Qué sujeto se deja vislumbrar y qué sujeto o sujetos, se deja(n) de lado? A primera vista al menos, lo nuevo, *otra vez*, se erige como valor. La perspectiva, quizás un cierto perspectivismo con su estela de posiciones y posicionamientos, se encuentra implicada también. Y luego está el desafío, encerrado en el cual se halla un matiz de honor, de lucha, de "vivir peligrosamente", sutilmente ligado a una llamada o interpelación.[2] Todo esto, en mayor o menor grado, resuena, no siempre sin ironía, en la formulación e *institucionalización* de los tan cacareados estudios culturales.

Por importantes que sean la innovación, la perspectiva y el desafío, semejantes términos y valores no son necesariamente los más acuciantes. Así que, en lugar de abordar la cuestión de "estudios culturales" a través de estos términos, me centraré en algo supuestamente más específico: su situación "en/sobre América Latina". Confieso que me intriga la línea que al mismo tiempo conecta y separa las dos preposiciones, "en" y "sobre". En Pittsburgh, no estamos "en" América Latina (por mucho que uno pueda llevarla dentro del corazón –es un decir– y continuar estando, al menos de forma psicosimbólica, en América Latina aun cuando está fuera de ella). En Pittsburgh, o para que todo sea más jurídicamente imponente, en los Estados Unidos, las perspectivas *en* América Latina, sean nuevas o no, desafiantes o no, son tal vez siempre perspectivas de perspectivas, perspectivas transportadas y traducidas, incluso –y espero que se me entienda aquí– cuando no se traducen, cuando el "original" en español o portugués se mantiene.[3] El movimiento de textos acarrea, pero sólo en parte, el movimiento de contextos, su disyunción y desplazamiento. De ahí que las perspectivas *en* América Latina sean aquí –en este coloquio, para bien o para mal, e incluso con la participación de latinoamericanos que viven y trabajan en América Latina– *sobre* América Latina. Esta realidad genera problemas, claro está, de autenticidad, originalidad, verdad y propiedad, problemas que no se resuelven al ponerlos bajo la etiqueta de "estudios culturales", como si éstos no fueran también un producto cultural (¿norteamericano?) inmerso en el movimiento y sedimentación de capital, en los vaivenes del mercado internacional, transnacional, y para algunos, hasta posnacional. Ahora bien, parte de lo que hace que los estudios culturales sean "estudios culturales"

---

[2] El diccionario de María Moliner incluye entre las acepciones de las palabras "desafío" y "desafiar" las siguientes: reto, duelo, combate; "invitar o incitar una persona a otra que luche o compita con ella en cualquier forma [...] particularmente, proponer la lucha [...] por una cuestión de honor" – de ahí la "llamada", y la "interpelación"–; enfrentarse, provocar, e incluso insolentarse; "acometer una empresa sin retroceder ante dificultades, peligros, etc., o ir en busca de ellos". Curiosamente, una acepción antigua (aragonesa) de "desafiar" era "desnaturalizarse", o "desterrar el soberano a un súbdito".

[3] Si la presencia (o más bien, relativa ausencia) del portugués en el coloquio provocó cierta discusión, la situación de las lenguas autóctonas es incluso más "dificultosa". América Latina, para muchos latinoamericanistas, sigue entendiéndose, de manera *auténtica*, en castellano.

es la conciencia, aguda y agónica, de su propia *implicación* en el mismo sistema que pretenden criticar y, aunque no siempre, cambiar.

Hay, sin duda, un desafío aquí, pero quiero insistir en el desafío de la "línea", el desafío de trabajar, escribir, hablar y pensar *en/sobre* América Latina. De Pittsburgh, algunos se irán –de hecho, ya se han ido– a América Latina, pero otros permanecerán aquí, si no en Pittsburgh al menos en los Estados Unidos. Dada la afiliación institucional de los ponentes en este coloquio (mayoritariamente de universidades norteamericanas), lo segundo parece más probable. No es un dato insignificante, ya que implica cuestiones, entre otras, de pertenencia, comunidad y movilidad, nacionalidad e institucionalidad, competencia y cooperación. Más precisamente, implica cuestiones de inmigración que, a la fuerza, nos implican a *todos nosotros* de modo diverso. La inmigración, que a duras penas se puede separar de la emigración, puede entenderse no sólo como el acto de "llegar para quedarse" sino también como el de "llegar y partir", e incluso como el de llegar y partir, una y otra vez, como en la migración circular o estacional (Cornelius, Sáenz y Funkhouser). Tarjetas verdes, visados, pasaportes y otros "papeles" (ahora a veces informatizados hasta la virtualidad) constituyen, si no nuestras señas de identidad, al menos nuestros "documentos de identificación". Y dondequiera que pongamos estos documentos, como quiera que los llevemos, no son "accidentales". Están muy vinculados a nuestra presencia, o ausencia, aquí hoy en este coloquio (y tal vez a nuestra presencia o ausencia en el latinoamericanismo internacional). De un modo u otro, éstos son los documentos detrás de todos los documentos, papeles, o trabajos presentados, en público, en este foro académico. Hay, desde luego, muchos otros que no presentan, o desempeñan, ningún "papel oficial" aquí, y muchos otros que, aunque invitados, no podrían venir, no podrían pasar la frontera, por carecer de los "papeles apropiados". De nuevo, esto no es un mero juego retórico, ya que es pertinente que consideremos, entre todos los documentos que se presentan en Pittsburgh, Estados Unidos, qué les pasa a los que no tienen documentos, ni papeles, o al menos algún papel o documento *legal*, *oficial*, o *apropiado*; qué les pasa a los que no podrían venir aquí a presentar algo, en público, sin correr el riesgo de alguna forma de penalización. Siendo así, me gustaría reflexionar sobre cómo la inmigración afecta no sólo a los llamados estudios culturales latinoamericanos,[4] sino también cómo nos afecta a nosotros como estudiosos; cómo influye sobre nuestra capacidad de saber quiénes somos, en qué trabajamos, dónde, cuándo y cómo. Puesto que nos hemos reunido aquí, en una ciudad estadounidense, me centraré en la inmigración a los Estados Unidos, aunque otras inmigraciones también se encuentran necesariamente implicadas.[5]

Una frontera nunca es un mero hecho geopolítico; tampoco lo es el acto de pasarla. Me apresuro a añadir que es así incluso cuando la frontera y el acto de pasarla es presuntamente aislado e individual. En todo acto de pasar, por solitario que sea, perdura algo que implica a todos los seres humanos, algo cuya complejidad podría medirse, tal vez, en términos de complicidad.[6] Se trata no sólo de la complicidad del norte para con el sur, sino también de la del ciudadano para con el inmigrante o refugiado o solicitante de asilo. Hay, por cierto, muchos

---

[4] Cabe decir que la relación entre los llamados estudios culturales latinoamericanos y los estudios culturales latinos –*Latino Cultural Studies*– no es siempre pacífica. También aquí la inmigración es un tema fundamental.

[5] América Latina quedará, pues, algo desplazada en el presente estudio, pero se espera que quede desplazado también cierto concepto de los Estados Unidos.

[6] La raíz de ambas palabras, "complejidad" y "complicidad", es la misma –*complex, complexus*– e implica además una plegadura o, más bien, un conjunto de pliegues.

individuos, y muchos grupos de individuos, que descartan cualquier tipo de complicidad. Tales son, por ejemplo, los ciudadanos que conciben la ciudadanía como un derecho exclusivo y natural[7] y que, por consiguiente, no se consideran de ninguna manera responsables de los ciudadanos de otras naciones, aun cuando estos otros "ciudadanos" carezcan de los derechos más rudimentarios en sus países de origen o residencia. Desde luego hay ciudadanos que no se consideran de ninguna manera responsables de los ciudadanos de su "propia" nación, ni mucho menos de los no-ciudadanos (los *aliens*, en el léxico estadounidense).[8] Podríamos recordar a este propósito la situación de los judíos bajo Hitler, o la de los haitianos bajo Duvalier, y la negativa de los Estados Unidos –mediante puertos cerrados e inhabilitaciones en alta mar– a permitir que entraran en el país, y mucho menos a que aspiraran a la ciudadanía. Respecto a estos casos en particular, es posible que haya *ahora* más norteamericanos que se decantarían por el libre paso de estos inmigrantes de los que hubo en aquel momento: la mirada retrospectiva puede ser tan generosa como ineficaz. Lo que sigue siendo cierto, ahora como antes, es que la nacionalidad y la ciudadanía –conceptos relacionados pero no equivalentes– pocas veces son tan apremiantes como cuando la inmigración está en juego, dado que la inmigración se concibe típicamente en términos de admisión y exclusión. La historia, como veremos, demuestra lo persistentes que son tales términos. El papel destacado que les concedo a otros términos como "complicidad" y "responsabilidad" no esquiva el dilema histórico de la exclusión y la admisión: más bien tiende a apoyar posturas de admisión. Cabe añadir, sin embargo, que de ninguna manera debe pensarse que la admisión sea la única postura "responsable" o "correctamente cómplice", ya que de hecho puede ser más responsable considerar, e intentar cambiar, las condiciones económicas, políticas y culturales que motivan a tanta gente a recurrir a la emigración.[9]

Quisiera pasar ahora a los aparentemente simples hechos históricos de la inmigración norteamericana. Al pasar de la especulación teórica a la práctica histórica, quisiera seguir especulando, sin embargo, sobre límites y fronteras, límites que se extienden y se retraen, fronteras que sangran, cicatrizan y se endurecen, que (im)posibilitan entradas y salidas a través del tiempo y del espacio. El acto de pasar una frontera puede entenderse, por ende, como lugar y evento, fijo y fluctuante, pasivo y activo. La historia, por supuesto, pero la geografía también, es crítica. El acto de pasar una frontera es geohistórico, teórico-práctico, e incluye todo un conjunto de actos expresivos y corporales, de maniobras performativas. A veces estas maniobras requieren fuerza y destreza físicas, inteligencia y suerte, como cuando uno logra pasar una frontera sin ser detectado (la inmigración "invisible" e "ilegal"). Otras veces, sin embargo, el acto de pasar una frontera, y los actos expresivos y corporales que implica, *tienen lugar* en un ámbito más circunscrito. Si bien es verdad que un centro de detención es un ámbito circunscrito, tengo en mente otro en el que el fantasma de la violencia es, por decirlo así, más verbal, más "personal", que en el control de fronteras (*border control*) propiamente dicho. Me refiero al ámbito de las entrevistas oficiales del INS (Servicio de Inmigración y

---

[7] O un derecho "naturalmente" exclusivo: los extranjeros –o en el léxico norteamericano los *aliens*– llegan a ser ciudadanos, recuérdese, sólo mediante un proceso de *naturalización*. Como ejemplo de una postura fuertemente "restriccionista", si no racista, véase el libro de Brimelow.

[8] De hecho, tal vez se podría sostener que la ciudadanía, tal y como se entiende actualmente, consiste precisamente en la negación de dicha responsabilidad, y que la "ciudadanía", por tanto, debería replantearse de manera radical.

[9] En el caso de Haití, por ejemplo, el hecho de que la política exterior de los Estados Unidos apoyara un régimen despiadado en nombre de un anticomunismo estratégico no es un factor irrelevante.

Naturalización), entrevistas en las cuales un sujeto humano se ve "sujeto" a la mirada relativamente más poderosa de un examinador oficial. Relativamente, porque el entrevistado puede tener su propio poder: su historia, o más bien, la *narración* de su historia personal. De ahí que el acto de pasar una frontera puede ser también un acto narrativo. De hecho, pasar la frontera, pasarla legalmente, supone todo un proceso en el que alguien narra una historia con la esperanza de pasar inadvertido, de mantenerse vivo, o aun de prosperar. Ateniéndome a algunos de los aspectos más íntimos y minuciosos de la geografía y la historia, a una acepción algo distinta de los actos (y actas) de inmigración, me permitiré remodelar el concepto de pasar una frontera para incluir el acto de *hacerse pasar por* algo o alguien, acto en el cual, como espero aclarar, la narrativa, la representación y la voluntad (la agencia) son de importancia crítica.

La inmigración –entendida en un sentido amplio que abarca todo movimiento transnacional, o en un sentido más estricto de residencia– es una de las condiciones fundamentales de nuestra reunión aquí. Si los referentes más notorios de la inmigración son la nacionalidad y la ciudadanía, otros son la raza, la identidad étnica, la clase social, la educación, la religión, la moralidad, la política, la sexualidad, la salud, e incluso el idioma mismo. Por distintos que sean, estos referentes se dan ya entremezclados: en los Estados Unidos el INS emplea un examen de lengua inglesa y de civismo norteamericano con propósitos efectivamente iguales a los de una prueba de HIV: la admisión o la exclusión, esta última en vez de la educación o el tratamiento médico. La historia de la inmigración a los Estados Unidos está estructurada por exclusiones, empezando por la aversión colonial a "indigentes y presidiarios" (Foss, p. 440).[10] Esto no quiere decir que no haya cambiado nada (el Acta de Inmigración y Naturalización de 1990 aumentó de manera significativa la cuota de inmigrantes admisibles y se redactó a partir de actas de "amnistía" anteriores como el Acta de Reforma y Control de 1986, *U.S. Immigration Control and Reform Act*). Pero sí quiere decir algo tal vez obvio: la política de inmigración norteamericana todavía está cargada de razones ideológicas. Si se amplió la cuota de refugiados, también se afianzó la política que concede a los empresarios millonarios una clasificación propia de gran privilegio (*Green Card*, p. 175). La política de refugiados se somete, además, a todo tipo de reconfiguraciones. Por ejemplo, en cuanto a la inmigración haitiana, la política del presidente Clinton, como la de la administración anterior, incluye denegaciones someras, inhabilitaciones en alta mar y deportaciones inmediatas. La "liberalización" de la política de inmigración es relativa y, de acuerdo con leyes y enmiendas recientes (1997), dista de ser segura.

La historia de la inmigración se ve marcada por momentos de crisis nacionales e internacionales. Como señala Foss, "la primera regulación de extranjeros a nivel nacional, llamada *Alien and Sedition Act* de 1798", se produce tras la revolución francesa. Otros reglamentos surgen a raíz de la Revolución bolchevique, la Primera Guerra Mundial, la Segunda, y el conflicto de Corea, pero también surgen en épocas de depresión económica y fervor político. De modo que junto a los "indigentes y presidiarios" mencionados arriba se encuentran "criminales y prostitutas" en 1875; "personas insanas, mendigos, [...] y anarquistas" en 1903; "débiles mentales [...] personas aquejadas de tuberculosis [...] discapacitados mentales o físicos" en 1907; analfabetos en 1917; "ex-nazis, criminales de guerra, [...] y miembros de partidos totalitarios" en 1948; comunistas y personas que sufren de "personalidad psicopática, epilepsia, o un defecto mental" –lo cual incluye implícitamente a los homosexuales– en 1952 (Foss, pp.

---

[10] Todas las traducciones del inglés son mías.

444-448),[11] personas infectadas de HIV en 1990 y, más explícitamente, en 1993 (Qureshi, p. 96). En la actualidad, una solicitud de naturalización exige que el aspirante anote si "ha abogado por o practicado la poligamia", "ha sido un traficante de narcóticos", "ha sido prostituta o proxeneta", "ha sido un borracho (*"drunkard"*) habitual". La presencia del vocablo *"drunkard"* en vez del menos despectivo, más "científico" y ahora más frecuente *"alcoholic"*, delata lo moralista y poco actualizado que es el léxico de la solicitud de naturalización. Otro ejemplo de esta falta de actualización es el siguiente: aunque supuestamente la afiliación comunista quedó suprimida a principios de los años 90 como motivo de exclusión (o en el discurso oficial, "motivo de no admisión"), la pregunta que todavía encabeza la sección titulada *"additional eligibility factors"* ("requisitos adicionales para la admisión") reza así: "¿Es Ud. ahora, o ha sido alguna vez, miembro de, o de alguna manera relacionado o asociado con, el Partido Comunista, o ha apoyado alguna vez o prestado ayuda de manera cómplice, ya directamente, ya indirectamente, al Partido Comunista, por medio de otra organización, grupo o persona, o alguna vez ha abogado por, enseñado, creído en, o apoyado o fomentado de manera cómplice los intereses del comunismo?".[12] El anarquismo, la primera categoría política explícitamente aducida como motivo de exclusión, puede haberse desvanecido como amenaza para la soberanía nacional, pero evidentemente no ha sido así con el comunismo.

El espectro del comunismo todavía se cierne sobre la política de la inmigración: puede que se haya derribado el muro de Berlín, pero persiste, tal vez melancólicamente, como un muro de papel en los Estados Unidos. Podría parecer que esto, como tantas otras cosas, sólo afecta a un grupo claramente delimitado y en los Estados Unidos poco numeroso, pero vale la pena recordar lo que antes se relacionaba, en cierto imaginario norteamericano, con el comunismo. El discurso dominante (protestante y anglosajón) de buena parte de los siglos XIX y XX mantenía que los católicos y, sobre todo, los judíos, tenían especial "tendencia" al anarquismo y al comunismo. De este modo, las exclusiones explícitamente políticas podrían ser implícitamente –y no siempre tan implícitamente– anticatólicas y antisemitas. Algo parecido puede decirse acerca de los gays y las lesbianas, ya que el comunismo y la homosexualidad se han visto entrelazados en el discurso tanto oficial como extraoficial de los Estados Unidos. Es un discurso que, aunque muchas veces olvidado o ignorado, perdura no sólo en antiguos artículos de prensa e informes del gobierno sino también como una especie de inconsciente político que puede resumirse en el epíteto *"commie pinko fag"* (rojo maricón). Al subrayar la conexión (coloquial) entre afiliación política y orientación sexual, pretendo señalar no sólo la imbricación del deseo y la ideología sino también la vigencia de lo que Laclau y Mouffe llaman "cadenas de equivalencias" (p. 176) gracias a las cuales todo sueño de autenticidad, pureza, separación absoluta y exclusividad es sostenible sólo a través de la fuerza, física y/o psicosimbólica.

Los sueños de exclusividad y separación (aquí comunistas, allí judíos, allá homosexuales) están entretejidos de modo harto complicado y habitan en una vasta gama de grupos sociales; afectan la manera en que la identidad se construye, se reproduce, se solidifica y se

---

[11] Mary Nash Leich nota que el Acta de Inmigración y Naturalización de 1951 excluía a la gente por motivos de afiliación comunista (p. 334).

[12] El texto original, revisado el 17-7-1991, reza así: "Are you now, or have you ever been a member of, or in any way connected or associated with the Communist Party, or ever knowingly aided or supported the Communist Party directly, or indirectly through another organization, group or person, or ever advocated, taught, believed in, or knowingly supported or furthered the interests of communism?" (Form N-400).

experimenta. Como nota David A. Hollinger, "la mayoría de los individuos viven en varios círculos simultáneamente. [...] Toda vida individual implica una división de trabajo cambiante entre los varios 'nosotros' de los cuales el individuo forma parte" (p. 106).[13] Conviene añadir que "la vida individual" no es siempre consciente y que, por lo tanto, un individuo puede vivir en diversos círculos sin saberlo. Puede que nos unan más lazos de los que nos damos cuenta: lazos no sólo de restricción sino de colaboración y movimiento (en este sentido, el discurso dominante, que generaliza conexiones entre "diversos grupos", encierra una nada despreciable lección ético-política). Este es el espíritu de la afirmación de Robert Foss, para quien "los logros de los gays y las lesbianas deben ser defendidos y al mismo tiempo la comunidad homosexual debe expresar más claramente su solidaridad con los inmigrantes" (p. 475). Matizando la afirmación de Foss señalamos lo obvio: la existencia de inmigrantes gays, lesbianas y bisexuales. La "comunidad homosexual" es también una comunidad de inmigrantes y entre los inmigrantes hay, pese a todos los problemas de auto-identificación, agrupación, clasificación y nomenclatura, gays, lesbianas y bisexuales. Este hecho, negado por todo un conjunto de comunidades e individuos, es de especial resonancia para América Latina. Piénsese, por ejemplo, en la tan diversamente manipulada presencia de homosexuales en el Mariel o en el concepto de "sexilio",[14] neologismo que algunos gays y lesbianas usan para referirse a su decisión de residir en los Estados Unidos.

Dicho esto, volvamos al índice de los *explícitamente* excluibles. Detrás de la lista de personas "a cargo del estado" (enfermos, criminales, desviados) se encontraban implicadas nacionalidades y "razas" enteras: en el siglo diecinueve, católicos irlandeses y alemanes en la década de los 30; chinos y otros asiáticos en la de los 70 y 80; italianos, eslavos y judíos a principios del siglo veinte; haitianos y africanos negros en 1990 (Johnson, p. 305). Los afroamericanos, cuya historia tiene que ver menos con la inmigración que con la esclavización pura y dura, también se ven implicados en la política de la inmigración. Bill Ong Hing ha examinado cómo la política de inmigración de los Estados Unidos emite avisos sutiles, y no tan sutiles, de exclusión a los afroamericanos. Como ejemplo que viene al caso, Ong Hing hace referencia al internamiento en 1993 de unos 270 haitianos seropositivos de HIV en la base naval norteamericana de Guantánamo. Aquí, el miedo al SIDA está ligado al miedo a la negritud. Creola Johnson, que ha estudiado el mismo caso, advierte que "podría decirse que los haitianos fueron objeto de un trato discriminatorio por su condición médica, y no por su composición étnica y racial" (p. 328). La comparación más somera entre el trato dado a los haitianos y el trato dado a los cubanos durante la misma época señala, sin embargo, hasta qué punto la medicina podía constituir una trampa devastadora, ya que mientras los haitianos fueron sometidos a una rigurosa revisión médica (cuando no fueron simplemente devueltos a su país), los cubanos fueron sometidos a una revisión médica bastante más arbitraria. Raza, nacionalidad y prosperidad, y no sólo la salud misma, eran los parámetros en juego. Una comunidad cubana más rica, más blanca y supuestamente más sana, se vio enfrentada, y en algunos aspectos se enfrentó, a una comunidad haitiana más pobre, más negra y supuestamente más enferma. La cadena de equivalencias tan crucial para el proyecto de la democracia

---

[13] Hollinger aboga por una "perspectiva pos-étnica" que "reconoce el valor psicológico de grupos de afiliación" (p. 107) pero que rechaza tanto el universalismo como el etnocentrismo. Debo decir que el término "pos-étnico" me inquieta, ya que recuerda el discurso pluralista –para muchos altamente consolador, para otros intensamente enajenante– de muchísimos políticos norteamericanos.

[14] Manuel Guzmán afirma que el término "sexilio" es suyo (p. 227); de todas formas, hace bastantes años que el término flota por círculos académicos (y no académicos).

radical de Laclau y Mouffe queda aquí hecha pedazos.

Las referencias a la ciencia, y en particular a la ciencia médica, deben dar que pensar. La homosexualidad, por ejemplo, aunque jamás mencionada explícitamente en las leyes de inmigración (sólo en los informes del Congreso y documentos afines), "no figuraba entre las 'exclusiones morales', como la prostitución, sino entre las exclusiones médicas" (Foss, p. 446) y se proyectaba en términos y categorías tales como "inferioridad psicopática constitucional" (Acta de Inmigración de 1917), "defecto mental" (INA de 1952) y "desviación sexual" (1965). Es de extrañar, entonces, que la decisión en 1973 por parte de la Asociación Norteamericana de Psiquiatría de dejar de considerar la homosexualidad como trastorno psíquico no tuviera más repercusión en el INS, ya que efectivamente lo dejaba sin fundamento científico. Porque aun así, sin el respaldo científico de la Asociación Norteamericana de Psiquiatría, el INS no cambió de posición hasta mucho más tarde. Al operar así, el INS hizo patente una paradoja: la ciencia es a la vez necesaria e innecesaria para la legislación. Sea como fuere, ante la ausencia de un concepto racional establecido por la comunidad médico-científica, los agentes del gobierno corrían el riesgo de un subjetivismo irracional que amenazaba implicarlos en "el lado sórdido" de la vida norteamericana. Ahora le tocaba al investigador del INS, como "solicitador" de historias, "pescar maricas", actividad que presuntamente, y de acuerdo con cierta homofobia histérica, podía acercarlo excesivamente a la homosexualidad.[15] En las palabras de Foss, "a falta de alguna afirmación del inmigrante, no era posible ninguna decisión. El investigador oficial del INS tampoco tenía ningún criterio [...] a qué atenerse, salvo a los 'presentimientos' o la percepción del oficial mismo" (p. 456). Volveremos a los "examinados", pero no sin notar antes que el "examinador", desprovisto de todo apoyo científico y fiado a percepciones y presentimientos *personales*, corría el riesgo de implicarse a sí mismo: para saber quiénes eran los "entendidos", para "entender" su lenguaje supuestamente peculiar, ¿no tendría que ser un "entendido" el examinador también?

La homosexualidad, como categoría de exclusión implícita, fue suprimida de los libros del INA en 1990 (al mismo tiempo que la afiliación comunista, aunque sólo para visitantes no-inmigrantes).[16] De todas formas, no parece del todo fortuito que cuando finalmente la homosexualidad, como categoría, desaparece, aparezca otra categoría: la del HIV-SIDA.[17] Podría decirse que el HIV-SIDA reemplaza a la homosexualidad en el discurso oficial (gay=SIDA=muerte), pero también la desplaza, al hermanarla subrepticiamente con la pigmentación (negra o morena), el "tercermundismo", el "subdesarrollo", la prostitución y la drogadependencia, todos asociados con el HIV-SIDA. De este modo se pone en juego toda una serie de "delitos" –desde la compraventa internacional de sexo hasta el narcotráfico– que sirven para racionalizar varios modos de intervención norteamericana en otros países, parti-

---

[15] Huelga decir que las historias que solicitara el investigador del INS deberían ser "verdaderas" o, al menos, "tomadas" por verdaderas.

[16] "Lo curioso acerca de la exclusión de homosexuales", escribe Foss, "es que los propios estatutos jamás mencionaran la homosexualidad. Era, sin duda, otro ejemplo de la mentalidad del *crimen innominatum*" (p. 445). Por lo que respecta al comunismo, Leich nota que el Acta de Inmigración de 1990, firmada por el presidente Bush, revisa las "provisiones de exclusión" del acta de 1951 [1952] y elimina la afiliación comunista como motivo de exclusión (o ineligibilidad), pero sólo para visados concedidos a los "no-inmigrantes" (p. 334).

[17] Para la actual interpretación oficial del INS de la práctica de la homosexualidad y de su relación con la eligibilidad de inmigrantes aspirantes a la naturalización, véase United States, Immigration and Naturalization Service, *Codes, operations instructions, regulations, and interpretations*, "Interpretation 316.1" (Washington, D.C.: US GPO, 1988-presente) 5246.10.

cularmente en algunos de América Latina. La cadena de equivalencias puede tener también efectos intensamente antidemocráticos. Pero hay más, en la retórica y la realidad de la inmigración, hay innumerables escenas íntimas que son a la vez terriblemente indiscretas y enajenantes. De nuevo, las entrevistas con un agente (o agentes) del INS merecen una consideración especial. Las tácticas que el INS usa, o ha usado, para establecer la identidad pueden ser banales, sencillas, o geniales, pero también pueden cobrar formas más nefastas, entre ellas la vigilancia, la detención y la cuarentena. Como han señalado Foss y otros, en algunos casos los examinadores llegaron a "identificar" (y excluir) a "homosexuales" que ni siquiera sabían que lo eran; comunistas que no tenían ninguna afiliación comunista; delincuentes que no tenían ningún expediente criminal; etc., como si el yo del examinador poseyera la verdad del otro, del yo del examinado.

En el ámbito reducido de la entrevista del INS –cada una diferente y todas iguales– los giros de la verdad, la realidad y el poder son tales que el acto de pasar la frontera es también un acto de "hacerse pasar". Es decir, para pasar una frontera, uno "se hace pasar por" alguien "digno" de pasarla. Con "hacerse pasar" quiero expresar, entre otras cosas, los actos discursivos y físicos por los cuales una persona se relaciona con otra, los actos, por ejemplo, por los cuales el "otro" examinado pretende hacerse pasar por el mismo –o casi el mismo– que el examinador. Lo que se hace, lo que se dice, la manera en que se hace y se dice, cuándo, dónde y a quién, son cruciales. El individuo que así actúa, diciendo y haciendo, pasa, o pretende pasar, no sólo límites topográficos sino también discursivos e identificatorios.[18] El objetivo puede ser la entrada en un país o la salida de otro; el acceso a, o la exclusión de, un grupo social; el privilegio y el poder, la seguridad o la supervivencia. Uno se hace, o intenta hacerse, pasar por otro, por otro cuerpo: negro por blanco, latino por anglo, judío por gentil, homosexual por heterosexual (y casado, por añadidura), pero también blanco por negro, anglo por latino, etc., si bien estos últimos ejemplos son, por lo que respecta a los anales de la inmigración, "hipotéticos". Aunque este "pasar por otro" puede ser una estrategia del poder establecido (piénsese, por ejemplo, en el espía o informante), muchas veces se trata de una estrategia de resistencia no concertada. Es una estrategia, o táctica, engendrada en el miedo, en la inseguridad y en la relativa falta de poder. El hacerse pasar por otro (o mejor dicho, por uno no tan diferente, u otro, del examinador) puede consistir, como ya he indicado, en la narración de historias personales y la re-presentación de una versión "apropiada" de uno mismo. Es importante tener en cuenta, sin embargo, que el acto o intento de pasar (el intento también es un acto) se revela como tal sólo cuando el sujeto en cuestión vacila y falla. El éxito, aquí, suele ser o invisible o visible sólo retrospectivamente: después del peligro, lejos del lugar de la prueba.

Los actos de pasar movilizan señas y contraseñas de la identidad. Incluyen los eslóganes, lemas, modismos, muletillas, expresiones afectistas, o formas de hablar por los que un miembro de un "grupo" es identificado y excluido (o admitido) por un miembro de otro; pero también incluyen poses y posturas tanto gestuales como corporales. Estos "lenguajes" y "actos" pueden ser sumamente traidores. Un signo involuntario puede salir a la superficie; una seña indebida puede aparecer súbitamente, escapársele a uno: en una palabra, delatar. No es de extrañar que se precise una suerte de auto-vigilancia a veces casi ascética (piénsese en la "loca" que intenta hacerse pasar por nada menos que "todo un hombre") y una especie de auto-estilización ritualizada (el enfermo que intenta ocultar una mancha de sarcoma, el acti-

---

[18] Según María Moliner, "pasar" puede significar " 'ser tenido por', 'tener fama de'. Ser considerado por la gente como lo que se expresa: 'pasar por inteligente', 'se hace pasar por médico' ".

vista político que intenta ocultar sus actividades e ideas). Esto no es fácil, repito, y se hace aún más difícil, si no imposible, ya que se ve afectado por el tiempo, el clima y el cuerpo mismo. Uno de los llamados balseros haitianos en el cuento "Niños del mar" de Edwidge Danticat lo expresa de manera conmovedora. Al ver cómo a sus compañeros "se les notaba la primera capa acarbonada de quemadura de sol", observa con un tono de imposible añoranza que " 'ya jamás nos tomarán por cubanos' ", aun cuando, como agrega el narrador, "unos cuantos cubanos también son negros" (p. 8).

Hacerse pasar, entonces, no es sencillo, y suele funcionar, cuando funciona, sólo gracias a una mezcla de buena fortuna y talento, talento tanto narrativo como teatral cuyo objetivo es seguir, o aparentar seguir, el camino recto. Puesto que este camino "normalmente" conduce al matrimonio, el fraude matrimonial es una de las preocupaciones prioritarias del INS, dando lugar a pesquisas oficiales y maniobras "performativas" las del examinador, pero también las del examinado. Ahora bien, semejante "talento", aun para el mejor dotado o más agraciado individuo, no deja de estar sujeto a todo tipo de acciones o fallas delatadoras: una tosecita, unos temblores casi imperceptibles, unas manchas cutáneas mal disimuladas; cierta impaciencia o molestia apenas contenida ante ciertas preguntas políticas; una forma de hablar y de moverse estereotipada. Porque esto sí: el "hacerse pasar por" está plagado de estereotipos, su formación y deformación, su supresión y expresión paródicas. Si fuera Judith Butler podría hablar de un "habitar paródico de la conformidad" (p. 122), pero por lo que respecta a las líneas de demarcación de frontera, donde los conceptos mismos de "habitar" y "vivir" están en juego, la parodia necesariamente implica actos de *pasar* y no sólo de habitar. La adopción (¿paródica?) de ciertos signos, sí, pero también el ocultamiento, o supresión, de otros, como el ceceo, el acento, el síntoma.[19]

El "hacerse pasar" se nutre de los movimientos, gestos, e historias (inventadas, pero también recreadas, recordadas) que se han usado para pasar la frontera en otros tiempos y lugares. Para los Estados Unidos, la frontera por excelencia es la que Gloria Anzaldúa llama "la llaga de 1.950 millas de extensión" (p. 2) entre México y los Estados Unidos, pero también son las aguas del Caribe, la base naval de Guantánamo, un guardacostas estadounidense, un aeropuerto "internacional", una oficina del INS; fronteras que abarcan calles, parques, escuelas y tiendas, bancos y clínicas, salas de tribunales y salas de urgencias; fronteras que son nuestras mentes y nuestros cuerpos, nuestras palabras y nuestros hechos, nuestras culturas y nuestros estudios: fronteras que nos implican y que motivan el presente artículo. Volviendo al punto de partida, quisiera repetir que el círculo jamás se cierra por completo, y que las posibilidades de hacerse pasar por algo o alguien, como las de pasar una frontera, no existen para todos, siempre, de la misma manera. Algunos de nosotros no podemos "hacernos pasar por" lo que no somos; no podemos controlar los estereotipos; no gozamos de un don teatral. Nosotros, quienquiera que seamos, haríamos bien en recordar que la humanidad está sujeta a todo tipo de fisuras y restricciones institucionales e (inter)nacionales y que nuestra reunión aquí, en Pittsburgh, se encuentra limitada por unas realidades que se adaptan a la parodia o la repetición retórica. Al pretender pasar una frontera, al intentar "hacerse pasar por" algo o alguien, al pensar en estos actos y (re)presentarlos, deberíamos recordar que hay muchos que no podrían venir aquí a actuar en público, a presentar nuevas perspectivas en/sobre América Latina, aunque fueran llamados a hacerlo. Deberíamos recordar esta situación, por especulativa que sea. Recordarla y resistirla, *nosotros*: esto también es el desafío.

---

[19] La traducción traiciona: el "lisp", o estereotipo del habla homosexual, no es, claro está, lo mismo que el "ceceo".

BIBLIOGRAFÍA

Anzaldúa, Gloria. *Borderlands/La frontera: The New Mestiza*. San Francisco: Aunt Lute Books, 1987.

Baker-Kelly, Beverly. "United States Immigration: A Wake Up Call!" *Howard Law Journal*, 37/2 (1994): pp. 283-304.

Brimelow, Peter. *Alien Nation: Common Sense About America's Immigration Disaster*. Nueva York: Harper Collins, 1996.

Cant, Bob. *Invented Identities?: Gays and Lesbians Talk About Migration*. Londres: Cassell, 1997.

Cornelius, Wayne A. y Philip L. Martin. "The Uncertain Connection: Free Trade and Rural Mexican Migration to the United States". *International Migration Review*, 27/3 (1993): pp. 484-512.

Danticat, Edwidge. *Krik? Krak!* Nueva York: Random House, 1996.

Eaton, William W. y Roberta Garrison. "Mental Health in Mariel Cubans and Haitian Boat People". *International Migration Review*, 26/4 (1992): pp. 1395-1415.

Flores, William V. y Rina Benmayor. *Latino Cultural Citizenship: Claiming Identity, Space, and Rights*. Boston: Beacon Press, 1997.

Foss, Robert J. "The Demise of the Homosexual Exclusion: New Possibilities for Gay and Lesbian Immigration". *Harvard Civil Rights-Civil Liberties Law Review*, 29/2 (1994): pp. 439-475.

Funkhouser, Edward y Fernando A. Ramos. "The Choice of Migration Destination: Dominican and Cuban Immigrants to the Mainland United States and Puerto Rico". *International Migration Review*, 27/3 (1993): pp. 537-556.

Guzmán, Manuel. " 'Pa' La Escuelita con Mucho Cuida'o y por la Orillita': A Journey through the Contested Terrains of the Nation and Sexual Orientation". En *Puerto Rican Jam: Essays on Culture and Politics*. Frances Negrón-Muntaner y Ramón Grosfoguel (eds.), Minneapolis: University of Minnesota Press, 1997.

Hing, Bill Ong. "Immigration Policies: Messages of Exclusion to African Americans". *Howard Law Journal*, 37/2 (1994): pp. 237-282.

Hollinger, David A. *Postethnic America: Beyond Multiculturalism*. Nueva York: Harper Collins, 1995.

Huss, Susan. "The Education Requirement of the U.S. Immigration Reform and Control Act of 1986: A Case Study of Ineffective Language Planning". *Language Problems and Language Planning*, 14/2 (1990): pp. 142-161.

Johnson, Creola. "Quarantining HIV-Infected Haitians: United States. Violations of International Law at Guantanamo Bay". *Howard Law Journal*, 37/2 (1994): pp. 305-331.

Laclau, Ernesto y Chantal Mouffe. *Hegemony and Socialist Strategy: Towards a Radical Democratic Politics*. Londres: Verso, 1985.

Leich, Mary Nash. "Contemporary Practice of the United States Relating to International Law". *American Journal of International Law*, 85/2 (1991): pp. 334-335.

Lewis, Loida. *How to Get a Green Card: Legal Ways to Stay in the U.S.A.* Berkeley: Nolo Press, 1995.

Moliner, María. *Diccionario del uso del español*. Madrid: Gredos, 1998.

Qureshi, Sarah N. "Global Ostracism of HIV-Positive Aliens: International Restrictions Barring HIV-Positive Aliens". *Maryland Journal of International Law and Trade*, 19/1 (1995): pp. 81-120.

Sáenz, Rogelio y Alberto Davila. "Chicano Migration to the Southwest: An Integrated Human Capital Approach". *International Migration Review*, 26.4 (1992): pp. 1248-1266.

United States, Immigration and Naturalization Service. *Codes, Operations, Instructions, Regulations, and Interpretations*. Washington, D.C.: US GPO, 1988.

Yang, Philip Q. "Explaining Immigrant Naturalization". *International Migration Review*, 28/3 (1994): pp. 449-477.

Zucker, Norman L. y Naomi Flink Zucker. *Desperate Crossings: Seeking Refuge in America.* Nueva York: M. E. Sharpe, 1996.

Migrancia: memoria: modernidá

Abril Trigo
The Ohio State University

1. SOBRE LA INMIGRACIÓN Y LA MIGRANCIA

> They went north to get south.
> Terry Allen

Los fenómenos migratorios, ya de carácter individual o colectivo, tienen carácter universal, por estar asociados al desarrollo socioeconómico desigual entre zonas geográficas interrelacionadas mediante complejos regímenes de expulsión y de atracción. Las migraciones obedecen así a diversas causas de índole social, cultural, política o económica, cuya combinatoria determina los varios modos de exilios, diásporas, desplazamientos y migraciones históricamente registrables. El exilio, nimbado por el aura de la persecución política y la romántica figura del desterrado, ha producido su propia literatura, ha nutrido mitologías de signo diverso, y hasta ha sido fetichizado en virtud de su peculiar productividad ética, política e intelectual, generada, como he elaborado en otra parte, por una particular posicionalidad liminar, intersticial, sobre el filo (Trigo). Los desplazamientos masivos de refugiados debidos a catástrofes ecológicas, guerras o revoluciones generan siempre adhesiones ideológicas, simpatías humanitarias y pasiones en pugna, aun cuando el universal entusiasmo se extinga mucho antes de que el problema en cuestión se haya resuelto. Las diásporas –exilios colectivos–, cuyos paradigmas históricos serían la judía y la armenia, tienen también un prestigio secular que cierta crítica poscolonial procura hacer extensivo a comunidades lisa y llanamente migrantes que, al disfrutar, al menos en teoría, de la posibilidad del regreso, carecen del prestigio –épico– del exilio y del halo –trágico– de la diáspora. Toda migración constituye, no obstante, una experiencia traumática de tipo acumulativo cuyos efectos, no siempre visibles, promueven una "crisis radical de la identidad" (Viñar, p. 60):

> Migration is a change [...] of such magnitude that it not only puts one's identity on the line but puts it at risk. One experiences a wholesale loss of one's most meaningful and valued objects [...] To all these memories and deep affections are attached. Not only does the emigrant lose his attachments to these objects, but he is in danger of losing part of his self as well. [...] Migration is an upheaval which shakes the entire psychic structure (Grinberg, p. 26).

Pese al carácter universal anotado, los procesos migratorios evidencian un cambio cualitativo a partir de la modernidad. El capitalismo mercantil emergente demanda nuevos modos de producción acordes a una distribución ampliada, menoscaba la relación del individuo con la tierra, ya no más terruño, y financia las expediciones marítimas que, en procura de mercancías que satisfagan el mercado existente, proveerán nuevos productos y crearán nuevos mercados, hasta entonces inimaginables. La concepción del tiempo y del espacio es trastocada definitivamente: el calendario y el cronómetro domesticarán el tiempo que ahora vale oro, y a través del tiempo se acortarán las distancias, cada vez más manejables: el mundo se expande, mientras el universo se empequeñece. La conquista y colonización del Nuevo Mundo es el punto de inflexión de esta primera fase de las migraciones modernas; el mercantilismo colonialista se implanta y consolida sobre dos modelos de migración, forzada una, inducida la otra: la trata de esclavos que suministra la mano de obra imprescindible para la explotación colonial y la acumulación capitalista y la colonización con súbditos cuya fidelidad asegure la estabilidad de los territorios conquistados. Desde los funcionarios militar-eclesiásticos enquistados en la ciudad letrada barroca y los desharrapados campesinos canarios librados a la buena de Dios, hasta los africanos encadenados en los barcos negreros y las poblaciones nativas despojadas, millones de seres humanos son desplazados, a las buenas o a las malas, de sus lugares de origen.

Hacia fines del siglo XIX, y culminada ya la etapa de acumulación de capital necesaria para la primera revolución industrial, así como la constitución de los estados nacionales y el dispositivo discursivo y científico pertinente, Europa entra de lleno en su fase imperialista. Nuevas tecnologías que introducen transformaciones en los modos de producción (motor a vapor), de comunicación (telégrafo, teléfono) y de transporte (ferrocarril, navegación, automóvil) afectan la demografía urbano-rural: los campesinos emigran a las ciudades y en las ciudades no encuentran empleo: las hambrunas arrasan con las poblaciones rurales y envilecen a los contingentes urbanos: la disputa entre los estados europeos por los más remotos territorios es una válvula de escape a las presiones sociales complementaria a la política inmigratoria de puertas abiertas promovida por algunos gobiernos americanos. Esta segunda gran oleada inmigratoria sobre las Américas y las políticas que la conciertan, constituyen una suerte de colonialismo interno sustentado en prácticas de exterminio indígena (la Campaña del Desierto en Argentina) y en ideologías desarrollistas y expansionistas racialistas (la civilización sarmientina y el *Manifest Destiny*). Como sugiere Hobsbawm, se entreteje por entonces una perversa retroalimentación entre los nacionalismos modernos –patrióticos, xenófobos, tradicionalistas– y las masas inmigrantes. Estas, acorraladas por la xenofobia de la sociedad anfitriona, recreaban nacionalismos en la diáspora; aquéllos, amenazados por los recién venidos, desembocaban en el chauvinismo y el imperialismo. Economía > inmigración > xenofobia > nacionalismos. Una serie que culmina en imperialismo: internacionalismo; colonialismo: cosmopolitismo; emigración: inmigración, caras todas del poliedro de la modernidad *fin de siécle* pronto a estallar en pedazos durante la Gran Guerra.

El inmigrante moderno es generalmente un sedentario que, para protegerse del dolor de la pérdida y la ansiedad por lo desconocido, procede a una disociación, ya sea denigrando el *allá-entonces* y exagerando su admiración por el *aquí-ahora*, o idealizando a aquél como utopía y vilificando a este último en tanto distopía.

> It becomes essential for the emigrant to maintain the dissociation: good on one side, bad on the other, irrespective of which country represents either characteristic, because if the dissociation breaks down, the inevitable result is confusion and anxiety (Grinberg, p. 9).

El hacer las paces con ambos mundos luego de un doloroso trabajo de duelo por la pérdida (no se obtiene la paz mientras el objeto vive en la memoria) y de desprendimiento de parte de sí mismo (castración psíquica), permite al individuo la asunción de su condición de inmigrante, una suerte de síntesis cultural, de decantamiento de experiencias, de fusión afectiva. Cuando finalmente el inmigrante resuelve las fracturas y discontinuidades entre el *entonces-allá* y el *aquí-ahora*, puede concentrarse en la praxis social sin conflictos ni resabios con el pasado:

> He will not only "know" that he is emigrating, he will "be" an emigrant [...] "Being" implies assuming fully and deeply the absolute responsibilities that go with being an emigrant. To achieve this, one must inhabit mental and emotional states that are not easy to endure. Thus people need to resort to various defensive devices in order to limit themselves to knowing they are, without being, emigrants (Grinberg, pp. 65-66).

El inmigrante moderno, aun cuando parta soñando en el regreso (el indiano que vuelve de hacerse la América, o el tano que huye del hambre o del estado: "Scappa, che arriva la patria", Hobsbawn, p. 142), debido al horizonte imaginario y las posibilidades tecnológicas y materiales del espacio internacional en que se mueve, se embarca siempre en un proyecto de vida, un viaje sin retorno tal vez, que en la mayoría de los casos termina siendo así. Esto determina un fuerte sentimiento de pérdida por el mundo familiar abandonado y una elevada disponibilidad a afincarse, a asimilarse, a identificarse con la sociedad receptora (Safran, p. 85). La inmigración, así, se imbrica íntimamente a la fase expansiva del capital imperialista, de modo que el quiebre inmigración/migrancia señala el pasaje del capitalismo en su fase internacional a la transnacional o, si se quiere, de la modernidad plena a la (pos)modernidad.

Con posterioridad a la Segunda Guerra Mundial, la transnacionalización del capital palanqueada por el posfordismo y el modelo de acumulación flexible, el debilitamiento de los mercados nacionales y la revolución tecnológica de los medios de comunicación y de transporte, se constituye en el caldo de cultivo de variadas manifestaciones de migrancia que la crítica poscolonialista tiende a englobar bajo el término *diáspora*, en el entendido de que éste "shares meanings with a larger semantic domain that includes words like immigrant, expatriate, refugee, guest-worker, exile community, overseas community, ethnic community" (Tölölian, pp. 4-5). Esta alta cotización de la metáfora de la *diáspora* en el mercado ideológico poscolonial tiene un obvio sentido político, asociado laxamente a las políticas identitarias, que se funda en el hecho de que toda diáspora es, rigurosamente hablando, un constructo imaginario. Como sostiene Clifford,

> The language of diaspora is increasingly invoked by displaced peoples who feel (maintain, revive, invent) a connection with a prior home [...] Many minority groups that have not previously identified in this way are now reclaiming diasporic origins and affiliations [...] The phrase *diasporic community* conveys a stronger sense of difference than, say, *ethnic neighborhood* (p. 310).

En otros casos, concretamente el uruguayo, el uso del término está asociado a proyectos de renacionalización originados en el interior del país, como es el caso del Proyecto Diáspora, que tiene por objetivos "investigar y reflexionar *sobre el Uruguay de fuera de fronteras*", "como una nueva forma de tenencia del todo nacional" que debe ser incluida "en el relato histórico". *Diáspora*, así, es latamente entendida como una situación de dispersión e identificación cultural con una reificada "cultura nacional" (Dutrénit). Pero esta homogeneización de distintas experiencias y circunstancias sociopolíticas presenta, indudablemente, enormes problemas metodológicos y epistemológicos, por lo cual prefiero la definición propuesta por William Safran, para quien el concepto de diáspora es aplicable a comunidades extranjeras minoritarias cuyos miembros comparten los siguientes rasgos: provenir de un mismo lugar de origen del cual han sido expelidos; retener una memoria colectiva de esa patria original; alimentar la idea de un eventual regreso a la misma; estar comprometidos a mantenerla o restaurarla; sentirse alienados e insulados de la sociedad anfitriona (Safran, pp. 83-84). El sujeto diaspórico, a diferencia del inmigrante, no se asimila a la sociedad anfitriona, resiste a la interpelación del imaginario nacional hegemónico (que quizá lo rechace), y persiste en identificarse en lo cotidiano con su comunidad minoritaria (experiencia de ghetto) y vicariamente con una patria utópica (a nivel de imaginario). Es por ello que las articulaciones concretas de las identidades diaspóricas se zafan de la normatividad territorial y temporal de la pedagogía nacional (Clifford, p. 307).

Es, sin duda la diferencia más descollante entre inmigración y diáspora –aunque también su íntimo punto de articulación–, constituye el meollo del quiebre inmigración/migrancia: mientras el inmigrante procura asimilarse, aunque no siempre lo logre, el migrante, como el diaspórico, es inasimilable. Puede adaptarse, nunca asimilarse. Señala Clifford, y las cursivas son mías: "Whatever their eschatological longings, diaspora communities are 'not-here' to stay. *Diaspora cultures thus mediate, in a lived tension, the experience of separation and entanglement, of living here and remembering/desiring another place*" (p. 311). La comunidad en la diáspora y el imaginario diaspórico de que se nutre funcionan como un amortiguador de la experiencia migrante –como lo podrían ser la familia, un club deportivo, una red de internet– lugar de estadía y momento transicional necesario para la sobrevivencia en el espacio-tiempo ajeno. Pero más importante aún, la experiencia de la diáspora opera sobre la retroalimentación de la disociación –mediada por la comunidad y la cotidianidad ghettizada– entre el *aquí-ahora* de la distopía y el *entonces-allá* de la utopía, y por eso el diaspórico, a diferencia del inmigrante, vive en constante estado de duelo, que sólo resuelve con la realización de la utopía, es decir, con el regreso a y la concreción de la patria imaginada. La diáspora es, así, una suerte de disociación utópico-distópica colectiva en suspensión permanente. Pero recordemos que no todo migrante integra una comunidad en la diáspora, en tanto que la diáspora es una más de las formas posibles de migrancia.

No obstante ser la inmigración característica de la fase internacional del capitalismo así como la migrancia lo es de su fase transnacional, la muchas veces borrosa diferencia entre el migrante y el inmigrante, observable en su distinta disponibilidad asimilatoria, reside primordialmente en una diferente experiencia del doble desplazamiento tempo-espacial. El migrante (pos)moderno, como los trabajadores zafreros o golondrinas de otras épocas, experimenta la pérdida por el lugar abandonado y se vincula con el medio receptor de un modo que podríamos denominar *hiperreal*, y si también recurre a una disociación, como el inmigrante y el migrante diaspórico, al concentrar sus energías en un eventual regreso no necesariamente supeditado a una realización utópica, se siente siempre en tránsito, entre dos mundos (Chambers, p. 27). Existen verdaderos circuitos y redes migrantes transnacionales que canalizan flujos de capital, mercancías y mano de obra de donde surgen comunidades escindidas, seminómades, en proceso. Tal es el caso de algunos uruguayos que trabajan de marzo a noviembre en la industria de la construcción vial en Fitchbrugh y pasan los veranos en Montevideo, reviviendo cada año el tortuoso proceso del ingreso ilegal a Estados Unidos, similar a la comunidad de Aguililla, Michoacán, cuya población adulta y masculina trabaja, en su mayoría y por largas temporadas, en Redwood City, Silicon Valley (Rouse, pp. 14-15). Esta situación, que se remonta a los años 40, ha ido constituyendo una comunidad escindida en dos lugares complementarios enclavados en dos espacios disímiles articulados por lo transnacional. Aguililla y Redwood City, como Fitchbrugh y Montevideo, funcionan en contrapunto, como los dos nódulos de un eje sobre el cual se compone una modernidad transnacional y migrante en la cual "homes are always provisional" (Said, p. 170). Estos migrantes construyen su *aquí-ahora* dentro de un espacio-tiempo homogéneo y vacío asediado por discontinuidades: una suerte de territorio de no-pertenencia, un espacio abstracto y neutro, nunca neutral: tercer espacio: espacio del medio: *neplantla*. Esta bifocalidad contrapuntual (Said, p. 172) produce id/entidades esquizas, negociadas, en proceso, ensambladas en una praxis que funde el *aquí-ahora* con el *entonces-allá*, suspendidos ambos en tensa simultaneidad (Clifford, p. 318); una "ciudadanía flexible", al decir de Ong, que se adecua a la acumulación flexible del capital transnacional. Id/entidad en *neplantla* que opera en subjuntivo (Chambers, p. 25). El migrante habita el tiempo-espacio como un hábitat móvil, porque la migrancia, en su ir y venir, siempre en tránsito, termina por disolver la identificación inalienable y certera con un espacio-tiempo particular, y por ello, la promesa del regreso a casa se vuelve imposible: "Migration is a one way trip. There is no 'home' to go back to" (Stuart Hall citado en Chambers, p. 5). Esto implica que en el proceso el migrante termina enajenándose de ambos mundos, experiencia que se caracteriza por un vital sentimiento de *homelessness* (Heidegger), de orfandad (Said), de forasterismo (Argüedas), de extrañamiento social, cultural y existencial por el cual no se siente en casa en parte alguna, y que lo diferencia del cosmopolita. Quizá a esta distinción entre cosmopolitismo y migrancia apuntaba Hugo de Saint Victor, monje del siglo XII, cuando decía que: "The man who finds his homeland sweet is still a tender beginner; he to whom every soil is as his native one is already strong; but he is perfect to whom the entire world is as a foreign land" (Said, p. 171; Todorov, p. 259). No estoy muy seguro de que la migrancia constituya una experiencia ni más rica ni más sabia, pero sin duda es un sentimiento verdaderamente brutal cuando se materializa la fantasía del regreso; el *entonces-allá* preservado en la memoria por largo tiempo no se reconoce en el *aquí-ahora* del reencuentro: el migrante experimenta entonces la verdadera dimensión de la migrancia: un agujero negro en el tiempo y el espacio donde da lo mismo haberse ido ayer que hace mil años: un sentimiento de ajenidad como si se volviera del mundo de los muertos (Grinberg, p. 183). He ahí lo siniestro, la *umheimlich* freudiana, el miedo y la desfamiliarización que produce el reencuentro con lo familiar largamente reprimido. La largamente incubada ansiedad por la pérdida da lugar, en un golpe, al horror de la no pertenencia, a una alteridad irremediable que sólo es asumida como enriquecimiento, aun cuando doloroso, al comprender que ya no es el que fue, y aquel que era le es un extranjero, perdido para siempre en una alteridad "contradictoria que nos salva, tal vez, del encierro mortífero de lo homogéneo, de la alienación que representa la ilusión de la completud" (Viñar, pp. 90-91).

Cornejo Polar, procurando superar el determinismo epistémico de la metáfora del mestizaje (la concreción de una identidad producto de una síntesis dialéctica), ahondó en el análisis de la migrancia desde el "forasterismo" de Argüedas. La "condición del migrante", dijo, "si bien se vive en un presente que parece amalgamar los muchos trajines previos, es en algún punto contraria al afán sincrético que domina la índole del mestizo [...] imagino que el migrante estratifica sus experiencias de vida y que ni puede ni quiere fundirlas porque su naturaleza discontinua pone énfasis precisamente en la múltiple diversidad de esos tiempos y de esos espacios" ("Condición", pp. 103-104). De tal modo,

> mientras que el mestizo [léase aquí inmigrante] trataría de articular su doble ancestro en una coherencia inestable y precaria, el migrante, en cambio, se instalaría en dos mundos de cierta manera antagónicos por sus valencias: el ayer y el allá, de un lado, y el hoy y el aquí, de otro, aunque ambas posiciones estén inevitablemente teñidas la una por la otra en permanente pero cambiante fluctuación. De esta suerte, el migrante habla desde dos o más *locus* y –más com-

prometedoramente aún– duplica (o multiplica) la índole misma de su condición de sujeto (*Escribir*, p. 209).

La migrancia, a diferencia de la inmigración, no conduce a síntesis, fusiones e identidades estables, sino a una suspensión de culturas en conflicto, siempre en vilo, en las cuales el migrante es un ave de paso enajenada de todas. Y si admitimos que el lenguaje constituye un espacio privilegiado donde se gesta, condensa y disputa la id/entidad, cuán sagaz resulta la observación de Cornejo respecto a los dos modos de producción lingüística en juego: en tanto la inmigración, como el mestizaje, se produciría metafóricamente, la migrancia operaría metonímicamente. Así, el discurso del migrante yuxtapone lenguas y sociolectos diversos en una dinámica centrífuga, expansiva, que dispersa el lenguaje, contaminándolo con tiempos y espacios otros, con experiencias otras que lo atraviesan en múltiples direcciones, mientras reivindica la múltiple vigencia del *aquí-ahora* y del *entonces-allá*, "casi como un acto simbólico que en el instante mismo en que afirma la rotundidad de una frontera la está burlando" ("Condición", p. 106). Este modo metonímico, casi rizomático de producción social y cultural promueve una id/entidad esquiza, "a double consciousness", dijera Du Bois, como si el sujeto estuviese situado "simultaneously between two looking-glasses, each presenting a sharply different image of himself" (Stonequist, p. 145). Experiencia similar a la del extranjero de Simmel, cuya distante cercanía le proporciona una objetividad distanciada, una forma de relacionarse con la sociedad anfitriona veladamente abstracta, de donde proviene la peligrosa libertad de que goza frente a ella, en la cual será siempre un extraño; o a la del marginal de Stonequist, que debido a que "leaves one social group or culture without making a satisfactory adjustment to another [and] finds himself on the margin of each but a member of neither", constituye "the crucible of cultural fusion", un transculturador por antonomasia (p. 3, p. 221).

2. Sobre la función de la memoria en la subjetividad migrante

Es necesario sentarse a la mesa y tomar la parte que la vida nos da. Hay que dar a lo provisorio la densidad y el espesor de la vida (Anónimo, citado por Viñar).

La subjetividad, individual y social, se constituye en la intersección del tiempo y el espacio, no en tanto categorías abstractas, sino materializadas en la praxis social (*aquí-ahora*) y en el ejercicio de la memoria (*entonces-allá*). En la naturaleza, el tiempo es aprehendido en el espacio donde se halla inscripto (la posición del sol y las estrellas, el fresco de la mañana, el color y el tamaño de la espiga, la edad en la corteza de los árboles). Con el advenimiento de la modernidad, también el tiempo y el espacio devinieron mercancías, de modo que su valor pasó a estimarse de acuerdo a rigurosos criterios de productividad que condujeron a su amputación y recíproca reificación. Cuando el comerciante burgués renacentista, cuya actividad dependía del viaje y el transporte de mercancías, comprendió que el valor de su actividad se medía más por el tiempo involucrado que por los espacios recorridos, se desató una historia de periódicas y convulsivas compresiones tempo-espaciales auspiciadas por modernizaciones tecnológicas suscitadas en respuesta a crisis económicas (Harvey, p. 264). Las tecnologías de medición del tiempo y el espacio procuraron racionalizar y homogeneizar la multiplicidad de experiencias cotidianas así como el inmenso cúmulo de información procedente de los viajes. El invento de la perspectiva y el hallazgo de la cuadrícula de Ptolomeo permitieron el desarrollo de la cartografía moderna, que asistida por el uso del compás y el astrolabio, permitió navegar a distancias inconcebibles. El mapa, en efecto, homogeneizó y reificó en su frialdad geométrica la rica diversidad de itinerarios e historias trazadas sobre el espacio, del mismo modo que el cronómetro sustituyó por un tiempo vacío y homogéneo la discontinua duración del tiempo cotidiano, constituido por inconmensurables instantes cargados de ritmos diferentes (Harvey, p. 253). El tiempo, domesticado, regulado, homogeneizado en calendarios y cronómetros, desapareció de un espacio social supeditado al modo de producción capitalista; el *tempo* de la *experiencia vivida*, el mayor de nuestros bienes, perdió espesor y se hizo progresivamente ininteligible, regulado por la jornada de trabajo: vuelto mercancía, sólo pudo ser consumido sin dejar huellas (Harvey, p. 230; Lefebvre, p. 95). La necesidad de ampliar mercados y reducir barreras geográficas, de acelerar la distribución de mercancías y de organizar la división internacional del trabajo, indujo una racionalización del espacio, atrapado en la cartografía y en el perspectivismo urbano-arquitectónico; desvinculado de lugares concretos, el espacio se hizo abstracto, vacío y homogéneo: un no-lugar, al decir de Augé, pues "if a place can be defined as relational, historical and concerned with identity, then a space which cannot be defined as relational, or historical, or concerned with identity will be a non-place" (pp. 77-78; Giddens, p. 19). A partir de la Ilustración, cuando la modernidad, donde "todo lo que es sólido se disuelve en el aire", empieza a identificarse con la trágica búsqueda del progreso y la modernización ("a mode of vital experience –experience of space and time, of the self and others, of life's possibilities and perils– [...] a maelstrom of perpetual disintegration and renewal, of struggle and contradiction, of ambiguity and anguish", Berman, p. 15), el amplio corpus de las ciencias sociales modernas produjo una nueva aniquilación del espacio por el tiempo, al privilegiar la temporalidad, "the process of *becoming*, rather than *being* in space and place" (Harvey, p. 205). La depresión económica europea de 1846-47 promovió, además de una ola de revoluciones, una nueva expansión y un reajuste del capitalismo internacional que suscitó, a su vez, una crisis de representación centrada, primordialmente, en las categorías tempo-espaciales. Así como el fuego se apaga con fuego, la crisis se resolvería con una mayor expansión de mercados y capitales y su correspondiente compresión tempo-espacial. Las modernizaciones del XIX (concepto del XIX) revolucionaron la tecnologías de transportes y comunicaciones, y redujeron una vez más el tiempo necesario para trasladarse en el espacio; dicho desde otro ángulo, redujeron la distancia entre dos momentos, pues, cara y cruz de toda actividad productiva o cognitiva, la temporalidad (sucesión, diacronía, historia) y la espacialidad (simultaneidad, sincronía, geografía) se constituyen recíprocamente (Lefebvre, p. 71). Ferrocarriles, telégrafo y más tarde teléfono, navegación a vapor, canales inter-marítimos, la desaforada conquista de los escasos territorios "vírgenes", los primeros vagidos de la radio, la bicicleta y más tarde el automóvil, la fotografía (luego el cine y tantos otros experimentos de reproducción mecánica), el viaje en aeróstato y el turismo: el XIX es el siglo de las maravillas tecnológicas; nunca hasta entonces se habían acortado tanto las distancias, al punto que en apenas veinte o treinta años el mundo se encoge a su mitad (Harvey). Entre 1905, en que Einstein publica la teoría especial de la relatividad, y 1916, en que publica la teoría general, Ford inventa la línea de ensamblaje. Un año después, la Revolución Rusa.

En medio de esta febril compresión tempo-espacial comenzó una segunda renovación de la estética modernista en reacción a la aniquilación del espacio por el tiempo (predominio del *devenir*) que produjo una espacialización del tiempo (prioridad del *ser*). Joyce y Proust fragmentan el espacio-tiempo de la novela, así como Picasso y Braque buscan la simultaneidad de perspectivas sobre el plano, mientras Durkheim y Ortega y Gasset reconocen que el origen social del espacio implica, necesariamente, la existencia de múltiples visiones espaciales y que hay tantas realidades como puntos de vista (Harvey, pp. 267-268). Los vanguardismos –de derecha e izquierda, internacionalistas o tradicionalistas, socialistas o proto-fascistas– exploraron la dialéctica tiempo/espacio, presente/pasado, de diversas maneras, pero aun cuando celebraran –y practicaran– el internacionalismo y el cosmopolitismo modernos, su exploración tácitamente terminó reforzando las identidades locales, la memoria colectiva, el *ser* y no el *devenir* (Harvey, p. 273). En paradójico desplazamiento, la experiencia de la fragmentariedad desatada por la compresión del espacio y la proliferación de no-lugares empujó a los modernistas a reconstruir la espacialidad perdida no sobre la materialidad del espacio social, sino en la temporalidad de la memoria.

Esto nos trae, una vez más, al postulado inicial de que la subjetividad se constituye en la intersección del tiempo y el espacio que se consuma en la praxis social (*aquí-ahora*) y en el ejercicio de la memoria (*entonces-allá*). Estas dos coordenadas se articulan, según Lefebvre, en tres experiencias del espacio interconectadas: como "práctica espacial" (percepción y *sensorium* mediante, "the spatial practice of a society secretes that society's space; it propounds and presupposes it, in a dialectical interaction"), como "representaciones del espacio" ("conceptualized space, the space of scientists, planners, urbanists, technocratic subdividers and social engineers [...] all of whom identify what is lived and what is perceived with what is conceived [...] the dominant space in any society") y como "espacio representacional" ("space as directly *lived* through its associated images and symbols, and hence the space of 'inhabitants' and 'users' [...] This is the dominated –and hence pasively experienced– space which the imagination seeks to change and appropriate", Lefebvre, pp. 38-39). En otras palabras, *espacio práctico*, producido en los flujos físicos y materiales que aseguran su reproducción (mercados, transportes, comunicaciones, demarcaciones territoriales privadas y estatales, policía); *espacio hegemónico-estratégico*, conceptualizado como ciencia y tecnología (cartografía, física social, semiótica, geopolítica, ideologías nacionalistas o globales); y *espacio subalterno-localizado*, vivido a través de la cultura y la imaginación (familia, casa, pago; rituales, tradiciones y deseos cotidianos) (Harvey, pp. 218-219). Aun cuando los límites sean sumamente borrosos, es posible especular que el *espacio práctico* es el espacio biunívocamente constituido por y constituyente de la praxis social, sobre la cual actúan los otros dos: el *espacio hegemónico-estratégico*, ámbito de lo simbólico-hegemónico y de la producción ("representations of space have a practical impact [...] they intervene in and modify spatial *textures* which are informed by effective knowledge and ideology", Lefebvre, p. 42), y el *espacio subalterno-localizado*, espacio de las tácticas cotidianas, del usuario, de la memoria:

> Redolent with imaginary and symbolic elements [representational spaces] have their source in history –in the history of a people as well as in the history of each individual belonging to that people. [...] Representational space is alive: it speaks. It has an affective kernel or centre: Ego, bed, bedroom, dwelling, house; or: square, church, graveyard. It embraces the loci of passion, of action, and of lived situations, and thus immediately implies time (Lefebvre, pp. 41-42).

La casa en la memoria y la memoria como casa es el eje de la poética del espacio de Bachelard, "nuestro rincón del mundo", "nuestro primer universo", "región lejana [donde] memoria e imaginación no permiten que se las disocie" (pp. 34-35): "a place where every day is multiplied by all the days before it" (Yi-Fu Tuan, p. 144). Mediante el topoanálisis Bachelard propone develar las profundidades del *ser*, donde "el espacio lo es todo, porque el tiempo no anima ya la memoria", dado que esta "no registra la duración en el sentido bergsoniano [...]

Es por el espacio, es en el espacio donde encontramos esos bellos fósiles de duración, concretados por largas estancias. El inconsciente reside" (Bachelard, p. 39). Puede ser una casa, una calle o un barrio, asociado siempre a un rostro o un objeto, un sabor o un aroma, sin duda una voz, donde reside el verdadero sentido de la *patria*, del *pago* –pueblo, aldea, comarca– que constituye "el objeto nostálgico" del migrante, suspendido en la memoria donde sigue palpitando sin que podamos acceder plenamente a él: "El objeto nostálgico no es el país que fue, tampoco al que van a volver. Es todo eso pero mucho más. Es la tierra que pobló la infancia [...] no sólo el pasado que pasó: es también el pasado que no fue, las fantasías que soñamos, que nos soñaron, y que aún viven allí" (Gil, p. 9). A pesar del giro metafísico que confiere Bachelard a la memoria-casa, sus descripciones concretas refieren a experiencias cotidianas que evocan una textura a flor de piel. En efecto, si bien es en el espacio alojado en la memoria donde reside, para él, el núcleo intransferible de la identidad, su poética del espacio, no obstante, se proyecta en el presente mediante los recuerdos registrados en el cuerpo mismo. No me refiero solamente a memorias físicas, sino a las costumbres, los movimientos reflejos, el conocimiento del espacio mediante el cuerpo, hábitos, según Bachelard, que guardan obvia relación con el concepto decididamente sociocultural del *habitus* de Bourdieu. La memoria del pago está inscripta en la piel, en los sentidos, en "la resonancia de la ausencia en el cuerpo": los olores, las texturas, los sonidos extrañados "en la geografía del cuerpo sensible y erótico" (Viñar, p. 88). No en la memoria "automática" que, de acuerdo a Bergson, responde espontáneamente a los estímulos externos por medio de hábitos, sino en la "imagen-memoria" que actualiza, en el presente de la praxis, el archivo de la "memoria pura" activado –como enfoca una lente– por la percepción de la realidad circundante (p. 163, p. 171). Es precisamente esa interpelación de la "memoria pura" por las circunstancias concretas del *aquí-ahora* lo que activa la convocación de las experiencias del *entonces-allá*, y es en el encuentro del *presente del ahora* benjaminiano (*Jetztzeit*) con el pasado de la experiencia acumulada (*Erfahrung*) donde se produce la *experiencia vivida* (*Erlebnis*) como *duración*: como presente concreto, ahora, mientras escribo estas palabras, con un pie en el pasado y otro en el futuro; este presente, mío, pura sensación y movimiento, un estar en este aquí y en este ahora que se va deslizando por la yema de mis dedos y en la conciencia que a veces adquiero, como ahora, de la textura del sonido, del color de las luces y las sombras, de las memorias que despierta en mi cuerpo este mate sabroso. No se trata, claro está, de una memoria estrictamente personal y una experiencia solipsista; así como la experiencia más solitaria está condicionada por y se injerta en un contexto sociocultural específico, en la memoria converge un amasijo de experiencias y discursos individuales y colectivos, propios y ajenos, coetáneos y antiguos, reales e imaginarios, lo que permite a Benjamin localizar en ella las tradiciones comunitarias, la memoria colectiva, las artes del cuentacuentos donde se compendian lo individual y lo colectivo, los ritos y los mitos, las fiestas y los duelos, la codificación y la improvisación (p. 159). Es así que el presente, definido arbitrariamente como *lo que es*, debería mejor entenderse como *lo que está siendo hecho*, porque el presente no *es* nada, sino puro *devenir* que no acaba de ser cuando ya ha empezado a desaparecer. La *experiencia vivida* en lo cotidiano es la duración de la memoria en el *presente del ahora*; la confluencia del ser (lo pasado *es* idéntico a sí mismo ineluctablemente) con el *devenir* (el flujo del presente).

Con una similar preocupación por la *experiencia vivida*, aunque desde una búsqueda existencial de la identidad colectiva fragmentada por la modernidad que le lleva a justificar el nacional-socialismo en términos geopolíticos, construye Heidegger su ontología del refugio, lugar de permanencia del ser sobre la transitoriedad del *devenir*:

> *Raum, Rum*, means a place cleared or freed for settlement and lodging. A space is something that has been made room for, something that is cleared and free, namely, within a boundary, Greek *peras*. A boundary is not that at which something stops but, as the Greeks recognized, the boundary is that from which something *begins its essential unfolding*. That is why the concept is that of *horismos*, that is, the horizon, the boundary. Space is in essence that for which room has been made, that which is let into its bounds. That for which room is made is always granted and hence is joined, that is, gathered, by virtue of a location, that is, by such a thing as the bridge. *Accordingly, spaces receive their essential being from locations and not from "space"* (Heidegger, p. 332).

Heidegger apunta a una doble productividad espacial, de modo que el espacio social (no como abstracción) se produce desde un lugar concreto, localizable y trazado de antemano desde un horizonte específico. De aquí se desprende la definición antropológico-existencial de Augé, para quien un *lugar*, estipulado histórica y relacionalmente, "is formed by individual identities, through complicities of language, local references, the unformulated rules or living know-how", escenario existencial, concreto y simbólico, productor y producto de *experiencias vividas* (p. 101). Más conocida es la definición de De Certeau, según la cual un *lugar* es una determinada configuración de posiciones estables, mientras que un *espacio* es generado en la intersección de elementos móviles; un *lugar* es; un *espacio* se actúa, se actualiza, deviene: "space is a practiced place" (p. 117): el *espacio* es espacio atravesado por prácticas temporales. Por eso toda estrategia hegemónica implementa políticas del espacio que requieren, por definición, un mayor y más sofisticado dominio de las coordenadas tempo-espaciales, en tanto toda resistencia subalterna al interior del *espacio* hegemónico implica siempre el atrincheramiento en un *lugar* familiar desde el cual organizar incursiones y escaramuzas tácticas.

Espacio y *lugar* designan, así, dos modos dicotómicos de experiencia espacial. El *espacio*, producido mediante flujos de acción y movimiento, implica cierto control y planeamiento del tiempo sobre el espacio: corresponde al *espacio hegemónico-estratégico* y se materializa en el *aquí-ahora*; el lugar, por el contrario, es donde se vive, se descansa, se acumulan energías: implica una relación íntima, familiar y conservadora con el espacio: corresponde al *espacio subalterno-localizado*, sobre el cual actúa la memoria del *entonces-allá* (Yi-Fu Tuan, p. 179). De acuerdo a la posición que adopte el individuo en relación a las coordenadas del tiempo y el espacio, es decir, a dónde establezca su *lugar* dentro del *espacio* hegemónico, o dicho de otro modo, a su particular inserción en la praxis social (experiencia del *aquí-ahora*) y en el ejercicio de la memoria (experiencia del *entonces-allá*), serán sus *experiencias vividas* en el presente de la duración. En estas *experiencias vividas* se constituye, simultánea y biunívocamente, su subjetividad y su papel en la (re)producción de la realidad social. Un individuo que permanezca toda su vida en el mismo pueblo, viviendo en la misma casa familiar y practicando las mismas tradiciones locales mostrará, por regla general, un alto índice de identificación con dichas coordenadas tempo-espaciales; es decir, presentará una identidad sólida, estable, conformada por, conforme a y conformante de una realidad social con visos de inmutable (su *lugar* es allí; su *tiempo-tempo* es ese). Pero en cuanto ese individuo viaje fuera de su pueblo o su provincia, experimentará un doble desplazamiento en el tiempo y en el espacio que le demandará alguna forma de negociación. La identidad con la totalidad tempo-espacial de la sociedad de origen se verá escindida entre el *aquí-ahora* de la nueva realidad cotidiana y el *entonces-allá* confinado a la memoria (su *lugar* quedó *allá*; su *tiempo-tempo* es el *entonces*). Todo viaje implica ese doble desplazamiento; las distintas modalidades de migrancia representan quizá algunas de las instancias más dramáticas de esta fractura de las coordenadas tempo-espaciales de la identidad.

Las preguntas que se imponen son: 1) ¿cuáles son los desplazamientos espacio-temporales que impone al migrante la sociedad anfitriona? Esto depende del tipo de sociedad, del modo de producción económico y social prevalente, de los modelos hegemónicos de representación y organización espacial, de la posición social, étnica y jurídica del migrante en la sociedad anfitriona (según su posición como sujeto-súbdito y sujeto-soberano –Balibar). 2) ¿Qué posiciones concretas adopta el migrante en esa sociedad en cuanto sujeto-soberano, es decir, cómo construye su id/entidad en la articulación con distintas formaciones sociales en cuanto gestor de su propio destino? ¿Con cuáles grupos se identifica, qué discursos le interpelan, en qué alianzas ingresa, con quién y contra quién? ¿Qué peso específico tiene su identidad nacional de origen en la configuración de dichas articulaciones, sobre todo con otros grupos migrantes, comunitarios y subalternos? 3) ¿Cómo negocia el migrante a nivel de imaginario las nuevas interpelaciones que le impone la sociedad receptora, así como el distanciamiento espacio-temporal de su sociedad de origen? ¿Dónde se ubica en el eje asimilación/diasporización que regula el grado de adaptación socio-cultural? ¿Cómo procesa su identidad con/en el imaginario nacional de origen con la interpelación (o repudio) por el imaginario nacional de la sociedad anfitriona? 4) ¿Desde qué lugares concretos (familia, ghetto, club, red de internet) opera el migrante dentro del espacio hegemónico? ¿Cómo, con qué, desde dónde y con quién los construye? ¿Cómo se articulan con el *entonces-allá* de la memoria? ¿Son permanentes o transitorios; permanentemente transitorios o transitoriamente permanentes? 5) ¿Cuál es la contribución específica del migrante en la (re)producción de la realidad social? No me refiero aquí tan sólo a su contribución material, concreta y mensurable, ni al aporte cultural agregado a la sociedad receptora, sino de aquello incompartible, intraducible: el *entoncesallá* enquistado en la memoria que hará de él, adonde vaya, un extranjero. Porque el migrante es el extranjero y viajero por antonomasia, más, mucho más que el inmigrante.

La metáfora del viaje y de la alteridad que el viaje desencadena toca a la médula misma de la identidad, como elabora Chambers en la tradición de Levinas, Buber, Sartre, Dussel, y proviene, directamente, de la experiencia del *lugar* como *espacio*. Augé:

> Space, as frequentation of *places* rather than a place, stems in effect from a double movement: the traveller's movement, of course, but also a parallel movement of the landscapes which he catches only in partial glimpses, a series of 'snapshots' piled hurriedly into his memory (pp. 85-86).

Los espacios por donde pasa el viajero, experimentados como *no-lugares*, producen un sacudimiento de los *lugares* sedimentados en la memoria, que en el caso de la peregrinación puede asumir dimensiones extremas de reidentificación o desestructuración del sujeto. Y de ahí la importancia de la experiencia del viaje para comprender la fractura de la *identidad* (identificación del sujeto con lo simbólico a través del imaginario social por la cual deviene sujeto-súbdito) en *id/entidad* (articulación del sujeto-soberano con diversas formaciones sociales a través del imaginario radical) (Trigo, pp. 167-171). Toda id/entidad implica algún tipo de viaje –no necesariamente migratorio, ni siquiera físico– desde la confortable identificación en/con lo simbólico (lo nacional pedagógico, por ejemplo) a la inquietante certeza de la responsabilidad que nos compete en el devenir histórico (la nación como *performance*) (Bhabha). Por ello, la *identidad* es cartografiable (sus puntos de referencia son precisables en un *espacio hegemónico-estratégico* que impone una realidad como *lo Real*), pero la *id/entidad* no (sus puntos de referencia son contingentes a un *espacio subalterno-localizado* desde el cual se produce una realidad que se desplaza, se camufla, se trastoca permanentemente): es a lo sumo filmable. Dicho de otro modo, la realidad vivida a través de una *experiencia (de lo) real* es automáticamente universalizada como *lo Real*, legitimada como lo verdadero, naturalizada como lo auténtico: al identificarse en y con el *espacio hegemónico-estratégico* como su *lugar* el individuo pierde conciencia de sí; se entrega en la identificación de lo Mismo. La *experiencia (de lo) hiperreal*, en cambio, permite un modo de relación fluctuante y mutante, distanciada, en alerta permanente frente a un espacio que se vive como extraño, como otro, como un *no-lugar*; la *experiencia (de lo) hiperreal* es la *experiencia vivida* característica del extranjero, quien viaja por el tiempo-espacio otro como dentro de un film: "The metaphor of a map suggests that somehow the subject exists on its own, like an object, with location, form and arrangement [...] Perhaps filming is a more appropriate metaphor than mapping, although both abstract the subject from its situatedness" (Rodaway, pp. 243-244). Basta con invertir el punto de vista: si la *experiencia (de lo) hiperreal* es filmable ("theme-parks are organized cinematically" [p. 259]) también ha de ser actuable; y si lo hiperreal como modo de significación trasciende las relaciones de poder representacional y sugiere formas alternativas de subjetividad, como sugiere Rodaway, es teóricamente legítimo proponer que mientras la instrumentación de la hiperrealidad produce un sujeto pasivo sujeto a una proliferación de simulacros, la experiencia de lo hiperreal protagonizada por un sujeto activo da lugar a un afinamiento de la capacidad sensorio-cognitiva.

La posmodernidad –o supermodernidad, como propone Augé– implica el despliegue institucionalizado, sistematizado y prosaicamente a la moda, de una *hiperrealidad*, es decir, la implementación de un *espacio hegemónico-estratégico* cuyo propósito es inducir una experiencia más real que lo real, como exceso y límite de lo real, más realista que la realidad: "Simulation is no longer that of a territory, a referential being, or a substance. It is the generation by models of a real without origin or reality: a hyperreal. [The real] is no longer really the real, because no imaginary envelops it anymore" (Baudrillard, pp. 1-2). Importa señalar este tránsito de la disimulación (que corresponde a una epistemología de la representación y al registro de las ideologías) a la simulación (que inaugura la epistemología del simulacro y de la razón cínica), porque no se trata ya de que las masas, engañadas, confundan realidad con fantasía, por cuanto la distinción en sí carece de interés para un individuo que se entrega al espectáculo con plena conciencia de que se trata de un puro simulacro (Baudrillard, p. 6; Sloterdijk). Así:

> Disneyland is presented as imaginary in order to make us believe that the rest is real, when in fact all of Los Angeles and the America that surrounds it are no longer real, but belong to the hyperreal order and to the order of simulation. It is no longer a question of a false representation of reality (ideology) but of concealing the fact that the real is no longer real, and thus of saving the reality principle. The imaginary of Disneyland is neither true nor false, it is a deterrence machine set up in order to rejuvenate the fiction of the real in the opposite camp (Baudrillard, pp. 12-13).

El modelo cultural instituido por Disney, rastreable hasta las grandes ferias universales y al orientalismo del XIX, ofrece un viaje sin riesgos, donde lo desconocido se vuelve familiar y lo extraño exótico; un viaje simulado donde la *experiencia (de lo) hiperreal* (a un tiempo-espacio otro), en vez de desestabilizar y cuestionar *lo Real*, lo acredita: el regreso a la normalidad cotidiana al salir del parque de diversiones restablece la *experiencia (de lo) real*, donde predominan los *no-lugares*, los espacios vacíos, abstractos, ahistóricos y alienantes de centros comerciales, supermercados, estacionamientos, autopistas. La super-modernidad, o hiperrealidad posmoderna, "makes the old (history) into a specific spectacle, as it does with all exoticism and all local particularity. History and exoticism play the same role in it as the 'quotations' in a written text: a status superbly expressed in travel agency catalogues" (Augé, p. 110). Adelgazado, achatado, despojado de referentes históricos concretos, este espacio de utilería induce una memoria virtual que opera en base a la nostalgia por lo nunca vivido. Inducida e instrumentada por esta maquinaria del capitalismo transnacional massmediático, la *experiencia (de lo) hiperreal* se configura, así, como el más sofisticado dispositivo de simulación y chantaje, pero generada en la práctica del viaje por un sujeto activo, recordemos, constituye una experiencia cabalmente emancipatoria. El viajero, fuera de su espacio-tiempo habitual está, en principio, en territorio desconocido, ajeno, inhóspito quizá, cuyos códigos desconoce, cuyos lenguajes debe descifrar, para lo cual se pone en acecho, con todos sus sentidos en estado de alerta. Esta desfamiliarización (*ostranenie* y *Verfrendungeffekt*) desnaturaliza la realidad del *aquí-ahora*, la pone en entredicho, la cuestiona en relación a otras realidades archivadas en la memoria.

La *experiencia (de lo) hiperreal* se funda en la fugacidad, en el tránsito, en la transitividad frente a lo ajeno. Por ello es tan fácil detectarla en la paradójica experiencia del extranjero, quien sólo se siente en casa en el anonimato y en el extrañamiento de un *no-lugar*. Por lo mismo, la metáfora del viaje resulta tan pertinente. Pero la migrancia dura más y es más dura que un viaje. Si el migrante vive permanentemente el *aquí-ahora* como hiperreal (experiencia cinematográfica: *id/entidad* filmable), corre el riesgo de reificar qua lo Real el *entonces-allá* alojado en su memoria, que pasa así a ser un punto de anclaje identitario exclusivo y excluyente. Si, por el contrario, convierte ese *entonces-allá* de sus memorias en una reminiscencia hiperreal, puede alienarse en un *aquí-ahora* que, al ser amputado de la experiencia acumulada en la memoria, es deshistorizado, despojado de la duración que da densidad a la *experiencia vivida*, fetichizado qua lo Real. Una adecuada negociación y reconversión de la subjetividad implica necesariamente procesar las memorias como instancias reales dialécticamente imbricadas al presente en duración, como *experiencias vividas*.

3. Sobre la función del migrante como agente modernizador

La centralidad de la inmigración en los procesos de modernización resulta, al pensarse en América Latina, casi obvia. Su contribución es, incluso, mensurable, desde lo demográfico, hasta lo económico (dinamizador de mercados en su doble carácter de productor y consumidor), lo político (introductor de ideologías de cambio y de prácticas democráticas), lo social (hábitos, costumbres, formas de relación diferentes), lo religioso (diversidad de creencias y la consecuente secularización del estado), lo lingüístico, lo cultural.

Los países que alcanzan un mayor y más efectivo desarrollo capitalista, así como una más temprana consolidación del estado nacional, son aquellos que reciben un mayor flujo inmigratorio entre el último cuarto del XIX y el primer cuarto del XX. Argentina y Uruguay, en el sur, y Estados Unidos, en el norte, constituyen los dos polos principales de corrientes inmigratorias que forjarán, de acuerdo a la conocida fórmula de Darcy Ribeiro, culturas transplantadas. Más tarde, el proceso habrá de repetirse, en diferentes grados y con diversas características, a lo largo y lo ancho de América Latina. ¿Cuál es el impacto de la inmigración española republicana en el México de los 40? ¿Cómo no relacionar la afluencia inmigratoria a las regiones paulista y gaucha brasileña con las modernizaciones de esas zonas respecto al resto de Brasil? ¿La modernización, desde los 30 a los 70, de la sociedad venezolana es exclusivamente atribuible al *boom* petrolero? ¿Miami sería lo que es sin el aporte cubano?

No es este el lugar para ensayar el mapeo de los movimientos migratorios, ni sus lugares de origen y de destino, ni su composición étnica, social, genérica, etaria, y menos aún su articulación con los procesos modernizadores, pero vale la pena recordar el papel concedido a la inmigración en un texto fundacional de la modernidad latinoamericana: *Bases y puntos de partida para la organización política de la República Argentina, derivadas de la ley que preside el desarrollo de la civilizacion en la América del Sur* (1852) de Juan Bautista Alberdi. Desde un pragmatismo mucho más moderno que el romanticismo ilustrado de Sarmiento, Alberdi registra, en una simbiosis de jurisprudencia y economicismo, planeamiento y administración, los requisitos indispensables para alcanzar la civilización, es decir, para gestar una modernización. Con notable visión geopolítica, avanzadísima para la época, Alberdi parte de "las exigencias de una ley [...] de dilatación del género humano", por la cual "nunca sucede por largo tiempo que las naciones más antiguas y populosas se ahoguen de exuberancia de población, en presencia de un mundo que carece de habitantes y abunda de riquezas". La tesis parte de la premisa –avalada, a su modo de ver, por la superpoblación europea– del vacío demográfico y el atraso sociocultural de las Américas. Más allá de la falacia de dicha premisa, la argumentación de Alberdi es notable por la concepción global de la modernidad que propone, cuyo elemento articulatorio es, precisamente, la distribución de contingentes humanos entre zonas demográficamente desequilibradas. De acuerdo a esto, tanto Europa como América sufren un desequilibrio, porque "allá sobreabunda, hasta constituir un mal, la población de que aquí tenemos necesidad vital". De este desequilibrio proceden los mayores males sociales europeos –el socialismo y las guerras de conquista, originados en el exceso de capital y mano de obra–, así como los mayores males sociales americanos –el atraso económico y cultural, producto de la carencia de capitales, mano de obra y mercados. La solución se impone: "el bienestar de ambos mundos se concilia casualmente, y mediante un sistema de política y de instituciones adecuadas, los Estados del otro continente deben propender a enviarnos, por inmigraciones pacíficas, las poblaciones que los nuestros deben atraer por una política e instituciones análogas. *Esta es la ley capital y sumaria del desarrollo de la civilización* cristiana y *moderna en este continente;* lo fue desde su principio y será la que complete el trabajo embrionario de la Europa española" (19, énfasis mío). Lo que quiero enfatizar aquí es que Alberdi, con el preciso propósito de ofrecer soluciones políticas para la realización de un objetivo concreto –la modernización de América Latina–, esboza un esquema global de la modernidad que trasciende por mucho la contingencia de los objetivos explícitos. El mismo señala la índole coyuntural de la reforma constitucional y la validez rigurosamente histórica de los principios que propugna, y "así como antes colocábamos la independencia, la libertad, el culto, hoy debemos poner la inmigración libre, la libertad de comercio, los caminos de fierro, la industria sin trabas", pues "no se ha de aspirar a que las constituciones expresen las necesidades de todos los tiempos" (p. 63). Pero todas las medidas concretas que propone (tratados internacionales que garanticen al extranjero la libertad civil, la libertad de comercio, y los derechos de propiedad, de adquisición y de tránsito; tolerancia religiosa; apertura del interior mediante ferrocarriles; otorgamiento de franquicias y privilegios al capital extranjero; libertad de navegación y eliminación de las aduanas interiores; "gobernar poco, intervenir lo menos, dejar hacer lo más [pues] nuestra prosperidad ha de ser obra espontánea de las cosas más bien que una creación oficial", p. 261) confluyen en el santo y seña de la modernización: la inmigración:

> La población en todas partes, y esencialmente en América, forma la substancia en torno de la

cual se realizan y desenvuelven todos los fenómenos de la economía social. Por ella y para ella todo se agita y realiza en el mundo de los hechos económicos. Principal instrumento de la producción, cede en su beneficio la distribución de la riqueza nacional. La población es el *fin* y es el *medio* al mismo tiempo. En este sentido, la ciencia económica, según la palabra de uno de sus grandes órganos, pudiera resumirse entera en la ciencia de la población [...] Es, pues, esencialmente económico el fin de la política constitucional y del gobierno en América. Así, en América, gobernar es poblar (p. 238).

La consigna alberdiana –conjuro de deseos y diseño de políticas destinadas a plasmar la realidad– condensa ejemplarmente la centralidad de la inmigración en los procesos de modernización, pues detrás del proyecto modernizador en sí mismo, y del *télos* civilizador que lo recubre, es posible entrever en el discurso de Alberdi una visión global materialista e histórica, comprehensiva y dialéctica de la modernidad, solamente concebible, quizá, desde la periferia.

El papel protagónico del migrante como agente modernizador ha sido anotado, desde el otro lado del mundo y desde otro momento histórico, por Raymond Williams. Su hipótesis, en lo que atañe a este punto, parte de una revisión y un ajuste de la benjaminiana interpretación acerca de la formación social del modernismo del XIX. Según Benjamin, el modernismo, arquetípicamente representado por Baudelaire, se origina en la doble y complementaria actividad de la bohemia y la *flâneurie*. Para Williams, en cambio, la verdadera base formativa del modernismo reside en la función y el papel que tienen los inmigrantes provincianos en las metrópolis, verdaderos gestores de los movimientos vanguardistas y su visión distanciada, marginal, extranjera. El cubismo y su dislocación del espacio organizado por la perspectiva se produce en la confluencia del polaco Wilhelm Apollinaris de Kostrowitzki, alias Guillaume Apollinaire y los españoles Juan Gris y Pablo Picasso. El sentido mismo de *metrópolis* varía. París, Viena, Berlín, Londres, Nueva York adquieren carácter metropolitano no sólo por su importancia política imperial y su concentración de capitales y tecnología, sino por promoverse como capitales transnacionales de un arte sin fronteras, por convertirse en *ciudades de extranjeros*, "the most appropriate locale for art made by the restlesly mobile *emigré* or exile, the internationally anti-bourgeois artist. From Apollinaire and Joyce to Beckett and Ionesco, writers were continuously moving to Paris, Vienna and Berlin, meeting there exiles from the Revolution coming the other way, bringing with them the manifestos of post-revolutionary formation" (Williams, p. 34). Estos viajes permanentes y sus constantes cruces de fronteras en tiempos en que las fronteras comenzaban a controlarse más que nunca (el pasaporte se institucionaliza durante la Primera Guerra), así como la experiencia cotidiana de la otredad física, étnica y lingüística, promovieron una atmósfera de desarraigo que se incorporaría como subtexto vital a la modernidad. Es la confluencia de extranjeros emigrados de diversos rincones periféricos lo que hace de una ciudad una metrópolis. Esas comunidades de emigrados, exiliados y refugiados provenientes de regiones, culturas o clases subalternas, constituyen el auténtico caldo de cultivo de la productividad (disidente) modernista, en tanto que, portadores de culturas diferentes, tradiciones diferentes, lenguas diferentes, son capaces de producir, desde su diferencia, una visión a contrapelo de y desde la modernidad misma, la contracara complementaria de la cultura hegemónica. Y así como la verdadera base social de las vanguardias tempranas fue a un tiempo cosmopolita y metropolitana, migrante y extranjera, la índole profunda del modernismo fue precisamente esta movilidad a través de fronteras estatales, ideológicas, culturales, institucionales en fin.

El alcance de la hipótesis de Williams es limitado a la esfera de la estética *avant-garde*, a un circuito eurocéntrico que se extiende, a lo sumo, a Nueva York, y a un momento histórico acotado a principios de siglo. Pretende tan sólo explicar la moderna antimodernidad del modernismo. Pero, admitiendo que sea atinada la observación de Williams, ¿se trata tan sólo de un fenómeno puntual? ¿No sería extrapolable a otros contextos y a otras circunstancias históricas? ¿No estaríamos entonces frente a un fenómeno de validez más general? ¿Y si no se tratase de un fenómeno limitado a la esfera del arte y la literatura? ¿Si ese protagonismo o gestoría o productividad del (in)migrante proviniera de su misma condición de (in)migrante? ¿Y si ese papel gestor del (in)migrante fuera inherente a la modernidad?

Quizá una respuesta podría ensayarse a partir de la idea de modernidad que propone Perry Anderson en su polémica con Marshall Berman, a quien formula tres críticas: 1) no es posible hablar de un modernismo, puesto que hay una multiplicidad de modernismos, estética, ideológica y políticamente disímiles; 2) cada modernismo es históricamente determinado; y 3) los modernismos se distribuyen geográficamente en forma desigual. A partir de estas correcciones, Anderson formula su hipótesis sobre la índole coyuntural del modernismo que, a su entender, debe entenderse como un campo de fuerzas triangulado por la simultánea existencia de tres coordenadas en tensión: 1) la persistencia de un academicismo cultural institucionalizado dentro de regímenes todavía imbuidos de valores aristocráticos; 2) la incipiente y novedosa emergencia de las tecnologías de la segunda revolución industrial y la industria cultural de masas; 3) la proximidad imaginaria de la revolución social. En síntesis, "European modernism in the first years of this century thus flowered in the space between a still usable classical past, a still indeterminate technical present, and a still unpredictable political future. Or, put another way, it arose at the intersection between a semi-aristocratic ruling order, a semi-industrialized capitalist economy, and a semi-emergent, or –insurgent, labour movement" (p. 105). O dicho en otros términos, el modernismo brotaría de y en la conflictiva simultaneidad de distintas temporalidades históricas (un pasado cristalizado en tradiciones, un presente aún no consolidado, un futuro apenas imaginable) representadas por modos de producción, distribución y consumo cultural correspondientes a otras tantas modernidades. La hipótesis tiene mucho paño, porque si extremamos la línea propuesta por Anderson, podría aventurarse que los vanguardismos responsables de las propuestas más radicales de renovación y crítica, o sea, las propuestas estéticas que cuestionan la modernidad desde la modernidad misma, se originarían no en las sociedades paradigmáticamente modernas, sino en aquéllas atravesadas por modernidades disímiles y contradictorias: en una palabra, heteróclitas, heterónomas y heterogéneas. Heteróclita, en el sentido de "discontinuidad simultánea" que le atribuye Martín-Barbero, de no-contemporaneidad producto de una diferencia (deformidad, atraso, anomalía) históricamente instrumentada desde una modernidad modelo; heterónoma, a lo Brunner, para quien es subproducto de la inserción segmentada y diferencial en un mercado internacional que penetra las culturas locales; heterogénea que resulta de la sedimentación, yuxtaposición y entrecruzamiento de diversas etnoculturas, en la perspectiva a un tiempo antropológica y social de Cornejo Polar. O, volviendo a Williams, en la praxis creativa de artistas e intelectuales migrantes que, portadores de dicha heterogeneidad al interior de la cultura hegemónica modelo, introducen la novedad de lo viejo (lo primitivo, lo antiguo, lo excéntrico) en la cultura hegemónica. Las huellas de sus culturas de origen en la obra de arte (la memoria de una premodernidad) producirían la diferencia ultramoderna en/con la cultura receptora. Y así Tony Pinkney, en un nuevo giro benjaminiano, puede ensamblar ambas hipótesis, la del papel protagónico del (in)migrante en la metrópolis, de Williams, y la de las modernidades desiguales y combinadas de Anderson, para concluir que la modernidad resultaría de un cortocircuito entre la memoria del *entonces-allá* precapitalista incrustada por el inmigrante provinciano al interior del *aquí-ahora* de la cultura hegemónica, y las estratégicas apropiaciones de dicha memoria instrumentadas por la tecnología de punta del capitalismo (p. 16). La memoria migrante actúa como una suerte de catalizador de las energías desencadenadas primero, mas luego contenidas, por el capitalismo.

Ahora bien. De acuerdo a lo anterior podríamos concluir que, en primer lugar, la modernidad en la esfera cultural no es ni homóloga ni homogénea a la modernidad en los planos económico y social, por cuanto se genera no en correspondencia a un modelo acabado y perfecto, sino en relación a sus fallas; en el desfase y en los desajustes, precisamente, entre modernidades disímiles. Este desfase se manifiesta en la praxis creativa de artistas e intelectuales (in)migrantes, que operan como una cuña mediante la irrupción en el *aquí-ahora* de memorias pertinentes a un *entonces-allá* de signo diferente, lo que provoca la cosmopolitización de la metrópolis (caso París), o la metropolización de la cosmópolis (caso Buenos Aires). Dicho de otro modo, la metrópolis parisiense se cosmopolitiza y la cosmópolis porteña se convierte en metrópolis merced a la afluencia de inmigrantes, y no a la inversa. Los migrantes dinamizan, en la ciudad, la productividad cosmopolita-metropolitana que destaca Williams. Si esta praxis artística es producto de la confrontación de la memoria migrante del artista (de un espacio *otro*, un tiempo *otro*, una cultura, una lengua, una modernidad *otras*) con la realidad concreta de la sociedad receptora, es posible concluir que la memoria (del) (in)migrante: 1) está instalada en las fallas constitutivas de la modernidad (memorias del pasado, del presente, del futuro); 2) articula la diferencia y promueve la negociación entre modernidades heterogéneas (tradiciones y culturas residuales, culturas emergentes, horizontes utópicos); 3) condensa y aglutina la moderna productividad de modernidad.

Esto nos trae una vez más a nuestro planteo inicial acerca de la centralidad del (in)migrante como agente modernizador. Entre el economicismo geopolítico del proyecto alberdiano y el culturalismo historicista de la reflexión de Williams se sitúan todas las dimensiones de dicha centralidad. A nivel económico, y en adición a la importación de capitales que preocupaba tanto a Alberdi, el migrante cumple un papel fundamental tanto en el desarrollo de las fuerzas productivas (como fuerza de trabajo, por su capital técnico acumulado y por su imaginación y su espíritu de empresa), como en el desarrollo y la ampliación de mercados (como consumidor directo y como diversificador de la oferta y la demanda, al introducir nuevas modas y nuevos modos de producción, circulación y consumo). A nivel cultural, baste señalar que la homogeneidad supuestamente necesaria para la existencia de los estados nacionales modernos resulta impensable sin la bullente heterogeneidad de que se nutre. Quiero decir que aun cuando la mayoría de los estudios sobre la formación de los estados nacionales privilegia el análisis de las instituciones, los discursos y los imaginarios pedagógicamente homogeneizantes, dichas formaciones son material y simbólicamente imposibles sin la contribución de contingentes migrantes. La mayoría de los estados nacionales modernos –y esto es particularmente agudo para el caso de América Latina– es impensable sin el aporte demográfico, económico, étnico, cultural y político de contingentes migrantes. El migrante produce un plusvalor, tanto en la adición como en la diferencia, y aquí es donde entra la función directamente transculturadora del migrante, como traductor, como intermediario, como puente entre comunidades y culturas, entre lo viejo y lo nuevo, entre lo próximo y lo distante, entre lo presente y lo ausente. Porque la memoria –y aquí entra el meollo de la productividad localizada en la condición de migrante–, donde reside el *ser*, está cargada de la diferencia gestada en el *devenir*, y por ello la memoria es una dimensión tan ambigua de la existencia, en la cual buscamos lo que ya no somos: "No longer a genesis, but the deciphering of what we are in the light of what we are no longer" (Augé, pp. 25-26). Esa misma función diferencial, tanto en un plano sincrónico como diacrónico, cumple el migrante al interior del corpus social. Por ello, la productividad de la memoria (in)migrante no es reducible a la práctica artística (y menos aún vanguardista), en tanto es constitutiva de la "condición migrante", condición caracterizada por un *locus* flotante, una experiencia (existencial) de *"unhomeliness"* y una praxis fisurada. Todo (in)migrante es siempre, desde su propio cuerpo y en su praxis cotidiana, un modernizador, lo que equivale a decir, como he discutido en otra parte, un transculturador, cuyas características específicas dependerán de las circunstancias históricas concretas. Quedaría por analizar los modos concretos en que las distintas modalidades de migrancia producen otras tantas formas de modernidad y, por supuesto, cómo estas últimas condicionan a aquéllas, así como las formas específicas en que la memoria actúa sobre la modernidad a través de la experiencia migrante, pero también como ésta nutre, bloquea y selecciona las memorias efectivamente actualizadas; en una palabra, el elemento diferencial que genera a cada modernidad desde una específica articulación de migrancia y memoria. Pero eso, obviamente, excede este trabajo.

BIBLIOGRAFÍA

Alberdi, Juan Bautista. *Bases y puntos de partida para la organización política de la República Argentina*. Buenos Aires: Plus Ultra, 1981.

Allen, Terry. *Juárez*. [1975]. California: Fate Records, 1991.

Anderson, Perry. "Modernity and Revolution". *New Left Review*, 144 (1984): pp. 96-113.

Augé, Marc. *Non-Places. Introduction to an Anthropology of Supermodernity*. Londres: Verso, 1995.

Bachelard, Gaston. *La poética del espacio*. México: Fondo de Cultura Económica, 1983.

Balibar, Etienne. "Citizen Subject". Eduardo Cadava, Peter Connor y Jean-Luc Nancy (eds.), *Who Comes After the Subject?* Londres: Routledge, 1991.

Baudrillard, Jean. *Simulacra and Simulation*. Ann Arbor: The University of Michigan Press, 1981.

Benjamin, Walter. *Illuminations*. Nueva York: Schocken Books, 1968.

Bergson, Henri. *Matter and Memory*. Londres: George Allen & Unwin Ltd/Nueva York: MacMillan Co, 1950.

Berman, Marshall. *All that is Solid Melts into Air. The Experience of Modernity*. Nueva York: Penguin, 1988.

Bhabha, Homi K. *The Location of Culture*. Londres: Routledge, 1994.

—— (ed.) *Nation and Narration*. Londres: Routledge, 1990.

Bourdieu, Pierre. "Distinction". *A Social Critique of the Judgement of Taste*. Cambridge: Harvard University Press, 1984.

Brunner, José Joaquín. *Los debates sobre la modernidad y América Latina*. Santiago: FLACSO, 1986.

Certeau, Michel de. *The Practice of Everyday Life*. Berkeley: University of California Press, 1984.

Chambers, Iain. *Migrancy, Culture, Identity*. Londres: Routledge, 1994.

Clifford, James. "Diasporas". *Cultural Anthropology*, 9/3 (1994): pp. 302-338.

Cornejo Polar, Antonio. *Escribir en el aire. Ensayo sobre la heterogeneidad socio-cultural en las literaturas andinas*. Lima: Editorial Horizonte, 1994.

—— "Condición migrante e intertextualidad multicultural: el caso Arguedas". *Revista de Crítica Literaria Latinoamericana*, 21/42 (1995): pp. 101-110.

Deleuze, Gilles. *Bergsonism*. Nueva York: Zone Books, 1991.

Dutrénit Bielous, Silvia. "¿Es la diáspora uruguaya una otredad para la historia nacional?". *Cuadernos de Marcha*, 12/136 (febrero 1998): pp. 15-20.

Freud, Sigmund. "The Uncanny". *The Standard Edition of the Complete Psychological Works of Sigmund Freud*. Tomo XVII. Londres: The Hogarth Press, 1955.

Giddens, Anthony. *The Consequences of Modernity*. Stanford: Stanford University Press, 1990.

Gil, Daniel. "Memorias del horror". Prólogo a Maren y Marcelo Viñar. *Fracturas de memoria. Crónicas para una memoria por venir*. Montevideo: Trilce, 1993.

Grinberg, Leon y Rebeca Grinberg. *Psychoanalytic Perspectives on Migration and Exile*. New Haven: Yale University Press, 1989.

Harvey, David. *The Condition of Postmodernity. An Enquiry into the Origins of Cultural Change*. Oxford: Blackwell, 1995.

Heidegger, Martin. "Building Dwelling Thinking". *Basic Writings*. Nueva York: Harper & Row, 1977.

Hobsbawm, Eric. *The Age of Empire, 1875-1914*. Nueva York: Vintage Books, 1989.

Lefebvre, Henri. *The Production of Space*. Oxford: Blackwell, 1991.

Martín-Barbero, Jesús. *De los medios a las mediaciones. Comunicación, cultura y hegemonía*. México: Gustavo Gili, 1987.

Nietzsche, Friedrich. *Basic Writings of Nietzsche*. Nueva York: The Modern Library, 1968.

Ong, Aiwah. "On the Edge of Empires: Flexible Citizenship among Chinese on Diaspora". *Positions*, 1/3 (1993): pp. 745-778.

Pinkey, Tony. "Editor's Introduction: Modernism and Cultural Theory". Raymond Williams. *The Politics of Modernism. Against the New Conformists*. Londres: Verso, 1996.

Rodaway, Paul. "Exploring the Subject in Hyper-reality". Steve Pile y Nigel Thrift (eds.), *Mapping the Subject. Geographis of Cultural Transformation*. Londres: Routledge, 1995.

Rouse, Roger. "Mexican Migration and the Social Space of Postmodernism". *Diaspora*, 1/1 (1991): pp. 8-23.

Said, Edward. "Reflections on Exile". *Granta*, 13 (1984): pp. 159-172.

Safran, William. "Diasporas in Modern Societies: Myths of Homeland and Return". *Diaspora*, 1/1 (1991): pp. 83-99.

Simmel, Georg. *The Sociology of Georg Simmel*. Glencoe, Illinois: The Free Press, 1950.

Sloterdijk, Peter. *Critique of Cynical Reason*. Minneapolis: University of Minnesota Press, 1987.

Stonequist, Everett V. *The Marginal Man. A Study in Personality and Culture Conflict*. Nueva York: Russell & Russell, 1961.

Todorov, Tzvetan. *La conquista de América. El problema del otro*. México: Siglo XXI, 1989.

Tölölian, Khachig. "The Nation State and its Others: In Lieu of a Preface". *Diaspora*, 1/1 (1991): pp. 3-7.

Trigo, Abril. *¿Cultura uruguaya o culturas linyeras? (Para una cartografía de la neomodernidad posuruguaya)*. Montevideo: Vinten, 1997.

Tuan, Yi-Fu. *Space and Place. The Perspective of Experience*. Minneapolis: University of Minnesota Press, 1977.

Viñar, Maren y Marcelo. *Fracturas de memoria. Crónicas para una memoria por venir*. Montevideo: Ediciones Trilce, 1993.

Williams, Raymond. *Culture*. Londres: Fontana, 1981.

—— *The Politics of Modernism. Against the New Conformists*. Londres: Verso, 1996.

Fronteras latinoamericanas y ciudades globalizadas en el nuevo desorden mundial

Marc Zimmerman
University of Illinois
LACASA Chicago

En función de los procesos generales de globalización esta meditación-collage sobre las ciudades en relación con nuevas tendencias en los estudios culturales latinoamericanos y latinos deriva de la comprobación empírica de que los latinoamericanos y latinos mismos han pasado el último siglo convirtiéndose en gente de la ciudad y rearticulando patrones de identidad más viejos en relación con los espacios urbanos, a la reconfiguración de las ciudades y a las transformaciones de la economía mundial.

CUESTIONES LATINOAMERICANAS/LATINAS –Y CUESTIONES CULTURALES

Mi interés en estos temas se vincula a mi propia atracción por los espacios urbanos, mi sentido de que lo que vale en mi vida es la creación desde el espacio urbano, a pesar de todos sus problemas y contradicciones, a pesar de las vidas en ruinas, los *dropouts*, los *drugouts*, y los muertos en *drive-by*. En fin, todo lo que asociamos con la supuesta cultura de la pobreza o el *underclass*, que tiene que ver, por lo menos en gran parte, con las transformaciones modernizantes de las Américas en lo global. Por supuesto que ello tiene que ver con movimientos de población y objetos y con el asentamiento breve o extendido de gran número de personas (en una época fueron trabajadores y la gran mayoría de ellos los hijos e hijas de las plantaciones o latifundios) en zonas específicas: colonias, barrios, ghettos. Esas personas, como sujetos históricos en el juego global, tienen pocas oportunidades de tener éxito. La cuestión para mí es ¿cómo teorizar estos asuntos y pensar nuestras ciudades? ¿Qué elementos del mundo de la teoría contemporánea cosmopolita nos pueden servir para pensar lo latinoamericano y lo latino?

En un artículo reciente, García Canclini ("Urban Cultures") especifica algunas perspectivas claras sobre el cambio de nuestro objeto y su teorización. En 1950 solamente Nueva York y Londres eran considerados como megalópolis y ahora Naciones Unidas proyecta treinta y tres megaciudades para el año 2015 –ciudades notables por su crecimiento desproporcionado en gente y espacio, tanto como su complejidad multicultural. Más de la mitad de la población de hoy ha sido urbanizada. La mayoría de las ciudades son asiáticas, y por supuesto los asiáticos constituyen un número significativo en las ciudades no-asiáticas.

En ciertas regiones periféricas, como América Latina también ha ocurrido ese proceso y el setenta por ciento de la población vive en ambientes urbanos. La expansión urbana se debe al influjo de poblaciones rurales e indígenas (grupos sociales, objeto predilecto de la antropología de otrora). Allí sus tradiciones se transforman y se producen intercambios multi-étnicos y multiculturales más complejos. Las ciudades se vuelven más grandes, las interrelaciones se intensifican a través del mejoramiento del transporte y la comunicación –aunque por supuesto hay nuevos modos de segregación y distanciamiento. En la medida que las megaciudades absorben otros espacios, también absorben y por supuesto transforman los sitios previos de la antropología no-urbana.

Finalmente, García Canclini argumenta que la transformación o globalización de las ciudades ha conducido a la transformación de las teorías usadas para entender la globalización, la urbanización y temas relacionados. A eso se puede añadir que estos cambios teóricos afectan el campo total de la teoría social y que ello no implica en absoluto que las nuevas teorizaciones sean adecuadas a las realidades que pretenden comprender.

¿Cómo conceptualizar lo que nos está pasando a nivel teórico y a nivel vital, especialmente en un momento en que las teorizaciones y hasta las palabras que usamos para teorizar tienen una relación tan tenue con cualquier "realidad"? La tentación es buscar metáforas, imágenes. Por mi parte, como alguien dedicado a la búsqueda de palabras que ladran como perros, como catalogador de imágenes, quisiera hacer referencia aquí al uso de una metáfora prestada de Jesús Martín-Barbero y usada por William Rowe y Vivian Schelling, acerca de la necesidad de un mapa nocturno para entender la historia de las transformaciones culturales en América Latina (Rowe y Schelling, p. 13). Recordamos también la propuesta de Fredric Jameson[1] para la construcción de un mapa cognoscitivo de las geografías, procesos de identidades y posibles resistencias dentro de la posmodernidad.

Una de las debilidades del gran libro-mapa de Rowe y Schelling fue no tratar los espacios fronterizos o las penetraciones latinoamericanas en los espacios supuestamente anglo-americanos. Claro, muchos de estos lugares se pueden conceptualizar como parte de una posible reconquista. A Octavio Paz podemos criticarlo y criticar lo que dice, pero tenía razón al incluir en su discusión a los pachucos de Los Angeles en su intento de entender a los mexicanos y a México.

García Canclini en su libro clave pensó en Tijuana (la crítica de esta inclusión ha sido bastante aguda si no plenamente justa). Era muy importante enfocar la frontera porque ¿cómo podemos configurar un mapa si obviamos los espacios que delinean lo que tenemos que mapear?

Nelly Richard ("The Cultural Periphery") ha escrito recientemente un buen trabajo sobre los mapas como parte de la conquista y la colonización –y también del paquete iluminista en la visión latinoamericana de Bolívar, Sarmiento y tantos más (ver su ensayo en Welchman). Hace años, el pintor uruguayo Torres-García hizo su famosa inversión del mapa de las Américas. Y más recientemente, Gómez Peña ha jugado mucho con las nuevas geografías posmodernas y globalizadas. Michael Piazza y Carlos Cortez en nuestro libro, *New World (Dis)Orders* (Zimmerman, p. 242) impusieron la visión de Torres-García sobre la imagen de Gómez Peña mismo y tenemos una serie de escritos e imágenes que indican la vigencia de la cuestión de

---

[1] De hecho, el enorme aporte de Jameson a la discusión posmoderna tiene su origen en un momento casi proustiano cuando caminaba con Edward Soja y Henri Lefebvre por el centro de Los Angeles y repara en el hotel Saint Bonaventure, espacio sintomático y sinecdóquico de la megaciudad que es, entre otras cosas, puente híbrido entre la América Latina –también entre Asia– y la América "Anglo". El hotel es al fin de cuentas parte de la reestructuración y redefinición de Los Angeles como ciudad global en el nuevo orden, que yo tiendo a ver como base o corolario del nuevo desorden mundial.

los mapas y las inscripciones de identidades posmodernas. Parte central de esta continuidad de consideraciones sobre mapas y ciudades es la noción de la hegemonía del espacio sobre el tiempo en la posmodernidad –la importancia de la arquitectura y la planificación urbana en las geografías posmodernas. Todo esto se materializa mientras pasamos por una reestructuración de las economías globales y de los roles de ciudades y ciudadanos, naciones y grupos.

En la medida que las fuerzas económicas se colocan al frente y que muchos intelectuales argumentan que en el fondo la economía rige todo, la cuestión de los patrones y transformaciones culturales también ha salido a la luz entre los "factores culturales" no reducibles a reflejos superestructurales. Las múltiples construcciones, divisiones y cruces fronterizos, que actúan en las ciudades, en los barrios, en las familias y aun en los individuos, son internalizados y proyectados nuevamente a sus puntos de origen y a muchos otros a través del globo.

La centralidad de las dimensiones culturales en el nuevo orden mundial en proceso de globalización es de hecho una de las implicaciones de la obra reciente de Immanuel Wallerstein –aunque producto de una perspectiva economicista y funcionalista– en su teoría del sistema mundial. Más exitoso en este sentido es el libro reciente de Arjun Appadurai, *Modernity at Large*, aunque sus *scapes*, tan útiles prácticamente, son a fin de cuentas lo que consideraría yo categorías descriptivas/analíticas, en vez de teorizaciones firmes.

Es obvio el impacto de la modernización y la globalización económica sobre grupos humanos diferentes y sus procesos interactivos. Pero es preciso mirar también cómo estos grupos actúan en el proceso de globalización en función de su "capital cultural", cómo ellos desmercantilizan objetos en función de sus valores de uso culturalmente logrados o implicados, y cómo estos valores son esenciales para la formulación de identidades posmodernas en los espacios urbanos. Todos esos asuntos hacen de la cultura (en las ciudades) una cuestión más central en la historia de lo contemporáneo. Pero el modo de teorizarla evitando determinismos reduccionistas o un empirismo no-sistemático, es una cuestión que sigue sin resolución.

Desde el lugar de enunciación de una ciudad paradigmática del crecimiento industrial y las transformaciones posmodernas, y viviendo intensamente la vida urbana y latina de mi ciudad, no es de sorprender que el mapa de Martín-Barbero retomado por Rowe y Schelling me haya sugerido que debemos explorar cómo se han conceptualizado las repercusiones en textos escritos sobre las ciudades, más allá de clásicos como Freud. Por eso vamos ya a tomar nuestro viaje arqueológico, para entender mejor cómo se han conceptualizado las ciudades hoy y qué relación tiene esa conceptualización con la posmodernidad y los movimientos sociales del futuro. Vamos a París y a donde sea necesario, para después regresar a América Latina y trazar la cuestión de las ciudades.

Nos embarcamos en esta breve y parcial (pero también sintomática) arqueología de saberes sobre ciudades no como un aspecto casual sino como fuerza determinante del pensamiento posestructuralista y posmoderno –una fuerza que también exploramos en relación con la cuestión subalterna y las macro-teorías de nuestra investigación.

Concretizando una historia latinoamericanista de saberes: Lyotard y Foucault (con la ayuda de Harvey y Spivak)

Aquí cabe una referencia que vincula la visión vienesa de Freud (visión periférica en relación con Alemania y Occidente) con el pensamiento contemporáneo sobre las ciudades:

David Harvey (*The Condition of*) cita a Lyotard[2] citando a Wittgenstein. Aquí Harvey hace una interesante conexión:

> The social bond is linguistic; it is not woven by a single thread; but by an indeterminate number of "language games". Each of us lives "at the intersection of many of these", and we do not necessarily establish "stable language combinations and the properties of the ones we establish are not necessarily communicable". As a consequence, the social subject itself seems to dissolve in this dissemination of "language games". Increasingly, Lyotard here employs a lengthy metaphorical operation of Wittgenstein [...] (the pioneer of the theory of language games), to illuminate the condition of postmodern knowledge: "Our language can be seen as an ancient city: a maze of little streets and squares, of old and new house, and of house with additions from different periods; and this surrounded by a multitude of new boroughs with straight, regular streets and uniform houses" (Harvey, *The Condition of,* p. 46).

Harvey sabe que no se trata solamente de la ciudad antigua sino de la ciudad moderna y que, a través del proceso que él analiza en su libro, emergieron los ciudades y espacios posmodernos que él estudia. Lo que llama la atención aquí, como en nuestra referencia a Freud y a los mapas y geografías contemporáneas, es la ecuación de un espacio que (como en el caso del hotel Bonaventure en Los Angeles) es sinécdoque de una ciudad con una estructura consciente o inconsciente que representa calidades claves de la modernidad –e incluso del lenguaje mismo– sobre la cual uno puede constituir el discurso postmoderno.

Harvey vincula el desarrollo del pensamiento moderno con el Iluminismo. Sigue la visión de Habermas, pero a fin de cuentas más bien concentra su mirada en Foucault porque, para Harvey, Foucault enfatiza la constitución de las identidades espaciales y específicamente urbanas. Para mí, el argumento es claro. Todas las instituciones que representan los epistemes y los discursos en Foucault tienen que ver con el movimento de los campesinos hacia la ciudad, y el desarrollo del régimen que resultaría en la sociedad urbana moderna.

Ahora bien, las aplicaciones de Foucault a América Latina son muchas e importantes para entender las estructuras del colonialismo y los efectos del positivismo sobre la constitución de la "modernidad dependiente" de América Latina; también Foucault es crucial en la articulación de una teoría de no-gobernabilidad (Rodríguez, "Between Cynicism and Despair" y Beverley). Sin embargo, lo que falta en Foucault es una consideración del Tercer Mundo y específicamente de la zona caribeño-latinoamericana, no en la aplicación sino en la constitución misma de sus teorías.[3]

Los comienzos de la modernidad y la subjetividad central de ésta pueden ser ubicados con la reconstrucción cartesiana de la separación cuerpo/mente bajo la forma del *cogito*. La historia se cumple en procesos tendientes a la institucionalización y categorización generada durante los siglos XVII y XVIII –como son analizadas en *L'histoire de folie* y *Les mots et les choses*. Ser es tener, porque sólo los que tienen, tienen el poder de pensar y por lo tanto de ser.

En la crítica de Foucault, la clínica emerge como una institución civil de poder estructural/discursivo; trabajadores agrícolas desplazados entran a París y aquellos que son desempleados, o se atrincheran en patrones y creencias tradicionales, son internados en manicomios, los cuales se convierten en el prototipo de centros de capacitación para la fuerza laboral urbana. Esos son los cuerpos en los cuales la mente burguesa trabaja. La separación cartesia-

---

[2] La posmodernidad de Lyotard está basada en contrastes entre el "Primer Mundo" y el "Tercer Mundo" –de hecho entre saber/no saber-adentro/afuera (Zimmerman "Tropicalizing Hegemony").
[3] Tema que toco al final de mi ensayo en *New World (Dis)Orders,* pp. 64-65.

na, las categorías de luz y oscuridad, mente y cuerpo, etc., se instalan y se generalizan para reforzar las dicotomías básicas o lo que Lukács llamó las antinomias del pensamiento burgués. Este proceso también involucra el tipo de habilidad comunicativa de la cual Todorov habla cuando señala algunas de las características europeas que hicieron posibles la conquista y la colonización inicial.

Para poder entender completamente el surgimiento de las instituciones que constituyen el episteme de la modernidad que fue traído desde Europa al Nuevo Mundo, deberíamos entender la crisis de Europa del siglo XVII, el impacto del desarrollo de la economía atlántica y los esfuerzos para alcanzar el nivel de Francia. En el caso de este país, debería entenderse, por ejemplo, su participación en el comercio de esclavos y su particular formulación de un sujeto de pensamiento –racionalista, clasicista– y más tarde su especialización en los aspectos teóricos y prácticos vinculados a la división internacional del trabajo capitalista.

En este contexto, la visión de Gayatri Spivak respecto a Foucault es que su teorización carece de una crítica adecuada del Tercer Mundo. Esto significa que uno de los grandes teóricos que surgió en los años sesenta se revela como limitado en su percepción de las dimensiones imperialistas/internacionales como constructivas de epistemes europeos y de los subsecuentes patrones imperialistas basados en ellos. La dimensión imperial permanece como un tema no mencionado en sus teorías y ese conocimiento reprimido vuelve a atacar su teorización cuando nosotros tratamos de construir historias del Tercer Mundo. Así, sugiere Spivak, la imposición de epistemes europeos y una lógica colonialista dificultan una articulación subalterna.

Foucault nos haría ver la formación de la ideología europea a través de una crítica de epistemes. Pero, careciendo de una dimensión subalterna y tercermundista, Foucault produce una articulación restringida en la cual el sujeto sólo puede imitar su rol estructural y el subalterno no puede hablar. Mientras tanto, para Spivak, el sujeto subalterno puede encontrar alguna articulación a través de la deconstrucción pos-estructuralista, la cual puede desplazar el logo y el etnocentrismo en el cual Foucault y Deleuze cayeron.

Sin duda, Foucault es un maestro en la teorización espacial del poder social (un fundador de la geografía posmoderna), quien exploró posibles resistencias entre los grupos sociales sin poder –incluso entre los más marginados y disciplinados por el poder social–. Pero Foucault, al optar por estudios de resistencia en función del poder, en lugar de la explotación cae en una esperanza utópica de una política de alianzas que él no puede elaborar y seguir adecuadamente. Dada la existencia de una clase de falla desplazada en el concepto eurocéntrico (y francocéntrico) de la modernización y la configuración de instituciones y epistemes que forman subjetividades modernas y dado que esta falta precisamente involucra al subalterno en una visión globalizante en el contexto posterior a la Guerra Fría, ¿sería apropiado preguntar si los pensamientos importantes de Foucault sobre la ingobernabilidad confluyen apropiadamente en una teoría de ciudadanía y, sobre todo, de movimientos sociales que apuntan a futuros modos viables de resistencia en las Américas? A este respecto, Kartik Vora en nuestro *New World (Dis)Orders* trata de conectar cuestiones de Foucault sobre la ingobernabilidad y los lugares de resistencia múltiple con las cuestiones espaciales y fronterizas, que son tan importantes para la configuración del poder y las potenciales resistencias –las cuales emergen en su discusión de heterotopías, vistas como "contra sitios". Como Vora especifica:

> Heterotopias [...] [create] [...] a space of illusion that reveals how all of real space is more illusory, all locations within life are fragmented. On the other hand, they [...] form [...] another real space, as perfect, meticulous and well-arranged as ours is disordered, ill-conceived

and in a sketchy state. Foucault calls these heterotopias not of illusion, but of compensation; they are best illustrated in the case of certain colonies where the goal was to create perfect, utopian places (*New World (Dis)Orders,* p. 249).

Deleuze y Guattari sobre el Tercer Mundo y espacios urbanos

Si a través de Foucault podemos seguir la obliteración histórica y estructural ocurrente en el episteme del posmodernismo ¿puede esa falta ser imputada, como pretende Spivak, a Deleuze y a Guattari? En las obras principales de esos escritores, como en Lyotard, hay una crítica directa de las relaciones capitalistas entre las áreas céntricas y las zonas periféricas que ellos discuten en términos de una supuesta lógica o axiomática del Tercer Mundo (Deleuze y Guattari, *A Thousand Plateaus,* pp. 67-468). Además, Deleuze y Guattari, en los últimos días de la Guerra Fría, continúan desarrollando el tema de la división fundamental del mundo en Norte/Sur (entendiendo el sur como el Tercer Mundo o la periferia) que para ellos es más importante y determinante que la división Este/Oeste, estructurada como tal por las características capitalistas axiomáticas de intercambio desigual.

Deleuze y Guattari ven este asunto en función de los flujos que conducen a una desterritorialización en la cual la periferia se pone como el centro de ciertos intercambios económicos y culturales. También ven cómo ciertos flujos crean bloqueos, problemas y rupturas que a la vez desordenan el mismo sistema del cual son parte y que pueden conducir o así sugieren las metáforas, a modos de ruptura violenta y potencialmente totales. Además el discurso de desterritorialización e intecambios de Deleuze y Guattari, que se basa en la visión de Sami Nair del capitalismo mundial, suena más inteligible de lo usual cuando señala el tema de la creación de "Tercer Mundos" internos dentro de los espacios del Primer Mundo:

> The more the worldwide axiomatic installs high industry and highly industrialized agriculture at the periphery, provisionally reserving for the center so-called postindustrial activities [...], the more it installs a peripheral zone of underdevelopment inside the center (Deleuze y Guattari, p. 469).

En este proceso, migrantes económicos o nómadas se establecen en lo que Antonio Negri llama "los márgenes internos". Por supuesto, gran parte del proceso de migración descrito está basado en flujos y contra-flujos, a su vez basados en la experiencia europea –pero con ricos paralelos con respecto a procesos que se dan en espacios americanos. Es finalmente significativo que después de esta discusión de procesos económicos globales, Deleuze y Guattari caigan en su relativamente críptica discusión sobre ciudades –donde los procesos de acumulación de capital más coagulan, y donde los márgenes y las fronteras internas, así como los habitantes de los márgenes y las fronteras (nómadas, no-nómadas tanto como *mads and non-mads*) viven sus vidas.

> When the ancient Greeks speak of the open space of the *nomos* –nondelimited, unpartitioned: the pre-urban countryside– they oppose it not to cultivation, which may actually be part of it, but to the *polis*, the city, the town. [...] From the most ancient times [...] it is the town that invents agriculture: it is through the actions of the town that the farmers and their striated space are superimposed upon the cultivators operating in a still smooth space [...]. So [...] we reencounter the simple opposition we began by challenging, between farmers and nomads, striated land and smooth ground: but only after a detour through the town as a force of

striation. Now not only the sea, desert, steppe, and air are the sites of a contest between the smooth and the striated, but the earth itself, depending on whether there is cultivation in nomos-space or agriculture in city-space. Must we not say the same of the city itself? In contrast to the sea, the city is the striated space par excellence; the sea is a smooth space fundamentally open to striation, and the city is the force of striation that reimparts smooth space, puts it back into operation everywhere, on earth and in the other elements, outside but also inside itself. [...] The smooth spaces arising from the city are not only those of worldwide organization, but also of a counter-attack combining the smooth and the holey and turning back against the town: Sprawling, temporary, shifting shantytowns of nomads and and cave dwellers, scrap metal and fabric, patchwork, to which the striations of money, work or housing are no longer even relevant. An explosive misery secreted by the city, and corresponding to [René] Thom's mathematical formula: "retroactive smoothing". [...] Condensed force, the potential for counter-attack? (Deleuze y Guattari, p. 481)

Crucial para esta discusión de Deleuze y Guattari es la comprensión de su visión más generalmente nómada y esquizofrénica de las superficies lisas y estriadas y de sus interacciones. Las ciudades son estriadas, limitantes. Pero por su constitución misma, ellas reconstruyen superficies lisas, las cuales pueden ser lugares de resistencia y de formación de nuevas estrategias para nuevas configuraciones y texturas de espacio. No hay sólo dos tipos de espacio, y no debería depender de ningún espacio de contorno o configuración para resolver algo en particular. Deleuze y Guattari están principalmente interesados en "how the forces at work within space continually striate it, and how in the course of its striation it develops other forces and emits new smooth spaces" (p. 500). En efecto, ellos están interesados en las trampas construidas por epistemologías de ciudad y la posibilidad de alguna clase de lucha de liberación resultante de los problemas y contradicciones de la ciudad: tal vez la emergencia de movimientos sociales derivados de otros más antiguos y proyectándose hacia nuevos espacios utópicos lisos que son diferentes de las heterotopias de Foucault, pero que parecen más adecuadamente teorizados y contextualizados a través de la perspectiva globalizada de Deleuze y Guattari.

Deleuze y Guattari agregan con cuidado: "Smooth spaces are not in themselves liberatory. But the struggle is changed or displaced in them, and life constitutes its stake, confronts new obstacles, invents new paces, switches adversaries. Never believe that a smooth space will suffice to save us" (Deleuze y Guattari). El corolario podría ser: nunca dejes de esperar que los espacios lisos en su relación dialéctica con otros, lleguen a ayudarnos –especialmente porque en el pensamiento rizomático, las coordenadas y parámetros de teorización están sujetos a constantes cambios y desterritorializaciones que en alguna forma son paralelos, o están relacionados a los cambios en un mundo múltiplemente globalizado.[4]

PERSPECTIVAS LATINAS Y LATINOAMERICANAS: GARCÍA CANCLINI Y LOS DEMÁS

Ahora, los discursos citados, y muchos otros enunciados en los círculos académicos estadounidenses, hallan sus ecos, sus puntos de contención, y sus puntos de aplicación crítica, en el trabajo de especialistas de estudios latinos y latinoamericanos. Se debe notar que los

---

[4] Para una aplicación de Deleuze y Guattari a los estudios culturales latinoamericanos, ver el trabajo de William Rowe ("Hacia una poética"). También, con respecto a las cuestiones fronterizas, ver Ortiz y Zimmerman ("Metaphorical").

caribeños y latinoamericanos no solamente han *recibido* sus teorías; que Stuart Hall, Laclau, André Gunder Frank, Octavio Ianni y varios de los teóricos latinoamericanos que aparecen en este ensayo han contribuido igualmente a la formulación de las teorías que se usan para el mundo latino-latinoamericano.

Asimismo, dentro del campo mismo de estudios culturales, vemos la desterritorialización de concepciones y construcciones desde un espacio teórico a otro. Y vemos la celebración de la latinización y los nuevos logros híbridos de nuestros medios culturales metropolitanos. Por ejemplo, el artículo bien conocido de Flores y Yúdice, "Living Borders" celebra la nueva cultura fronteriza de Anzaldúa, Gómez Peña y otros, usando la metáfora fronteriza para alcanzar consideraciones claves sobre las identidades latinas en formación.

También Flores, en su libro, aplica el concepto de frontera a los puertorriqueños para contextualizar los "aspectos" de *crossover* transcultural como base para un entendimiento de la evolución cultural y la vida contemporánea de los puertorriqueños. A un nivel más general, Celeste Olalquiaga plantea en su libro *Megalopolis* la hibridación y la multiculturalidad como dimensiones claves de los nuevos paisajes urbanos que involucran –tal vez en reacción a la racionalización del aparato socioeconómico– una intensa latinoamericanización de las varias culturas nacionales o regionales, en relación, quiérase o no, con formas latinas hegemónicas y aun con formas no latinas. Pero, por una razón u otra, se repara poco en el costo social de estas celebraciones, en el sufrimiento y la explotación en esta etapa de la expansión capitalista. Y todo eso viene en un momento en que la campaña antilatina es parte de la reestructuración de identidades nacionales y cuando las tensiones entre latinos y otros grupos (por ejemplo, los afro-americanos), parecen ser más agudas en la competencia por trabajos, espacios, etc.

Ahora bien, en los trabajos de Sarlo, tanto como en los de García Canclini y sus muchos seguidores y discípulos, quienes han escrito sobre las ciudades latinoamericanas, se nota una celebración de la latinización y los nuevos híbridos de nuestro medio cultural metropolitano y una subestimación de los problemas vitales en favor de los problemas específicamente culturales. ¡Ah, pero son estudiosos de la cultura! dicen unos, mientras otros los consideran *fetichistas* de la cultura, que aíslan sus análisis agudos de los medios, simulacros e hibridación de las fuerzas opresivas y destructoras y de las condiciones sociales de miseria y explotación en las cuales los procesos culturales se insertan.

Es cierto, diría yo, que el enfoque sobre lo cultural nos hace explorarlo con profundidad. Alguna vez, al defender a García Canclini, me referí a la frase de Borges cuando le preguntaron por qué no había escrito más directamente sobre Buenos Aires en sus ensayos, y el respondió que "no hay camellos en *El Corán*"; tengo que confesar que no he consultado *el Corán* para ver si Borges tenía razón, o si inventaba textos. Quizás no queda muy bien defenderse con Borges cuando uno quiere hablar de la lucha de clases o más ampliamente de la vida y lucha subalterna. ¿Qué figura más urbana que Borges? ¿Qué laberintos más urbanos que sus laberintos y ficciones?

¿Cómo se explica esta disyunción entre la celebración posmoderna y las circunstancias represivas? ¿Es, básicamente, que los estudios culturales no pueden enfrentar los problemas subalternos? ¿Hay un bloqueo cuando uno se dedica a la teoría "macro"?, ¿o es un miedo de meterse en moralismos o programas de acción ya gastados, en bancarrota, en crisis, y finalmente peligrosos?, ¿queremos otra generación de muertos?, ¿y para qué?, ¿y con qué fin: el socialismo; la vanguardia? ¿Nos llevan a la tierra prometida o a otro siglo de luchas inútiles y dolorosas?, ¿es que acaso estamos enamorados de la autodestrucción?

Aquí parece anticlimático resumir el aporte enorme de Sarlo, García Canclini, Nelly Richard y otros a la cuestión urbana en América Latina. Solamente quisiera tocar muy brevemente unos trabajos recientes de García Canclini, porque dan cierta contextualidad en relación con el problema que vamos planteando. En *Consumidores y ciudadanos*, García Canclini había sugerido que las ciudades adquieren un nuevo significado en un período que ha sido designado como pos-fordista, posmodernista, transnacionalizado, globalizado e híbrido y que una dimensión clave de esta situación tiene que ver con cuestiones de participación y ciudadanía activa y hasta de resistencia.

Ahora en otro ensayo ya citado ("Urban Cultures") que sólo puede parecer académico a primera vista, García Canclini sigue armando una visión de las ciudades dentro la globalización que implica toda una lucha de nuevas definiciones y nuevas formas de acción en relación con los procesos multiculturales e híbridos que acompañan a los procesos globales.

García Canclini señala los procesos de des- y reestructuración económica, los nuevos patrones globales de producción, información, distribución y consumo, los cambiantes parámetros de vivienda, los procesos evolutivos de inmigración transnacional y su relación con nuevas configuraciones sociales (des-territorializaciones y re-territorializaciones, rivalidades y alianzas, movilización, etc.). Todo eso se complica por el hecho de que en la globalización cohabitan inmigrantes con sus diversos idiomas y patrones de comportamiento cultural.

Esto ocurre en muchos países, cancelando así, hasta cierto punto, las diferencias entre ciudades y regiones desarrolladas y subdesarrolladas. Las proximidades de diferentes comunidades de inmigrantes conducen a nuevos grupos y sujetos sociales. Así que por un lado encontramos patrones más intensos de homogeneidad urbana y por otro conflictos más intensos, oposiciones más agudas, en circunstancias desarticuladas y violentas.

Por cierto, los procesos de sistematización mundial tienden al desordenamiento de comunidades, alianzas y modos de ser pre-existentes. Cuanto más las ciudades se insertan en redes globales, en mayor medida sus anteriores niveles de organización son amenazados, alterados o destruidos. El *outsourcing*, la generación de inmigrantes foráneos, causan cambios culturales y sociales (y también la proliferación de pandillas con diversos grados de integración en redes de narcotráfico, etc.) y nuevas formas de identificación e identidades, es decir una estructuración general de patrones económicos formales e informales en un desorden general sistemático que impulsa nuevas coaliciones y movimientos sociales, al mismo tiempo que alienta a las fuerzas autoritarias a contener el desorden generado por el sistema.

Siempre la tendencia de García Canclini, es ver lo particular en función de lo macro y después volver a lo particular. Podemos notarlo en la manera en que se acerca a la cuestión de los movimientos sociales entre trabajadores y subalternos en el artículo que citamos anteriormente. Así que García Canclini observa los mecanismos de homogenización y pacificación social, pero insiste en que estos factores, y otros, no han impedido a las fuerzas de la diversidad surgir y expandirse. Y es en relación con las presiones globales que se debe ver el desarrollo de estos procesos que pueden impactar al sistema total.

Sin duda, el modo de análisis de García Canclini (ubicación de los movimientos sociales y las luchas civiles) es importante para entender procesos en Guatemala, México y donde sea en las Américas. Los inmigrantes pueden querer seguir con los viejos deseos de "volver, volver", o pueden participar en el flujo de los patrones transnacionales, pueden querer votar en elecciones en Puerto Rico o México, pero de cualquier manera entran en las luchas y los conflictos de las ciudades afectadas por los nuevos procesos de reestructuración económica. Estos actores no solamente sienten los efectos de los cambios globales y urbanos; también pueden impactar las ciudades donde viven y los lugares desde donde vienen. Sus modos de inserción, su lucha por espacios de desarrollo y sus posibles alianzas con otros grupos serán parte central de la historia del siglo y del milenio por venir. Los latinos están vistos como parte de un *minority problem* de *interface* con el capitalismo tardío y tecnocrático. Pero su retención de rasgos más viejos, mientras que avanzan en relación con los sistemas contemporáneos, hace de los latinos actores cruciales en cualquier conceptualización operativa.

Viendo cómo funciona la lógica de García Canclini, cabe preguntarse si las perspectivas subalternas suplementan o profundizan las contribuciones posmodernas que él, Sarlo y los demás han ofrecido, o si el enfoque subalterno, especialmente en la medida que "desconstruye" articulaciones, puede sabotear el proyecto de estudios latinoamericanos.

En una sesión en la Conferencia de Estudios Latinoamericanos de Guadalajara en 1996, García Canclini insistió sobre las cuestiones de conflictos fronterizos y crisis como fundamentales para su visión de la frontera; él también argumentó que lo subalterno y lo local solamente podrían tener peso en relación con una noción del proceso social y cultural en su totalidad. Pero ¿es que la visión de la totalidad nos puede ayudar a comprender el fragmento sin domesticarlo y limitarlo en un reduccionismo funcionalista que nos encarcela en vez de abrir puertas?, ¿es la perspectiva de García Canclini en el artículo citado una contextualización adecuada que puede servir dentro de las preocupaciones claves de la crítica subalterna? Sobre todo, ¿cómo podemos conceptualizar una totalidad si tal conceptualización es dependiente de una construcción de subcategorías, las cuales sólo pueden ser comprendidas en relación con esa totalidad?

Examinando el aporte de García Canclini, John Kraniauskas anota cómo las hibridaciones descritas en *Culturas híbridas* conducen a la conclusión de que todas las culturas urbanas de hoy (empezando con lugares como Tijuana) son culturas fronterizas. Kraniauskas indica cómo para Homi Bhabha también las culturas poscoloniales "deploy the cultural hybridity of their borderline condition to 'translate', and therefore reinscribe, the social imaginary of both metropolis and modernity" (p. 6). Kraniauskas subraya cómo García Canclini "does, momentarily, recognize that there may be suffering at the border" ("Hybridity in...", p. 20), pero no puede mantener esta perspectiva porque su énfasis en la totalidad y en la reterritorialización implica no un enfoque en las pérdidas sino en la transformación cultural, no en el dolor, sino en el posible gozo, en la creación de nuevas subjetividades capitalistas en relación con la reorganización cultural que viene con la etapa contemporánea de organización capitalista.

Víctor Ortiz, quien estudia la relación entre las teorías de estudios culturales con las realidades históricas de las fronteras mismas, ha indicado recientemente ("The Textualization") que las divisiones étnicas y nacionales entre poblaciones heterogéneas de las zonas urbanas están experimentadas en las distancias psicológicas y culturales insertas en los patrones de segregación social y desigualdad económica, es decir, en las dinámicas de dominación analizadas por Guha (*Elementary Aspects*). Por su parte, Ileana Rodríguez ("Rethinking the-Subaltern"), una de las fundadoras del grupo subalterno latinoamericano, ha seguido las ideas de Eric Aliez, Michel Feher y Robert Reich en su perspectiva sobre la reestructuración capitalista, para indicar cómo en el capitalismo en su etapa transnacional o globalizante de hoy, los subalternos (vistos como nómadas, migrantes y criminales) ya son los sujetos de la historia, y de los posibles movimientos sociales de oposición. Sin embargo, tal vez la sugerencia más radical de este artículo parece ser que no se puede sencillamente reducir o deducir el sujeto subalterno del sistema en que se encuentra. De hecho, las culturas híbridas (productos de capital) no totalizan sino van más allá de los sistemas en que se encuentran. El intento subalterno de "ir más allá de la hibridez" ha recibido su contra-crítica negativa por Hugo Achugar, Mabel Moraña y otros. A pesar de sus desacuerdos particulares con García Canclini y los subalternos, Moraña ha aceptado la polarización como clave para entender la América Latina de hoy día:

La invitación a reflexionar sobre la cultura latinoamericana "más allá de la hibridez" [...] propone la tarea de desafiar los límites de un concepto que hasta hace poco tiempo se presentaba como incuestionablemente operativo para la captación de una cualidad distintiva y definitoria de la historia latinoamericana [...] Hibridez y subalternidad son nociones claves para la comprensión de las relaciones Norte/Sur basadas en la refundamentación del privilegio epistemológico que ciertos lugares de enunciación siguen manteniendo en el contexto de la globalidad (Moraña, p. 44).

Es por supuesto probable, como dice John Beverley en un artículo bastante sugerente, que "the things that divide subaltern studies from its critics at the LASA meeting are less important in the long run than the concerns they share" (en Beverley and Sanders, p. 255). Sin embargo, para Beverley, la contribución de los estudios subalternos en relación con el proyecto de estudios culturales tiene que ver con "the rehabilitation of the project of the left [...] by exploring the incommensurabililty between the claims of various political or state-level projects and the actual needs, desires and possibilities of the popular sectors in the Americas" (p. 256). También es cierto que lo subalterno solamente se articula en un proceso que potencialmente termina su estado de subalternidad –al grado de que los subalternos participen en la esfera pública.

En este sentido, es importante negociar un espacio entre la perspectiva de García Canclini y la de los subalternistas en su evaluación de las relaciones futuras entre las tendencias teóricas y culturales emergentes en la transición de América Latina hacia el nuevo milenio. Por supuesto debe haber una tercera, cuarta o quinta posición que deberíamos considerar en relación a todo esto. Yo diría que todas nuestras preguntas siguen hirviendo sin una respuesta clara. Para mí, el problema es que la perspectiva "macro" siempre tiende a venir desde arriba, y a ver los procesos "micro" y subalternos como meras deducciones de lo macro y dominante, en una lógica reductiva y determinista casi sin salida y posiblemente sin poder avanzar a un "más allá" que no podemos ver en nuestras teorizaciones.

El problema no es simplemente un asunto de mapeo rural o de espacios suburbanos para poblaciones campesinas o indígenas desplazadas en su proceso de urbanización. Exitoso o no, nuestro libro *New World (Dis)Orders* recoge lo que parecería ser un desafío teórico/práctico que encaramos en el debate sobre cómo totalizar y específicamente determinar perspectivas culturales desde cualquier alternativa subalterna o por lo menos desafiante, desde espacios de enunciación en los cuales cualquiera de nosotros pueda hablar.

En los Estados Unidos sabemos muy bien cómo las ciudades interiores, de afro-americanos y latinos, están sumergidas en procesos globales enormes que dejan poco espacio de maniobra. La ciudad domina nuestro discurso y nuestro proyecto de rastrear y proyectar la enunciación de lo subalterno aparte de los procesos totalizantes y centrados en el estado. ¿No es la ciudad de nuestra mente virtualmente co-extensiva con nuestras teorizaciones? ¿Es esta ciudad norteamericana? ¿Es una megalópolis o una ciudad global? ¿Es posible que la latinoamericanización de las ciudades norteamericanas produzca algo que pueda ser útil al sur? ¿Avanza la tropicalización, la globalización occidental del sur, o es que aquellos del sur atrapan más a aquellos en el sur? ¿De qué manera es todo este pensamiento-sur transformado en norte? Estas son las preguntas que nos esperan para el nuevo milenio.

Traducción original: Daniel Bermúdez, Martín Giesso y
Elbio Rodríguez Barilari
Versión final editores del IILI

BIBLIOGRAFÍA

Alliez, Eric and Michel Feher. "The Luster of Capital". *Zone* (1986): pp. 314-359.

Anzaldúa, Gloria. *Borderlands/La Frontera: The New Mestiza*. San Francisco: Spinsters Aunt Lute, 1987.

Appadurai, Arjun. *Modernity at Large: Cultural Dimensions of Globalization*. Minneapolis: University of Minnesota Press, 1996.

Beverley, John and James Sanders. "Negotiating with the Disciplines. A Conversation on Latin American Studies. *Journal of Latin American Cultural Studies*, 6/2 (1997): pp. 233-257.

Bhabha, Homi. *The Location of Culture*. Londres: Routledge, 1993.

Deleuze, Gilles and Félix Guattari. *A Thousand Plateaus. Capitalism and Schizophrenia*. Minneapolis: University of Minnesota Press, 1987.

Flores, Juan. *Divided Borders*. Houston: Arte Público Press, 1992.

—— y George Yúdice. "Living Borders/Buscando América: Languages of Latino Self Formation". *Divided Borders*. Houston: Arte Público Press, 1992.

Foucault, Michel. *The Order of Things: An Archeology of the Human Sciences*. Nueva York: Penguin Books, 1971.

—— *Madness and Civilization: A History of Insanity in the Age of Reason*. Nueva York: Random House, 1973.

—— "Other Spaces: Principles of Hetherotopy". *Lotus International*, 48/49 (1985-86): pp. 9-17.

—— "Of Other Spaces". *Diacritics*, 16:1 (Spring, 1986): pp. 76-84.

García Canclini, Néstor. *Culturas híbridas: estrategias para entrar y salir de la modernidad*. México: DGP-CNCA/Grijalbo, 1990.

—— *Consumidores y ciudadanos: conflictos multiculturales de la globalización*. México: Grijalbo, 1995.

—— *La ciudad de los viajeros. Travesías e imaginarios urbanos: México, 1940-2000*. México: Grijalbo, 1996.

—— "Urban Cultures at the end of the Century: The Anthropological Perspective". *International Social Science Journal*, 153 (septiembre 1997).

—— (ed.), *Culturas en globalización. América Latina-Europa-Estados Unidos: libre comercio e integración*. Caracas: Nueva Sociedad, 1996.

Guha, Ranajit. "On Some Aspects of the Historiography of Colonial India". *Selected Subaltern Studies*. Nueva York: Oxford University Press, 1988.

—— *Elementary Aspects of Peasant Insurgency in Colonial India*. [1983]. Delhi: Oxford University Press, 1992.

—— y Gayatri Spivak (eds.). *Selected Subaltern Studies*. Nueva York: Oxford University Press, 1988.

Habermas, Jürgen. *The Philosophical Discourse of Modernity*. Cambridge, MA: MIT Press, 1990.

Hall, Stuart; David Held; Don Hubert y Kenneth Thompson, ed. *Modernity: An Introduction to Modern Societies*. Cambridge, MA: Blackwell Publishers, 1996.

Harvey, David. *The Condition of Postmodernity*. Oxford: Basil Blackwell, 1989.

—— "Globalization in Question". *Rethinking Marxism*, 8/4 (Winter, 1995): pp. 1-17.

Ianni, Octavio. *Teorías de la globalización*. México: Siglo XXI, 1996.

Jameson, Fredric. "Postmodernism, or the Cultural Logic of Late Capitalism". *New Left Review*, 146 (1984): pp. 59-92.

Kraniauskas, John. "Hybridity in a Transnational Frame: LatinAmericanist and Postcolonial Perspectives on Cultural Studies". Avtar Brah and Annie E. Coombes (ed.), *From Miscegenation to Hybridity? Re-thinking the Syncretic, the Cross-Cultural and the Cosmopolitan in Culture, Science and Politics*. Londres: Routledge, 1998.

Lefebrve, Henri. *La Vie quotidienne dans le monde moderne*. París: Gallimard, 1968.

Lyotard, Jean-François. *The Postmodern Condition. A Report on Knowledge*. Minneapolis: University of Minnesota Press, 1984.

Moraña, Mabel. "El boom del subalterno". *Revista de Crítica Cultural*, 15 (noviembre, 1997): pp. 48-53.

Olalquiaga, Celeste. *Megalopolis: Contemporary Cultural Sensibilities*. Minneapolis: University of Minnesota Press, 1992.

Ortiz, Víctor. "The Textualization and Descontextualization of the Border into a Hyperreal Curious Shop" (inédito, 1998).

—— y Marc Zimmerman. "Metaphorical Erasures and Lucid Transpositions of the Border Image: A Review Article". *MMLA: Journal of the Midwest Modern Language Association* (en imprenta, 1998).

Piazza, Michael y Marc Zimmerman (eds.). *New World (Dis)Orders and Peripheral Strains: Specifying Cultural Dimensions in Latin American and Latino Studies*. Chicago: MARCH/Abrazo, 1998.

Reich, Robert. *The Work of Nations: Preparing Ourselves for Twenty-First Century Capitalism*. Nueva York: A. A. Holt, 1991.

Richard, Nelly. "Postmodernism and Periphery". *Third Text*, 2 (Winter, 1987): pp. 5-12.

—— "The Cultural Periphery and Postmodern Decentering: Latin America's Reconversion of Border". *Rethinking Borders*. Minneapolis: University of Minnesota Press, 1996.

Rodríguez, Ileana. "Rethinking the Subaltern: Patterns and Places of Subalternity in the New Millenium". *Subaltern Studies in the Americas*. José Rabasa, Javier Sanjinés and Robert Carr (eds.), *Dispositio/n*, XIX/46 (1994): pp. 13-26.

—— "Between Cynicism and Despair: Constructing the Generic/Specifying the Particular". *New World (Dis)Orders and Peripheral Strains: Specifying Cultural Dimensions in Latin American and Latino Studies*. Chicago: MARCH/Abrazo, 1998.

Rowe, William. *Hacia una poética radical. Ensayos de hermenéutica cultural*. Rosario: Beatriz Viterbo Editora/Lima: Mosca Azul Editores, 1996.

—— y Vivian Schelling. *Memory and Modernity: Popular Culture in Latin America*. Nueva York: Verso, 1991.

Sarlo, Beatriz. *Una modernidad periférica: Buenos Aires 1920-1960*. Buenos Aires: Ediciones Nueva Visión, 1988.

—— *Escenas de la vida posmoderna. Intelectuales, arte y videocultura en la Argentina*. Buenos Aires: Ariel, 1994.

Sassen, Saskia. *The Global City*. Princeton: Princeton University Press, 1991.

Soja, Edward. *Postmodern Geographies; The Reassertion of Space in Critical Social Theory*. Nueva York: Verso, 1990.

Spivak, Gayatri. "Can the Subaltern Speak?" *Marxism and the Interpretation of Culture*. Cary Nelson y Lawrence Grossberg (eds.), Urbana: University of Illinois Press, 1988.

Welchman, John C. (ed.). *Rethinking Borders*. Minneapolis: University of Minnesota Press, 1996.

Zimmerman, Marc. "Tropicalizing Hegemony: Transculturations, Fatal Attractions, Neo-Colonial Capitulations and Postmodern Transactions". *Postmodernism and New Cultural Tendencies: 500th*

Anniversary of the Encounter of Two Worlds. Arturo Arias, introd. San Francisco: San Francisco State University. Humanities Dept., 1993.

_____ "Latin Americans, Latinos and Postmodernity: Frames of Reference and Points of Entry". *New World (Dis)Orders and Peripheral Strains: Specifying Cultural Dimensions in Latin American and Latino Studies*. Chicago: MARCH/Abrazo, 1998.

VI. Intelectuales, esfera pública y políticas culturales

Raymond Williams: una relectura

Beatriz Sarlo
Universidad de Buenos Aires

I

Las páginas que siguen fueron expuestas ante un público británico en la Universidad de Cambridge en 1992. Me propuse transmitir, en primer lugar, una hipótesis sobre el eje principal del pensamiento de Raymond Williams; en segundo, los motivos por los que su lectura fue productiva e intensa en los años de la dictadura militar argentina, desde 1976 a 1982.

Ambas cosas se me presentan relacionadas de un modo particular. Está, por un lado, la dimensión ideológico-política de la obra de Williams; y por el otro, las condiciones políticas de su recepción en un país latinoamericano. Esa recepción tuvo como destinatarios a un grupo de intelectuales, entonces relativamente jóvenes, provenientes de la izquierda revolucionaria, que adivinaban, por así decirlo, el horizonte de los estudios culturales. Partíamos de perspectivas sociológicas sobre el hecho literario, conocíamos bien las posiciones marxistas sobre cultura y literatura (Adorno, Lukács, Gramsci), creíamos que se podían construir nuevos objetos y que, en ese proceso, nuestras perspectivas teóricas cambiarían sustancialmente o, incluso, serían completamente revisadas.

La recepción de Williams operó en paralelo con otras dos lecturas: la del libro de Richard Hogart, ya clásico, *The Uses of Literacy*, y la de la obra de Angel Rama, también él preocupado por explorar un camino que permitiera pensar no sólo la literatura sino la dimensión simbólica del mundo social. Junto a Hoggart y Rama, otro latinoamericano, Antônio Cândido, ensayaba perspectivas culturales de lectura de las formas estéticas. Desde el campo de la disciplina histórica, José Luis Romero exponía las líneas de una nueva historia social de inspiración culturalista y en 1976 se publicó su influyente libro: *Latinoamérica, las ciudades y las ideas*. Nos parecía que estos autores tenían algo en común: ninguno de ellos hacía "sociología de la literatura o de la cultura" en el sentido clásico del término, ese sentido que juzgábamos empobrecido y estrecho porque no podía hacerse cargo de las cuestiones formales. Estos autores planteaban una perspectiva interior respecto de los hechos culturales y superaban largamente cualquier consideración cuantitativista o cualquier posición que buscara homologías entre las estructuras simbólicas y las estructuras sociales (como lo había propuesto, en su momento, Lucien Goldmann). Tenían en común una voluntad de explicación histórica que, en todos los casos, quería evitar el sociologismo vulgar que acechaba, como un fantasma, a la crítica literaria de inspiración sociológica o a la historia de las ideas. Finalmente, todos se interesaban por algo más que por la literatura o las ideas: los textos eran parte de un espacio cultural donde convivían, a veces de manera muy conflictiva, con las culturas populares, los mass-media, las ideologías intelectuales y las formas más materiales de la cultura, estudiadas por la historia urbana.

Podría agregar otros nombres a este horizonte de emergencia de los estudios culturales en Argentina. Por un lado, los formalistas y post-formalistas: naturalmente, los textos de Bajtin sobre polifonía, su libro sobre Rabelais, el artículo "Función, norma y valor" de Mukarovsky, y los ensayos de Walter Benjamin sobre París. Junto a ellos, los trabajos de Pierre Bourdieu sobre campo intelectual, que proponían otra forma de hacer sociología de la cultura, desde una perspectiva que tenía en su centro a una sociología de los intelectuales elaborada en términos de luchas por la legitimidad.

Esta mezcla podía parecer heterogénea en aquellos años setenta. Sin embargo, fue precisamente esa heterogeneidad, esa libertad de desplazamiento entre diferentes corrientes teóricas, la que permitió que un grupo de intelectuales argentinos construyeran algo que pocos años después sería reconocido, por ellos mismos, como parte de un continente teórico y crítico que encontraría su lugar en la academia bajo el nombre de "estudios culturales".

Como lo recuerdan las páginas que siguen, la lectura de Raymond Williams tuvo una centralidad indudable, por lo menos para los argentinos que confluyeron en la revista *Punto de Vista*, fundada en 1978. La razón de esta centralidad es doble. Por un lado, el historicismo radical de Williams permitía una crítica a las tendencias estructuralistas más extremas de la década del sesenta; con Williams se reintroducía el principio de lectura histórica de las configuraciones sociales que había sido expulsado, de nuestro propio marxismo, por Althusser. Por otra parte, Williams presentaba, en sus escritos políticos, una perspectiva radical que no respondía estrictamente a los lineamientos más duros del marxismo, ni del marxismo-leninismo, que ya habían entrado en crisis. Para decirlo brevemente, Williams era doblemente anti-althusseriano (si se me permite resumir en el adjetivo "althusseriano" una versión estructuralista del marxismo, que había tenido una influencia enorme imponiendo una idea de sujeto social como efecto determinado por los aparatos ideológicos). Probablemente, atribuir a Althusser todo aquello contra lo cual reaccionábamos, sea injusto. Todavía queda por hacer una lectura que separe a Althusser de los althusserianos y, sobre todo, de un manual de althusserianismo, como el de Marta Harnecker, que, olvidado hoy, fue casi pedagogía de masas en la primera mitad de los años setenta. Como sea, Williams restituía el peso de la acción de los sujetos, que no podían ser pensados sólo como simples portadores de ideologías dominantes, y recuperaba la densidad temporal de los procesos.

La lectura de Williams sostuvo, entonces, una doble operación. Por un lado, de apertura del espacio de la crítica literaria y de la sociología de la literatura hacia la crítica y la historia cultural, incorporando nuevos objetos (literatura popular y medios de comunicación) y nuevas perspectivas (sociología de los letrados, análisis cultural). Por el otro, significó una revisión de posiciones ideológico-políticas que nos proporcionó argumentos para la crítica a las formas más extremas de la izquierda revolucionaria latinoamericana (de la que habíamos formado parte). Los años ochenta estuvieron marcados por una revisión crítica del marxismo y de los regímenes entonces llamados del "socialismo real". Esta posición enfrentaba muchos peligros y un gran desafío: ¿cómo evitar el escepticismo político?; ¿cómo criticar una tradición de izquierda sin caer en la desilusión y el descreimiento respecto de cualquier posibilidad de cambio? *Towards Two Thousand* fue, en esta encrucijada, un libro importante y polémico. Aunque nosotros fuimos más críticos que Williams respecto de los regímenes de Europa del Este, sentimos que él nos trasmitía una confianza en el futuro que, por momentos, nos faltaba. En este sentido, *Towards Two Thousand* es un libro limitado en muchos aspectos pero sigue manteniendo una cualidad fundamental: la confianza de que los hombres y las mujeres pueden actuar para dar forma y cambiar las sociedades donde viven. Ningún retiro posmoderno erosionaba esta confianza y, por eso, Williams se inscribe en el espacio de la modernidad, de la historia y del cambio.

Por esos encadenamientos misteriosos que tienen las ideas, algo que quizás hoy no sea tan particularmente evidente, la relación entre el culturalismo y el reformismo en Williams nos pareció completamente central. Esta relación queda como capítulo de una historia de los estudios culturales, que debería, si logra escribirse en un futuro, incluir otros afluentes: las posiciones populistas sobre cultura popular y los estudios de medios de comunicación realizados desde finales de los años sesenta que eran, al mismo tiempo, denuncias antimperialistas e intentos de refinar las metodología de análisis de los discursos específicos.

Raymond Williams es, más que sólo un autor, el nombre que permite reunir una pluralidad de influencias. La lectura que sigue a estas consideraciones podría ser pensada como una organización de sus ideas en función de trayectorias intelectuales sucedidas bien lejos de la universidad inglesa donde él las escribía. Así, Raymond Williams en su aventura latinoamericana.

II

"Me parece que estamos acercándonos, desde direcciones diferentes, al punto donde podrá lograrse una nueva teoría general de la cultura" (Williams, p. 11). La frase, estampada en las primeras páginas de *Culture and Society* por un desconocido profesor de educación de adultos, tuvo el valor de un programa al que Raymond Williams fue fiel en los treinta años que siguieron hasta su muerte en 1988. Esa nueva teoría, que le permitió rearmar tradiciones y leer de una manera novedosa el pasado cultural británico, incluye, en mi opinión, dos capítulos centrales: el análisis de procesos institucionales, tecnológicos y materiales como condiciones de producción de lo simbólico, y el examen de algunas nociones, continuamente redefinidas, que le permitirían considerar la materia histórica de la literatura y la lengua. En los años sesenta y setenta, cuyo signo fue el estructuralismo y la crisis de la perspectiva histórica si se mira a la teoría literaria desde el centro parisiense, Williams defendió una originalidad que, en ocasiones, podía ser juzgada insular y provinciana. A contrapelo de las olas teóricas (incluso criticado por los jóvenes que en la misma universidad inglesa descubrían a Althusser y Kristeva), Williams persistió en una empresa que parecía haber nacido bajo un signo arcaico.

En efecto, las perspectivas estructuralistas (que hoy parecen remotas pero que a mediados de los años sesenta se apoyaban en el prestigio de Barthes y el imperio de un Lévi-Strauss leído en clave de análisis estructural de los relatos) se combinaron con el marxismo althusseriano en un producto que, desde París, fue presentado como sociocrítica. Entonces, Kristeva leía a Bajtin en la clave de una teoría restringida de la intertextualidad, que iba a implantar una larga hegemonía sobre los estudios literarios. Primero la revista *Communications* y casi inmediatamente *Tel Quel* iban a ser el vademécum teórico y su correspondiente versión vanguardista. Atrapados en la "conexión francesa", casi nadie se atrevía a contradecir la creencia de que el sujeto había muerto; finalmente, la teoría estaba en condiciones de denunciarlo como la más vil de las construcciones de la ideología burguesa. Una crítica radical de la experiencia, realizada por la epistemología que también practicaba Althusser, dirimía limpiamente los territorios de la "ciencia" y la "ideología". A nadie en su sano juicio le interesaban los problemas en los que pensaba Williams, precisamente porque era sabido que el poder del saber y de los aparatos ideológicos, que era el poder de las clases dominantes, operaba sin fisuras sobre y detrás de los actores sociales: una lectura reduccionista de Foucault, que Foucault mismo hacía posible, conquistó a las instituciones universitarias incólumes a la ironía inscripta en esa conquista. En este clima teórico, el reformismo político tenía tan poco espacio como las denunciadas "ilusiones" referencialistas o humanistas. Había sonado la hora del corte epistemológico y la revolución teórica. En este marco, leí a Raymond Williams.

Creo que me atrajo en él la posibilidad de salir del círculo virtuoso de la ideología francesa,[1] que no enhebraba sólo las refinadísimas lecturas de Barthes sino las máquinas armadas en los talleres del determinismo estructuralista que gestionaban discípulos más impresionados por el análisis estructural que por la inteligencia móvil de los *Critical Essays*. Carlos Altamirano había descubierto una edición de *The Long Revolution* y la empleaba para hostilizar a los practicantes locales del formalismo más estrecho entre los que juzgaba, con acierto, que se incluían mis devociones teóricas. A mediados de los años setenta, entonces, leímos y comenzamos a "explicar" a Raymond Williams. Extraño momento, sin duda, porque la lectura de Williams iba a continuar en el marco de la dictadura militar inaugurada en 1976. Sólo otro argentino conocía a Williams entonces: Jaime Rest. Con quien conversábamos frecuentemente porque también él, aislado en medio de la represión, alimentaba la esperanza de seguir pensando en Argentina, en los pasajes secretos de una débil red intelectual desprotegida y subterránea.

Williams y la fundación de la revista *Punto de Vista* aparecen en mi recuerdo de esos años curiosamente unidos. Stuart Hall ha escrito que, si se lo entiende bien, para Raymond Williams la distinción entre política y cultura fue irrelevante (p. 65), en el sentido de que ambas integran un *continuum* material, ideológico e institucional y ambas operan con eficacia en territorios que se entrecruzan. No podría decir que estoy de acuerdo con la resistencia, bien williamsiana, a establecer cortes netos entre diferentes esferas discursivas y prácticas. Sin embargo, en 1976, algo de lo que Hall señala en Williams fue percibido como nuestra única posibilidad frente a la dictadura: responder a las "cuestiones más claramente políticas disponiendo todos los temas complejos de una preocupación particular respecto a cuestiones culturales". Si, como anota Hall, ésta fue la estrategia de Williams frente a la ortodoxia más clásica de la *New Left*, para nosotros esa salida "culturalista" fue la única posible en los primeros años de la dictadura militar. La circularidad del materialismo cultural williamsiano (rasgo que le ha sido señalado con poca simpatía por sus críticos, y que nosotros percibíamos) nos autorizaba, sin embargo, a pensar que, en esa relación inextricable de cultura y política, se abría una posibilidad de acción intelectual que adquiriera, al desplegarse, significación pública.

Pero no se trató simplemente de una cuestión táctica. En la resistencia de Williams al trazado de límites netos entre esferas, en su "culturalismo", podía encontrarse una vía de salida que conservara, al mismo tiempo, lo mejor de una lectura también culturalista de Gramsci (que había sido, por entonces, objeto de reciclajes "althusserianos") y restituyera a la cultura una independencia respecto de las más fuertes determinaciones sociales y políticas. En breve se podía imaginar que la naturaleza social de la cultura era un problema a resolver y no un punto de partida donde todo estaba resuelto. Williams rompía con una trampa de hierro en la cual ni siquiera el concepto gramsciano de hegemonía lograba establecer salidas. Se podía leer a Williams en clave gramsciana, lo cual lo acercaba al universo teórico de un marxismo "conocido"; también se podía leer a Gramsci en clave williamsiana, lo que lo liberaba de las versiones leninistas. Ambos movimientos ponían a nuestra disposición perspectivas de análisis que el althusserianismo presentaba como cerradas. Ambos movimientos, también, nos precavían de un nuevo determinismo producido por los discípulos de Foucault. En el otro extremo, Williams incitaba a reintroducir lo social en un discurso crítico formado en el inmanentismo. Finalmente, la teoría crítica de Bajtin y el posformalismo ruso podían ponerse en contacto con el culturalismo de Williams, en una

---

[1] Así la denominó Carlos Altamirano.

operación que todavía no había comenzado a realizarse en otros espacios culturales.

Si se quiere, Williams nos obligó a trabajar en un cruce de perspectivas que bien podía ser acusado de ecléctico. Pero, justamente, para quienes estaban separándose de una ortodoxia marxista dura y de un formalismo estructuralista que los maestros como Barthes ya habían abandonado, el momento ecléctico fue indispensable: la entrada temprana de las escuelas francesas de los sesenta en la fracción de izquierda del campo intelectual argentino, impulsaba a explorar fuentes de procedencia teórica bien distintas a las que habían sido las hegemónicas hasta entonces. Con Raymond Williams se reintroducían en la problemática cultural algunas nociones estigmatizadas: los sujetos, la historia, la experiencia, concepto verdaderamente exótico por esos años, que a través de Williams nos atrevimos a considerar sin ironía. La experiencia era el dominio del materialismo vulgar, de la biografía y la falacia biográfica, de la falsa conciencia (que, como ideología, se oponía a la teoría). La noción misma de experiencia podía ser acusada de ideológica porque implicaba sujetos y clases sociales que *tenían* experiencias y podían modificarse a través de ellas. Junto a la noción de experiencia Williams presentaba la de "conciencia práctica", un verdadero desafío al clima de época y a su lógica. Frente al determinismo de los "aparatos ideológicos" y el inmanentismo de los estructuralistas *prima maniera*, Williams reintroducía "lo cultural" como esfera relativamente autónoma, aunque se empeñara en construir permanentemente una trama socio-ideológico-política donde la cultura hunde sus raíces y, al mismo tiempo, modifica.

Williams, en la Argentina, era un desvío hacia afuera de la ideología francesa. Es curioso, pero cuando, hace poco tiempo, contaba todo esto en Inglaterra, los académicos de la misma Universidad de Cambridge donde enseñó Williams hasta su muerte –hombres y mujeres de mi misma edad– me miraban incrédulos: a ellos, fue la ideología francesa, Barthes, Althusser y Foucault, lo que les permitió, en los años setenta, romper con Williams y respirar los aires de vanguardia teórica del continente europeo. Así son las cosas cuando se comparan historias intelectuales y de circulación de las ideas.

Nosotros, por el contrario, encontramos en Raymond Williams, más precisamente en *The Long Revolution* y luego en *Marxism and Literature*, aquello que la teoría francesa dejaba afuera. La cuestión, planteada más o menos sencillamente, giraba en torno de la reconstrucción del pasado: "lo más difícil de captar, en cualquier período, es el sentido y las cualidades de la vida en un momento y lugar determinados: el sentido y los modos en que las acciones se combinaron en una manera de pensar y de vivir" (*The Long...*, p. 63). Williams había decidido recuperar un sentido de lo efectivamente vivido que se presenta a la vez como lo resistente y oscuro a la reconstrucción y como el horizonte que la reconstrucción no puede abandonar porque renunciaría a su potencialidad explicativa perdiendo del pasado la dimensión concreta de la experiencia. Podría objetarse que este ideal reconstructivo pretende un imposible. Nada asegura que a través de los textos de una cultura se alcance ese espesor de "lo vivido" que la reconstrucción no podría presentar sino como hipótesis. Sin embargo, Williams va a insistir en esta idea de la "cultura vivida" como ideal reconstructivo que al mismo tiempo le plantea todos los obstáculos a la reconstrucción: ¿cómo captar en lo formalizado lo no formalizado?; ¿cómo leer en las convenciones culturales justamente aquello que esas convenciones convierten en texto, arrancando a la experiencia y a las subjetividades de su inmediatez muda e inabordable porque ya ha sido?

Este dilema teórico y metodológico,[2] Williams intentará resolverlo a través de la noción

---

[2] La dificultad de la empresa le fue señalada varias veces a lo largo de la clásica entrevista-libro protagonizada por él y tres redactores de la *New Left Review*.

(hipótesis cultural, la llamó en su momento) de "estructura de sentimiento", presentada, cuando aparece por primera vez en *The Long Revolution*, como un verdadero oxímoron: "tan firme y definida como lo sugiere la palabra 'estructura', aunque opere en los espacios más evanescentes y menos tangibles de nuestra práctica". Resultado de la interacción de todos los elementos culturales de un período, la estructura de sentimiento podría pensarse como su tono general. Sin embargo, en ella Williams quiere descubrir también (y a veces contradictoriamente) la emergencia de nuevos rasgos y cualidades, que aún no cristalizaron en ideologías, convenciones, prácticas y géneros. O verdadera trama de lo vivido en el pasado, o instrumento del surgimiento de lo nuevo que todavía no se ha impuesto del todo, la estructura de sentimiento es una noción casi tan inaferrable como aquello que busca definirse a través de ella. Es una hipótesis cultural que plantea casi tantos problemas como los que resuelve: de hecho, el mismo Williams renuncia a ella después de *Marxism and Literature*, admitiendo que las objeciones habían sido más fuertes que su potencial metodológico y teórico.

Creo, sin embargo, que "estructura de sentimiento" es un concepto clave dentro de la obra de Williams y posiblemente uno de sus aspectos teóricos más reveladores. Lo que se propone es definir aspectos contradictorios, conflictivos y mezclados de la experiencia y del discurso literario, donde se cruzan ideas y tópicos en diferentes grados de elaboración formal y conceptual, que pertenecen a registros diferentes, desde la subjetividad hasta aquello que se muestra sólidamente inscripto en la ideología o en los sistemas filosóficos. La estructura de sentimiento es un *compositum,* donde los tonos, los matices, los deseos y las constricciones son tan importantes como las ideas o las convenciones establecidas. La estructura de sentimiento registra el encuentro de lo fuertemente codificado y su "presencia" vivida (Hall, *Politics and...*, p. 159): no pertenece del todo al dominio de la ideología, ni al arsenal de los recursos formales de una cultura, pero tampoco a los aspectos más particulares de sus portadores. Su naturaleza es social pero no está tan obviamente presente en las instituciones como lo están, por ejemplo, los géneros literarios. Por eso permitiría captar los deslizamientos entre las ideologías formalizadas y los discursos estéticos, por una parte; entre las ideas sistematizadas y su presencia más fluida cuando informan las prácticas, por la otra. En oposición a "visión del mundo" o "ideología", la estructura de sentimiento organiza sentidos y valores de modo "pre-sistemático" y los capta (ésta es la esperanza de Williams) en el momento de su emergencia. En la estructura de sentimiento, la dimensión simbólica de lo social muestra precisamente ese carácter huidizo que está en el origen del prolongado debate sobre la inscripción de lo social en lo estético, precisamente porque, como hipótesis, aspira a rendir cuentas de los procesos de pasaje y mediación. Pero no sólo eso: en la medida en que ella capta los tonos de una época, permite ver qué hay en común entre discursos y prácticas cuyos materiales son diferentes. Lo que impregna un período, más allá de las diferencias sociales, se inscribiría en el campo recubierto por esta noción. Allí, al mismo tiempo, aparecen sus dificultades, y la obra de Williams nunca ilumina del todo lo que la estructura de sentimiento debe a condiciones específicas de clase frente a lo que unifica en un suelo de creencias comunes.

De allí que la noción deba articularse, aunque Williams no lo haya hecho de manera explícita, con los tres términos propuestos en *Marxism and Literature* (1977) para describir la trama de elementos de diferente temporalidad y origen que coexisten en un momento cualquiera de una formación cultural. Se trata de las nociones de "dominante", "residual" y "emergente" que caraterizan las relaciones dinámicas y los contrastes en el interior de una misma cultura. Williams complejiza así la noción de hegemonía (consolidada por los rasgos dominantes) enfrentándola con el conjunto de elementos residuales que persisten desde el pasado o los emergentes que se originan en el presente anunciando la aparición de configuraciones nuevas. El dinamismo de una cultura se apoya en las variaciones, divergentes, oposicionales, alternativas o arcaicas, producidas por la contemporaneidad de estos rasgos. Nuevamente, la cuestión de lo heterogéneo dirige la mirada de Williams: lo que en una cultura, y aun formando parte de un suelo común, dirime líneas de conflicto (incluido el conflicto entre clases) y plantea el problema (que también preocupó a Bloch y a Benjamin) de la coexistencia de lo diferente en una simultaneidad densa que difícilmente puede reducirse a la unidad definida por una sola predominancia histórica o social.

Si la estructura de sentimiento fue, pese a que Williams finalmente abandonara la fórmula, una clave de bóveda de su teoría cultural, la diferenciación de los rasgos emergentes, residuales y dominantes permite avanzar en la hipótesis de la heterogeneidad constitutiva de los artefactos culturales y artísticos: en su proceso de producción y en su funcionamiento social rechazan la idea de una inscripción simple. Son, siempre, escenarios del contraste o por lo menos de la co-presencia de tendencias. Son, en consecuencia, espacios activos donde se despliegan tiempos, cristalizaciones de la experiencia o de la ideología y prácticas sociales diferentes.

III

Las historias de palabras con las que Williams construyó un pequeño libro, *Keywords*, son el ejercicio de semántica histórica que corresponde a esta conceptualización de la cultura. Desde 1958, en las primeras páginas de *Culture and Society*, Williams pensaba que en los desplazamientos y la acumulación de sentidos operados en palabras clave podían leerse, como si la lengua fuera el soporte histórico de un mapa cultural, los avatares del cambio en las instituciones políticas y sociales, y de las relaciones entre ellas y las prácticas culturales. La historia de palabras ponía al análisis semántico en perspectiva histórica; permitía seguir el camino de una cultura señalando, en los desplazamientos de significado, los clivajes sociales que marcaban el contraste entre sus rasgos; en la historia de palabras podían descubrirse las huellas de un conflicto entre los elementos dominantes, los emergentes y los arcaicos.

Al mismo tiempo, Williams mira la cultura desde una perspectiva historicista que lo impulsa a subrayar los procesos de resolución, incorporación y síntesis, las transformaciones más que las rupturas. Su noción de cultura y de arte opera con mayor eficacia descriptiva cuando analiza cursos de larga duración que cuando enfrenta la agudización de los conflictos y la aceleración de la temporalidad en esa forma moderna que es la vanguardia.[3] No es extraño si se piensa que la trayectoria ideológico-política de Williams es la de un socialista reformista que, precisamente, elige el título *The Long Revolution* para describir un proceso de varios siglos donde los enfrentamientos políticos y culturales agudos se combinan con períodos de cambios institucionalmente acordados. El relato williamsiano de esa "larga revolución" tiene a la reforma institucional, educativa, de la industria cultural y de la esfera pública como argumento y como eje.

La centralidad de la cultura en la constitución de lo social, como dimensión a partir de la cual pueden producirse cambios que desbordan la especificidad de la esfera cultural, le permitió a Williams pensar a la cultura de las elites no sólo como pura imposición sobre otros

---

[3] Tony Pinkney, sin embargo, precisa los juicios y elementos que unieron a Williams con las estéticas vanguardistas (el "modernismo", como se las agrupa en el mundo anglosajón), pp. 12-33.

sectores; sino también encontrar en la cultura popular valores e impulsos que pueden configurar las bases de una nueva alternativa, a la vez que se combinan con las tradiciones letradas. Williams colocó así a la cultura como fuerza central de una reforma progresiva de la sociedad. Como Gramsci, pensaba que una hegemonía necesitaba construir instrumentos culturales, que se tradujeran en tópicos, figuras semánticas, discursos, rituales. También como Gramsci se negaba a considerar a la cultura como nivel "secundario": el rechazo de la clásica metáfora de "base" y "superestructura", le permitió, por un lado, acentuar su idea del *continuum* simbólico-práctico, y, por el otro, renovar la perspectiva de un "materialismo cultural", fuertemente interesado en el impacto de las instituciones y de los medios tecnológicos en la producción de lo simbólico. Para Williams "materialismo" implicaba más que un sentido filosófico propiamente dicho; respondía a la convicción de que lo simbólico se hunde en un mundo de artefactos materiales que, a su vez, pueden ser leídos culturalmente.[4] También la persistencia en subrayar el peso de las instituciones se relaciona con su "materialismo", porque todo objeto de cultura emerge en condiciones que no lo determinan pero cuya pregnancia encuentra las formas más diversas de ofrecerse a la lectura. Y, por otro lado, los sistemas y relaciones de producción son artefactos culturales, prácticas y hábitos inscriptos *por* la cultura como modos de organizar el mundo material.

Estas proposiciones, que observo en el núcleo de la obra de Williams, aunque no siempre aparezcan expuestas con nitidez a lo largo de decenas de estudios culturales y literarios a los que debo seguramente mucho más que un conjunto de perspectivas teóricas, explican bien la operación realizada por Williams sobre el marxismo, un pensamiento que nunca sintió completamente afín (y esto lo compartía con la tradición clásica del socialismo británico) pero al que se fue acercando de modo siempre cauteloso.[5] Sin embargo, más que en alguna variante culturalista del marxismo, creo que Raymond Williams se situó desde muy temprano en un campo de estudios que hoy está a la orden del día: el del "imaginario social". Si nunca este término apareció en sus trabajos, la razón deberá buscarse, una vez más, en la cualidad particularmente británica de su obra, en la que la escritura resistió siempre esa peculiar forma "universal" de la exposición que atribuimos a la discursividad francesa.[6]

BIBLIOGRAFÍA

Altamirano, Carlos. "Raymond Williams 1921-1988". *Punto de Vista,* 33 (septiembre-diciembre, 1988).

Barthes, Roland. *Critical Essays*. Evanston: Northwestern University, 1972.

Eagleton, Terry (ed.). *Raymond Williams. Critical Perspectives*. Boston: Northeastern University Press, 1989.

Hall, Stuart. "Politics and Letters". *Raymond Williams; Critical Perspectives*. Terry Eagleton (ed.), Boston: Northeastern University Press, 1989.

---

[4] *The Country and the City* es el ejercicio, fascinante por su concentración, de esta idea.

[5] Anderson, Barnett y Mulhern le señalan a Williams varias veces a lo largo de la entrevista publicada como *Politics and Letters* (cit.) su distancia respecto del marxismo en los años de *Culture and Society* y *The Long Revolution*. En general, queda la impresión de que lo consideran bastante poco marxista.

[6] Las secciones II y III de este artículo fueron originalmente publicadas en *Punto de Vista*, N°45. Las ideas expuestas provienen de la Simón Bolívar Lecture, dada en King's College, Universidad de Cambridge, en mayo de 1992.

Pinkney, Tony. "Raymond Williams and the 'Two Faces of Modernism' ". *Raymond Williams. Critical Perspectives*. Terry Eagleton (ed.), Boston: Northeastern University Press, 1989.

Williams, Raymond. *The Year (Towards) Two Thousand*. Nueva York: Pantheon Books, 1983.

—— *Politics and Letters*. Londres: New Left Books, 1979. Entrevistas realizadas colectivamente por Perry Anderson, Anthony Barnett y Francis Mulhern.

—— *Marxism and Literature*. Oxford: Oxford University Press, 1977.

—— *Keywords: A Vocabulary of Culture and Society*. Londres: Fontana, 1976.

—— *The Country and the City*. Nueva York: Oxford University Press, 1973.

—— *Culture and Society 1780-1950*. [1958]. Harmondsworth: Penguin Books, 1971.

—— *The Long Revolution*. [1961]. Harmondsworth: Penguin, 1971.

"Nuestro norte es el Sur".
A propósito de representaciones y localizaciones

Hugo Achugar
Universidad de la República, Uruguay

América, el Nuevo Mundo, ha sido objeto de múltiples representaciones; las cartográficas y las escritas son más que conocidas, sin embargo menor atención se le ha brindado a las representaciones plásticas como conformadoras del constructo "América" y/o "América Latina" entre aquellos que se dedican a la crítica literaria o a la crítica cultural. La representación del territorio americano por parte de dibujantes, pintores y escultores –especialmente cuando todavía imperaba Gutemberg y la fotografía, el cine y los medios televisivos no habían hecho su irrupción– fue central en la configuración del imaginario que de esta parte del planeta predominó tanto en Occidente como en sus periferias. No hay mayor novedad en señalar que la representación europea del Nuevo Mundo muestra las marcas de su localización productiva, de hecho, abundan los ejemplos tanto en las artes plásticas como en las letras; sin embargo, debido a algunas posiciones dentro del debate del latinoamericanismo, vale la pena insistir en recordarlo.[1]

En el presente ensayo quisiera considerar parte de la obra plástica de dos autores: Peter Paul Rubens y Joaquín Torres García, a quienes tomo como ejemplos de tradiciones representativas de particular importancia, respectivamente en relación con Europa y con América. Lo que me ha posibilitado su relación, como se verá en lo que sigue, es la representación del Río de la Plata y de América.

Antes de continuar debo consignar que dudé si debía o no tratar el tema de la imagen mercantilizada del mapa de Torres García. Me preguntaba si debía analizar la transformación de la imagen icónica creada por Torres y que es reproducida sin que la mayor parte de las veces se sepa incluso de dónde surgió. Decidí aludirlo apenas y dejarlo para otro ensayo. Del mismo modo consideré que debía dejar para un futuro ensayo otro aspecto implicado en lo que había venido discutiendo. Un ensayo que podría titularse "Torres García, occidentalismo y otras cuestiones". Ese hipotético futuro ensayo trataría de responder las siguientes preguntas:

¿Supone la representación de Torres García un rompimiento con Occidente? O preguntado de otro modo, ¿el proceso de occidentalización experimenta una ruptura con Torres García en 1935 o la empresa de la "Escuela del Sur" no es significativa pues proviene de una parte de América Latina que no pertenece a la zona andina, ni al Caribe, ni a la Amazonia, ni a la que migra a Estados Unidos?

Según plantea Walter Mignolo, en el contexto de su discusión de la obra de Kusch, "lo

---

[1] Para una muestra de dicho debate ver Castro-Gómez y Mendieta, *Teorías sin disciplina. Latinoamericanismo, poscolonialidad y globalización en debate.*

que podríamos llamar [...] discurso poscolonial: (es) resistencia a la occidentalización y la globalización –por un lado–, y producción creativa de estilos de pensar que marquen constantemente la diferencia con el proceso de occidentalización. Esto es, la constante producción de lugares diferenciales de enunciación" (Mignolo, "Occidentalización", p. 32). ¿Qué lugar ocupa la obra de Torres García en eso que algunos llaman "discurso poscolonial"? ¿Tienen sentido estas categorizaciones para hablar de Torres García? ¿Por qué es ignorado Torres García en el actual debate? ¿No seguirá ocurriendo lo mismo que con las representaciones de Rubens y lo que importa no es lo representado o discutido sino lo que pasa en el lugar desde donde se habla? ¿No será que lo que está ocurriendo hoy en día en el Norte no es el procesamiento de una representación de América Latina diversa y heterogénea sino una escenificación de los conflictos locales o "campusales" de la posición de quienes hablan sobre América Latina? ¿La reflexión sobre Occidente que plantean, entre otros, Roberto Fernández Retamar, Leopoldo Zea, Walter Mignolo, no debería tener en cuenta representaciones plásticas y elaboraciones teóricas como las de Torres García?

Por último, y atendiendo a lo que Walter Mignolo plantea en "Posoccidentalismo: el argumento desde América Latina", ¿es posible un ámbito de diálogo donde las localizaciones originales no interfieran? ¿Es posible el diálogo sin que un lugar privilegiado y poderoso sea erigido como el único lugar válido para leer y discutir lo representado?

En el comienzo del ensayo se afirma en relación con el debate sobre el latinoamericanismo lo siguiente:

> A veces el debate aparecía como una conversación de sordos, puesto que se daba entre contendientes que aparentemente tendrían que estar de acuerdo, pero que el nuevo orden mundial, con la subsecuente redistribución de la labor académica, los ponía unos frente a otros. En última instancia el debate podría rearticularse en las conflictivas relaciones existentes entre los Estudios Latinoamericanos (entendidos como Estudios de Areas: LASA fue creada en 1963, al comienzo de la Guerra Fría, como parte de las medidas tomadas por el gobierno de los Estados Unidos para la Seguridad Nacional) y el "Pensamiento Latinoamericano", un complejo de expresiones y manifestaciones teóricas desde las ciencias sociales a la filosofía, desde la literatura a los estudios literarios (Mignolo, "Posoccidentalismo", pp. 31-32).

Más allá de que en la descripción de "las conflictivas relaciones" descritas en el ensayo no se aluda a la Revolución Cubana, más allá de que el debate "podría rearticularse" en las conflictivas relaciones entre América Latina y los Estados Unidos en general y no sólo entre los "Estudios Latinoamericanos" (escrito sin comillas en el ensayo) y el Pensamiento latinoamericano (escrito con comillas en el ensayo), más allá de que, por lo menos desde 1898, el pensamiento latinoamericano puede ser entendido como un pensamiento enfrentado con Estados Unidos y ya no sólo con Europa, la afirmación parece correcta: por momentos el debate parece un diálogo de sordos. Pero, como dije antes, todo eso obliga a un futuro hipotético ensayo.

1. A PROPÓSITO DE "LOS CUATRO RÍOS" DE RUBENS

Hace un tiempo tuve oportunidad de ver por primera vez el cuadro de Rubens titulado "Las cuatro partes del mundo" (*circa* 1615) también conocido como "Los cuatro ríos".[2] Lo

---

[2] El cuadro se encuentra en el museo de Historia del Arte de Viena.

que primero despertó mi interés fue el hecho de que Rubens representara una mujer negra y que la imagen ocupara el centro del cuadro. El hecho, en sí mismo no significativo, me pareció relevante dado el escaso número de tal tipo de imagen en la pintura de Rubens y la posición central de la imagen en el cuadro.[3] Al acercarme para conocer el significado de la misma, mi sorpresa fue doble. La sorpresa resultó no sólo del hecho que la imagen de la mujer negra apareciera representando la fuente del río Nilo sino también del hecho de que junto con dicho río, Rubens hubiera representado el Ganges, el Danubio y el Río de la Plata.

La sorpresa ante la representación del Río de la Plata no necesita ser explicada frente a un auditorio uruguayo o incluso rioplatense, en cambio para aquellos que no están acostumbrados a vivir en la orilla norte del Río de la Plata, quizás sea necesario aclarar, que no sólo no estamos habituados a que sepan de nuestra existencia y de nuestra ubicación sino que, por si fuera poco, hemos sido adiestrados por la mirada imperial –sea ésta norteamericana o europea– a que lo nuestro sólo merece desprecio y, por lo tanto, la ignorancia de todo aquello que tenga que ver con nuestra historia, con nuestra cultura o con nuestra naturaleza, está plenamente justificada. Como se suele decir, para hacer breve una historia larga, la sorpresa me motivó y dediqué un cierto tiempo a investigar por qué Rubens había elegido el Río de la Plata para representar una de las cuatro partes del mundo y especialmente, el Nuevo Mundo. Sobre todo, traté de averiguar cuál era el significado que tal representación tenía. En el proceso, descubrí lo que muchos ya sabían: Rubens no estaba solo y además no era el primero. Más aún según algunos autores cabía pensarse que Rubens no intentaba representar el Río de la Plata sino el Amazonas y según otros, el conocido cuadro de Rubens no representaba los cuatro ríos de la modernidad sino los de la antigüedad clásica.

En un primer momento, la representación europea del Nuevo Mundo se concentró en la cartografía; entre muchos otros, los mapas de Américo Vespucio de 1499, Martín Waldseemuller de 1507, Diego Gutiérrez de 1551 y Abraham Ortellius de 1570 propusieron y difundieron imágenes e interpretaciones de América que habrían de alimentar el imaginario europeo sobre esa nueva parte del mundo.[4] Para comienzos del siglo XVI, las noticias del Nuevo Mundo eran constantes y no se limitaban a la representación cartográfica sino que poblaban tanto los relatos de los "descubridores" como la creación de muchos artistas y cartógrafos; especialmente aquellos que como Ortellius residían en Amberes (Antwerp).[5] Las varias crónicas que circularon a comienzos del siglo XVI no eran pródigas en imágenes, aun cuando ya algunas ediciones de las cartas de Colón (*Carta de Dati* e *Insula hyspana,* ambas de 1493) o de Vespucio (*Epistola Albericii de Novo Mundo,* 1505) fueran ilustradas con grabados por diversos artistas flamencos y alemanes (Rojas Mix, pp. 116-120). Recién con la publicación de la *Historia del mondo nuovo* de Girolamo Benzoni en 1565, con los dibujos de Le Moyne

---

[3] Sobre la representación europea de personajes y temas vinculados con la cultura "negra" o "morisca" durante el Renacimiento ver *Vols d'âmes: traditions de transe afro-europeens* de Paul Vandenbroeck.

[4] Para una muy completa y documentada información sobre la construcción de la imagen de América ver *América Imaginaria* de Miguel Rojas Mix.

[5] La publicación en 1570 de la primera edición del *Theatrum Orbis Terrarum* de Abraham Ortellius en Amberes –según Ernst van den Boogaart "the oldest representation of the four continents" en libro (p. 124)– tuvo una especial repercusión: "Between 1570 and 1600, the theme of the four continents spread through the visual arts in many European countries. The numerous editions of Ortellius' *Theatrum* were of the utmost importance in this process. Before his death in 1598, twelve Latin, two Dutch, three German, one Spanish and seven French editions have been published" (van den Boogaart, p. 124).

que ilustraban el libro de Laudonnière en 1586 y luego con la publicación en 1590 del primer tomo de los *Grandes viajes* de Theodor, las imágenes comenzaron a proliferar y a ser dominantes en la construcción de América (Elliott).

La importancia de los *Grandes viajes* de De Bry en la conformación del imaginario europeo sobre América es conocida. Sin embargo, es recién a partir del tercer volumen de los *Grandes viajes* en 1593 que aparecen representaciones no cartográficas de lo que es hoy América Latina; los dos primeros volúmenes daban cuenta respectivamente de Virginia y de la Florida; con el tercero aparece Brasil. En los volúmenes siguientes –donde se representaba la historia de la conquista española de las Indias en función de la *Historia... de Benzoni*– De Bry y sus hijos "tuvieron que recurrir cada vez más a su imaginación (representando) una América que se sitúa en el mundo de fantasía de los europeos, quienes habían vivido demasiado tiempo bajo la sombra de la Antigüedad clásica" (Elliott, pp. 10-11).

La divulgación de los grabados de De Bry a partir de finales del siglo XVI hace posible pensar que hayan sido la fuente en la representación de muchos artistas y en particular de Rubens;[6] sin embargo existen representaciones anteriores a la publicación de los volúmenes de De Bry, tal es el caso de lo realizado por Il Primaticio en la "Galería de Ulises" de Fointainebleau.

Il Primaticio llegó a Francia en 1532 y, de 1540 a 1570 asumió la dirección de los trabajos artísticos de Fontainebleau ejerciendo de hecho durante varios reinados una especie de "dirección de las artes" francesas que –como sostiene Sylvie Béguin– dio un "nuevo comienzo al arte de Francia".[7] La importancia de la obra del Primaticio no se limitó a su época; a la alabanza inicial de Vasari continuó, durante los siglos XVII y XVIII, el peregrinaje de artistas que desde distintos puntos de Europa acudían a estudiar la "Galería de Ulises", Rubens y sus ayudantes entre muchos otros.

El tema que me interesa, sin embargo y como se podrá intuir, no es el diseño general de la "Galería de Ulises" sino el del "Décimo compartimiento" cuyo tema central es "Las horas rodeando el carro del Sol" así como los secundarios, que representan cuatro ríos: el Nilo, el Ganges, el Plata y el Danubio.[8]

Los cuatro ríos, según Sylvie Béguin, "simbolizan las cuatro partes del mundo, representados por diferentes animales" y evocan la "inmensidad del imperio del Sol" implicando la identificación entre Apolo y Henri II. El Río de la Plata aparece asociado al jaguar y represen-

---

[6] La compra de la *América* de Teodoro de Bry en 1613 por parte de Rubens y las huellas que la lectura de esa obra dejaron en varios de los trabajos realizados por el pintor son uno de los muchos ejemplos que se pueden mencionar. Al respecto ver lo que Elizabeth McGrath dice en relación con el *Arco de la Casa de Moneda (Arch of the Mint)* de Amberes en 1634 en "Rubens's *The Arch of Mint*".

[7] La "Galería de Ulises" en el palacio de Fontainebleau es considerada la obra maestra del Primaticio y coincide con el interés del grupo de la Pléyade en la obra de Homero y con la relativa proliferación de frescos e ilustraciones de la epopeya de Ulises que ocurre a comienzos del siglo XVI (Béguin). Aunque lamentablemente la "Galería de Ulises" fue destruida en 1739, la conservación de los dibujos del Primaticio así como los grabados de Van Thulden y las descripciones de varios observadores ha permitido a Louis Dimier reconstruir el programa iconográfico de la "Galería".

[8] El "Décimo compartimiento" al igual que el resto de la "Galería" fue diseñado y pintado entre 1540 y 1570 y han sido registradas varias copias y grabados ya del tema central como de algunos de los ríos. Rubens, por ejemplo, pintó una copia de "Las horas rodeando el carro del Sol" mientras que del Nilo y del Plata existen y se conservan múltiples copias, grabados y dibujos preparatorios.

ta a América, el Ganges es mostrado con un dromedario y representa a Asia, el Nilo con la esfinge y el cordero de Amón representaría a Egipto mientras que el Danubio a Europa. La idea de los cuatro ríos representando las cuatro partes del mundo es tradicional y reaparece en la fuente de Bernini en Piazza Navona y, como apunté antes, en el cuadro de Rubens "Las cuatro partes del mundo", también conocido como "Los cuatro ríos".[9]

La representación que estos artistas hicieron del Nuevo Mundo no consistió en una mera "traducción" en imágenes de lo que los descubridores, conquistadores o viajeros narraban o describían en sus historias o crónicas. Las fabulosas noticias del Nuevo Mundo pasaban a integrar la realidad cotidiana local y eran usadas en la elaboración de los discursos artísticos que decían de las necesidades, de las angustias y los deseos de las comunidades desde donde estos artistas construían sus obras.[10]

Como afirmé al comenzar no hay mayor novedad en señalar que la representación europea del Nuevo Mundo muestra las marcas de su localización productiva como tampoco la hay en señalar que el Nuevo Mundo fue visto con "ojos imperiales" (Pratt). En este sentido, otras obras de Rubens como el *Arco de la Casa de Moneda* (*The Arch of Mint*) que el pintor diseñara representando el Potosí –obra presentada por los miembros del gremio de acuñadores en ocasión de los festejos realizados en homenaje a la llegada del Cardenal Infante Fernando a la ciudad de Amberes en 1634– puede ser y ha sido leída como el modo en que el artista expresaba la difícil situación económica que atravesaba la ciudad por culpa de la política española y no simplemente como una representación de la fabulosa riqueza de América (McGrath, "Rubens's The Arch of Mint" y Vandenbroeck "Peter Paul Rubens. Design for *The Arch of Mint*").[11]

Ahora bien, ¿por qué Il Primaticio, Bernini y Rubens entre otros[12] eligen el Plata como símbolo del nuevo mundo aun cuando ello fuera para expresar situaciones de enunciación locales? Considerado desde hoy, parecería que lo adecuado hubiera sido elegir otros ríos. El Mississippi, el Orinoco y sobre todo el Amazonas aparecen como más importantes, más largos o caudalosos que el Río de la Plata. Las primeras menciones europeas de estos ríos, es decir sus "descubrimientos" por los europeos pueden ser fechados en las primeras décadas del

---

[9] La representación de los cuatro ríos como metonimia de las cuatro partes del mundo es una de las marcas de la modernidad e indica el impacto que el "descubrimiento" europeo de América significó en la crisis y disolución del imaginario medieval. Según van den Boogaart, una de las primeras si no la primera representación de "cuatro partes del mundo" que acusan el impacto del "descubrimiento" de América lo constituyó el "tableau vivant" realizado en Amberes en 1564 en ocasión de la procesión de la sagrada circuncisión. Por su parte, Rojas Mix sostiene que el anónimo artista portugués del retablo "La Adoración de los Magos" de la Catedral de Viseu (1505) "resolvió el problema [planteado por el "descubrimiento" a la iconografía religiosa] agregando un [cuarto] rey tocado de plumas y armado de flechas" (p. 37).

[10] Las tensiones entre protestantes y católicos o entre ingleses y españoles, según Elliott y Gereon Sievernich, explican en parte la divulgación de ciertas representaciones de la conquista del Nuevo Mundo.

[11] Vandenbroeck sostiene en relación a la construcción y al diseño del "Arch of Mint" por parte de Rubens que "the hope was that the prince's prerogative could bring the economy back to health in the same way that people believed in his healing and curative powers (thaumaturgy). This mythical attribute of kingship also permeates Rubens's work and perhaps, too, the vision of those in the Antwerp Mint who commisioned it" ("Peter Paul Rubens", p. 364).

[12] También se representó el Río de la Plata en el llamado "Arco portugués de Antwerp" de 1594, así como igualmente se representó el "descubrimiento" de América en ocasión de la entrada de Felipe III a Lisboa en 1619.

siglo XVI: el Amazonas hacia 1541 por Orellana,[13] el Orinoco hacia 1531 simultáneamente por Ordaz y por Berrío, y el Mississipi hacia 1541 por Hernando de Soto, aunque la verdadera dimensión de este último recién es apreciada a fines del siglo XVII. Más todavía, en las imágenes que recogerá De Bry en sus *Grandes viajes* figuran múltiples ríos e incluso en el mapa que acompaña el volumen III referido al Brasil si bien aparece el Río de la Plata, el Amazonas tiene un protagonismo particularmente importante. Algo similar se podría decir de la importancia que en las imágenes del IV libro tiene el "Mar de Magallanes" aunque en el mapa de 1596 el Río de la Plata comparta importancia con el Amazonas. Es recién en 1600, cuando los herederos de Teodoro de Bry publican el relato del viaje de Ulrico Schmidel, que el Río de la Plata adquiere, digamos, un "protagonismo" indiscutido en la serie de los *Grandes viajes*.

El "descubrimiento" del Río de la Plata por Juan Díaz de Solís es de 1516 aunque presumiblemente ya en 1501 haya sido "descubierto" por Vespucio y entre 1513 y 1514 Cristóbal de Haro lo describa; Magallanes lo recorre en 1519 y Sebastián Gaboto lo bautizará con el nombre de Río de la Plata en 1526 en oportunidad de su viaje. Ahora bien, todas estas fechas hacen posible pensar que tanto para 1540, cuando il Primaticio comienza el diseño de la

---

[13] Presumiblemente, Vespucio haya "descubierto" las bocas del Amazonas entre 1499 y 1500 durante la expedición de Alonso de Ojeda.

"Galería de Ulises", como hacia 1615, cuando Rubens pinta sus "Cuatro ríos",[14] el río icónico del nuevo mundo fuera el Río de la Plata. Esta representatividad del Río de la Plata estaba, por otra parte, en su propio nombre; es decir, en la implicación de enormes riquezas que auguraba el Nuevo Mundo.

Sin embargo, no todo parece tan sencillo. Elizabeth McGrath en "River-Gods, Sources and the Mystery of the Nile. Rubens's *The Four Rivers* in Vienna" plantea que

> Of course the most famous and active river-gods of modern times are Bernini's on the fountain in the Piazza Navona in Rome where they represent the four corners of the globle to which Christianity is penetrating. Bernini's choice of the rivers to represent the continents was evidently determined by the watery setting. In fact *his impressive and original conceit seems to have influenced modern interpretations of a very different, if equally striking and novel work of art made more than three decades earlier*: Rubens's *Four Rivers* in Vienna, a picture which can be dated c.1615-16 on stylistic grounds, but whose patron or intended context is unknown (McGrath, p. 73, énfasis mío).

De acuerdo con lo propuesto por McGrath, el cuadro de Rubens conocido como *Los cuatro continentes* debería ser llamado *Los cuatro ríos* ya que según su muy persuasiva argumentación se debe concluir que

> ... whatever the case, and whatever its precise intention, it seems that the allegory does not touch on issues of trade with the new world, but concerns the great rivers of antiquity, their interconnected origins, and the enduring mystery of the Nile (Mc Grath, p. 77).

Ahora bien, la argumentación de McGrath refiere a este cuadro en particular, aun cuando en otros ensayos, "The Streams of Oceanus. Rubens, Homer and the Boundary of the ancient World" y "Rubens´s *The Arch of Mint*", insista en la ausencia de interés de Rubens por representar el escenario americano en sí mismo –como al parecer era común en otros artistas de la época– y en cambio sí la representación del imaginario medieval. Sin embargo y como la misma McGrath lo señala, Rubens representó en más de una ocasión si no el escenario americano al menos parte de él, como ocurrió con el "Arco de la Moneda para la entrada de Fernando" y la inclusión inusual de una imagen del Río de la Plata como un río-dios sentado.[15]

Más allá de que McGrath esté o no en lo cierto en relación con la influencia que la fuente de Bernini en Piazza Navona haya tenido en la interpretación de *Los cuatro ríos* de Rubens, parece claro que la representación del escenario americano entre el siglo XVI y el XVII era un asunto bastante frecuente en la plástica europea y que la representación de las cuatro partes del mundo como distintivo de la modernidad estaba fuertemente afirmada. Al respecto no sólo es posible mencionar il Primaticio, la fuente de Bernini y los trabajos de Rubens sino

---

[14] La enorme difusión de la obra de Ortellius, conocida por Rubens, para esa fecha contribuye a reforzar la idea de que el cuadro de Viena que hemos venido discutiendo refiere a las cuatro partes del mundo y no a los cuatro ríos de la antigüedad clásica. La representación de América que realiza Ortellius en la portada de *Theatrum Orbis Terrarum* –ocupando un lugar opuesto a la de Europa, ésta arriba y América a los pies– parece ser exactamente lo opuesto a la operación de inversión que, como veremos más adelante, realizará Torres García en 1935. Ver al respecto el análisis de dicha portada que hace Ernst van den Boogaart.

[15] En el diseno del *Arch of Mint*, aunque la representación del Río de la Plata es especialmente destacada, Rubens incluye además los ríos Perú, Marañón y Condorillo.

toda una larga serie de representaciones en grabados y en piezas de orfebrería.

La cuestión, sin embargo, no es debatir la existencia o no de representaciones del espacio americano en la plástica europea contemporánea a la época de la llegada y establecimiento de los europeos en tierras americanas –cosa que nadie niega– sino el modo y el significado en que el espacio americano fue representado (*Darstellung*) por la plástica europea. En ese sentido, tanto la representación de Bernini –que implica la celebración de la cristiandad penetrando las cuatro partes del mundo– como aquellas otras (las de il Primaticio) que celebran el poder de la monarquía o que oblicuamente reclaman frente a la política española (la de Rubens en el "Arco"), además de la obvia importancia de la propia conquista del Nuevo Mundo, establecen o parten de varios hechos: 1) la recepción de lo americano en función de la herencia cultural europea y en particular de la herencia mítica greco-latina, 2) el valor material percibido en el nuevo espacio apropiado por Europa y 3) las tensiones y los conflictos que vivían las sociedades en que dichos autores trabajan.

Elizabeth McGrath sostiene, al comentar "Los cuatro ríos" de Rubens, que no ha sido posible hasta ahora identificar la situación de enunciación del cuadro. El desconocimiento de las circunstancias que rodearon a la producción de los "Los cuatro ríos" hacia 1615 conduce o habilita a McGrath a proponer una interpretación en la que los cuatro ríos representados por Rubens son los cuatro ríos de la antigüedad clásica. La lectura de esta representación de los cuatro ríos acompañados de las ninfas como emblemas de sus fuentes y de varios animales emblemáticos, sin embargo, ofrece varios problemas,[16] entre otras razones por el hecho de que no conozcamos la situación de enunciación del mencionado cuadro. En cambio, el conocimiento de las circunstancias que dieron lugar al "Arch of Mint" permite a la propia McGrath argumentar convincentemente que tanto la representación del Potosí como la del Río de la Plata forman parte del discurso que los habitantes de Amberes presentaron al Infante Cardenal Fernando como un modo de protestar ante los sufrimientos económicos de la ciudad frente a la política de España en la zona.

El Río de la Plata resultó ser una metáfora errónea: no se accedía a las deseadas riquezas

---

[16] Entre otros el hecho de que el Nilo aparezca coronado con maíz siendo una planta de claro origen americano o el hecho de que el Río de la Plata aparezca como un dios rubio. Frente al señalamiento de estos hechos, McGrath ha respondido que: "As for Rubens's '*Four Rivers*' in Vienna, your observation about the corn is very pertinent. My reasoning was that Rubens used this modern corn (recognisable to modern viewers) for the old, ancient Romand kind (i.e. as represented on ancient Roman coins), to make the Nile a symbol of Egypt the 'grain-basket' or 'bread basket' of the Roman Empire. But I agree this use of the modern plant is odd, as are the peppers for the river I call the Ganges (introduced to India only from the New World). And one could argue that these attributes sit uncomfortably with my notion that the picture is all about the primal ancient rivers of the world. However, I would say that one dos not need to expect Rubens to be strictly consistent and logical in his use of attributes; he simply wants to paint what will be easily recognisable in a picture. The two identifications that I am certain about are the Nile and the Tigris, and it was on the basis of this that I ruled out the idea that Rubens was trying to depict rivers who represent the four (modern) continents. Rather that he had ancient rivers in mind. The interpretations of the 'Neptune and Amphitrite', formerly in Berlín, seemed to place it firmly in the context of the old world, the Greek 'oikumene'. So this –and the fact that the two pictures are rather similar in style, date and subject-matter- seems to confirm the old reference of the 'Four Rivers' too. In fact, the very different way Rubens showed the Rio de la Plata in the Entry of Ferdinand seemed to me to go against the interpretation of any of the rivers in the Vienna painting as that one. Surely the Rio de la Plata must have something silvery coming out of his urn." (McGrath, "E Mail").

americanas a través del río como mar ni tampoco se las encontraba en la zona sino en otras partes del Nuevo Mundo. Pero, en cierto modo, la representación siguió operando de la misma manera, es decir, de acuerdo con las herencias culturales y con los intereses políticos y económicos de los países europeos a los que luego se sumarán los Estados Unidos. Si el Río de la Plata fue privilegiado porque se lo entendía como la puerta a las riquezas fabulosas encerradas por el continente americano y funcionaba como un elemento importante dentro de los discursos europeos de la época, hoy en día la misma mirada eurocéntrica, aun cuando pueda estar travestida en miradas con otras localizaciones, privilegia otros espacios para la representación cultural (y no sólo plástica) del continente americano.

Desde el horizonte actual de los países del Norte, lo latinoamericano no puede ser encarnado por el Río de la Plata. En el horizonte ideológico actual no es posible una representación cultural (*Darstellung*) de lo latinoamericano que incluya al Río de la Plata. El lugar de lo latinoamericano en la representación cultural del Norte poco tiene que ver con la representación de la totalidad o de la realidad latinoamericana; por lo mismo América Latina es el espejo en el que se contemplan las sociedades del Norte. Esta mirada simplifica y hace posible la traslación del horizonte ideológico y de la situación de lectura que impera en el Norte. Las violaciones de los derechos humanos, los fenómenos de la migración sur-norte, la problemática del multiculturalismo y el universo del narcotráfico configuran un escenario en el que la promesa de riquezas simbolizadas por el Río de la Plata no tiene cabida y en cambio el paisaje de la deforestación salvaje de la Amazonia, la amenaza en el "patio trasero" de Cuba o de los migrantes centroamericanos así como los desastres naturales de América Central o la opresión de los indios actúan como reafirmadores del papel que América Latina cumple en el imaginario occidental y en particular en el imaginario occidental del Norte.

Aunque cierto, el escenario configurado por las violaciones de los derechos humanos, la pobreza, la opresión del indio, el narcotráfico, la destrucción de huracanes y volcanes y demás es reduccionista. Reduccionista y tributario, vuelvo a decirlo, de la función que América Latina cumple en el imaginario que occidente le ha otorgado. Reduccionista y tributario de la función que América Latina cumple en el ámbito del latinoamericanismo del Norte y de las tensiones propias de dicho ámbito. Reduccionista y tributario de la función definida por el lugar desde donde se lee que no es otro que el del Norte.

Lo anterior nos lleva a la segunda parte del presente ensayo.

2. Nuestro norte es el Sur

En febrero de 1935, Joaquín Torres García reinstalado en Uruguay –a pocos meses de haber llegado de España, previo paso por Nueva York y París– da una conferencia titulada "La escuela del Sur". Al año siguiente se publica dicha conferencia y se la acompaña de un mapa donde la tradicional representación geográfica aparece "patas arriba". Este dar vuelta la representación geográfica implica, no sólo una violencia en la representación artística (*Darstellung*) sino también una fuerte afirmación de la localización del sujeto emisor, quien de hecho cuestiona la localización tradicional del emisor y de la producción de representaciones estético-ideológicas del universo y en particular de América.

La afirmación de Torres García implica algo más, pues señala la arbitrariedad y la carga ideológica de las representaciones que son producidas desde el hemisferio norte. En cierto sentido, Vicente Huidobro, unos pocos años antes, ya había señalado la arbitrariedad de la localización geográfica con su conocido aserto de "Los cuatro puntos cardinales son tres: el sur y el norte" recogido en *Altazor* (1931) pero lo realizado por Joaquín Torres García apunta en otra dirección.[17] La arbitrariedad anotada por Huidobro es formulada desde un horizonte ideológico y desde una poética donde lo que interesa es, precisamente, destacar o reivindicar la arbitrariedad general de todo sistema de significación y en particular del lenguaje poético.

En la formulación de Joaquín Torres García, en cambio, existe todo un programa de política de la representación que intenta desmontar el poder tradicional de la representación artística producida desde el Norte. Como ha señalado Juan Fló

> la idea de que es posible romper, en América, con la orientación del arte en los últimos siglos le parece una empresa factible [...] Estas ideas [agrega Fló] ya están formuladas nítidamente en los escritos del 34 y del 35: el mapa puesto al revés, con el sur hacia arriba, no es para Torres un efecto pedagógico o publicitario sino la convicción de que en el nuevo continente es posible una inversión radical: un arte metafísico, anónimo, monumental, popular, del cual su obra sería el primer ejemplo (p. 23).

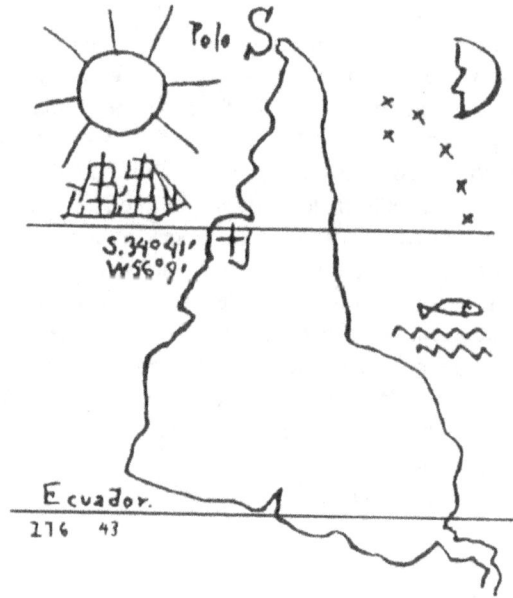

---

[17] La diferencia entre la posición de Huidobro y la de Torres García es más evidente si se lee el manifiesto "Total" (1932) del chileno donde se afirma: "Basta de vuestras guerras (...) El Norte contra el Sur, el Sur contra el Norte" (Huidobro, *Obra selecta*, p. 337). La relación entre Huidobro y Torres García es descrita por el propio Torres García en *Historia de mi vida* al comentar los acontecimientos del año 1930. Allí dice: "No puede tampoco aquí olvidarse a Vicente Huidobro, entusiasta de la obra de Torres, como éste de su poesía; poesía verdad entre tanta pseudopoesía, hombre de todas las vanguardias y también teorizador admirable. Mucho ayudó en París a valorizar la obra de Torres" (p. 223). La relación Torres García-Huidobro no ha sido, según lo que he podido averiguar, suficientemente estudiada. El mismo año, por ejemplo, que se publica el ensayo "La Escuela del Sur", Torres García colabora en la revista *Paso a nivel*, dirigida por Huidobro. Antes, en 1934, Huidobro habría saludado la llegada de Torres García a América en la revista *Vital* diciendo: "Torres García es una de las medidas más auténticas de la grandeza y la constancia humanas. El es el gran cedro del arte americano" (Huidobro, *Obras Completas*, Tomo I, p. 899).

Uno de los escritos que menciona Fló es precisamente el titulado: "La escuela del Sur" de febrero de 1935. En ese ensayo Torres García argumenta lo siguiente:

> Una gran Escuela de Arte debiera levantarse aquí en nuestro país. Lo digo sin ninguna vacilación: *aquí en nuestro país*. Y tengo mis razones para afirmarlo.
> He dicho Escuela del Sur; porque en realidad, *nuestro norte es el Sur*. No debe de haber norte, para nosotros, sino por oposición a nuestro Sur. Por eso ahora ponemos el mapa al revés, y entonces ya tenemos justa idea de nuestra posición, y no como quieren en el resto del mundo. La punta de América, desde ahora, prolongándose, señala insistentemente el Sur, nuestro norte. Igualmente nuestra brújula: se inclina irremisiblemente siempre hacia el Sur, hacia nuestro polo. Los buques cuando se van de aquí, *bajan, no suben*, como antes, para irse hacia el norte. Porque el norte ahora está *abajo*. Y levante, poniéndose frente a nuestro Sur, está a nuestra izquierda.
> Esta rectificación era necesaria; por esto ahora sabemos dónde estamos (*Universalismo*, p. 213, énfasis del original).

La conciencia de la posicionalidad marca profundamente el texto de Torres García. Andrea Giunta ha señalado que: "To invert the map is a decontextualizing and resemanticing operation. Once again it is the inaugural gesture of wanting to establish new parameters, which are now spatial" (p. 59). Esta nueva espacialización, esta relocalización marcada por Torres García es, como también señala Giunta, ideológica: "The act of inversion implies a fundamentally ideological replacing [...]" pues "Neither Mondrian nor all the theories on geometry and abstraction born in the European context can explain Torres's development in Montevideo" (Giunta, p. 60).

Por su parte, Paul Vandenbroeck ha llamado la atención sobre la repetición inconsciente por parte de Torres García de la

> vision of the indian chronicler Guaman Poma de Ayala from around the year 1600 [quien] in a sketch of the world ["mundo"], depicts the sun above the Andes with Cuzco and symbols of the four "suyu", and then Spain at the bottom. There is a superscription which reads: "Las indias del Perú en lo alto de España", and below: "Castilla en lo bajo de las indias" ("North-South", p. 316).

Vandenbroeck va más allá y afirma que

> On the other side, is the spatial dimension; the Northern Hemisphere has a different group of celestial constellations that the Southern, thereby imparting different patterns of orientation. This is of fundamental importance: the perception of the heavenly bodies has since millenia provided every culture with its world-vision (p. 316).

La observación de Vandenbroeck no se limita a la supuesta diferencia de visiones del mundo sino que, según el mismo autor, esto ha llevado a que investigadores europeos y norteamericanos "have at times misread (given their 'northern' point of view) the 'ceques' system of the Inca [...] Ethnocentrism, thus, can emanate form a projection of one's own sense of 'space' upon that of another culture" (p. 316). La asociación entre lo planteado por Guaman Poma de Ayala y Joaquín Torres García destaca la importancia de la posicionalidad; posicionalidad que supera lo estrictamente geográfico deviniendo cultural e ideológica.

El movimiento del mapa supone un fuerte cuestionamiento no sólo en relación con la posicionalidad y la direccionalidad pues la conciencia de la posicionalidad aparece también

en relación con la identidad y con la representación. Al hablar de la gente, por ejemplo, Torres García dice:

> Porque también nuestra gente no es como la de cualquier otra ciudad; tiene tanto carácter como la ciudad misma. Y no es fácil que esa gente se dé cuenta del carácter que tiene, ni de que, en general, tal tipo se diferencia del de otras naciones. No es que tal tipo sea uniforme, al contrario, es muy heterogéneo; por esto su fisonomía especial no viene de las variedades componentes, sino de una peculiar expresión que es la que les da el carácter. Pues tenemos al tipo que se apoya en el europeo, al mestizo de indio o de negro, y a estos últimos tipos casi puros. Y ello también es lo que da al conjunto, una variada fisonomía a nuestro pueblo (*Universalismo*, p. 214).

Y más adelante, al hablar de la ciudad de Montevideo, afirma:

> Nuestra posición geográfica, pues, nos marca un *destino*. Y en esto somos consecuentes. [...] y digo más podemos *hacerlo todo* (ahora aquí hablo de lo vital, de lo que podríamos llamar telúrico, que da aspecto propio a todo) y entonces, *no cambiar lo propio por lo ajeno* (lo cual es un *snobismo* imperdonable), sino, por el contrario, haciendo de lo ajeno *substancia propia*. Porque creo que pasó la época del coloniaje y la importación (hablo ahora, más que de todo, respecto a lo que se llama cultura) y así, ¡largo! con el que, literariamente, hable otro lenguaje que el *nuestro natural* (y no digo criollo), tanto si escribe, como si pinta, como si compone música. Ese, si no aprendió la lección de Europa a su debido tiempo, tanto peor para él, porque ya pasó el momento. Pero, si se cree el otro, el que le da a la música de lo típico, que está mejor, se engaña: está peor, es más insoportable. Además, eso también pasó (*Universalismo*, p. 215, énfasis del original).

La defensa de lo propio no significa criollismo. Por el contrario, lejos de proclamar el criollismo, Torres García lo condena.[18] Pero no se trata de sustituir criollismo con un "americanismo cosmopolita" a lo Borges, ni lo uno ni lo otro, como señala Fló; de lo que se trata es de romper con una representación colonizada e ir a una representación de "nuestra positiva originalidad" (p. 216). Positiva entre otras razones porque hecha no por soñadores ni por aprendices sino por hombres que finalmente son conscientes y trabajan en un sentido francamente realista. Por lo mismo dirá "¡Abajo con la simulación, abajo con el teatro, abajo lo que carezca de sentido, lo que no tenga lógica ni razón de ser pues la época del ensayo ha pasado". Y todavía agrega: "En una palabra: queremos construir con *arte* (que es decir con conocimiento) y con *materias propias*. Pues somos ya *adultos*" (*Universalismo*, p. 216, énfasis del original). Un arte que recurrirá a las formas gráficas y plásticas de la cultura inca pero que serán reformuladas de modo de hacer de "America the measure of the Universe" (Giunta, p. 61).

Esta conciencia de la posicionalidad y de la representación como algo propio es formulada en un tono de revelación profética o mesiánica. O quizás sea más correcto decir que el tono de Torres García es el de un fundador; lo mismo es señalado por Giunta: "Torres's intention was foundational" (Giunta, p. 60). El fundador de la Escuela del Sur, una escuela que deberá "levantarse en esta margen oriental del Plata" (*Universalismo*, p. 218).[19] Aunque el ensayo trata otros aspectos que no consideraré en esta oportunidad –entre otros algunos vinculados a la nación y a la estética– lo central lo constituye la argumentación en torno a la posicionalidad.

Tres veces da vuelta el mapa Torres García. La primera en la escritura del ensayo de 1935, la segunda en el dibujo del mapa de mayo de 1936 –publicado en el primer número de la segunda época de *Círculo y Cuadrado*– y la tercera en el mapa de 1943 que se reproduce como ilustración de la publicación del ensayo "La Escuela del Sur" o "Lección 30" de *Universalismo constructivo* (1944).

Es posible pensar que Torres, decidido a permanecer en Uruguay luego de un periplo en el hemisferio de más de treinta años, necesitara fundamentar su nueva localización.[20] Tal interpretación, sin embargo, no parece refrendada por las opiniones que el mismo Torres desarrollara en las décadas anteriores, su cansancio con Europa y su vuelta a América –pensó en un momento viajar a México– es bastante anterior a la fecha de su vuelta a Uruguay.[21] Es por todo esto que tanto la descripción del mapa en "La escuela del Sur" como las versiones gráfi-

---

[18] El rechazo al criollismo así como al "gauchismo" está presente en muchos otros ensayos de Torres a lo largo de *Universalismo* al igual que la reivindicación de América y del arte americano frente a Europa.

[19] Tomás Llorens, hablando desde el Norte, dice del proyecto de la Escuela del Sur que constituía "Algo que, para que se entienda desde nuestra perspectiva, podría describirse quizá como una especie de gran Bauhaus del Sur" (p. 34).

[20] También es posible pensar que la inversión del mapa pudiera obedecer a la necesidad de Torres de fundamentar su práctica pictórica en un medio plástico virtualmente sometido o dependiente de la "escuela europea" y que aunque expuesto a la experiencia del muralismo mexicano –Siqueiros había pasado por Montevideo un par de años antes– no lograba, según Torres, un arte propio.

[21] También es posible rastrear el desencanto con el "arte imitativo" europeo y valorización del arte negro y del arte de los incas en el documento que, según Guido Castillo, es el "Primer manifiesto del constructivismo". En 1930, Torres escribe/dibuja una suerte de manifiesto titulado *Dessins* donde se puede apreciar, además de sus ideas, la representación de los cuatro puntos cardinales de manera "peculiar" ya que el Oeste aparece a la derecha, junto a un conjunto de signos inquietantes entre los que se encuentran: un ancla, una estrella y la letra "P".

cas de 1936 y de 1943 son piezas fundamentales de la posicionalidad defendida por Torres.

Los mapas de 1936 y de 1943 comparten el hecho central de estar "patas arriba" y la marca de la ubicación de Montevideo 34 grados 41 minutos Sur, 56 grados 9 minutos oeste. También comparten las imágenes de la luna y el sol, algunas estrellas, la palabra Polo y la marca del Ecuador. La diferencia es que en la versión de 1936 se señalan otras coordenadas y se incluye una flecha indicando la dirección del movimiento de la Tierra mientras que la de 1943 es más despojada. Es como si para esa fecha Torres hubiera tenido más claro lo esencial de su planteo y no necesitara subrayar lo que intentaba decir. El mapa del 43 fue realizado para ilustrar la publicación de *Universalismo constructivo*, libro que en la "Lección 150" o "Conclusión" termina diciendo:

> Y con esto cortamos, ya definitivamente, con las formas impuestas por el viejo academicismo y también con el arte vanguardista de Europa, [...] Por esto, ya casi podríamos decir, que aunque de manera harto incipiente, labramos en nuestro campo. Y de igual modo en el arte ya de orden universal, cuyas geometrizaciones, son por entero generadas de acuerdo con temas y normas que nos pertenecen. Y esto es cuanto, hasta el presente y, como primicia, podemos ofrecer como contribución a la cultura y al arte de América (p. 1011).

La consecuencia de la recolocación y de su ruptura con la representación es absoluta. Por si fuera poco y en la misma página, luego de la datación del texto escrito "Marzo de 1943", Torres García agrega un dibujo que funciona como una suerte de colofón o datación del material gráfico donde aparecen nuevamente los elementos de localización y donde por el conjunto de elementos –dirección de la flecha, luz encendida de la figura humana trabajando en la mesa, posición del sol y los puntos cardinales– parece reafirmarse la posicionalidad del mapa "patas arriba". Es el ocho de abril de 1943 en Montevideo y el sol declina por el Este y como había dicho en la conferencia de 1935: "levante, poniéndonos frente a nuestro Sur, está a nuestra izquierda" (p. 213).

Se podría pensar que el planteo radical de Torres García, desarrollado desde febrero de 1935 y terminado de fundamentar con la publicación de *Universalismo* en el 44, no tuvo consecuencias mayores. Sin embargo, sus mapas –sobre todo la versión de 1943– han tenido una suerte particular y hoy se lo reproduce incluso industrialmente.

El *merchandising* que tanto el Museo de la Fundación Torres García como los vendedores informales venden en Montevideo señala que el mapa ha encontrado su lugar en el mercado; cosa que seguramente no hubiera divertido al maestro. Al mismo tiempo esta mercantilización del corte –si alguien quiere llamarlo epistemológico no me opongo– radical en la representación del Río de la Plata y con ella de América marca estos tiempos. Las camisetas con el mapa de Torres se venden en las plazas de Montevideo junto con las que reproducen la imagen del Che; si esto significa una estrepitosa degradación o una mera instalación en el imaginario popular y en consecuencia la diseminación de una reflexión elitesca, no lo sé. Tratar de averiguarlo me obligará a otro futuro ensayo posiblemente también tan innecesario como éste que aquí concluye.

BIBLIOGRAFÍA

Béguin, Sylvie *et al. La Galerie d'Ulysse à Fontainebleau*. París: P.U.F., 1985.

Castillo, Guido. *Primer manifiesto del constructivismo por Joaquín Torres García*. Estudio de Guido Castillo. 2da. Edición. Madrid: Ediciones Cultura Hispánica, 1976.

Castro-Gómez, Santiago y Eduardo Mendieta. *Teorías sin disciplina. Latinoamericanismo, poscolonialidad y globalización en debate*. México: University of San Francisco/Porrúa, 1998.

Elliott, J. H. "De Bry y la imagen europea de América". *América de Bry*. Gereon Sievernich (ed.), Madrid: Ediciones Siruela, 1992.

Fernández Retamar, Roberto. *Nuestra América y el occidente*. México: UNAM, 1978.

Fló, Juan. *Torres García en (y desde) Montevideo*. Montevideo: Arca, 1991.

Giunta, Andrea. "Strategies of Modernity in Latin America". *Beyond the Fantastic. Contemporary Art Criticism from Latin America*. Gerardo Mosquera (ed.), Londres: in IVA, 1995.

Huidobro, Vicente. "Total". *Obra selecta*. Caracas: Biblioteca Ayacucho, 1989.

—— *Obras Completas*. Tomo I. Santiago: Editorial Andrés Bello, 1976.

Llorens, Tomás. "Raque de la Atlántida". *Torres García*. Margit Rowell, *et al.* Valencia: IVAN, 1991.

McGrath, Elizabeth. "The Streams of Oceanus. Rubens, Homer and the Boundary of the Ancient World". *Ars naturam adiuvans. Ferstschift für Mathias Wienner,* 1996.

—— "Rubens's *The Arch of Mint*". *Journal of Warburg Courtauld Insts*, 37 (1974): pp. 191-217.

—— "River-Gods, Sources and the Mistery of the Nile. Rubens's *The Four Rivers* in Vienna". *Die Malarei Antwerps-Gattungen, Meister, Wirkungen (Internationales Kolloquium, Wien, 1993)*. Mai, K. Schutz, H. Vlieghe (eds.), Cologne, 1994, pp. 72-82.

—— E-Mail a Hugo Achugar, enero de 1998.

Mignolo, Walter. "Occidentalización, imperialismo, globalización: Herencias coloniales y teorías poscoloniales". *Revista Iberoamericana*, LXI/170-171 (enero-junio 1995): pp. 27-40.

—— "Posoccidentalismo: el argumento desde América Latina". *Teorías sin disciplina. Latinoamericanismo, poscolonialidad y globalización en debate*. Santiago Castro-Gómez y Eduardo Mendieta (eds.), México: University of San Francisco/Porrúa, 1998.

Rojas Mix, Miguel. *América imaginaria*. Barcelona: Lumen, 1992.

Torres García, Joaquín. *Universalismo constructivo: contribución a la unificación del arte y la cultura de América*. Buenos Aires: Editorial Poseidón, 1944.

—— *Círculo y Cuadrado*. Segunda época, Número 1 (Montevideo, mayo de 1936) s/p.

Van den Boogaart, Ernst. "The Empress Europe and Her Three Sisters. The Representation of Europe's Superiority Claim in the Low Countries, 1570-1655". *America: Bride of the Sun. 500 Years Latin America and the Low Countries: 1.2-31.5.92. Royal Museum of Fine Arts, Antwerp*. Bruselas: Imschoot Books, 1991.

Vandenbroeck, Paul. "North-South". *America: Bride of the Sun. 500 Years Latin America and the Low Countries: 1.2-31.5.92. Royal Museum of Fine Arts, Antwerp*. Bruselas: Imschoot Books, 1991.

—— "Peter Paul Rubens: Design for the Arch of the Mint Recto and Verso". *America: Bride of the Sun. 500 Years Latin America and the Low Countries: 1.2-31.5.92. Royal Museum of Fine Arts, Antwerp*. Bruselas: Imschoot Books, 1991.

—— *Vols d'âmes: traditions de transe afro-europeens*. Gent: Snoeck-Ducaju & Zoon, 1997.

Zea, Leopoldo. *Discurso desde la marginación y la barbarie*. Barcelona: Anthropos, 1988.

Intérpretes culturales y democracia simbólica

Horacio Machín
University of Minnesota
Twin Cities Campus

En este trabajo considero la *democracia simbólica* como configuración de las estrategias de un grupo de intelectuales de izquierda argentinos que, durante el gobierno de Raúl Alfonsín (1983-1989), se replantean el papel del intelectual democrático. Examino aquí, como representativos, los ensayos político-culturales de Beatriz Sarlo y José Aricó (1931-1991) y focalizo su auto-percepción intelectual en las revistas *Punto de Vista* (*PV*) (Sarlo) y *La Ciudad Futura* (*LCF*) (Aricó),[1] entre 1984 (fundación del Club de Cultura Socialista)[2] y 1989 (renuncia de Alfonsín).

En la segunda mitad de los ochenta, la auto-percepción intelectual de Sarlo y Aricó no pasa por el imaginario democrático de los estudios culturales latinoamericanos (Néstor García Canclini, Jesús Martín-Barbero, entre otros).[3] En *PV*, Sarlo traduce para el imaginario urbano de Buenos Aires los estudios culturales de Birmingham (Raymond Williams, Richard Hoggart) y difunde los latinoamericanos, estableciendo con éstos una cierta distancia. En los noventa, Sarlo cuestiona todavía los supuestos efectos democratizadores de la cultura tecnológica[4] y dice, por ejemplo que, que ésta sea transclasista "no significa que sea democrática" (*PV*, 45: p. 44).

La convergencia de las meta-narrativas académicas de la hibridez con los nuevos movimientos sociales, un eje discursivo de los estudios culturales latinoamericanos (García Canclini, Yúdice), no es central para los ensayos de Sarlo y Aricó. Donde la "nueva" identidad intelectual democrática pasa por otros ejes: la revisión de su propio pasado intelectual y una ensayística de la sociedad civil imaginaria (que antecede a la de los estudios culturales en los noventa).[5] Por último, desde un punto de vista metafórico-conceptual, el interés performativo de Sarlo y Aricó por el imaginario democrático guarda un mayor parecido de familia con la

---

[1] En adelante se aludirá a estas publicaciones como, *PV* y *LCF*.
[2] El Club de Cultura Socialista se funda en Buenos Aires en 1984. Integran su comisión directiva cinco miembros del consejo directivo de *PV*: José Aricó (presidente), Beatriz Sarlo (vicepresidenta), Carlos Altamirano, Juan Carlos Portantiero y María Teresa Gramuglio.
[3] Considero aquí como representativo de los estudios culturales latinoamericanos a García Canclini porque mantiene un vínculo con la epistemología de las ciencias sociales. Para una cartografía de las tendencias, ver O'Connor, García Canclini, "Los estudios culturales de los 80 y 90", y Rowe. Para estos estudios y la crítica literaria, ver Moraña. Para Sarlo y los estudios culturales, ver Sarlo, "Los estudios culturales y la crítica literaria".
[4] Para la democracia massmediática en Sarlo, ver *PV*, 52: pp. 11-16.
[5] Según Yúdice, los estudios culturales: "provides a project for inventing new intellectual and institutional intersections that may have the effect of expanding civil society" ("Cultural Studies and Civil Society", p. 63).

"estructura del sentimiento" en Raymond Williams (*The Long Revolution*)⁶ que con la "hibridez" en los estudios culturales latinoamericanos (García Canclini, *Culturas híbridas*, "El debate sobre la hibridación").

Contrariamente a la auto-percepción de Sarlo y Aricó, en los ochenta, mi hipótesis es que sus estrategias intelectuales de la *democracia simbólica* se inscriben dentro de las del paradigma en expansión de los estudios culturales latinoamericanos y constituyen un antecedente para explorar los límites –intelectuales y/o sociales– de la sociedad civil democrática supranacional en los estudios culturales de los noventa (García Canclini, *Imaginarios Urbanos*; Yúdice, "Civil Society", "Cultural Studies", "The Globalization").

INTÉRPRETES Y/O LEGISLADORES CULTURALES

> [...] I am asking *the* basic question for the intellectual: how does one speak the truth? What truth? For whom and where? (Edward W. Said, p. 88)

Es probable que en la vida social contemporánea el papel del intelectual público no pueda ser disociado del tema de la democracia. El sociólogo Zygmunt Bauman considera la despolitización del intelectual público contemporáneo y distingue entre legisladores culturales e intérpretes. Los primeros, desean legislar valores universales, usualmente al servicio de instituciones, mientras que los segundos interpretan textos, sucesos y otros artefactos culturales y ponen sus conocimientos especializados al servicio de distintos públicos. Bauman reconoce, así, un cambio en la función pública de los intelectuales: de los modernos, legisladores culturales de valores que legitiman un orden universal, a los posmodernos, intérpretes de significados sociales.

Las estrategias intelectuales de la *democracia simbólica*, en Sarlo y Aricó, se inscriben dentro de las tensiones y bipolaridades de este cambio global, señalado por Bauman. Constituyen una "nueva" representación de intérpretes que actúan *como* si fueran legisladores culturales de un imaginario democrático supranacional. Pienso que vale la pena explorar las condiciones locales –nacionales y/o transnacionales– que producen intelectuales específicos.

Durante el gobierno de Alfonsín (1983-1989), Sarlo y Aricó ensayan un nexo discursivo entre socialismo y democracia. A través de *PV* y *LCF*, en una red discursiva transnacional con *Nueva Sociedad* (Venezuela) y *Leviatán* (España), difunden los nuevos referentes culturales *pos* (marxismo, historia, modernidad) y, a esta difusión cultural, le suman un valor agregado: el de la *democracia simbólica*. Así, sus ensayos culturales constituyen un discurso funcional a la democracia liberal de Alfonsín, que nace doblemente tutelada: por el retiro militar y por el ascenso neoliberal. En los ensayos de Sarlo y Aricó, la democracia es vista como una forma de la vida cultural y la producción simbólica de significaciones (mentalidad y/o nuevo "sentido común" democrático) como una praxis social, tan importante como la institucional. En suma, sus estrategias intelectuales apuntan a la constitución de un "nuevo" orden simbólico democrático *previo* al institucional.

Según Pierre Bourdieu, el poder simbólico del lenguaje es uno cuya autoridad viene desde afuera (*Homo Academicus*, p. 109). Con la renuncia anticipada de Alfonsín, en 1989, se

---

⁶ Para el materialismo cultural de Williams, ver Prendergast.

eclipsa el poder de los intelectuales que le brindaron su apoyo a través de *PV* y *LCF*. En los noventa, el escenario se modifica: asume el peronismo autoritario de Menem, muere Aricó (1991) y Sarlo escribe ensayos culturales con diseño "posmoderno" (*Escenas de la vida posmoderna, Instantáneas*) y cambia el referente: pasa de la esfera pública (Habermas) democrática transnacionalizada a la "massmediática" globalizada. Para Sarlo: "la posmodernidad es la etapa de la alfabetización mediática, por encima de la alfabetización de la letra" (*Instantáneas*, 135).

No es posible considerar los ensayos de Sarlo y Aricó, en los ochenta, sin tener en cuenta el cambio intelectual y/o social que tiene lugar en la región.[7] Durante la "década perdida", América Latina vive el dilema de aceptar la modernización autoritaria neoliberal, con su cuota de exclusión de amplios sectores de la población, o bien, privilegiar la integración social, con el peligro de quedar al margen del desarrollo económico. La exclusión social no puede ser legitimada por la tradición político-liberal (Alfonsín), ni por las marxistas y cristianas de América Latina. Para éstas, el orden social se funda en una cierta idea de comunidad que no es compatible con la exclusión neoliberal. Dicha exclusión es electoralmente consentida por los propios sectores excluidos y se justifica como "natural" y pasajera. Esto constituye una "violencia simbólica" (Bourdieu, *Language and Simbolyc Power*) que se ejerce sobre los agentes sociales contando con su propia complicidad y que refuerza el proyecto neoliberal. Según Bourdieu: "Neoliberalism is a powerful economic theory *whose strictly symbolic strength, combined with the effect of theory, redoubles the force of the economic realities it is supposed to express*" ("A Reasoned Utopia", p. 126).

Dicha "violencia simbólica" no es obstáculo para la interpretación pos-histórica que ensayan Sarlo y Aricó. Sus ensayos culturales despliegan un positivismo de la resignación homólogo al de las ciencias sociales de la región que pasan "de la sociología del cambio al cambio de la sociología" (Agustín Cueva). Hasta la primera mitad de los setenta, una característica del ensayo político-cultural latinoamericano fue la de producir una interpretación enmarcada dentro de una perspectiva histórica y destinada a suscitar fuerzas políticas de cambio social. Con Sarlo y Aricó, esta interpretación se vuelve pos-histórica. Es decir, una para la cual toda historia es contingente, todo cambio es coyuntural y el antiimperialismo deja de ser un articulador de la identidad cultural.[8]

El cielo que los ensayos de Sarlo y Aricó intentan tomar por asalto es el modelo de un intelectual democrático que sea capaz de dinamizar una hegemonía pluralista (Portantiero, *La producción de un orden*). La re-democratización cultural les brinda la ocasión favorable para convertir su saber en influencia y mantener, al mismo tiempo, la legitimidad interna del campo intelectual. Pues, para ellos, cierta profesionalización y legitimación interna del campo intelectual no es suficiente si no está acompañada por sistemas políticos liberales estables que preserven la independencia frente al régimen político (Altamirano y Sarlo, pp. 84-87). En suma, a esto apuntan, de una manera más o menos consciente, sus estrategias de la *democracia simbólica*.

---

[7] Para este cambio: VV. AA, Barros, Cueva, Remmer y Boron.
[8] Un ejemplo lo constituye la lectura "multiculturalista" que Carlos Fuentes hace de Rodó, donde le desconoce alcances significativos a su crítica de la "democracia del Norte". Para el americanismo en Rodó, ver Ardao (pp. 7-42).

El pasado en el presente

"El tango crea un turbio pasado irreal que de algún modo es cierto" (Jorge Luis Borges, p. 64).

"El pasado como napa de sentidos que se transfieren al presente, y como roca de tiempo que no volverá a emerger a la superficie" (Beatriz Sarlo, *La máquina cultural*, p. 292).

Con la hegemonía neoliberal, pierde visibilidad social la distinción entre izquierda y derecha (Bobbio, *Derecha e Izquierda*) y se invierten los papeles intelectuales en América Latina: la tradición pasa a ser un referente de la izquierda y la modernización uno de la derecha. Esto, da lugar a una auto-crítica pública donde la "desmitificación de los sesenta" se vuelve una plataforma de lanzamiento para la nueva circulación discursiva. En Aricó esta "desmitificación" de los sesenta está recorrida por un "pragmatismo no reductivo" que anima su política de la "traducción cultural". Según él, ésta vierte a un lenguaje nacional instrumentos de interpretación "aptos para iluminar zonas de nuestro pasado" (*La Cola del Diablo*, p. 3). Según Aricó, los fenómenos culturales ponen de relieve "los contornos sólidos de realidades intransferibles, antes que las bondades intrínsecas de tal o cual teoría" (p. 16).

El pragmatismo no reductivo de la política de la "traducción" (Aricó) es homólogo al de los estudios culturales latinoamericanos transnacionales. Según García Canclini éstos son "una apropiación híbrida de los cánones metropolitanos y una utilización crítica en relación con variadas necesidades nacionales" ("Los estudios culturales: elaboración intelectual", p. 53) y "el que realiza estudios culturales habla desde las intersecciones" (p. 55). Esta sensibilidad intelectual discursiva constituye: a) un desplazamiento (pseudo-teórico) de la identidad[9] por la heterogeneidad y, b) un espacio simbólico no tradicional en las "intersecciones" (García Canclini) de la hegemonía neoliberal.

Habermas formula la hipótesis de un cambio en la forma de las identidades nacionales contemporáneas y, por ello, plantea la necesidad de constituir identidades nacionales postradicionales. Esto, implica, según él, una lectura distinta de la tradición que sea supra-estatal, universalizante de la democracia y los derechos humanos (*Identidades Nacionales*, p. 91) y que incluya la crítica en el uso público de la tradición (*Identidades Nacionales*, p. 140). Pues, "toda prosecución de una tradición es selectiva y, precisamente, esta selectividad es la que ha de pasar a través del filtro de la crítica" (*Identidades Nacionales*, p. 121).

En lo que sigue, exploro las estrategias postradicionales de constitución del "socialismo democrático" latinoamericano (Aricó) y de la "autobiografía intelectual" colectiva (Sarlo). Mi hipótesis es que estas estrategias intelectuales son homólogas, en su "efecto de teoría" (Bourdieu), a las de los legisladores de los estudios culturales latinoamericanos transnacionales.

Aricó hace una interpretación heterodoxa de la tradición intelectual del socialismo lati-

---

[9] Esto escapa a los límites del presente trabajo. Me limito a señalar aquí que dicho "desplazamiento" es pseudo-teórico porque: 1) los estudios culturales no constituyen (hasta el presente) ninguna teoría, por lo tanto, mal pueden hacer desplazamientos teóricos y, 2) remiten a la confrontación antagónica con *una* representación tradicional latinoamericana, que previamente cristalizan y de la cual se presentan como su anverso. Para la cuestión de la identidad en la teoría social crítica contemporánea, ver Lemert y Calhoun. Para el mosaico de la identidad y los nuevos movimientos sociales en América Latina, ver Escobar, Alvarez y Alvarez, Dagnino, Escobar.

noamericano recorrida por el "pragmatismo no reductivo" que anima sus lecturas de: los "desencuentros de Marx con América Latina" (*Marx y América*), el "leninismo" *avant la lettre* del sub-continente ("Democracia y Socialismo"), José Mariátegui ensayista de la sociedad civil ("Mariátegui"), el socialismo liberal de Juan B. Justo ("El socialismo de Juan B. Justo") y la memoria de "los gramscianos argentinos" ("Los gramscianos argentinos" y *La Cola del Diablo*). En el ocaso de la teoría de la dependencia, el interés performativo de Aricó se centra en: 1) "el socialismo, entendido como una dimensión del propio proceso de democratización radical de la sociedad" ("Democracia y Socialismo", p. 240) y 2) "¿cómo es posible crear esta nueva cultura política, sin la presencia de un orden político más o menos estable?" ("Democracia y Socialismo", p. 244). Dice Aricó:

> el discurso socialista estuvo ocluido por un discurso nacional-popular anti-imperialista y revolucionario, del cual no logró diferenciarse, excepto extremando hasta perfiles farsescos la perspectiva clasista. Las categorías de "sociedad más justa" y de "democracia social" [...] en el caso de existir estaban veladas por la categoría de "dependencia", utilizada con un sentido tan amplio que operaba a modo de "desplazamiento" ("Los gramscianos argentinos", p. 60).

La forma bajo la cual las ideas socialistas fueron recibidas en América Latina, según Aricó, remite a una mezcla de tradiciones culturales, todavía vigentes, que favorecen una recepción autoritaria, anticosmopolita, colectivista y no liberal, proclive al estatismo y al burocratismo. Aricó adopta aquí (consciente o inconscientemente) la tesis liberal conservadora que ve en una tradición caudillista hispanoamericana un fuerte obstáculo para la expansión de la democracia en América Latina (Wiarda). La presencia ausente en la intepretación de Aricó –al igual que en la liberal conservadora– es la tradición intelectual del marxismo latinoamericano. En este sentido, su revisión/invención resulta parcialmente incompleta.

Emilio De Ipola, recientemente, lee a Aricó como Borges lee a un *clásico*: "con previo fervor y una misteriosa lealtad" (p. 141) y destaca en él: "una forma ejemplar de relación con el saber y con las tradiciones culturales" (p. 146). En este homenaje, De Ipola va más allá de las palabras: continúa el "uso" de Bobbio para hacer su propio perfil intelectual de Aricó. Así, es llamativo el parecido entre las palabras que usa De Ipola para el perfil político-intelectual de Aricó y las que Bobbio usa para el de Marx. Según Bobbio (*Derecha e Izquierda*), el único modo de darle a Marx su lugar en la historia del pensamiento político contemporáneo (no en el económico) es:

> considerarlo como uno de los clásicos cuyas lecciones deben ser continuamente escuchadas y profundizadas, aun cuando no se esté dispuesto a creer que la verdad empieza con él y acaba con él (Bobbio, p. 6).

La heterodoxia del historiador de las ideas encuentra su propia narrativa en *La Cola del Diablo*, una "página de vida" donde Aricó revisa su trayectoria intelectual, actualiza su agenda democrática y hace la "autobiografía" de los "gramscianos argentinos" (dentro de cuyo grupo "marginal" se incluye). Según Aricó, *La Cola del Diablo* es:

> una forma de medirse con el tiempo ido, de aceptar el tiempo actual como revocador del pasado, pero también de retener las vivencias de una memoria que amenaza disiparse. Y en ella estamos todos. Los protagonistas del inicio de esta experiencia intelectual y moral que sobrevivieron a los desgraciados momentos que nos tocó vivir (p. 17).

Aricó narra aquí experiencias vividas como singulares. Esta narrativa *descentrada* no reconstruye su propio pasado intelectual de una manera puramente lineal pero tampoco lo hace como una trayectoria social. Así, en la memoria cultural narrativa de Aricó logra un efecto literario "supradisciplinario" que, quizás, la vuelva más sugerente, pero no manifiesta ningún interés por explorar las relaciones entre las experiencias vividas y las estructuras (cognitivas, sociales y temporales) de su propio discurso. En suma, en Aricó –al igual que en Sarlo y los legisladores de los estudios culturales– las estrategias intelectuales de constitución del pasado en el presente son parte de un juego de apariencias, reconocimientos y desconocimientos, a través del cual se autolegitima la "nueva" identidad intelectual democrática.

En Sarlo, la "autobiografía intelectual" forma parte de su revisión/invención de la tradición cultural de la izquierda democrática. Entre agosto de 1987 y octubre de 1988 (en medio del deterioro evidente del gobierno de Alfonsín) *LCF* publica un debate sobre la cultura de la izquierda que ocupa siete números (6/12). Sarlo (No. 12) hace aquí una recepción culturalista de Walter Benjamin,[10] critica la caracterización de la cultura de la izquierda que hizo De Ipola (No. 11) y dice que, la misma, carece de:

> la mirada histórica que se haga cargo de algo que parece central a la política: la construcción de sus tradiciones, sus *modus operandi*, sus estilos. Es sobre ese terreno histórico que podrán levantarse las nuevas alternativas (*LCF*, 12, p. 10).

Sarlo lee la tradición de la cultura de la izquierda como constituyente y no como constituida. Así, para Sarlo, dicha tradición cultural es vista como una reconstrucción permanente de normas, valores y significaciones que le da forma a la experiencia. En esta lectura (autolegitimante) que hace Sarlo, la revisión del pasado intelectual se vuelve, ella misma, constitutiva de la "nueva" identidad intelectual democrática.

En "Intelectuales: ¿escisión o mimesis" (*PV*, 25), Sarlo se refiere a los sesenta (y principios de los setenta) y dice:

> la legitimidad del mundo de los intelectuales dependía de una fuente exterior. La política se convirtió en criterio de verdad y aseguró un fundamento único a todas las prácticas (p. 4).

Una vez que Sarlo abandona la política como criterio de verdad no aparece ningún otro que la sustituya. El carácter consensual de la verdad se mantiene en una suspensión indefinida: la verdad es lo que queda después de eliminar las pretensiones de universalidad de dicho concepto. Esta hermenéutica por residuo, desconoce así los alcances significativos de la disidencia intelectual en el pasado para evitar la perplejidad en el presente. Según Sarlo, lo peor sería:

> quedar petrificados en la contemplación de nuestro pasado, ya sea bajo la forma del modelo revolucionario derrotado o de la equivocación mostruosa de la cual nada puede extraerse (p. 5).

La revisión de los sesenta es central en dos textos publicados por *Puntosur* de Buenos Aires en 1991: *Intelectuales y poder en la década de los sesenta*, de Silvia Sigal, y *Nuestros años sesenta*, de Oscar Terán. Estos textos revisan las relaciones entre intelectuales y política,

---

[10] Para la recepción de Benjamin ver Aricó, *La Cola del Diablo*, pp. 15-16.

con distinto énfasis y formato: los marcos institucionales y la crónica sociológica (Sigal); la auto-imagen intelectual y la historia de las ideas (Terán). En 1992, ambos autores señalan que sus investigaciones coinciden en focalizar: a) la representación que los intelectuales se hacen de lo político, b) la "aparente" disolución de lo intelectual en lo político y, c) la "culpabilización del intelectual", cuya práctica carecía de sentido si previamente, no se resolvían las tareas políticas (pp. 142-148).

En *LCF* (Nos. 30/31), Sarlo se refiere a *Nuestros años sesenta* (Terán) y dice que la "vocación de cultura práctica" de los intelectuales de izquierda significaba "no sólo una colocación subordinada respecto a la política, sino una transformación de la política misma" (pp. 37-38). Esta "autobiografía intelectual"[11] destaca la lógica articulatoria[12] de sus distintas posiciones, pero no intenta explicarlas. Sarlo revisa su pasado intelectual sólo para afirmar lo que es evidente: que, en los ochenta, la creencia intelectual voluntarista fue desplazada por otra simbólico-democrática.

En sus estrategias de constitución del pasado en el presente, Sarlo y Aricó incurren en la "ilusión auto-biográfica" (Bourdieu, "The Biographical Illusion"). Esto es como intentar viajar por el metro de Buenos Aires, tomando en cuenta las paradas en las distintas estaciones y prescindiendo de un mapa de la red subterránea. Así, esta narrativa del pasado intelectual, en Sarlo y Aricó, como el tango en un verso de Borges: "crea un turbio pasado irreal que de algún modo es cierto".

En "El intelectual socialista" (*LCF,* 30/31), Sarlo esboza, con admiración y reconocimiento, un perfil intelectual de Aricó y dice que sus intervenciones político-intelectuales:

> no tenían como cualidad más evidente la lógica de la argumentación, sino la fuerza acumulativa de las razones entramadas en el discurso subjetivo, en la afirmación ética, en el reconocimiento a veces inesperado del límite desde donde él y nosotros estábamos pensando (p. 28).

Esta cuestión de los límites de las intervenciones intelectuales admite otras respuestas. Desde la vereda de enfrente, León Rozitchner, un ensayista de *Pasado y Presente* cuya heterodoxia siguió por caminos independientes, hace una crítica de los intelectuales "alfonsinistas" que aceptaron "los límites que se impusieron al pensamiento" (p. 42). Rozitchner, con una visión social convergente con la de las Madres de Plaza de Mayo, reivindica (todavía) la función de la utopía y dice:

> La utopía es el deseo subjetivo que reencuentra el de los otros y se abre como horizonte histórico, posible, realizable, para el deseo humano. Nuevamente se abrirá cuando las insatisfacciones y frustraciones sociales acumuladas, lo postergado, tornen extensible y visible lo marginal de cada uno [...] esa dimensión de fracaso, experimentado como pérdida de vida, nos pedirá que arriesguemos algo de la propia, para no morirnos de tristeza, de aburrimiento y de cobardía (p. 48).

Recientemente, Emilio De Ipola señala el impacto de la figura intelectual de Aricó en el Club de Cultura Socialista (Buenos Aires) y destaca su relación con la tradición cultural: "no

---

[11] Para la "autobiografía intelectual" ver Sarlo y *PV,* 18 (pp. 3-5), 20 (pp. 22-25), 25 (pp. 1-6) y 27 (pp. 1-4).

[12] Para una crítica del concepto de articulación en los estudios culturales ver Jameson, "On 'Cultural Studies' " (pp. 30-33).

como categoría histórica, sino como modalidad de referencia intelectual" (p. 138). Según él, Aricó:

> supo entender que ya no era (ni le era) posible referirse al pasado como tradición a prolongar y a profundizar; que la relación al pasado, mediada por los desafíos y las provocaciones del presente, se había subvertido profundamente [era una relación que] abordaba el pasado desde el presente y [...] que acepta sin reticencias la perfección de lo que encuentra sin prestar atención al paisaje que lo rodea (pp. 139-140).

Esta estrategia –abordar el pasado desde el presente sin prestarle atención al paisaje social[13] que lo rodea– es una de las estrategias simbólico-intelectuales de la sociedad civil imaginaria, que comparten los legisladores culturales de la *democracia simbólica* (Aricó y Sarlo) con los de los estudios culturales latinoamericanos (García Canclini, Yúdice). En lo que sigue, considero la sociedad civil imaginaria como un espacio simbólico de intérpretes que actúan *como si* fueran legisladores culturales de una sociedad civil democrática imaginaria (supra-estatal y/o transnacional).

La sociedad civil imaginaria

Dentro del liberalismo social de Norberto Bobbio ("Are There Alternatives", "La crisis de...", *El futuro de...*, "The Upturned" y *Derecha e Izquierda*), la sociedad civil democrática es parte de una utopía razonada que aboga por una democratización de la vida social en su conjunto. El concepto de sociedad civil, en Bobbio, constituye –epistemológica y/o políticamente– una herramienta para pensar las relaciones entre intelectuales democráticos, cultura y poder. El "acuerdo informal" que caracteriza a la sociedad civil ("La crisis de la democracia", p. 18) es visto, por él, con realismo y aun escepticismo ante "las promesas incumplidas de la democracia" (*El futuro de la democracia*). Pues, para Bobbio ("The Upturned Utopia"): "Con nada se corre más riesgo de matar a la democracia que con el exceso de democracia" (p. 31).

La ensayística de la sociedad civil florece, globalmente, en los ochenta y cobra mayor relieve después de 1989 (con la caída simbólica del muro de Berlín). Jean Cohen y Andrew Arato desarrollan una ensayística con pretensión universalizante (cuyo antecedente es Habermas) y caracterizan la sociedad civil como la esfera de la interacción social entre la economía y el estado (IX). En *Política y cultura a finales del siglo XX*, Noam Chomsky hace un diagnóstico de nuestro tiempo que explica, en parte, este florecimiento como una respuesta al auge de las tendencias basadas en "la destrucción de toda democracia significativa". Según Chomsky, estas tendencias supra-estatales y/o transnacionales:

> Apuntan a un gobierno mundial (de los ricos y para los ricos) [...] formando poco a poco sus propias instituciones de gobierno que son reflejo de esas realidades económicas. Tales tendencias se basan principalmente en la destrucción de toda democracia significativa (p. 82).

La ensayística universalizante de la sociedad civil recibió críticas de posiciones contemporáneas neo-comunitarias y marxistas. Desde una posición liberal neo-comunitaria, Charles

---

[13] Según Boron: "Si en 1974 sólo un 3% de los hogares tenía un ingreso *per cápita* situado por debajo de la línea de pobreza [...] en la Argentina de los noventas es un flagelo que afecta aproximadamente a la mitad de la población del país" (p. 8).

Taylor explora con enfoque interdisciplinario los usos y abusos del concepto de sociedad civil y hace una estimación sumamente moderada de ésta como un poder contra-burocrático contemporáneo. Desde posiciones marxistas, Perry Anderson critica la hiperinflación de la sociedad civil y afirma que, en Gramsci, ésta es sólo un concepto "práctico-indicativo" para designar todas las instituciones y mecanismos fuera del ámbito estatal (p. 62). Ellen Meiskins Wood sostiene que los usos modernos del concepto de sociedad civil (y de su oposición con el estado) están asociados con el desarrollo del capitalismo y dice que, en Gramsci, la sociedad civil es: "a weapon against capitalism, not an accomodation to it" (p. 63). Por último, Jaime Petras considera que en América Latina "el mercado ha polarizado a la sociedad civil" (p. 116).

En América Latina hay, por lo menos, dos orientaciones políticas que compiten acerca del papel de la sociedad civil (MacDonald): una, liberal pluralista y, otra, liberal neo-conservadora. El liberalismo democrático que Alfonsín intentó introducir (sin éxito) en la Argentina, fue un ejemplo de la orientación pluralista, y el peronismo autoritario de Carlos Menem, lo es de la neo-conservadora. En los ochenta, a través de las palabras cruzadas en *PV* y *LCF*, Sarlo y Aricó esbozan una ensayística de la sociedad civil pluralista, donde lo que cobra centralidad discursiva es la invención de la tradición de la cultura de la izquierda democrática.

Los "gramscianos argentinos" de *Pasado y Presente* (Córdoba, 1963-1965 y 1973-1974) leían a Gramsci como ensayista de la sociedad civil, siguiendo la interpretación pionera de Bobbio. Aricó dice que Gramsci fue el primer marxista que: "parecía estar hablando para nosotros los intelectuales" (*La Cola del Diablo*, p. 23) y que lo distintivo de Gramsci fue "encontrar una teoría que desde un comienzo pudiera vincularse en la sociedad civil a las fuerzas capaces de llevarla a su realización" (p. 111). En los ochentas, con *LCF*, se evidencia un cambio en el orden de las preferencias: de Gramsci a Bobbio. Mientras el sexto suplemento especial de *LCF* todavía está dedicado a "Gramsci en América Latina", el séptimo lleva por título: "Bobbio: Liberalismo, Socialismo y Democracia". En la red transnacional de la revista –con *Leviatán* (socialismo democrático español) y *Nueva Sociedad* (izquierda democrática venezolana)– los "usos" del liberalismo de Bobbio resultan más utiles que los del marxismo de Gramsci.

La modernización autoritaria neo-liberal resultó un fuerte obstáculo para la comunidad discursiva de la sociedad civil imaginaria. Después de la renuncia anticipada de Alfonsín (1989), la sociedad civil no florece con la intemperie del peronismo de Menem. Un ejemplo de esto es la perplejidad intelectual que despliega Sarlo, en su artículo "Menem" (*PV*, 39: pp. 1-4), ante la pérdida de legitimidad de su comunidad discursiva. Sarlo se desliza aquí por brillantes superficies, tales como: "la trama socio-cultural de la nación", "el decaimiento de las fuerzas deliberativas" y "el peligro de vaciamiento simbólico".

Si se compara "Menem" con su excelente ensayo *El imperio de los sentimientos* (1985) se pueden ver dos discursos críticos paralelos: uno, literario-cultural y, el otro, político-cultural. El literario-cultural (*El impero de...*) tiene el sesgo democrático, popular y anti-oligárquico, incluido en la propia estructura del texto. Por ejemplo, Sarlo yuxtapone discursos prestigiosos (la autobiografía de Victoria Ocampo) con fragmentos de novelas sentimentales semanales que circularon entre 1917 y 1925. Dicho ensayo, escrito al margen de la ensayística de la sociedad civil imaginaria, se inscribe en una línea de trabajo de Sarlo, a mi juicio la mejor, que ella retoma en *La máquina cultural*. Las relaciones imaginarias entre estética, política y cultura son exploradas aquí a partir de sus conflictos y no de la ficción de un pacto social democrático-imaginario.

Los escritos "técnico-académicos" de Sarlo (*El imperio de...*, *La máquina cultural*), alcanzan así, indirectamente, ciertos objetivos "democráticos" que sus escritos "políticos" se proponen sin lograr. La perplejidad intelectual de "Menem", marca el eclipse de Sarlo como legisladora cultural y anticipa su conversión en intérprete democrática. Sus ensayos con diseño (*international design*) "posmoderno" (*Escenas de la vida posmoderna, Instantáneas*) son el producto experimental de esta nueva articulación de Sarlo con la esfera pública massmediática globalizada.

SARLO Y LOS INTÉRPRETES CULTURALES

> The writer occupies a position in the space described: he knows it and he knows the reader knows it (P. Bourdieu, *Homo Academicus,* p. 24).

En los ochenta, los estudios culturales[14] latinoamericanos se presentan como: a) una respuesta al capitalismo transnacional y a la penetración de las industrias culturales en la vida cotidiana; b) una relectura de lo "nacional-popular" y/o lo popular en los nuevos movimientos sociales, y c) una ensayística de la sociedad civil democrática más allá del estado-nación. Sarlo y Aricó coinciden con esto en que ambos: a) le atribuyen una dimensión simbólico-política a la cultura; b) despliegan una sensibilidad posmarxista performativa de "nuevos sujetos"[15] y, sobre todo, se oponen al "reduccionismo de clase" (Laclau *dixit*) y, c) esbozan una ensayística de la sociedad civil democrática imaginaria transnacional.

Una huella del vínculo creciente de Sarlo con los estudios culturales latinoamericanos es su aceptación/rechazo de la circulación de la posmodernidad latinoamericana (FLACSO, CLACSO, etc.). La circulación discursiva de los estudios culturales y la posmodernidad latinoamericana, comparten una cierta retórica de lo social[16] que cuestiona todos los grandes meta-relatos –excepto los de la globalización– y que produce metáforas que evitan confrontar las realidades sociales de la economía política y de la globalización del poder. Un ejemplo de esta retórica lo suministra García Canclini. Desde una perspectiva *descentrada*, García Canclini narra cómo las mezclas y las heterogeneidades culturales responden no a relaciones unidireccionales sino a lógicas y prácticas múltiples que se gestan en todos los sectores sociales y concluye:

> Quizás el tema central de las políticas culturales sea hoy cómo construir sociedades con proyectos democráticos compartidos por todos sin que igualen a todos, donde la disgregación se eleve a diversidad y las desigualdades (entre clase, etnias o grupos) se reduzcan a diferencia (*Culturas híbridas,* p. 148).

En *PV,* Sarlo "traduce" para el imaginario urbano de Buenos Aires los estudios culturales de Birmingham e introduce los latinoamericanos. Esta "traducción" se corresponde con la que hace Aricó del liberalismo social de Bobbio, en *LCF,* para filtrar el "socialismo democrá-

---

[14] Para los estudios culturales en América Latina, ver O'Connor, García Canclini ("Los estudios culturales de los 80 a los 90") y Rowe y para éstos y las nuevas construcciones de identidades colectivas: Escobar, Alvarez y Alvarez, Dagnino, Escobar.
[15] Para los "nuevos sujetos" ver Laclau y Mouffe.
[16] Para la retórica social del posmodernismo, ver: Jameson, *Postmodernism*; Harvey y Lemert. Para la posmodernidad latinoamericana ver: Canclini, *Culturas híbridas* e *Imaginarios Urbanos;* Calderón, Richard, Beverley-Oviedo y Herlinghaus-Walter.

tico" latinoamericano. Ambas "traducciones": a) privilegian una interpretación simbólico-cultural del imaginario social sobre otra socio-histórica y, b) tienen un tropismo intelectual (supradisciplinario y/o transnacional) homólogo al de los estudios culturales por las teorías que cruzan –indocumentadas– las fronteras culturales.[17]

Desde 1978, *PV* fue un espacio para la circulación de textos, ideas y saberes que había sido detenida por la dictadura. Los distintos criterios de selección de la revista se resumen en una consigna: "contra la censura, por la diferencia de opiniones y la controversia" (*PV*, 4: p. 12). En su editorial "Décimo año", Sarlo hace balance de la revista, destaca su política de no publicar materiales dudosos respecto a su posición en contra la dictadura y plantea interrogantes acerca del papel del intelectual democrático (*PV*, 13: p. 30).

Durante la re-democratización cultural, las funciones, los criterios y las posibilidades de *PV* cambiaron gracias a factores externos e internos. Entre los externos, cabe destacar que a partir del No. 33 (1988) desaparece de la sección de reseña de libros, debido a que sale *Babel, revista de libros* (1988), una publicación donde escriben colaboradores de *PV*. Entre los internos, se destaca la importancia que reciben los estudios culturales y la *democracia simbólica*. Por ejemplo, en "Democracia y socialismo: etapas o niveles" (*PV*, 7), José Nun hace una distinción entre una concepción de la democracia como método para tomar decisiones en el ámbito estatal y otra que la imagina como forma de la vida cultural comunitaria (Nun y Portantiero).

La relación de Sarlo con la circulación de la posmodernidad escapa a los límites de este trabajo. Andrea Pagani dice que Sarlo "no se subordina a la circulación en curso de los países centrales, pero que tampoco la descarta con prejuicios dependentistas, sino que la lee críticamente al articular sus propias posiciones" (p. 186). Sólo me interesa destacar aquí que, en la segunda mitad de los ochenta, la lectura de Sarlo se articula con su política intelectual de la *democracia simbólica*. En los noventa, con *Escenas de la vida posmoderna*, Sarlo hace una nueva articulación discursiva, cuyos indicios más evidentes son: a) la equiparación entre el arte y la democracia como espacio público para el debate intelectual y, b) la reflexión crítica acerca del propio punto de vista de sus estudios culturales. Sarlo dice que la cuestión del arte "como debate intelectual público no figura en ninguna agenda" (p. 8) y entiende que la crítica cultural debe liberarse de "la celebración neopopulista de lo existente y de los prejuicios elitistas que socavan la posibilidad de articular una perspectiva democrática" (*Escenas de la vida*, pp. 197-198).

La importancia que tiene para Sarlo (noventas) la relación imaginaria entre cultura y política reafirma su creciente vinculación con los intérpretes de los estudios culturales latinoamericanos. García Canclini (*Imaginarios urbanos*) detecta esta vinculación y, actuando más como legislador cultural que como intérprete, traza una línea de demarcación (imaginaria) para deslindar los ensayos "posmodernos" del núcleo de las metáforas centrales al paradigma de los estudios culturales latinoamericanos. Para esto, García Canclini sigue tres pasos. Primero, García Canclini (*Imaginarios Urbanos*) declara el agotamiento discursivo de la circulación de la posmodernidad –que él mismo usó en 1990– y la expulsa del paradigma de los estudios culturales de fines de los noventa: "uno de los hechos significativos de la presente década es el agotamiento discursivo de la cuestión de la posmodernidad en los estudios cuturales" (p. 9).

---

[17] Para una muestra representativa del "efecto de teoría" en los estudios culturales, ver Grossberg, Nelson, Treichler (eds.). Para su crítica, ver Jameson, "On Cultural Studies": "It is a symptom rather than a theory; as such, what would seem most desirable is a cultural-studies analysis of Cultural Studies itself" (p. 17).

Segundo, introduce en sus ensayos ("El debate sobre la hibridación", *Imaginarios Urbanos*, "Los estudios culturales: elaboración") una nostalgia (político-intelectual) por el conocimiento científico y los datos duros tomados de las ciencias sociales. Esta, tiene la virtud de tender un puente (imaginario) para que los estudios culturales pasen de "un análisis hermenéutico a un trabajo científico que combine la significación y los hechos, los discursos y sus arraigos empíricos" ("Los estudios culturales: elaboración", p. 55) y tiene la fortuna de anticipar (finalmente) una subjetividad política sin delirio:

> Los estudios culturales, entendidos como estudios científicos, pueden ser ese modo de renunciar a la parcialidad del propio punto de vista para reivindicarlo como sujeto no delirante de la acción política (p. 56).

Tercero, para empezar a combatir la "estanflación",[18] hace una auto-crítica intelectual que deja los estudios culturales "posmodernos" de Sarlo (*Escenas de la vida...*), José Joaquín Brunner y Renato Ortiz fuera de los estudios culturales globalizados. Dice García Canclini:

> me parece que las cuestiones generadas por la llamada posmodernidad –más que constituir una tendencia específica de investigación– han contribuido a desafiar, reformular y enriquecer los análisis de la modernidad [...] Quizás, lo que hasta fines de los ochenta podía verse como las maneras en que los latinoamericanos entrábamos y salíamos de la modernidad parece adoptar hoy el aspecto de tácticas (ni siquiera estrategias para mantenerse, o al menos quedar colgados de la modernidad ("Los estudios culturales: elaboración", pp. 19-20).

Tal vez, los esfuerzos que hace García Canclini (*Imaginarios urbanos*) –como legislador cultural– para desconocer los ensayos "posmodernos" (Sarlo, *Escenas de la vida...* e *Instantáneas*) sean una manera indirecta de reconocer sus afinidades electivas con los intérpretes culturales. Por ejemplo, los ensayos de Sarlo, en Buenos Aires, tienen un cierto parecido de familia con los de Carlos Monsiváis, en México. Ambos articulan la memoria cultural con una esfera pública massmediática globalizada y visualizan lo popular como un espacio simbólico-democrático, transversal a las distintas prácticas culturales. Así, en su muy reciente "Crónica de 1968 - V", Monsiváis reconoce como "núcleo esencial" del movimiento estudiantil del 68 en México: "el goce de la rebeldía justa, preámbulo del sentimiento democrático" (p. 2).

En la tercera de las narraciones de *La máquina cultural*, Sarlo reconstruye la memoria de una noche vanguardista de 1970. Donde se filmaron seis o siete films experimentales de los que sólo quedan los testimonios (no coincidentes) de sus protagonistas, quienes los destruyeron frente a la incomprensión de las vanguardias políticas para las cuales dichos films estaban destinados. Sarlo describe así los propósitos de su más reciente investigación:

> el experimentalismo era una de las dos dimensiones centrales de lo que me había propuesto investigar. La otra, por supuesto, no era la política, sino la relación imaginaria entre vanguardia estética y política (*La máquina cultural*, p. 287).

La posmodernidad reflexiva de Sarlo (respecto al punto de vista de sus propios estudios culturales) anuncia su pasaje de legisladora a intérprete cultural democrática, una conversión

---

[18] García Canclini dice: "No encuentro un término mejor para caracterizar la situación actual de los estudios culturales que [...] *estanflación*, o sea estancamiento con inflación" ("Los estudios culturales: elaboración", p. 45).

ya experimentalmente anticipada en el diseño "posmoderno" de sus ensayos anteriores (*Escenas de la vida... e Instantáneas*).

Una característica de los legisladores de los estudios culturales es la de producir desplazamientos "teóricos" sin constituir ninguna teoría. Cuando los desplazamientos tienen lugar dentro del propio paradigma (la auto-crítica intelectual de García Canclini y su expulsión de los "posmodernos", la posmodernidad reflexiva de los estudios culturales de Sarlo), el "efecto de teoría" de estos reconocimientos y desconocimientos sólo pone en evidencia la política intelectual que los anima. Quizás, en el paradigma de los estudios culturales latinoamericanos de los noventa haya una nueva articulación: la de los *intérpretes culturales democráticos* (Sarlo, Monsiváis), cuyo interés por interpretar las relaciones imaginarias entre estética y política marca el eclipse de los legisladores culturales de la sociedad civil imaginaria.

Conclusiones

En los ensayos culturales de Sarlo y Aricó, en los ochenta, el interés performativo por la constitución de un orden simbólico-democrático desplaza al interés explicativo por el alcance de las teorías o por el poder social de las ideas. Sus estrategias intelectuales de la *democracia simbólica* se centran en torno a dos ejes discursivos: a) la revisión de su propio pasado intelectual y, b) la ensayística de la sociedad civil imaginaria (que articula su política de la "traducción" cultural).

Durante la redemocratización (gobierno de Alfonsín), los ensayos culturales de Sarlo y Aricó despliegan un interés proto-político por los aspectos culturales de la dominación política, la mezcla de las tradiciones intelectuales y la "nueva" identidad intelectual democrática. Con esto, ponen de manifiesto el carácter contingente (no el histórico) del nexo entre intelectuales y democracia. En estos ensayos culturales, la sensibilidad político-intelectual, la retórica de lo social y las estrategias de la sociedad civil imaginaria resultan homólogas a las de los estudios culturales latinoamericanos.

Así, los legisladores culturales Sarlo y Aricó, en los ochenta, y García Canclini y Yúdice, en los noventa, confluyen en la constitución discursiva de un espacio intelectual simbólico-democrático. En este sentido, las estrategias de la *democracia simbólica*, en Sarlo y Aricó, configuran un antecedente –intelectual y/o social– de dicho espacio y merecen ser incluidas entre las propias del paradigma evanescente de los estudios culturales latinoamericanos.

Bibliografía

Altamirano, Carlos y Beatriz Sarlo. *Literatura/Sociedad*. Buenos Aires: Hachette, 1983.

Alvarez, Sonia E., Evelina Dagnino y Arturo Escobar (eds.). *Cultures of Politics and Politics of Cultures. Re-Visioning Latin American Social Movements*. Oxford: Westview Press, 1998.

Anderson, Perry. "The Affinities of Norberto Bobbio". *New Left Review,* 70 (1988): pp. 3-36.

Ardao, Arturo. *Rodó. Su americanismo*. Montevideo: Biblioteca de Marcha, Colección los nuestros, 1970.

Aricó, José. *Marx y América Latina*. México: Alianza, 1980.

_____ "Democracia y socialismo en América Latina". *Caminos de la democracia en América Latina*. España: Ed. Pablo Iglesias, 1984, pp. 239-247.

―― "Mariátegui: el descubrimiento de la realidad". *Debates*, 2 (1985): pp. 9-10.

―― "El socialismo de Juan B. Justo". *Espacios*, 5 (1985): pp. 51-58.

―― "Los gramscianos argentinos". *Punto de Vista*, 9 (1987): pp. 1-10.

―― *La Cola del Diablo*. Buenos Aires: Puntosur, 1988.

―― "Geografía de Gramsci en América Latina". *Gramsci e América Latina*. São Paulo: Paz e Terra, 1988, pp. 25-46.

Barros, Robert. "The Left and Democracy: Recent Debates in Latin America". *Telos*, 68 (1986): pp. 49-70.

Bauman, Zgymunt. *Legislators and Interpreters: On Modernity. Postmodernity and Intellectuals*. Oxford: Polity Press, 1987.

Benjamin, Walter, *Discursos interrumpidos*. Madrid: Taurus, 1973.

Beverley, John y José Oviedo. *The Postmodernism Debate in Latin America. Boundary 2*. Durham: Duke University Press, 1993.

Bobbio, Norberto. "Are There Alternatives to Representative Democracy". *Telos*, 35 (1978): pp. 17-30.

―― "La crisis de la democracia y la lección de los clásicos". *Crisis de la democracia*. Barcelona: Ariel, 1985.

―― *El futuro de la democracia*. Barcelona: Plaza y Janés, 1985.

―― "The Upturned Utopia". *After the Fall*. Robin Blackburn (ed.), Londres: Verso, 1991.

―― *Derecha e Izquierda. Razones y significados de una distincion política*. Madrid: Santillana S.A. Taurus, 1995.

Borges, Jorge Luis. *Antología poética 1923/1977*. Madrid: Alianza Editorial S.A., 1992.

Boron, Atilio. *Estado, Capitalismo y Democracia en América Latina*. Buenos Aires: Imago Mundi, 1992.

Bourdieu, Pierre. *Outline of a Theory of Practice*. Cambridge, Nueva York: Cambridge University Press, 1977.

―― "The Biographical Illusion". *Working Papers and Proceedings of the Center for Psychosocial Studies*, 14. Chicago: Center for Psychosocial Studies, 1987.

―― *Cosas dichas*. Buenos Aires: Gedisa, 1988.

―― *Homo Academicus*. Stanford: Stanford University Press, 1991.

―― *Language and Symbolic Power*. Cambridge: Harvard University Press, 1994.

―― "A Reasoned Utopia and Economic Fatalism". *New Left Review*, 227 (1998): pp. 125-132.

Calderón, Fernando (comp.). *Imágenes desconocidas. La modernidad en la encrucijada posmoderna*. Buenos Aires: CLACSO, 1988.

Calhoun, Craig. *Critical Social Theory*. Cambridge: Blackwell Publishers, Inc., 1995.

Cohen, Jean y Andrew Arato. *Civil Society and Political Theory*. Cambridge: MIT Press, 1992.

Cueva, Agustín. *Ideología y sociedad en América Latina*. Montevideo: Ediciones de la Banda Oriental, 1988.

Chomsky, Noam. *Política y cultura a finales del siglo XX*. Barcelona: Ariel, 1994.

De Ipola, Emilio. *Las cosas del creer. Creencia, lazo social y comunidad política*. Buenos Aires: Ariel, 1997.

Escobar, Arturo y Sonia Alvarez. *The Making of Social Movements Latin America. Identity, Strategy and Democracy*. Colorado: Westview Press, 1992.

Fuentes, Carlos. "Prologue". José Enrique Rodó, *Ariel*. Austin: University of Texas Press, 1988.

García Canclini, Néstor. *Culturas híbridas. Estrategias para entrar y salir de la posmodernidad*. México: Grijalbo, 1990.

——— "Los estudios culturales de los 80 a los 90: perspectivas antropológicas y sociológicas en América Latina". *Punto de vista,* 40 (1991): pp. 41-48.

——— "El debate sobre la hibridación". *Revista Crítica de Cultura,* 15 (1997): pp. 42-47.

——— *Imaginarios urbanos.* Buenos Aires: EUDEBA, 1997.

——— "Los estudios culturales: elaboración intelectual del intercambio América Latina- Estados Unidos". *Papeles de Montevideo* 1 (1997): pp. 45-58.

Gramsci, Antonio. *Prison Notebooks.* Nueva York: International Publishers, 1989.

——— *Antonio Gramsci. Selections from Cultural Writings.* G. Forbes y G. Nowell-Smith (eds.). Cambridge: Harvard University Press, 1991.

Grossberg, Lawrence, Cary Nelson y Paula Treichler (eds.). *Cultural Studies.* Nueva York: Routledge, 1992.

Habermas, Jürgen. *Identidades nacionales y postradicionales.* Madrid: Tecnos, 1988.

——— *The Structural Transformation of the Public Sphere. An Inquiry into a Category of Bourgeois Society.* Cambridge, MA: The MIT Press, 1991.

Harvey, David. *The Condition of Posmodernity.* Oxford: Blackwell, 1989.

Herlinghauss, Herman y Monika Walter (eds.). *Posmodernidad en la periferia. Enfoques Latinoamericanos de la nueva teoría cultural.* Berlín: Langer, 1994.

Jameson, Frederic. *Postmodernism or the Cultural Logic of Late Capitalism.* Londres/Nueva York: Verso, 1991.

——— "On 'Cultural Studies'". *Social Text,* 34 (1993): pp. 17-52.

Laclau, Ernesto y Chantal Mouffe. *Hegemonía y estrategia socialista. Hacia una radicalización de la democracia.* Madrid: Siglo XXI, 1987.

Lemert, Charles. *Postmodernism Is Not What You Think.* Cambridge: Blackwell Publishers, Inc., 1997.

MacDonald, Laura. "Turning to the NGOs: Competing Conceptions of Civil Society in Latin America". Los Angeles: LASA, 1992.

Meiskins Wood, Ellen. "The Uses and Abuses of 'Civil Society' ". *The Retreat of the Intellectuals.* Ralph Miliband y Leo Panitch (eds.), Londres: The Merlin Press, 1990.

Monsiváis, Carlos. "Crónica de 1968". *Etcétera.* (México, 13 de agosto de 1988): p. 2. Pt. 5 of a series, Crónica del 68 begun 285, 1998. <http://www.etcetera.com.mx/289/mc0289/htm>.

Moraña, Mabel. "Crítica literaria y globalización cultural". *Papeles de Montevideo,* 1 (1997): pp. 9-25.

Nun, José y José Portantiero. *Ensayos sobre la transición democrática en la Argentina.* Buenos Aires: Puntosur, 1987.

O'Connor, Alan. "The Emergence of Cultural Studies in Latin America". *Critical Studies in Mass Communication,* 8 (1991): pp. 60-73.

Pagani, Andrea. "Repensar la izquierda en la Argentina democrática. *Punto de Vista.* Revista de Cultura (1978-1993)". *Nuevo Texto Crítico,* 16/17 (1966): pp. 178-189.

Petras, James. "Los intelectuales en retirada". *Nueva Sociedad,* 107 (1990): pp. 92-120.

Portantiero, José. *La producción de un orden. Ensayos sobre la democracia entre el estado y la sociedad.* Buenos Aires: Ediciones Nueva Visión, 1988.

Prendergast, Christopher (ed.). *Cultural Materialism. On Raymond Williams.* Minneapolis/Londres: University of Minnesota Press, 1995.

Remmer, Karen. "The Political Impact of Economic Crisis in Latin America in the 1980's". *Political Science Review,* 3 (1991): pp. 777-800.

Richard, Nelly. "Latinoamérica y la postmodernidad". *Revista de Crítica Cultural,* 3 (1991): pp. 15-19.

Rowe, William. *Hacia una poética radical. Ensayos de la hermenéutica cultural*. Rosario: Beatriz Viterbo Editora, 1996.

Rozitchner, León. "El terror de los desencantados". Raquel Angel, *Rebeldes y domesticados. Los intelectuales frente al poder*. Buenos Aires: Ediciones El Cielo por Asalto, 1992.

Said, Edward W. *Representations of the Intellectual*. Nueva York: Pantheon Books, 1994.

Sarlo, Beatriz. "La perseverancia de un debate". *Punto de Vista*, 18 (1983): pp. 3-5.

—— "La izquierda ante la cultura: del dogmatismo al populismo". *Punto de Vista*, 20 (1984): pp. 22-25.

—— "Intelectuales: ¿escisión o mimesis". *Punto de Vista*, 25 (1985): pp. 1-4.

—— *El imperio de los sentimientos*. Buenos Aires: Catálogos, 1985.

—— "Una mirada política: defensa del partidismo en el arte". *Punto de Vista*, 27 (1986): pp. 1-4.

—— *Una modernidad periférica: Buenos Aires 1920 y 1930*. Buenos Aires: Nueva Visión, 1988.

—— "Algunas consideraciones profanas sobre 'La izquierda en tres tiempos' ". *La Ciudad Futura*, 12 (1988): pp. 9-10.

—— "Lo popular en la historia de la cultura". *Punto de Vista*, 35 (1989): pp. 19-24.

—— "Menem". *Punto de Vista*, 39 (1990): pp. 1-4.

—— "El intelectual socialista". *La Ciudad Futura*, 30/31 (1991-1992): pp. 2-8.

—— *Escenas de la vida posmoderna. Intelectuales, arte y videocultura en la Argentina*. Buenos Aires: Espasa Calpe Argentina S.A./Ariel, 1994.

—— "La democracia mediática y sus límites". *Punto de Vista*, 52 (1995): pp. 11-16.

—— *Instantáneas. Medios, ciudad y costumbres en el fin de siglo*. Buenos Aires: Espasa Calpe Argentina S.A./Ariel, 1996.

—— "Los estudios culturales y la crítica literaria en la encrucijada valorativa". *Revista de Crítica Cultural*, 15 (1997): pp. 32-38.

—— *La máquina cultural. Maestras, traductores y vanguardistas*. Buenos Aires: Ariel/Planeta, 1998.

Sigal, Silvia. *Intelectuales y poder en la década de los sesenta*. Buenos Aires: Puntosur, 1991.

—— y Eliseo Verón. *Perón o muerte. Los fundamentos discursivos del fenómeno peronista*. Buenos Aires: Legasa, 1986.

Taylor, Charles. "Invoking Civil Society". *Contemporary Political Philosophy: An Anthology*. R. Goodin y Philip Pettit (eds.), Cambridge: Blackwell Publishers, 1997.

Terán, Oscar. *Nuestros años sesenta*. Buenos Aires: Puntosur, 1991.

VV.AA. *Caminos de la democracia en América Latina*. Madrid: Pablo Iglesias, 1984.

Wiarda, Howard J. (ed.). *Politics Social Change in Latin America. Still a Distinct Tradition* [1974] Colorado: Westview Press, 1992.

Williams, Raymond. *The Long Revolution* [1961] Londres: Hogarth Press, 1992.

Yúdice, George. "Postmodernity and Trasnational Capital in Latin America". *On Edge. The Crisis of Contemporary Latin American Culture*, George Yúdice, Jean Franco y Juan Flores (eds.), Minneapolis: University of Minnesota, 1992.

—— "Civil Society, Consumption, and Governmentality in an Age of Global Restructuring: An Introduction". *Social Text*, 45 (Winter, 1995): pp. 1-25.

—— "Cultural Studies and Civil Society". *Reading the Shape of the World. Toward and International Cultural Studies*. Henry Schwartz and Richard Dienst (eds.), Oxford: Westview Press, 1996.

—— "The Globalization of Culture and the New Civil Society". *Cultures of Politics and Politics of Cultures. Re-Visioning Latin American Social Movements*. Sonia E. Alvarez, Evelina Dagnino y Arturo Escobar (eds.), Oxford: Westview Press, 1988.

Intelectuales brasileños 1969-1997.
El caso Fernando Gabeira: O que é isso companheiro?

Ellen Spielmann
Freie Universität Berlín

Como alemana hablante de portuñol, quiero comenzar invitándolos a que jueguen conmigo dos juegos, acerca de la semántica de los tiempos históricos y de la posición del Brasil dentro de diferentes cartografías y agendas. He aquí el primer juego. Pregunta: ¿qué es el Brasil de hoy para el sociólogo más perfilado de la generación que ha venido a relevar en Alemania a la de Jürgen Habermas y Niklas Luhmann? Respuesta: para Ulrich Beck, el Brasil de hoy es *el futuro* de Europa. El futuro de Europa en una forma muy específica: como apocalipsis. Con ese escenario cierra Ulrich Beck su libro de 1997, *Was ist Globalisierung?* El tema de Habermas en 1980 fue: "Projekt der Moderne". El tema de Beck es "la Segunda Modernidad". Beck parte de esta comprobación: "un orden mundial ha quebrado. ¡Qué gran oportunidad para partir con una Segunda Modernidad!" Zweite Moderne: el *"Projekt der Moderne"* corregido y optimizado, de tal manera que no lleguemos a ser como Brasil...

Despejar la mirada para los desafíos, contradicciones y oportunidades en la conducción personal de la vida, pero también en la economía, en la cultura y en la política, abrir caminos para romper las ortodoxias de la primera modernidad: en esas tareas tendría que trabajar el sociólogo, según Ulrich Beck, de la Segunda Modernidad. La cuestión crucial de esta Modernidad, hasta ahora sin respuesta, la formula así: ¿cómo es posible la justicia social en la era global? Beck piensa en un *New New Deal*. En la serie que edita ("Die Zweite Moderne") ha aparecido el libro más reciente de Anthony Giddens, el principal asesor científico de Tony Blair, desde hace un tiempo director de la School of Economy en Londres: *Más allá de la izquierda y de la derecha. El futuro de la democracia radical.* ¿Qué pasa si Europa fracasa en esa tarea? "Ocaso a la carta: la brasilianización de Europa", es la Tesis de Casandra-Beck.

No voy a detenerme en qué entiende Beck bajo esa fórmula, destaco sólo que para la mirada europea de Beck, América Latina –Brasil– es *hoy* el apocalipsis. Después de esta introducción entro en mi exposición propiamente dicha. Otra vez juguemos con la semántica de los tiempos históricos. Decía: el presente del Brasil es para Beck, el futuro de Europa si el proyecto de la segunda modernidad arranca en falso. Pero el presente actual del Brasil no es tampoco el futuro que se imaginaban los intelectuales brasileños en 1979. ¿Cómo era ese futuro? Fernando Henrique Cardoso, figura principal de la Teoría de la dependencia, quien había probado *científicamente* la in-evitabilidad de la revolución en América Latina, creía en 1979 –en el exilio– que no existía un futuro capitalista para el Brasil. Los cambios de alcance epocal del capitalismo fordista al capitalismo posfordista, del modo de acumulación y tecnología (Lyotard; Harvey; Rincón, *La no simultaneidad*) escapaban al sociólogo y economista dependentista. Así asumía, por vía negativa, la función tradicional del escritor y el intelectual de vanguardia: anunciar el futuro. Lo notable es que en ese mismo momento, en 1979, un intelectual más joven, vinculado a la guerrilla urbana brasileña y co-protagonista de una de sus acciones más resonantes, el secuestro del embajador norteamericano Charles Elbrick en 1969, publicó un libro que se coloca en una situación liminar. Se trate de *O que é isso companheiro?* vendido en el Brasil en medio millón de copias. Casi veinte años más tarde, el episodio del secuestro ha sido filmado por Bruno Barreto, la película está en las pantallas de 42 ciudades de los Estados Unidos, y fue candidata al Oscar de 1998 para el mejor film extranjero. Además, en 1997 representó oficialmente al Brasil con éxito de crítica y público, en el Festival Internacional de Berlín.

Voy a analizar aquí las complicaciones y conflictos de la intelectualidad brasileña, a partir del examen del libro de 1979 y de la película de 1997 sobre los hechos de 1969, observando a los observadores. Mi punto de partida metodológico es, por lo tanto, éste: cuando se trataba simplemente de analizar obras o textualidades (la tesis de Roland Barthes del paso de la obra al texto), me bastaba con leer *Rayuela* en Berlín, sentirme la maga, e interpretar equis aspecto del libro (por ejemplo, el episodio de la tabla), con ayuda de métodos no convencionales. Cuando mi tarea es hoy analizar textos y filmes determinados por problemas de intermedialidad, por horizontes políticos internacionales e interculturales, mi única posible forma de acercarme a ellos es con un tipo de abordaje en la línea del pensamiento en "constelación" de Mallarmé-Mannheim-Adorno-Benjamin, que tiene que ver con ese deseo en que también participo llamado: "estudios culturales".

Hasta hoy dominan dos formas de lecturas del texto de Fernando Gabeira. Uno: se lee el libro como autocrítica de la política militante de la izquierda brasileña/latinoamericana de los años 60/70, especialmente como autocrítica de la guerrilla urbana. Es el caso, no sólo en el Brasil sino también de Jorge Semprún, en ocasión de la traducción del libro en Francia. Segunda lectura: se lee el libro como "testimonio", como literatura documental mezcla de literatura y periodismo: testimonio que cuenta tanto el secuestro del embajador norteamericano Charles Elbrick como las experiencias de un intelectual guerrillero preso, torturado, exilado en Chile y Suecia, con todas las implicaciones del que se presupone es un género. Leído como "declaración" hecha a partir de una perspectiva particular y ejemplar. En esos términos, el libro fue tanto celebrado como criticado.

Los mismos caminos de interpretación fueron adaptados por las reseñas de la película *O que é isso companheiro?* como muestra el material aparecido en periódicos, magazines y revistas del Brasil, sin reparar que en la película y el libro son dos cosas distintas. Un libro titulado *O seqüestro da história* (1997) recopila la polémica de los ex-militantes de organizaciones militares y políticas de izquierda. Sus méritos son ser una recopilación. Sus deméritos los debe a estar construido de acuerdo con un modelo más que tradicional yo diría anacrónico: comienza con una introducción de la situación histórica y social, al final viene como contrapunto un único –repito: un único– artículo sobre la película, como legitimación para que haya tenido lugar un debate y el libro exista. Se cierra con el Manifiesto, no comentado, de la guerrilla MR8. No sobra agregar que tanto el libro como la película dan un panorama mucho más complejo de la guerrilla y del Brasil que el libro *La utopía desarmada. Intrigas, dilemas y promesas de la izquierda en América Latina* de Jorge Castañeda. Hay en Castañeda un reduccionismo acerca de los portadores o agentes de la "utopía". Ve a Gabeira como un intelectual con cabeza de Jano: con dos rostros. Gabeira es identificado como "antiguo guerrillero, urbano" y defensor "del medio ambiente de la ciudad" y autor capaz de "reflexiones autocríticas de lo que representó la lucha armada a fines de los años setenta" (Castañeda, p. 23). Castañeda "Blindness and Insight": el mérito principal, lo más interesante de las reflexiones de Gabeira sobre el aquí y el ahora, y lo que Castañeda no ve, son sus consideraciones nucleares sobre el modelo de ciudadanía (con las *Diretas já* poco tiempo después), la fundación de la nueva República, la reconstitución de la sociedad. Además Gabeira es consciente de la realidad "cambiada": la circulación de imágenes define también el escenario público, la constitución de identidades pasa en el mundo de la TV y el video, la TV no es algo simplemente negativo. La gran ventaja de Gabeira sobre los cientistas sociales, dependendistas o desarrollistas, está en "pensar la cultura", algo que para ellos no existía. Y hay, por desgracia en Castañeda, cierto desconocimiento muy hispanoamericano frente a la situación del Brasil. Para dar un solo ejemplo: el desconocimiento del papel de Darcy Ribeiro y su crítica al proceso de modernización.

Intento aquí proponer una nueva lectura del texto de Fernando Gabeira. Quiero llamar la atención sobre otras dimensiones claves, sin reducirme al simple nivel de las cuestiones ideológicas, o a la cuestión de la verdad de la historia como acontece actualmente en el debate polémico sobre la película. ¿Por qué creo que el libro de Gabeira se inscribe en una situación liminar? ¿Liminar dentro de qué historia? Esa historia es la del cambio de los intelectuales latinoamericanos a fin de los 70.

Como narrativa experiencial *O que é isso companheiro?* se inscribe en el proceso de reflexión que lleva de la discusión sobre el carácter y los caminos hacia la revolución a la redefinición de conceptos de política, dominación y poder. Ese cambio tiene a su vez que ver con la relación de los intelectuales de izquierda latinoamericana con la democracia. La idea de democracia fue comprendida hasta los 70 como parte del sistema de enceguecimiento burgués. La última, la más fuerte prueba del nulo respeto a la democracia por parte de los grupos dominantes en crisis y de los Estados Unidos, fue el caso chileno. El fracaso del experimento de la Unidad Popular fue interpretado como la prueba definitiva contra el camino falso de las componendas de la política democrática.

Al final de los 70 el cambio obligado de los intelectuales lleva a que la democracia sea considerada un valor positivo.[1] No se comprende la democracia como fin de la historia en el sentido de Fukuyama sino que se la imagina como proceso de democratización, ese es el primer gran cambio, con el acento en la palabra proceso como camino largo. Dentro de él se abrió un espacio nuevo que dio lugar para muchas cosas: para nuevos discursos sobre sociedad, dominación, poder, y finalmente, cultura, sobre bocetos de futuro, vías de cambio, etc. Menciono en el Brasil solamente el libro de Silviano Santiago *Em Liberdade*, publicado en 1981, re-lectura y re-escritura de las *Memorias do Cárcere* de Graciliano Ramos. Santiago analiza esas memórias clásicas en busca de una literatura democrática.

Con esto voy a una *Urzene* en el sentido freudiano. Una escena primordial en la metanarrativa de la revolución: aquella en donde tradicionalmente nacía el héroe o el mártir. Se trata de una escena repetida muchas veces. En el libro de Gabeira aparece en esta versión: el exilado se encuentra sorprendido por un golpe de estado militar en el país en donde se exiló:

> Caminhávamos rumo à Embaixada da Argentina, nossas chances eram essas: ou saltávamos para dentro dos jardins e ganhávamos asilo político, ou ficávamos na rua [...] seríamos certamento presos e teríamos, pelo menos, algumas noites de tortura [...] amigo, acabo de perder minha segunda revolução e estou caminhando para o recorde daquele personagem do García Márquez que perdeu 12 ou 13, creio. Vi muita gente morrendo [...] Estou correndo assim para

---

[1] Es muy interesante la diferencia temporal en estos procesos. En el caso chileno, por ejemplo, debe estudiarse la metamorfosis completa del sociólogo José Joaquín Brunner y las ilusiones de los antiguos dirigentes estudiantiles como Tomás Moulian dentro de los que ven la democracia como base de convivencia social.

me meter na Embaixada da Argentina e vi muita gente gastando o seu tempo precioso para esconder as poucas armas que tinha (Gabeira, *O que é isso companheiro?* pp. 9, 12, 19).

Son relevantes para mi argumentación tres lecturas posibles de esa escena. La primera lleva a una consideración: los medios narrativos no sirven para expresar de modo adecuado una situación límite, la de posible víctima o mártir, de modo que el hilo de las consideraciones se desvía, para recurrir a un recuerdo literario anticlimático sujeto a hermenéutica. La segunda pondría el acento en el recurso a lo ficticio. Gabeira utiliza como referencia al Coronel Aureliano Buendía, de *Cien años de soledad,* como puente para comunicarse con su público que también conoce la novela de García Márquez, en una situación que sólo por esa mediación de complicidad entre lectores se hace comunicable. El tercer acercamiento, que creo se toca con las aproximaciones de los estudios culturales, pondría el acento para comenzar en la existencia de una constelación: teoría de la dependencia, resistencia armada, literatura del boom, lo que ocurrió y lo que ocurre con ella, de modo que el desciframiento de esa microestructura en el texto de Gabeira sirve para juntar discursos, fenómenos, procesos, y permite llegar, por ese camino, a la consideración de tres elementos en el cambio de la actitud de los intelectuales frente a la democracia.

Primero: se ha llamado la atención sobre la lectura democrática de Gramsci. Según Enzo Faletto, en su "Qué pasó con Gramsci", la recepción de Gramsci fue el puente para introducir una revisión del marxismo y de algunos principios del socialismo en general (Faletto, p. 90). Es decir, redefinir el concepto de hegemonía y al mismo tiempo formular el interés por lo cultural –entendido en un sentido amplio.

Segundo: el paso teórico importante que es la deconstrucción de las categorías clásicas del marxismo y abrir un espacio para repensar la política. Aquí los trabajos de Ernesto Laclau son básicos.

Tercero: relacionado con esos dos procesos tenemos en un momento posterior pero en el tiempo inmediato, una mezcla muy particular que podría denominarse "Gramsci con Foucault".

Sabemos que uno de los grandes méritos de Michel Foucault es haber formulado una teoría alternativa del poder. En las teorías del poder como "poder-sobre", el concepto es comprendido como relación jerárquica de dominación o coerción entre individuos, grupos o clases. La concepción de Foucault acerca del poder como "poder disciplinario" sitúa y ve a cada individuo envuelto y posicionado en redes de poder que organizan la vida de las sociedades contemporáneas en el campo social. La idea guía de Foucault: el poder funciona como máquina productora que produce sus sujetos: cuerpos, gestos, discursos y deseos. Entonces, ¿cómo pensar formas de resistencia al "poder disciplinario"? Su respuesta va del lado de las teorías de la praxis y de la vida cotidiana (Rincón, *Mapas y Pliegues,* pp. 81-87).

El libro de Gabeira marca el umbral en donde Gramsci iba a servir para muchas cosas – aunque luego deja de servir– en momentos en que la búsqueda de una nueva teoría del poder encuentra una primera respuesta que después se va a complicar. Sobre todo cuando se replantea la cuestión de la resistencia bajo condiciones neoliberales de nueva inclusión en el mercado internacional, y en que, sobre todo, la identidad del intelectual deja de ser la vanguardista, o la del intelectual "orgánico". Su tarea deja de ser "anunciar el porvenir" para pasar a ser... ¿para pasar a ser qué otra cosa? Gerald Martin es el primero que desarrolló esta tesis: el final, hacia mediados de los 70, de un ciclo cultural y social que venía desarrollándose en América Latina desde los años veinte (Martin). En la discusión sobre el posmodernismo y el postcolonialismo que Carlos Rincón había propuesto en 1978, llamó la atención sobre la nueva fase del proceso de globalización iniciada también hacia mediados de los 70, con un cambio general de la división internacional del trabajo que había existido durante 200 años, y la aceleración de la globalización cultural con la mediatización electrónica generalizada. Jean Franco ha mostrado también etapas en la mudanza del régimen del poder cultural (Franco).

Como autorreflexión político-intelectual el libro de Gabeira enfoca el cambio de posicionamiento de los intelectuales en relación con esas transformaciones. La primera parte trata de los temas de los años 60/70. Escribe Gabeira: "o horizonte [...] daquele periodo [...] era a revolução. Cuba, *La revolución en la revolución* de Régis Debray" (Gabeira, *O que é isso companheiro?* p. 22).

En una escena clave del texto Gabeira cuenta una discusión sobre la película *Terra em Transe* de Glauber Rocha: el debate se fija en la cuestión sobre la lucha armada y los caminos posibles o no posibles para hacer la revolución. Escribe: "Lembro-me do debate sobre o filme *Terra em Transe*, de Glauber Rocha [...] Dentro do filme havia uma personagem, Sara, que propunha algo diferente: o trabalho paciente e cotidiano de organização para solucionar os problemas daquele País hipotético que todos nos sabiamos ser o Brasil" (Gabeira, *O que é isso companheiro?* p. 33).

Ahora bien, es importante destacar que ya en la primera parte del libro hay ironía: no simplemente tono irónico sino el uso del tropo para marcar distancia. La actitud que toma Gabeira se deja leer desde el título: "¿Qué es eso compañero?" como auto-ironización de la "pureza" revolucionaria.[2] En una escena del secuestro la pregunta "O que é isso companheiro?" marca precisamente el cambio y así comienza la segunda parte del libro.

De ella destaco, como inusitada en 1979, la actitud frente a dos fenómenos sintomáticos de la época: la TV y la tortura. Gabeira analiza la TV no en términos de manipulación, sino de la dinámica entre política, cultura popular y cultura de los medios masivos. La tortura aparece como práctica racional moderna, fruto de la razón instrumental, en el contexto del proceso de la modernización. Con eso ya estamos en plena discusión de la película con lo que voy a concluir. Hago apenas unos comentarios comparativos/contrastivos sobre/con el libro. Se trata de una película brasileña "hecha para el mercado norteamericano" según comenta su director Bruno Barreto. Tiene título en inglés: "Four days in September", se habla parcialmente en inglés, y el protagonista principal es norteamericano, interpretado por un actor de Hollywood (Alan Arkin). Así se marca ya una diferencia básica entre el libro de Gabeira y la película, hecho que parte de los críticos brasileños reprimen pues en el film es el embajador Charles Elbrick quien se torna en el sujeto narrador, no los protagonistas de la lucha armada. Es el embajador norteamericano mismo, son sus ojos los que fijan los acontecimientos a través de la cámara de Bruno Barreto. Los guerrilleros son terceras personas, están dentro de la historia del sujeto narrador. ¿Por qué? ¿Y por qué la película es candidata adecuada para el Oscar? ¿Faltaba una película políticamente correcta y apologizadora para expiar la culpa norteamericana por los crímenes sistemáticos en el Brasil contra los derechos humanos? El embajador retorna con la bandera norteamericana limpia a los Estados Unidos. Por otro lado vemos imágenes escandalosas, provocadoras, por lo menos para gran parte de la audiencia norteamericana: vemos al embajador norteamericano en manos de guerrilleros brasileños que, así termina la película, son liberados, son de nuevo los protagonistas principales. En la conferencia de prensa realizada durante el Festival en Berlín, una periodista preguntó a la Sra. Valerie Elbrick, hija del ex-embajador: "¿Cómo es posible para usted sentarse en la misma mesa con el secuestrador y potencial victimario –es decir, asesino– de su padre?" Su respuesta: "No

---

[2] Otro título significativo por su ironía es el del notable libro reciente de Caetano Veloso, *Verdade tropical*.

quiero que volvamos a encontrarnos en el clima de plena Guerra Fría. Si en el paso intermedial de un episodio central del libro al film tiene lugar la negociación traducida con el desplazamiento del narrador y la focalización narrativa, con la presencia del film en los Estados Unidos tiene lugar otro traslado: Fernando Gabeira es hasta hoy día considerado *persona non grata* en los Estados Unidos. Ni siquiera para recibir el Oscar ni menos en su función de diputado observador del Brasil para la Asamblea General de las Naciones Unidas puede pisar suelo norteamericano. Pero con el film está interviniendo en el centro del imperio.

Divertido e irónico como siempre, la respuesta del intelectual Fernando Gabeira ante los juegos de la transferencia es escribir de preferencia sobre asuntos norteamericanos en el Brasil. Su crónica "Kiss and Tell" del libro *Etc & tão. Crônicas do Fim do Século* –que comienza así: "Tenho sido proibido de entrar nos Estados Unidos, mas acompanhando quase tudo o que passa lá, através de suas revistas" (p. 41)– puede ser vista como ejercicio de conquista de la democracia. (Yo me pregunto: ¿por qué no mira CBS o CNN?)

Y así termino: cuando el sociólogo Ulrich Beck, desde el bastión europeo, proyecta sus miedos, el Brasil le sirve de pantalla de proyección. La presencia del film *O que é isso companheiro?/Four days in September* en las pantallas de los Estados Unidos es la de intelectuales, que sin ser interlocutores privilegiados de la opinión democrática norteamericana, como pueden serlo García Márquez y Carlos Fuentes, invitados privados y oficiales del presidente Bill Clinton, le están diciendo a los Estados Unidos que los desafíos del siglo XXI "no son de hegemonía sino de cooperación". ¿Bajo ese signo se colocará la nueva etapa que se ha iniciado de la conflictiva historia de las relaciones interamericanas?

BIBLIOGRAFÍA

Beck, Ulrich. *Was ist Globalisierung?* Frankfurt am Main: Suhrkamp Verlag. Colección "Zweite Moderne", 1997.

Castañeda, Jorge. *La utopía desarmada. Intrigas, dilemas y promesas de la izquierda en América Latina*. Santafé de Bogotá: TM Editores, 1994.

Faletto, Enzo. "Qué pasó con Gramsci". *Nueva Sociedad,* 115 (1991): pp. 90-97.

Franco, Jean. "El ocaso de la vanguardia y el auge de la crítica". *Nuevo Texto Crítico,* 14/15 (1995): pp. 11-22.

Gabeira, Fernando. *O que é isso companheiro?* Río de Janeiro: Editora Codecri, 1979.

—— *O que é isso companheiro? Four Days in September* (film). Bruno Barreto (director). Leopoldino Serran (screen). Pandora Cinema (1997).

—— *Etc & tão. Crônicas do Fim do Século*. Porto Alegre: L&PM Editores, 1994.

Giddens, Anthony. *Jenseits von Links und Rechts. Die Zukunft radikaler Demokratie*. Frankfurt am Main: Suhrkamp Verlag (Colección "Zweite Moderne"), 1997.

Harvey, David. *The Condition of Postmodernity*. Cambridge-Oxford: Basil Blackwell, 1989.

Laclau, Ernesto. *Politics and Ideology in Marxist Theory Today*. Londres: Verso-NLR., 1977.

Lyotard, Jean-François. *La condition postmoderne*. París: Editions de Minuit, 1979.

Martin, Gerald. *Journeys Through the Labyrinth. Latin American Fiction in the Twentieth Century*. Londres, Nueva York: Verso, 1989.

Ramos, Graciliano. *Memorias do Cárcere*. São Paulo: Martins, 1972.

Reis, Filho, Daniel Arão y Elio Gaspari *et al. Versões e Ficções: o seqüestro da história*. São Paulo: Editora Fundação Perseu Abramo, 1997.

Rincón, Carlos. *La no simultaneidad de lo simultáneo. Postmodernidad, globalización y culturas en América Latina*. Santafé de Bogotá: Universidad Nacional Editores, 1995.

—— *Mapas y pliegues. Ensayos de cartografía cultural y de lectura del neobarroco*. Santafé de Bogotá: Premios Nacionales, TM Editores, 1996.

Santiago, Silviano. *Em Liberdade*. Río de Janeiro: Paz e Terra, 1981.

Veja. São Paulo (30-IV-1997).

Veloso, Caetano. *Verdade tropical*. São Paulo: Companhia das Letras, 1997.

Arte pública, espaços públicos e valores urbanos no Brasil de hoje[1]

José Teixeira Coelho Netto
Diretor do Observatório de Políticas Culturais e
do Museu de Arte Contemporânea da
Universidade de São Paulo, Brasil

Um tema obsessivo para os que atuam no universo da arte como especialistas em política cultural, profissionais de museus, administradores culturais ou agentes culturais –e não tão obsessivo assim para os artistas, eles mesmos, mas que no meio deles também se manifesta, às vezes–; um tema, enfim, sempre em evidência para aqueles que se ocupam de *cultura política* e, em última instância, para todo aquele que é, quer ser ou pretende continuar sendo um cidadão, é o que diz respeito à possibilidade de configuração de *espaços públicos* através da *arte*. Arte –e uma forma de arte em particular, *arte pública*– e espaço público são duas entidades que, na história da cidade e da ética urbanas, mantêm entre si um tipo específico e forte de relação: nem todo espaço público define-se como tal a partir de uma obra de arte (que, por ser ali instalada, torna-se arte pública) mas toda vez que uma obra de arte é instalada num espaço não privado, esse espaço assume (ou tende a assumir) a forma de espaço público. Uma obra de arte não necessita de um espaço público para assumir sua constituição final e vir a existir; o contrário, porém, é quase sempre verdadeiro: espaço público notável é aquele que se forma ao redor de uma obra de arte (que se torna pública) ou que de algum modo a inclui em sua delimitação.

Este tema desdobra-se, assim, em algumas questões básicas: como se pode configurar um espaço público, qual o papel da arte num espaço público, pode um espaço público existir sem arte, é ainda possível falar-se na existência de espaços públicos numa sociedade como a brasileira?

O exame deste tema deve principiar por uma constatação preliminar: é muito frouxa, pouco exigente e complacente (e isto talvez não de modo inocente ou desinteressado, do ponto de vista político) a conceituação habitual de espaço público (no Brasil, em todo caso) que o apresenta, simplesmente, como todo espaço que se opõe ao espaço privado. Se a casa é espaço privado, a rua é dita espaço público; se a sala de estar é espaço privado, a praça é chamada de espaço público: esse é o senso comum que se infiltra mesmo no pensamento especializado. Muito distante desse entendimento raso, *espaço público* é apenas aquele atravessado pela idéia de que nele se constitui uma comunidade, o que implica o sentido de *solidariedade* –palavra que entrou com força no léxico político e cultural há algumas poucas décadas (através do movimento operário na Polônia comunista do qual Lech Walesa foi sím-

---

◆ Texto preparado para o congresso "Mapping Latino/Latin American" Chicago (MLAC), realizado em Chicago, setembro de 1998, e organizado pelo Latin American Studies Center da University of Illinois at Chicago dirigido por Marc Zimmerman.

bolo) e que pode ser substituída, com vantagem, por outra mais direta (por isso mesmo mais incômoda) que remonta ao século XVIII com seus ideais revolucionários: *fraternidade*. E verdade que o tripé da Revolução Francesa até hoje não conseguiu solidificar-se ou, sequer, ficar em pé. E inegável que a *liberdade* agora, no Brasil como em várias embora nem de longe em todas as partes do globo, e pelo menos por enquanto, é um estado mais comum do que há 20, 50 ou 100 anos. E é fato que, embora impossível falar ainda, outra vez nem de longe, num estado de *igualdade,* a desigualdade diminuiu –pelo menos nos países mais desenvolvidos, onde a distância entre os salários (não falemos das rendas) mais altos e os mais baixos não é tão abismal como a registrada nos países subdesenvolvidos. Tudo isso é fato. Mas não é menos fato que, dos três vértices do tripé frígio, o da *fraternidade* ainda é o mais distante do cotidiano. Isto talvez por *ter* e *exigir* mais carne e sangue do que o ainda abstrato *liberdade*, conceito mutável e conformável um pouco ao sabor do momento histórico; e por implicar um envolvimento mais direto e pessoal que a *igualdade*, cuja promoção é considerada como geralmente dependente, em larga medida, da responsabilidade de um outro (do governo, de um *deles*) distante e impessoal. A fraternidade, ela, implica contato humano direto (algo muito mais comprometedor) e imediaticidade, disponibilidade –e, por envolver questões de ordem pessoal e íntima, uma disponibilidade para muito mais coisas do que as de foro econômico e jurídico.

Assim entendido, o espaço público é aquele onde se dá a invenção do *nós comum*, em contraponto ao espaço privado, espaço de construção do eu individual, espaço da autonomia interior, da elaboração de si mesmo.

Espaço privado não é o espaço de *uso* privado mas espaço onde o eu individual se elabora. A casa, a moradia individual, é dada como exemplo clássico de espaço privado. Mas assim como o espaço público não pode ter mais a concepção reduzida tradicional, também o conceito de espaço privado deve ser revisto. O espaço interior de uma casa não é mais tão privado assim. A casa pessoal de Frank Lloyd Wright, projetada e construída no início do século (início do século XX, melhor dizendo: neste final de século XX, os viventes se dão conta de que existe mais de um século, afinal...) ainda era um exemplo radical de espaço privado, como tal especificamente pensado. Tudo nela conduzia para a construção desse eu individual que, no caso da família, envolve –embora não se identifique plenamente com– um grupo e deste em larga medida depende: as janelas comportavam stained glass que tornava o interior dos aposentos indevassáveis, os sofás da sala de estar estavam colocados contra a parede e voltados para o interior de tal modo que a sociopetalidade se impunha naturalmente, a sala de jantar era reduzida ao espaço pouco maior do que o necessário para conter uma mesa familiar de modo a fazer concentrar todas as atenções no próprio grupo. E, de resto, a casa estava, de início, a pelo menos uma milha de distância da casa mais próxima... A casa contemporânea organiza-se ao redor de um outro princípio, do qual o aparelho receptor de televisão é o ícone mais claro e poderoso. A TV, emissor se não de um espaço público pelo menos de uma idéia de *publicidade* que se distingue (para nao dizer que se opõe) da noção de individualidade, é um elemento onipresente. Isto não significa que a TV constrói espaços públicos tal como aqui foi esse espaço caracterizado.

> Nos primórdios da televisão, quando havia apenas uma meia-dúzia de canais, uma dramaturgia significativa, bem escrita, mostrada no tubo de raios catódios ainda podia nos fazer sentir membros de uma congregação atenta, por mais sozinhos e isolados que pudéssemos estar em casa. Havia então uma grande possibilidade,

reduzida como era a escolha de programas, de que os amigos e vizinhos estivessem vendo o mesmo programa que nós, enquanto considerávamos a Tv um milagre fantástico. Era comum mesmo que ligássemos para um amigo naquela mesma noite para fazer uma pergunta cuja resposta já conhecíamos: Viu *isso*? Puxa! Não é mais assim (Kurt Vonnegut, *Timequake*, romance, 1997).

Esse espaço público da TV, é difícil negar a evidência, apresenta-se freqüentemente, apenas, como espécie de erzats, para não dizer simulacro, do espaço público do *nós comum*. Sob a capa da *interatividade* de programas dos quais o público é chamado a "participar" através de telefonemas, o que se oferece ao público é uma margem pré-planejada de falsas escolhas que, transmitidas eletronicamente, servem antes como elemento de verificação da audiência do que como ocasião para o exercício do sentir-se membro do grupo.

Nesse sentido específico e radical, espaço público é algo a rigor largamente inexistente nos grandes centros urbanos do Brasil, como em São Paulo.

A começar pelo fato de que, no Brasil, o que é meu é meu e o que é público, também é meu. Neste país, a construção de cada um por si mesmo só parece ser possível mediante a apropriação e subseqüente incorporação do que pertenceria à comunidade e que a define. Nesse sentido, há aqui uma inversão das propostas cristã e comunista, por exemplo (e menciono isto porque o Brasil é supostamente um dos maiores países cristãos, e católicos, do mundo), segundo a qual a realização de si mesmo só se consegue através do serviço que se presta ao outro. Pondo de lado a questão religiosa e a ideológica, o que há é um amplo desconhecimento da solidariedade ou da fraternidade leiga, republicana. Todos queremos morar na Casa Grande; o contrário da Casa Grande, a senzala, é para o não-eu, aquele que não pertence ao grupo imediato do eu (dito de modo diverso, a senzala é para o excluído, aquele que não *está* excluído, temporariamente excluído, mas que *é* um excluído, um excluído perene). E essa Casa Grande, para atender à largueza de meu ser individual, tem de ser a maior possível; preciso ampliá-la avançando sobre o espaço adjacente, incorporando o espaço público; quando eu não puder ampliar minha Casa Grande para além das fronteiras imediatas de suas paredes próprias, se o espaço que existe entre ela e a senzala não puder ser meu, tampouco poderá ser do outro e deve portanto ser *território de ninguém* –e o território de ninguém tampouco é espaço público. Se não é para mim, não há por que ser de outro.

Uma que vale citar é o Monumento às Bandeiras assentado diante do único grande parque público ou "público" da cidade, o Ibirapuera, obra de de um artista modernista (Brecheret) e dedicado aos grupos armados que no começo da vida do país entravam pelo interior em busca predatória de recursos minerais, vegetais e humanos, para lá levando em troca (se há compensação nisso) a cultura e a religião européia dominante.

Uma outra obra que pertenceria a essa categoria de arte pública é a contrafação popularesca e kitsch desse mesmo monumento às bandeiras: uma colossal estátua dedicada a um único bandeirante que se ergue horrenda, como um colosso de Rodes massmediático, à entrada de um bairro de classe média, como um gigantesco boneco oriundo da Disneylândia. Mas nenhuma das duas peças é um marco cultural na vida da cidade e, de modo ainda mais claro, não delimitam espaços públicos: o monumento modernista, por estar numa ilha no meio de uma larga avenida de tráfego intenso que a maior parte das pessoas razoáveis não se arrisca a atravessar para dele se aproximar: ele é para ser visto de longe, funcionando assim como... decoração, ilustação histórica; a estátua kitsch, por ser objeto de derrisão e ironias e por estar também ela situada numa ilha isolada pelo tráfego, nada significando senão um marco topográfico.

A grande maioria daquilo que se pode chamar de algum modo de arte pública, no Rio como em São Paulo e tantas outras cidades do Brasil, é constituída pela estatuária cívica: estátuas (não é possível chamá-las de esculturas) dedicadas a pessoas que tiveram ou que se acha que tiveram alguma importância na vida política do país –são sobretudo representações de militares– e estátuas feitas para homenagear *idéias feitas*, como as múltiplas estátuas ao índio ou à mãe ou ao animal doméstico. Nada significam para a vida cultural da cidade e a cidade as ignora, fora das datas oficiais em que algumas delas são lembradas (e o são cada vez menos).

Ignora-as também a arte culta; são raríssimos os artistas eruditos que se referem em suas obras à esse aspecto da vida cultural do país ou que o utilizam como referência para suas próprias obras. Um desses artistas é Regina Silveira que, recentemente, tomou uma estátua eqüestre do patrono do exército brasileiro, o Duque de Caxias, como motivo de uma instalação.

A estátua desse militar foi colocada no meio de uma praça de São Paulo que hoje transformou-se em ponto terminal de ônibus servindo os bairros distantes e que, como todas as praças que tiveram esse destino, sofreram a invasão corrosiva dos vendedores ambulantes e do acúmulo de sujeira, transformando-se em mercado precário a céu aberto e em ambiente que repele o contato humano e a construção do eu coletivo, servindo apenas, utilitariamente, para a espera forçada, não raro demorada e sempre aborrecida, do ônibus obrigatório.

Figura 1

A obra de Regina Silveira é uma peça primorosa: o espectador se depara com um espaço fechado em cuja entrada vê um pequeno pedestal sobre o qual repousa a pequena figura de uma escultura popular de São Tiago, santo espanhol patrono da ação militar, com trânsito em muitos países latino-americanos. A partir desse santo, começando por seu próprio pedestal, espalha-se uma sombra negra pelo chão e pelas paredes do recinto e que termina formando, no fundo e nas laterais, uma enorme e ameaçadora figura do Duque de Caxias que não está ali e que se vê, distorcidamente, tal como aparece ele retratado no grandiloqüente monumento da praça deteriorada. Eu diria que essa sombra de Caxias é ao mesmo tempo sombra do espírito militarista que dominou o país até recentemente, sombra do projeto religioso presente desde a conquista da terra brasileira pelos europeus e ao mesmo tempo sombra da arte pública brasileira –tanto mais que a grande instalação de Regina Silveira não é pública mas, sim, uma obra que tem de ser vista no ambiente no máximo semi-público do museu... Não é a primeira vez que ela faz algo do gênero: anos atrás já construíra uma mesma sombra projetada, em anamorfose, daquele mesmo monumento modernista às bandeiras acima mencionado, levando sua sombria distorção para o interior de uma das Bienais de São Paulo e intitulando a obra, com inteira consciência do que fazia, de *Monudentro*, trocadilho de fina e fácil intelecção. Suas propostas são –talvez conscientemente, acaso inconscientemente– ao mesmo tempo uma obra intransitiva perfeita e acabada em si mesma, um comentário e uma denúncia: vejam como não existe arte pública, tanto assim que faço simulacros de arte pública que levo para um interior, tornando às vezes privadas, às vezes semi-públicas, aquilo que poderia ter sido público; por outro lado, vejam que, sendo impossível uma arte pública neste país, faço obras de arte semi-públicas, nostalgia do que poderia ter existido.

A idéia de que uma exposição em museu seja um momento de configuração do espaço público é outra que deve ser aceita com amplas reservas. Numa exposição não mediatizada, o visitante encontra-se mais consigo mesmo e com a obra de arte do que com *o outro* e *os outros*. E numa grande exposição mediatizada (as grandes exposições do circuito internacional, como as dedicadas a Monet, Picasso, Bonnard, Michelangelo, etc.) o outro e os outros que acorrem em grande número e congestionam as galerias de exposição, acotovelando-se todo o tempo e todo o tempo interpondo-se entre um outro visitante e a obra a ser vista, são claramente ressentidos como um obstáculo a eliminar ou, no mínimo, como uma inconveniência inevitável com a qual conviver desde que se recorra a uma extraordinária capacidade de concentração que elimine a percepção do outro ao lado. O público é, neste caso, mais um empecilho do que um catalizador. Será visto como mais agradável, por muitos, freqüentar uma exposição que tenha público do que uma sem público, assim como muitos preferem assistir um filme numa sessão cheia e não nua sala vazia: a troca indireta de emoções, a consciência de que alguém ri algumas poltronas acima ou chora algumas abaixo pode ser parte integrante da experiência estética. Mas a relação fundamental que se estabelece nesses espaços é aquela entre o indivíduo e a obra. O triângulo obra-indivíduo-os outros, quando ocorre, é indireto. E no caso do museu ou do cinema, é um triângulo mais abstrato do que concreto. A concretude do espaço público por excelência, o da praça pública com obras de arte como esculturas e arquiteturas que se pode tocar e que funcionam como elemento agregador e de abrigo social, não se reproduz no espaço público rarefeito (espaço semi-público) do museu e do cinema. Novamente, museu e cinema são melhores que nada e que muita outra coisa; e expor-se a uma obra de arte em público pode ser uma ocasião de socialidade. Não há, no entanto, porque recusar a consciência de que apresentar o espaço do museu, sobretudo este, como espaço público é antes elemento de estratégia de marketing ou de sobrevivência do museu contemporâneo do que uma realidade social insofismável.

A indiferença ou rejeição a essa arte pública tradicional não é exclusiva da camada erudita ou culta da população: ela se manifesta também nos segmentos ditos mais populares e afeta, ainda, aquilo que poderia ser considerado como autêntica arte pública, a arte que, instalando-se num espaço não privado, transforma-o em espaço público, espaço da aproximação, do entrelaçamento, da solidariedade, espaço da construção dos laços éticos. Nos últimos 15 a 20 anos, obras de arte contemporânea foram instaladas em alguns pontos da cidade. Mesmo estas, porém, apesar de suas formas e cores atraentes e do fato de não conterem, por seu caráter geralmente abstrato, nenhuma mensagem cívica clara e imediata ou, mesmo, indireta e longínqua –coisa bastante rejeitada no país– não são aceitas pela população e não conseguem cumprir sua função de arte pública. A artista brasileira de origem japonesa Tomie Ohtake foi convocada, há alguns anos, para propor à cidade um monumento artístico em memória à forte imigração japonesa para o Brasil ocorrida no início do século. Tomie propôs quatro faixas largas e paralelas de concreto, pintadas em duas cores, uma para a face externa, outra para a face interna de cada segmento, e que se erguem suavemente do chão, avançam para cima uma dezena de metros e se curvam para baixo, na direção do lado interior da mesma superfície e na direção do solo, sugerindo o movimento de ondas que se quebram sobre si mesmas, numa alusão à longa viagem por mar feita pelos primeiros imigrantes. E uma bela obra –que logo foi no entanto tomada de assalto pela pichação bestial daqueles que sentem necessidade de marcar seu território do mesmo modo como o fazem certos animais domésticos–. Não se trata de grafitismo, ele mesmo já bastante agressivo e destruidor, mas de pura e violenta pichação, produzida pelo recurso a traços e borrões que formam uma caligrafia tenebrosa (contradição nos próprios termos) de gangues urbanas que recorrem a códigos gráficos incompreensíveis para o não iniciado e que desfiguram totalmente o sítio onde aparecem. A cidade está hoje largamente –e esta palavra deve ser entendida ao pé da letra– tomada pela pichação, o que dá a São Paulo, em certos bairros, dos mais populares aos mais centrais, não raro o aspecto de uma cidade camuflada para a guerra e, simplesmente, de uma cidade em guerra. E da pichação não escapa a arte pública –nem as ondas de concreto da artista japonesa.

> Não é tão pertinente para este ensaio esmiuçar a tese da luta de classes evidenciada por essa pichação da cidade, de sua parte mais rica e da mais pobre, por membros das classes menos favorecidas. Bastará destacar que essa leitura é válida, que ela é indicativa da inconsistência da idéia mesma de espaço público na cidade (e da cidade como espaço de fato público) e que não aponta para outra coisa que não o esboroamento da cultura política, da cultura entendida, em seu sentido radical, como a que deveria permitir a convivência na pólis, a cultura que me permite acreditar que tenho maior probabilidade de retornar vivo para casa ao final de um dia de trabalho.

E verdade que essa obra de arte pública específica foi colocada numa situação bizarra para uma obra pública: no canteiro central de uma via expressa de alta velocidade e com oito pistas, quatro em cada direção, aberta no fundo de um vale, por onde não passam pedestres e que não é limitada por casas ou lojas mas por encostas gramadas ou cimentadas, inutilizáveis pelas pessoas. A imagem típica dessa high-way é a que se obtém do alto de um viaduto, dezenas de metros acima. O resultado é que as ondas de concreto são escassamente visíveis por algum eventual transeunte que se lembre de olhar para baixo e para longe ao atravessar algum viaduto perpendicular à quase-rodovia. E do interior de um carro transitando pela via em velocidade elevada, as ondas são captadas apenas pelo canto de um olho que não pode desviar-se do fluxo de trânsito sob pena de provocar um acidente. Se for necessário deixar mais claro o significado do contexto urbano onde as ondas de concreto foram depositadas: aquele não é de modo algum um espaço público, espaço de convivência, de construção do *nós comum*. Ninguém chega perto das ondas –ninguém a não ser os pichadores, que nelas vêem um alvo privilegiado– ninguém as toca, ninguém pode sentar-se à sua sombra ou a seu redor. São, portanto, decoração. Já despidas de um caráter público, dificilmente podem ser até consideradas arte: são decoração, equipamento urbano que como tal passa sempre despercebido, integrando-se à paisagem urbana em vez de interromper o contínuo visual que a cidade feia sempre produz e que cimenta a cidade em si mesma em vez de descolá-la, descolar aquela área de seu entorno uniforme para chamar a atenção sobre si mesma e sobre o contexto. Por que a artista, convidada a projetar uma arte pública (ainda que essa expresssão não tenha sido eventualmente utilizada, como não deve ter sido), aceitou que colocassem sua obra num local que desde logo, com toda evidência, era a negação mesma da idéia de arte pública? A possibilidade de uma cumplicidade com o poder administrativo ignorante, movida pelo interesse econômico imediato de aceitar a encomenda sem questionar a finalidade que lhe dariam, não pode ser seriamente discutida quando se considera a biografia da artista. Mais viável é que a falta de convivência com arte pública neste país, o desconhecimento da natureza e das funções do que seja uma arte verdadeiramente pública ou, no limite, o conformismo não intencional com o quadro distorcido em que aqui se localiza a arte pública tenha levado a artista a não se dar conta do paradoxo que contribuiu para armar.

> Para evitar a ação dos pichadores –aos quais a cidade não reprime nem procura reorientar, com o que demonstra uma resignação inaceitável e uma apatia suicida– empresas industriais ou comerciais contratam a realização de grandes obras de arte, algumas pela mesma artista citada, e colocam-nas em pátios internos, longe do acesso público. Fazem, dessas obras, obras de arte semi-públicas. Enquanto em outros países as obras de arte contratadas por empresas geralmente ficam do lado de fora de seus prédios, numa espécie de oferenda à comunidade, em São Paulo as obras são confinadas ao interior das edificações: com isso, as empresas curvam-se à realidade social exterior e desenvolvem um *esprit de corps* estritamente limitado que não pode ser confundido com aquele próprio do espaço público. A ética que as orienta não é nem a do espaço público, nem a do espaço privado, mas a de um espaço semi-público, corporativo, que dificilmente tem condições de fazer a ponte entre os dois outros.

A idéia de que o poder administrativo da cidade não tem noção precisa, ou nenhuma noção, do que pode ser uma arte pública –e com ele a população da cidade em sua ampla maioria– é ratificada pelo exame, alguns quilômetros adiante das ondas de concreto, na mesma via, de uma escultura instalada em homenagem àquele que parece ser o herói nacional possível na contemporaneidade brasileira, um piloto de corridas morto em competição no auge da fama. A escultura é miseravelmente pobre do ponto de vista estético; é pouco mais do que um logotipo comercial, desses que aparecem em etiquetas de produtos encontrados em prateleiras de super-mercados. Mas não é sua pequenez estética que está em discussão e, sim, o fato de novamente a escultura ter sido colocada num posto a que as pessoas não tem acesso, no alto de um tunel. Novamente, fica claro que a peça é uma decoração (está ali para ser vista, apenas) e confirma-se o tipo de representação que o poder administrativo da cidade, bem como a população que não se organiza contra esses atentados estéticos e éticos, se fazem do que é arte pública e espaço público: situados em ilhas, no meio ou acima de avenidas de trânsito intenso, arte pública e espaço público são aqui meros signos de alguma coisa e não a coisa em si. Arte pública e espaço público são re-presentações e não presentificações. Não digo que arte pública e espaço público sejam arte pública e espaço público *virtuais* porque a idéia de virtualidade está corroída demais para poder-se usá-la com algum proveito. Digo então que arte pública neste país é um simulacro e que a maior comprovação de que espaço público é também um simulacro neste país é o fato de que a arte pública é, ela, mero simulacro. Se pelo menos um dos pólos desse par fosse um fato, e não a representação do fato, o choque semântico entre fato e representação seria inevitável, perceptível, e a fratura do componente perdedor logo se evidenciaria. Como ninguém vê a fratura é porque o diálogo entre arte e espaço "públicos" é perfeito e, sabendo-se que nenhum dos dois é um fato, um referente real, inevitável concluir que ambos são simulacros.

Para mencionar um exemplo, entre outros, de espaço público real configurado a partir de uma obra de arte que, assim, torna-se obra de arte pública: Numa das ruas centrais de Chicago, um alto edifício, o Daley Center, foi construído de modo a deixar, à sua frente, uma vasta esplanada que o pedestre deve cruzar antes de alcançá-lo. Nesse amplo espaço pavimentado, sem um centímetro de terra ou de verde à vista, colocou-se imensa escultura de Picasso feita do mesmo aço que reveste o edifício. A peça alcança a altura de três andares e não tem nome (para uns parece um pássaro, para outros uma mulher, um animal ou um anjo com sua harpa); é conhecida como "o Picasso". Antes de mais nada, a obra ameniza (e humaniza) a aspereza da esplanada vazia –e este efeito de adorno cumpre, por si mesmo, uma função que não pode ser menosprezada e que de algum modo contribui para o descongelamento das relações interpessoais na cidade–. De outro lado, sua base inclinada e polida é uma rampa natural para os jovens skatistas que ao redor dela se reúnem para exercitar-se e, nos intervalos de descanso, conversar. Será possível argumentar que este é, antes um caso de semi-espaço publico, uma vez que uma *tribo* entre todas tende a monopolizá-lo. Mas, essa tribo nao o utiliza o tempo todo e, de outro lado, pessoas de fato se servem da obra como ponto de indução à socialidade: é possível sentar-se à sua volta, em suas beiradas, utilizar sua sombra contra o sol, agregar-se ao seu redor. Esse caráter de peça na qual se pode tocar, subir, atravessar, que serve como ponte física de contato com o outro, é o que melhor define um espaço público; está presente em todo espaço historicamente reconhecido como de fato público, caso da Praça de San Marco em Veneza. Esta se deve reconhecer como caso de arte pública por excelência, radical, e que assim marca um espaço de fato público.

E significativo observar como uma outra obra de arte colocada do outro lado da rua, em frente a esta de Picasso e feita por outro artista de nome, Miró, tem já uma outra natureza. A área em que está situada é consideravelmente mais restrita –mas este não é o principal problema–. Situa-se numa brecha entre dois edifícios altos e atrás dela e a seus lados, diversamente do que acontece com a de Picasso, não há entrada ou passagem para nada: as pessoas apenas desfilam diante dela ao andar pela calçada. Além disso, ninguém pode sentar-se em alguma parte dela: é uma espécie de obelisco inabordável. E quase tão alta quanto a de Picasso mas é antes um tótem, um símbolo encostado a uma parede, como estaria num museu se ali fosse um, do que uma obra em praça pública. Chicago tem várias obras de arte expostas ao público; algumas são mais figurativas (um imenso de Calder), outras mais abstratas. E ótimo que assim seja: as ruas assumem, graças a elas, formas específicas, identidades próprias –personalizam-se–. A cidade –não a cidade mas pelo menos a parte da cidade em que se situam– embeleza-se. Mas nem todas assinalam espaços de fato públicos: muitas das maiores, sim (embora monumentalidade não seja essencial à arte pública e ao espaço público); todas as que permitem aproximação, sim; outras, porém, apenas decoram. Quando se pensa em termos de cultura política, essas distinções estão longe de ser apenas acadêmicas.

O divórcio entre arte e espaço, quando encarado sob o prisma da publicidade de um e outro, é um princípio difuso da organização da vida urbana no Brasil e manifesta-se também naquelas áreas precipuamente projetadas como espaços públicos. Assim como inexiste uma possibilidade de osmose ou conjugação harmônica entre *arte* e *áreas de deslocamento*, de passagem meramente utilitária (vias que servem para ir de um lugar a outro, que não são lugares onde se pode permanecer e dos quais se pode desfrutar num tempo de pausa, único capaz de permitir a construção do eu individual e do nós comum), tampouco existe harmonização possível entre arte e espaços pensados especificamente para servir como espaços públicos de convivência e pausa. Posto de outro modo, tampouco existe a convivência entre esses dois fatos, a arte e a arquitetura, que mais naturalmente podem compor-se intransitivamente (para nada, gratuitamente) e compor-se transitivamente, pa ⌐ constituir um espaço público. Em São Paulo construiu-se nos anos 80, em área antes deteriorada, um complexo arquitetural destinado a abrigar, num futuro incerto, o Parlamento Latino-Americano. Esse lugar, denominado Memorial da América Latina, foi projetado pelo mais famoso arquiteto brasileiro, Oscar Niemeyer, que não apenas não permite que nele se coloquem árvores ou plantas ("É uma obra de arquitetura, não da natureza", diz ele, não sem razão) como tampouco autoriza a instalação, no local, de esculturas de qualquer espécie. E não concede igualmente que seus edifícios sofram uma intervenção artística que lhes atribua, momentaneamente embora, uma narrativa extra-arquitetural: a mesma artista que imaginou uma sombra militar distorcida para o santo guerreiro, propôs que um dos edifícios do Memorial, o mais popular deles, um teatro que abriga espetáculos geralmente gratuitos, fosse temporariamente coberto por uma anamorfose gigantesca do mesmo militar brasileiro. Um espaço público é lugar onde se contam histórias: as pessoas, umas às outras; a cidade e o espaço, às pessoas. A proposta da artista, mesmo não apresentada deste modo, era uma proposta que daria ao espaço a faculdade de narrar às pessoas um conto que não fosse apenas o abstrato conto falado pelo código arquitetural, ao qual a maioiria continua impermeável. Seria uma sombra magnífica, de dezenas de metros, visível do parque cimentado do Memorial assim como da rua, de um viaduto próximo e do trem suburbano que passa perto. Mas o arquiteto famoso não o permitiu. ("Quando um artista plástico permitir que eu como arquiteto faça uma intervenção arquitetônica numa obra sua, deixarei que um artista plástico faça uma intervenção plástica em minha arquitetura", respondeu ele.). É possível, na verdade, que a artista em questão não tenha se dado conta da dimensão de sua ingenuidade ao propor que um Memorial dedicado à suposta harmonia dos países latino-americanos fosse comentado com a imagem, distorcida embora, de um militar brasileiro notabilizado por participar de uma guerra entre latino-americanos que não se destacou, nem de longe, pelos mínimos traços humanitários. É possível que os administradores do lugar, e o próprio arquiteto, tenham se dado conta do viés que se instalaria no local com a presença da sombra e por esse motivo negado a autorização –o que confirmaria a pertinência da idéia de uma sombra desse militar pairando sobre a consciência histórica dos brasileiros, sombra que não se materializa e que não se consegue tampouco exorcizar de modo definitivo–. Mas o conflito entre a arte e esse espaço é mais amplo uma vez que, repetindo, nele não se admitem nem árvores nem... *esculturas*. Como não se trata de um espaço público vivo como a Piazza San Marco em Veneza, a Grande Place de Bruxelas, a Place des Vosges em Paris –locais onde pessoas moram, trabalham, atravessado e vivificado por crianças e transeuntes que se detêm para um café e uma conversa– mas, sim, de um espaço de representação onde se encena o drama (ou a comédia?) de uma união supra-nacional latino-americana (*e que talvez não seja nem mesmo um espaço de representação mas, simplesmente, a representação de um espaço em tamanho natural,* como no conto de Borges), o Memorial não é de fato um espaço público e, assim, é de todo coerente que não se permita que receba aquilo que mais define um espaço público: a obra de arte.

Estes são outros tantos motivos pelos quais se pode chamar a cultura de uma cidade como São Paulo de sintética. Outras grandes cidades do país –embora nenhum seja tão grande como São Paulo– encontram modos de convivência mais amena entre o tecido urbano utilitário da cidade e seus espaços (relativamente) públicos, aqueles espaços de aproximação e construção conjugada de alguma coisa que se aproxima do nós coletivo que não seja únicamente o nós gozoso do carnaval, momento em que nas cidades do norte e nordeste do país o espaço utilitário banal transforma-se em espaço ritual (consagrado, se me permitirem a heresia) de comunhão profana dos corpos entregues ao prazer diversificado... e bem-vindo. (Refiro-me ao carnaval do norte e do nordeste e não ao do Rio de Janeiro, ritualizado para efeitos de consumo direto, pelos que pagam ingresso para assisti-los sentados na arquibancada, e indireto, pelos que ficam em casa assistindo pela televisão –carnaval que, por esta última razão, ocorre em local delimitado, com entrada e saída controladas para as escolas de samba e com horário certo para começar e terminar, o que configura o oposto mesmo da idéia de carnaval: um carnaval ordenado.). Falo de um espaço público que não seja unicamente o do carnaval uma vez que creio relativamente assentada a idéia de que espaços públicos não se constituem apenas sobre a noção do *dispêndio sem finalidade* que caracteriza o prazer do carnaval em particular e o da festa em geral mas, também, sobre a *noção de auto-limitação*, traço essencial, embora não único, da sociedade realmente livre. Ao mencionar essas cidades do norte e nordeste brasileiros, tenho em mente uma em especial que se tornou centro de peregrinação espiritual de parcelas pobres da população da região e que ostenta uma enorme estátua de um sacerdote católico venerado como santo, Padre Cícero. Essa estátua em nada é menos kitsch que a do bandeirante existente em São Paulo; mas enquanto a de São Paulo é marco meramente decorativo, para ser visto à distância, despido de todo conteúdo semântico vivo, a nordestina coloca-se no centro de um espaço de fato mais público, diretamente vivido como tal pelos que partilham aquela crença. Outras cidades do nordeste e do leste, mesmo sem a mesma conotação religiosa, apresentam traços visíveis de espaços públicos, como Olinda, em Pernambuco, e Salvador, na Bahia, cidades que remontam à idade do Brasil colônia. Num caso e no outro, a arquitetura (assinalada por igrejas várias e casarões antigos) e o próprio desenho urbanístico (freqüentemente um anti-desenho, na medida em que não teve origem ordenada, controlada, intencional) constituem as bases de um espaço público que vêm habitar grupos extraídos de variadas fontes culturais locais, com orientação sagrada ou profana. São espaços urbanos com cultura própria e viva.

São Paulo, inversamente, tem uma cultura sintética –se é que esta construção frásica representa bem a realidade–. Talvez fosse mais adequado dizer que uma cultura sintética tem a cidade de Sã Paulo, e não o inverso. Uma cultura que muitos descrevem como simulacro da cultura urbana de New York e que talvez não seja sequer isso mas apenas uma cultura que *aspira* a ser a cultura de uma cidade como New York. Este não é um fenômeno cuja responsabilidade se deva atribuir à globalização e seus eventuais efeitos desfigurativos sobre as culturas locais. São Paulo está assim muito antes da recente onda de globalização. Já é idéia assentada, e banal, aquela que aponta para a diminuição sempre mais acentuada do ideal e da prática do espaço público na contemporaneidade, carcomido primeiramente pela prática da recepção doméstica da televisão (e agora pela internet) e de outro lado diminuído em grande medida pelo medo da violência das ruas. Será de fato assim, em boa parte. Mas a sobrevivência do espaço público em mais de uma cidade do primeiro mundo, que em princípio deveria ser o mais afetado pela ação dos meios de comunicação de massa, pela internet e pela mercantilização das relações humanas, diz que se deve procurar a resposta para a impossibilidade de existência de espaços publicos numa cidade como São Paulo em fontes outras e mais remotas no tempo.

A inexistência de espaços públicos urbanos no país evidencia uma fraqueza não apenas dos laços éticos que permitem a construção do nós comum; mostra ao mesmo tempo a debilidade do papel da arte no país, mesmo a não pública. O espaço público é a construção social de processo de elaboração mais próxima do processo de elaboração da arte que se pode imaginar –e não é por nada que o espaço público qualificado é aquele que se faz com a obra de arte.

Uma área como a do citado parque Ibirapuera, basicamente um parque "da natureza" apesar dos dispositivos arquiteturais que abriga (e mesmo sendo quase mais um *cenário* da natureza do que um autêntico parque natural, dadas suas restritas dimensões) é ela também a de um espaço público problemático, algo como um semi-espaço público (a diferenciar-se de um espaço semi-público) ou um espaço público neutralizado: o modismo globalizado do jogging e do exercício físico obsessivo faz com que as pessoas o utilizem sobretudo como pista de atletismo amador, o que dificulta a convivência, a conversa, o contato e a reflexão próprios do verdadeiro espaço público, espaço *de estar* e não um *espaço de locomover-se*. Lá se fazem, é verdade, eventuais e massivos espetáculos musicais que atraem multidões de dezenas de milhares de pessoas. Novamente, isso não marca aquele espaço como um espaço necessariamente público: um espaço público não é aquele onde uma multidão (o contrário do coletivo solidário) coloca-se lado a lado olhando para a frente, para um ponto que não é ela, que é totalmente distinto dela (justamente porque ela está do lado de lá, inerte, recebendo, enquanto o alvo das atenções está do lado de cá, ativo, fornecendo). Nessas ocasiões, esse espaço público ou que poderia ser público transforma-se em um tipo de espaço utilitário, transitivo (espaço que serve para alguma coisa distinta dele ou que não lhe é inerente) para o qual as pessoas se dirigem apenas para um desfrute momentâneo, findo o qual se dispersam e se ignoram amplamente. Assistir a um espetáculo de música –ainda que de música clássica fácil (ou facilizada) porque muito popularizada, e ainda que de uma música popular consagrada, que já se ouviu inúmeras vezes no rádio, na televisão ou no CD– será talvez melhor que nada e melhor que muita outra coisa. Mas não há por que iludir-se quanto às propriedades desse assistir sociófugo (assim como se fala em centrífugo), voltado para um palco lá na frente e não para o outro ao lado.

A arte, porém, ainda é um enigma social para este país, e isto vale tanto para a população carente e inculta quanto para as elites, das econômicas às acadêmicas. A burguesia brasileira não firmou, em 500 anos, nenhuma tradição semelhante à observada nos EUA, onde a proliferação de fundações dedicadas à conservação das obras de arte, à facilitação do acesso à cultura pelo maior número possível de pessoas e à multiplicação de novas obras, é um fenômeno facilmente observável e que se apresenta sob a roupagem de autêntica prática social. E mesmo a universidade brasileira e o sistema acadêmico como um todo (incluindo as agências de fomento) ainda não atribuíram à arte foros de plena cidadania. Sob esse aspecto, a universidade brasileira continua vivendo seu momento de modernidade (ou falsa modernidade) porque lastreada na crença da supremacia da razão científica, que nem sempre se distingue da mera razão técnica. A arte, domínio da razão sensível, continua sendo vista como apêndice do corpo social, algo que se reconhece existir, que talvez cumpra alguma função que não se sabe bem qual seja e que pode ser eliminado cirurgicamente sem que qualquer mal visível daí advenha para o corpo de onde foi retirado. Não há muito lugar para a arte na universidade brasileira, não há lugar para a arte na sociedade brasileira.

Um país sem um sistema artístico minimamente estruturado dificilmente pode contar com uma rede de espaços públicos que valham o nome. À falta destes, impingem-se espaços como o das comemorações cívicas (de inspiração militarista) obrigatórias, comuns em mais de um momento do passado ditatorial, realizadas nas avenidas ou estádios esportivos e alimentadas por produções artísticas tingidas pelo dirigismo político de variada inspiração (das quais participaram mesmo alguns dos maiores nomes da cultura do país, como Villa-Lobos); ou o dos atuais acontecimentos esportivos, como o futebol, que apenas uma mente extremamente desatenta pode insistir em apresentar como espaço de comunhão nestes tempos em que, por toda parte, o estádio esportivo é uma arena mal disfarçada de confronto armado entre tribos diferentes. Como o espaço público do meeting político deixou de existir por aqui no início dos anos 60, sob o duplo impacto da ditadura militar e do crescimento da televisão, restaria às cidades o espaço público "leigo" ou "neutro" que é o espaço do lazer amparado pela presença direta ou indireta da obra de arte. Este espaço, porém, numa cidade como São Paulo –ou Brasília, simbolo entre todos singular porque capital do país e capital em larga parte assinada pelo mesmo arquiteto do Memorial de São Paulo...– é uma notável ausência, ainda é um simulacro (ou já é um simulacro, conforme o ponto de vista adotado). Não se pode dizer que o espaço público seja agora uma impossibilidade geral nesta sociedade de massa (começamos a entender agora, neste fim de século consideravelmente sobrepovoado, o que é verdadeiramente uma sociedade de massas) de natureza televisiva; em alguns países desenvolvidos, o espaço público ainda é uma realidade. No Brasil, contudo, o espaço público implode em espaços privados (que já também não o são tanto) e espaços semi-públicos (como o museu). A rigor, o espaço público é, aqui, uma abstração social. Uma sombra, como propõe a artista das anamorfoses.

VII. Culturalismo y crítica del canon

Genealogía del mimetismo: estudios culturales y negatividad

Raúl Antelo
Universidade Federal de Santa Catarina

> Es destino de las maravillas destruidas el inmortalizar hasta a sus verdugos. La tierra recubre sus fragmentos esparcidos. Los pesados pasos de los vencedores sepultaron en el suelo natal los restos de los templos con los cadáveres de los arquitectos y de los obreros que los construyeron. Pero la belleza sobrevive en cada trozo. La moneda enterrada tiene el más fino perfil. Un casco de ánfora rota conserva el gálibo irreprochable. La estatua decapitada sigue viva aún. Sus contornos interrumpidos invitan a la mirada a prolongarlos en el vacío; y la imaginación, devolviendo al mármol su plenitud original, reconstruye lo que falta con lo que subsiste.
> Roger Caillois, "La victoria de Atenas" (1941)

Sabemos que la sociedad del espectáculo se apoya en la instrumentalidad de los medios para alcanzar la mercantilización cultural, pero es necesario observar, con todo, que ese *darse a ver* pone en escena el problema de la distancia entre la *transparencia* como ideal universal democrático del saber y el *exceso*, como más allá del poder. Esa distancia no puede simplemente interpretarse, de forma dilemática, como conflicto entre trivialidad y opacidad. Exige que la crítica cultural sea algo más que una revelación o desmistificación de la ideología (lo que conlleva aun el ideal pedagógico de la transformación consciente) y reserva, en cambio, al crítico cultural el análisis de la opacidad de los intercambios simbólicos por entender que su mirada debe captar la cultura *in motu* y no *in statu*. Más que una rotulación binaria entre positividad y negatividad (verdad/falsedad; realidad/apariencia; identidad/alienación) la tarea de la crítica consistiría en liberar energía, cuestionándose el tipo de negatividad aún posible para la crítica cultural, sin por ello abdicar de la opacidad deliberada sobre los materiales, incorporada por el modernismo, ni abjurar de la desautomatización de percepciones y la epifanía vanguardista, y mucho menos, recuperar la estética como valor inclusivo y oclusivo de tradiciones nacionales. Ni privación, ni degradación, ni apenas ausencia, ese *sin* alude a un más-allá: el del mimetismo.

En efecto, al practicar aféresis (sustracciones, amputaciones, abstracciones) el crítico cultural busca un *pas au-delà* (Blanchot) que exceda la oposición entre lo afirmativo y lo negativo y sin embargo se sitúe más allá de toda posición lo que, implícitamente, lo instala en el lugar del secreto, más allá del ser (*apo*) de la elección (*airesis*). Pero mantener este lugar exige también homología entre ese lugar secreto y el lazo social capaz de mantener dicho secreto, es decir, aquello que se sostiene más allá del ser (sin el ser y sin serlo), aquello que desdeñando la opción transparente (el Bien) delibera por la opacidad heterológica (el Mal). La aféresis es un más allá de la herejía (*airesis*), un modo de la ateología o del historicismo radical irreductible a la comunicación.

Creo posible por lo tanto problematizar las relaciones entre estudios culturales y negatividad trazando la genealogía, particularmente latinoamericana, bueno es subrayarlo, del concepto de mimetismo. Recordemos entonces, como punto de partida, que Georges Bataille, poco después de escribir "El valor de uso de D.A.F. de Sade", y cuando planeaba redactar una historia universal ilustrada a partir de contribuciones del psicoanálisis (carta a R. Queneau, 15 de setiembre de 1931), en otras palabras, en un texto recogido por Alejo Carpentier para *Imán*, confiesa que América Latina le interesaba por "los elementos extraños susceptibles de corromper y destruir" costumbres culturales arraigadas. Si al Occidente le cabía contribuir con anticlericalismo, "las repúblicas latinas de América podían desempeñar un papel de primer orden en la destrucción de cierta moral de opresión y servilismo", especialmente en el campo sexual, ya que esa destrucción no representaría un "alejamiento de los placeres sexuales y (a) una honestidad estéril" sino, todo lo contrario, la glorificación de "una actividad sexual libre –que no tiene otra finalidad, en suma, que la entrega a prácticas licenciosas". En esa relación mutua entre América Latina y los países occidentales, la amenaza no residía en el caos, ya que era la misma Europa la que, al fabricar montañas de cadáveres, mostraba el espíritu del método elevado a su último grado de perfección. En ese regreso occidental a costumbres más netamente crueles y violentas, Bataille creía ver el signo ascendente de una economía del gasto y la disipación en nada coincidente con la armonía universal del liberalismo, ya que "todo lo que pueda producirse a partir de las diversas civilizaciones, sólo adquiere su verdadero sentido al relacionarse con la revulsión violenta que de ello resultará" ("Conocimiento de América Latina").[1] Bataille ensaya un proceso de interpretación de la cultura latinoamericana que revierte sobre la europea. Su lectura no aumenta las señales ni les otorga nuevos sentidos pero en cambio las ordena de un modo inusitado, *sádico*, disponiendo espejos entre ellas, lo que acaba atribuyéndoles nuevas e insospechadas dimensiones. Se trata, si bien se ve, de un procedimiento archieuropeo que señala un más-allá-de-lo-europeo. En efecto, la tradición occidental ha alimentado dos actitudes de sospecha frente a las relaciones entre el lenguaje y el mundo, es decir, en cuanto a la interpretación, que suponen siempre alteridad. Se sospecha que el lenguaje no diga lo que dice, lo que postula una alegoría o *hiponoia*, como decía Foucault, es decir, una ficción, o bien que el discurso exceda su materia verbal, dejando oír otros enunciados diferentes de los del mismo lenguaje. En todo caso, se intuye que el lenguaje no sea más que una máscara. Creo que esta observación de Bataille permite captar la

---

[1] Ya en "L'Amérique disparue"(1928), texto anterior a *Documents* y compuesto a partir de sus estudios con Métraux, Bataille postula a las culturas precolombinas como el lugar infinito de la interpretación, no sólo porque su descubrimiento coincide con su desaparición, en lo que se superpone con lo sagrado sino también "parce que jamais sans doute plus sanglante excentricité n'a été conçue par la démence humaine" a punto tal que ellas "évoquent les aveuglantes débauches décrites par l'illustre marquis de Sade". Es de notar, además, que en esa confrontación intercultural Bataille cree percibir dos sistemas homólogos y contrapuestos ("les mexicains étaient probablement aussi religieux que les Espagnols" con la salvedad de aliar a la religiosidad el distanciamiento en forma de horror, terror y humor negro). Esa interpretación coincide con su lectura del presente en que "la burguesía no vislumbra ya muchas salidas, fuera de las aventuras brutales, y todo lo que pueda decirse es que apresura con ello el día del proletariado, único capaz de barrer los monstruos de feria (...) y de liberar al mismo tiempo –con la destrucción de la sociedad burguesa incapacitada– impulsos de una amplitud y de una prodigiosa grandeza humana", es decir, impulsos que postulan un más-allá-de-lo-humano. La idea retorna, aplicada al arte, en uno de los artículos de *Documents*, "L'esprit moderne et le jeu des transpositions" (1931). En última instancia se podría decir que Bataille practica en esos usos culturales una lectura antropológica de su inconsciente.

emergencia de una heterología latinoamericana que descansa en tres funciones predominantes del lenguaje: disimular, metamorfosear, espantar, homólogar, por lo demás, de las tres funciones del mimetismo animal estudiadas por Roger Caillois: el camuflaje, el disfraz y la intimidación, es decir, funciones de replicantes activos u ofensivos, pasivos o defensivos y neutros o no marcados.[2]

Recordemos, entonces, que los estudios de Caillois sobre el mimetismo o *mimicry* nacen, en cierta medida, de ese simulacro pastoral que es el *Corydon* (1925) de André Gide, o más precisamente, del desarrollo de una observación de Henri Bergson, según la cual la sexualidad humana actuaría tanto por anagénesis, principio económico de acumulación, como por catagénesis, o sea, por derroche y disipación. Gide, que desconoce, obviamente, a Freud y Bataille, transcribe: el sexo femenino es pues, de algún modo, el de la previsión fisiológica; el sexo masculino, "celui de la dépense luxueuse, mais improductive" (*Corydon*, p. 75). Y de esa observación sobre el dimorfismo deriva otra, la de que en algunas especies en que la catagénesis masculina no es tan exuberante, la hembra devora al macho tras el coito.[3] Gide pretendía

---

[2] Ya en 1933, en respuesta a una pregunta de *Minotaure* (n° 3-4, p. 105) Caillois elabora un concepto del encuentro que toma distancia del irracionalismo bretoniano, "bien peu elaboré", proponiendo no ya determinaciones exteriores sino series causales "surdeterminés *l'une par rapport à l'autre*" que el mismo Caillois, lector de Bergson o Simmel, compara a las *constelaciones*. De esas series causales sobredeterminadas derivan su ensayo sobre la *manta religiosa* (1934), complementado por el del mimetismo y la psicastenia legendaria (1935), incluido en *Minotaure* (n° 5 y 7) y luego en *El mito y el hombre* (1938), traducido por *Sur* simultáneamente a la llegada de Caillois a Buenos Aires (1939). Una de las últimas exposiciones de Caillois en el Collège había sido, justamente, sobre las sociedades animales. Sobre las máscaras, ver sus ensayos en *Les jeux et les hommes* (1958) y *Cases d'un échiquier* (1970). Uno de los primeros ecos latinoamericanos de su teoría de la máscara se lee en la reseña sobre máscara y vértigo que Carpentier escribe en su columna de *El Nacional* de Caracas (17 de noviembre de 1957). La máscara señala que el retorno no ocurre porque el vértigo significante separa al sentido de sí mismo. Repetición, separación, escritura, máscara y comunidad serían los ejes alrededor de los cuales Nietzsche gira en Bataille y Caillois. Cf. Hollier, Denis. "From beyond Hegel to Nietzsche's absence".

[3] Dice Gide: "Il est remarquable que, précisément chez cette espèce (*mantis religiosa*) et malgré le petit nombre des mâles, chaque femelle est prête à en faire une consommation déréglée; elle continue de s'offrir au coït et reste appétissante au mâle même après la fécondation; Fabre raconte avoir vu l'une d'elles accueillir puis dévorer successivement sept époux. L'instinct sexuel, que nous voyons ici impérieux et précis, aussitôt dépasse le but. Je fus tout naturellement amené à me demander si, chez ces espèces où le nombre des mâles est proportionnellement inférieur, où, partant, l'instinct est plus précis, et où par conséquent il ne reste plus de matière inemployée, dont puisse jouer la force catagénétique, de 'matière à variation' – si ce n'est pas, dès lors, en faveur du sexe féminin que se manifeste le dimorphisme – autrement dit: si les mâles de ces espèces ne sont pas d'aspect *moins* brillant que les femelles? – Or c'est précisément ce que nous pouvons constater chez la *mantis religiosa*, dont le mâle 'nain, fluet, sobre et mesquin' (j'emprunte à Fabre ces épithètes) ne peut prétendre à cette 'pose spectrale' durant laquelle la femelle déploie l'étrange beauté de ses larges ailes diaphanes et liserées de vert. Fabre ne fait du reste pas la moindre remarque sur ce singulier renversement des attributs, qui corrobore ici ma théorie. Ces considérations que je relègue en note – parce qu'elles s'écartent quelque peu de la ligne de cet écrit – où je crains bien qu'elles ne passent inaperçues, me paraissent présenter le plus grand intérêt. La joie que j'éprouvai lorsque, ayant poussé jusqu'au bout une théorie si neuve et, je l'avoue, si hasardée, je vis l'exemple la confirmant venir, pour ainsi dire, à ma rencontre – cette joie n'est comparable qu'à celle du chercheur de trésors d'Edgar Poe lorsqu'en creusant le sol il découvre la cassette pleine de joyaux exactement à cette place où ses déductions l'avaient persuadé qu'elle devait être. – Je publierai peut-être quelque jour d'autres remarques sur ce sujet". (*Corydon*, pp. 108-109).

desarrollar esa idea en un libro que no escribió pero que fue escrito por varias manos posteriores. Las primeras podrían ser las de Dalí, en su interpretación paranoico-crítica del *Angelus* de Millet ("Interpretation paranoïaque-critique", p. 65)[4] pero junto a ellas, las de Lacan. Gracias al encuentro con Dalí y tras el caso Aimée, Lacan rompe con la psiquiatría proponiendo otro estatuto para la interpretación. Así como el *Corydon* se podría definir como un manifiesto trágico (busca ser la voz de la homosexualidad para descubrir que esa voz carece de materialidad, es pura posicionalidad), del mismo modo, Lacan presenta una tesis trágica, *De la psicosis paranoica en sus relaciones con la personalidad* (1932), donde caracteriza al discurso paranoico como una sintaxis original en estrecha vinculación con el problema del estilo. El problema de la paranoia para Lacan es de comprensión, lo que significa comprenderla (*prenderla con*) otras manifestaciones posibles de la personalidad así como comprenderla (*interpretarla*), es decir, volverla inteligible para otro sujeto y es en este sentido que Lacan desarrolla su propio método como una sintaxis (*hiponoia* o composición) original. Alejándose de la vía organicista (la paranoia está en el cuerpo), Lacan intuye otro camino, psicogénico, que le permite rescatar al hombre degradado, al que se le niega condición humana y se lo animaliza hasta convertirlo en Minotauro para lanzarlo, indefenso, al fondo del laberinto. Si en el fenómeno paranoico Lacan supo observar la regresión de lo humano en lo animal, es comprensible el interés con que acompaña los ensayos de Caillois sobre mimetismo, ya que en ellos se argumenta algo semejante, la regresión de lo animal hacia lo inanimado. Lo que articula ambos pasajes es, como se ve, el trabajo de lo imaginario que, repetimos, no es materialidad sino discursividad y sintaxis. No tiene que ver con la imaginación y sí con el narcisismo. Hay por lo tanto una obvia conexión entre la tradición genética (Bergson, Gide, Caillois) y la salida lacaniana[5] a punto que el espejo, en su teoría, pronto dejará de ser un estado (una fase de madurez neurofisiológica), implicado aún en una concepción lineal del tiempo, para transformarse en una bisagra móvil. En efecto es la teoría del espejo la que nos propone el *après-coup* como tiempo lógico de la causalidad psíquica y con él nos impone la reconstrucción retrospectiva como su gramática específica. Es interesante notar que la propia experiencia sale así redefinida. No se trata de entenderla como superación de la vivencia (*Erlebnis*) en nombre del choque y la ruptura, es decir, del lenguaje fragmentario (*Erfahrung*); se trata, además, de ver que la teoría del espejo, como lectura del mimetismo, se opone a un cierto tipo de negatividad anagenética (*le néant*) comprometido aun con la razón práctica, inclinándose, en cambio, por una negatividad catagenética (*le rien*), sin residuo acumulativo y entendida como disipación o diseminación.[6]

---

[4] Hay versión en libro, *El mito trágico del Angelus de Millet*. Barcelona, Tusquets, 1978. Se puede, incluso, asociar la teoría paranoica del *Angelus* (su partición de dos mundos, el alto y el bajo) con las estrategias del Gran Vidrio de Duchamp (iniciadas en Buenos Aires con los *Testigos oculares*). Ver Brochart, Raphaël. Su trabajo traducido, recientemente, en *Nombres*, revista que, sintomáticamente, procede al rescate de Murena.

[5] En "Le stade du miroir" (1949) confiesa su deuda: "Rappelons seulement les éclairs qu'y fit luire la pensée (jeune alors et en franche rupture du ban sociologique où elle s'était formée) d'un Roger Caillois, quand sous le terme de *psychastenie légendaire*, il subsumait le mimétisme morphologique à une obsession d'espace dans son effet déréalisant" (Lacan, *Ecrits*, p. 96).

[6] En una de las notas (tachadas) de *La soberanía* Bataille aclara que "en su prólogo (1939), Caillois dice a propósito del interés que uno y otro tenemos por el objeto de su estudio: 'me parece que, sobre esta cuestión, se ha establecido entre nosotros una especie de ósmosis intelectual que a mí no me permite distinguir con certeza, después de tantas discusiones, su parte de la mía en la obra que realizamos en común'. Hay mucha exageración en esta forma de presentar las cosas. Aunque es

Es oportuno recordar de qué modo Lacan retorna a Freud y a Nietzsche para oponerse a Sartre. Argumenta que el drama del espejo guarda relación con lo que Freud y su hija, es decir, los fundadores, habían llamado narcisismo primario presentado en la forma de una *latencia metafórica* que

> ella ilumina también la oposición dinámica que trataron de definir de esa libido a la libido sexual, cuando invocaron instintos de destrucción y hasta de muerte, para explicar la relación evidente de la libido narcisista con la función enajenadora del yo, con la agresividad que se desprende de ella en toda relación con el otro, aunque fuese la de la ayuda más samaritana. Es que tocaron esa negatividad existencial, cuya realidad es tan vivamente promovida por la filosofía contemporánea del ser y de la nada.
> Pero esa filosofía no ha aprendido desgraciadamente sino en los límites de una *self-sufficiency* de la conciencia, que, por estar inscrita en sus premisas, encadena a los desconocimientos constitutivos del *yo* la ilusión de autonomía en que se confía. Juego del espíritu que, por alimentarse singularmente de préstamos a la experiencia analítica, culmina en la pretensión de asegurar un psicoanálisis existencial (Lacan, *Ecrits*, pp. 98-99, traducción mía).[7]

El espejo lacaniano no sólo indica el carácter ilusorio de la percepción sino el de todo comienzo, que nunca es origen, creación o voluntad de acción por el simple motivo de que no es posible representar el pasaje de lo inmediato a lo mediato. Todo lo inmediato cesa al surgir la conciencia, de allí que la historia sea abstracción así como el inconsciente, una ficción.

Conviene observar que esta teoría de la subjetividad, que connota una filosofía de la expresión y no de la existencia, emerge con la violencia pulsional del juego. En efecto, Lacan

---

cierto que Caillois debe algo a nuestras discusiones, ese algo es muy secundario. Como mucho, puedo decir que si Caillois atribuye al problema de la ambigüedad de lo sagrado una importancia que antes no se le prestaba, yo no he podido sino animarle a ello. Pienso que es una de las partes más personales de su libro junto con la *Théorie de la fête* (pp. 126-168), a la cual no creo haber contribuido de ninguna manera, sino que el conjunto de mi pensamiento recurre a ella constantemente. Aprovecho esta ocasión para expresar todo lo que debo a esta puesta al día casi perfecta de la cuestión de lo sagrado que es el pequeño libro de Roger Caillois. Por otra parte, me parece muy difícil, sin haberlo leído, captar en su justificación los desarrollos fundamentales de *La Part maudite*. *L'Homme et le sacré* no es solamente un libro magistral sino también un libro esencial para la comprensión de todos los problemas en los que lo sagrado es la clave. –Tengamos en cuenta que bajo una forma algo diferente, pero con el título: *Le pur et l'impur*, el estudio de Roger Caillois sobre la ambigüedad de lo sagrado constituye uno de los capítulos de la *Introduction* del tomo I de *L'Histoire générale des religions* (Quillet, 1948), para la que había sido inicialmente redactado, en 1938". Lo que Bataille no cuenta pero Caillois tampoco olvidó (en su testimonio a Jeannine Worms, *Entretiens avec Roger Caillois*. París, La Différance, 1991) es que Gide vetó su texto, probablemente, por incluir al cristianismo entre los mitos. Nunca más cierta la definición de que mito es la religión ajena.

[7] "Elle éclaire aussi l'opposition dynamique qu'ils ont cherché à définir, de cette libido à la libido sexuelle, quand ils ont invoqué des instincts de destruction, voire de mort, pour expliquer la relation évidente de la libido narcissique à la fonction aliénante du je, à l'agressivité qui s'en dégage dans toute relation à l'autre, fût-ce celle de l'aide la plus samaritaine. C'est qu'ils ont touché à cette négativité existentielle, dont la réalité est si vivement promue par la philosophie contemporaine de l'être et du néant. Mais cette philosophie ne la saisit malheureusement que dans les limites d'une self-suffisance de la conscience, qui, pour être inscrite dans ses prémisses, enchaîne aux méconnaissances constitutives du *moi* l'illusion d'autonomie où elle se confie. Jeu de l'esprit qui, pour se nourrir singulièrement d'emprunts à l'expérience analytique, culmine dans la prétention à assurer une psychanalyse existentielle" (Lacan, *Ecrits*, pp. 98-99).

señala, en el campo de la teoría psicoanalítica, aquello que conocemos bien en el del arte: que las rupturas más fecundas suelen ser impulsadas por teorías aparentemente débiles mientras es común que los programas más coherentes, por su manifiesta metafísica, se revelen inconsistentes o estériles. Esa paradoja, que tensiona teoría y terror, enlaza así el *rien* acefálico de Lacan con su presupuesto, el *néant* positivo de Sartre, pero es necesario asimismo dar una vuelta de tuerca y recordar que *El ser y la nada* nace como réplica a otra propuesta emblemática, presentada en el Collège de Sociologie, la "Teoría de la fiesta", teoría bisagra que se lee, en la versión de Caillois en *Sur* (1940) y como capítulo IV de *El hombre y lo sagrado* (1939) y, en versión de Bataille, en *La literatura y el mal* (1957), o como capítulo V de *El erotismo*, "La transgresión" (1957). Sartre confiesa, en efecto, en carta a Castor (diciembre de 1939), que acaba de "hacer una teoría" sobre la guerra y la moral, "en m'inspirant de la théorie de la fête de Caillois", blanco justamente de la crítica de Lacan. Estas dos maneras de interpretar la transgresión (la fiesta, la guerra) que nos conducen a dos formas diferentes de negatividad (lo que Klossowski analiza en *Sade, mon prochain*) reaparecerán en los retornos ultramarinos del Collège de Sociologie.

En Nueva York, uno de esos retornos lo protagonizó Eugène Jolas, al componer un dossier sobre el Collège para la revista *Vertical* (1941) que continuaba las propuestas de *transition, an International Workshop for Orphic Creation*, donde sintomáticamente se codeaban Asturias, García Calderón, Siqueiros o Gustavo Barroso con Soupault, Michaux o Queneau pero sobre todos ellos, Joyce, es decir, una auténtica biblioteca lacaniana. Es más: el título de la revista de Jolas, *Vertical*, alude al presente histórico que les cabía atravesar, una edad vertical ante la cual artistas e intelectuales lanzan dos manifiestos, el de "Metanthropological Crisis" y el de "Poetry is Vertical", este último firmado, entre otros, por Hans Arp o Samuel Beckett, manifiesto donde se estipula, por ejemplo, que

> the final desintegration of the 'I' in the creative act is made possible by the use of a language which is a mantic instrument, and which does not hesitate to adopt a revolutionary attitude toward word and syntax, going even so far as to invent a hermetic language, if necessary.[8]

En Buenos Aires, la otra plaza en que se reproduce el Collège, Caillois trata también de resucitar el espíritu de la secta. Bataille, en una de sus cartas (13 de noviembre de 1939), lo interroga sobre el punto pues quiere saber "quelque chose de plus précis sur l'activité du Collège de Sociologie en Argentine", aun cuando "Naturaleza del hitlerismo", una de sus intervenciones en *Sur*, pautada por el espíritu del grupo, le parezca poco convincente, sobre todo en su desdén por "quelque principe positif – une volonté, un attrait" y sostenga en cambio una pesada condena a la "patología de las sociedades", no diferente de la derecha convencional. Otro tanto le dice Benjamin a Gretel Adorno (17 de enero de 1940), juzgando ese mismo ensayo "assez drôle", aunque, por otro lado, admita un interés por "une théorie de la

---

[8] El manifiesto también firmado entre otros por Jolas y Carl Einstein, colaborador de *Documents*, salió en *transition*, n° 21, marzo 1932, pp. 148-149. Ese manifiesto debe ser fruto de andanzas de Jolas por América Latina. En 1933 prefacia *Un documento humano* (Montevideo, Imprenta Uruguaya), libro en que Blanca Luz Brum recoge las cartas enviadas a su marido, Siqueiros, a la prisión en México. En el posfacio, Carpentier saluda a Jolas augurándole que *transition* traiga "a la vieja Europa mensajes de fuerzas vivas, testimonios de riquezas humanas. Hay demasiada materia humana en estas cartas para permitirnos gestos críticos. Materia humana capaz de imponer silencio a todos los estetas del mundo" y que el mismo Jolas, en su prólogo, clasifica como "poesía órfica".

fête, dont je parlerai dans ma première relation à Max" [Horkheimer], teoría que, como sabemos, reaparece, recurrentemente, en *Dialéctica del Iluminismo*. Menor impacto europeo sin embargo tendrán las actividades americanas de Caillois. Los "Debates sobre temas sociológicos", organizados en la redacción de *Sur* a mediados de 1940, comienzan con su "Defensa de la República" que es, en realidad, un manifiesto de secta acefálica, la de:

> una organización que otorgue el poder, en todos los dominios, a la competencia intelectual y a la calificación moral, y que no acepte a ningún precio que éstas deban inclinarse ante la opinión de una mayoría, y menos aún apoyarse en la cuasi unanimidad de una masa embriagada o aterrorizada. Todo jefe debe ser únicamente responsable ante sus pares reunidos en colegio; en medio de ellos, ha de figurar tan sólo como el primero entre sus iguales. Se trata de fundar una jerarquía y de mantenerla constantemente abierta y móvil, a fin de sustituir sin cesar las desigualdades exteriores que vienen del nacimiento y de la fortuna con las que se revelan en los individuos y de las cuales nada puede despojarlos. Un régimen semejante se propone reemplazar los privilegios por las superioridades. Afirma que los hombres nacen iguales en derechos; niega que lo permanezcan: ascienden o caen según su capacidad y sus obras. Quiere dar a cada uno las mismas posibilidades de cumplir su destino, pero no mira como deseable, en modo alguno, nivelar los resultados diversos de los dones y esfuerzos para colmar artificialmente las diferencias que crea la diferencia misma de los hombres. Cada uno posee los derechos de sus virtudes singulares, y ni el Estado debe tener poder para confiscarlos, ni la mediocridad licencia para corromperlos.
> De la democracia puede salir un régimen fundado sobre esos principios. Pero no puede, ni él ni ningún otro, nacer de un régimen totalitario, porque este último sólo consiste en una inmensa maquinaria policial destinada a mantenerlo, en una inmensa maquinaria guerrera destinada a extenderlo (Caillois, "Defensa", pp. 88-89).[9]

A partir de esa convicción, Caillois desarrolla dos tareas, un curso, *Naturaleza y estructura de los regímenes totalitarios*, criticado por el liberalismo de izquierda por caracterizar como totalitario tanto al nazismo como al comunismo[10] y otro debate, el 13 de octubre de

---

[9] Debaten entre otros Henríquez Ureña, María Rosa Oliver, Francisco Ayala, Anderson Imbert, Carlos A. Erro y la misma Victoria Ocampo.

[10] El sociólogo republicano Francisco Ayala dice tratarse de "una posición de polémica política que se ha divulgado en estos últimos tiempos a favor de circunstancias conocidas, y cuya explicación no es otra en la generalidad de los casos, si bien no en el de Caillois, que el propósito *conservador* de combatir al mismo tiempo y en la misma lucha contra la revolución de clase que amenaza el orden capitalista y contra la revolución nacional alemana que amenaza a los pueblos donde ese orden rige. Y si desde un punto de vista político es preciso reconocer la eficacia de tal maniobra y apenas si hay nada que oponer a la *conservación* del orden capitalista sino la duda de que sea ya un *orden*, desde el punto de vista científico habría que considerar demasiado cuestionable una identificación de regímenes que se apoya en coincidencias estructurales positivas, sí, pero de carácter secundario, como son también las que permiten a Roger Caillois aproximar la Revolución Francesa al totalitarismo moderno. Pues en lo esencial, el comunismo aparece más bien como un intento de prolongación de los criterios burgueses —individualismo fundamental, universalismo teórico, progresismo, concepción hedonista de la vida, economismo, mecanicismo, racionalismo tecnicista— sobre la base de unas nuevas relaciones sociales, frente a la destrucción radical de la cultura burguesa". Ver Ayala, Francisco. "El curso de Roger Caillois". En una evocación de Walter Benjamin ("Entre Marx et Fourier", *Le Monde*, 31 de mayo de 1969), Klossowski veía, en el crítico alemán, reparos semejantes a los del republicano español: "Déconcerté par l'ambiguïté de l'athéologie 'acéphalienne', Walter Benjamin nous objectait les conclusions qu'il tirait alors de son analyse de l'évolution intellectuelle bourgeoise allemande, à savoir que la 'surenchère métaphysi-

1941, en torno a si las Américas tienen un destino común, es decir, identidad.¹¹ Me detengo en él. Partiendo de la asimetría o excentricidad que pauta la relación entre cultura y territorialidad ("poco coinciden, pues, las civilizaciones con los continentes") Caillois constata el dato de unidad, digamos, paciente, de América (y no es insignificante que deje, a la francesa, de hablar de América Latina y enuncie lo que el tiempo impondrá con el triunfo norteamericano en la guerra: América) unidad esa que derivará de los vínculos coloniales; pero observa también, negando lo anterior, que la emergencia de la nación no sólo es simultánea de la desaparición de esa misma unidad sino prematura en relación a las necesidades de la propia metrópoli, que después de América, a su zaga, se constituiría en tales entidades. Con ello la misma nación desaparece, se hace fantasma, se vuelve el ser en quien el todo, es decir, el mal, la Biblioteca, se ha hecho ser en su mismo devenir. Es lo que Benedict Anderson ha estudiado en *Imagined communities*.

Pero más allá de esta ambivalencia valorativa, Caillois destaca que América es el ejemplo más acabado de su teoría de la fiesta y lo hace apoyado en el contexto de su discurso, leído el 13 de octubre, un día después de *la fiesta* americana, lo que le hace lamentar que no exista una fiesta europea, "un instante de comunión de las multitudes". En otras palabras, Caillois sostiene, con ecos de *Tótem y Tabú*, que la cultura se erige en el lugar de un crimen que nos impone obediencia retrospectiva. Ese instante se articula, pues, en un doble espejo, de un lado, el que vincula a América con Europa (una Europa, según la teoría de Valéry, no menos desterritorializada) y, del otro, el que escinde a esta América acefálica o paranoica en la Atlántica, negociadora, y la Andina, resistente. La vertiente atlántica, o suratlántica, como la llamará Angel Rama, es traductora, porque la habitan emigrados, "aventureros que lo dejaran todo tras sí, hasta su patria", motivo ya desarrollado por Nietzsche en el fragmento 377 de la *Gaya ciencia* y exaltado por *Acéphale* como el mejor legado político del filósofo a la política contemporánea. Más aún, lo asocial, había escrito Caillois en esa misma revista, despierta las energías colectivas y las cristaliza definiéndose, en última instancia, como "force de sursocialisation" (Caillois, "Les vertus", p. 25). Cabe aquí recordar que una revista gaullista sostenida por Caillois, *En América*, publicará poco después, en 1946, el primer texto de un desconoci-

---

que et politique de l'incommunicable' (en fonction des antinomies de la société capitaliste industrielle) aurait préparé le terrain psychique favorable au nazisme. Pour lors, il tentait d'appliquer son analyse à notre propre situation. Discrètement, il voulait nous retenir sur la 'pente'; malgré une apparence d'incompatibilité irréductible, nous risquions de faire le jeu d'un pur et simple 'esthétisme préfascisant'. Ce schéma d'interprétation encore fortement teinté des théories de Lukács, il s'y raccrochait pour surmonter son propre désarroi et cherchait à nous enfermer dans ce genre de dilemme. Aucune entente n'était possible sur ce point de son analyse dont les présupposés ne coïncidaient en rien avec les données et les antécédents des groupements successifs formés par Breton et par Bataille, en particulier celui d'*Acéphale*. En revanche, nous l'interrogions avec d'autant plus d'insistance sur ce que nous devinions être son fond le plus authentique, soit sa version personnelle d'un renouveau 'phalanstérien'. Parfois il nous en parlait comme d'un 'ésotérisme' à la fois 'érotique et artisanal', sous-jacent à ses conceptions marxistes explicites. La mise en commun des moyens de production permettrait de substituer aux classes sociales abolies une redistribution de la société en classes affectives. Une production industrielle affranchie, au lieu d'asservir l'affectivité, en épanouirait les formes et en organiserait les échanges; en ce sens que le travail se ferait le complice des convoitises, cessant d'en être la compensation punitive" (apud Hollier, Denis. *Le Collège de Sociologie*).

¹¹ De este debate participan, además de la directora de la revista y su secretario, José Bianco, Henríquez Ureña, María Rosa Oliver, Germán Arciniegas, González Lanuza y la crítica de arte italiana Margarita Sarfattis, próxima de Mussolini (era colaboradora de *Gerarquia*, revista del régimen).

do, Julio Cortázar, "Walter de la Mare: mediador entre dos mundos", y si asimismo tenemos en cuenta que Nietzsche, el *sans-patrie*, así se definía porque, en palabras de Bataille, "la patrie est en nous la part du passé" (Bataille, "Carta", p. 222), tal vez se comprenda mejor que el americanismo de Caillois era, un poco a lo Stephan Zweig, de futuro, es decir, un *suraméricanisme*, para valernos de un hallazgo de Denis de Rougemont, que seguramente operaba en el inconsciente de los *sociologues*, lo que equivale a decir que esa *sursocialisation* americana, esa socialización del americanismo de *Sur*, era, a sus ojos, acefálica, la parte maldita del intercambio simbólico. Seguramente para un público formado tanto por liberales como Ureña o nacionalistas más discretos como Arciniegas, esas palabras se hayan acoplado tan amablemente como la misma cultura, imaginada por ellos como un proceso sereno y continuo de apropiaciones que se incrustan en un espacio preparado y pre-existente (Sarlo, "La perspectiva", pp. 10-12).

Pero así como de la fiesta de Caillois cada intelectual oyó lo que quiso o lo que pudo (Sartre la positividad del *néant*; Lacan, la acefalidad del deseo) de esta "teoría de la fiesta americana" se harán varios usos. No me interesan aquí los unitarios y homogéneos de Ureña o Arciniegas sino los heterológicos.

El que más apunta en esa dirección es un ex-martinfierrista, Eduardo González Lanuza, que acepta, gozoso, que América sea un "país de mulatos" porque "por ser un 'país de mulatos' es aquí donde la idea de unidad cultural que suman aquellos cuatro elementos de Valéry [la armonía griega, la norma romana, la fe cristiana y el honor celta] con el añadido de Caillois [el nomadismo] se va a realizar plenamente". Pero, justamente, por apostar a la fusión como un todo, Lanuza subraya lo irrealizable de ese esfuerzo. Creo, en cambio, que los mejores oyentes de Caillois no estaban presentes ese día porque, en efecto, los textos de Martínez Estrada o Murena son buenos ejemplos de una heterología en acto. Murena es el que más fácilmente reconvierte el debate a un grado cero, el pecado original de América Latina:

> Los americanos tenemos desde antes que nadie y con mayor intensidad que ninguno la experiencia de la desuniversalización. Porque América, la tierra aún no poseída por el espíritu, la tierra que abate al hombre, es por excelencia el mundo desuniversalizado. En este ámbito oscuro y caótico la razón se ve en cada momento llamada a actuar, en cada minuto se siente convocada a librar su épica ante la tierra, no puede encerrarse en el racionalismo ni abandonarse al irracionalismo. Este mundo crudo, en descubierto, libre de teorías, es la situación que Nietzsche pedía para que la razón hiciera frente a su verdadera prueba, para fundar una filosofía viva (Murena, "Nietzsche", p. 85).[12]

La desuniversalización no es a sus ojos retorno a la particularidad sino abyección en lo global, aquello que mantiene relación con lo uno y con el todo y funciona como su afirmación multiplicada. La ateología deviene en Murena acristianismo; la transgresión, transobjetividad, algo que no está frente a la conciencia sino atrás de ella; pero su reflexión, que ya no busca la restitución a un todo armónico, rechaza asimismo la pacífica incrustación en el mundo objetivo y prefiere la abstracción. La ejemplifica *Os sertões*, "novela escrita de un modo tan descarnado y teórico como un ensayo y en cuyo estilo la violencia y el colorido verbales están destinados a compensar ese grado de abstracción que el autor seguramente sentía como un defecto" (*El pecado original*, p. 203). Murena, primer traductor de Benjamin, parece acatar la máxima con que Roland Barthes enaltecía a otro escritor transobjetivo, Gilberto Freyre

---

[12] En ese ensayo y en la reseña del *Sarmiento* de Martínez Estrada publicada en *Verbum* años antes, se encuentra la génesis de su libro, *El pecado original de América Latina* (1954).

("introduire l'explication dans le mythe, c'est pour l'intellectuel la seule façon efficace de militer") con lo cual su implícita defensa de la ficción no deja de ser un ataque a Caillois (Barthes, "Maîtres et esclaves", p. 211)[13] y al mismo tiempo una exigencia a pasar de la obra al texto, de la forma a un más-allá-de-la-forma.[14]

Martínez Estrada, que había publicado *La cabeza de Goliath,* en 1940, y escrito un ensayo sobre Nietzsche en el 47, no ignoraba los escritos de Borges o Bataille suscitados por el centenario del filósofo y a ellos agrega unas "Apostillas para la relectura de Nietzsche", que destacan, en efecto, que "lo que Nietzsche denunció como el secreto instinto negativo, que quiere la mutilación mental y vital del ser humano, ha sido la fuerza más prodigiosa de su desarrollo, en inventos y en naciones. De donde los factores contrarios a la felicidad, incluso el recto entendimiento de las cosas del mundo que vivimos [...] se combinan de modo mágico para compensarnos precisamente con aquello de que nos priva" (p. 74). Veinte años antes, su primer libro ya concluía con una confesión autobiográfica y no menos profética:

Ama, cree, sufre, piensa.
Exigente y astuto engaña
y el engaño de los demás lo indigna.
Envidia la inconsciente vitalidad del bruto
y su vitalidad le parece maligna.

Ante el espejo, el mimetismo intelectual desdobla *deixis*: *ecce homo, ecce liber.*

¿Cómo leer la acefalidad en Martínez Estrada? Por un lado, como superación del intelectual académico, del funcionario público; por otro, como la de un auténtico emigrado, un cosmopolita, alguien que escribe desde la *polis* contra el Estado y es, por lo tanto, inconveniente bajo todos los aspectos. Y todavía, como impugnación del centro, del sistema, de la jerarquía. Eso se traduce en leer a la Argentina a partir de una exigencia de acefalidad (cortar la cabeza

---

[13] El libro, en traducción de Roger Bastide, fue publicado a instancias de Caillois, quien, dos años antes, había sido duramente criticado por Barthes, quien rechazaba que el dogmatismo marxista fuese "l'insolent paradoxe d'une malfaçon promue au rang de raison d'Etat, c'est la tragédie d'une vérité discréditée par les armes sous lesquelles on l'a étouffé. Ici, le scandale marxiste n'est plus ce qui sépare l'erreur du triomphe; il est ce qui sépare la vérité de son échec. Mais précisément, si la promotion de l'erreur est scandaleuse, la dégradation de la vérité est tragique. Peut-être qu'aux yeux de nos pyrrhoniens bourgeois, le marxisme contemporain est un paradoxe dont le succès choque insolemment la saine logique scientifique. Mais pour de nombreux dissidents, dont le marxisme continue de féconder le destin individuel, le dogmatisme moscovite n'est pas un scandale: il est une tragédie, au milieu de laquelle ils essayent pourtant de garder, comme le choeur antique, la conscience du malheur, le goût de l'espoir et la volonté de comprendre" (p. 104).

[14] Ya en *Os ossos do mundo* (1936) el mismo Gilberto Freyre calificó de *posmoderna* la obra de Flávio de Carvalho, autor de *Experiência nº 2* (1931), ensayo de sociología sagrada consistente en desafiar el tabú en una procesión de *Corpus* para luego analizar la reacción de la masa. Carvalho conoció a Caillois en el congreso de filosofía de Praga de 1934, junto a Bachelard, de quien le sorprende oír que "os conceitos importantes não saíram da observação, mas sim do cérebro humano para contradizer a observação (*Os ossos do mundo*, p. 113). Llegó a entrevistarlo en uno de sus viajes a Brasil, donde asistió a una pieza acefálica del mismo Carvalho, *O bailado de deus morto,* en el "Teatro da Experiência", cerrado poco después por la policía. Escribí sobre el concepto de experiencia en este sutil escritor brasileño en el volumen organizado por Noé Jitrik, *Atípicos en la literatura latinoamericana.* Para la fortuna brasileña del Collège, ver Costa Lima, Luiz. *Pensando nos trópicos. Dispersa demanda II* y Cannabrava, Euryalo. *Seis temas do espírito moderno.*

de Goliath) pero, simultáneamente, en pedir ese degüello al mismo carnicero (es sabido que solicita al gobierno de facto, de 1955, la transferencia de la capital a Bahía Blanca). Es el mismo Martínez Estrada que, como presidente de la SADE, llama la atención de sus colegas para el estado de insurrección antifascista de sus congéneres brasileños en 1945,[15] prefigurando ese continentalismo tan manifiesto, por ejemplo, en su obra cubana, *Diferencias y semejanzas entre los países de América Latina* (1962). Ninguna de estas iniciativas es del orden del poder pero todas ellas suscitan un trastrocamiento de perspectivas y una cierta abstracción axiológica. Digamos así, de forma concisa, que *La cabeza de Goliath* se *lee* en Brasilia ("a construção de Brasília –puntuaba Clarice Lispector en pleno 1964–, a de um Estado totalitário") así como la pregunta de Caillois se responde en La Habana Vieja. Esa transvaluación no nos da nuevos parámetros que consuelen del desorden sino que nos conduce a un orden en que cesa de regir la noción de valor y así como veíamos, en la teoría del mimetismo de Caillois y en su relectura lacaniana, que la imagen nada tenía que ver con la imaginación y sí con el narcisismo, constatamos, en el eterno retorno, que el nihilismo tampoco está ligado a la nada, al *néant*, sino al ser, que es puro *rien*, negación de cuanto es, desplazamiento de toda representación y potenciación de lo negativo como movimiento infinito de impugnación de lo existente.

Es verdad que los enunciados de Caillois, es decir, su consideración estética del saber, practicada con medios científicos en nombre de posiciones anti-románticas, antimetafísicas y escépticas, cuando no pesimistas, pueden elidir la cuestión de la verdad pero, admitamos, que cuando lo hacen se debe a peculiares alianzas discursivas, coyunturales, que re-producen (vuelven a escribir, enmascaran) una enunciación. Podemos ejemplificarlo con la recepción brasileña de *Vocabulario estético* (1949). Cuando el *Diário de Notícias* lo publica en Río de Janeiro, se altera la secuencia original, hecho en sí nada grave, aunque sintomático de la escritura nietzscheana, fragmentaria, que Caillois persigue en este suplemento de *Babel*. Así, el que abre la serie, "Originalidade", rinde tributo al teórico brasileño en ese particular, Oswald de Andrade, recordando la idea de Valéry de que el león es carnero digerido, lo que se articula con el "processo de remastigação" defendido por Oswald a partir de la fiesta antropófaga de Rouen narrada por Montaigne. Es ocioso aclarar que el poeta paulista no sólo conocía la teoría de la fiesta de Caillois sino que la había defendido, *avant la lettre*, en un artículo de 1938, "Panorama do fascismo", en nombre de un creciente proceso de mulatización del mundo. Pero no es menos sintomático que el fragmento sobre "Liberdade", que abre el *Vocabulario estético* haya sido postergado y publicado recién el 26 de octubre de 1947, simultáneamente al II Congresso Brasileiro de Escritores, que termina dividido, ante la forzada aclamación

---

[15] En 1945 se expone en Buenos Aires la colección de pintura moderna brasileña que poco antes el intendente de Belo Horizonte, Juscelino Kubitschek, presentara en su ciudad constituyéndose en marco de modernidad. Martínez Estrada saluda a su curador, Marques Rebelo, estimulando "la iniciación de una política de solidaridad americana en la cual los escritores, por encima de sus intereses particulares, procuraban defender los principios de libertad y de comprensión mutuas, sin los cuales no es posible ninguna cultura". (Ver "Fue recibido ayer en la Sociedad de Escritores un delegado brasileño". *La Prensa*, Buenos Aires, 1 de mayo de 1945). Fue Kubitschek, precisamente, quien toma la decisión de cortar la cabeza de Goliath y llevar la capital a Brasilia, separando la ciudad, la plaza, de las instituciones que la rigen. Digamos además que Martínez Estrada viajó a Brasil en 1947 y fue entrevistado, entre otros, por Brito Broca en el diario cuasi oficialista *A Manhã* de Río de Janeiro de modo que sus ideas circulaban ampliamente entre las elites de ese país. David Viñas señaló esa trayectoria en "Martínez Estrada, de *Radiografía de la pampa* hacia el Caribe".

de repudio a la persecución comunista. Pues ese artículo de Caillois surge así recontextualizado en el diario, al lado de discursos abiertamente conservadores, como los de Afranio Coutinho o Odylo Costa Filho, y su oposición a los valores de la *polis* se connotan por lo tanto de particular violencia.[16] Se confirmaban así las previsoras palabras de Bataille en carta al mismo Caillois (1 de octubre de 1945) en que le reprochaba no haber destacado en sus análisis el leviatanismo industrial, que retira de la guerra "le caractère *souverain* qu'elle avait en commun avec la fête. Elle n'est, comme l'entreprise industrielle, qu'une operation *subordonnée*", decía Bataille (*Choix de lettres*, p. 248). Pero si la suerte brasileña de Caillois muestra que la sociedad racionalizada retarda o controla el gasto improductivo y el derroche de lo acumulado, su recepción cubana parece en cambio haber sido más fértil.[17]

Recapitulemos. La cuestión del mimetismo, implicada en esa pregunta sobre la naturaleza de la cultura latinoamericana, admite así dos soluciones que podrían escoger a Breton y a Borges como sus modelos. El juego surrealista de proponer imágenes inéditas de uno en lo otro, aun cuando tenga el mérito del choque, presenta el límite de esperar del lenguaje lo absolutamente nuevo e inédito, lo desconcertante y, literalmente, lo inimaginable, cuando, en verdad, lo propio de la imagen es ser imaginable y relegar lo inimaginable, a la postre, al plano de lo previsible. Del otro lado, tendríamos al Borges de las *kenningar*, esas imágenes que nos dictan el asombro y "nos extrañan del mundo" con sus estructuras salientes. En otras palabras, de un lado, como diría Paulhan, contamos con el Terror; del otro, con la Retórica (Caillois, "Le enigme et l' image").[18] La Retórica sería entonces el antídoto a la sujeción metafísica, proceso de redefinición de la experiencia separada de la vivencia. En el saber absoluto, lo real está tan soldado a lo simbólico que nada puede desear de lo real a no ser permanecer idéntico a sí mismo. Es la hipótesis fundamental del hegelianismo. El sujeto diagonal, transobjetivo o acefálico, en cambio, es sujeto del inconsciente, usa al hegelianismo

---

[16] "Na sociedade poucas coisas deve-se prezar tanto quanto a liberdade", comienza diciendo el artículo que substituye el nietzscheano *la cité* por el iluminista *a sociedade*. Y continúa Caillois: "Mais dans les lettres, où tout est libre dès l'abord, je veux dire où la cité n'intervient pas, où nulle contrainte n'est obligatoire, faire ce qu'il plaît est seulement paresse, manque d'audace et d'ambition. C'est s'en tenir à la nature. L'art exige davantage" (*Babel* précédé de *Vocabulaire esthétique*, 2).

[17] Lezama Lima incluye, en traducción de Cintio Vitier, su "Limites de la literatura" en el nº 16 de *Orígenes* (invierno de 1947). De allí deriva, por cierto, la gran afinidad no sólo con la poética lezamiana sino con las preocupaciones de Sarduy, que captaba, en lo visible, "un dessin d'ensamble, inscrit dans les corps depuis la création, depuis cette explosion initiale qui en est la métaphore et d'où jaillit, dans l'éclat d'une lumière carbonisée, toute matière, tout ce qui, irréversiblement, fuit vers les limites de l'univers". A partir de ese postulado, compartido con Caillois, Sarduy se aplica a leer, en la escritura y el travestismo, los fundamentos de un arte hipertélico y a postular un barroco de gasto y derroche lezamiano, ya reconocible en la naturaleza, opuesto al mero neogótico de Carpentier. Ver, además de *Escrito sobre un cuerpo* o *La simulación*, el texto de Sarduy dedicado a Caillois, "Et si le réel était signé?" Por otro lado, bueno es recordar el ensayo de Fernández Retamar en el número 38 de *Orígenes*: "América, Murena, Borges".

[18] A partir, por ejemplo, de las teorías de Caillois, Thomas Pavel denomina *mundos salientes* a aquellas estructuras duales en las que el universo primario no guarda isomorfismo con el universo secundario, ficcional o derivado, ya que en éste se incluyen entidades, estados de cosas que no se corresponden necesariamente al primero. En ese punto, los mundos salientes guardan relación con la práctica religiosa, "pero mientras los mundos sagrados tienen una sobreabundancia de energía, las actividades de ficción representan una forma más débil de estructura dual. La pérdida de energía impide a los juegos de ficción saltar hacia la realidad: la gracia efectiva es reemplazada por la catarsis, la revelación por la interpretación, el éxtasis por lo lúdico" (*Mundos de ficción*).

para ir más allá de él; se vale de sus varias máscaras, que van cayendo unas tras otras, sucesivamente, y con ello más que mostrar la falsedad de los varios enunciados previos nos dice que en ningún momento ese discurso pretendió afirmar la verdad. Contra el sujeto absoluto del Terror, la Retórica dice apenas "yo, la Verdad, hablo". Y al hablar escande posiciones. Devoración materna del otro o gozo irrepresentable. Norma moral o imperativo del deseo. Ley o transgresión. Ciencia o nihilismo. Simetría o suplemento (Roudinesco). El mimetismo se enuncia en el punto ambiguo de una inter-dicción y de una pulsión. Es, al mismo tiempo, colonial y poscolonial, semejanza y semblante, *collège* y *collage*.

En resumen, la *mimicry* de Caillois sustenta la simulación de Sarduy, el pastiche de Puig, la poesía neobarroca de Echavarren o Perlongher, las ficciones de Aira o Lamborghini, el entre-lugar de Silviano Santiago, las botellas de León Ferrari, en fin, ese pasaje de la obra al texto defendido por *Tel Quel* y retomado por los intelectuales de *October* y por el poscolonialismo. En ese poder retórico del simulacro, que no se adapta al vacío contemporáneo, evocando una plenitud esquiva; en el agotamiento de todo mito, transformado en religión y, por último, en la comprensión de la verdad como estrategia del desastre residen los presupuestos de un conjunto de prácticas post-iluministas que desbordan la razón, transponen los límites de la experiencia y nos proponen, paradojalmente, la ambivalencia de todo valor.

BIBLIOGRAFÍA

Anderson, Benedict. *Imagined Communities: Reflections on the Origin and Spread of nationalism*. Londres: Verso, 1983.

Arp, Hans, Samuel Beckett y otros. "Poetry is Vertical". *Transition*, 21 (marzo 1932): pp. 148-149.

Ayala, Francisco. "El curso de Roger Caillois". *Sur,* 73 (octubre, 1940): pp. 87-88.

Barthes, Roland. "Maîtres et esclaves". *Lettres nouvelles* (marzo, 1953). *Oeuvres Complètes* I. París: Seuil, 1993.

Bataille, Georges. *L'érotisme*. Paris: Editions de Minuit, 1957.

—— *La littérature et le mal*. Paris: Gallimard, 1957.

—— *Choix de lettres 1917-1962*. París: Gallimard, 1997.

—— "Carta a Tristán Tzara, septiembre 1944". *Choix de lettres 1917-1962*. París: Gallimard, 1997.

—— "Conocimiento de América Latina". *Imán,* 1 (París, 1931): pp. 198-200.

Brochart, Raphaël. "Ducasse, Duchamp, Dalí". *Revue du Littoral*, pp. 31-32.

—— "Ducasse, Duchamp, Dalí". *Nombres Revista de Filosofía*, 6/7 (1996): pp. 159-176.

Caillois, Roger. *L'homme et le sacré*. Paris: Leroux, Presses universitaires de France, 1939.

—— *Babel* précédé de *Vocabulaire esthétique*. París: Gallimard, 1978.

—— "L'enigme et l'image". *Approches de la poésie*. París: Gallimard, 1978.

—— "Defensa de la república". *Sur,* 71 (agosto, 1940): pp. 86-104.

—— "Debates sobre temas sociológicos. ¿Tienen las Américas una historia común?" *Sur*, 86 (noviembre, 1941): pp. 83-103.

—— "Límites de la literatura". *Orígenes*, 16 (invierno 1947).

Cannabrava, Euryalo. *Seis temas do espírito moderno*. São Paulo: Panorama, s/d., pp. 13-30.

Carvalho, Flávio de Rezende. *Os ossos do mundo*. Prefacio de Gilberto Freyre. Río de Janeiro: Ariel, 1936.

Costa Lima, Luiz. *Pensando nos trópicos. Dispersa demanda II*. Río de Janeiro: Rocco, 1991.

Dalí, Salvador. "Interpretation paranoïaque-critique de l'image obsédante dans l'Angélus de Millet". *Minotaure*, 1 (1933): pp. 65-67.

Fernández Retamar, Roberto. "América, Murena, Borges". *Orígenes*, 38 (1955): pp. 53-56.

Gide, André. *Corydon*. 69ª ed. París: Gallimard, 1951.

Hollier, Denis. *Le Collège de Sociologie*. París: Gallimard, 1979.

—— "From Beyond Hegel to Nietzsche's absence". *On Bataille. Critical Essays*. Leslie Anne Boldt Irons (ed.). Albany: State University of Nueva York, 1995.

Jitrik, Noé. *Atípicos en la literatura latinoamericana*. Buenos Aires: Eudeba. 1998.

Klossowski, Pierre. *Sade mon prochain*. Paris: Éditions du Seuil, 1947.

—— "Entre Marx et Fourier". *Le Monde* (31 de mayo de 1969) s/n.

Lacan, Jacques. *De la psychose paranoïaque dans ses rapports avec la personnalité*. Paris: Librairie E. Le François, 1932.

—— *Ecrits*. París: Seuil, 1966.

—— "Le stade du miroir". *Ecrits*. París: Seuil, 1966.

Martínez Estrada, Ezequiel. *La cabeza de Goliat*. Buenos Aires: Emecé Editores, 1947.

—— *Diferencias y semejanzas entre los países de la América Latina*. México: UNAM, 1962.

—— "Apostillas para la relectura de Nietzsche". *Sur,* 192-194 (octubre-diciembre 1950): pp. 70-74.

—— "Fue recibido ayer en la Sociedad de Escritores un delegado brasileño". *La Prensa* (Buenos Aires, 1 de mayo de 1945).

Murena, Héctor. "Nietzsche y la desuniversalización del mundo". *Sur,* 192-194 (octubre-diciembre 1950): pp. 75-85.

—— *El pecado original de América Latina*. Buenos Aires: Sudamericana, 1965.

Nietzsche, Friedrich W. *La gaya ciencia*. Buenos Aires: Ediciones del Mediodía, 1967.

Pavel, Thomas G. *Mundos de ficción*. J. Fombona, trad. Caracas: Monte Avila, 1995.

Roudinesco, Elizabeth. "George Bataille entre Freud et Lacan". *George Bataille, après tout*. Denis Hollier (ed.) París: Belin, 1995.

Sarduy, Severo. "Et si le réel était signé?". *Cahiers pour un temps/Roger Caillois*. París: Centre Georges Pompidou, 1981.

Sarlo, Beatriz. "La perspectiva americana en los primeros años de *Sur*". *Punto de Vista,* 17 (abril-junio 1983): pp. 10-12.

Viñas, David. "Martínez Estrada, de *Radiografía de la pampa* hacia el Caribe". E. Martínez Estrada. *Radiografía de la pampa*. Leo Pollmann, ed. Madrid: Archivos CSIC, 1991.

Worms, Jeannine. *Entretiens avec Roger Caillois*. París: La Différance, 1991.

Interrumpiendo el texto de la literatura latinoamericana: problemas de (falso) reconocimiento

Sara Castro-Klarén
The Johns Hopkins University

> Se pedía a grandes voces:
> —Que muestre las dos manos a la vez.
> Y esto no fue posible.
> —Que piense un pensamiento idéntico, en el tiempo en que un cero permanece inútil.
> Y esto no fue posible.
> —Que entre él y otro hombre semejante a él se interponga una muchedumbre de hombres como él.
> Y esto no fue posible.
>
> César Vallejo, "Nómina de huesos" (p. 325)[1]

Decir que el campo, tal como lo recibimos en la antología de Anderson Imbert (*Literatura hispanoamericana*), ha cambiado, es subestimar lo obvio. Pero comenzar a describir cómo ha cambiado, por qué ha sido receptivo a ciertas transformaciones y no a otras, quién y qué ha jugado los roles principales en la nivelación del legado literario canónico y su sentido heredado, es un problema diferente. No quiero describir ni analizar las características o las fuerzas que han elaborado esas transformaciones. Me refiero a la topografía cambiada del campo de la literatura latinoamericana solamente para enmarcar mi discusión en los reconocimientos o falseados re-conocimientos de identidades, ya que creo que el desafío de los estudios culturales a la "literatura latinoamericana" se centra en la pregunta por los variados despliegues de identidades de sujeto. Principal en esta discusión son, no sólo los efectos del descentramiento del sujeto, exacerbados por el situacionamiento global del proceso de subjetivación, sino también las preguntas pertinentes a localizaciones de subjetivación en ambientes políticos y culturales plurales o pluralizantes.

Una diversidad de acercamientos –teoría de la dependencia, feminismo, marxismo, psicoanálisis, teoría posmoderna– han producido desarrollos tanto esperados como sorprendentes. Unos han sido bienvenidos y otros rechazados. Por ejemplo, el surgimiento de los estudios coloniales en el contexto de la teoría posmoderna ha abierto múltiples posibilidades para renovar nuestra comprensión de un desafortunadamente mal entendido período formacional. Pero la paralela neocolonización del canon latinoamericano por un nuevo desarrollo totali-

---

[1] Es interesante puntualizar aquí el juego de saber/identidades que Guillermo Gómez-Peña opera cuando habla del proceso de des-mexicanización y malentendido que constituye el cruce de fronteras que lo define a él y a su trabajo. Véase Guillermo Gómez-Peña, editor de la revista bilingüe de Tijuana-San Diego *La Línea Quebrada/The Broken Line* en una entrevista de radio citada por George Yúdice *et al.* (*On Edge*, p. 41). Véase también Guillermo Gómez-Peña.

zante sobre la literatura escrita en español en los "Departamentos de español", lo cual se aprovecha del desmantelamiento de las literaturas "nacionales", es un fenómeno desconcertante.[2] Alienta una traslación superficial de un campo hacia el otro. Por ejemplo, véase la "promoción" de Garcilaso de la Vega, Inca, como un pintoresco aprendiz del Siglo de Oro que intenta impresionar a sus profesores españoles. Esa propuesta trivializa la idea de un conocimiento profundizante de las relaciones de Garcilaso con el Renacimiento italiano, al que Garcilaso le viera tanto su brillante como oscura faz.

Como en todo panorama cambiante, se han registrado en el campo grandes disparidades. Ha habido una fuerte continuación de las aproximaciones biográficas, intencionalistas, patriarcales y nacionales, mezcladas con una nomenclatura posmoderna y con incisivas renovaciones teóricas. Estas múltiples corrientes han producido un "campo" en el cual ha proliferado todo crecimiento indiscriminado. Tenemos hoy una variedad de aproximaciones, una selección más amplia de "autores" y problemas, muchos *cutting edges* pero sin sentido de propuesta más general. Todo esto está muy lejos del protocolo de anudamiento[3] (*protocol of entanglement*) –es decir una táctica metodológica que "construes objects and phenomena always in relation to complex temporal and spatial contiguities and proximity, and sees artifacts and events in linkage to regimes of reason"–[4] propuesto por los estudios culturales. Romper con las ataduras del "análisis literario" y con los hábitos acríticamente reproducidos reclama un esfuerzo y una reflexión mucho más seria que una simple nueva libertad para mezclar lo que antes estaba separado por categorías de período, género y área.

El campo de estudios conocido como "Literatura latinoamericana", ese espacio en donde las cosas ocupan lugares en cuanto manifestación de una arquitectura del saber, probablemente no ha existido nunca. No obstante, el orden cronológico de períodos y de escritores menores y mayores que existía en las historias y antologías generales ha sido transformado en un entramado que no parece ofrecer la posibilidad de dirección o de justificación. Esta evaluación no expresa una nostalgia de mi parte. Tampoco debe ser confundida con el miedo de no ser uno de los *withits* (Lindenberger, pp. 370-378). No es un deseo de volver a ninguna de las meta-narrativas "de marras". Surge más bien de la convicción de que un relativismo ilimitado ofrece problemas y peligros éticos e intelectuales, que demandan reflexión seria y sostenida. No es cuestión de encontrar una nueva red (*grid*) teórica para ser impuesta desde poderosos espacios académicos. Se trata más bien de la necesidad de identificar un modo de encontrar

---

[2] El autor de los *Comentarios Reales* (1605) es ahora reconfigurado en inglés como una suerte de oscuro, curioso, pero bastante interesante escritor del Siglo de Oro. Un joven profesor asistente se autoriza a sí mismo en la Web en los siguientes términos: "I have just finished my dissertation on the Inca Garcilaso de la Vega, a rather unique Golden age writer [...] Garcilaso attempts to write a history of the Incas and make it comprehensible to a Spanish audience –a task similar to that of an undergraduate student making a last minute term paper comprehensible to his professor– a big challenge". Pat Heid, Spanish Department, Colby College. http://www.colby.edu/spanish/pat.html

[3] Traduzco así la expresión "protocol of entanglement" (N. del T.)

[4] En su discusión sobre la Escuela de Estudios Culturales de Birmingham, Vincent B. Leitch explica que el protocolo de anudamiento "conditions not only the objects selected for study, but the parameter set upon cultural inquiry". Basándose en el libro de Dick Hebdige *Hiding in the Light: On Images and Things* Leitch dice que determinar la "significación cultural" de un objeto involucra la conciencia de que ni el producto ni su consumo o su status toma el centro analítico ya que "nothing stands beyond culture" (Leitch, pp. 146-148). Hay por supuesto excelentes trabajos influenciados por la convergencia de estudios culturales y literarios en "nuestro" campo. El libro de Julio Ramos *Desencuentros de la modernidad* es un muy buen caso.

caminos y zonas que nos permitirían una discusión general sobre aquello que nosotros hacemos –académicos que buscamos entender y explicar la cultura latinoamericana en los Estados Unidos, el imperio más poderoso de la historia. El qué hacer, en una ubicación dada, indudablemente está ligado con lo que pensamos que somos. Sin olvidar que hoy, se nos hace inevitable comprender que las identidades son el efecto de su continua construcción, la pregunta entonces no pasa por la cuestión de la identidad monolítica ni de las múltiples posiciones subjetivas, sino más bien por las modalidades que producen las diferentes construcciones de identidad. Por lo tanto investigar las dinámicas de las construcciones de identidades que se producen con las prácticas interpretativas sería un trabajo previo a los protocolos de anudamiento.

Por supuesto, esta preocupación por las prácticas interpretativas es compartida con muchos otros críticos. Beatriz Sarlo produce un reporte áspero y pesimista sobre las condiciones de la cultura en una Argentina globalizada posmoderna. Entre otras cosas, ella se interesa por la recreación de identidades que los juegos fomentados por una cultura electrónica no nacional hacen circular en un espacio social desterritorializado. El sujeto nacional aparece atrapado en un jaque mate. Más allá de la nueva asimetría de recursos materiales y poderes culturales disponibles ahora para la cultura letrada (el sistema escolar está en ruinas) en relación con la cultura massmediática (50 canales transmiten 24 horas por día), Sarlo cuestiona vigorosamente la posición culturalista que sostiene que un pluralismo creciente ofrece mayores y mejores perspectivas para la democracia que una organización social, en la cual los intelectuales públicos juegan un rol crítico o se ven a sí mismos como vanguardia.

Es más, Sarlo no está convencida de que el ofrecimiento de una no examinada hibridez entre cultura electrónica masiva y cultura letrada puede ser tomada como el lugar de la emergencia de nuevas formaciones culturales subversivas y por lo tanto emancipatorias.[5] Parecería que desde otro ángulo y desde un lugar diferente, Sarlo coincide con la más reciente crítica a la hibridación (p. 111, p. 128). Originalmente postulado por Homi Bhabha, la hibridación como lugar de fisuras y de encuentros metonímicos ha sido el objeto de múltiples críticas. Resumiendo el debate sobre la hibridación en la teoría poscolonial, Bart Moore-Gilbert observa que: "The celebration of cultural hybridity can all too easily mask a new system of hierarchies –or rather the continuation of the old system in a new guise" (p. 194). Moore-Gilbert advierte además, que no ha de pasar desapercibido el hecho de que uno de los más entusiastas promotores de la hibridación es nada menos que el *Harvard Business Review*. Tal nota subraya las sospechas de Sarlo en cuanto a la promesa "emancipadora" de la hibridación acrítica entre intelectuales letrados y cultura masiva. Como Sarlo en Argentina, el crítico de Tanzania toma precauciones acerca de la teorización no crítica de la hibridación. Entre otras cosas, no se ha tomado en cuenta el desarrollo histórico del concepto en cuanto ha sido de beneficio para el colonizador. Moore-Gilbert ilustra su argumento con el caso de Matthew Arnold. Entonces habría que pensar que "in this sense there may be a direct continuity bet-

---

[5] En *Escenas de la vida posmoderna* Sarlo refuta la tesis de George Yúdice sobre la "rearticulation of tradition" que éste atribuye a las clases populares en Latinoamérica, ahora enfrentadas con el ataque de los medios masivos norteamericanos que globalizan el planeta con sus productos culturales. Yúdice escribe que "If we dispose with [the] evolutionary model, however, and seek other premises, it is possible to construe a positive account of Latin American cultural practices that does not lapse into knee-jerk affirmations of authenticity or despairing laments over and ersatz ontology. A new generation of cultural critics has put forth such concepts as 'transculturation', 'cultural rearticulation' and cultural 'reconversion' to account for the ways in which the diverse groups that constitute Latin America negotiate their cultural capital" ("Postmodernity", p. 18).

ween some conceptions of hybridity employed in colonial discourse and in the current (neo)colonial dispensation [...] [for] the hybrid and multiple nature of the subjet social formation was used to legitimate the imposition of central power as a 'unifying' force" (Moore-Gilbert, p. 194).

Además, las teorías de la hibridez parecen concebir erróneamente al centro como totalidad unificada. Pierden de vista que el "center is just as heterogenous and unstable, in terms of its class, gender and even (now)ethnic identities as the periphery" (Moore-Gilbert, p. 194). Más aún, hoy en día, el número de posiciones de sujeto que se pueden ocupar se ha tornado potencialmente infinito. Cualquier grupo o individuo puede en algún momento ser parte del "centro" o de la "periferia", o estar localizado simultáneamente en los dos lugares, como Guillermo Gómez Peña teo-satiriza.

En vista de los peligros que residen en el corazón de la teoría de la hibridez, al igual que el desvanecimiento de la cultura escrita con la cual la nación creció, en un proceso de auto-identificación y soberanía cultural sobre su reclamado territorio, desde el sur y en diálogo con el norte, Sarlo apunta a la "necesidad urgente de una discusión general de ideas [que] no puede ser considerada una vanidad de intelectuales de viejo tipo, ni supervivencia ilegítima de hegelianos o marxistas clandestinos que juegan su poder simbólico" (p. 193). La autora de *Escenas de la vida posmoderna* advierte que sin una perspectiva general, el pluralismo, del cual la hibridez es una subcategoría, más que una marca de tolerancia, tiende a devenir una práctica de particularismos que aísla y que obstaculiza el diálogo (Sarlo, p. 191). El camino de salida de esta paradoja acuñada en el corazón de la fragmentación posmoderna y del pluralismo, reside para Sarlo no en más diseminación y más "estallidos de sentidos" (p. 194), sino en la búsqueda de un proyecto común capaz de reintegrar los lazos con el pasado para que el presente pueda ser vivido como un proyecto ligado al futuro (p. 194). Como muchos de nosotros, nunca fui capaz de resistir la seducción de un proyecto común. Sin embargo un proyecto común puede sólo transformarse en común si "nosotros" compartimos identidades, metas, valores y prácticas, y sobre todo si "nosotros" evitamos los peligros del falso reconocimiento. El problema del falso reconocimiento se extiende sobre muchos de los *impasses* de la teoría de la hibridez, del nomadismo, la diáspora y la teoría del borde. Constituye la llave para la exploración de una discusión general de ideas tanto como de un proyecto común.

El mercantilismo cultural que Sarlo explora y denuncia no está lejos de la enmarañada proliferación de estudios aislados que en su acumulación conforman nuestro "campo" de estudios. Restringiendo considerablemente el alcance de nuestro enfoque, se puede detectar una silenciosa fuerza mercantilista similar que opera en la barroca floración que marca el estudio de la literatura latinoamericana en la academia norteamericana. Para establecer el terreno de una discusión general y determinar los modos en que un proyecto *común* pueda realizarse, uno precisaría antes INTER-RUMPIR la a-crítica mercantilización-estudio de la "literatura" latinoamericana en el contexto del pluralismo académico.[6] Porque si puede ser demostrado que la falsa teorización de la hibridez sirve para ser complaciente tanto con la vieja como con la nueva colonización del mundo, entonces los valores de un pluralismo falsamente reconocido –al desplazar ciegamente autorizaciones previas en la producción del cono-

---

[6] George Yúdice en "Cultural Studies and Civil Society" critica la posición de Sarlo en cuanto a la penetración de los espacios públicos por los medios masivos. En la búsqueda no de un proyecto común sino de la sociedad civil, Yúdice escribe que "Sarlo has substituted a political for a communicational optimism, entrusting to the state [...] the unlikely outcome of a desinterested and critical culture" (p. 54).

cimiento y ubicarlo erróneamente en un pluralismo no examinado y sobrevalorado– podemos decir que tendrán el efecto de estar ocultos bajo la luz. La tarea frente a nosotros no es retornar a la producción de hegemonías –jacobinas u otras– por los sujetos de las perspectivas progresistas de la historia, sino más bien encontrar los medios culturales a través de los cuales pluralizar el pluralismo, y así poder concebir una democracia radical basada en el RECHAZO A DOMINAR.[7] Si la cultura es la esfera en la cual las ideologías son difundidas y organizadas, en la cual "hegemony is constructed, broken and reconstituted" (During, 186), entonces la presente crisis puede ofrecer las condiciones de posibilidad para romper y dejar atrás el fracaso de las viejas fuerzas atadas a un humanismo "narrow, abstract [...] or castle-like" (Gramsci, p. 211).

II

John Beverley en *Against Literature*, ha propuesto ya la idea de interrumpir el flujo de la "Literatura" y desviarlo a la problemática más amplia y más compleja de los estudios culturales. Una de sus propuestas fue romper con el confinamiento del sujeto de la textualidad y cuestionar la ligadura poder/conocimiento que ha construido el canon de "lo literario". Tomando a la "literatura", como lo ha hecho la Escuela de Estudios Culturales de Birmingham, en cuanto comprometida con la producción-dominación cultural e histórica de las elites burguesas, Beverley llegó hasta el punto de ver en el "testimonio" el nacimiento de nuevos híbridos en los cuales vienen a coincidir los impulsos orales "populares" de posiciones subalternas y subversivas.

Pero por supuesto uno no puede o no debe olvidar que en la formulación de esta posición –abrir ampliamente las puertas de las aulas al "testimonio"–, lo que importaba fundamentalmente no era la Escuela de Estudios Culturales de Birmingham, que no había siquiera soñado con un texto como el de Rigoberta Menchú, sino más bien las guerras que los estados latinoamericanos montaron contra los campesinos y las poblaciones urbanas disidentes. A pesar de las complejidades de las mediaciones textuales en su escena de nacimiento, el testimonio introdujo otro sujeto, el sujeto popular. La convergencia de fuerzas que hicieron visible un camino sin retorno, el punto en el que se pueden enunciar frases como "contra la literatura" o "posliteratura", aparece como una formación molar en la cual el anudamiento de producciones culturales dentro de una Latinoamérica intervenida y las condiciones de exportación de objetos y eventos culturales elaborados ALLI requiere un estudio particular y sobrepasa lo que puedo delinear en este trabajo. Pero al menos, es claro que el romance del norte con el testimonio no coincidió con una fascinación paralela en los programas académicos latinoamericanos de literatura, o sea, el lugar desde el cual habla Sarlo.

---

[7] En *Hegemony and Socialist Strategy* Ernesto Laclau y Chantal Mouffe argumentan que en vista del descentramiento del sujeto, el fin de las narrativas teleológicas, la porosidad e historicidad de todas las identidades, la política democrática debe no sólo significar una democracia radical y *plural* en la cual las equivalencias democráticas significan el *respeto* hacia los otros –como fuere que esos otros estén constituidos– sino que también supone el rechazo a dominar (pp. 176-193). Concluyen que "It is clear that a Left alternative can only consists of the construction of a different system of equivalences, which establishes social divisions on a new basis [...]. The Left [should locate] itself fully in the field of democratic revolution and [expand] its claims of equivalents between the different struggles against oppression" (p. 176). Entonces una democracia radical no sólo supondría la pluralidad de iguales sino que tendría su corolario en el *rechazo a dominar.*

A pesar de la convincente crítica que Beverley desarrolla sobre la constitución patriarcal del canon nacional latinoamericano, del cual la antología de Anderson Imbert es quizás la corona de laureles, sería justo decir que la atención al testimonio señala más el agotamiento en Estados Unidos de la crítica académica sobre el Boom, que un triunfo de la perspectiva de los estudios culturales en la conformación del objeto cultural latinoamericano. En parte es esa la razón por la que el solo título del libro de Beverley despierta miedo y resistencia en el grupo nostálgico (véase el discurso presidencial de Lindenberger).

Basados en algunos aspectos de la problemática de los estudios culturales, pero insuficientemente críticos de su propio "giro etnográfico", los estudiosos de la cultura latinoamericana propulsaron el texto de Rigoberta en las batallas culturales que se jugaban en la academia norteamericana. El hecho de que esas batallas tenían lugar, como lo han demostrado Charles Taylor y James Davidson Hunter, en un terreno definido más por la lucha religiosa que por la lucha estrictamente canónica,[8] es un hecho que parece no haber sido computado en la ecuación. El efecto bruto fue que la historia de vida de Rigoberta ha sido proyectada sobre el horizonte de las políticas identitarias de los Estados Unidos. La lucha de Rigoberta por espacio político y discursivo fue mal entendida y mal reconocida por estudiosos que leyeron su historia como un ejemplo más de lo exótico y atroz. El testimonio viajó por las redes y los procesos de domesticación en el complejo multicultural metropolitano, por el cual lo que está afuera del sistema es incorporado en sus vastos alcances. Los estudios del testimonio no insertaron la problemática de los estudios culturales en el estudio de la literatura como un punto sin retorno serio y crítico. La mayor parte de la crítica escrita en ese terreno respondió al marco narrativo del análisis textual. Las guerras de las cuales el testimonio es testigo y el hilo retorcido entre evento y discursividad que el testimonio problematiza se ha dejado afuera por las preocupaciones "literarias" y hasta por el giro antropológico.

Si como sostienen los estudios culturales, la cultura tiene una función política específica en la construcción de hegemonías[9] y en la producción de sujetos dóciles, entonces la INCLUSION del *pathos* de Rigoberta en el canon multicultural parece sólo demasiado apropiado. Pero si por otro lado, el objetivo es INTERRUMPIR las operaciones de la gobernabilidad mediante la introducción de textualidades disruptivas en la formación cultural de los sujetos en las aulas norteamericanas, entonces el sujeto de la discusión debería ser un Yo (sujeto contingente) RIGOBERTA, en posición crítica a la lectura académica del texto en cuanto objeto etnográfico del sujeto cognoscente académico. Lo que debe ser puesto en juego es la

---

[8] Véase Charles Taylor y también James Davidson Hunter. Hunter entiende a las guerras culturales en los Estados Unidos como conflictos basados en "political and social hostility rooted in different systems or moral understandings [...] They are not merely attitudes that can be changed on a whim but basic commitments and believes that provide a source of identity, purpose and togetherness for the people who live by them" (p. 42). Entonces las guerras culturales pueden vincularse "ultimately and finally to the matter of moral authority. By moral authority I mean the basis on which people determine whether something is good or bad, right or wrong, acceptable or unacceptable, and so on" (p. 42). Véase también Sara Castro-Klarén, "The Paradox of Self in *The Idea of a University*".

[9] No quiero homogeneizar la diversidad teórica dentro de los estudios culturales. Stuart Hall nos ha hecho recordar recientemente el hecho de que "Cultural Studies has multiple discourses; it has a number of different histories [...]. There was never a moment when Cultural Studies and Marxism represented a perfect theoretical fit. From the beginning there was always already the question of great inadequacies both theoretically and politically" (p. 279). Sin embargo, Hall termina notando la "astonishing theoretical fluency" alcanzada por los estudios culturales hoy ("Cultural Studies and its Theoretical Legacies", p. 278).

lectura de "Rigoberta" en cuanto formación cultural en la encrucijada de un serio análisis multidisciplinario, en sí mismo capaz de cuestionar las disciplinas constituidas en la práctica del análisis académico. Entonces "el objeto" del giro etnográfico estaría constituido por el hecho de introducir a "Rigoberta" en las listas de lectura de la academia norteamericana durante el período de las Guerras Culturales. Así el/la crítico/a académico/a tendría que practicar un poco de auto-etnografía sobre sí mismo/a. La aparición de semejante evento o artefacto cultural estaría entonces más cerca del corazón de los estudios culturales y se abstendría de reducir la "lectura" de *Me llamo Rigoberta Menchú y así me nació la conciencia* (1983) a una acreditación académica.

III

En lo que sigue retomaré la carga positiva del desafío de los estudios culturales a la disciplinaridad existente en los estudios "literarios". Pero antes de eso quiero recabar en dos puntos que tanto Sarlo como Beverley señalan, sobre la crisis del intelectual público en Latinoamérica, y la retirada de la cultura escrita en la cual él/ella y el "público nacional" operaron. Es importante notar los lazos que ambos establecen entre esta crisis cultural en Latinoamérica y las consecuencias que podría tener en el estudio de la cultura latinoamericana en la academia norteamericana.

Tanto Beverley como Sarlo elaboran la noción de que la figura del escritor-héroe, en la línea de Sarmiento y Bello, ha menguado. Constituye ahora parte de un pasado acabado y concluido. Cambios históricos masivos dan cuenta del hecho de que el discurso de los padres de la madre patria ya no resuena. Incisivamente, Beverley sostiene que durante el perído de surgimiento de las identidades nacionales hubo una transferencia por la cual las identidades nacionales nacieron ligadas a las practicas escriturales de ciertos intelectuales de la elite. Esa transferencia tuvo lugar en el estudio de las humanidades en las universidades latinoamericanas. Este arielismo cultural, esta ideología de la ciudad letrada, no es ya sostenible para Beverley. Ha perdido su fuerza como principio organizador del conocimiento. Tampoco se mantiene en cuanto canon. Y como un conjunto de principios conductores a partir de los cuales entender la cultura latinoamericana, ha perdido su fuerza explicatoria.

En *Against Literature* tanto Ariel como Calibán dejan de existir, ya que el *Calibán* de Fernández Retamar aparece ahora interdicto por el fenómeno de los medios masivos. Calibán ya no necesita aprender el lenguaje del amo para maldecirlo, ya que el amo parece haberse desvanecido con todas las otras cosas modernas que se han derretido en las ondas de transmisión. En esta interdicción está implícita la noción de que la comunicación masiva tanto como la privada, presencias de ausencias, se han separado de la escritura. Los medios audio-visuales han introducido un nuevo acceso democrático a la información y al entretenimiento, que supuestamente debe favorecer a sujetos previamente excluidos de los circuitos del poder-saber de la letra. Ciertamente Rodó nunca imaginó ese panorama. La velocidad con la cual montañas de información están ahora inmediatamente disponibles excedería los más bárbaros sueños pedagógicos de Sarmiento. En vista de la desintegración del modelo de la República de las Letras, Beverley propone que reemplacemos a la literatura como objeto de nuestro estudio por la cultura y la política cultural. Para él "the decisive terrain today is the MASS MEDIA" (p. 8).

Al observar la crisis del intelectual público desde la perspectiva de la historia política de los últimos cincuenta años, Sarlo estudia los errores históricos que los intelectuales han cometido cuando, emulando a los padres fundadores, se pensaron como representantes de las opciones y de los sacrificios que el "pueblo" haría dentro del escenario histórico que postulaba una resolución futura. Dada la errónea defensa política de muchos, la complicidad de algunos con regímenes de terror y las pérdidas soportadas por otros en la guerra contra las guerras sucias, la confianza que el público habría tenido en el discurso político y en la agencia de los intelectuales, al igual que la hegemonía de la cultura letrada, se ha desvanecido. Sarlo explica que ahora los intelectuales letrados ven una gama de culturas sobre las cuales comentar pero no necesariamente intervenir:

> Lo que se consideraba en el pasado cultura letrada ya no organiza la jerarquía de culturas y subculturas. Los letrados eligen entre dos actitudes. Lamentan el naufragio de los valores sobre los cuales se funda su hegemonía como letrados. Otros celebran que los restos del naufragio hayan llegado a la costa y van armando un artefacto para explicar en qué consisten las nuevas culturas [...] Los segundos son los nuevos legitimistas [...] instalan su poder como decifradores de lo que el pueblo hace con los restos de su propia cultura. Las cosas se han invertido para siempre: los neo-populistas aceptan una sola legitimidad, la de las culturas producidas en el cruce entre experiencia y discurso audio-visual (Sarlo, pp. 120-121).

Tanto Sarlo como Beverley perciben el mismo fenómeno: la crisis de la ciudad letrada, el consecuente descentramiento de la literatura y la importancia abrumadora de la cultura massmediática. Tienen, sin embargo, interpretaciones disímiles en relación a los tipos de fuerzas imbricadas en la emergencia del fenómeno. Se registran entones variantes en sus estrategias de (*entanglement*) anudamiento. Difieren en sus evaluaciones del rol que los medios masivos pueden jugar en una sociedad determinada, el modo particular en el que cada uno puede interactuar con lo que ha quedado de la ciudad letrada, y en la orientación que la irremediable adopción de los estudios culturales puede tener ante el hecho de esta MUTACION CULTURAL.

En tanto la literatura fue descentrada, los medios masivos devienen hegemónicos y entonces dominantes en la construcción del futuro (Hoggart, *The Uses of Literacy*). Los críticos neo-populistas, emulando la estrategia de Hoggart, argumentarían que cierto tipo de "literary critical analysis can be applied to certain social phenomena [...] (popular arts, mass communications) so as to illuminate their meanings for individuals and their societies" (Hoggart, "Literature and Society"). Este paso parecería optar por la opción neo-populista que Sarlo encuentra insuficiente, y de hecho peligrosamente inocente.[10] Deja en manos de la responsabilidad de los intelectuales el discernir categorías y valores y el montar un discurso crítico del presente. Deja el campo de la cultura y la política abierto a la creatividad y a la disponibilidad de recursos del "pueblo", sin tomar en cuenta que "el pueblo" está siempre ya atrapado en asimetrías de poder multidimensionales. "El pueblo", enfrentado a la pérdida de crítica letrada en

---

[10] Escribiendo sobre la extensión hacia los estudios culturales del método desarrollado por Roland Barthes, de revelar los códigos normalmente ocultos que organizan la sociedad, Dick Hebdige explica que la esperanza era que el método semiótico al mismo tiempo vuelva significativo y haga desaparecer el abismo entre el intelectual y el mundo "real". Agrega que: "Under Barthes's direction semiotics promised nothing less than the reconciliation of the two conflicting definitions of culture upon which cultural studies was so ambiguously posited –a marriage of moral conviction (in this case Barthes's Marxist beliefs) and popular themes: the study of societies total way of life" ("From Culture to Hegemony", p. 361).

tanto el sistema escolar público es desmantelado, debe también conformar el arsenal intelectual y la respuesta táctica necesaria para la afirmación y defensa de una cultura en la cual sus propios intereses puedan ser representados. Arrancar al "pueblo" de los intelectuales nacionales parece un precio muy alto que pagar para ambos, el "pueblo" y el intelectual, en nombre de una democratización simbólica global establecida en algún otro sitio. Para Sarlo, el giro neopopulista del modelo de los estudios culturales, más específicamente su asunción de una hibridez de lo alto y bajo, viejo y nuevo, literario y audiovisual, conjuntamente con una extensión a-histórica de los "modos de análisis literarios", forma parte en sí mismo de las paradojas posmodernas que fomentan oposiciones falsas y conflictos identitarios. La disponibilidad masiva de nuevos bienes culturales no necesariamente garantiza una capacidad "popular" de agenciamiento en la transformación de los mensajes recibidos y emanados de los centros de producción de cultura global que permanecen ajenos a la comunidad "nacional". Más aún, la extendida comercialización de productos culturales audiovisuales produce una retirada de la cultura letrada en todos los frentes, especialmente la escuela, creando entonces una asimetría desconcertante entre la cultura letrada, en la cual se forjó la identidad nacional, y la producción audiovisual de un "ciudadano" (consumidor) global. En vista de esta entrelazada asimetría que inclina y tuerce las fuerzas de producción cultural en Argentina, y por extensión en toda Latinoamérica, una asimetría que por definición no puede ser liberadora ni democrática, aparece el pedido de otra puerta de salida de la paradoja de la política y la agencia cultural.

En vez de caer en una celebración sin garantías de lo popular y su postulada capacidad de retrabajar la cultura global en modos de producción cultural local y hasta subversivos de sus "propias" comunidades nacionales, Sarlo hace el llamado a una reparación, una reconstrucción, una renovación de la cultura letrada. En dicho escenario los intelectuales jugarían un papel crítico y de discernimiento. Sarlo ve el rol de los intelectuales tan indispensable como inevitable, porque:

> una cultura debe estar en condiciones de nombrar las diferencias que la integran. Si ello no sucede la libertad cultural es un ejercicio destinado únicamente a realizarse en los espacios de las elites estéticas o intelectuales. [La libertad] cultural necesita de dos fuerzas: estados que intervengan equilibrando al mercado cuya estética delata su relación con el lucro; y una crítica cultural que pueda librarse del doble encierro de la celebración neopopulista de lo existente y de los prejuicios elitistas que socavan la posibilidad de articular una perspectiva democrática (pp. 197-198).

La autora concluye entonces que "una crítica humanística [rechazada por los estudios culturales] puede ser defendida como necesidad y no como lujo de la civilización científico-técnica" (p. 196).

IV

A pesar del llamado de Sarlo a recapturar los valores del humanismo crítico, el problema de los intelectuales públicos y de su intervención en la sociedad, dentro de la mutación cultural operada por la revolución de las comunicaciones electrónicas, permanece como uno de los tantos dilemas de nuestro tiempo. Los problemas para una definición de la cultura tal como la entendieron los estudios culturales –"culture is the sphere in which ideologies are diffused and organized, in which hegemony is constructed and can be broken and reconstituted" (Forgacs, p. 186)[11] o "culture means the actual grounded terrain of practices, representations, languages and costumes of any specific historical society" (Stuart Hall, p. 5)– tanto como la intervención de los estudios culturales en el terreno social más amplio de las interacciones de poder, ha sido objeto de acaloradas y repetidas discusiones teóricas desde dentro mismo de los estudios culturales.

Hace casi diez años Lawrence Grossberg en "The Circulation of Cultural Studies" (originalmente leído en el *forum* sobre *Cultural Studies* del MLA, 1988), expresaba su preocupación "for the fact that Cultural Studies increasingly, and in new ways, is being commodified and instutionalized" (p. 178). Para Grossberg el dilema reside en el hecho de que los estudios culturales han sido "highjacked by an alliance between the apparent demands of the intellectual work" ("The Circulation", p. 178), lo cual requiere una toma de posiciones "fijas", las exigencias de la distribución de su trabajo, lo cual ha borrado las diferencias internas dentro de los estudios culturales, y su propio "success as a politically commited and theoretically sophisticated body of work" ("The Circulation", p. 178). Una de las consecuencias del éxito ha sido la asimilación de los estudios culturales en una noción ambigua y general de crítica cultural,[12] al punto de efectuar una dispersión que borra el modo en que la historia política e intelectual de los estudios culturales había ofrecido una vía particular de tratar las cuestiones de la cultura y el poder.

De acuerdo con Grossberg, los estudios culturales han tratado de enfrentarse a este dilema proponiéndose a sí mismos como un cuerpo teórico siempre cambiante, comprometido en el desafío radical de las disciplinas del conocimiento. Proponiendo a la cultura como el lugar de relaciones complejas con otras prácticas en formaciones sociales específicas y como un proyecto totalizador consciente de la necesidad de refrasearse y reconstruirse, los estudios culturales extienden y ensanchan a la cultura para responder a la emergencia de nuevas articulaciones históricas (Grossberg, "The Circulation", pp. 180-181). Vistos desde la perspectiva de Grossberg, los estudios culturales rehúsan definir su propia "theoretical adequacy in academic or narrow epistemological terms. Theory is measured in relation to its enablement of strategic interventions into the specific practices, structures and struggles" que caracteriza a su lugar en el mundo contemporáneo ("The Circulation", p. 179). También montan un esfuerzo para clarificar su propia especificidad histórica y local dentro de la cual las luchas culturales se enfrentan. Siguiendo a Grossberg uno debe entonces recordar que las relaciones entre la sociedad y la cultura, o entre el poder y la cultura, están siempre históricamente constituidas. Así pues los estudios culturales examinan cómo prácticas específicas tales como el despliegue masivo de medios audiovisuales en Argentina, están colocadas entre las estructuras sociales de poder y la viva realidad diaria (Grossberg, "The Circulation", p. 181).

Si nos atenemos a la rearticulación de Grossberg de los estudios culturales como prácticas que interrogan la producción del conocimiento tomando en cuenta la especificidad histó-

---

[11] Forgacs discute el vínculo que hace Gramsci entre la formación de la cultura y la literatura italiana durante el Renacimiento y la ausencia de un movimiento nacional-popular (p. 186). Más adelante anota que lo "nacional-popular no designa un contenido cultural sino la posibilidad de una alianza de intereses y sentimientos entre diferentes agentes sociales que varía de acuerdo a la estructura de cada sociedad nacional" (p. 187).

[12] En el prefacio a su *Cultural Criticism, Literary Theory, Poststructuralism,* Vincent Leitch escribe que "Within the long tradition of cultural criticism, the relatively recent formation of Cultural Studies [...] constitutes a significant moment of flowering and institutionalization, but one not without problems. The practice of cultural critique increasingly challenges the taboo of cultural inquiry, revealing a shift of interest in ethics, politics and social activism" (xi).

rica, y le podamos seriamente el "populismo celebratorio" que Sarlo critica, entonces los estudios culturales y el llamado de Sarlo a reconfigurar un acercamiento "neo-humanístico" a la comprensión de la cultura, aparecerían como en una cierta proximidad. Esto sería aún más acentuado en vista del deseo de Grossberg de corregir la percepción de que los estudios culturales representan un creciente "anti-humanismo".[13] Para él, los estudios culturales ni reniegan de la gente real ni dudan de su agencia, pero los historiza y no admite ninguna intrínseca naturaleza o identidad humana. Y aún así, precisamente porque Grossberg reconoce los límites históricos de las formaciones culturales, tanto su posición como la de Sarlo todavía esconden peligros de falsos reconocimientos, ya que la pregunta por la identidad del sujeto –su formación en diferenciación con el otro y el subsiguiente despliegue de esa diferencia en la esfera política– permanece oculta bajo la luz.

La rearticulación de Grossberg de los estudios culturales extiende aún otro puente hacia el que es quizás el mayor argumento en la crítica de Sarlo al modelo de la hibridez populista. Sarlo no está solamente preocupada con la idea de darle el peso y el lugar justo a la escena local en el análisis cultural. A ella le interesa más explorar los modos en que el intelectual argentino puede montar una perspectiva adecuada al panorama que él/ella quiere "ver". Exige entonces que los estudios culturales respondan a la pregunta: "¿Cómo armar una perspectiva para ver?" desde Argentina. El énfasis dado en la rearticulación de Grossberg de los estudios culturales, en la cultura como formación localizada junto con la revitalización de la COYUNTURA como compromiso metodológico con la especificidad, podría abrir el campo para una rearticulación particularmente argentina, aymara o californiana, del fenómeno histórico en el que la letra, el libro y la cultura literaria erigida en esas bases, son desplazados por medios masivos de comunicación electrónica y todas las consecuencias subsiguientes a esa reconfiguración de lo social.

Sin embargo se debe tener cuidado de no reproducir el maridaje arielista entre literatura y el intelectual patriarcal que Beverley devela. Así como el modelo populista causa irritaciones y fisuras cuando es importado a la Argentina, ni los términos ni los dilemas de la discusión argentina pueden ser transportados en su totalidad a los pasillos de la academia norteamericana. En tanto la solidaridad hacia nuestros colegas en latinoamérica es de hecho algo muy deseable, podemos probablemente llegar a resultados más efectivos si comenzamos a reconocer que la academia norteamericana en los Estados Unidos está, antes que nada, situada en otro lugar; y luego, que no corresponde ni con lo que queda de la academia argentina ni con la configuración social en la cual intelectuales como Sarlo, Ricardo Piglia o Diana Bellessi actúan. Para que el tipo de estudios culturales críticos que Sarlo sostiene tenga resonancia en los Estados Unidos, NOSOTROS, aquí, deberíamos empezar a reconocer esta crucial diferencia de localización. Reconocer las diferencias no implica necesariamente una pérdida porque como argumenta William Connolly, la identidad está constituida por un conjunto de límites o densidades que permite a los seres el escoger, pensar y actuar. La paradoja de las identidades

---

[13] "Cultural Studies does not deny real people, but it displaces them in equally real and over determined historical realities. What they are as individuals and human beings, is thus not intrinsic to them. Our practices produce our identities and our humanity, often behind our backs [...]. Anti-humanism does not deny individuality, subjectivity, experience, or agency; its simply historicises and politicizes them, their construction and their relationships. If there is no essential human nature, we are always struggling to produce boundaries, to constitute an effective human nature, but one which is different in social formations. In other words, human nature is always real but never universal, singular or fixed" (p. 183).

es que sólo pueden constituirse y mantenerse en relación a aquello de lo cual difieren (Connolly, *Identity*, 9, p. 64, p. 94). Es importante INTER/RUMPIR la presunta contigüidad entre intelectuales del norte y del sur, y moverse hacia una lógica de identidad/diferencia por la cual la identidad es entendida como contingente, inestable, porosa y capaz de entrar en un pluralidad de negociaciones y alianzas contingentes pero no obstante éticas. Las identidades no son ni intrínsecas ni inevitables. No es ya necesario atender al imperativo agustiniano y a su reclamo por una identidad profunda, verdadera y moral que determina la inmoralidad de los otros (Connolly, *The Augustinian Imperative*),[14] ya que ha sido demostrado que procede de la específica ansiedad agustiniana hacia la muerte y por lo tanto de la invención de la salvación (*The Augustinian Imperative*, Cap. IV: "The Genesis of Being").

Un impulso de solidaridad[15] desde el norte con ciertos sujetos latinoamericanos estará más certeramente anclado cuando esta diferencia de posición sea trabajada críticamente, cuando entendamos que lo que importa no es tanto meter a Rigoberta en el canon de la "Literatura" (como sucedió en Stanford), sino más bien leer la historia de la guerra contra el Quiché como Historia, es decir un objeto/evento que incide en lo real. Tal vez así se eliminaría el riesgo de la banalidad, asociada últimamente con los estudios culturales.

V

El asumir esas localizaciones en el espacio y en el TIEMPO acorta el alcance y modifica el perfil de muchas de las condiciones claves de los estudios culturales. Unos estudios culturales historizados pueden ARTICULAR proyectos de políticas culturales compartidos, "comúnmente diferenciales" (Norte/Sur). Esto presupone recapturar la mirada contemplativa y restringir el abrazo acrítico de una distraída recepción de sujetos de la "cultura popular".[16]

---

[14] William Connolly muestra que hoy en día la teoría política y las prácticas euroamericanas permanecen bajo lo que él llama "the Agustinian Imperative", esto es "the insistence that there is an intrinsic moral order susceptible to authoritative representations" (xvii). Este imperativo hace a sus metas obligatorias y entonces inicia la búsqueda de un desplazamiento "closer to one's truest self by exploring its inner geography" (xvii) a través de la confesión y la sumisión a la autoridad de Dios, él mismo producido mediante la confesión (p. 44) y la necesidad de evitar la ansiedad de muerte (p. 81). Al examinar el nacimiento de la diferencia en Agustín, en un análisis que recuerda al de Borges y sus heresiarcas, Connolly postula que para que Agustín consolide su ser cristiano, debía haber herejías que denunciar y degradar. Connolly pregunta: "What price have those constituted as pagans, infidels, heretics, and nihilist through out centuries paid for this demand to confess an intrinsic moral order?" (p. 81). Muchas historias se apresuran para responder a esta pregunta, pero ninguna más conocida para los estudiosos de Latinoamérica que la conquista evangelizadora española.

[15] La solidaridad, como Laclau y Mouffe puntualizan, necesita ser rearticulada lejos de una noción homogénea de clase y dentro de un concepto de series de luchas igualitarias y cooperativas, que intentan superar la dominación y lograr la libertad (*Hegemony and Socialist Strategy*, p. 182). Sin embargo, "equivalence is always hegemonic insofar as it does not simply establish an alliance between given interests, but modifies the very identity of the forces engaging in that alliance" (pp. 183-184).

[16] Para una discusión sobre el narcisismo que se halla en la postulación de un sujeto popular, sin tomar en cuenta la carga ideológica colocada por el crítico y las prácticas de "distracted reception" véase Morris (pp. 158-159). Morris encuentra que un acercamiento más positivo a la teorización de la cultura popular es el recuperar la mirada contemplativa del libro de Michel de Certeau *The Practice of Everyday Life*.

Recién entonces puede resultar una práctica que está menos guiada por consideraciones teóricas. Una agenda anclada más firmemente en la historia permitiría a los estudios culturales el enfrentarse a la imposible complejidad de su propio contexto histórico. Creo que un giro genealógico hacia la historia, como investigación que se aleja del carácter necesario de las verdades establecidas, nos permitirá no sólo evitar sobre-teorizar sino también rodear el peligro de caer en la atroz banalidad que Baudrillard (*Les Strategies Fatales*) advierte.

Por lo tanto, sería también razonable no abandonar el conocimiento acumulado en las diferentes disciplinas académicas ya que toda genealogía que se intente –religión, filosofía, historia, arqueología– abriría la posibilidad de INTERRUMPIR EL FLUJO de las disciplinas, incluyendo la literatura, y desviar su curso a la investigación de campos hasta ahora ocultos a la mirada. Narraciones genealógicas de sujetos populares enredados en la factura de la heterogeneidad cultural, nos mantendrían alejados de la luz cegadora de similaridades erróneamente asumidas y de falsos reconocimientos.

VI

Como explica Simon During (en su introducción a *The Cultural Studies Reader*), el nuevo modelo de estudios culturales no contempla a la cultura "POPULAR" como una formación social contra el estado. En cambio, influido por la teoría feminista, pone el énfasis en la *afirmación de otros* modos de vida. Ya que la sociedad es concebida, al igual que el sujeto, como un conjunto de procesos básicamente descentrados, los estudios culturales están particularmente interesados en las subculturas, los subalternos, los marginales. Sin embargo, los estudios culturales no han sabido figurar una lógica por la cual concebir a todas estas comunidades dentro de algún modo de circuito comunicativo o coherencia relacional.

Es difícil saber hasta qué punto la academia norteamericana puede ser considerada una subcultura. No hace mucho tiempo fue llamada una torre de marfil para alegorizar el mito de su aislamiento y por lo tanto de su "independencia" del estado. Los estudios sobre el rol de lo literario y más específicamente sobre la función formativa de los estudios literarios han descubierto el papel fundamental que la torre de marfil juega en la formación de sujetos dóciles. Como institución, la academia organiza la lectura y la escritura como una forma de gobernabilidad. Por lo tanto los términos de la formación del canon, las normas disciplinarias y curriculares que organizan nuestra enseñanza y sistema de investigación y publicación, necesitan ser considerados como si fueran una formación molar –la conexión de un objeto de estudio con regímenes de (no)razón.[17]

En consecuencia, si los Estados Unidos han estado ejerciendo una fuerza hegemónica creciente en la formación de las culturas y las políticas latinoamericanas, y de ahí ha surgido un concomitante poder del norte en la construcción del conocimiento sobre América Latina, una INTERRUPCION de nuestras prácticas cotidianas está a la orden del día. La idea de que "virtually everything produced on Latin America in the 1950s was profoundly shaped by the imperatives of the Cold War" (Berger, p. 81) no es excesiva. En literatura, con sólo pocas

---

[17] Vincent Leitch en *Cultural Criticism, Literary Theory, Poststructuralism*, arguye que una meta clave para la crítica cultural es "to link objects with regimes of (un)reason" ya que el texto está siempre anudado en regímenes de razón, "embodied in the languages of the 'nation', the specimen text is regimented in two senses: first it is embedded in regimes and, second, it is so embedded, methodologically speaking, through a process of calculated analytical accretions" (p. 7).

excepciones,[18] nada ha sido escrito del proyecto continuo de leer al sur desde la perspectiva montada en el norte.

La excepción notable es el reciente *Reading North by South*, de Neil Larsen. Escribe éste que la auto-autorización (*self-autho-rization*) del norte como lector del sur sigue derivando de "the same wellspring of colonial common sense" que autorizaba a Bernal Díaz a "citar" a Moctezuma con el objeto de autorizar su propia narrativa de conquista. Larsen se pregunta luego: "What is and has been the history for this reading? [...] What have been the modes of self-authorization evoked by metropolitan 'readers' of Latin America, both in its texts and as 'text'?" (p. 2). Larsen responde a esta pregunta en términos de una breve autobiografía del encuentro y auto-transformación del sujeto cognoscente. Narra las simpatías anticoloniales que produjeron la canonización del Boom (p. 5) y postula que dichas canonizaciones de textos de extremo modernismo como *Cien años de soledad* y *Rayuela* pudieron haber ocurrido sin relación necesaria a su propia especificidad. "Taking this line of thinking to an extreme, one might suppose that the specific kinds of literary qualities associated with the boom [...] were in fact irrelevant" (p. 5). Para Larsen la lógica cultural involucrada en la negociación del canon es, de hecho, compleja. Ya que una cosa que ofreció la apertura hacia los textos latinoamericanos fue el formar parte de un diseño para prolongar la legitimidad del canon modernista en sí mismo (p. 6). Esta sospecha lleva a Larsen a puntualizar que mientras a Latinoamérica puede habérsele otorgado *paridad literaria* basada en la estética universalizante encarnada por el Modernismo, esta paridad sólo esconde "its conservative if not regressive side" (p. 7).

Larsen también encuentra en los eventos críticos asociados con la entrada del testimonio en la academia norteamericana un buen ejemplo de los problemas de leer el sur desde la perspectiva montada por un norte en sí *local*. Tomando seriamente el objetivo de leer el testimonio como textualidades contra-canónicas, Larsen muestra que la "auto-exclusión" requerida en el lector interdicto –sujeto cognoscente– de los secretos de Rigoberta, es nada menos que un síntoma de la crisis de la Nueva Izquierda, que ahora tiende a colocar toda la agencia política en un "Tercer Mundo" romantizado (pp. 14-15). Irónicamente, el gesto de descolonización del canon que había comenzado con la inclusión de los escritores del Boom, termina teorizando su propia *incapacidad* de leer a Rigoberta; quien, habiendo sido corrida de su anterior posición de sujeto etnográfico, es presentada ahora como un OTRO INALCANZABLE. Como tal, Rigoberta no puede ser excluida o constituida en un nuevo afuera. Ella simplemente corresponde a la auto-exclusión del sujeto del norte de un circuito comunicativo que englobaría tanto a la mujer quiché como al académico norteamericano. De algún modo, los trabajos de la "teoría" han producido sujetos del norte y del sur situados en un circuito comunicativo quebrado.

La historia que Larsen reconstruye es básicamente correcta y grave. Su narración constituye una línea pionera y casi solitaria, en el tapiz genealógico que necesita ser tejido con muchos otros colores y texturas. Nuestra comprensión de la producción de cultura y literatura latinoamericana estará siempre distorsionada si no consideramos seriamente la historia y el lugar anómalos de los departamentos de español en la academia norteamericana.[19] La marginalidad del "español" es obvia en comparación con la centralidad indisputable de los textos y

---

[18] Véanse por ejemplo los esfuerzos de Amy K. Kaminsky (*Reading the Body Politic*, pp. 1-13) para analizar textos escritos por mujeres latinoamericanas desde la perspectiva trazada por esos textos mismos. El capítulo sobre "translating gender" es de particular interés.

[19] Por ejemplo, tanto Roberto González-Echevarría cuanto Jean Franco se han quejado repetidamente sobre el silencio que rodea a su discurso cuando hablan para los que están fuera del campo del "español".

la crítica de habla inglesa. Dicha marginalidad complica adicionalmente las relaciones con intelectuales latinoamericanos cuya posición de sujeto, como en el caso de Beatriz Sarlo en su propio país, es sólo comparable a la de un catedrático de literatura norteamericana en los Estados Unidos. Hay una asimetría compleja e innegable, casi una inversión, entre el sujeto cognoscente en la academia latinoamericana (central en localidades globalmente marginadas) y su contraparte aquí (marginal en localidades globalmente centrales). Sin embargo, necesitamos preguntarnos si esta disimetría es irreconciliable. ¿Está destinada a producir falsos y falseados reconocimientos, a prefigurar la imposibilidad del diálogo?

Pienso que la posibilidad del diálogo e inclusive de coaliciones norte/sur puede ser explorada en un acercamiento cultural y genealógico a la cultura. Esta perspectiva historizante permitiría asir los fragmentos y los desechos de la vida cotidiana dispersados en las redes del pasado que conducen hacia el presente.[20] Los desperdicios de la Historia servirían como un talismán alrededor del cual nuevas visiones del pasado, y por lo tanto sobre el presente, podrían configurarse. En ese proyecto, nociones foucaultianas de espacialización coincidirían con recomendaciones de Michel de Certeau sobre los usos tácticos de la historia (*The Capture of Speech*, p. 158) y de la temporalidad. Los "lugares perdidos del pasado" podrían ser transformados en "active places of fiction capable of being reinvented over and over again" (de Certeau, *The Capture*, p. 158). Ellos cederían el lugar a sujetos no otros sino simplemente olvidados, quienes como Guaman Poma o los arcángeles guerreros de la Escuela de Cuzco[21] actúan como fuerzas magnéticas que nos permiten reconfigurar y repoblar el mapa de la construcción de las identidades y los conocimientos latinoamericanos. Reliquias y remanentes quedan cargados de poder irruptivo. Pero este poder no puede ser adorno de historiadores de la cultura sin que comprometa a una investigación empírica extensiva y exhaustiva que sea capaz de proveer los hilos y los telares para unos estudios culturales genealógicos.

Si el intento trata de desplazar a la literatura por los estudios culturales, el primer paso es renovar el criterio por el cual hasta ahora hemos constituido "textos" y "discursos". El criterio desarrollista y orgánico que informó al canon literario debe dar lugar a la constitución de formaciones molares, sitios y otras configuraciones espacio-temporales, que pueden eventualmente constituir a una cultura en plural. Sólo puede ser posible este tipo de rediseño de la historia y la historiografía cuando estemos en posesión de una información densamente "nueva", o casi olvidada o enterrada. Se daría sí, por sentado, que la noción prevalente de textos relevantes tiene que ser re-trabajada generosamente. No se trata de otra empresa más, de coleccionismo cultural (Clifford).

La convergencia de los estudios culturales con una nueva historicidad nos permitiría sortear los obstáculos implícitos en la problemática de estudios poscoloniales, tal como han sido desenvueltos por las ex-colonias de habla inglesa.[22] Una nueva historicidad abriría nue-

---

[20] En *The Practice of Everyday Life*, de Certeau busca encontrar la reliquia del pasado, los descartes del discurso de la historia para usarlos como imanes alrededor de los cuales un enjambre creativo de ausencias olvidadas y reprimidas se puede congregar y configurar nuevas versiones del pasado.

[21] Los famosos arcángeles pintados por los discípulos del fundador de la Escuela, Tito Cusi, deben su iconografía y su proliferación al hecho de que la orden jesuita a cargo de la evangelización en los Andes no tenía aún santos para ofrecer a las poblaciones andinas como modelos de vida. Para competir con los agustinos y los dominicos, los jesuitas alentaron a los pintores indios de la Escuela de Cuzco para que recrearan con su imaginación las cualidades guerreras configuradas en la iconografía de los arcángeles.

[22] Para una crítica al argumento de Gayatri Spivak de que el subalterno no puede, por definición, hablar por sí mismo, véase Sara Castro-Klarén, "Writing Subalterity: Guaman Poma and Garcila-

vas vistas al espacio-temporalidad de la vida cotidiana con sus lugares irreductibles e incompatibles. Foucault llamó a esta superimposición de sitios incompatibles y cargados de tensión, una heterotopía.[23] Estos espacios en capas, pero no coincidentes, son aglomerados mediante zonas de vacío que crean un espacio de ilusión. La brecha entre las capas crea un espacio que es otro, lo impensado. Aunque Foucault podía, desde un punto de vista eurocéntrico, sólo especular que las colonias pueden haber funcionado como heterotopías de compensación para Europa ("Of Other Spaces"), los estudiosos de la historia cultural latinoamericana entienden que las relaciones de poder colonial funcionan, por definición, como zonas de vacío de anudamiento, como heterotopías locales. Un re-enmarcamiento de la tensión y la diferencia implícita en la heterotopía puede abrir el camino para una nueva aproximación historiográfica a la formación de culturas y sujetos de identidad e historia política latinoamericanos.

Por último, el tipo de pluralismo crítico implícito en la idea de emancipación de Michel de Certeau, el nuevo humanismo de Sarlo, el manifiesto de Beverley en favor de los estudios culturales como modo de desplazar al sujeto de elite de los estudios literarios con uno más "popular", encierran un llamado por un *interrogante ético* que hasta ahora ha escapado al implacable relativismo de un universo des-centrado. Central a la pregunta de la cultura en plural, es la pregunta sobre la identidad y los modos de subjetivación; ya que como ahora la entendemos, no hay identidad natural o extra-política. Judith Butler escribe que "la estrategia radical para el feminismo no es tanto mejorar las condiciones de la mujer", porque eso ni hace falta decirlo, dentro de las redes de sometimiento del poder, sino subvertir la constitución de la identidad de las mujeres en el paradigma patriarcal. Ella aboga por una coalición política en la cual la mujer, constituida como sujeto resistente, mantendría sus diferencias en vez de superarlas. La contradicción implícita en la idea de una coalición de sujetos resistentes es aminorada si postulamos, como propone William Connolly, no sujetos unificados y coherentes sino sujetos agonísticos para los cuales el poder es tan constreñidor como capacitativo (*The Ethos of Pluralization*).

Para el sujeto agonístico el respeto por los otros, por la diferencia, está basado en la resistencia a los intentos de gobernar sus conductas. La libertad es en sí misma la práctica del poder, más que su ausencia. Ya que la identidad está constituida en la diferencia, es entonces la irreductibilidad del otro a la propia estrategia la que le enseña a uno a respetar a otros como sujetos libres, precisamente porque son diferentes. En un mundo globalizado en el cual el poder está distribuido de modo asimétrico –academia norteamericana/academia latinoamericana, medios masivos/cultura letrada– el sujeto agonístico parecería representar un buen lugar tanto para la resistencia como para la coalición en la pluralidad.

William Connolly ha desenvuelto de manera extensiva las consecuencias políticas del sujeto agonístico de Foucault para la constitución de una democracia liberal radical.[24] Si la identidad está concebida como un conjunto de límites o una densidad que permite a los seres escoger, pensar y actuar y si las identidades sólo pueden ser sostenidas enfrentadas con aquello de lo cual difieren, entonces la formación de identidades particulares se hace inevitable. Esto significa que no importa cuán agresivamente las identidades nacionales y regionales sean atacadas por proyectos globalizadores y neo-colonialistas; las identidades, como la ar-

---

so de la Vega, Inca". Para una crítica del concepto a-histórico de hibridez desarrollado por Homi Bhabha, véase mi artículo de próxima aparición "On Mimicry and the Location of Knowledge".

[23] Para una actualización del concepto de heterotopías de Foucault, véase Edward Soja.

[24] Para una discusión de la radicalización de Foucault hecha por Connolly, véase Jon Simons, *Foucault and the Political*.

gentina o la latinoamericana, estarán siempre en factura. La pregunta es, entonces, no cómo abarcar o fomentar la formación de identidades, sino más bien cómo hacer para que no se congelen, naturalicen o se hagan potencialmente violentas hacia el otro como enemigo.

En vista a la creciente globalización, una re-elaboración del pluralismo postulando un sujeto agonístico capaz de *reconocimiento recíproco* ofrece una salida al particularismo que Sarlo desacredita, tanto como al círculo comunicativo roto postulado por algunos lectores del testimonio. Un pluralismo basado en la tolerancia, puntualiza Connolly, no es suficiente para evitar el resurgimiento de sujetos unitarios consolidados. La tolerancia, en cuanto se basa en un falso reconocimiento del otro es una "underdeveloped form of critical responsiveness". Por el contrario, la capacidad de respuesta crítica del sujeto agonístico no se apropia ni asimila, ya que parte de la idea de que las identidades son tan diferenciales como colectivas (Connolly, *The Ethos*, xv).

> Critical responsiveness opens up a cultural space through which the other might consolidate it self into *something*, that is not afflicted by negative cultural markings. Moreover, within the critical or agonistic political framework, the other, the subaltern, does not need to be thought of as negativity, for difference is not reduced to a pre-existing code (as in "can the subaltern speak?"). In this new political space strangeness in oneself and others can be engaged without ressentiment or panic, for 'freedom resides in the spaces produced by such dissonante junctures (Connolly, *The Augustinian*, p. 29).

En la visión de Connolly de una democracia agonística, el ser no es robado por la diferencia, el ser es, en cambio, diferencia. Por lo tanto la ética del compromiso agonístico llama a una indiferencia estudiada, a respuestas críticas, a colaboraciones selectivas e identidades en debate (Connolly, *The Ethos*, xviii). En una democracia agonística de orden mundial ya no se trataria de abolir las diferencias como en el norte/sur, o en los estudios literarios/estudios culturales, sino transformar el modo en que experimentamos la diferencia, con el objeto de poder formar identidades colectivas a través de la diferencia y liberarnos del tipo de individualismo que se vincula al estado. La democracia agonística, como los estudios culturales conscientes de sus objetivos, cultiva una POLITICA DE LA INQUIETUD que no abole las diferencias y que, por lo tanto, nos aleja de la violencia del falso reconocimiento.

Traducción: Fernando José Rosenberg

BIBLIOGRAFÍA

Anderson Imbert, Enrique y Eugenio Florit. *Literatura hispanoamericana: antología e introducción histórica*. Nueva York: Holt, Rinehart and Winston, Inc., 1960.

Baudrillard, Jean. *Les Strategies fatales*. París: Grasset, 1983.

Berger, Mark T. *Under Northern Eyes: Latin American Studies and US Hegemony in the Americas 1898-1990*. Bloomington: Indiana University Press, 1995.

Beverley, John. *Against Literature*. Minneapolis: University of Minnesota Press, 1993.

Butler, Judith. *Gender Trouble: Feminism and the Subversion of Identity*. Londres: Routledge, 1990.

Clifford, James. "On Collecting Art and Culture". *The Cultural Studies Reader*. Simon During (ed.), Londres: Routledge, 1993.

Castro-Klarén, Sara. "The Paradox of Self in *The Idea of a University*". *The Idea of a University*, John Henry Newman. Frank M. Turner (ed.), New Haven: Yale University Press, 1996.

—— "Writing Subalterity: Guaman Poma and Garcilaso de la Vega, Inca". *Dispositio/n*, XIX/46 (1994): pp. 229-244.

Certeau, Michel de. *The Capture of Speech & Other Political Writings*. Luce Giard (ed.), "Introducción". Tom Conley, trad. y "Afterword". Minneapolis: University of Minnesota Press, 1997.

—— *Culture in the Plural*. Luce Giard, ed. "Introducción". Tom Conley, trad. y "Afterword". Minneapolis: University of Minnesota Press, 1997.

—— *The Practice of Everyday Life*. Steven Rendall, trad. Berkeley: University of California Press, 1984.

—— "On Mimicry and the Location of Knowledge" (inédito).

Connolly, William. *The Augustinian Imperative: A Reflection on the Politics of Morality*. Newbury Park, California: Sage, 1993.

—— *The Ethos of Pluralization*. Minneapolis: University of Minnesota Press, 1995.

—— *Identity\Difference: Democratic Negotiations of Political Paradox*. Ithaca, Nueva York: Cornell University Press, 1991.

Davidson Hunter, James. *Culture Wars: The Struggle to Define America*. Nueva York: Basic Books, 1991.

During, Simon (ed.). *The Cultural Studies Reader*. Londres: Routledge, 1993.

Forgacs, David. "National-Popular: Genealogy of a Concept". *The Cultural Studies Reader*. Simon During (ed.), Londres: Routledge, 1993.

Foucault, Michel. "Of Other Spaces". *Diacritics* 16 (1986): pp. 22-27.

Garcilaso de la Vega, Inca. *Comentarios reales*. 1605. Aurelio Miró Quesada (ed.), Caracas: Biblioteca Ayacucho, 1976.

Gómez-Peña, Guillermo. "Documented/Undocumented". *Multicultural Literacy: Opening the American Mind*. Rick Simmons y Scott Walker (eds.), St. Paul, Minnesota: Graywolf Press, 1988.

Gramsci, Antonio. *Selections from Cultural Writings*. David Forgacs y Geoffrey Nowell-Smith (eds.), William Boelhower, trad. Cambridge, Massachusetts: Harvard University Press, 1985.

Grossberg, Lawrence. et al. (eds.), *Cultural Studies*. Londres: Routledge, 1992.

—— "The Circulation of Cultural Studies". *What is Cultural Studies?* John Storey (ed.), Londres: Arnold, 1996.

Hall, Stuart. "Cultural Studies and its Theoretical Legacies". *Cultural Studies*. Lawrence Grossberg (ed.), Londres: Routledge, 1992.

Hebdige, Dick. *Hiding in the Light: On Images and Things*. Londres: Routledge, 1988.

—— "From Culture to Hegemony". *The Cultural Studies Reader*. Simon During (ed.), Londres: Routledge, 1993.

Hoggart, Richard. *The Uses of Literacy*. Nueva York: Oxford University Press, 1958.

—— "Literature and Society". *The American Scholar*, 35: pp. 277-289.

Kaminsky, Amy. *Reading the Body Politic: Feminist Criticism and Latin American Women Writers*. Minneapolis: University of Minnesota Press, 1993.

Laclau, Ernesto y Chantal Mouffe. *Hegemony and Socialist Strategy: Toward a Radical Democratic Politics*. Nueva York: Verso, 1985.

Larsen, Neil. *Reading North by South: On Latin American Literature, Culture, and Politics*. Minneapolis: University of Minnesota Press, 1995.

Leitch, Vincent. *Cultural Criticism, Literary Theory, Poststructuralism*. Nueva York: Columbia University Press, 1992.

Lindenberger, Herbert. "Teaching and the Making of Knowledge". *PMLA*. 113/3 (1998): pp. 370-378.

Menchú, Rigoberta with Elisabeth Burgos-Debray. *I, Rigoberta Menchú: An Indian Woman in Guatemala*. Ann Wright, trad. Londres: Verson, 1984.

Morris, Meaghan. "Banality in Cultural Studies". *What is Cultural Studies?*, Londres: Arnold, 1996.

Moore-Gilbert, Bart. *Postcolonial Theory: Contexts, Practices, Politics*. Nueva York: Verso, 1997.

Ramos, Julio. *Desencuentros de la modernidad en América Latina: literatura y política en el siglo XIX*. México: Fondo de Cultura Económica, 1989.

Sarlo, Beatriz. *Escenas de la vida posmoderna*. Buenos Aires: Ariel, 1994.

Simons, Jon. *Foucault and the Political*. Londres: Routledge, 1995.

Soja, Edward. "History, Geography: Modernity". *The Cultural Studies Reader*. Simon During (ed.), Londres: Routledge, 1993.

Storey, John (ed.), *What is Cultural Studies?*. Londres: Arnold, 1996.

Taylor, Charles. *Multiculturalism and "The Politics of Recognition"*. Princeton: Princeton University Press, 1992.

Vallejo, César. *Poemas Póstumos I. César Vallejo, Obra Poética*. Edición Crítica. Américo Ferrari, coord. París: Archivos, 1988.

Yúdice, George. "Postmodernity and Transnational Capitalism in Latin America". *On Edge: The Crisis of Contemporary Latin American Culture*. George Yúdice et al. Minneapolis: University of Minnesota Press, 1992.

—— "Cultural Studies and Civil Society". *Reading the Shape of the World: Towards an International Cultural Studies*. Henry Schwartz & Richard Dienst (eds.), Boulder, Colorado: Westview Press, 1995.

España: excentricidades y servidumbres culturales del viejo imperio

Andrés Zamora
University of Pittsburgh
Vanderbilt University

Para empezar propongo tres hechos aparentemente dispares. El primero es de índole cinematográfica, esto es, ostenta la naturaleza de un simulacro, aunque en el contexto de una recepción posmoderna tal vez por eso habría de ser considerado como una auténtica porción de realidad. En concreto, el suceso ocurre al principio de *Nadie hablará de nosotras cuando hayamos muerto*, una película dirigida por Agustín Díaz Yanes en 1995 que acumuló ocho premios Goya, ganó el galardón especial del jurado en el festival de cine de San Sebastián y gozó de una fervorosa acogida popular en España, algo un tanto inusitado para una producción local. Tras el sobrescrito del exagerado y dramático título de la película, y apenas ha acabado la nómina de créditos, la audiencia reconoce a Victoria Abril, emblema femenino de la cinematografía española y, a la sazón, casada en el relato de Díaz Yanes con uno de los más manidos tópicos autóctonos, con un torero. La actriz, o la esposa, humillada entre las piernas de un chicano, le hace una *fellatio*. Después se arrodilla frente al mexicano que da las órdenes y lo satisface de la misma manera mientras los dos hombres reflexionan sobre cuestiones de evolución histórica y asuntos de supremacías, decadencias o identidades nacionales. Mi paráfrasis de la escena incurre en el eufemismo y la ironía. En la pantalla, la secuencia es sórdida y brutal. El segundo hecho es de carácter anecdótico. Recientemente, un estudiante graduado de literatura hispánica me aseguraba que yo estaba equivocado, que no era posible que esa persona, alguien dedicado a los siglos XIX y XX peninsulares, hubiera entrado en semejante departamento. Le pregunté que por qué estaba tan convencido. Su respuesta fue absolutamente contundente: "No, ese departamento tiene una clara orientación hacia los estudios culturales". El tercer hecho es de tipo crítico y teórico, combinando o confundiendo por tanto a buen seguro el simulacro, lo real y lo anecdótico. El libro sobre el canon occidental de Harold Bloom sólo registra, entre los títulos de sus capítulos, tres nombres de escritores en lengua española: Cervantes, en una sección, y Borges y Neruda –extraños compañeros de cama– en otra. De otro lado, *The Johns Hopkins Guide to Literary Theory and Criticism* ignora por completo en la larga lista de entradas recogidas a través de sus voluminosas páginas todos los nombres propios de críticos y teóricos de estudios hispánicos, con la excepción de Ortega y Gasset.

La relación entre esos tres hechos podría ser formulada en estos términos: el primero –la secuencia de la película– funciona como una metáfora o un símbolo que pone de manifiesto algunas de las falacias que subyacen bajo el segundo –la afirmación del estudiante graduado–; el tercero, por su parte, constituye una advertencia sobre las posibles consecuencias prácticas e históricas de ese mismo segundo hecho, y funciona a guisa de recordatorio de nuestra responsabilidad como intelectuales, profesores o ponentes ("oponentes") en el mundo académico estadounidense. Si comenzamos el análisis de esta relación a tres bandas precisamente con una cala en las lapidarias palabras del estudiante de mi pequeña anécdota personal, lo primero que habría que anotar, sin embargo, es que éstas están ampliamente respaldadas por la realidad crítica y académica. En 1995, hace escasamente tres años, Helen Graham y Jo Labanyi publicaron *Spanish Cultural Studies. An introduction*, un libro que proclamaba su condición de texto inaugural de los estudios culturales españoles *qua* disciplina (p. 1) y que abría su prefacio con esta oración: "Spanish cultural studies are in their infancy" (V). Los estudios culturales, que en compañía o confundidos con el posmodernismo y el poscolonialismo han desatado un avasallador alud de textos críticos en los últimos años, parecen haberse detenido en los Pirineos, en medio del Atlántico, o en el norte de Africa (depende de la posición desde la que se mire), y sólo ahora empiezan a internarse tímidamente en los dominios peninsulares. Esta escasez o puerilidad queda además corroborada por la exigua presencia de especialistas de esta disciplina en las instituciones y departamentos dedicados a la enseñanza de cultura española, tanto en la propia España, algunos dirían que debido al crónico misoneísmo nacional, como en el extranjero, en Estados Unidos por ejemplo, sobre todo si se compara con el estado de la cuestión en el campo latinoamericano. Pero, me atrevo a conjeturar que bajo esa estricta discriminación entre lo peninsular y los estudios culturales, bajo esa implícita declaración de la imposibilidad o la antinaturalidad de combinar ambas cosas, ese pecado nefando, alientan también otras razones, seguramente además más importantes aunque también mucho más nebulosas y problemáticas. Me arriesgo a pensar que el palimpsesto, consciente o inconsciente, de las palabras del estudiante graduado es la siguiente asociación de ideas: ocuparse de lo peninsular supone ineluctablemente limitarse a la literatura, a las manifestaciones de la alta cultura, al canon, pues existe una fatal relación de complicidad e implicación entre esos tres despreciables términos y la metrópolis o el imperio, incluso aunque éste llegara a su fecha de caducidad hace ya casi cien años. Los estudios culturales, que en gran parte surgen y se desarrollan dentro de un espíritu de activismo político de izquierda, de misión social, han privilegiado como objeto de estudio al marginado, al que no tiene voz, al que se opone o intenta resistir a la cultura dominante, y desde el punto de vista latinoamericano la consideración de España, el antiguo poder imperial, como asunto de estudios culturales parecería una teratología metodológica. Lo irónico es que desde Europa, desde el solar donde nacieron los imperios, España tampoco ha despertado mayor interés entre los especialistas en estudios culturales a diferencia de otras viejas metrópolis, con certeza por dos razones casi antinómicas: primero, por ser un país poco importante en el concierto del viejo continente o incluso por ser considerado como una suerte de apéndice extraño y marginal, un finisterre europeo o una avanzadilla sureña de la barbarie; segundo, por no ser, sin embargo, lo suficientemente ajeno a esa Europa, lo suficientemente otro, tal vez lo bastante subdesarrollado o primitivo. España habita ese curioso limbo en los estudios culturales, esa doble excentricidad con respecto a Europa –y por extensión a Estados Unidos– y en relación con lo no-europeo, especialmente con lo latinoamericano.

Estados Unidos, por cierto, depara al español una de las ocasiones más propicias para tomar aguda conciencia de esa perplejidad cultural, de ese doble carácter periférico. Ante uno de esos miles de formularios estadounidenses que inquieren sobre el grupo étnico o racial del individuo que los rellena, el español se enfrenta a la formidable tesitura de si ha de marcar la casilla donde dice "White, not of Hispanic origin. Persons having origins in any of the original peoples of Europe, North Africa or the Middle East", o si por el contrario ha de inclinarse por la que reza "Hispanic. Persons of Mexican, Puerto Rican, Cuban, Central and South American, or Spanish culture or origin, regardless of race". Hay que considerar que el formulario en cuestión suele además advertir que sólo se ha de marcar una categoría. En ese instante, el español se ve abocado a tomar una decisión de la mayor gravedad: ¿soy europeo o hispano? ¿Cuál es el elemento dominante y cuál el subordinado en mí? ¿Y cuál de ellos prefiero o cuál soy yo? ¿He de señalar ambas casillas desafiando las explícitas instrucciones del formulario o dejar las dos en blanco acosado por la indignación, la duda o la súbita certeza de que no soy ni una cosa ni la otra? Por supuesto soy consciente de que el español no es ni mucho menos el único confundido, agredido o movido a risa por el formulario estadounidense, un formulario que parece seguir el modelo de clasificación zoológica utilizado por la enciclopedia china que Borges perpetra en "El idioma analítico de John Wilkins" y que más tarde inspiró a Foucault una irresistible hilaridad y la escritura de *Les mots et le choses* (p. 7): animales "(a) pertenecientes al emperador, (b) embalsamados, (c) amaestrados, (d) lechones, (e) sirenas, (f) fabulosos, (g) perros sueltos, (h) incluidos en esta clasificación, (i) que se agitan como locos, (j) innumerables, (k) dibujados con un pincel finísimo de pelo de camello, (l) etcétera, (m) que acaban de romper el jarrón, (n) que de lejos parecen moscas" (p. 708). Al fin y al cabo, la encuesta estadounidense combina en su disparatada taxonomía criterios raciales (White, Black), geográficos (Asian), histórico-geográfico-raciales (Native American) y culturales (Hispanic). Sin embargo, esa fractura cultural, esa confusión con respecto a su identidad que siente el español ante las exigencias del formulario, es un buen indicativo no sólo de la falacia que supone establecer una automática relación de exclusión entre lo peninsular y los estudios culturales, sino de la concurrencia en España de una serie de fenómenos que hacen de ella un apetecible objeto de investigación para esos mismos estudios: un curioso tipo de hibridismo *a fortiori* y a distancia (en Estados Unidos el español descubre que no sólo es europeo, sino también, desafiando a la geografía e incluso tal vez a la lógica histórica, hispano, latinoamericano), su cualidad doblemente marginal (a pesar de todo, España está en el borde tanto de Europa como de América Latina), la indefinición en cuanto a qué es lo dominante y qué lo oprimido (un asunto, por otro lado, con importantes repercusiones teóricas) y, en consecuencia, una final incapacidad del país o de su habitante ante la tarea de nombrarse a sí mismo. Evidentemente, es posible que toda esta argumentación sea excesiva e innecesaria, pues en principio todo grupo humano, sociedad o cultura, sin excepción, ha de ser susceptible de convertirse en un apropiado asunto de reflexión para una disciplina o una serie de prácticas acogidas a la denominación de estudios culturales. Pero, como digo, también se puede defender que coyunturalmente el caso español es sin duda proclive a estos estudios, es decir, hay una notable coincidencia entre algunas de las preocupaciones más obsesivas de sus análisis y la peculiar situación española, sobre todo en el momento presente, en la más inmediata y urgente actualidad. De un lado, España es uno de los países que más recientemente, o más tardíamente, se ha liberado de una opresión imperial: el imperio imaginario creado por el discurso franquista a supuesta imagen del de antaño con la ayuda de los medios de comunicación de masas; un imperio impuesto, por evidentes razones, únicamente a los propios españoles, complicando de paso mediante este proceso de colonización interna las claras distinciones teóricas entre la metrópolis y sus dominios. Y, muerto el imperio franquista, aparecen en el país fenómenos culturales tan peculiares como el de "La Movida", una minoritaria subcultura de resistencia que el mismo estado termina esgrimiendo como emblema nacional en una suerte de hiperbólica variación del concepto gramsciano de hegemonía. También se podría anotar la igualmente exagerada destrucción de las fronteras entre la alta cultura y la cultura de masas, lo cual ha provocado una extraña popularización de la primera y una cierta sacralización de la segunda. Por poner únicamente un ejemplo, *Larva*, el hermético y neovanguardista artilugio novelesco de Julián Ríos, llegó a estar muy arriba en la lista de libros más vendidos, incidentalmente con la inestimable ayuda de intelectuales latinoamericanos como Octavio Paz (palabra de Dios). En el ámbito social, la creciente presencia de inmigrantes del sur ha comenzado a colorear los espacios públicos y privados de la tradicionalmente homogénea sociedad española, una sociedad que asiste asombrada, impertérrita u ofendida al descubrimiento o redescubrimiento de su propio racismo, convirtiendo rápidamente este suceso en motivo de una infinidad de películas, canciones, chistes callejeros, exposiciones fotográficas o pintadas. Pero por último, no hay que olvidar una cierta latinoamericanización cultural infligida por las antiguas colonias a la vieja metrópolis a manera de venganza histórica o de justicia poética. Lo cual, naturalmente, me lleva al primero de los hechos enumerados al principio de mi discurso, a la escena inicial de *Nadie hablará de nosotras cuando hayamos muerto*.

La película de Díaz Yanes comienza con un alarde, una auténtica pirotecnia de motivos y gestos posmodernos. Los títulos de crédito se sobreimponen a una serie de imágenes de estilo documental, confundiendo o aniquilando la distinción entre ficción y realidad. Esas imágenes corresponden a los prolegómenos de una corrida de toros, epítome paródico de los lugares comunes sobre lo nacional. Mientras siguen apareciendo créditos e imágenes taurinas, un teléfono suena obsesivamente y, cuando lo descuelgan, alguien comunica a una mujer una desgracia que todavía no hemos visto, que de hecho nunca vemos: la cogida de un banderillero. A través de la subversión de la linealidad o la exhaustividad cronológica, el concepto tradicional de historia queda seriamente comprometido. Un poco más tarde, tras haberse apagado el último de los títulos de crédito, hay un fundido, y una nota nos informa que han pasado tres años y que la acción se ha desplazado a la ciudad de México. La cámara recorre una serie de objetos, formando un *collage* que puede ser leído como una apretada y diminuta antología de algunos de los más importantes temas de los estudios culturales: unas cervezas de la marca Modelo, un teléfono celular, unos trozos de pizza con su inevitable *pepperoni* y un maletín atestado de dólares. En el fondo escuchamos la retransmisión de un partido de fútbol. A continuación, uno de los hombres se identifica a sí mismo como "méxico-americano", y el otro, un mexicano, le replica que eso no existe, que él es simplemente un gringo más. Después, ese mismo mexicano enuncia una curiosa teoría sobre la decadencia gringa, la cual, según él, no es culpa de los japoneses, sino de las mujeres estadounidenses que quieren "chingar" con todo el mundo "excepto con ustedes" (los estadounidenses). En este marco, en este escenario donde se amalgaman lo local y lo global, donde se proclama el carácter consumista, tecnológico y mediático de la hora y se hace la consabida cita visual al colonialismo cultural y económico de Estados Unidos, contestado inmediatamente por toda una afirmación y una casuística del ocaso gringo, en este preciso contexto, Victoria Abril, puta de alquiler o esposa adulterina, es víctima de una peripecia que supone la inversión de la historia de Cortés y la Malinche, o del tradicional mito de los pueblos dominadores, siempre representados por un hombre, y los dominados, cuyo emblema suele ser una mujer seducida o violada. Lo dice con toda crudeza don Evaristo: "Antes nuestras mujeres se la chupaban a los gachupines. Ahora es al revés".[1]

---

[1] Tras la exposición de esta ponencia hubo quien me señaló la inconveniencia de no haber ofrecido una lectura inmediata, casi de urgencia, de esa escena apenas ésta había sido presentada en los inicios de mi intervención, así como de no haber realizado ese análisis desde presupuestos feministas. La apostilla apenas sorprende si se tiene en cuenta que la secuencia en cuestión había sido proyectada en un pequeño receptor de televisión, pero en toda su hiriente contundencia gráfica.

La peripecia inicial de *Nadie hablará de nosotras cuando hayamos muerto* es una metáfora ejemplar de un fenómeno de latinoamericanización cultural que aunque tal vez sólo recientemente ha empezado a cobrar una auténtica dimensión nacional en España, tiene numerosos precedentes. En 1898, España no sólo pierde sus últimas colonias americanas sino que es felizmente invadida por Rubén Darío, que en ese año visita por segunda vez el país contribuyendo con su presencia física al inusitado acontecimiento cultural que *Azul* y *Prosas profanas* habían empezado a fraguar. Por primera vez un escritor latinoamericano se convertía en modelo o maestro de un movimiento poético en España, en un verdadero torcedor de los derroteros de la literatura peninsular. Algo similar se podría decir de la agitación que causa Vicente Huidobro en el nacimiento y desarrollo de las vanguardias en España, de la importancia de Neruda y su *Caballo verde para la poesía* en la evolución estética e ideológica de los poetas de la generación del veintisiete, y, por supuesto, del masivo desembarco de los novelistas del "Boom" en los años sesenta y setenta, unos años en que todos queríamos ser Juan Rulfo, en que incluso algunos de los defensores más acérrimos del casticismo peninsular terminaron imitándolos a hurtadillas o descaradamente, y en que el rozagante y nuevo lenguaje de la novela latinoamericana abrió un escotillón en la esclerosis del discurso franquista o en el amazacotamiento de la novela social. "Existen idiomas ocupados como existen países ocupados", decía Goytisolo sobre la España de esa época (pp. 293-294); la nueva novela latinoamericana alivió enormemente esa ocupación, nos rescató, parcialmente siquiera, del imperio mediante una saludable colonización cultural. Poco después, Goytisolo figuraba sorprendentemente, con capítulo propio, en el índice del libro escrito por Carlos Fuentes sobre esa nueva novela latinoamericana. Pero a pesar de estos precedentes, la latinoamericanización cultural de España adquiere verdadera carta de naturaleza cuando además de afectar a la elite letrada, comienza a extenderse a capas mucho más amplias de la población y a otros tipos de artefactos culturales. El escritor más vendido en 1974 en España es Neruda. En el 75 es García Márquez. Hoy día, y aunque su audiencia sea todavía baja, Univisión llega a un gran número de receptores de televisión; existen grupos de música que se llaman Malevaje y cantan tangos con esforzado acento argentino; el Chapulín Colorado es un personaje familiar para muchos niños y adultos; Televisa, aliada con Telefónica y el gobierno del Partido Popular, pugna con Prisa y *El País* por el control de la televisión digital en España; las exposiciones de Botero atraen a multitudes; en los Cuarenta Principales no es infrecuente encontrar cantantes latinoamericanos o comprobar el éxito arrollador de gente como Rosanna, una artista que musical y geográficamente –es canaria– constituye un meticuloso híbrido de ambos lados del Atlántico; las telenovelas mexicanas, argentinas y venezolanas, a pesar de que ya no inundan los horarios televisivos como sucedía a finales de los años ochenta y principios de los noventa, todavía están presentes en la programación matinal y de sobremesa de la Primera Cadena de Radio Televisión Española, y continúan enseñando a decir "chévere" preferentemente a amas de casa, jubilados y desempleados; en el mismo medio televisivo, hay un número de presentadoras que triunfan con todas las galas de su español de América; la infinidad de revistas y programas del corazón continuamente se "hacen eco" –expresión del ramo– de la última mo-

---

Sin embargo, esta estrategia retórica respondía a una tríada de intenciones íntimamente vinculadas entre sí: la creación de un cierto *suspense* crítico, la incitación, casi compulsiva, a demandar o ejecutar una interpretación y la demostración práctica de que en nuestros análisis culturales operan una serie de *a prioris* en el inventario de los posibles temas de estudio, *a prioris* que, aunque plenamente justificados y necesarios, pueden anestesiarnos de cara a la percepción de otras problemáticas igualmente importantes.

delo, cantante o actriz que ha incurrido en la moda de tener un novio, un marido o un amante de América Latina, relaciones transoceánicas también practicadas por los turistas de a pie en sus viajes a Cuba o a la República Dominicana, aunque en este caso el elemento masculino suela ser el español y el femenino el latinoamericano; muchas caricaturas, dibujos animados y producciones de Walt Disney son difundidas por la televisión o la industria del video en versiones dobladas en Latinoamérica; la última película de Jaime Chávarri, *Sus ojos se cerraron*, cuenta la historia de una modista madrileña que emigra a Argentina buscando a Gardel o a alguna de sus sombras. No me sorprendería si algún celoso guardián de la pureza nacional lanzara la alarma de que España está en trance de convertirse en un país latinoamericano. Otros podrían argumentar que todo esto es mera apariencia, minucias sin importancia y de poco calado, pero no estaría de más recordar la reflexión de Wilde en cuanto a que los detalles son las únicas cosas que interesan (p. 173); o su afirmación de que solamente las personas superficiales no juzgan a partir de apariencias (p. 32).

Los estudios culturales comenzaron en Inglaterra tras la segunda guerra mundial en parte como un mecanismo de defensa ante la invasión cultural estadounidense propiciada por los medios de comunicación de masas. Al margen del importantísimo impulso marxista o de izquierda, se podría decir que de alguna manera esos estudios también tenían una orientación nacionalista: buscaban la salvación de lo inglés mediante el recurso a la cultura de las clases trabajadoras. La situación española actual, es decir, su posible caída gravitatoria dentro del influjo cultural de las antiguas colonias, es en cierto sentido similar, aunque presenta al menos tres peculiaridades. En primer lugar, quizá esta latinoamericanización cultural de España, en vez de debacle o rendición, sea una respuesta a dos amenazas, una de carácter global y otra puramente local: la voracidad colonizadora de la cultura estadounidense, por una parte (en la película de Díaz Yanes algunos de los niños se llaman Jonathan o Charley), y el nacionalismo regional, el formidable impulso reciente de las otras lenguas peninsulares, por otra. Ambos fenómenos habrían provocado en algunos de los españoles que consideran el castellano como su lengua materna una avidez de identificaciones lingüísticas supranacionales, un anhelo de pertenencia cultural. Tal vez ese hecho, en segundo lugar, sea precisamente una de las razones de que no haya habido todavía una explícita y sistemática reacción españolista ante este proceso de colonización cultural, a diferencia de lo que sucedió en Inglaterra ante la avalancha de la que había sido su colonia. Pero es de esperar o de temer que eso suceda en algún momento. En realidad, la misma película de Díaz Yanes constituye ya una réplica ante esa supuesta hegemonía cultural. Por una parte, los latinoamericanos son presentados en la película bajo la especie del asesino, el criminal o incluso la bestia, aunque, se podría argüir, ésas son precisamente las características que suelen ir aparejadas a los dominadores. Lo importante sin embargo es que al final Victoria Abril conseguirá librarse de sus verdugos y perseguidores latinoamericanos, eliminando al último de ellos al clavarle un acerado bolígrafo en el cuello; una apropiada venganza si consideramos que la mujer había comenzado la película con un falo atravesado en la garganta. Por cierto, esta conclusión de la fábula, que desde el punto de vista de lo latinoamericano constituiría una derrota, sería un perfecto final feliz y ejemplar desde una óptica feminista, lo cual nos hace pensar acerca de las limitaciones de esa lógica maniquea con que se conducen algunos análisis culturales al separar nítidamente un grupo de oprimidos, ontológicamente buenos, siempre solidarios entre sí y compartiendo al unísono las mismas humillaciones o victorias, y un monótono grupo de opresores. La última diferencia con el caso inglés consiste en que en esta ocasión la hegemonía cultural de las antiguas colonias sobre la metrópolis no está acompañada o motivada por una idéntica dominación económica o política. Al contrario. La inversión de capital español en Latinoamérica es en estos instantes bastante apreciable. En un proceso que ha supuesto una contradicción a toda una tradición histórica anterior, España sigue recibiendo emigrantes del otro lado del Atlántico, víctimas a veces del racismo de un sector de la población española y forzados con demasiada frecuencia a ejercer las labores más despreciadas o humillantes, entre ellas la prostitución, una prostitución cuya dolorosa y punzante realidad en este caso hace especialmente difícil contemplarla bajo la lógica del simulacro, la *performance*, la actuación, la teatralidad o la textualización de la actividad diaria (entre paréntesis, es preciso destacar la escasez de estudios sobre las implicaciones culturales de estos procesos migratorios, y eso a pesar de la visibilidad y actualidad de empresas como *Cosas que dejé en La Habana*, la última película de Manuel Gutiérrez Aragón). Y sin embargo, es posible que, al menos en parte, la cultura de esos oprimidos esté colonizando culturalmente al país. De ahí la importancia, no sólo del desarrollo de los estudios culturales españoles, sino de la inclusión de éstos dentro de un campo más amplio, el de los estudios culturales latinoamericanos, lo cual por otro lado convertiría al viejo imperio en objeto de estudio, culminando de esa manera el proceso de inversión histórica. Los beneficios serían evidentes. El cuadro de los estudios culturales de las sociedades que, parcial o totalmente, se producen y viven en español sería mucho más completo; se modificarían conceptos teóricos desde la especificidad de esas culturas, como la supuestamente fatal correlación entre dominio económico y dominio cultural; y serviría como un buen acicate para reflexionar sobre fenómenos de supremacía o hegemonía cultural dentro de la propia Latinoamérica. Al fin y al cabo los personajes que rigen y gobiernan la acción en la escena inicial de *Nadie hablará de nosotras cuando hayamos muerto* son el mexicano que imparte la lección de historia a los otros hombres y las órdenes a la mujer española, y Federico Luppi, un argentino que cuenta el dinero a su lado; la posición de poder de los chicanos es mucho más dudosa.

Pero, en este instante se me ocurre una pregunta claramente inoportuna. ¿Es todo esto verdad? ¿Se está produciendo de hecho una latinoamericanización cultural en España? En rigor debería contestar que no tengo una certeza absoluta. Francamente, no puedo presentar datos empíricos, estadísticas, índices de audiencia, estudios de modificación lingüística o encuestas de opinión que refrenden sin un resquicio de duda mi lectura de la película de Díaz Yanes, de la historia literaria española, de la prensa periódica, de algunos libros leídos acá y allá o de las cosas que oigo y que me cuentan cuando voy a España. El problema, tal vez, es que en mi condición de profesor y crítico de literatura involucrado por azares del destino, exigencias de los tiempos o un genuino interés en un congreso de estudios culturales, siento de alguna forma la misma perplejidad que frente al infame formulario estadounidense sobre grupos raciales y étnicos. ¿Qué soy? ¿Crítico literario? ¿Sociólogo *amateur*? ¿Antropólogo a la violeta? ¿Crítico cinematográfico? ¿Economista? ¿Experto en comunicación? ¿Todo lo anterior? ¿Todo lo anterior excepto crítico literario? ¿Nada? La ocasión es propicia para acudir al tercer hecho mencionado en el pequeño exordio del principio y recordar parte del subtexto oculto o evidente en la categórica afirmación del estudiante graduado: existe una incompatibilidad de caracteres entre los estudios culturales y aquéllos cuyo objeto es la literatura.

Además del establecimiento de nuevas metodologías y nuevos objetos de estudio, el nacimiento y ejercicio de los estudios culturales han estado perpetuamente acompañados de una vocación activista. Pero, ¿hacia dónde dirigir ese activismo? ¿qué puede hacer alguien que ha sido formado en las disciplinas de la crítica literaria y que trabaja en el mínimo universo del departamento de español de una universidad estadounidense? ¿cuál es su misión social, si es que la tiene? El tercer hecho de mi introducción es iluminador a este respecto. Harold Bloom nos reduce a una exigua representación en su canon, pero las clases de literatura mundial administradas por los departamentos de inglés son incluso bastante menos generosas, sobre todo ahora que se tiende a una división entre cursos de literatura occidental y cursos de literatura no occidental; con harta frecuencia la literatura en español no entra en ninguno de ellos. *The Johns Hopkins Guide to Literary Theory and Criticism* sigue más o menos la tendencia prevalente en numerosas antologías de estudios culturales, poscoloniales, posmodernistas, posestructuralistas o de crítica literaria en general: incluyen –a veces sospecho que de forma anecdótica o por un afán de corrección política o cultural– un representante de estudios latinoamericanos o hispánicos; a veces, dos; a menudo, ninguno.[2] Y todo esto a pesar de que algunos de nuestros mejores críticos, me refiero a los nativos, escriben en inglés, en parte obligados por el hecho de que la casi totalidad de las prensas universitarias estadounidenses publican únicamente en esa lengua. En mi opinión, nuestra tarea social, la que podemos ejercer de manera más efectiva en nuestra capacidad, o nuestra limitación, como profesores y críticos encuadrados dentro de departamentos de literatura española es resistir, contestar y modificar esa situación. No niego en absoluto la utilidad de la revisión o apertura del canon propiciada por la irrupción de los estudios culturales, pero si se produce a costa de la simultánea destrucción, silenciamiento o ignorancia voluntaria del canon tradicional, español o latinoamericano, estaremos infligiendo un daño irremediable a nuestras culturas, y posiblemente falseándolas por un delito de omisión, especialmente en una época en la que, a pesar de todo, el consumo de libros es bastante notable.

En nuestros estudios culturales nos ocupamos de clases, razas, sexos, géneros o sexualidades subalternas, desmontamos las tácticas que el colonizador utiliza para dominar al colonizado e intentamos descubrir las maniobras a través de las cuales éste se resiste a ese control hegemónico; o tratamos de trazar las relaciones entre las lenguas imperiales de occidente y las lenguas indígenas. Bajo esas estrategias críticas yace muchas veces el noble afán de cambiar el mundo, pero me temo que en ese aspecto nos dejamos llevar por lo que Juan Goytisolo, al comentar el fracaso estético y político de esa novela social que pretendía derribar el franquismo en los años cincuenta, llamó la "ilusión performativa", la creencia de que hablar es hacer, la mágica atribución a la palabra de un "poder factual, talismánico" (p. 159); esto es, perpetramos la misma sacralización del texto ejecutada por tantos escritores e intelectuales del pasado. No ignoro la importancia de las palabras en la peripecia histórica, pero en nuestra circunstancia concreta, en nuestra condición de profesores universitarios en Estados Unidos, en nuestra situación enunciativa, tan remota geográfica, social, cultural y existencialmente de nuestros objetos de estudio, dudo sinceramente de nuestras posibilidades de mejorar la situación del oprimido o el subalterno. Sin embargo, a veces nos olvidamos que, entre las lenguas occidentales, el español es precisamente eso, una lengua subalterna, en el sentido relacional de la palabra, el vehículo de una subcultura, y éste sí es un palenque en el que podemos ser protagonistas de la lucha. La literatura en lengua española ha ocupado una posición ínfima o pintoresca, lo cual viene a ser lo mismo, en el canon occidental desde su propia creación en el siglo XVIII. Y por supuesto igual se podría decir de la crítica, la teoría, la poética, el ensayo y, en la actualidad, los estudios culturales. De hecho, el desarrollo y evolución de estos últimos, el

---

[2] En el glosario que cierra un reciente libro sobre estudios poscoloniales, *An Introduction to Post-Colonial Theory* de Peter Childs y Patrick Williams, aparece el término "transculturation" con su correspondiente definición pero huérfano de su artífice y de su objeto original, como si hubiera nacido de la nada y en la nada (p. 234). En el cuerpo del libro, el término está incluido dentro de una cita literal de Stuart Hall (p. 65). El artículo original de Hall anota "transculturation" entre comillas y, por supuesto, en inglés (p. 247). En ningún sitio se menciona a Fernando Ortiz.

auge actual del poscolonialismo por ejemplo, parecen a veces gestos destinados a perpetuar la hegemonía de ciertas lenguas y culturas. Se me ocurre que la situación se podría glosar mediante una metáfora deportiva: en las Olimpiadas siempre ganan los mismos países, aunque para ello tuvieran que recurrir primero a los sectores más marginados de su población y ahora a atletas importados de sus antiguas colonias e inmediatamente naturalizados. Pero, por supuesto, en los departamentos de inglés Shakespeare sigue siendo una figura inamovible. No se puede decir lo mismo de Cervantes en los de español, y mucho me temo que Alfonso Reyes, Borges o Lezama pueden correr la misma suerte, y nadie hablará ya de ellos. Nuestra tarea como profesores y críticos ubicados en departamentos de español de instituciones estadounidenses, como intelectuales, digamos orgánicos, en ese ámbito, es entrar en esa lid con todo nuestro arsenal cultural, con el canon tradicional y con el nuevo, impulsando la traducción de ambos a otras lenguas, pero escribiendo y publicando los originales de nuestros estudios en español para así crear un lenguaje crítico propio e idiosincrásico, o como esfuerzo solidario, dentro de la academia, con esos miles de periódicos, emisoras de radio, cadenas de televisión y casas editoriales que se empeñan día a día en usar el español en el mismo corazón de la lengua dominante.

Esas son mis propuestas, mis humildes proposiciones: la afirmación de una posible o futura latinoamericanidad de España, la reclamación de incluir lo peninsular en los estudios culturales en lengua española, la urgencia de revisar los conceptos teóricos y metodológicos de esos estudios culturales, o inventarlos o recuperarlos de nuestra propia tradición, la llamada a la guerra cultural, o a la batalla o a la escaramuza, y la preservación de nuestros cánones, tanto aquéllos a los que se accede por la vía del martirio como a los que se llega por la del milagro. Sé que exagero, que me gana la hipérbole, pero ya lo dice el filósofo: "If you prefer not to exaggerate, you must remain silent, you must paralize your intellect and find some way of becoming an idiot". A propósito, la cita forma parte de esa lógica de la exageración. El filósofo en concreto es Ortega; las palabras provienen de *La rebelión de las masas*, probablemente uno de los libros más elitistas de la historia; y su traducción inglesa es el epígrafe que encabeza *Bringing It All Back Home* de Lawrence Grossberg, uno de los mandarines de los estudios culturales. "Quien prefiera no exagerar tiene que callarse; más aún, tiene que paralizar su intelecto y ver la manera de idiotizarse" (p. 236). Ortega escribe esa sentencia tras haber afirmado que Europa ya no está segura de seguir mandando en el mundo.

BIBLIOGRAFÍA

Bloom, Harold. *The Western Canon. The Books and Schools of the Ages*. Nueva York: Harcourt Brace & Company, 1994.

Borges, Jorge Luis. "El idioma analítico de John Wilkins". *Otras inquisiciones. Obras completas 1923-1972*. Buenos Aires: Emecé, 1974.

Childs, Peter & Patrick Williams. *An Introduction to Post-Colonial Theory*. Londres: Prentice Hall, 1997.

Díaz Yanes, Agustín (dir.). *Nadie hablará de nosotras cuando hayamos muerto* (Película). 1995.

Foucault, Michel. *Les mots et les choses*. París: Gallimard, 1966.

Fuentes, Carlos. *La nueva novela latinoamericana*. México: Joaquín Mortiz, 1969.

Goytisolo, Juan. *Disidencias*. Barcelona: Seix Barral, 1977.

Graham, Helen and Jo Labanyi, ed. *Spanish Cultural Studies. An introduction. The Struggle for Modernity.* Oxford: Oxford University Press, 1995.

Groden Michael & Martin Kreiswirth. *The Johns Hopkins Guide to Literary Theory and Criticism.* Baltimore: Johns Hopkins University Press, 1994.

Grossberg, Lawrence. *Bringing It All Back Home. Essays on Cultural Studies.* Durham: Duke University Press, 1997.

Hall, Stuart. "When was the 'the Post-Colonial'? Thinking at the Limit". *The Post-Colonial Question: Common Skies, Divided Horizons.* Iain Chambers & Lidia Curti (ed.), Londres: Routledge, 1996.

Ortega y Gasset, José. *La rebelión de las masas. Obras completas. Tomo VI (1929-1933).* 6ª edición. Madrid: *Revista de Occidente*, 1966.

Wilde, Oscar. *Complete Works of Oscar Wilde.* Londres: Collins, 1966.

De la ideología a la cultura: subalternización y montaje. *Yo el supremo* como libro de historia

John Kraniauskas
Birkbeck College, London

Desde mi punto de vista, entre las tres formas de hibridez enfocadas por Néstor García Canclini en su libro *Culturas híbridas* –empírica, conceptual y teórica–[1] la más productiva es la práctica de hibridización conceptual. ¿Qué pasa, por ejemplo, cuando traemos a mutua interpenetración y transformación a las reflexiones de Angel Rama sobre la "representatividad" de la literatura latinoamericana en su historia transculturada, y las teorizaciones de Josefina Ludmer sobre la codificación del cuerpo y la voz ("gaucho") en la poesía gauchesca en un contexto post-colonial de guerra? Mi respuesta esquemática es que se vislumbra algo así como la emergencia de *la forma estatal (no representativa) dentro de lo literario*, es decir su organización y operacionalidad política.[2] La hibridización conceptual asumida como programa crítico es, incluso, una opción especialmente interesante, en primer lugar, como respuesta a la reacción paranoica y disciplinaria a los estudios culturales y, en segundo, para resistir la codificación desradicalizada de éstos –especialmente en el proceso de su exportación-importación a América Latina desde los Estados Unidos.[3] En estas notas quisiera reflexionar sobre el efecto de hacer dialogar críticamente a textos de escritores con propósitos muy diferentes: el clásico ensayo de Fredric Jameson sobre el postmodernismo –que, entre otras cosas, traza algunas de las condiciones de existencia mediáticas de los estudios culturales– y *Yo el Supremo*, la extraordinaria novela de Augusto Roa Bastos –una versión literaria en América Latina, a mi modo de ver, de la *Dialéctica de la Ilustración* de Adorno y Horkheimer– en que se dramatiza la mitificación de la emergente racionalidad política moderna. Lo que se vislumbra

---

[1] Estas formas de hibridez son, en verdad, diferentes niveles de abstracción. La hibridez "empírica" refiere, por ejemplo, a las descripciones del autor de los nuevos paisajes culturales de las ciudades y a las nuevas comunidades e identidades –especialmente en la frontera entre México y Estados Unidos– que son el resultado de su invención renovada a través de los nuevos medios de comunicación; la hibridez "conceptual" refiere, no sólo a lo que García Canclini llama una "mirada transdisciplinaria", sino también al enfrentamiento/diálogo conceptual; y la hibridez "teórica" refiere al intento del autor de producir una versión teorizada de las particularidades de la modernidad latinoamericana. Quisiera agradecer a Idelber Avelar, Horacio Legrás y Beatriz Sarlo por su ayuda en escribir este ensayo.

[2] Y viceversa: la organización y operacionalidad literaria de lo político. Véase Angel Rama, *Transculturación narrativa*; Josefina Ludmer, *El género gauchesco* y mi "Transculturation and War" en *A Comparative History of Cultural Formations* (por aparecer).

[3] En "Reinventing Cultural Studies: Remembering for the Best Version" Richard Johnson dice que "Cultural Studies has been a relatively successful project of academic transformation insofar as it has worked certain boundaries: boundaries between disciplines; boundaries between the academy and other sites".

en esta mutua iluminación, me parece, es el problema de la historia en la época de su reproductibilidad técnica, es decir, *la cinematización de la historia*. Este ensayo, entonces, funciona –desigualmente– a tres niveles: como trabajo conceptual, crítica literaria e historia cultural; y trata de la *forma cultural* de la ideología y de la forma estatal.

1. DE LA IDEOLOGÍA...

Es claro que la historia, la narración y la memoria son temas centrales para ambos escritores. Para Jameson, en la postmodernidad que teoriza, delimitan el lugar de una pérdida ideológica; mientras que para Roa Bastos, en el texto que nos ocupa aquí, conforman más bien el lugar de una recuperación pedagógico-política por parte del estado (dictador) y del escritor (compilador). En *Postmodernism, or The Cultural Logic of Late Capitalism* Jameson actualiza dos dimensiones de su trabajo crítico previo: en primer lugar, su concepción de la ideología y, en segundo, su visión del poder cultural y epistemológico de lo literario. Esta doble actualización se lleva a cabo incorporando la imagen tecnologizada de una sociedad en que, como dice citando a Guy Debord, "the image has become the final form of commodity reification" (p. 66). Si la ideología en Jameson siempre ha sido pensada de manera predominantemente clásica –es decir, lukacsiana– como reificación,[4] ahora se reconfigura el olvido social que tal proceso significa como espectáculo y simulacro. Esta transformación *cultural* de lo *ideológico* tiene efectos *literarios*. En *Marxism and Form* escribía de manera pesimista que "...works of culture come to us as signs in an all but forgotten code, as symptoms of diseases no longer even recognized as such...", para imediatamente responder, ahora de manera optimista desde el punto de vista literario, que "[i]t therefore falls to literary criticism to continue to compare the inside and the outside, existence and history, to continue to pass judgement on the abstract quality of life in the present, and to keep alive the idea of a concrete future. May it prove equal to the task!" (p. 416). Y así termina el libro. Me parece que uno de los principales mensajes de Jameson en su trabajo más reciente es que en una sociedad en que la ideología es simulacro y espectáculo, y el simulacro y espectáculo son ideología, la crítica literaria tradicionalmente concebida –es decir, antes del nuevo objeto llamado "texto"– no ha podido, y no puede ya, tener esa función crítica (Barthes, Mowitt). La letra-sin-imagen técnica ya no puede descifrar la ideología-imagen para re-encontrar a la historia y compararla con la existencia. En su propio lenguaje periodizante, en *Marxism and Form* Jameson estaba ofreciendo soluciones modernistas a problemas postmodernistas. En este sentido, los trabajos menos conocidos de Jameson sobre el cine y la ciencia ficción ahora se nos presentan –y esto es confirmado de sobra en su reciente artículo "Culture and Finance Capital"– como trabajos de revisión, desde los cuales se puede elucidar el nuevo terreno *cultural* de la experiencia de la abstracción social del tardo-capitalismo: la ideología-imagen de una formación social que se podría llamar *cinematizada* (Osborne, p. 197).

Con el postmodernismo según Jameson, entonces, la historia como experiencia y conocimiento desaparece por detrás de la pantalla mercancía-simulacro en un proceso de ideologización. No es, claro, que el cine en sí produzca tal proceso, pero sí que, como aparato cultural (especialmente en su versión hollywoodense), lo provee de modelos, gramática y medios (que ahora, por ejemplo, facilitan la imbricación de las tecnologías televisivas y computacionales).

---

[4] Jameson y Lukács ignoran "la forma fantástica" del fetichismo para privilegiar la cosificación.

Como para Walter Benjamin, la experiencia del cine en Jameson es doble, y en cierta manera, contradictoria: por un lado, es una experiencia física y corporal, donde es sedimentada como memoria sensual; y por el otro, reprime la memoria a través de la anestetización –cuya lógica es la adicción y el *shock*, como observa Susan Buck-Morss ("Aesthetics and Anaesthetics")–. Jameson escribe de la "crisis de la historicidad" en que la lógica de la mercancía experimentada en su nueva forma cultural (ideología) ocupa tendencialmente la totalidad de lo real. Se discute el fenómeno en varios niveles, incluso literario, pero Jameson no recurre a la reflexión historiográfica misma.[5] En su discusión de la novela histórica, concretamente la obra de E.L. Doctorow por ejemplo, Jameson insiste en que la reificación ha producido un corto circuito en la representación de un pasado histórico que –y esto es crucial– "was once itself a present"; y lo que ha usurpado el lugar del pasado que se experimenta como presente es, más bien, un efecto de *confinement* anti-interpretativo dentro de versiones y estereotipos del pasado –una *pop history*– o, como en *El fiscal* (1993) de Roa Bastos, un melancólico simulacro-sin-fin.[6] El resultado, en fin, y esto me parece la parte menos clara del ensayo de Jameson, es que la tradicional dialéctica narrativa en la novela histórica "between what we already 'know'" por lecturas historiográficas institucionales, "and what [...] is then seen to be concretely in the pages of the novel" desaparece por efecto reificador. El conocimiento del pasado se ha visto reemplazado por el reciclaje de *doxa*, y lo nuevo atrapado por el "return of the repressed" (pp. 69-71).

2. ...A LA CULTURA:

Como el Estado contra el cual narra, la escritura de Augusto Roa Bastos se nutre de los muertos y de las historias. El Paraguay de *Hijo de hombre* y *Contravida* es un camposanto. Pero es, creo, especialmente en *Yo el Supremo* donde es posible encontrar algo de la reflexión historiográfica a la que no recurre Jameson en su duelo por la historia en tiempos postmodernos. La novela de Roa Bastos trabaja precisamente –y en varios niveles– el terreno de la novela histórica: la dialéctica entre los saberes historiográficos recibidos y el presente de la re-presentación literaria del pasado. Por ejemplo, escrita aproximadamente entre 1968 y 1973, y publicada en 1974 en Buenos Aires en medio de conflictos políticos definidos por una dictadura militar en crisis por un lado, y la lucha por la "liberación nacional" peronista por el otro. *Yo el Supremo* dramatiza el conflicto entre las grandes narrativas historiográficas liberales y revisionistas del Río de la Plata; también –y esto es fundamental– examina una de las condiciones de existencia más importantes de la historia como práctica de escritura en la región: el archivo postcolonial (sobre la cual se montan y se legitiman las instituciones y versiones historiográficas).[7] Y aún más, de estos dramas e investigaciones más o menos ficticias, fabrica narraciones de eventos reales... es decir, hace historia.

Entre las diferencias obvias que separan las obras de Jameson y Roa Bastos, es importan-

---

[5] En su libro *Pensar la historia: modernidad, presente, progreso*, Jacques Le Goff dice, por ejemplo, que "[e]l hecho mismo de archivar documentos ha sufrido una revolución con los ordenadores...", y "el discurso de la información fabricado por los nuevos medios encierra peligros cada vez mayores para la constitución de la memoria, que es una de las bases de la historia" (p. 11, p. 138).

[6] Véase Kraniauskas, "Retorno, melancolía y crisis de futuro: *El fiscal* de Augusto Roa Bastos" y el importante ensayo sobre la historia-diseño post-dictatorial chilena de Nelly Richard incluido en este volumen.

te subrayar una que me parece fundamental: si el primero piensa la dimensión histórica de la cultura contemporánea con relación a la lógica de la mercancía (cinematizada), el segundo lo piensa con relación a la razón del Estado (también, como veremos abajo, cinematizado). En este sentido, *Yo el Supremo* se nos presenta como mirada retrospectiva sobre la problemática político-cultural de la literatura latinoamericana trazada por Rama y Ludmer –*la forma estatal dentro de lo literario*– y su actualización final. Y es que el paradigma de la novela histórica europea de Walter Scott –fundado en el héroe mediocre de la sociedad civil (invención más o menos tardía en América Latina)– no ha funcionado de la misma manera en la región donde la cultura del capitalismo (la modernidad) ha sido sobredeterminada por la sociedad política. Como lo ha mostrado Julio Ramos (*Desencuentros*), por ejemplo, la autonomía y dependencia literario-artística se han establecido sólo recientemente, por eso, en relación con lo político y no con el mercado (la mercancía). En América Latina, entonces, uno podría aventurar la hipótesis, a partir de *Yo el Supremo*, de que la novela histórica latinoamericana ha sido fundada sobre un héroe no tan mediocre de la sociedad política: el dictador como encarnación de la forma del estado. Así, el texto teatraliza algo que está presente, pero no articulado, en otra hibridización –la más importante: la teórica– del libro de García Canclini, la que se refiere a los efectos oblicuos de la heterogeneidad temporal: la primacía de lo político en la consolidación de la modernidad latinoamericana en "hacerse cargo de" la intersección de diferentes temporalidades socio culturales (García Canclini, p. 71); en otras palabras, la centralidad de los aparatos estatales –especialmente el militar– para las clases gobernantes para imponer el tiempo del capital ("desarrollo").[8]

En la obra de Roa Bastos el terreno de la ideología y de la cultura es, por lo tanto, la política como esfera de acción estatal. Por eso se podría sugerir, quizás, que la concepción de ideología que *Yo el Supremo* retoma viene de la tradición política republicana –evocable en las condiciones de desarrollo desigual y combinado de la modernidad latinoamericana– en que la ley intenta reterritorializar a la mercancía; y que, en cuanto a su teorización, es más althusseriana que lukacsiana (y más rousseauniana que lockiana).[9] La historia (dictada) funciona en *Yo el Supremo* como cultura política e ideología estatal. No es cuestión solamente, sin embargo, de la interpelación de nuevos sujetos –antes coloniales y ahora nacionales– como en la formulación de Althusser, sino su re-formación: Roa Bastos trabaja y reflexiona sobre ese lugar en el que la ideología se encarna en la práctica social como cultura.[10] En el texto, la historia se dicta como pedagogía patria para producir los cuadros-ciudadanos de los emergentes aparatos estatales según la regla de Hegel en su *Filosofía de la historia* de que no hay "Revolución sin Reforma" (p. 453). Los burgueses liberales y porteñistas que resisten, sufren el "punto final" del famoso pluma-fusil en posesión de El Supremo –antes de que se lo regale, en nuevos tiempos políticos, a la montonera María de los Angeles– para poner fin a sus parrafadas bajo el naranjo.

---

[7] Por ejemplo, las figuras y las escrituras de Bartolomé Mitre y Juan Bautista Alberdi son fundamentales en la novela.

[8] Véase Kraniauskas, "Hybridity in a Transnational Frame: Latinoamericanist and Postcolonial Perspectives on Cultural Studies".

[9] Aunque, claro, Jameson ha tratado de combinar las dos versiones de crítica ideológica. Véase su concepto de "cognitive mapping" en *Posmodernism* y, más recientemente, su "Actually Existing Marxism".

[10] Según David Lloyd and Paul Thomas, "the dominant tradition of cultural thought emphasizes the disposition of the subject rather than the qualities of the objects of aesthetic judgement" (p. 2).

3. Subalternización...

En su reseña *"Yo el Supremo*: el discurso del poder", publicada en la revista *Los Libros* a finales de 1974, Beatriz Sarlo articula una crítica muy importante de la novela de Roa Bastos:

> es construido sobre un monólogo sin fin –donde se funden el discurso del poder absoluto y el de la locura, el de la omnipotencia y el de la enfermedad y la muerte– cuyas únicas interrupciones son las interpolaciones, menores respecto al total, que funcionan como comentario – literario, no histórico se entiende– de la palabra del Supremo [...] sólo el Supremo tiene la palabra y por tanto es la palabra del Supremo la que constituye la novela; por otro lado, la historia del Paraguay son 30 años de historia del Supremo: el resto son amanuenses, copistas, hombres convertidos en piedras, muertos, prisioneros invisibles, comparsas-ecos del poder, enemigos-ecos del poder: en suma, nada [...] Escritura y poder están unidos por una relación de subordinación: quien tiene el poder suele tener la escritura. La ambigüedad e inversión de esta relación supone, en la base, la inversión idealista de las relaciones reales. Algo de ello sucede en la novela de Roa Bastos: de allí su unilateralidad –registrada antes a partir del punto de vista único–, de allí también la ausencia de aquellos que, por no tener escritura, por no poder dictar ni escribir, ni recopilar, tampoco parecieran tener historia y de hecho quedan fuera del texto del Supremo, citados pero nunca presentes (p. 25).

Volveré a la cuestión del idealismo semiótico en el último apartado de este ensayo. Es claro, sin embargo, que la lectura de Sarlo confirma algunas de las características de la historia patria y estatal que se lee en *Yo el Supremo* y que se han descrito arriba. Pero lo que ella articula como crítica es, en mi lectura, parte de los dramas relacionados de la *subalternidad* y el *vanguardismo intelectual* pensados y presentados en el texto mismo. A saber: el discurso – la historia– único del Estado –de El Supremo– es "el de la locura" precisamente en cuanto es síntoma de *la no presencia de lo representado* en la representación estatal del dictador revolucionario que re-forma. Abusando un poco de la formulación de Antonio Cornejo Polar, podría decirse que es un ejemplo de heterogeneidad *política*.[11] Lo que el dictador-ventrílocuo presenta como palabra plena y llena del "pueblo" es, en verdad, políticamente vacía; y es la denegación dictatorial de tal situación enunciativa la que produce el "monólogo sin fin", la locura.

El problema comienza por ser histórico en el sentido que le da, por ejemplo, Paul Ricouer:

> Someone passed by here. The trace invites us to pursue it, to follow it back, if possible [...] We may loose the trail. It may even disappear or lead nowhere. The trace can be wiped out, for it is fragile and needs to be preserved intact; otherwise, the passage did occur but did not leave a trace, it simply happened [...] Hence the trace indicates "here" (in space) and "now" (in the present), the past passage of living beings. It orients the hunt, the quest, the search, the inquiry. But this is what history is. To say that it is a knowledge by traces is to appeal, in the final analysis, to the significance of a passed past that nevertheless remains preserved in its vestiges (p. 120).

Sarlo no menciona la paradójica crítica a la historiografía y a la escritura en la novela, cuyo gesto ficcional fundador es la presentación de un dictador que vuelve a comentar y a

---

[11] El ejemplo de heterogeneidad literaria que privilegia Cornejo Polar es ésa en que "la producción, el texto y su consumo corresponden a un universo y el referente a otro distinto" (p. 13).

criticar a la historiografía –de tradición liberal en la región– de la cual ha sido objeto. Ahora es el sujeto de la historiografía y pasa críticamente por los testimonios almacenados en los archivos, burlándose de los testigos, y produciendo su alternativa nacional-popular. Su discurso, y su práctica, es la de una modernidad *bárbara*. Pero el dictador no escribe la historia, nos dice, la hace y la habla: la hace al hablar. Es decir, la *dicta*. Y aquí su crítica a la escritura en cuanto fundamento cultural del "documento" sobre el cual se ha alzado la historiografía científica y que la legitimiza. El "pueblo" que dice representar El Supremo no escribe, no deja las huellas leídas por la historiografía (postcolonial argentino-paraguaya, en primera –y no última– instancia), para la cual los campesinos han sido más bien meros objetos de control y de una prosa en que, como dice Ranajit Guha, "the sense of history [is] converted into an element of administrative concern" (p. 3). Son los *"voquibles"*. Por eso la historia como dictado del dictador representa políticamente en cuanto es *voz*; es, pues, su "escritura en el aire". Pero, como dice Sarlo, es *su* voz la que habla y es su historia-dictada la que se narra. El Supremo, transformándose en su propio comentarista, es atrapado por su "otro" fetichizado, el estado dictatorial. En *Yo el Supremo*, entonces, el drama de la subalternización historiográfica liberal se reproduce en otro nivel de complejidad en su alternativa nacional-popular: una de las funciones principales de la historia patria –su función cultural– es precisamente *formar* el "pueblo" que el dictador dice representar. Desde esta perspectiva vanguardista, el "pueblo" que legitimiza su historia no puede existir –es una fantasía intelectual-estatal– porque la no existencia del "pueblo" es, de hecho, su razón de ser dictador de la historia patria.[12] El poder del dictador se funda en su poder de interpretación: El Supremo lee las huellas y los interpreta desde su punto de vista de responsabilidad republicana y estatal, para luego rearticularlos como narración de la nación. Pero, como le acusa su perro revolucionario: "Leíste mal la voluntad del Común y en consecuencia obraste mal" (p. 454).[13] Por eso, el efecto gradual de lo que Sarlo llama "el resto" en el texto, es minar y parodiar –y así iluminar– el vacío que esconde el significante "pueblo" en la voz del dictador. Y lo que *Yo el Supremo* ilumina no es, como en Jameson, el fetichismo de la mercancía, sino el fetichismo de estado.

4. ...Y MONTAJE

La obra de Roa Bastos, casi en su totalidad, hace de la figura del intelectual tradicional un sujeto de experimentación intensa: de Vera en *Hijo de Hombre* a Moral en *El fiscal*, pasando por el dictador en *Yo el Supremo* –paradójicamente, quizás el más orgánico. Todos, hay que decirlo, mueren con el fracaso de sus sueños políticos de representar al pueblo. Sus historias han, sin embargo, producido mucha literatura. En *Yo el Supremo* hay otra figura intelectual, que también se encuentra ubicada en el terreno político, y es el Compilador, escritor y organizador de la novela. Su lugar de enunciación privilegiado es la nota a pie de página, aunque a veces invade el texto principal y los discursos de El Supremo que, de todos modos, organiza.

---

[12] Hasta constituirse en "pueblo" que, en palabras de Etienne Balibar, "produce[s] itself as national community [...] by virtue of which the people will appear, in everyone's eyes 'as a people', that is, as the basis and origin of political power" (pp. 93-94), el "pueblo" de El Supremo es solamente virtual o, más bien, un deseo. Véase Etienne Balibar e Immanuel Wallerstein.

[13] Para una reflexión sostenida sobre los problemas de la "lectura" pensados desde las historias poética, cultural e historiográfica peruanas, véase el ensayo de William Rowe incluido en este volumen.

Pero su historia también es relatada, y es una historia de aparente no-poder, de no poder representar. El Compilador está ligado al dictador por un "portapluma recuerdo" que le pertenecía, y que también poseía poderes asombrosos de representación: además de escribir, proyectaba imágenes en colores y con sonido. Era una pluma cinematográfica, y ahora está en posesión del Compilador. El problema es que ha perdido sus poderes de representación, borrando palabras e imágenes al trazarlas. El Compilador no puede capturar los colores de la naturaleza, las voces del pueblo, su movimiento y música. Sus palabras, más bien, derraman tinta (hacen agua), cortan cabezas. La compilación es el lugar en el que la industria –cinematográfica– toca y atraviesa la literatura.

Para mí, lo más interesante de esta figura de intelectual es que se retira del campo propiamente político en que empieza para confinarse en la forma cultural: la palabra-imagen fisurada con que monta el texto. Esa es su política, la política de la autonomía artística que aquí, paradójicamente, es la opción más política. No puede, como desea Sarlo, narrar otra historia, la de otra "clase". Con la re-subalternización historiográfica y política del "pueblo" por la historia estatal y populista de El Supremo, el Compilador desiste de la "farsa" de re-llenar o encarnar al significante vaciado. En su lugar practica el montaje en sus dos formas: primero, como en una gran fábrica socializa el texto, incluso el discurso del dictador, a través de la intertextualidad y la intermedialidad, incluyendo textos, pequeñas voces y grandes relatos, carnavalizaciones y transgresiones, imágenes, que marcan la presencia de diferentes historias y memorias sociales;[14] y segundo, a través de un uso de la "fisura",[15] el corte, una organización de los significantes en el texto que problematiza y traba el discurso narrativo y sintomático del dictador, practica la negación. En *Yo el Supremo* la autonomización literaria conlleva la posibilidad de la des-subalternización, la autonomía del supuesto "pueblo" para hacer-y-escribir su propia historia.

Como la mercancía de Jameson, el estado cinematizado de Roa Bastos también enmascara y hace "desvanecer" la historia a través de la re-subalternización "nacional". Entre las respuestas más conocidas al proceso de desvanecimiento postmoderno se encuentran, creo, el discurso de los espectros (asociado, por ejemplo, con la heteroética de Derrida), los intentos aporéticos de exhibir y/o representar a lo abyecto y/o "real" (visibles en el debate entre Judith Butler y Slavoj Zizek), el discurso de la subalternidad (de Ranajit Guha a Gayatri Spivak), y sus varias combinaciones (el *Time lag* de Homi Bhabha y el testimonio de Rigoberta Menchú según John Beverley). Roa Bastos, por su parte, responde a la ideología-imagen estatal en América Latina con la compilación-montaje, con los restos de la pluma cinematográfica que ahora des-escribe lo que narra, produciendo un montaje negativo que, al rechazar la representación y narración política por parte del Compilador, invierte el idealismo semiótico del que le acusa Beatriz Sarlo. Y, más aún, revela las huellas de memorias alternativas –es decir, la textualidad de otras historias posibles– en el seno de la ideología.

Finalmente, en su discusión muy importante de la posible representación historiográfica del Holocausto, Hayden White sugiere que el paradigma realista-positivista dominante no le es adecuado. Como alternativa, y basado en la discusión de Eric Auerbach de *To the Lig-*

---

[14] Desde los puntos de vista histórico y político, la textualidad de *Yo el Supremo* evoca y cita, entre otros textos, a la primera historia colonial multi-mediática de Bernardino Sahagún y sus informantes, *Historia General de las cosas de la Nueva España*, y la forma político-cultural paradigmática de la subjetivización colonial: el catequismo.

[15] Véase Alberto Moreiras, "A Storm Blowing From Paradise" y "Elementos de articulación teórica para el subalternismo latinoamericano. Cándido y Borges".

hthouse de Virginia Woolf en su historia de la narrativa *Mimesis*, ofrece un posible paradigma ya viejo y modernista, pero que a mi modo de ver incluiría las dimensiones formales de composición –como saltos y dislocaciones espacio-temporales, etc.– asociadas con el cine (Hayden White). Esta idea me parece generalizable y renovable: ¿no es *Yo el Supremo*, quizás, el primer ejemplo radical de tal paradigma posible de narración histórica –adecuado, también, a estos tiempos de la ideología-imagen técnica?

BIBLIOGRAFÍA

Balibar, Etienne y Immanuel Wallerstein. *Race, Nation, Class: Ambiguous Identities*. Londres: Verso, 1991.

Barthes, Roland. "From Work to Text". *Image-Music-Text*. 1971. Stephen Heath (ed.), trad. Glasgow: Fontana/Collins, 1977.

Buck-Morss, Susan. "Aesthetics and Anaesthetics: Walter Benjamin's Artwork Essay Reconsidered". *October*, 62 (Fall, 1992): pp. 3-41.

Cornejo Polar, Antonio. "El *indigenismo* y las literaturas heterogéneas: su doble estatuto socio-cultural". *Revista de crítica literaria latinoamericana*, 7-8 (1978): pp. 7-21.

García Canclini, Néstor. *Culturas híbridas. Estrategias para entrar y salir de la modernidad*. México: Grijalbo, 1989.

Guha, Ranajit. *Elementary Aspects of Peasant Insurgency in Colonial India*. Delhi: Oxford University Press, 1983.

Hegel, G.W.F. *The Philosopy of History*. Nueva York: Dover Publications, 1956.

Jameson, Fredric. "Culture and Finance Capital". *Critical Inquiry*, 24/1 (Autumn, 1997): pp. 246-265.

—— "Actually Existing Marxism". *Marxism Beyond Marxism*. Makdisi Saree, Cesare Casarino y Rebecca E. Karl (eds.), Nueva York: Routledge, 1996, pp. 14-54.

—— *Signatures of the Visible*. Nueva York: Routledge, 1990.

—— "Postmodernism, Or the Cultural Logic of Late Capitalism". *New Left Review*, 146 (July-August, 1984): pp. 59-92.

—— *Marxism and Form*. Princeton: Princeton University Press, 1971.

Johnson, Richard. "Reinventing Cultural Studies: Remembering for the Best Version".

Kraniauskas, John. "Transculturation and War". *A Comparative History of Cultural Formations: Latin American Literatures*, 3. Oxford: Oxford University Press (en preparación).

—— "Hybridity in a Transnational Frame: Latinamericanist and Postcolonial Perspective on Cultural Studies". *From Miscegenation to Hybridity?: Re-thinking the Syncretic, the Cross-Cultural and the Cosmopolitan in Culture, Science, and Politics*. Avtar Brah y Annie E. Coombes (eds.), Londres: Routledge (en preparación).

—— "Retorno, melancolía y crisis de futuro: *El fiscal* de Augusto Roa Bastos". Josefina Ludmer, comp. *Las culturas de fin de siglo en América Latina*. Rosario: Beatriz Viterbo Editora, 1994.

Le Goff, Jacques. *Pensar la historia: modernidad, presente, progreso*. México: Ediciones Paidós, 1991.

Lloyd, David y Paul Thomas. *Culture and the State*. Nueva York y Londres: Routledge, 1998.

Long, Elizabeth, ed. *From Sociology to Cultural Studies: New Perspectives*. Oxford: Blackwell, 1997, p. 462.

Ludmer, Josefina. *El género gauchesco: un tratado sobre la patria*. Buenos Aires: Editorial Sudamericana, 1988.

Moreiras, Alberto. "A Storm Blowing From Paradise: Negative Globality and Latin American Cultural Studies". *Siglo XX/20th Century. Critique and Cultural Discourse,* 14 (1996): pp. 59-84.

―― "Elementos de articulación teórica para el subalternismo latinoamericano. Cândido y Borges". *Revista Iberoamericana,* LXII/176-177 (julio-diciembre 1996): pp. 875-891.

Mowitt, John. *Text. The Genealogy of an Antidisciplinary Object.* Durham: Duke University Press, 1992.

Osborne, Peter. *The Politics of Time.* Londres: Verso, 1995.

Rama, Angel. *Transculturación narrativa en América Latina.* México: Siglo XXI Editores, 1982.

Ramos, Julio. *Desencuentros de la modernidad en América Latina.* México: FCE, 1989.

Ricoeur, Paul. *Time and Narrative* 3. Chicago: University of Chicago Press, 1988.

Roa Bastos, Augusto. *Contravida.* Madrid: Alfaguara, 1994.

―― *El fiscal.* Madrid: Alfaguara, 1993.

―― *Yo el Supremo.* Buenos Aires: Siglo XXI Editores, 1974.

―― *Hijo de hombre.* Buenos Aires: Losada, 1960.

Sarlo, Beatriz. "*Yo el Supremo*: el discurso del poder". *Los Libros,* 37 (septiembre-octubre, 1974).

White, Hayden. "Historical Emplotment and the Problem of Truth". *Probing the Limits of Representation: Nazism and the "Final Solution".* Saul Friedlander, ed. Cambridge: Harvard University Press, 1992.

VIII. Saberes locales, movimientos sociales y construcción de sujetos

Después de la guerra centroamericana: identidades simuladas, culturas reciclables

Arturo Arias
San Francisco State University

> O principal personagem do samba de malandro é um "ser de fronteira", capaz de transitar entre o morro e a cidade e entre as classes sociais, sendo portanto elemento de mediação social e, por isso mismo, capaz de armar confrontos e sofrer a violência da represão.
>
> Silviano Santiago

Después de décadas conflictivas, las guerras se acabaron en la región centroamericana. La firma de los procesos de paz ha dado inicio a un frágil y contradictorio proceso de institucionalización democrática. El cambio de período nos obliga a reinterrogarnos sobre las bases a partir de las cuales imaginamos las simplistas quimeras del período recién concluido. Sin duda nadie pensó, dedicados como estábamos a implantar sistemas importados desde fuera, que la última década del siglo veinte nos sorprendería con sus actuales rasgos. Ahora entendemos que construir sistemas simplemente porque suponemos que funcionaron en otras partes puede ser niñería, y que importar ciegamente ideas, por buenas que parezcan, resulta de nuevo en la adquisición de las baratijas de Colón. Todo sistema surge en función de condiciones particulares y concretas que no pueden duplicarse en ninguna otra parte.

Recordemos que los textos crean no sólo conocimiento sino la misma realidad que aparentan describir. Nos preguntamos entonces, ¿qué realidad específica, por fantasiosa o imaginaria que fuera, describen los textos centroamericanos? ¿Dónde se ha tipificado o conceptualizado ese conocimiento?

Los sistemas de pensamiento empleados por investigadores en décadas pasadas se ven más que inadecuados para explicar los espacios simbólicos en los cuales operamos. Mientras los científicos sociales centroamericanos se concentraron en analizar esquemas políticos, económicos o sociales para justificar estrategias revolucionarias, su producción cultural fue ignorada por todos. En la práctica concreta, a toda su producción textual, a todo su delirio lingüístico, le ha sido negada la posibilidad de generar conocimiento. Ha quedado como asunto privado; un secreto hermético de eremitas desconocidos cuyos textos parecerían ser invisibles glifos robados de sentido. Esto, aun cuando sepamos en teoría que todo enunciado tiene potencialmente la capacidad de reconfigurar imaginarios horadando agujeros en el lenguaje, como decía Beckett, inventando pueblos que faltan sin que existan jerarquías más allá de los subjetivos prejuicios personales basados generalmente en identidades nacionales o ubicación geográfica. Son discursos que están aún, como adolescentes vírgenes, en espera de su primera cita, pero en disposición colectiva de enunciación.

La anterior reflexión nos lleva a postular un nuevo problema. Si algunos teóricos han descrito el proceso orientalizador como el que distingue entre identidades esencializadas de este y oeste a través de un sistema dicotómico de representaciones estereotipadas, con el afán de rigidizar la diferencia entre Europa y otras partes del mundo, algo similar podría decirse de las relaciones centro/sur. El sur se ha autodefinido en relación al norte –quizás, más específicamente, a Europa– dejando invisibilizado al *centro*. El centroamericano es víctima de otros delirios que lo obligan a afianzarse frente a los polos que lo invisibilizan.

Tomando en cuenta estas premisas, en el presente trabajo nos concentraremos en tres aspectos que consideramos puntos de partida para conformar una reflexión teórica a partir de la experiencia concreta centroamericana: 1) la problemática étnica como elemento conformador de una identidad; 2) el fenómeno del reciclaje del conocimiento como vehículo que favorece la elaboración de respuestas discursivas a los múltiples acosos que bombardean el espacio en el cual se construye esta identidad; y 3) una reproblematización de la dialogización que en el contexto norte/sur agrega la dimensión de un tercer interlocutor en un intercambio que presupone al tercer hablante como espectador silencioso.

LA PROBLEMÁTICA ÉTNICA

> Este es el principio de las antiguas historias de este lugar llamado Quiché. Aquí escribiremos y comenzaremos las antiguas historias, el principio y el origen de todo lo que se hizo en la ciudad de Quiché, por las tribus de la nación quiché...
> Existía el libro original, escrito antiguamente, pero su vista está oculta al investigador y al pensador...
>
> (*Popol Vuh*, p. 21).

El principio del *Popol Vuh* es también el principio de la problemática de la identidad guatemalteca, de la continua reelaboración de su subjetividad. Es el principio de su referencialidad textual. Base fundacional del único escritor semi-canónico[1] de la región, Miguel Angel Asturias, también da textura al más conocido testimonio de la misma, el de Rigoberta Menchú. Todo parte del *Popol Vuh*. Sólo que él mismo no es en sí un principio, punto de partida de una teleología. El *Popol Vuh* es un simulacro.[2] Hace referencia a un texto anterior, supuestamente original, que ya no se consigue. Es, como señala Rolena Adorno, una respuesta a la conquista y la colonia (p. 33). Una identidad suspendida en el aire, entre un pasado ya perdido y un presente ni asimilado ni comprendido, como indicaron Klor de Alva y León-Portilla. Adorno reproduce la explicación de Tedlock según la cual el *Popol Vuh* del siglo dieciséis fue una traducción no literal de glifos precolombinos. Esta no fue realizada "mecánicamente", sino interpretando la actuación dramatizada de la historia oral que se escondía detrás de los mencionados glifos (pp. 32-33). De esta manera, se asume que los supuestos

---

[1] Asturias es el único escritor "semi-canónico" en el sentido de ser el único escritor centroamericano que a veces, pero sólo a veces, es incluido en el gelatinoso canon latinoamericano. Cuando aparece, generalmente es con su novela *El señor presidente* exclusivamente, y encasillado sea como escritor "político", sea como escritor "regionalista/criollista". Aunque a veces se incluye su nombre entre los "indigenistas", rarísima vez se incluye *Hombres de maíz* en el canon.

[2] Entendemos este concepto en el sentido de Baudrillard, sin perder de vista a la vez lo que el mismo autor nos recuerda acerca de los iconoclastas, quienes rompían imágenes porque sabían que no existía Dios. En otras palabras, problematizando el significante mismo y ubicándonos dentro de su misma inestabilidad, de manera de no quedar reducidos simplistamente a la noción de una imitación barata, chata.

receptores son un público espectador, al cual incluso se invita a hacer un brindis en honor de los héroes cuando ascienden al cielo. Es, pues, sólo textualidad, lo cual equivale a decir copia, supuesta interpretación –realizada incluso, corporalmente, semiótica sensual que rompe las fronteras entre las categorías arbitrarias que separan escritura, etnicidad, danza, y desestabilizan las bases de toda oposición binaria– de otra verdad a la cual no se tiene acceso. Es simplemente trazo emblemático. Indica una problemática más que el principio de la historia de una nación. Como sabemos gracias a la teoría contemporánea, un texto no sólo se esconde siempre de todo intento por descifrarlo, sino que opaca también sus juegos y estrategias. Las imposibilidades de decodificarlo implican siempre el riesgo de que el texto se pierda en un vacío en el cual nadie repare en su ausencia o bien extrañe su presencia. Esa ha sido siempre la problemática de la textualidad centroamericana.

Lo que es más, el *Popol Vuh* es un texto híbrido. Escrito en quiché con alfabeto latino como supuesto recuerdo del "texto" jeroglífico, la única versión conocida está manuscrita por un cura español, el padre Francisco Ximénez, quien supuestamente lo copió –y mal– en 1720 de otro original que los quichés le mostraron pero no le dejaron tocar, el cual se supone fue escrito a mediados del siglo dieciséis pero que nunca lo vio ningún sujeto occidental.

El *Popol Vuh* es una piedra en el zapato guatemalteco. Dificulta las posibilidades de establecer una identidad clara. Sacude todo valor ontológico que la nación quiera darle. Indica, si acaso, que ésta se encuentra enraizada en la memoria de un discurso que simultáneamente señala grandeza perdida y contaminación étnica para los descendientes de españoles, o los que desean desesperadamente verse así. Indica que toda la problemática identitaria se encuentra desencajada en el tiempo y en el espacio. Pero señala también por qué el racismo espanta todavía los sueños de los ladinos,[3] y se recarga de un poder efectivo y afectivo.

El grueso de los elementos discursivos que explican la identidad tan particular de Centroamérica en general –pero muy especialmente de Guatemala, cuyos trazos lingüísticos se enraízan de manera íntima en la cultura maya– se pueden encontrar en ese primer texto híbrido multicultural y plurilingüe que es el *Popol Vuh*. Puede ser visto como primera expresión post-conquista de todo un conjunto discursivo de corte regional que impone una subjetividad alternativa al esencializado mestizaje latinoamericano. En este marco, podemos estudiar los textos subsecuentes producidos en el istmo como mecanismos para manifestar a ese otro sujeto, para retrazar el concepto de etnicidad presente en dicho espacio simbólico, para reinventarlo según sus nuevas posibilidades, pero también para señalar los desplazamientos identitarios que afectan a sus naciones y transforman las diferencias culturales en una relación no sólo étnica sino también ética que corroe siempre todo intento por lograr una representatividad validada por los diversos sectores de la nación en sus diferentes muestras textuales.

La etnicidad está en la base de la diferenciación, creando una particular manera de territorializar la región y convirtiéndose en un factor presente en toda la bibliografía alusiva al istmo, como deducimos incluso de textos como los de Tatiana Lobo (*Asalto al paraíso*) en la supuestamente "blanca" Costa Rica, el espíritu de Itzá que se posesiona de Lavinia, la protagonista burguesa en *La mujer habitada* de Gioconda Belli, o la referencia al elemento "indio" en *El último juego* de la panameña Gloria Guardia. Para todas ellas, el *Popol Vuh* se convierte

---

[3] Aunque la problemática maya/ladino es exclusiva de Guatemala y no se generaliza al resto del istmo, la sombra identitaria de la presencia indígena como elemento negativo de una relación binaria queda claramente patentada en el análisis de su literatura. Ver los capítulos sobre Gloria Guardia, Roberto Armijo o Gioconda Belli en mi libro *Gestos Ceremoniales: Narrativa centroamericana 1960-1990*.

en una presencia ausente. Al repensar la discursividad centroamericana de esta manera, observamos cómo casi todos los grupos sociales, sea que se consideren étnicos o no, se reinventan delirantemente señalando patentemente su ausencia por medio de una híbrida sintaxis nueva que generalmente desconcierta a críticos tradicionales. Asimismo, indican cómo toda identidad descansa siempre en la búsqueda de una fundacionalidad que señala pertenencia a una etnicidad específica. No hay neologismos, no hay creación de palabras, que valgan al margen de su referencialidad étnica. La discursividad centroamericana es un híbrido muy particular, que descompone no sólo los lenguajes recibidos de las metrópolis pasadas o presentes, canibalizándolos y regurgitándolos carnavalizadamente, sino también los ya híbridos discursos recibidos de las sub-metrópolis periféricas, los cuales son a su vez mimados fantasiosamente y recompuestos en referentes con signos ulteriores. Sin embargo, por mucho que se intente, el imaginario nacional siempre está siendo desplazado por la incapacidad fehaciente de lograr una representatividad étnica que sirva como correctivo a pasadas visiones igualmente parciales.

Es imposible hacer un análisis a fondo de toda esta problemática. En otros trabajos, hicimos referencia a estas características en dos de las principales novelas de Asturias, *Hombres de maíz* y *Mulata de tal*.[4] Ahora analizaremos de manera emblemática un texto de Víctor Montejo para ilustrar algunos de nuestros puntos de vista. Al hablar de un solo autor, que encima es maya, corremos el riesgo de reducir la problemática étnica guatemalteca a un fenómeno supranacional, supraterritorial, transhistórico, donde la realidad de ese país *es* Centroamérica. De allí que sea necesario reenfatizar que cada país de la región tiene su singularidad histórico-étnica, la cual no es representada necesariamente por el ejemplo escogido. Lo utilizamos no para generalizar una realidad que quedaría así obviamente homogeneizada y esencializada, sino tan sólo como elemento emblemático de un complejo mosaico centroamericano que, en medio de su heterogeneidad, comparte abigarrados fantasmas étnicos y aspiraciones europeizantes en la constitución de sus identidades.

En su primer libro, *El K'anil* (1984), basado en una leyenda jacalteca, Montejo cuenta la historia de Xuan, quien sacrifica su vida para salvar a su pueblo.[5] Como Judith Thorn ha señalado, *El K'anil* tiene que ver con la relación asimétrica entre el sujeto maya y el "hombre blanco". Xuan le pide poderes a K'anil para combatir a los invasores "blancos y ambiciosos" que vienen a quitarles las tierras a su gente. A pesar de ser objeto de burla de sus propios

---

[4] Ver el capítulo sobre Asturias en *La identidad de la palabra: narrativa guatemalteca a la luz del nuevo siglo*, así como la edición crítica de *Mulata de tal* en la Colección Archivos, de próxima aparición.

[5] Víctor Montejo es jacalteco, grupo minoritario dentro de los mayas. Maestro de escuela en una aldea cercana a su pueblo, fuera de breves artículos y poemas en periódicos regionales de Huehuetenango, departamento noroccidental de Guatemala colindante con Chiapas, México, no tenía publicaciones previas antes de su salida del país. Una vez fuera, comenzó a desarrollar su vocación de escritor, al mismo tiempo que problematizaba su identidad. Publicó su primer libro, *El K'anil*, en una edición bilingüe inglés/español escasamente conocida. Luego de este texto publicó una narración testimonial en la cual habla de su cercano encuentro con la muerte, *Testimonio: Death of a Guatemalan Village* (1987), publicada originalmente en inglés en los Estados Unidos y reeditada en español en 1993 por la Universidad de San Carlos de Guatemala. El texto narra los eventos del 9 de septiembre de 1982, cuando la aldea donde fungía como maestro fue ocupada por el ejército, así como su arresto y tortura mental en el cuartel militar antes de enterarse que no sería ejecutado. *Testimonio* fue seguido por otro "testimonio" que comentaremos más adelante, *Brevísima relación testimonial de la destrucción del mayab* (1992).

sacerdotes, Xuan logra desencadenar el poder del K'anil para ganar la batalla. Su triunfo es sin embargo un sacrificio. Xuan queda convertido para siempre en montaña. Sin embargo, tenemos que entender este transformismo en el sentido de sacrificio maya, y no en el sentido occidental de "castigo". Xuan adquiere una identidad casi sagrada. Se inmortaliza al ser reidentificado como montaña, y ésta es en sí símbolo de su identidad territorial. La montaña también opera conceptualmente como la personificación de los ancestros. Al fin, en el pensamiento maya, las montañas también tienen su identidad y son seres vivientes. Al final del libro se lee:

> Allá arriba en la punta del K'anil
> sin que se vea, se siente que respiran,
> se siente que ellos viven y hablan... (p. 60)

Textualmente se establece la relación entre la problemática de la guerra en el altiplano guatemalteco entre principios de los años ochenta y la conquista española cinco siglos antes. La ansiedad generada por la primera se transforma en reacción defensiva del sentimiento de pérdida inicial, mantenida visible por el deseo de una ubicación cronotópica contemporánea. De allí que el texto hilvane una cadena que traza la unión entre el evento original de pérdida y el momento presente, también de pérdida, por medio del fantasma de fijeza topográfica en un tiempo/espacio definido. Xuan se convierte en montaña y no en refugiado desterritorializado, como efectivamente pasó tanto en la conquista como en la guerra de los ochenta.

Para Montejo la paradoja de no haber publicado nunca en su idioma nativo aparece vinculada a las dificultades para producir, circular y distribuir sus obras, que intentan reconfigurar una identidad desplazada que busca (re)presentarse pero carece del idioma que enraíce dicha identidad en un espacio simbólico tangible:

> Quisiera publicar en jacalteco, pero es problema encontrar un lugar en Guatemala. Durante 1993 cuando hice mi única vuelta a Guatemala vi que mi obra era bien recibida en la capital, se llenó el salón en el cual se presentó, contribuyendo a la discusión del diálogo por la paz. Me di cuenta también que en la misma capital muchos desconocen lo que se vivió en el occidente del país (Montejo, Comunicación personal, 16/5/95).

Nunca ha podido publicar en jacalteco a pesar de que, independientemente de la meditación que pudiéramos derivar de Derrida acerca de la relación entre identidad y lenguaje, el idioma siempre fue visto por los mayas como el único rasgo exclusivamente no ladino, la base de su identidad, y se esté dando actualmente en la práctica un proceso de unificación entre ellos.

Montejo decidió estudiar antropología porque "muchos extranjeros tratan de estudiar a los mayas" pero en tales estudios nunca aparece ese "nosotros" en el cual él podía reconocerse. Cuando llegó a los Estados Unidos descubrió una cantidad de publicaciones sobre su propio grupo étnico escrito por el antropólogo Oliver La Farge. Sorprendido por ese trabajo que pretendía describirlo, de descubrirse objeto de estudio científico y de que el pueblo jacalteco no sabía nada de la existencia de dichos trabajos, pensó que el sujeto maya también era capaz de estudiarse a sí mismo, en un proceso de repensar su propia subjetividad, de "aceptar nuestra propia cultura". La mayanidad tenía que ser teorizada y definida también como un tiempo-espacio de formación de sujetos necesariamente determinados por diferentes imperialismos, por colonialismo y neo-colonialismo, el desarrollismo, teología de la liberación/resistencia y aspiraciones a reconstituir un *"Mayab'"* que, simbólica si no espiritualmente, ostente rasgos autónomos. Lo importante era hacerse visibles, autorrepresentarse y articular nuevas relaciones de poder desde esa peligrosa visibilidad recién estrenada.

Tal procedimiento era a su vez un contradiscurso que deconstruía la representación del antropólogo occidental de esa "otredad" que se convertía ahora en un "nosotros". Se transformó en antropólogo maya, un oxímoron dentro de la cientificidad (no se diga dentro de la singularidad de ese fenómeno epistemológico llamado "etnología"), para "tener una voz indígena dentro de la disciplina" con la intención de criticar los sistemas existentes de representación. Asimismo, esto implicó dejar de ser objeto de conocimiento y convertirse en sujeto del mismo.

Montejo decidió ser el contra-Oliver La Farge. Interesantemente, este antropólogo fue también novelista y autor de ficciones más allá de su oficio "científico". Montejo buscó desde siempre la creación literaria como fuerza para proyectar la identidad del sujeto maya jacalteco y le pareció fascinante descubrir que su otro con el cual dialogaba había emprendido similar trayectoria. Tanto para La Farge, en su momento, como para Montejo en el instante de responder discursivamente, no hay separación entre una forma discursiva y otra. Ambas operan de manera análoga, como mecanismo de exploración de la identidad y del sujeto. El "informante nativo", el "narrador de testimonios", se convirtió así en productor/consumidor de conocimiento. Esto le permitió confrontar esa representación alienada de su propia subjetividad, tal y como fue elaborada por otros, los que antes monopolizaban desde la metrópolis el aparato representacional. Lo anterior conlleva el reclamo de una identidad sumergida, invisible, clandestina, reconstituida por medio de la discursividad. El auto-ejercicio de la misma –por la combinación genérica de poesía, novela, testimonio, textos científicos– ejerce el poder para reclamar soberanía sobre su redescubierta subjetividad.

Montejo rompe el esquema tradicional de escritores asociados a la producción de testimonios. Es maya, pero tiene un doctorado y es también profesor universitario, redefiniendo el rol del intelectual en la práctica. Cuestionando las formas institucionales de lo que constituye la relación sujeto/informante en la antropología, redefine la manera de construir el sujeto histórico. Como "escritor informante" plantea la posibilidad de la representación del sujeto subordinado con un sesgo étnico. Desde el exilio quiere dejar un *record* de las experiencias de la represión con un componente contestatario inscrito en la esfera internacional por ser ésta una zona de "no interferencia" por parte de los aparatos represivos del régimen ladino guatemalteco. Al mismo tiempo este "escritor informante" no es semi-analfabeto.

En el proceso de interrogación de la discursividad histórica que permite repensar y reposesionarse de su identidad, recorre tranquilamente los diferentes géneros, desde la novela, transitando hacia el cuento, el testimonio o la poesía, sin diferenciar o preferenciar ninguno. En otras palabras, les rompe los esquemas a muchos teóricos que han esencializado al informante de testimonios centroamericano. Montejo no se hace problemas sobre los géneros en los cuales escoge escribir. Lo que le interesa es la performatividad[6] de su identidad periférica como acción y como agencia, como proceso de búsqueda tanto de igualdad como de libertad.

Lo fundamental para él es encontrar mecanismos para nombrar lo sucedido. En otras palabras, poder enunciar los eventos transformativos de su vida. Este proceso de nombrar es una forma de apropiarse del mundo, de erigirse en sujeto, y de cuestionar/transformar su

---

[6] Entendemos por "performatividad" el concepto desarrollado originalmente por J.L. Austin y retrabajado posteriormente por Judith Butler donde argumenta la existencia del cuerpo al ser interpelado en términos lingüísticos.

identidad. Para hacerlo, a veces emplea el cuento, a veces la fábula, a veces el poema, a veces la novela, a veces el testimonio. No se trata de "escoger" un género. Se trata de encontrar una forma adecuada para enmarcar ciertas enunciaciones que buscan integrarle sentido a su entorno e indicar su pertenencia al mundo. Son una manera de buscar entablar asimétricas relaciones dialógicas con la otredad que intenta imponer su orden dominador.

Más que preocuparnos de una supuesta literatura de elite (la novela) en oposición a una literatura de la subalternidad (el testimonio) que no se da en la compleja práctica centroamericana sin reducir significativamente su representatividad, deberíamos problematizar la imposición del modelo occidentalizante que categoriza desde fuera, desconociendo la voluntad del sujeto. Si algo evidencia la discursividad de Montejo es que los géneros se canibalizan libre y alegremente como mecanismos conscientemente mímicos para dialogizar con la cultura metropolitana al mismo tiempo que uno se burla de ella precisamente por su perpetua búsqueda de verdades graníticas pre-fabricadas e irrefutables en las cuales uno –como sujeto periférico– nunca se reconoce. La descolonización comienza para el sujeto periférico cuando al confrontar la página blanca en la cual trazará su identidad, el desordenado fiesteo del deseo de ser libre se impone a las obtusas rigideces asociadas con la continuidad simbólica del pensamiento colonial (aunque la voluntad de decir se vea también limitada por factores exógenos a la misma).

No se puede asignar valor a un género por encima del otro. La distinción está en el discurso que, erigiéndose en pretendidamente "oficial", niega la otredad versus el que dialoga con la otredad con la intención paródica de socavarle su autoridad, de minar su estabilidad, orden y poder, usualmente con rasgos serio-cómicos cargados de ironía y elementos paródicos. Cualquier "forma literaria" utilizada en Centroamérica puede ser transgresiva de sus fronteras genéricas. Puede ser siempre energía descentralizante en oposición al proyecto hegemónico de centralización. Sus palabras pueden ser siempre vitalidad anarquizante y subversiva carcomiendo el decoro sofocante de la metrópolis con sus osificadas y rígidas nociones de catalogar o clasificar performatividades que no se quedan quietas nunca, que se niegan a ser encasilladas.

Esto último queda claro al examinar la *Brevísima relación testimonial de la continua destrucción del Mayab'* (BRTCDM) de Montejo. Escrito con Q'Anil Akab', comienza con una carta al rey de España, análoga a la escrita por Huamán Poma de Ayala en el siglo XVII:

> del *ah-tz'ib'*, Q'anil Akab' y Victor Montejo para el muy alto y poderoso señor, el Rey de España, don Juan Carlos I
> Muy alto y muy poderoso señor:
> En el año. Baktun –katunes y– tunes del calendario Maya, y año gregoriano 1992, por gracia de la divina providencia, España mantiene con orgullo el más noble linaje de sus reyes...
> (p. 7)

El documento cumple por lo menos una triple función, aun sabiendo que las capas de sentido discursivo pueden ser infinitas. Por un lado, establece una analogía intertextual con la *Brevísima relación de la destrucción de las Indias* escrita en 1550 por Fray Bartolomé de las Casas y enviada al rey Felipe II. Por el otro, al establecer la continuidad paradigmática con la destrucción de la Conquista, reubica el contexto en el cual se dan las masacres de principios de los años ochenta. "El grupo de testimonios [...] tienen una tremenda similitud con los hechos de sangre ocurridos durante la llamada 'conquista' de Guatemala en 1524 por Pedro de Alvarado" (p. 7). La carta es finalmente una carnavalización del anterior discurso (o reapropiación estratégica de un formato de denuncia familiar a la experiencia histórica de 500 años), como mecanismo para reubicarlo y reposesionarlo por el sujeto periférico maya.[7] El primer documento fue escrito por un súbdito de su majestad. El actual es escrito por dos mayas que establecen en la fecha la diferencia de códigos culturales y afirman así la producción y elaboración de su identidad. Lo que es 1992 en el calendario gregoriano corresponde a otra fecha que la antecede, referencial de la mayanidad ubicada en un tiempo que posee mayor amplitud que la limitada historia de la cultura occidental.

Inmediatamente después del "Prólogo al Rey", tenemos una sección titulada "De las profecías de los sacerdotes mayas". Es una sección de dos páginas, tomada de *El libro de los libros del Chilam Balam* y que en un momento clave dice:

¡Ay de vosotros,
mis Hermanos Menores,
que en el 7 Ahau Katun
tendréis exceso de dolor
y exceso de miseria... (p. 11)

Esta sección es seguida de otra titulada "Los presagios según los informantes de Sahagún", que de manera análoga a la carta, nos lleva al presente en la parte titulada "1980: Presagios y sueños":

En sueños veíamos grandes letreros dorados que aparecieron en el cielo. Otros veían filosos machetes que caían del cielo. Muchos machetes, como lluvia de machetes que se precipitaban del cielo a la tierra ... (p. 12).

Luego, un dibujo de un niño en el cual una línea diagonal separa Guatemala de México. Soldados disparan y queman ranchos del lado guatemalteco, mientras indígenas van cargando bultos en dirección opuesta. Enseguida comienza el primero de seis lamentos, secciones en las cuales está dividido el libro. Cada lamento es introducido por un breve fragmento de la *Brevísima relación de la destrucción de las Indias*.

El "lamento 1" se subtitula "Advenimiento de la violencia en los Kuchumatanes". Al iniciarse el relato parecería que "por fin" el lector se encuentra leyendo un documento testimonial en el sentido tradicional. Comienza relatando el asentamiento de los destacamentos militares en las comunidades mayas a finales de 1980. Muy pronto sin embargo el texto rompe la "lógica" del testimonio occidentalizado. Vuelve a hablar de "presagios, visiones y sueños". Se menciona que manadas de coyotes llegaron y estuvieron aullando en las afueras de las comunidades, a pesar de que el coyote tenía muchos años de haber desaparecido de esas regiones. Se nos habla de otros animales agoreros, concluyendo con el perro. Los perros aullaban también y los autores afirman que esto es señal de muerte porque "se cree que los perros ven el futuro con más claridad que los hombres" (p. 15). Asimismo personas vieron al diablo por los caminos y hombres con narices largas trepándose a los árboles a lo largo de los ríos. Enseguida, una sub-sección habla de los sueños que tuvo la gente, bolas de fuego en el cielo, héroes mayas y santos pasando en procesión por los aires hacia México y similares.

---

[7] Vale recordar que en el caso de Las Casas, el pueblo indígena representaba el centro de la discusión moral-cristiana, no el margen; más aún, en los memoriales indígenas, el pueblo del cual se estaba hablando nunca fue periférico, ni para los principales indígenas, ni para el rey, quien se creía su protector.

Posteriormente aparece una descripción "más convencional" (más occidentalmente "racional") de la masacre de El Limonar, el 7 de septiembre de 1981, pero enseguida saltamos a otro fragmento de naturaleza diferente. El 1 de enero de 1982, en La Laguna, Huehuetenango, hubo un fuerte temblor. Las señoras se preocuparon por el maíz y rociaron agua sobre éste diciendo *"Paxantiq Miyaya"* (regresa madre mía) porque los temblores se tragan el espíritu del maíz e indican hambruna. De allí que los ancianos predijeran, "este año que entra es un año de desgracias" (p. 19).

El documento concluye diciendo que "como una larga y dolorosa letanía" repetirán los nombres de los masacrados en la comunidad chuj de San Francisco Nentón, "para que estos crímenes no vuelvan a repetirse en nuestros pueblos, aquí en estas tierras del Mayab". Aparece en seguida la lista de 302 personas asesinadas por el ejército el 17 de julio de 1982. Es una sobria coda épico/dramática a una narración que nunca pretendió ser un enfoque sistémico racionalista logocéntrico de la represión. Su voluntad fundamental, más allá de la mímica intertextual ya señalada, es la de recrear en un pretendido testimonio la fundante cosmovisión maya –"mística y mágica", si tales significantes ofrecen tranquilidad explicativa, dada su abundancia de códigos cosmogónicos, oráculos cargados de sabiduría pre-científica y misterios olvidados por el discurso modernizante– como simultáneo mecanismo de pensamiento y mecanismo de identidad.

¿Podemos analizar este texto igual que otros testimonios monofónicos en los cuales un narrador individual cuenta su historia a un compilador/editor que traduce, traiciona o reduce el caos discursivo a un ordenado texto positivista funcionalista que facilita la digestión de un lector occidental? El interés no es entender las características formales del testimonio. Tampoco podemos limitarnos a verlo como la expresión literaria del sujeto subalterno ya que, como la novela y cualquier otro género aún no concluido, es impredecible. Más bien interesa cómo estos textos intentan constituir una identidad, un sujeto particular. Para hacerlo, dialogizan con los discursos metropolitanos con rasgos transculturadores. Este proceso genera la inserción del sujeto dentro del mundo por medio de su enunciación cargada de una responsabilidad ética.[8] Su esfuerzo se centra en cómo narrar los eventos vividos desde diferentes puntos de vista, articulándose lo anterior a un proceso de autodeterminación y justicia social. Para Montejo, la escritura es una forma de resistencia. Es asimismo un proceso de reconsiderar la problemática de la identidad atando paradigmáticamente la "tradición" con un presente globalizante. En otras palabras, el replanteamiento de leyendas ancestrales se da con el fin de re-contextualizarlas como mecanismo de perfilar auténticamente el pasado para aprehender el presente y reconstituir el sujeto en un espacio en el cual no puede separarse del *continuum* temporal-histórico.

CULTURAS RECICLABLES

El *Popol Vuh* fue escrito aproximadamente entre 1554 y 1558 en Santo Tomás Chuilá – hoy Chichicastenango– "ya dentro de la ley de Dios, en el Cristianismo" (p. 21). Pero, ¿qué quiere decir esto último? ¿Qué sabían efectivamente de cristianismo los supuestos autores de un texto cuyo objetivo no es catequizar sino oponerse a esto último, preservando la cosmovisión quiché por encima del discurso del conquistador? Aquí se pueden adoptar varias estrate-

---

[8] En su disertación, Montejo afirma sentir una "responsabilidad moral" por la violencia sufrida por la población maya.

gias. Una, defendida por René Acuña, argumenta que no fue efectivamente escrito en su totalidad por supuestos principales quichés. Lo ve como mezcla de una genealogía auténticamente quiché, con una recolección de tradiciones orales realizada por los frailes, y muy posiblemente por Fray Domingo de Vico en la región acalá, artificiosamente unida por un anónimo arreglista (ver Acuña). Otra, defendida por Adrián Chávez, argumenta que es "un bello poema antiquísimo" que "se venía escribiendo desde veinte siglos a.JC" (xix). Proviene de Egipto, porque entre otras cosas, "Osiris [...] está entre los dioses [...] son conceptos secretos del *Pop Wuj*" (2a). Finalmente, está la de Denis Tedlock. Admitiendo efectivamente que el *Popol Vuh* fue escrito por "members of the three lordly lineages that had once ruled the Quiché kingdom" (p. 28), establece el vínculo entre el proceso de "traducción" de glifos prehispánicos, y prácticas adivinatorias contemporáneas de curanderos o *zahorines* que utilizan elementos del texto para regir el calendario lunar y los ciclos de siembra y cosecha. Así, el texto termina siendo un documento híbrido en el cual "the authors of the inscriptions at Palenque and the alphabetic text of the *Popol Vuh* treated the mythic and historical parts of their narratives as belonging to a single, balanced, whole" (p. 63).

El pensamiento racionalista occidental suele dividir el conocimiento entre mito e historia, como oposiciones binarias en conflicto. Los quichés, sin embargo, emplean los conceptos de espacio y tiempo de manera diferente. Los ven como complementarios e interpenetrados el uno con el otro, como de hecho, el pensamiento occidental suele ver lo que denomina "literatura" y lo impuso durante la modernidad.

Tenemos aquí entonces un anticipo parcial de formas contemporáneas de entender las prácticas discursivas, en el cual la "lógica" maya se yuxtapone a la "lógica" occidental, produciendo así un híbrido de un híbrido: el manuscrito escrito en el alfabeto latino pero en quiché (k'iché), simulacro de performatividad escrita ya dentro del cristianismo, algunos de cuyos esquemas efectivamente adopta el texto como señala Acuña, al presuponer la autoría de Vico y otros frailes. El giro de los principales quichés nos indica que no hay necesidad de complejizar la noción de lo que es el "razonamiento" para reconceptualizar visiones del mundo exógenas a una cultura nativa. Sobre todo cuando priva de por medio una conquista y ocupación militar con rasgos etnocidas. Con carencia de introspección y abundancia de picardía, no suele ser necesario elaborar un aparato o marco sofisticado para ordenar una manera de reubicarse en el mundo. En un artículo anterior ("Objetos perdidos, dulzuras ignoradas") planteé la existencia conceptual de un reciclaje[9] en el cual ideas –tanto del llamado "centro" como de la "periferia"– residen en una especie de cajón de/sastre hasta ser redescubiertas, reinventadas o carnavalizadas, reprocesadas y recirculadas por quien las reencuentra en el vasto mar del lenguaje y se las apropia de una manera un tanto anárquica.[10] Así, individuos escasamente familiarizados con elementos básicos del llamado centro cosmopolita, reinventan marcos conceptuales de "conocimiento". Estos fenómenos los vemos desde el *Popol Vuh* hasta nuestra época, como bien lo prueba el discurso de Rigoberta Menchú.

Adoptando el concepto de reciclaje como interpretación *sui generis* de las prácticas discursivas que enunciamos para definir lo específicamente nuestro desde el interior mismo del

---

[9] Estamos endeudados con Roberto Rivera, quien por primera vez mencionó en el contexto centroamericano el fenómeno del reciclaje en conversaciones personales. Rivera lo utiliza como elemento de base para su análisis sobre la obra de Juan José Arévalo, aún por publicarse.

[10] La persona que recicle estos códigos simbólicos puede provenir tanto de la llamada "periferia" como del mismo centro que también aprende y reconceptualiza de lo que considera etnocéntricamente "su" periferia.

repositorio lingüístico, descubrimos que todos operamos en espacios análogos en los cuales no existen jerarquías.[11] Con escasos elementos conceptuales, "canibalizados" –como dirían los brasileños– de otras cosmovisiones, es posible reinventar un mundo. Con mínimas nociones se reconstruyen ideas, aparatos, funciones, desde una perspectiva particular propia. Esto lo hacen especialmente los sujetos periféricos, por la naturaleza impositiva de la discursividad colonial.

Se deslinda de los argumentos anteriores la necesidad de reproblematizar la construcción de la identidad, en medio de una teorización que corresponda a una especificidad híbrida. La misma se vincula simbólicamente con la etnicidad, dado que las proyecciones identificatorias son reguladas por normas sociales en un espacio concreto. Los regímenes de regulación discursiva operan en la producción de comportamiento no sólo discursivo sino incluso corporal, y establecen los límites de la inteligibilidad de los mismos.

En Centroamérica intuimos una confluencia de la formación del sujeto y la construcción de identidades nacionales. La representación de sujetos individuales de grupos étnicos mezclados o mestizos refleja las tensiones que marcan la construcción de la identidad nacional. El *Popol Vuh* termina afirmando:

> Y ésta fue la existencia de los quichés, porque ya no puede verse [el libro *Popol Vuh*] que tenían antiguamente los reyes, pues ha desaparecido.
> Así pues, se han acabado todos los del quiché, que se llama *Santa Cruz* (p. 162).

Desde luego, no se acabaron los quichés. Se acabó su soberanía sobre el territorio y su hegemonía política. Los quichés continúan hasta hoy argumentando su existencia al mismo tiempo que lamentan la desaparición de su poder. La contradicción de la identidad centroamericana se ubica en esa paradoja. Toda su textualidad es un interminable proceso de recuperar al otro en su ausencia, como dirían los deconstruccionistas, y como ya ha señalado Rafael Lara Martínez, argumentando que la creación imaginaria es el germen del conocimiento histórico en franjas étnicas como Chiapas o Guatemala. Desde el mismo *Popol Vuh* tenemos el delirio de un imaginario étnico, un fantasma, para construir una subjetividad que resista al olvido, como reemplazamiento icónico de la simbolización perdida. En estas líneas vemos la corroboración de que la construcción del sujeto opera sobre bases exclusionarias. Se repudia lo que no se es. Uno se define en términos de diferencias. Los quichés de Santa Cruz no son los quichés de K'uumarcaaj. Los ladinos de Santa Cruz no son quichés y desean fervorosamente no haber sido nunca parte de K'uumarcaaj, aunque temen haberlo sido. La construcción de la identidad está siempre siendo borrada y existe en los intersticios del contacto entre los discursos que dialogizan entre sí. La etnicidad se convierte en una construcción, en una función de la voluntad de poder del régimen discursivo que opera por medio de una matriz exclusionaria marginalizando ciertos aspectos por medio de la fuerza.

El sujeto centroamericano está siempre luchando por descolonizarse discursivamente. Lo anterior implica la necesidad de nombrarse. Antes de concluir, el *Popol Vuh*, en los capítulos ocho al doce de la cuarta parte, se preocupa de ubicar las "casas grandes" (linajes) que existieron en K'uumarcaaj. Se trazan las subdivisiones de linajes y las generaciones, nombrándose siempre:

---

[11] Algún contacto tiene esto con la noción del *bricolage*, entendido más en el sentido derrideano que en el estructuralista. Quizás, mejor aún, entendido como una metáfora.

> Diremos ahora los nombres de cada uno de los Señores de cada una de las casas grandes. He aquí, pues, los nombres de los Señores de Cavec. El primero de los Señores era el *Ahpop*, [luego] el *Ahpop-Camhá*, el *Ah-Tohil*, el *Ah-Gucumatz*, el *Nim-Chocoh-Cavec*, el *Popol-Vinac-Chituy*... (p. 148)

El texto termina con la lista de los dirigentes de cada uno de los linajes, desde Balam-Quitzé, el "primer hombre" creado por los dioses –en el caso de los Cavec– hasta "don Juan de Rojas y don Juan Cortés" en el siglo dieciséis (pp. 158-159). La práctica discursiva erige aquello que nombra. El acto de nombrar sanciona un cierto tipo de complicidad social que determina las fronteras y categorías de las funciones étnicas como una representación en un espacio geosocial determinado. El *Popol Vuh* es ya en sí mismo un poder reiterativo de un cierto tipo de discurso. Produce fenómenos que intenta regular y delimitar por medio de la regulación discursiva del poder/conocimiento. Apela a la acción y ecos de textos pasados, al libro que ya no se ve, y se autoriza para citar lo incomprobable, lo imposible de re-conocer, determinando así un conjunto autoritativo de prácticas discursivas. Del *Popol Vuh* se desprende, sin embargo, una cadena discursiva aún no concluida que evoca un delirante *continuum* mental, que reaparece intertextualmente en Asturias, Menchú, Payeras, Montejo, Ak'abal, y otros como Gaspar Pedro González o Luis Enrique Sam Colop que en este mismo momento conforman ya la performatividad de una literatura que se autodenomina "maya".[12]

El tercer interlocutor

Si, como dijimos en la introducción, algunos críticos han descrito el proceso orientalizador como mecanismo esencializado para rigidizar la diferencia entre Europa y el Medio Oriente, observamos situaciones análogas al romper esquemas rigidizantes de una impuesta homogeneidad latinoamericana y descomponer tal discurso. El llamado "sur" ha sido definido siempre en relación al "norte", dejando en el intercambio invisibilizado al *centro*: es decir, al sujeto centroamericano. Este queda así excluido del espacio simbólico denominado utópicamente "Latinoamérica" sin diferenciaciones de ninguna índole. Ausentado el sujeto centroamericano de manera análoga a la presencia ausente del *Popol Vuh* en la problemática identitaria contemporánea de los centroamericanos, dicho concepto pasa a ser asociado casi exclusivamente al ámbito geográfico que le corresponde a la América del Sur. Esta narrativa le da un falso sentido de legitimidad a una versión culturalmente opresiva de lo que es un mitificado sujeto latinoamericano. Privilegia cierta historia, ciertos patrones de identificación, que supuestamente producen una unidad coherente de la noción de "Latinoamérica". En verdad, sabemos que no es así. Tenemos variantes, identidades fragmentadas, discontinuas o provisionales de nuestra identidad. Esta sólo es una historia de identificaciones, algunas de las cuales pueden ser empleadas en ciertos contextos. Precisamente porque codifican las con-

---

[12] La problemática arriba delineada reaparece de una manera u otra en los escritos de José Cecilio del Valle, Francisco Morazán, Rubén Darío, para citar tan sólo figuras emblemáticas. Anticipa ideas que posteriormente surgirán en el centro. Señalamos ya en el trabajo anterior que Roberto Rivera ha argumentado que las ideas sobre el *Panopticon* de Foucault aparecen ya en las obras de Juan José Arévalo de los años treinta, a manera de ejemplo (Rivera, Comunicación personal. Véase Arias "Objetos perdidos"). Obviamente, el fenómeno es desconocido porque sus obras carecían de inserción en el círculo de poder/consumo intelectual.

tingencias de historias particulares, étnicas o no, no apuntan hacia una coherencia interna de ninguna índole a nivel continental. América Latina es una narración fantasiosa. Es un conjunto de signos internalizados, de imágenes idealizadas, impuestos en nuestra conciencia por las diferentes capas discursivas que insisten en nombrar su existencia.

La paradoja en las relaciones centro/sur se ha dado en el sentido de que el sur funcionó tradicionalmente como agente mediatizador del signo fetichizado que glorificó la centralidad epistemológica y la permanencia del dominio cultural eurocéntrico, presentándose como ese "otro" emblemático de "lo latinoamericano". Sin embargo, por medio del fenómeno del reciclaje, se inscribió la ambivalencia en la autoridad de dichas posiciones, iniciándose así su gradual descomposición/recomposición discursiva, análoga a la repetición con diferencias derrideana, o la mímica de Bhabha. Simultáneamente tenemos la asimilación eurocentrista y la subversión de su autoridad dada su híbrida lectura étnica. La diferencia está en que el intelectual del sur se siente europeo al intentar reconocerse en dichos textos. El lector del centro se sabe usurpador al querer verse como europeo –o bien, como sudamericano– en el proceso de desear reconocerse en dichos textos. Este tercer espacio, el intersticio de las metamorfosis, es el que nos interesa explorar.

De Bolívar al Che Guevara, la noción discursiva de "América Latina" ha sido la de una "patria grande" de la cual todos formamos parte; poseemos rasgos identitarios que nos "hermanan". Generalmente, éstos han sido asociados al idioma castellano, el mestizaje español/indígena/africano, y a una historia común. Ya los teóricos de la dependencia, sin embargo, reconocían la heterogeneidad del continente, argumentando que lo único que compartíamos era la dependencia frente a los países centrales. Sin embargo, la noción de hablar en nombre de "lo latinoamericano" continúa viva y activa, como lo siguen siendo a su vez estudios, departamentos o libros académicos, producidos casi siempre en universidades estadounidenses. En realidad están hablando de la experiencia de uno o dos países, sin pretensión metonímica alguna, y normalizando una nueva esencialidad homogeneizada a partir de estas prácticas discursivas y ejercicio de poder/conocimiento. Por ejemplo, Alberto Moreiras indica: "Dos recientes volúmenes de ensayos, los editados por Hermann Herlinghaus y Monika Walter, y por John Beverley, José Oviedo y Michael Aronna respectivamente, han abierto una segunda fase en el debate sobre la posmodernidad *latinoamericana*" (p. 877; énfasis mío). Sin embargo, en ambos libros no existe ni una sola referencia a Centroamérica (como, de hecho, tampoco existen referencias a otras partes del continente tales como el Caribe o los países andinos, exceptuando las breves menciones que hace Fernando Calderón de la música de Rubén Blades y del grupo andino WARA en el segundo libro mencionado). ¿Qué significa esto? ¿Qué se puede ver lo centroamericano por añadidura a lo sudamericano? ¿Qué si se estudia a Buenos Aires se puede entender lo que sucede en Panajachel o en San Juan del Sur? Pero la pregunta se puede también plantear al revés: ¿Puede el sujeto centroamericano sentirse incluido bajo una denominación en la cual no se le nombra? ¿En la cual, en el mejor de los casos, se le invisibiliza; y en el peor, no se le considera digno de mención o reflexión alguna?

De allí que para reproblematizar el papel de tercer interlocutor que tradicionalmente ocupó Centroamérica frente a ese diálogo *dit* de "hermanos mayores" entre los países hegemónicos de la región y el centro metropolitano, recurramos de nuevo al concepto de dialogización.[13] Pensemos simplistamente en una discusión política en un bar. Dos personas discu-

---

[13] Bajtin constituye una teoría del conocimiento que él mismo nunca denominó "dialogismo". Sin embargo, la mayoría de críticos que han trabajado su obra (Holquist, por ejemplo) han empleado

ten sobre algún factor coyuntural, mientras un tercero acompaña el proceso. La discusión se da entre dos de ellos exclusivamente. El tercero se limita a escuchar. A lo mejor gesticula en algún momento, pero nunca emite enunciado alguno, de manera que su presencia queda "invisibilizada" para los dos protagonistas de la discusión. Olvidan que el silencioso tercer comparsa los escucha a ambos, procesando sus argumentos, cuestionando su posición, ubicándose en la correlación de fuerza que la misma discusión genera, quizás cambiando de opinión como resultado.

Esta metáfora sirve para ubicar la relación que frecuentemente se da entre países metropolitanos, los países hegemónicos de la periferia latinoamericana, y lo que en otro momento he denominado "la periferia de la periferia", regiones más invisibilizadas del continente, entre las cuales ubicamos a Centroamérica.[14] En un nivel perceptivo del discurso identitario latinoamericano, el debate supuestamente transcurre entre "América Latina" y la metrópolis del norte. En su práctica concreta, el norte lo suele ubicar más bien entre los países hegemónicos de América del Sur a los cuales se les otorga la representatividad del conjunto del continente y él. En dicho debate, los países hegemónicos hablan "en nombre de todos," pero la "periferia

---

ese nombre a diferencia del de "exotopía" acuñado por Todorov (p. 109). El elemento de diálogo está en la base de toda la teoría bajtianiana, dado que la capacidad para tener conciencia se basa en la relación que el sujeto establece con la otredad. Esta es concebida como una relación simultánea que ocurre desde una localización particular. El modelo favorecido es aquél que resulta de dos cuerpos que ocupan espacios simultáneos pero diferentes dada la asimetría de las relaciones poder/conocimiento, pero de cuyo intercambio surge todo tipo de inteligibilidad. El dialogismo presupone que nada puede ser percibido fuera de la perspectiva de algo que se le contraste. Caryl Emerson arguye (p. 62) que entender algo mentalmente no es procesarlo. Su procesamiento, que indica reformulación del conocimiento, sólo se da dialógicamente, en el proceso de verbalizárselo a un interlocutor. Sin embargo, en esta afirmación queda excluida la enunciación conformada mentalmente pero que, por variadas razones, no se transforma en acto verbal. En el contexto anterior, se corre el riesgo –nunca afirmado por Bajtin– de visualizar el dialogismo como un fenómeno binario, dualista o bivalente. Como el diálogo se encuentra en la base del dialogismo, se confunde uno con el otro, dado que el diálogo es, efectivamente, la forma más simple de dialogismo. Al visualizarse el diálogo como modelo del dialogismo, se cae frecuentemente en el sistema de Jakobson, evocando una acción enunciativa unilineal entre un emisor y un receptor. Si acaso, se complejiza la relación estableciéndose que un diálogo consiste de tres elementos, una enunciación, una respuesta, y la relación entre las dos. Pero aun en este modelo, se suelen olvidar dos cosas. Primero, que el dialogismo se da precisamente en el espacio en que chocan y se transforman la enunciación y la respuesta, que suelen ser casi simultáneas en el tiempo y espacio; segundo y más importante aún, que un diálogo no se reduce a una relación bivalente, sino puede realizarse entre más de dos personas. En una relación dialógica, un sujeto enuncia sus rasgos identitarios constantemente en un mundo en el cual se encuentra en constante interacción con otros y consigo mismo, recibe cuasi simultáneamente respuestas que lo obligan a reconcebir, reacentuar, reformular su enunciación, liberando así su existencia del sentido circunscrito que tenía en la limitada configuración disponible en el momento inicial de la enunciación.

[14] Ver *Gestos Ceremoniales*. Hemos utilizado la frase "periferia de la periferia" para separar aquella hegemónica periferia dominante que goza de atención al estar oficializada por medio de las relaciones de poder/conocimiento como entidad seleccionada para responderle al discurso del centro metropolitano (México, el Cono Sur) de aquella otra periferia no sólo innombrada o invisibilizada, presencia ausente anulada en la realidad, que *de facto* juega el papel de legítima periferia en sus relaciones de poder frente a esa otra "periferia oficial." Aquí nos referimos generalmente a los países centroamericanos, caribeños, andinos y el Paraguay.

de la periferia" no se reconoce en su discurso. Calla. No participa del diálogo.[15]

En un libro ya clásico, *Machine-Age Maya*, el antropólogo estadounidense Manning Nash realizó un estudio de la fábrica de telas Cantel, ubicada en el cantón del mismo nombre, en las afueras de Quezaltenango. Cantel tenía la distinción de ser la primera fábrica que empleaba obreros mayas, provenientes del pueblo del mismo nombre, aunque de etnia quiché. El estudio de Nash evidencia una manera "no occidental", que podríamos también denominar simplemente maya, de comprender la realidad. Cuando los obreros fueron contratados, un técnico extranjero les explicó, en castellano, el funcionamiento de las máquinas. Terminada la explicación, preguntó si tenían dudas. No hubo ninguna. Al día siguiente, todos se presentaron puntualmente a trabajar. Para sorpresa de los administradores extranjeros, los mayas se ubicaron cada cual al lado de la respectiva máquina que les correspondía, pero ni la encendieron ni trabajaron. Este proceso se repitió varios días, hasta que el administrador, hastiado del hermético silencio, contrató ayuda temporal para operar las máquinas. Esta última las echó a andar, empezó a producir, y se sorprendió igualmente al descubrir que los mayas seguían llegando puntualmente, se ubicaban al lado de las máquinas, y procedían a observarlos silenciosamente durante el transcurso de la jornada. Un día, llegaron los mayas, se ubicaron en sus puestos de trabajo, y echaron a andar las máquinas. Para sorpresa de todos, una vez que pasaron a la acción concreta, no cometieron error alguno. Habían observado detalladamente todos los procedimientos de uso y manejo de las máquinas, captado posibles errores, peligros o fallas, y cuando "se decidieron" a operarlas, era porque ya se sabían mentalmente su funcionamiento al dedillo y eran incapaces de cometer un sólo error en su uso.

La anécdota evoca las observaciones de Jesús García Ruiz en cuanto al uso del lenguaje. En Huehuetenango, cuando un curandero salía al campo con sus jóvenes reclutas, recogía las plantas que necesitaba para algún tratamiento. Los aprendices se limitaban a observar sin hacer pregunta alguna. Meses después, alguno se atrevía a afirmar: tal planta sirve para curar tal y tal enfermedad. De ambos ejemplos se desprende que en la cultura maya post-Conquista no se acostumbra enunciar dudas, interrogantes, conclusiones prematuras, o conjeturas, ni se suelen dar formas de *bragadoccio* enunciativo. El lenguaje cumple otra función. Enunciar introduce sentido y orden, del cual se desprenden valores intrínsecos que rigen el comportamiento en esta comunidad particular. Por lo tanto, no se enuncian conjeturas, sino hasta tenerse la certeza de que obedecen efectivamente a una lógica colectivizada. Este papel de la palabra enunciada aparece desde el *Popol Vuh*.

Volvemos entonces al principio. La silenciada "periferia de la periferia" responde por medio de posibilidades semánticas alternas, en los cuales los silencios se codifican diferentemente, como ya sospechaba Doris Sommer en su clásico artículo sobre Rigoberta Menchú. Son silencios étnicos, silencios estratégicos. Conllevan dialogización, pero no diálogo. Al ubicarse en el espacio de la no enunciación, se corre el riesgo de caer en una degeneración dialógica que conduzca a un ventriloquismo impersonal en el cual se fetichiza su silencio como subalterno a las contrarréplicas del sur al norte —se establezca un orden jerarquizador— perdiéndose en ese malentendido la estética de la transgresión centroamericana. De allí que estos silencios necesiten ser descodificados para darle presencia efectiva al sujeto. Difícilmente se entiende una estética de la transgresión que no problematice los mecanismos de usurpación de un discurso enunciado por sujetos silenciados en el marco de la conceptualidad

---

[15] Podríamos aplicar aquí el popular dicho de que "el que calla otorga," pero también implementar mecanismos culturales asociados, una vez más, a la problemática étnica, en este caso articulada al lenguaje.

dit racional. En ella, el sujeto centroamericano se inscribe en los márgenes, en el cuerpo etnificado, y por lo tanto, es más libre para jugar, para carnavalizar, que quienes usurpan su identidad.

Conclusiones

Empezamos este trabajo preocupándonos por la realidad específica de los textos centroamericanos, sobre la base de su anulación de hecho como entidades que articulan verdades discursivas. Su falta de tipificación, su no existencia declarada, que se asemeja a las prohibiciones silenciadas expulsadas de la realidad, nos obligó a explorar tres aspectos para empezar a expresar el deseo de teorizar nuestras prácticas discursivas: la problemática étnica; el fenómeno del reciclaje de ideas, y el papel del tercer interlocutor dialógico. No son los únicos puntos de partida para este tipo de exploraciones. Significan, sin embargo, posibilidades para enunciar una reimaginación de América Central. Intentamos darle cuerpo a una imagen alterna frente a su invisibilidad discursiva, y a los escasos entendimientos esencializados que sobre la región existen. Este proceso nos obligó a revisitar el *Popol Vuh*, presencia ausente que origina buena parte de la textualidad contemporánea de la región, sin que su definición se reduzca a características unívocas. De paso, meditamos sobre la validez de hablar de América Latina. Al fin, si no existe un sujeto único "latinoamericano" no puede existir una América Latina.[16] Terminamos afirmando con énfasis que la naturaleza orientalizadora del discurso norte/sur es esencialista porque homogeneiza toda identidad continental sin distinción.[17]

Debemos repensar nuestras subjetividades fragmentadas como parciales. Reubicarnos topográficamente en puntos alternos. A partir de allí, confrontar las variadas subjetividades de los múltiples espacios denominados "latinoamericanos". Así podremos mejor reapropiarnos de nuestra identidad por medio de estrategias críticas que refuncionalicen esfuerzos éticos por potenciar culturas frecuentemente ignoradas por su ubicación periférica. Interesa entender mejor los espacios simbólicos en los cuales opera el imaginario y cómo se reactiva éste en formas que jamás habríamos sospechado. Están en juego transformaciones profundas en las culturas de la mayoría de nuestros conciudadanos, cuyos rasgos a veces desconocemos, ignoramos o "ninguneamos" frente a nuestros propios deseos y abyecciones cosmopolitas.

Bibliografía

Acuña, René. "El *Popol Vuh*, Vico y la *Theologia Indorum*". *Nuevas Perspectivas Sobre el Popol Vuh*. Robert Carmack y Francisco Morales Santos (eds.), Guatemala: Editorial Piedra Santa, 1983.

Adorno, Rolena. "Cultures in Contact: Mesoamerica, the Andes, and the European Written Tradition".

---

[16] En un trabajo futuro quizás sería necesario establecer gradaciones en la manera en que el discurso norte/sur "borra" al sujeto centroamericano de manera casi análoga a como el sujeto ladino "borra" al indígena. Dado esto último no es de extrañar la acogida que ha tenido el texto sobre Menchú, ya que éste ha sido higienizado a la manera del discurso logocéntrico occidental.

[17] De repararse en ello, quedaría evidenciado lo complejo que es el proceso de construcción del sujeto, y que las identidades tienen múltiples y variadas, cuando no contradictorias, significaciones aun dentro de la misma Centroamérica.

The Cambridge History of Latin American Literature 1. Discovery to Modernism. Roberto González Echevarría y Enrique Pupo-Walker (eds.), Cambridge: Cambridge University Press, 1996.

Anónimo. *Pupol Vuh: Las antiguas historias del Quiché.* Adrián Recinos, trad. México D.F.: Fondo de Cultura Económica, 1952.

Arias, Arturo. "Objetos perdidos, dulzuras ignoradas: sistematizando el imaginario centroamericano". Ponencia presentada en el XX Congreso Internacional de LASA, Guadalajara, abril 1997. De aparición próxima en la *Revista de Crítica Literaria Centroamericana.*

—— *La Identidad de la Palabra: Narrativa Guatemalteca a la Luz del Nuevo Siglo.* Guatemala: Artemis-Edinter, 1998.

—— *Gestos Ceremoniales: Narrativa Centroamericana 1960-1990.* Guatemala: Artemis-Edinter, 1998.

Austin, J.L. *How To do Things With Words.* J.O. Urmson y Marina Sbisa, 2da edición ed. Cambridge: Harvard University Press, 1975.

Bajtin, M.M. *The Dialogic Imagination.* Michael Holquist (ed.), Caryl Emerson y Michael Holquist, trad. Austin: University of Texas Press, 1981.

Beverley, John. *Against Literature.* Minneapolis: University of Minnesota Press, 1993.

Bhabha, Homi. *The Location of Culture.* Londres: Routledge, 1996.

Butler, Judith. *Excitable Speech: A Politics of the Performative.* Nueva York: Routledge, 1997.

Carmack, Robert y Francisco Morales Santos (eds.), *Nuevas perspectivas sobre el Popol Vuh.* Guatemala: E Piedra Santa, 1983.

Chávez, Adrián (trad.). *Pop Wuj.* México D.F.: Ediciones de la Casa Chata, 1979.

Derrida, Jacques. *Writting and Difference.* Alan Bass, trad. Chicago: The University of Chicago Press, 1978.

—— *Dissemination.* Barbara Johnson, trad. Chicago: The University of Chicago Press, 1981.

Emerson, Caryl. *The First Hundred Years of Mikhail Bakhtin.* Princeton: Princeton University Press, 1997.

Ferman, Claudia (ed.). *The Postmodern in Latin and Latino American Cultural Narratives.* Nueva York: Garland, 1996.

García Canclini, Néstor. *Culturas híbridas: estrategias para entrar y salir de la modernidad.* México D.F.: Grijalbo, 1990.

García Ruiz, Jesús. "Acerca de la adhesión: identidad y lenguaje". Ponencia presentada en el Primer Congreso Europeo de Latinoamericanistas. Salamanca, junio 28, 1996 (inédita).

Geertz, Clifford. *Works and Lives: The Anthropologist as Author.* Stanford: Stanford University Press, 1988.

Holquist, Michael. *Dialogism: Bakhtin and his World.* Londres: Routledge, 1990.

Klor de Alva, Jorge, Gary H. Gossen, Miguel León-Portilla y Manuel Gutiérrez Estévez (eds.). *De palabra y obra en el nuevo mundo: 4.- Tramas de la identidad.* Madrid: Siglo XXI, 1995.

Lara Martínez, Rafael. "En torno a una antropología literaria: Escritura, etnia, y subjetividad en la narrativa de Heberto Morales". *Acercamiento crítico a la obra de Heberto Morales.* Flor María Rodríguez-Arenas, (ed.), Tuxtla Gutierrez: Gobierno del Estado de Chiapas, 1997.

Montejo, Victor y Q'anil Akab'. *Brevísima Relación Testimonial de la Continua Destrucción del Mayab'.* Providence: Guatemala Scholars Network, 1992.

—— *Testimonio: muerte de una aldea guatemalteca.* Guatemala: Editora Universitaria, 1993.

—— *Testimonio: Death of a Guatemalan Village.* Víctor Perera, trad. Willimantic, CT: Curbstone Press, 1987.

—— *El Kanil, Man of Lightning: a Legend of Jacaltenango.* Carrboro, NC: Signal Books, 1994.

Moreiras, Alberto. "Elementos de articulación teórica para el subalternismo latinoamericano. Candido y Borges". *Revista Iberoamericana,* LXII/176-77 (1996): pp. 875-891.

Nash, Manning. *Machine-Age Maya: Industrialization of a Guatemalan Community.* Chicago: University of Chicago Press, 1967.

Said, Edward. *Orientalism.* Nueva York: Pantheon, 1978.

Santiago, Silviano. "Crítica cultural, crítica literária: Desafíos do fim de século". *Revista Iberoamericana,* LXII/176-77 (1996): pp. 363-377.

Sommer, Doris. "No secrets: Rigoberta's Guarded Truth". *Women's Studies,* 20 (1991): pp. 51-72.

Tedlock, Dennis (trad.). *Popol Vuh: The Definitive Edition of the Mayan Book of The Dawn of Life and the Glories of Gods and Kings.* Nueva York: Touchstone, 1985.

Thorn, Judith. *The Lived Horizon of my Being.* Tucson: Univeristy of Arizona Press, 1996.

Todorov, Tzvetan. *Mikhail Bakhtin: The Dialogical Principle.* Wlad Godzich, trad. Minneapolis: University of Minnesota Press, 1988.

La articulación de las diferencias: el discurso literario y político del debate interétnico en Guatemala

Mario Roberto Morales
University of Northern Iowa
University of Pittsburgh

En el libro inédito que lleva el título de esta ponencia,[1] me propuse estudiar las causas más inmediatas del auge del llamado movimiento "maya" en Guatemala. Para el efecto, revisé las vicisitudes de la incorporación de los indígenas a la estrategia de guerra popular prolongada, que la guerrilla guatemalteca puso en práctica en los años ochenta, con el resultado de la masacre de más de cien mil indígenas por parte, sobre todo, del Ejército Nacional.[2] Esto, porque es a partir del desenlace de la guerra –el cual implicó la instrumentalización de los indígenas por parte de las derechas y las izquierdas ladinas–[3] que se opera un autonomismo indígena antiladino que caracteriza en todas sus vertientes al autollamado "movimiento maya".

Asimismo, me propuse hacer un estudio comparativo de dos discursos que conforman parte de los imaginarios en juego en el actual debate interétnico: el discurso literario de Miguel Angel Asturias –a quien los intelectuales autollamados "mayas"[4] califican de racista y de paradigma del racismo ladino– y el discurso testimonial de Rigoberta Menchú, para elucidar

---

[1] El libro será publicado por FLACSO-Guatemala, en 1999. Sin embargo, los planteos que lo estructuran han empezado ya a recibir críticas de parte de intelectuales norteamericanos y guatemaltecos ladinos, desde una posición de izquierda académica que defiende los etnicismos y las subalternidades con solidaridad incondicional y acrítica hacia el sujeto-pueblo. Desde esta perspectiva doctrinaria y principista, es explicable que la crítica a los planteos se confundan con los ataques personales. Ver, por ejemplo, de Kay W. Warren, "Indigenous Movements as a Challenge to the Unified Social Movement Paradigm for Guatemala", en Sonia E. Alvarez, Evelina Dagnino y Arturo Escobar (eds.), *Cultures of Politics/Politics of Cultures. Re-visioning Latin American Social Movements* (165-195). También, de Arturo Arias, "¿Poscolonialidad ladina, subalternidad maya? La difícil adecuación de corrientes téorico-metodológicas a espacios simbólicos étnicos", ponencia presentada en LASA98, Chicago, septiembre, 1998.

[2] La guerrilla también perpetró masacres de indígenas. La Comisión de Esclarecimiento Histórico, instaurada por los acuerdos de paz, así lo ha establecido.

[3] Ladino es un término que se usó durante la colonia para designar a los indios que hablaban español y que eran versados en las costumbres españolas. Después se extendió a los mestizos y luego se aplicó a toda persona que no fuera culturalmente indígena –incluidos los negros y los mismos indígenas que se autoidentificaran como ladinos. Los primeros ladinos fueron, pues, indios. Los ladinos de hoy son los que no se autoidentifican como (culturalmente) indígenas.

[4] El autollamado "movimiento maya" abarca una miríada de grupos que van desde los reivindicadores de tierras y derechos humanos, hasta el grupo de intelectuales culturalistas los cuales, por medio de un construccionismo identitario realizado en las claves del multiculturalismo euronorteamericano, reivindican una otredad y un sujeto supra y trans-históricos absolutos y compactos: el sujeto "maya" y la "cultura maya". Su representatividad política de la masa indígena organizada o no es en extremo exigua. Es con el grupo culturalista con el que mi planteo tiene que ver.

sus diferencias y similitudes en lo referido a la representación y la representatividad de la subalternidad indígena, así como en cuanto a la posicionalidad de ambos a la hora de construir sus presentaciones y sus representatividades de lo étnico-popular; todo, con la intención de explorar las posibilidades de convergencia de sus discursos para un posible "uso nacional-popular" de los mismos en el actual debate sobre el Estado y la Nación, y sobre su democratización étnico-cultural. Este debate, que empezó en su fase más intensa en 1992 con las contracelebraciones del Quinto Centenario, se realiza en las páginas editoriales de la prensa escrita sobre todo, aunque las universidades han empezado a crear espacios académicos para ordenar la discusión.

También fue mi intención desmontar los discursos de la intelectualidad autollamada "maya", para así ubicar el debate más allá de los esencialismos (estratégicos o no) tanto de indígenas como de ladinos, partiendo del carácter construido de las identidades étnicas y culturales y señalando hacia sus posibilidades de negociación interétnica, bajo el criterio de preferenciar la *articulación de las diferencias* por encima de la magnificación, esencialización y separatidad de las mismas. Es decir, privilegiando el interculturalismo por encima del multiculturalismo. Esta discusión se apoya en nociones como la de "disglosia cultural" (Lienhardt), que quiere apuntar al hecho de que se puede echar mano de varios códigos culturales sin que eso implique mezcla o mestizaje felices, todo lo cual implica que existen maneras hegemónicas y contrahegemónicas, dominantes y dominadas de manipular los códigos. También se apoya en nociones como la de transculturación (Ortiz, Rama), heterogeneidad (Cornejo Polar) e hibridación (García Canclini) culturales, para proponer así la noción de *mestizaje intercultural democrático* (o espacio donde se articulan las diferencias de manera diversa y diferenciada), como criterio-eje para realizar la negociación interétnica que, como parte del proceso general de democratización de la exigua nación, tiene lugar en Guatemala, desgraciadamente todavía según concepciones binarias de la identidad y la cultura.

También indagué los consumos de bienes simbólicos globalizados entre los indígenas de las comunidades del altiplano, para ilustrar el carácter híbrido de la conformación de las identidades étnicas de estos consumidores indígenas, su movilidad negociable y su contraste con los argumentos esencialistas de los intelectuales autollamados "mayas" (y que yo llamo mayistas). Para el efecto, documenté el consumo de televisión por cable, videojuegos, música tex-mex, etc. Y asimismo, investigué la producción de cultura popular para el mercado internacional; por ejemplo, la conversión de las tradiciones religiosas en atracciones turísticas, la turistización de sitios culturales y la comercialización internacional de artesanías indígenas. Resulta interesante, en esta línea de análisis, el caso de la cofradía de Maximón, en Santiago Atitlán, que pasó a ser un atractivo turístico manejado por los cofrades, luego de su quiebra provocada por la irrupción de las sectas protestantes en la comunidad después de culminadas las etapas militares de la guerra contrainsurgente; sectas que prohibieron el consumo ritual de alcohol entre los indígenas y, con ello, dieron temporalmente al traste con el culto a Maximón. También resulta interesante el caso del baile llamado Rabinal-Achí, que languidece por falta de interés de la población, y sus dueños consideran la posibilidad de su comercialización vía turistización, independientemente de su carácter ritual y religioso, el cual –dicen sus dueños– puede seguir manteniéndose. Y el caso de la empresa municipal indígena de televisión por cable en San Lucas Tolimán, que retransmite telenovelas y programas norteamericanos en inglés, a la vez que fomenta las tradiciones locales y registra bodas, bautizos, funerales, festejos y justas deportivas, etc.

Finalmente, realicé un estudio de la identidad ladina y de las posibilidades de un construccionismo identitario ladino, para mostrar que por el camino de oponer binariamente construcciones identitarias, no se solucionará el problema interétnico del país y que, por el contrario, en lugar de proponer un multiculturalismo basado en la diferencia frente a un sujeto homogéneo, el caso de Guatemala amerita más bien proponer una negociación interétnica basada en la admisión del mestizaje intercultural disglósico, híbrido y heterogéneo en ambas partes,[5] para procurar la democratización étnico-cultural. Es decir, el ejercicio libre e igualitario de los hábitos culturales diversos que conforman el ensamble cultural llamado Guatemala.

Por todo lo dicho, en la Guatemala de posguerra y en el marco de un intenso debate interétnico sobre el futuro de la nación, se observan las siguientes realidades y posiciones socio-culturales e ideológicas:

1. Un movimiento indígena directamente emanado, por adhesión o por contradicción, del desenlace de la guerra contrainsurgente que dejó como saldo más de cien mil indígenas muertos. El denominador común de este atomizado movimiento es un autonomismo etnocéntrico antiladino, derivado de que los bandos de derecha e izquierda en pugna instrumentalizaron a los indígenas en una guerra que esos conglomerados no llegaron a hacer suya a pesar de su incorporación masiva a la misma.

2. El doble movimiento articulatorio de identidades interculturales mestizas e híbridas en la producción y recepción textual de Miguel Angel Asturias y Rigoberta Menchú, ante cuyos textos la elite mayista y, sobre todo, los intelectuales académicos extranjeros solidarios con la subalternidad tercermundista, optan según el eje binario que ubica a Asturias en el polo patriarcal, letrado, hegemónico, dominante, vanguardista y, por todo, irrepresentativo de la subalternidad que presenta en sus textos, y a Menchú en el polo feminista, oral, subalterno, dominado, testimonial y, por todo, representativo de la subalternidad que presenta en sus textos. La opción privilegiada es por Menchú. Pero en nuestro estudio hemos querido demostrar que la opción no es necesaria en un sentido excluyente sino que es posible unir ambos esfuerzos por pensar el país, como dos rutas que conducen a lo mismo: a la integración interétnica en términos de un mestizaje trans e intercultural democrático, basado en la mantención de y el respeto a las diferencias y, sobre todo, a su articulación disglósica, constante y múltiple. Asturias toma conciencia de su mestizaje y escribe narraciones en las que el eje estructurador es el mestizaje intercultural, apoderándose de los códigos indígenas mediante su estudio académico. Menchú, por su parte, toma conciencia de su condición de subalternidad y articula una narración cuyo eje estructurador es un discurso híbrido, construido mediante la apropiación no sólo del castellano, sino también de las ideologías que animaron la alianza interétnica que desencadenó la guerra popular: me refiero a ideologías como el guevarismo, la teología de la liberación y el etnicismo de izquierda de algunos científicos sociales ligados al proyecto guerrillero.

---

[5] El mayismo llama "mestizo" al ladino, con tono despectivo. Alega que el ladino, por ser mestizo y de reciente aparición, no tiene cosmovisión ni cultura y que es un ser ficticio, advenedizo en el territorio, el cual es originalmente "maya". El "pueblo maya" es visto como "pueblo originario". Cierto es que cualquier lucha reivindicativa basada en el construccionismo identitario tiene necesariamente que asumir un esencialismo binario (estratégico o no) para construir su sujeto como diferenciado, pero creo que esta necesidad es la mayor debilidad de esta táctica, ya que colisiona con lo que ocurre en los espacios en los que las diferencias se articulan. En otras palabras, colisiona con lo real. Y eso a mi modo de ver pone en tela de juicio la efectividad y conveniencia de esta táctica en lo referido a lograr por su medio emancipaciones subalternas. Esto plantea dos tipos posibles de solidaridad pro-subalterna: una solidaridad incondicional, que yo veo como vertical y paternalista (avaladora de los esencialismos etnicistas). Y una solidaridad crítica, que implica el debate respecto de los esencialismos, la cual veo como horizontal y democrática.

3. La elaboración de un discurso construccionista de una identidad suprahistórica encarnada en un sujeto transhistórico: la identidad es la "maya" y el sujeto es el "pueblo maya". Este pensamiento binarista construye a su "otro" en el ladino, como un ser polarmente opuesto al "maya"; a éste se le atribuyen todos los méritos de la concepción idealizada de "pueblo": bondad, razón histórica y destino manifiesto. Es a este operativo a lo que he denominado "ideología mayista"; la cual, al perfilarse como esencialista y fundamentalista, pienso que en poco contribuye a la democratización interétnica que se hace necesaria para que el país ingrese, con la región, en las inevitables coordenadas económicas y políticas de la globalización, en condiciones aceptablemente democráticas: es decir, con alguna representatividad popular en las decisiones políticas, hoy día en manos de la derecha neoliberal.[6]

Como se sabe, el construccionismo identitario central creó al subalterno como otredad "orientalizándolo" (Said) y postulándolo como afirmación negativa que cumple la función de afirmar la positividad de Occidente y su cultura. Y, como también se sabe, el construccionismo identitario subalterno utiliza el mismo instrumento para afirmar la otredad subalterna como espacio de la diferencia (o negatividad) respecto del sujeto hegemónico central. Uno se pregunta si esta inversión de lo mismo (transplantada a la América Latina) sirve para promover emancipaciones respecto de los poderes centrales o si, por el contrario, simplemente los refuerza. Nosotros concluimos en que los refuerza, porque la transpolación de estas ideas al seno de la subalternidad indígena vía la elite de sus pretendidos intelectuales orgánicos está cumpliendo la función de fungir como código compartido entre esta elite y los organismos internacionales que financian los proyectos que constituyen el motor principal del mayismo y de su ideología. Organismos que tienen una agenda política más ligada a los intereses homogeneizantes de la globalización que a los de quienes ilusoriamente quieren reivindicar sus diferencias frente al Occidente uniformizador. ¿Cómo se relaciona la agenda aparentemente uniformadora de la globalización con la reivindicación de otredades binariamente diferenciadas? El turismo nos puede dar la clave. Me refiero a que, como se sabe, lo que el turista exige consumir no es la cultura del "otro" sino su propia cultura disfrazada de "otra" cultura. Este hecho (psicoanalítico, en cuanto a que es el yo quien se consume a sí mismo en el "otro") es uno de los principios de mercadeo de la industria turística en lo que se refiere a la creación y administración del producto turístico llamado "herencia cultural". Y esto nos lleva al cuarto punto conclusivo.

4. Una dinámica de mercado que a la vez que convierte la producción artesanal de objetos de cultura popular en una industria de exportación a menudo financiada por la cooperación internacional en forma de cooperativas, ONGs, etc., también convierte las tradiciones religiosas y sus ceremonias en atracciones turísticas, tornando a sacerdotes indígenas en empresarios, a antropólogos norteamericanos en sacerdotes "mayas", y, en fin, a las religiosidades en industria turística. Asimismo, esta dinámica de mercado ha creado espacios de consumo de bienes simbólicos globalizados que fomentan el aparecimiento de identidades híbridas en constante negociación intra e internacional, directamente ligadas al cine y la televisión norteamericanos, a los videojuegos, al rock y a las modas en el vestir, fomentadas por la

---

[6] La izquierda guerrillera firmó la paz en diciembre de 1996, y desde entonces comparte con la derecha neoliberal del partido gobernante el usufructo del flujo de dinero de la cooperación internacional que financia la puesta en práctica de los acuerdos de paz. El monto ofrecido es de 2.500 millones de dólares, de los cuales ha empezado a llegar ya una parte considerable desde la fecha en que se firmó el pacto de paz. La necesidad de otra izquierda es ampliamente sentida en el país y algunos pasos comienzan a darse en esta dirección.

llamada "ropa de paca" (o ropa norteamericana usada que se revende en nuestros países a precios bajos y que está haciendo crujir a la industria local del vestido). Todo lo cual contrasta con el discurso binario y esencialista de la intelectualidad mayista antiladina, que postula una otredad total para su constructo: el pueblo "maya" y la identidad "maya."

Hemos querido demostrar que esta realidad mercantil y consumista puede servir como punto de partida para construir criterios interétnicos e interculturales para perfilar el necesario debate que actualmente se realiza sobre la democratización de la nación, mucho más que los criterios del discurso binario que magnifica la diferencia por encima de sus articulaciones con otras diferencias. No se trata de postular al mercado como regulador absoluto de las identidades étnicas. Se trata de indagar las dinámicas culturales en el espacio del mercado para comprender la multiplicidad de posibilidades de negociación identitaria *en el seno del pueblo*, y así, al relativizar las dinámicas interidentitarias, quebrar oposiciones binarias que no dan cuenta de la realidad intercultural que nos ocupa y que sólo sirven a los propósitos de elites intelectuales ligadas a los financiamientos internacionales, a las necesidades políticas locales de los organismos financieros y a sus modas ideológicas. *Todo esto, con la intención de contribuir, desde la reflexión intelectual sobre la cultura, a la construcción de un sujeto popular interétnico que pueda proponer un proyecto político nacional-popular frente a la ofensiva neoliberal privatizadora y antiestatista.*[7] En definitiva, contribuir a esto es el objetivo estratégico de este estudio.

5. Una respuesta ladina que pasa por deconstruir la posibilidad de una alternativa construccionista de su identidad pero que la perfila; y que llega a proponer una negociación interétnica en la que los ladinos deban ceder parte de su hegemonía a los indígenas, y que ambos reflexionen y decidan sobre el problema de la democratización de la nación desde la perspectiva no de las diferencias como espacios excluyentes, sino desde el ámbito de la articulación de esas diferencias. Es decir, desde los espacios del mestizaje intercultural, de la negociación interidentitaria, del discurso migrante y disglósico, todo lo cual también se propone como denominador común del ensamble multiétnico que es el país, y se ilustra con los ejemplos mencionados de Maximón, el Rabinal-Achí, etc. No se trata de proponer esos casos como ámbitos de la mezcla feliz, de la fusión. Sino de la articulación de las diferencias que siguen existiendo como diferencias en el marco de las contradicciones de clase, de género y étnicas, las cuales deben democratizarse mediante luchas políticas populares por la hegemonía. Pero para que esto sea posible, primero hay que conformar el sujeto popular interétnico. Y eso pasa por hacer claro que lo principal no es la lucha entre indígenas y ladinos, sino entre lo que antes se llamaba el pueblo y quienes quieren minimizarle uno de sus más importantes espacios de lucha: este espacio es el Estado. Y, con él, la nación posible: la nación interétnica.

Resumiendo, en la Guatemala de posguerra, en donde los "nuevos movimientos sociales" posmodernos han sustituido a los movimientos sociales modernos y en donde la cooperación internacional es el principal motor del activismo culturalista indígena, así como de su construccionismo identitario, se concluye en que el obstáculo para articular un proyecto democrático de nación no es el ladino, como argumentan los mayistas, sino más bien las nociones esencializadas de otredad que articulan los discursos autoritarios tanto subalternos como

---

[7] Estoy consciente de que ni los sujetos populares ni los proyectos democráticos de nación se constituyen concretamente en la textualidad como tal, sino en las luchas políticas. Pero como parte de las luchas políticas son, sin duda, las luchas ideológicas, participar del debate interétnico desde el ámbito de la construcción y deconstrucción de discursos contribuye a restituirle a la posibilidad nacional-popular un nuevo impulso.

hegemónicos y, por tanto, el discurso binarista no es el medio estratégico adecuado para facilitar la negociación interétnica; que Asturias no es el blanco a deconstruir y que Menchú no es una opción frente a Asturias sino que ambos prefiguran la futura nación democrática interétnica e intercultural; que las negociaciones culturales e identitarias que se muestran tanto en los consumos globalizados como en la conversión de las tradiciones en atractivos turísticos y en la transformación de la producción artesanal en industria exportadora, nos desafía a replantear nociones como las de resistencia cultural y otredad en un sentido más relativizado y negociador que binario, complejizando así los campos de lucha por la hegemonía y también los de la solidaridad pro-subalterna.

Con todo, hemos querido pensar nuestra relación con la globalización desde nuestro espacio intercultural, dialogando con el discurso posmoderno primermundista pero reclamando para nosotros una autonomía de reflexión que todavía concebimos como irrenunciable, ya que también concebimos como irrenunciable el derecho de construirnos como sujetos autónomos aun en medio de la globalización y de la hegemonía del modo de producción de conocimientos primermundista, que es el que nos tiene ahora, aquí, a todos, reivindicando de las mejores maneras posibles lo nuestro-local frente a lo otro-global. Todo, con el fin de que, como dice el dicho popular, procuremos, sí, estar juntos, pero nunca revueltos.

BIBLIOGRAFÍA

Arias, Arturo. "¿Poscolonialidad ladina, subalternidad maya? La difícil adecuación de corrientes téorico-metodológicas a espacios simbólicos étnicos", ponencia presentada en LASA98, Chicago, septiembre, 1998.

Asturias, Miguel Angel. *Hombres de maíz*. Edición crítica, Gerald Martin, coord., 2da. edición. Madrid. ALLCA XX, 1996.

Burgos-Debray, Elizabeth. *Me llamo Rigoberta Menchú*. La Habana: Casa de las Américas, 1984.

Cornejo Polar, Antonio. *Escribir en el aire. Ensayo sobre la heterogeneidad sociocultural en las literaturas andinas*. Lima: Editorial Horizonte, 1994.

—— "Una heterogeneidad no dialéctica: sujeto y discurso migrantes en el Perú moderno". *Revista Iberoamericana*, LXII/176-177 (julio-diciembre, 1996): pp. 837-844.

García Canclini, Néstor. *Culturas híbridas. Estrategias para entrar y salir de la modernidad*. México: Grijalbo, 1990.

—— "El debate sobre hibridación". *Revista de Crítica Cultural*, 15 (noviembre, 1997): pp. 42-47.

—— *Consumidores y ciudadanos. Conflictos multiculturales de la globalización*. México: Grijalbo, 1995.

Lienhard, Martin. "Of Mestizajes, Heterogeneities, Hybridisms and Other Chimeras: On the Macroprocesses of Cultural Interaction in Latin America". *Journal of Latin American Studies*, VI/2 (1997).

Ortiz, Fernando. *Contrapunteo cubano del tabaco y el azúcar*. Caracas: Biblioteca Ayacucho, 1978.

Rama, Ángel. *Transculturación narrativa en América Latina*. México: Siglo XXI, 1982.

——— *La ciudad letrada*. Hanover: Ediciones del Norte, 1984.

Said, Edward W. *Orientalism*. Nueva York: Vintage Books, 1978.

Warren, Kay W. "Indigenous Movements as a Challenge to the Unified Social Movement Paradigm for Guatemala". *Cultures of Politics/Politics of Cultures. Re-visioning Latin American Social Movements*. Sonia E. Alvarez, Evelina Dagnino y Arturo Escobar (eds.) Boulder: Westview Press, 1998.

De la oclusión de la lectura en los estudios culturales: las continuidades del indigenismo en el Perú

William Rowe
King's College London

> En cualquier problema humano es difícil hacer la diferencia entre lo vivo y lo muerto; pocos son quienes logran hacerla. Los caminos de la vida y de la muerte son complejos y oscuros, por eso necesitamos de toda nuestra atención. En esto reside el problema de la tradición.
>
> (Giórgos Seferis, *El estilo griego* I, p. 122)
>
> Si es la palabra el más punzante de los buriles, es también, con ello y por ello la más dura de las tablas.
>
> (Martín Adán, *De lo barroco en el Perú*, p. 368)

Este trabajo surge de dos preocupaciones en cierto momento convergentes. La primera tiene que ver con el uso de la noción de paradigma. En el Congreso de LASA de 1991, dijo Néstor García Canclini que los Estudios Culturales Latinoamericanos se encontraban en una etapa pre-paradigmática. Lo cual podría dar la impresión de que andamos buscando paradigmas. Pero siempre hay un paradigma –si entendemos por paradigma no sólo las teorías sino también los modos de trabajar los materiales, las reglas de la evidencialidad, que varían según las disciplinas (Kuhn, cáps. 3-5). La segunda preocupación radica en los modos de estudiar el indigenismo en el Perú, tema de dos libros recientes, de Mirko Lauer y de Mario Vargas Llosa. Al igual que cuando se estudia cualquier conjunto de textos o de prácticas culturales, se hace inevitablemente un recorte espacial y temporal, se crea un horizonte. Ahora, el recorte se tematiza y se justifica, básicamente, con conceptos y relatos. Hasta allí, bien. Pero de por medio está la lectura y me parece que allí, sí, hay un problema. Porque la lectura es un factor que se escamotea. Y es que pasa por la lectura la relación entre el discurso y las percepciones, entre los textos y el afuera.

La atención a la palabra, en la actividad de la lectura, compone un campo cuyos límites o alcances no se dan con anterioridad, porque no se hacen visibles sino como consecuencia de la lectura misma. Claro que siempre hay deslindes o cortes iniciales, pero resultan provisorios una vez que comience a surgir una figuración de la necesidad.

Modelos o modelaciones de la lectura los hay siempre: se dan, explícitos o implícitos, en las prácticas verbales (de las que el libro sería sólo una entre varias posibilidades) y en las instituciones. Están desde luego en las diferentes versiones de los estudios culturales y rastrearlos, aunque suele ser difícil, me parece una tarea importante. No es eso lo que me propongo discutir en esta ocasión, sino algunas de las maneras en que la cuestión de la lectura está de por medio en los estudios de la cultura peruana después de 1930. Digo "de por medio" porque me parece que la lectura no se delinea precisamente desde los conceptos o relatos de la historia literaria o cultural, porque las modelaciones de la lectura no pueden reducirse simplemente a éstos. Me parece, sin embargo, que entrar en esta problemática puede servir para reflexionar sobre los estudios culturales.

Consideremos, en este sentido, algunos de los lineamientos que recorren las lecturas de obras de tema indígena. En 1938, Rafael de la Fuente Benavides (Martín Adán) presentó su tesis doctoral, *De lo barroco en el Perú*, donde afirma que:

> tras de sopesar el mínimo don de lo indígena a nuestra formal literatura, podemos concluir afirmando que la literatura peruana y, extensamente, la hispanoamericana es sustantivamente la barroca española delongada e influida y que el aporte de lo indígena puro no es sino de asunto propuesto al prejuicio del criollo y de nomenclatura empleada con fines de aditivo embellecimiento o de esclarecimiento lexicológico. Recordemos que penates del indigenismo criollo, en muy diverso tiempo y designio, como Melgar y González Prada se abstuvieron de dar, ni en expresión inmediata ni en deliberado discurso, nomenclatura alguna de idioma indígena. Mariátegui, en nuestros días, la evitó con escrúpulo; y no pudo menos que obrar así el gran periodista peruano, tan interesado en la propagación de su doctrina. El indígena puro, nada criollo, no puede dar al criollo literatura indígena, porque no podría recibirla. El comercio de lo inteligible no puede ser sino de perfecta honestidad y reciprocidad (pp. 376-377).

Es tentador traer a colación las definiciones del indigenismo que una década antes había hecho Mariátegui –por ejemplo "el criollismo no ha podido prosperar en nuestra literatura [...] ante todo porque el criollo no representa todavía la nacionalidad" (p. 287)– y así ir entablando conceptos opuestos, porque así se ha acostumbrado construir los debates. También vienen a la mente las propuestas de Antonio Cornejo Polar sobre la heterogeneidad, y las ideas de Angel Rama sobre la transculturación narrativa. El resultado sería el armazón de una dialéctica o una historia. Y, a la vez, nos parece que, en mayor o menor grado, quedarían escamoteadas las huellas de la lectura. Intentemos, por eso, otro camino.

Vamos a ver cómo aparece la historia –cómo comienza a ser visible algo que se reconoce como historia– historia literaria o historia cultural –cómo se arma, si se quiere, un relato historiográfico. Cronológicamente, el indigenismo fue precedido por el incaísmo. Mirko Lauer, en su libro reciente que se llama *Andes imaginarios: discursos del indigenismo 2*, dedica varias páginas a la caracterización del incaísmo:

> Para los modernistas –más o menos 1880-1920– el incaísmo es, más que la presencia directa de una ideología o de un sentimiento, la sombra de un estilo romántico de época, formado por impulsos locales y de fuera, y quizás también la huella de un gusto. No un "gusto ideológico nacionalista", insistimos, sino un dato estructural romántico, en el sentido de elemento necesario para configurar el carácter romántico de un movimiento cultural (p. 89).

Entre las obras que menciona está el poema "Incaica" de José María Eguren, poema con cortejos, caciques y la muerte misteriosa y sacrificial de dos princesas incas. Las figuras, como anota Lauer, son monumentales, inmóviles, inalcanzables (p. 95). Se trata de un "pasado incaico sin presente", mientras que el indigenismo, por contraste, sería un "presente indígena sin pasado", específicamente "el presente que busca incorporarse a los espacios centrales de la nacionalidad" (p. 89, p. 90, p. 91).

Veamos cuál será el relato historiográfico que se construye en base a las definiciones anteriores:

Frente a todo lo anterior, en contraste, el indigenismo-2 cree estar haciendo el esfuerzo de ubicar al hombre andino contemporáneo en el espacio heroico del indígena incaico, sustituyendo el mito por la realidad, pero consciente de que la historia oficial es veneno para su proyecto. Pero entre los años veinte y cuarenta no hay realmente una historia no oficial, o alternativa. La idea es que la creación misma, la representación en el espacio público peruano, va a hacer el milagro y producir una nueva mirada, una nueva ética, sobre lo autóctono (p. 97).

La temporalidad, en esta propuesta, se configura en dos niveles: 1) en la contrastante actitud que se atribuye a los indigenistas (superar el "mito" con la "realidad"); y 2) en las equivalencias entre *historia / espacio público / mirada / ética / lo autóctono*, que suministran un marco de legibilidad. Se trataría, si se quiere, del contenido y de la forma de la temporalidad.[1] Pero ¿qué es lo que hace posibles, legibles a estas equivalencias?

Dentro de su caracterización del poema de Eguren, Lauer incluye la siguiente cita: "'*el triste monte andino* de *Incaica* es la *huaca*, en tierras de Pachacamac, dios de los *yungas*; y andino es apenas adjetivo de semejanza; y el crepúsculo que allí rojea es el inmenso estivo de la marina; y el poema todo es detestable, por incaico o preincaico" (de la Fuente, p. 349, citado en Lauer, p. 94). Lauer añade, inmediatamente, otra cita del mismo: "Nuestra forma, si deja afuera al indio, no expresa en lo escrito ni bien ni bastante al criollo" (de la Fuente, p. 359, citado en Lauer, p. 94). ¿Cómo responder a la dificultad, al *impasse*, que empieza a configurarse en la intersección sugerida? ¿Cómo hacerlo legible? Se nos ocurre que el sentido común de los estudios literarios actuales en el Perú daría dos posibilidades: 1) tratar al *impasse* por superado, no por el indigenismo –obviamente– porque no resuelve el problema de la forma, sino por la última fase de la obra de José María Argüedas, en la que se pone en práctica, como sugiere Martín Lienhard, un indigenismo al revés; y 2) situar ideológicamente el punto de vista de Martín Adán. Esta es la opción de Lauer: "desde su mirador oligárquico marginal, Adán sabe de lo que está hablando: no hay posibilidad de una relación personal con los Incas, sólo puede haber una relación mediada." (p. 94) ¿No habría aquí, sin embargo, una confusión de incas e indios, términos que tanto Adán como Lauer mismo mantienen cuidadosamente separados?

Existe una tercera posibilidad: tratar al *impasse* como aporía –que la intersección sería, también, un cruce de caminos, un lugar, en este caso, sin lugar[2] (no articulable, es decir, en la historia literaria). Esta es la actitud de Adán. La "forma nuestra", todavía no lograda, tendrá que surgir, como toda forma, sin prescripción (sin visibilidad anterior), como un hongo del entorno suyo. La peruana ha sido una literatura sin individualidades en que las obras duraderas son de "la lengua" y no de individuos; sólo hay la "excelencia única y polimorfa de nuestra continuidad" (p. 364). O, dicho de otro modo, "La continuidad de la excelencia no tiene solución precisa en nuestro desarrollo literario" (p. 364). Esa continuidad sin embargo crea fallas en el discurso, lo que hace pensar que la palabra "solución" tendría un sentido profundamente ambiguo: "En el desarrollo (del argumento de Adán) seguiréis mi incoherente discurso que va de una a otra falla con la trágica angustia de presentir y confirmar las mías propias" (p. 364). Y frente a la unificación como único futuro viable, la historia y la historia

---

[1] O de la temporalidad como enunciado y como lugar de enunciación.
[2] La frase "lugar sin lugar" ocurre en la segunda edición de *Hijo de Hombre* de Augusto Roa Bastos. La idea de un cruce de caminos que constituye un lugar sin marco posible se desarrolla, por su parte, en *El lugar sin límites*, de José Donoso.

literaria trazan un mismo camino: "Unificación verdadera y cabal por medio justo y adecuado es lo que el Perú, ante todo, reclama, y que no sea la que el romanticismo procuró no más que en su retórica, y en ella con disparate y extravagancia" (p. 358).

En esta discusión, el poeta Eguren viene a ser el lugar de máxima tensión: "El humano está en la tragedia como el nonato en el limbo; pero está en ella desde antes del principio, y está en ella, sin ningún socorro; y estará sin término alguno en ella. La forma del Perú no cabe a Eguren..." (p. 348). La imaginación, en esta exposición de Adán, se vuelve una especie de lugar sin límites. En otra reflexión observa Adán que para Eguren el origen no sería inconfesable sino –término ambiguo– indeclinable: "Eguren muestra más y mejor que poeta alguno en español la mostruosidad, relajación y extrañeza del origen indeclinable." (p. 352) El asunto es la figura, la dificultad de la figuración. Abundan en la poesía de Eguren figuras que desaparecen en la bruma, la noche, la muerte, como en el poema "La comparsa":

> Allí van sobre el hielo las figurantas
> sepultando en la bruma su paranieve,
> y el automóvil rueda con finas llantas,
> y los ojos se exponen al viento aleve.
> [...]
>
> Así pasan los bellos, claros semblantes
> a la luna del alma, la luna muerta;
> (Eguren, *Simbólicas,* pp. 31-32)

El asunto de la figura es, de algún modo, la dificultad del manejo del espacio. Y éste se cruza con el del tiempo. En la década del 30 la conciencia de la continuidad ocupa un lugar clave en el espacio público y en el imaginario de los partidos políticos. Todas las tendencias políticas inventan continuidades de largo alcance. Basten dos ejemplos breves:

> Nosotros hemos de ser siempre portadores de ese espíritu fuerte e inflamado de los que tienen el ansia de crear algo grande. ¿Y cómo no hemos de crear algo grande, si todos sentimos sobre nuestras espaldas la cruz que ha de redimir el Perú viejo de sus pecados (Haya de la Torre, citado en Burga y Flores Galindo, p. 202).

"[el] patriotismo [es una] llama, hecho de ruegos y de inmolaciones", un altar debajo del que están "los huesos de los predecesores y las reliquias de los mártires" (Riva-Agüero, p. 5).

La primera cita es de Haya de la Torre, fundador del Apra, la segunda de Riva-Agüero, historiador y, en los 30, uno de los voceros principales del fascismo en el Perú. También existían prácticas locales y domésticas de la memoria, como el espiritismo, importante en el caso del Apra, para preservar la presencia de los combatientes muertos, sobre todo después de la revolución fracasada del 1932.

Hay un poema de César Vallejo, escrito alrededor del 1926, que tematiza[3] la continuidad en cuanto permanencia física y no simbólica. Citaré, forzosamente, sólo una parte:

---

[3] Las tematizaciones del tiempo en la poética de Vallejo pueden dividirse –*grosso modo*– en tres etapas: *Los heraldos negros:* el tiempo romántico, continuo. *Trilce:* el tiempo descompuesto en micro-acontecimientos. *Poemas humanos:* el cruce entre el tiempo histórico y el tiempo del puro devenir.

–No vive ya nadie en la casa –me dices–; todos se han ido. La sala, el dormitorio, el patio, yacen despoblados. Nadie ya queda, pues que todos han partido.
Y yo te digo: Cuando alguien se va, alguien queda. El punto por donde pasó un hombre, ya no está solo. Unicamente está solo, de soledad humana, el lugar por donde ningún hombre ha pasado.
[...]
Todos han partido de la casa, en realidad, pero todos se han quedado en verdad. Y no es el recuerdo de ellos lo que queda, sino ellos mismos. Y no es tampoco que ellos queden en la casa, sino que continúan por la casa. Las funciones y los actos se van de la casa en tren o en avión o a caballo, a pie o arrastrándose. Lo que continúa en la casa es el órgano, el agente en gerundio y en círculo [...] (Vallejo, p. 478).

La lectura de este poema genera un espacio –produce intersticios– donde antes había lo compacto. La fuerza compactante no es precisamente de *conceptos* que producen una continuidad ininterrumpida: si el primer hablante del poema parece hablar de la discontinuidad, se apoya en un piso continuo imaginario; y cuando el segundo habla de la continuidad, lo hace desde una continuidad vaciada ("no es el recuerdo de ellos lo que queda"). Se trata, más bien, de una manera determinada de *leer* los conceptos. Es decir, la continuidad en que se apoya el primer hablante –para lamentar la impermanencia– depende de una cierta lectura de los conceptos –conceptos leídos desde una confianza en las representaciones, terreno de la ideología y sustento del espacio público oficialista.

La lectura del poema desarticula la cadena de las representaciones –recuerdo, memoria, herencia o legado– (alineamiento forzado de las esferas privada y pública) –de las representaciones ordenadas y comprimidas por los conceptos– y abre un vasto espacio, vasto porque no ocupado por los símbolos heredados.[4] Una relación, si se quiere, con el idioma, en la que se llega al grado cero de la simbolización. Describir el efecto es difícil porque la otra lectura se reposesiona velozmente del horizonte. Así los críticos que reajustan los poemas de Vallejo a la acumulación simbólica. Ahora, acumulación simbólica implica también reducción simbólica: allí, otra vez, el efecto compactante. Y, tratándose de las instituciones que modelan la práctica de la lectura, si ellas mismas están en el negocio de la acumulación simbólica, tienden a la ceguera precisamente frente a las obras que se resisten a ésta. Habría que hablar, entonces, de cómo hacerse de un *counter-environment* –de un ambiente alternativo al que construyen las instituciones. No estoy proponiendo –por si acaso– la sustitución de una lectura por otra sino la posibilidad de sostener ambas simultáneamente.

Con el poema de Vallejo tendríamos, en lugar de la lectura moldeada por los conceptos, la lectura que se plasma en la relación con el tiempo y el espacio. Una lectura que pasa por un modo derminado de oír la conversación, es decir el idioma como suceso –ocurrencia– en la cotidianeidad, y a la vez una lectura que es porosa a una materialidad externa. Es decir, hay un afuera físico que pasa por la lectura y que depende, en este caso, del manejo de la continuidad como permanencia física.

Si hay una relación alternativa entre la lectura y el afuera, este afuera –en el caso que estamos discutiendo– sería el devenir (Deleuze, *Nietzsche*, cap. I). Según la poeta e historiadora Magdalena Chocano, habría, en la historiografía peruana, una "ansiedad ante el devenir" que es definitoria de la actitud de los historiadores peruanos de la primera mitad del siglo XX

---

[4] El símbolo, además, produce compresión "reducción" para Olson: "light is reductive. Fire isn't." "All but heat, is symbolic, and thus all but heat is reductive" (pp. 262-263).

frente a sus materiales, que suelen configurarse como "una pesadilla de la que habría que despertar" (Chocano, p. 44). Chocano propone una lectura alternativa:

> Como la historia está en todos nosotros y, por ende, también en quien se esfuerza en pensarla, el proceso de su conocimiento resulta bastante evasivo, confuso, intrincado, porque la aventura de comprender lo que somos (no es otra cosa la historia) no permite la plácida distancia entre lo que se ha dado en llamar "objeto" (lo que se conoce) y el "sujeto" (quien conoce). [...] Desde esta perspectiva me ha sido posible distinguir un rasgo crucial del pensamiento histórico peruano: su profundo descontento con "lo acontecido". [...] La gravedad con que la historiografía peruana [...] ha asumido considerar "*lo que hubiera sido si...*", ha configurado una sutil retórica de la ucronía. Ucronía significa pensar la historia como pudo haber sido y no fue (p. 45).

Los mayores ejemplos que señala Chocano son Riva Agüero y Jorge Basadre, autor éste del libro *Perú, problema y promesa* (1939) y de la sentencia (para citar una de muchas): "La historia del Perú en el siglo XIX es una historia de oportunidades perdidas, de posibilidades no aprovechadas" (citado en Chocano, p. 50).

Me parece que hay un punto común entre la propuesta de Chocano y las maneras de leer solicitadas por Adán y Vallejo. En el primero, la ucronía sería una de las configuraciones que asume la ausencia de una "forma nuestra". Y en la obra de Vallejo hay poemas que trazan una relación entre la falta de la "forma nuestra" y la ausencia del acontecimiento: estoy pensando en poemas como "Telúrica y magnética" (un éspecie de épica sin gesta) o "Parado en una piedra" (desencuentro entre producción industrial y simbolización).

Como un posible resumen parcial, diría que la historia literaria y cultural y la historiografía de los historiadores se entrecruzan en su dependencia de ciertas modelaciones de la continuidad y que por allí pasa la lectura, asunto vital pero muchas veces escamoteado. Y luego –echando mano a la idea de la ucronía para descubrir la relación entre estas propuestas– diría que esas modelaciones de la continuidad nos llevarían al asunto del Estado ausente –ausente de la mirada crítica aunque incida en ella, y ausente en el sentido de la relación fallida entre las capas medias y el Estado peruano. Obviamente, lo último no está tratado puntualmente en esta ponencia pero lo incluyo como tema a trabajar.

BIBLIOGRAFÍA

Burga, Manuel y Flores Galindo, Alberto. *Apogeo y crisis de la república aristocrática*. Lima: Rikchay Perú, 1979.

Chocano, Magdalena. "Ucronía y frustración en la conciencia histórica peruana". *Márgenes*, 1/2 (1987): pp. 43-60.

Deleuze, Gilles. *Nietzsche and Philosophy*. Londres: Athlone, 1983.

Donoso, José. *El lugar sin límites*. México: J. Moritz, 1966.

Eguren, José María. *Obra completa*. Lima: Mosca Azul, 1974.

Fuente Benavides, Rafael de la. *De lo barroco en el Perú*. Lima: Universidad Nacional Mayor San Marcos, 1968.

Kuhn, Thomas S. *The Structure of Scientific Revolutions*. Chicago: University of Chicago Press, 1970.

Lauer, Mirko. *Andes imaginarios: discursos del indigenismo 2*. Lima: Sur, 1997.

Mariátegui, José Carlos. *Siete ensayos de interpretación de la realidad peruana*. Lima: Amauta, 1965.

Olson, Charles. *Collected Prose*. Berkeley: University of California Press, 1997.

Riva-Agüero, José de la. "La historia y el espíritu nacional". *Obras completas* XIII. Lima: Pontificia Universidad Católica del Perú, 1965.

Roa Bastos, Augusto. *Hijo de hombre*. Habana: Imprenta Nacional de Cuba, 1962.

Vallejo, César. *Obra completa 1*. Lima: Banco de Crédito del Perú, 1991.

Vargas Llosa, Mario. *La utopía arcaica: José María Arguedas y las ficciones del indigenismo*. México: Fondo de Cultura Económica, 1996.

Entre pinceles y plumas: desauratización de la cultura en Bolivia

Javier Sanjinés C.
University of Michigan

Puesto que la relación entre la literatura y la formación de los estados nacionales tiene también mucho que ver con la construcción de imaginarios sociales, el presente ensayo parte de la premisa de que los proyectos letrados hispanoamericanos, desarrollados durante el librecambismo del siglo XIX y continuados en el siglo XX por el lento y azaroso desarrollo de la conciencia popular, moldean la idea de lo nacional. Además, creemos que la literatura y los letrados, muchas veces sobrevalorados en su importancia histórica y social, han cedido la función gestora de imaginarios sociales a otras formas culturales como la pintura, las fiestas, los rituales, y, hoy en día, la radio y la televisión.

Los trabajos de Hernán Vidal, de Bernardo Subercaseaux y de Beatriz González Stephan, entre otros, documentan muy bien cómo ciertas naciones latinoamericanas, particularmente Argentina y Chile, lograron construir, entre 1830 y 1870, el proyecto letrado del "americanismo literario" como ideología dominante. En efecto, el "americanismo literario" dio expresión al librecambismo y al liberalismo triunfantes. Pero esta eficacia excepcional, en algunas naciones latinoamericanas, del proyecto letrado, laico y beligerante, no se repite necesariamente en otras. El caso andino, por ejemplo, es bastante diferente. Antonio Cornejo Polar expresa que el raquítico costumbrismo peruano no puede comparársele al precoz romanticismo argentino, quedando así retrasada la formulación de un proyecto de cultura nacional. El asunto, dice Cornejo Polar, "tiene que ver, por una parte, con las muy limitadas funciones que el costumbrismo se asignó a sí mismo, y por otra, con las carencias reales e ideológicas de una sociedad profundamente anarquizada" (*La formación*, p. 30).

En el caso andino se da no sólo un forcejeo entre la conciencia premoderna, colonial y religiosa, y la conciencia independentista y modernizadora, sino la "simultaneidad contradictoria" de ambas. El dramatismo de esta contradicción, argumenta Cornejo Polar, "aumenta y se hace más corrosivo porque se instala en la tersa armonía de un discurso que no advierte su propio conflicto" ("La literatura hispanoamericana", p. 17). Se trata, pues, de la intersección entre un mundo arcaico, incapaz de imaginarse lejos de la trascendencia divina, y otro moderno, asumido como la producción humana de construcción social.

Uno de los hechos literarios centrales en el mundo andino del siglo XIX es la necesidad de organizar imaginarios letrados de corte didáctico. Para el caso boliviano, Javier Mendoza acaba de documentar en *La Mesa Coja*, su polémico estudio sobre la historia de la Proclama de la Junta Tuitiva del 16 de julio de 1809, la importancia del teatro didáctico en el proceso de "invención de la tradición".

En el trabajo de Mendoza se observa que el hecho histórico "verdadero" tiene mucho que ver con *Los Lanza*, obra teatral del letrado Félix Reyes Ortiz, escrita en 1859 y estrenada en las Fiestas Julias de 1861, donde los desaciertos que surgen en este teatro didáctico son presentados como verdades históricas sobre la Proclama de 1809. En la obra de Mendoza, aparecen también las "simultaneidades contradictorias" mencionadas por Cornejo Polar. En efecto, el grito libertario de 1809 tiene mucho que ver con la religión, empañando así el proyecto letrado laico que notamos en el "americanismo literario". "De hecho", dice Javier Mendoza, "el alzamiento de 1809 había tenido lugar el día de la fiesta de la Virgen del Carmelo, que era la patrona de la ciudad, de manera que las Fiestas Julias siempre tuvieron un sabor litúrgico" (p. 152).

Por otro lado, la novela didáctica tiene un doble proceso pedagógico: se "aprende" a escribir novelas para que sus lectores "aprendan" a construir sus naciones como sociedades modernas. En 1885 aparece *Juan de la Rosa*, novela histórica de Nataniel Aguirre. En el juicio de Cornejo Polar, aquí también podemos notar que "el asunto de la modernidad aparece asordinado; de una parte, porque se confunde con la ruptura del orden colonial y el proceso emancipador y, de otra, porque al hacer memoria de él y asumirlo como modelo heroico [...] se establece una dinámica restauradora de las virtudes de la generación independentista [...]" ("La literatura hispanoamericana", pp. 19-20). Luego añade que esta generación se hunde en la "anarquía republicana" que había escarnecido con resultados desastrosos a todo el país. Sin embargo, Cornejo Polar observa correctamente que la imagen de la nación es muy fuerte en esta novela, y que dicha imagen tiene como núcleo central al mestizaje. Pero el mestizaje en Nataniel Aguirre es todavía precario, desbalanceado, asimétrico, asentado en la negación de lo indígena. En efecto, mestizos y criollos asimilan, en la novela, valores tradicionales, en curiosa oposición al mundo indígena. Lo indígena se queda, entonces, en el imaginario de lo bárbaro, lo canibalesco, lo sin forma.

Durante la primera década del presente siglo, prominentes letrados bolivianos siguen pensando en la nación como una promesa incumplida y la modernidad como poco menos que una quimera. En efecto, obras como *Pueblo enfermo*, de Alcides Arguedas, ayudan poco a la formación de un proyecto de cultura nacional, entendiendo éste como la función letrada de imaginar sociedades que respondan al desarrollo de proyectos económicos y sociales capaces de satisfacer las necesidades materiales y espirituales de la población, incluyendo las diversidades étnicas, mediante la administración de un estado nacional que vele por el interés social en consulta con las grandes mayorías nacionales.

La formulación de un tal proyecto de cultura nacional nace, en nuestro criterio, con la obra de Franz Tamayo. Y esto tiene mucho que ver con la división entre "literatos" y "letrados". El cambio puede ser comprendido con las agudas observaciones que Angel Rama (*La ciudad letrada*) tiene sobre el nuevo rol de los letrados en la vida política y cultural de nuestros países. Arguye Rama que en la medida en que la polis se politiza, se produce una separación entre literatos y letrados. Puesto que la ciudad introduce nuevas pautas de especialización, las que responden al crecimiento del capital y a la más rígida división del trabajo, los letrados no pueden ya aspirar a dominar el orbe entero de las letras. El caso de Franz Tamayo es un buen ejemplo de cómo la nueva corriente del modernismo requiere la especialización.

Pero Tamayo es también el letrado, cuyas reminiscencias románticas de sus *Odas* le impiden dejar de ocuparse de la institucionalización pedagógica de la cultura. Su *Creación de la pedagogía nacional*, publicada en 1910, en respuesta al racismo corrosivo de Alcides Arguedas, marca la necesidad de "descubrir nuestra ley de vida", propuesta que se parece a la "ley del ser", planteada por Esteban Echeverría setenta años atrás en su *Dogma socialista* de la Asociación de Mayo, al establecer las bases del "americanismo literario".

En Tamayo, la "ley de la vida" sólo puede surgir de lo indígena, la fuente nutriente de lo nacional. Ley biológica positivista, esta "ley de la vida" desconoce ideologías foráneas, para concentrarse en el desarrollo de la "energía nacional". Si el indio es el depositario de esta energía, éste debe adquirir la lengua española, es decir, transformarse en el Calibán culto y mestizo. El mestizaje, entonces, es etapa necesaria de la evolución de esta "ley de la vida". Naturalmente que hablamos aquí de un mestizaje homogéneo, idealizado, guardián de la herencia europea, que requiere, de todos modos, dirección y freno. Aquí nace, pues, el mestizaje homogenizador y también aurático de la cultura oficial boliviana, mestizaje que marcará incluso a los futuros letrados disconformes, como Carlos Montenegro, quienes, durante la década del 40, expresan la experiencia colectiva de las clases populares a través de la necesidad de construir partidos políticos masivos, vehículos del cambio nacionalista revolucionario.

Tamayo, el literato letrado, es, pues, algo singular en la cultura boliviana. Con Ricardo Jaimes Freyre, Tamayo es el otro gran esteta modernista, cuyo aura liga lo social con las formas más excelsas del arte, estableciendo así la relación entre arte, monumentalidad y belleza. Lo interesante, en el decir de Eduardo Mitre, es que Tamayo, encuevado en una soledad orgullosa e impermeable, no supo o no quiso advertir en un Vallejo o un Neruda la sólida corriente literaria vanguardista, vigorosamente nacionalista. En los hechos, no se da en Bolivia un vanguardismo literario que, siendo plenamente universal, se aproxime también al pueblo y le acompañe hasta la revolución de 1952. Inclusive la literatura posrevolucionaria es parte de una fragmentación cultural que mira con profunda desilusión el hecho revolucionario del año cincuenta y dos. Pues bien, ¿dónde debemos ubicar esa vanguardia estética capaz de ligar al arte con la sociedad?

Si la poesía de Tamayo y su mestizaje homogenizador –fenómeno también presente en la pintura de Cecilio Guzmán de Rojas (1899-1950)– son centrales a la función "aurática" del arte en la cultura boliviana, pensamos que el giro a lo letrado puede ser hallado en el muralismo. El muralismo indica, pues, la fuerza conciliadora entre el arte y la sociedad posrevolucionaria, hecho que, como mencionamos antes, resulta difícil encontrar en la literatura boliviana. En "Pinceladas. Imaginario social urbano y pintura en Bolivia", un estudio de próxima publicación, Alicia Szmukler señala que "el muralismo redefinió la función del arte: sacó a la luz el pasado, reconoció lo indígena y lo nacional, mostró las raíces, pintó la temática revolucionaria, el papel de los mineros y campesinos, desde una posición moral y política radical". Luego agrega que el muralismo "desacralizó el arte en tanto arte culto, volviendo bello lo popular e intentando integrar a la población".

"Cristo Aymara", de Cecilio Guzmán de Rojas

Cuando afirma que el muralismo desacraliza el arte culto, Szmukler liga al muralismo con el eclipse del aura.[1] Se trata, pues, de una ruptura con ese aura modernista que asume la producción de la obra de arte como "única", apartada, por un lado de lo social, y, por otro, autosuficiente y total. El muralismo, por el contrario, es un modo de retornar a lo popular y de romper con la recepción individualizada del arte. El eclipse del aura crea una disolución selectiva y parcial de los límites entre la alta cultura y la cultura popular.

Pero, ¿qué pasa con la pintura cuando el "momento" del muralismo se disipa?, ¿qué significa hacer arte cuando la vanguardia se desmorona? En el caso boliviano, la respuesta será la violación del principio de la unidad de estilo, generando así el empleo antiorgánico de lo fragmentado, de lo cotidianamente disparatado, es decir, la adopción de una posición posmoderna que muestra el fracaso del proyecto no cumplido de la modernidad. En términos muy nuestros, ello significa preguntarse cómo hacer arte ante el fracaso del proyecto revolucionario de 1952.

La disolución de las vanguardias artísticas, particularmente del muralismo, fue paralela al carácter regresivo de la revolución nacional. La crisis subsiguiente muestra, en el plano de la pintura, un período de transición que va de los años sesenta hasta la primera mitad de los años setenta. Se trata de un período en el que se ven los últimos estertores de la pintura social que banaliza lo indígena.

Es a partir de 1975 que la pintura contemporánea recupera su carácter innovador. Enumeremos a continuación los nuevos temas planteados por la pintura, y analicémoslos después.

En primer lugar, la función desauratizadora del arte contemporáneo. Podríamos decir que vivimos momentos estéticos marcados por la destrucción, no sólo el eclipse, de la distinción aurática entre arte y vida. En segundo lugar, y muy ligada a la desauratización del arte, está la concepción alegórica que Walter Benjamin puso ya en marcha en sus dos obras fundamentales: el *París de Baudelaire*, y *Los orígenes del drama alemán* (Lash, p. 161). Esta función alegórica, que también conecta al arte con la vida cotidiana, está en el centro mismo de la pintura boliviana. En tercer lugar, no hay duda de que la pintura contemporánea muestra los excesos de la posmodernidad, excesos que más tarde explicaremos como parte de la teoría de lo grotesco liminal, es decir, como parte de ese grotesco conectado con las grandes migraciones del campo a la ciudad. En cuarto lugar, el arte contemporáneo marca momentos de subversión que rompen –cronológicamente, quizás anteceden– a las formas eclécticas de la posmodernidad. Son momentos de subversión social muy parecidos al rol desauratizador que el testimonio cumple en su lucha contra el aura de la literatura, introduciendo el rol subversivo de la oralidad. En quinto lugar, nos parece que sólo existen "momentos" de subversión, es decir, que la denuncia social puede ser recuperada –llamémosla "reauratizada"– por el estado, la transacción mercantil y la promoción de galerías y de colecciones privadas, hecho que, en definitiva, también le quita al arte su rol social transformador. Analicemos a continuación cada uno de los aspectos aquí detallados.

Lo que entendimos en Tamayo como aura o como "arte aurático" se aproxima a lo que Max Weber quiso decir por estética de la modernidad constituyéndose a sí misma como una esfera de valores separada o apartada de la realidad degradada. Bien sabemos que Walter Benjamin dió un alcance mayor a la noción de aura. En efecto, para él los objetos naturales, al igual que los objetos culturales, pueden poseer aura. Cita, por ejemplo, la montaña majestuo-

---

[1] Ver el excelente trabajo de Scott Lash, "Critical Theory and Postmodernist Culture: The Eclipse of Aura".

sa y distante como algo completamente aurático, de igual modo que Cerruto o Diez de Medina, por citar dos ejemplos, auratizan al Illimani en la literatura boliviana. El aura, escribe Benjamin, "es un extraño tejido de tiempo y espacio" ("A Small History of Photography", traducción mía). El objeto cultural (o natural) aurático se caracteriza, pues, por esa su apariencia singular, única, distante y duradera. En Cerruto, por ejemplo, el Illimani, el Resplandeciente, es un enigma silencioso, alejado de la cotidianidad marcada por sus cancerosas calles ("Estrella segregada", pp. 95-123).

La pérdida del aura, la desauratización, que Benjamin atribuye no sólo a la reproducción mecánica del arte, sino también a corrientes vanguardistas de los años 20, particularmente al surrealismo, se traduce en la pérdida de esta singularidad estética que aleja al arte de la gente y de la cotidianidad.

Reconstruyamos las implicaciones que esta desauratización del arte tendría en la pintura boliviana. Al final de su estudio por ser publicado, Alicia Szmukler nos revela el rol del bufón, rol éste descrito por Fernando Rodríguez Casas como una figura desauratizadora del arte. Comenta Rodríguez Casas que el bufón "podía decir ciertas verdades a la sociedad y hacerle ver ciertas cosas, lo que nadie más que el bufón podía hacer. La importancia que tiene el momento histórico en la labor del artista es la de mostrar ciertas verdades. Ya no es la estética de la belleza sino la estética del mostrar la sociedad" (Szmukler, *La ciudad,* pp. 226-227).

Véase, pues, que el artista-bufón de Rodríguez Casas cumple una función muy diferente de la del letrado o del literato. A aquél ya no le interesa la estética de la belleza, el aura, sino la estética de lo real. Puede notarse entonces un profundo cambio en esta función desauratizadora del arte: en el posmodernismo, así como en el surrealismo, no se da la separación arriba indicada entre el significante y la realidad social; por el contrario, en la estética posmoderna es el referente, lo real en sí mismo, que se transforma en el significante (Lash, p. 167). De este modo, la realidad es el significante y el significante es lo real. La obra de arte, entonces, no responde a un significado fijo, sino a múltiples lecturas significantes de la realidad social. A diferencia del muralista, por ejemplo, el artista-bufón ya no nos obliga a ver en la pintura un

"¿La Salvadora?", de Guiomar Mesa

significado político revolucionario único. Por el contrario, su rol disidente es el de obligarnos a confrontar la realidad a partir de múltiples lecturas que desauratizan la relación automática entre belleza y verdad. El artista nos ofrece, entonces, diferentes alternativas de percepción que cuestionan profundamente los postulados homogenizadores de la modernidad.

Algunos de los muchos ejemplos desauratizadores se hallan en las pinturas de Guiomar Mesa. En su cuadro ¿*La Salvadora?*, la pintora confronta, como también lo hacen otros pintores contemporáneos, lo moderno con mitos ancestrales de nuestra cultura. El cuadro interior de Simón Patiño, con el vidrio partido, se ubica en la zona fálica del inmenso Tío, guardián mítico de las minas. La salvación no parece estar en el plano real de la producción minera, cuya mina, La Salvadora, marca la época de gloria de la producción del estaño. Guiomar Mesa, por el contrario, parece reducir el rol histórico cumplido por el magnate minero, y, en cambio, ubicar la salvación en la ambigüedad problemática del mito.

El Tío, como significante que es, condensa varias dimensiones y sentidos. Reversible y ambivalente, ingresa en el sistema de reciprocidad precapitalista marcado por intercambios –dones y contradones– que pasan por alto la mediación abstracta del dinero. A diferencia del cuadro roto de don Simón Patiño, símbolo de la producción estañífera y del mercado capitalista, la figura dominante del Tío plantea la obligatoriedad precapitalista del dar y del recibir. Este sistema de reciprocidad, marcado también en la pintura por hojas de coca que se deslizan, evalúa la división del trabajo desde una simetría sagrada preexistente que concibe la aceptación de un don sin la entrega de un contradon como una manera de desequilibrar y violentar la justa medida de las cosas. Sin embargo, la reciprocidad precapitalista debe coexistir con las asimetrías que el poder y la dominación capitalista generan. De este modo, el Tío da simetría imaginaria a la fuerza igualmente disgregadora de la división del trabajo, representada en el cuadro por Simón Patiño. Ambas fuerzas, sin embargo, coexisten en el cuadro, dejándonos en suspenso y en duda: ¿La Salvadora?

Otra función desauratizadora del arte contemporáneo es enfrentarse a la visión homogenizante de la identidad nacional. Quedan entonces superadas las referencias a los héroes fundadores de la nacionalidad. En cambio, se da la visión opuesta de la historia oficial, visión que

"Fútbol" de Guiomar Mesa

"San Kurt. Ángel caído" de Alejandro Zapata

desauratiza los hitos fundacionales del estado boliviano y de la identidad nacional. Si en ¿*La Salvadora?*, Guiomar Mesa ubica la posibilidad salvífica en el nivel imaginario del mito ancestral, en su cuadro *Fútbol la selección*, imagen posmoderna de la unidad nacional, banaliza la figura tradicional del héroe patrio, militar y guerrero, y despolitiza la realidad social.

San Kurt. Angel caído, de Alejandro Zapata, nos sugiere también la desauratización del mundo oficial y serio. En esta pintura, Kurt Cobain, líder del grupo pop-rock "Nirvana", suicidado en 1994, aparece santificado, con alas y un lancero barroco que termina en forma de cruz, desmitificando su autor la pintura barroca de la serie de arcángeles de la Iglesia de Calamarca. Al propio tiempo, Zapata parece cuestionar los valores del mundo moderno, particularmente el modelo del joven *yuppie*, exitoso en el mercado de valores bursátiles.

Fernando Rodríguez Casas, pintor y filósofo, es otro de los ejemplos aquí escogidos. Su cuadro *La expansión del universo* indica también la necesidad imaginaria de un orden mítico que dé sentido al mundo moderno que vive un desarrollo infinito a costa del olvido de los

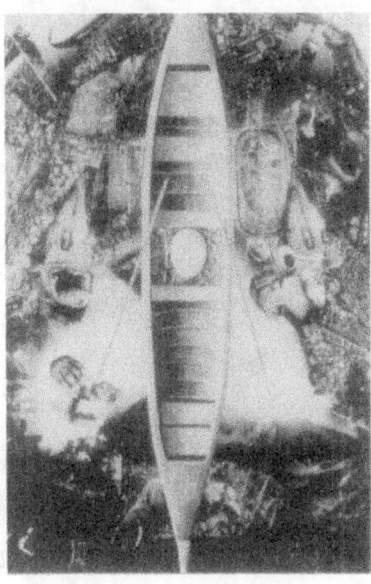

"La expansión del universo" de Fernando Rodríguez Casas

orígenes. Nuevamente, la necesidad imaginaria del orden mítico cuestiona profundamente el sentido último de la existencia marcada por el desarrollo y la tecnología. Escribe Szmukler que "la canoa parece navegar por encima de un complejo mundo representado por una serie de imágenes pegadas al lienzo. Entre la infinidad de imágenes se reconocen un satélite, un zepelín, ciudades, puentes, puertos [...]" Luego añade, "La contraposición entre la complejidad abigarrada representada a través del collage de fotos y la sencillez del huevo y la canoa es lo primero que impacta y hace pensar en cómo de aquella sencillez que fue el origen se degenera en esta complejidad que es la sociedad". El cuadro nos lleva a una desauratización del propio conocimiento. En efecto, tanto desarrollo parece contradecir la necesidad originaria de rescatar la esencia de la vida en toda su sencillez y naturalidad. Habría que añadir el hecho de que la canoa tiene remos pero no conducción. Queda, entonces, la pregunta ontológica, ¿de dónde venimos y hacia dónde vamos?, ¿cuál es la dirección y el sentido de la modernización?

En *Multicuadros*, de Roberto Valcárcel, la desauratización tiene nuevamente mucho que ver con la mirada irónica de los héroes nacionales. En Valcárcel se da, pues, la desauratización de la historia oficial y el cuestionamiento del imaginario que inventa lo nacional. *Multicuadros* se divide en paneles que parten con un Bolívar desnudo y joven, hecho que humaniza al personaje y le quita el aura que le rodea. Pero luego vemos a un Bolívar frío y cerebral, con una mirada temible y desafiante. Su traje militar está ridiculizado, y la figura del Libertador se ubica delante de un arco de triunfo posmoderno. A este Bolívar desafiante, le sigue la caricatura de un cuadro muy conocido del Libertador, dándonos Valcárcel una versión irónica de esa conocida imagen. Hay, pues, un cuestionamiento de la construcción de ídolos nacionales y un distanciamiento de la mirada homogenizadora del héroe, mirada que ahora debe aceptar la existencia de heterogéneos multicuadros. En efecto, la figura del Libertador se reduce aún más en el cuarto panel, transformándose en dos pequeños *slides*, con una ranura debajo, como si se tratase de una boca. Por último, en el quinto panel, y siguiendo el arte conceptual, Bolívar se reduce a tres epítetos: "desmesurado", "obsesivo" y "genial".

La complejidad de la sociedad boliviana exige que sus artistas adopten una concepción de la alegoría muy parecida al modo en que Walter Benjamin la sociologizó, en consonancia con la, en este trabajo tantas veces mencionada, desauratización del arte (Lash, p. 155).

Para Benjamin, el concepto de alegoría se refiere a los pedazos, trozos y remiendos de la cotidianidad. Como los sacos de aparapita, hechos de jirones de tela, y alegorizados en la narrativa de Jaime Sáenz,[2] estos desechos conforman mitos a través de los cuales los indivi-

"Multicuadros" de Roberto Valcárcel

---

[2] Particularmente su *Felipe Delgado* y su artículo "El aparapita de La Paz".

duos comprenden su mundo social. En Sáenz, por ejemplo, el saco de aparapita, plasmado en pintura por Gastón Ugalde y Quico Arnal, son los remiendos que forman un nuevo saco hecho por la vida. Los primeros remiendos reciben nuevos remiendos que, a su vez, reciben otros más. Así, el nuevo saco es producto del tiempo, algo que sólo puede ser comprobado por su peso. El valor de la prenda está en estrecha relación con su espesor. Mientras más pesa, más vale.

Parecidos a estos remiendos de la cotidianidad, Benjamin habla de ruinas, de calaveras – el parecido con Sáenz es nuevamente notorio–como alegorías a través de las cuales se explica el mundo social. En sus escritos sobre el París novecentista de Baudelaire, estos elementos incluyen las arcadas, los suburbios, las prostitutas de la noche. Cabe aquí notar que la radical mirada de Walter Benjamin está lejos de los análisis hegelianos de la Escuela de Frankfurt, particularmente de los estudios de Adorno, quien se quejaba del extremo subjetivismo de Benjamin. Este, indicaba Adorno, entendió el "fetichismo de la mercancía" como fundamento de la alegoría y de la conciencia humana. Adorno prefería ver al fetichismo como parte de la objetiva totalidad social y no como característica de la subjetividad humana (Frisby, pp. 233-272).

¿Hay relación entre alegoría, desauratización y la pintura contemporánea? *Fundamento*, de Sol Mateo, plantea nuevamente la ambivalencia de lo moderno y lo arcaico. Si observamos el cuadro, nos vemos ante una ciudad moderna, oscura y de metal; una ciudad totalmente fría e impersonal. Pero, como Szmukler observa, "hay dos otros elementos que completan la obra: dos líneas irregulares de color rojo cruzan verticalmente la fotografía uniendo en la parte inferior un feto de llama dorado... y en la parte superior letras metálicas que forman la palabra 'Fundamento'" ¿Cuál es, pues, el "fundamento" de esta ciudad? La frialdad de la urbe parece recibir el flujo sanguíneo del feto de llama. Se trataría de una *ch'alla* de la La Paz del futuro, ciudad que no pierde su fundamento originario. El flujo sanguíneo y el feto de llama son los elementos alegóricos, los trozos de cotidianidad, que le insuflan vida a la ciudad metálica e impersonal. El feto de llama cumple su rol alegórico de rebajar la fría monumentalidad de La Paz del futuro con el fundamento originario del rito de la *ch'alla*. De este modo, las líneas rojas le dan el toque humano a la ciudad.

Pero la ciudad del futuro que Sol Mateo avizora, poco tiene que ver con la complejidad de La Paz del presente. Nos referimos principalmente a los problemas generados por los procesos migratorios del campo a la ciudad. Las culturas rurales indígenas, oprimidas durante

"Fundamento" de
Sol Mateo

siglos por los sectores urbanos mestizo-criollos, han sido siempre ese "otro" ubicable tanto dentro como fuera del cuerpo social. Es esa otredad que ahora perturba el sistema urbano de la ciudad de La Paz. Como los aparapitas de las novelas de Jaime Sáenz, los advenedizos del campo provocan malestar cultural. Por lo general, invierten pero no subvierten el *status quo*, la forma estructural de la sociedad. Esta inversión molesta, porque al igual que la alegoría en Benjamin, señala a los miembros de la sociedad que el caos puede ser la alternativa del cosmos racional. También produce malestar debido a su poco segura ubicación social. La situación transitoria del migrante es ambigua porque, venido del pasado reprimido, no ha podido todavía darse una situación estable en la nueva estructura social. Indecisamente adentro y afuera de la sociedad, estos migrantes son, para la racionalidad, el sistema y el orden, lo liminal, lo que no tiene una posición definida, ni claros y bien establecidos límites sociales. Es en este sentido que los cuadros de pintores como Raúl Lara y Alejandro Salazar, pueden ser incorporados a los debates contemporáneos sobre los excesos generados por la posmodernidad.

Metamorfosis, de Alejandro Salazar, es una acuarela que muestra el cambio de la chola "de pollera", a mujer de "vestido", y luego a "birlocha", antes de volverse "gente". Hay un toque de ironía y de perversidad en esta acuarela que plantea el choque de culturas en la ciudad. La abyección, a lo que nos referíamos en el párrafo anterior, está relacionada con lo grotesco. Por un lado, la migrante se ve obligada a abandonar su identidad porque debe ser aceptada como "gente". Se trata de una transformación física que pretende superar la discriminación. Por otro lado, resulta imposible ocultarse detrás de la máscara. Tintes y maquillaje son insuficientes para que la migrante pierda la identidad de origen. Se trata, pues, de un racismo que ha sido muy bien observado por Frantz Fanon (*Black Skin*). Es, en otras palabras, la mentira sobre uno mismo que está alimentada y promovida por las instituciones racistas de la propia sociedad. La ironía grotesca, que es la esencia de *Metamorfosis*, revela una de las características más engañosas del racismo: su mundanidad. En efecto, el racismo permea la cotidianidad de tal modo que oculta la dimensión estructural de la sociedad, la cual, a su vez, se oculta de sí misma al hacer que los valores malsanos sean tan normales y corrientes que dejen de ser objeto de reflexión. En suma, la metamorfosis se vuelve tan natural y familiar que termina siendo invisible.

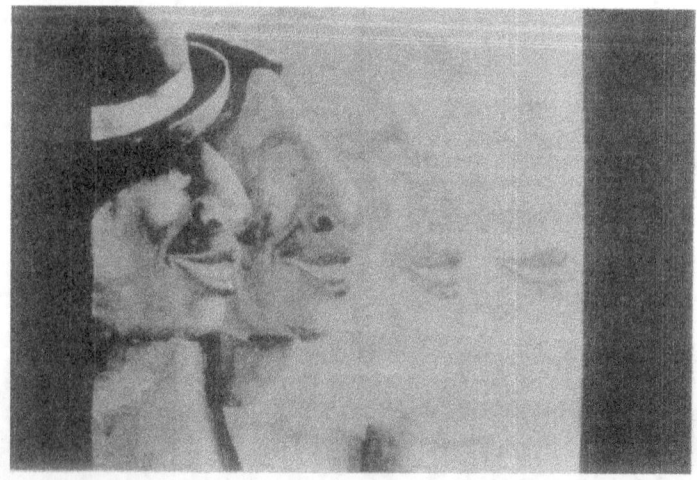

"Metamorfosis" de Alejandro Salazar

Aceptar la existencia de una posmodernidad andina no implica obviar, menos resolver, la discusión de ciertos temas afines a las nociones de otredad y de marginalidad. Para comenzar, está la distorsión de las formaciones culturales latinoamericanas, producida por la desigual puesta en marcha de la modernización. Dicha distorsión conduce, por una parte, a la aparición de proyectos contestatarios, a veces extremadamente violentos, de descolonización política, económica y cultural, y por otro, a las economías informales que eluden el control gubernamental.

A contrapelo de la estética posmoderna, y anticipándose cronológicamente a ella, Gastón Ugalde propone, en 1975, el neo-indigenismo como discurso estético y político. En obras posteriores, particularmente en las más recientes, Ugalde insiste con las reivindicaciones indígenas. En *Campesino* (1994), Ugalde pinta un rostro indígena con la rabia contenida. A diferencia de las visiones carnales, irónicas o festivas, de los cuadros de los hermanos Lara, la identidad indígena de Gastón Ugalde no está contaminada por la cultura occidental. El rostro no muestra lo carnal, sino la lucha y pelea que proviene de una gran fuerza interna, a la que denominaría "visceral". Se trata, pues, de la visceralidad de alguien que no negocia la identidad, que se niega a metamorfosearse. Es la fuerza de cocaleros y de campesinos en marcha hacia la ciudad de La Paz, como Ugalde posteriormente representa en *Territorio y dignidad*. Despojado de todo, menos de la dignidad y de las convicciones internas, este neo-indigenismo nos da la visión opuesta a la integración, a la visión "pluri-multi" de los mestizajes reales. La mirada del campesino es una mirada rabiosa que interpela directamente a quien observa el cuadro.

Pero al momento subversivo de pinturas como las de Ugalde les pasa lo mismo que al testimonio en relación con el proyecto letrado: son momentos circunstanciales, es decir, pasajeros. No tanto el testimonio como la pintura en sí. Ellos siguen su curso, del mismo modo en que el testimonio y la pintura contestataria han estado siempre presentes, siempre en los márgenes de la cultura occidental. El problema que aquí preocupa se refiere más bien a la originalidad y a la urgencia que hace que nos comprometamos con ellos. Me temo mucho de que al momento subversivo de la pintura contemporánea le sigue la apaciguadora familiarización de lo estético. En la vida real, por ejemplo, ¿quién se interesa hoy en día por las huelgas de hambre y las crucifixiones de los marginales y otros grupos subalternos? Si las formas estéticas no van ligadas a procesos sociales de cambio y de liberación, ellas pierden su poder estético e ideológico; además, corren el peligro de transformarse en nuevas formas "costumbristas", término empleado en literatura para lo folklórico, lo colorido. En otras palabras, de momentos subversivos, las formas estéticas corren el peligro de volverse apacibles pretextos para escribir o para pintar.

"Campesino" de Gastón Ugalde

Fotografía de un indígena del norte de Potosí después del "Tinku".

La pérdida del rol transformador del arte nos lleva a un breve y último comentario sobre la pintura boliviana contemporánea: la desauratización está atada a la reauratización porque ambas van ligadas al modo como funciona el capital.[3] Lo que parece salvífico y subvertor termina siendo recuperado por el poder institucional. Si lo aurático está intrínsecamente conectado al capital y a la formación de una cultura nacional, la desauratización y, sobre todo, la subversión, constituyen momentos plenamente recuperables por el estado y sus instituciones. Ni la fotografía, ni el surrealismo, ni el testimonio, han podido resistir el poder del capital, el que siempre reauratiza, exhibe, documenta y ubica en galerías y museos. De este modo, la pintura, tanto como la literatura, es, en el decir de Roland Barthes, como el fulgor de un fósforo: brilla antes de extinguirse. Quizás por ello Teresa Gisbert comenta que la nueva generación de pintores es la "generación del 21060" (Szmukler, *La ciudad*, p. 255), es decir, aquélla que vive del decreto neoliberal que simboliza la nueva Bolivia, donde todo se paga, todo se compra y todo termina bajo el signo de lo impuesto.

BIBLIOGRAFÍA

Arguedas, Alcides. *Pueblo enfermo*. 3ª ed. La Paz: Ediciones Puerta del Sol, 1936.

Barthes, Roland. *El placer del texto. Lección inaugural*. México: Siglo XXI, 1986.

Benjamin, Walter. "A Small History of Photography". *One Way Street and Other Writings*. Londres: New Left Books, 1979.

—— *Charles Baudelaire: A Lyric Poet in the Age of High Capitalism*. Londres: New Left Books, 1973.

—— *The Origin of German Tragic Drama*. Londres: Verso, 1977.

Cerruto, Oscar. "Estrella segregada". *Poesía*. Madrid: Ediciones de Cultura Hispánica, 1985.

Cornejo Polar, Antonio. *La formación de la tradición literaria en el Perú*. Lima: Centro de Estudios y Publicaciones, 1989.

---

[3] Ver Gugelberger para esta problemática.

—— "La literatura hispanoamericana del siglo XIX: continuidad y ruptura". *Esplendores y miserias del siglo XIX. Cultura y sociedad en América Latina*. Beatriz González Stephan, Javier Lasarte, Graciela Montaldo y María Julia Daroqui, comp. Caracas: Monte Avila Editores, 1995.

Echeverría, Esteban. *Dogma socialista*. Buenos Aires: W.M. Jackson, Inc. 1953.

Frisby, D. *Fragments of Modernity*. Cambridge, MA: MIT Press, 1985.

Fanon, Frantz. *Black Skin, White Masks*. Charles Lam Markmann, trad. Nueva York: Grove Press, 1967.

González Stephan, Beatriz. *Contribución al estudio de la historiografía literaria hispanoamericana*. Caracas: Biblioteca de la Academia Nacional de la Historia, 1985.

Gugelberger, Georg M. "Introduction: Institutionalization of Transgression". *The Real Thing. Testimonial Discourse and Latin America*. Georg Gugelberger, ed. Durham, NC: Duke University Press, 1996.

Lash, Scott. "Critical Theory and Postmodernist Culture: The Eclipse of Aura". *Sociology of Postmodernism*. Londres y Nueva York: Routledge, 1990.

Mendoza Pizarro, Javier. *La Mesa Coja. Historia de la Proclama de la Junta Tuitiva del 16 de julio de 1809*. La Paz: PIEB/Plural Editores, 1997.

Mitre, Eduardo. *De cuatro constelaciones*. La Paz: Fundación BHN, 1994.

Montenegro, Carlos. *Nacionalismo y coloniaje*. La Paz: Editorial Juventud, 1994.

Rama, Angel. *La ciudad letrada*. Hanover, N.H: Ediciones del Norte, 1984.

Sáenz, Jaime. *Felipe Delgado*. La Paz: Difusión, 1979.

—— "El aparapita de La Paz". *Mundo Nuevo*, 26/27 (1968): pp. 4-8.

Subercaseaux, Bernardo. *Historia, literatura y sociedad*. Santiago de Chile: Documentas/Cesoc/Ceneca, 1991.

Szmukler, Alicia. "Pinceladas. Imaginario social urbano y pintura en Bolivia" (inédito).

—— *La ciudad imaginaria*. La Paz: PIEB/Sinergia, 1998.

Tamayo, Franz. *Odas*. La Paz: Imprenta y Litografía Boliviana de R. Richter, 1898.

—— *Creación de la pedagogía nacional*. 3ª ed. La Paz: Biblioteca del Sesquicentenario de la República, 1975.

Vidal, Hernán. *Literatura hispanoamericana e ideología liberal: surgimiento y crisis*. Buenos Aires: Hispamérica, 1976.

Geografías físicas, historias locales, culturas globales

Ileana Rodríguez
The Ohio State University

> La modernidad no es renunciable y negarse a ella es suicida; lo es también renunciar a sí mismo para aceptarla.
> (Rama, p. 71).

En los últimos años se ha venido discutiendo y escribiendo bastante sobre el concepto de transculturación, que a menudo se usa equívocamente como sinónimo de heterogeneidad e incluso de hibridez y subalternidad (Moraña, *Angel Rama*; Coronil; Spitta). Aunque estos conceptos estén emparentados y traten de dar cuenta no sólo de lo "original" regional (Cuzco o Latinoamérica), de las mezclas (mestizaje, hibridez, *creolité*), del sentido heteróclito de las culturas indígenas, afroamericanas, euroamericanas, asioamericanas; aun cuando sirvan para estudiar, explicar, analizar el impacto de las confrontaciones culturales, cuyo punto de partida es el de la conquista y colonización pero también el de "la modernización y el tradicionalismo [...] [el] del centro y la periferia, [el] de la dependencia y la autonomía" (Rama, p. 72) y hoy el de la modernidad y posmodernidad, lo local y lo global, se distinguen entre sí en cuanto al énfasis que ponen ya en la diferencia, ya en la síntesis, en lo moderno-cosmopolita-transnacional-global, o en lo regional-local-particular.

En este trabajo quiero preguntarme primero por el estatuto heurístico de estas categorías. Hasta qué punto estos conceptos son artefactos, utilería para disfuncionalizar o refuncionalizar conceptos explicativos como el de nación, identidad, o cualquiera de las categorías modernas y reemplazarlas con aquéllas que identifican los nuevos sujetos sociales –género, etnia, micro-localidad. Y segundo, cómo nos ayudan a entender otros ámbitos del conocimiento tales como la relación entre sociedad civil y estado, hegemonía y dominación, intelectuales y disciplinas. O si la explicación de la relación entre modernidad y modernidad periférica, entre Modernismo y modernización facilita la comprensión no sólo de la producción cultural como distinción entre arte culto y arte popular/masivo, sino la relación entre ciudadanos, etnias, géneros, global y localmente entendidos como nuevas y viejas identidades en proceso (García Canclini). ¿Son éstos quizás términos, maneras de rearticular campos dentro de los circuitos curriculares, señas de la transición de la universidad liberal a la corporativa?

No deja de llamar la atención que transculturación, un concepto localizado dentro del ámbito de la antropología, disciplina que junto a la sociología está en la mira del debate (García Canclini, Nelly Richard), sea el que por su pertenencia tiene la pertinencia no sólo de distinguir entre la integración y asimilación como aculturación, sino de ser uno de esos conceptos o teorías "viajeras" que migran de una disciplina a otra –en el caso de Rama, de la antropología a la crítica literaria y luego a una especie de estudios culturales.[1] En Rama,

---

[1] Ver su inclusión del teatro, religión, trajes, instrumentos, cultivos, fiestas, canciones, tangos y boleros, y luego la radio y cinematografia que se oponen a la accion homogeneizadora de la "ciudad letrada", "ciudad ideológica" (Rama, p. 65).

transculturación es ese término que resuelve el problema de la identidad y "se evidencia en los desplazamientos de los corpus doctrinales al cabo de un extenso período de acriollamiento, posterior al ingreso desde el exterior" (p. 73). Es también, y sobre todo, aquello que establece la dinámica con la aculturación como *tabula rasa*, o arrasamiento de las culturas internas (modernización refleja o actualización histórica en Ribeiro). Lo transculturado "radica en la combinación de formas tradicionales [...] con aprovechamiento de sistemas modernos de comunicación [...] produciendo un complejo barroco, disonante, antiguo y a la vez muy sofisticado" (p. 80) o, como en el caso de Marcio Sousa, "una escritura peligrosa, un ejercicio de contramasacre, luchando en el terreno en que se estableció el lenguaje del silencio, represivo y castrador" (Rama, p. 80; véase asimismo Richard; Ortiz; Santiago; Sarlo; Wallerstein; Hall, "Modernity").

Así, transculturación, al parecer, ayuda a estabilizar los desequilibrios y/o las modalidades de la modernización y de la nacionalización y, además, en Rama, sirve para establecer distinciones entre escritores o intelectuales, (¿proyectos?) regionales (Rulfo, Argüedas, Rosa) y vanguardistas (Borges). Mas, entre la línea cosmopolita y la transculturada, sostiene Rama, es en la última que se ha cumplido la mayor hazaña "que ha consistido en la continuidad histórica de formas culturales profundamente elaboradas por la masa social, ajustándola con la menor pérdida de identidad, a las nuevas condiciones fijadas por el marco internacional de la hora" (p. 75). En trabajos recientes, como el de Fernando Coronil, esta misma función se utiliza para distinguir entre intelectuales centrales (Bronislaw Malinowski) y modernos periféricos o híbridos (Fernando Ortiz); en Silvia Spitta, entre localizados (Argüedas) e inmigrados (Pérez-Firmat, Benítez-Rojo); en Antonio Cornejo Polar, entre bibliografías en inglés y en español (ver Coronil en Ortiz, Spitta); en Mabel Moraña entre "lecturas centrales", y producciones conceptuales latinoamericanas (¿periféricas? ¿regionales?) (Moraña, "El boom").

GEOGRAFÍAS FÍSICAS

Un aspecto de esta discusión parece situarse dentro de los dominios del conocimiento en relación con la localización física de los productores. En los casos arriba mencionados, la localización física del intelectual tiene valor (privilegio) epistemológico y entra en juego como uno de los elementos para debatir lo que Rama llama "la originalidad" de las historias locales (tradicionales o modernas) dentro del análisis de lo transculturado. Otro aspecto se coloca en la discusión sobre lo disciplinario. En referencia a una discusión sobre el predominio de la estética y las ciencias sociales desplazadas por los estudios culturales, Nelly Richard argumenta que "los especialistas de la academia norteamericana siguen [...] pensando que son estas mismas ciencias sociales las que protagonizan la reflexión sobre posmodernidad en países como Chile" ("Signos culturales", p. 17).

En el último artículo de Antonio Cornejo Polar que circulara José Antonio Mazzotti electrónicamente y que reprodujo la *Revista Iberoamericana* en su número 180, Cornejo lleva la discusión de la transculturación al ámbito de la discusión disciplinaria y alerta contra "la utilización de categorías provenientes de otros ámbitos a los campos culturales y literarios" ("Mestizaje e hibridez", p. 1). Critica los conceptos de mestizaje e hibridez, que localiza dentro de la biología. En el caso de hibridez, apunta las connotaciones de esterilidad que tiene y recomienda entrar y salir de ella; en el de transculturación, especie de "ajiaco" ortiziano, comenta que se ha convertido "en la cobertura más sofisticada de la categoría de mestizaje [sincretismo] en el que deviene la transculturación de Ortiz" (p. 2). Pero tampoco le gusta mucho su propio término, heterogeneidad, porque, como toda categoría crítica, no da cuenta de "la totalidad de la materia que estudia [...] ninguna de las categorías mencionadas resuelve la totalidad de la problemática que suscita y todas ellas se instalan en el espacio epistemológico que –inevitablemente– es distinto" (p. 2). Sin embargo, y a pesar de haberse pronunciado contra el uso de categorías provenientes de otros campos, dice que quiere estudiar "ciertas literaturas étnicas empleando formas de conciencia que serían propias de esos ámbitos antropológicos [...]. *Tinku, Pachakut, Wakcha* [*wakcho*, forasterismo], para el mundo andino, serían en este orden de cosas las bases que harían posible la comprensión más íntima de esos universos discursivos" (p. 3).

Ahora bien, de la discusión sobre conceptos totalizantes o situaciones no totalizables y de asuntos disciplinarios, pasa Cornejo, en un giro sorpresivo, a hablar de esa otra cuestión, subsumida en los conceptos de transculturación, que tiene que ver con la relación del intelectual con su cultura, su localidad (estado, nación, región, disciplina), su estatuto, sus mercados, bibliografías y conceptos. Cornejo habla de las bibliografías en inglés "que parecen –bajo viejos modelos industriales– tomar como materia prima la literatura hispanoamericana y devolverla en artefactos críticos sofisticados" (p. 3), donde notamos cómo la ubicación física (y disciplinaria) del intelectual vuelve a reaparecer en las dos formas, una en la forma de esos estudios deseables a Cornejo (citadino, forastero, *wakcho*) "de esas literaturas étnicas de esos ámbitos antropológicos", y el que hacen los otros *wakchos* (bibliografías en inglés) de Latinoamérica, hoy en día comprendida dentro de Estados Unidos como una variable del multiculturalismo, como "literaturas étnicas" macro-regionales.

Convendría aquí hacer una acotación breve sobre el uso de bibliografías y marcos teóricos locales/globales presentes en las citas. Como arguye Ramos en el caso de Domingo Faustino Sarmiento: "La cita del orientalismo en Sarmiento es [...] un gesto muy significativo; proyecta, por parte de quien no es europeo, un deseo de inscribirse en el interior de la cultura occidental" (p. 22). Una cita de Derrida en el texto de Laclau señala en este sentido la "vulnerabilidad de todo contexto" (p. 119). Dice Derrida:

> Cada signo, lingüístico o no lingüístico, hablado o escrito (en el sentido actual de esta oposición), en una unidad menor o mayor, puede ser *citado*, puesto entre comillas; al hacerlo [el texto] puede romper cualquier contexto dado, eng*endra*ndo una infinitud de nuevos contextos de manera absolutamente ilimitable. Esto no implica que la marca es válida fuera de un contexto, sino al contrario, que hay sólo contextos sin centro o (*anchrage*). Esta citacionalidad, esta duplicación o duplicidad, esta internabilidad de la marca, no es ni un accidente ni una anomalía, es eso (normal/anormal) sin lo cual una marca no podría siquiera tener una función llamada "normal". ¿Qué sería una marca que no pudiese ser citada? ¿O una cuyos orígenes no se pierdan en el camino? (Laclau, p. 119, traducción mía).[2]

La intervención de un marco teórico en un texto (cita, bibliografía, conceptos) tiene la función barthesiana de índice; es decir, marca pautas de lectura y constituye la ruta del camino de significaciones. Ramos lo dice bien en el caso de Sarmiento. Sarmiento sujeta la particularidad americana referida bajo la autoridad del modelo citado. La noción de modelo presupone una dinámica exteriorista, un saber pensar esto con lo otro. Conocer es comparar, analogar, observar a distancia. Pedir prestadas analogías es colocarse imaginativamente en el campo de significaciones del otro (fuereño). "Sarmiento escribe mal ese saber que a la vez exalta" (p. 22). Escribe parodia, mímica.

---

[2] Al respecto, véase también Julio Ramos.

A estas configuraciones altamente conflictivas y conflictuadas, multi y transculturadas, micro- y macro- regionales, es a las que se refiere el concepto de heterogeneidad, que da razón "de los procesos de producción de literaturas en las que se intersectan conflictivamente dos o más universos socio-culturales, de manera especial, el indigenismo, poniendo énfasis en la diversa y encontrada filiación de las instancias más importantes" (Cornejo Polar, *Escribir*, pp. 16-17). Para Cornejo, heterogeneidad es su intento de salir de la disyuntiva de "definir en bloque" (p. 20) (la homogeneidad y homogeneización), de "escapar del legado romántico –o más genéricamente, moderno" (p. 20) y aceptar la "pluralidad multivalente" (p. 21) de ese sujeto instalado "en una red de encrucijadas múltiple y acumulativamente divergentes" (p. 20). En este mismo sentido habla William Rowe cuando dice:

> Las situaciones diglósicas (formulación más precisa que la transculturación) ofrecen un caso límite, porque allí el estatuto desigual de dos idiomas (o de dos formas del mismo idioma) que producen dos mundos culturales diferentes, complica la actividad hermenéutica (p. 22).

De esta manera, como se puede ver, un lado del debate sobre trans- y aculturación discute relaciones disciplinarias, conceptuales Rama/Fernando Ortiz; y por el otro, nociones de sujeto intelectual central y subalterno (Ortiz/Malinowsky; Arguedas/indígenas).

En Rama vale preguntarse por la naturaleza de esa "interior diversidad que es definición más precisa del continente", por "esos regímenes culturales", "áreas con rasgos comunes" (pp. 57-58). La idea de la macroregionalización (Latinoamérica) implica tanto diferenciaciones internas como externas –las culturas externas; y un sistema de oposiciones "que se funda [...] en los criterios de la antropología cultural [Herskowitz, Wagley, Harris, Frazer, Boas, Malinowski, Ribeiro, Freire], aunque cuenta con el refuerzo de la historia y de la más reciente economía" (pp. 60-61). Una primera respuesta es que en Rama la aproximación a la naturaleza de esa "interior diversidad" se apoya también en una sociología desarrollista, para la cual, "interior diversidad" significa "un tipo diferente de medio físico, población de diferente composición étnica y de distinta variedad de cultura latinoamericana" (p. 61). Región es una "subcultura [...] que establece comportamientos, valores, hábitos, y que genera productos que responden al generalizado consenso de los hombres que viven dentro de los límites regionales, sea cual fuese su posición dentro de la estructura social" (p. 61). ¿Sería acaso esta articulación traducible a lo que Canclini entiende como microcomunidades? Rama mismo admite que esta es una "tipología evolucionista," cuyos criterios son "económicos y estructurales", lo que Canclini colocaría dentro de una hermenéutica sociológica y antropológica y Richard dentro de las Ciencias Sociales. Los cultivos agrícolas –azúcar, tabaco, coca, caucho– evidencian sus vinculaciones con el exterior dentro del campo trasculturador. En el polo citadino, la dinámica es otra, muy similar a la híbrida de Canclini, pues tienden a la uniformidad y el consenso. Renato Ortiz explicaría esta disyuntiva disciplinaria arguyendo que

> Es verdad que ni la antropología ni los estudios orientales tomaban al Estado como referencia central, mas eso se debe al hecho de que en esos casos las zonas estudiadas no serían consideradas espacios afectados por las estructuras sociales modernas, las cuales estarían por definición localizadas dentro de los Estados modernos (*Ciencias Sociáis*, p. 21, traducción mía).

Es precisamente la confusión conceptual entre macro- y micro- regiones (Jalisco, el Cuzco, Latinoamérica), entendidas como localizaciones físicas que señalan jurisdicciones políticas y que se insertan en ámbitos y procesos "harto mayores, en estructuras dinámicas que llegan hasta hoy, surcando cinco siglos" (Cornejo, p. 91), lo que explica que el debate reciente sobre la transculturación entronque con el ámbito de los estudios postcoloniales, en el cual estas mismas diferencias se constituirán dentro de las disciplinas de la historia: en Ranajit Guha, la distinción radica entre historiografías elite y subalternas; en Dipesh Chakravarty, entre bibliografías eurocentristas y postcoloniales (ver Ashcroft, Guha).

HISTORIAS LOCALES

A propósito de estas diferencias conceptuales, Friedhelm Schmidt explicaba que el debate de Rama está situado en un momento cultural de la alta cultura, (vanguardismo/regionalismo), y que sus procesos sólo atañen a lo que podríamos llamar procesos de a/culturación de las culturas dominadas. Dice:

> En un primer momento, Rama –y con él toda una generación de jóvenes críticos uruguayos– favorece la modernización no solamente de la literatura latinoamericana, sino también la del instrumento crítico y de los medios de difusión [...] y considera la tarea del crítico literario como una especie de mediación de los aportes del movimiento intelectual europeo [...].(p. 39) Cornejo Polar llega a una conclusión diametralmente opuesta: opina que existen varios sistemas literarios dentro de cada país [...] entiende por sistema literario una categoría histórica y a la vez historizable [...] [que] forman parte de lo que [...] llama la totalidad histórica y conflictiva de la sociedad peruana [...]. Si bien los sistemas literarios no cultos están subordinados a la literatura culta y por añadidura marginados, esto no significa su cancelación [...]. En el concepto de Antonio Cornejo Polar, los sistemas subordinados no cultos (la literatura popular y las literaturas en lenguas nativas) son considerados productores de sus propios significados, que no son meras variantes del sistema hegemónico [...] (p. 42).

Podemos aquí traer a colación la discusión todavía vigente sobre estudios literarios y estudios culturales, una de cuyas expresiones más radicales trazó la polémica en torno al testimonio, fundamentalmente el de Rigoberta Menchú, que luego desembocó en ese título provocativo del libro de John Beverley *Against Literature*, y que a mi ver tiene como trasfondo el mismo argumento que señala Schmidt (véase también Beverley y Dinesh de Souza). O sea que tras la polémica literatura/estudios culturales lo que se debate también son nociones de sujeto; de ese sujeto contradictorio de Cornejo, subalterno en Guha, que se opone al sujeto humanista del modernismo, homogéneo, el cual ha perdido, como argumenta Stuart Hall ("The Local and the Global" y "Old and New Identities"), su estatuto heurístico privilegiado al ser desestabilizado por Saussure, Freud y Foucault fundamentalmente, y que hoy es debatido dentro de los estudios subalternos y postcoloniales como esas nuevas socialidades que producen los nuevos movimientos sociales.

También se discute cómo va a circular ese nuevo sujeto dentro de los cruces disciplinarios y sobre qué geografías físicas se va a debatir su posicionalidad respecto a lo que ahora discutimos bajo las grandes rúbricas de cultura y ciudadanías. Precisamente, debido al uso del concepto de transculturación, que le permite pensar más allá de la cultura elite, Rama tiene un pensamiento interesante respecto a los estudios literarios. Para él, la literatura fue heredera de relatos que no alcanzan en otra parte. El regionalismo, afirma, "se apoya en una nueva concepción de la literatura que permite ingresar las narraciones tradicionalmente estimadas como literarias pero también el cuento folklórico, el fragmento documental e histórico, el material de procedencia indígena o el que desciende de manifiestas fuentes externas, buscando integrar todos los textos en una sola literatura" (p. 158). No así de salir de la cultura letrada y de letrados, como propone Cornejo.

En el Caribe, Edward Glissant, Edward Kamau Brathwaite y Sylvia Wynter han hablado de este mismo asunto usando los conceptos de sincretismo, *creolité*, trans/culturación, pero también el de *propter-nos*, que es el de la solidaridad establecida por la semejanza o identidad y el *nec-plus-ultra*, que es aquello que va más allá del paradigma interpretativo del momento y, por tanto, se constituye en borde de la heterogeneidad (Brathwaite, Glissant, Wynter). Estos mismos conceptos son los que discute Hall dentro del ámbito de la globalización como relación entre lo global y lo local, como nuevas y viejas identidades étnicas. Creo que tanto la creolización o inter/culturación de Brathwaite como la ad- ab- y ac-ulturación de Gonzalo Aguirre Beltrán, y el mimetismo de Wynter, Homi Bhabha y Franz Fanon se enrumban más en dirección de ese sujeto heterogéneo en el que finalmente aterriza Cornejo, y por tanto se dirigen hacia las ciudadanías y los campos de la historia y la política, ciencias sociales también aparentemente en la mira, y que conectan más directamente estos conceptos explicativos al colonialismo neo- y poscolonial (Beltran, Bhabha, Fanon).

Pero cuál es la diferencia entre transculturación, heterogeneidad e hibridez en García Canclini y *creolité* en Brathwaite A mi modo de ver el concepto de hibridez tiene la misma virtualidad epistemológica de explicar, la convergencia de elementos dispares pero se aplica sobre todo a ese fenómeno que García Canclini llama de conversión, que consiste en la traducción, apropiación o incidencia de lo que Hall llamará lo local en lo global y vice-versa, que Canclini más tarde llamará lo "glocal", las regiones culturales que son, según Renato Ortiz, subculturas de lo global, con lo cual se repite aquel pensamiento sobre macro- y micro-regiones que Rama reiteraba citando a Charles Wagley (Latinoamérica en el mundo; el Cuzco dentro del Perú).[3] O sea, a un fenómeno de apropiación (y luego de mercado) que deja ver la disparidad entre modernismo estético y modernización social. Mabel Moraña dice de la hibridez lo siguiente:

> Más que como concepto reivindicativo de la diferencia, la hibridez aparece en Canclini como fórmula de conciliación y negociación ideológica entre los grandes centros del capitalismo mundial, los Estados nacionales y los distintos sectores que componen la sociedad civil en América Latina, cada uno desde su determinada adscripción económica y cultural [...] La noción de hibridez incorporó cierta fluidez culturalista en los análisis de clases. Permitió por ejemplo, inscribir en el mapa político latinoamericano la topografía de la diversidad étnica, lingüística, genérica, desafiando sólo relativamente los límites de una cartografía impuesta desde afuera, con los instrumentos que el imperialismo ha usado siempre para marcar el territorio, establecer sus fronteras y definir las rutas de acceso al corazón de las colonias (p. 2).

Híbrido puede leerse como una estrategia de reinscripción del sujeto popular-étnico substraído ya de las disciplinas de la sociología, que lo estudia como lo subdesarrollado, y de la antropología, que lo estudia como la micro-localidad, dentro del ámbito cultural, pero no

---

[3] Según la tipología establecida por Charles Wagley y Marvin Harris hay "nueve tipos de subculturas que pueden reordenarse en seis agrupaciones: 1) indias tribales; 2) indias modernas; 3) campesinas; 4) 5) plantación de ingenio y plantación de fábrica; 6), citadinas; 7), 8), 9) clase alta metropolitana, clase media metropolitana y proletariado urbano" (Rama, p. 60). Esta tipología muestra cómo la antropología se usa como herramienta de los estudios literarios/culturales.

constituido todavía dentro de lo político que, para Carlos Vilas, Ernesto Laclau, María Milagros López, Javier Sanjinés, sería el lugar ocupado por el sujeto de "los nuevos movimientos sociales".

Aquí se pueden comparar, de pasada, los nuevos intentos de articulación de lo popular en Vilas y Richard. Para Vilas,

> lo "popular" es una mezcla de elementos socioeconómicos, políticos y culturales [...] [que] abarca pero no está limitado a la pobreza [...] lo "popular" incluye grupos de la clase media [...] movilizados no tanto por demandas estrictamente económicas como por llamados a la democratización, a las libertades publicas, a los derechos ciudadanos. Las dimensiones políticas y culturales de lo "popular" implican una auto-identificación de subordinación y opresión (laboral, étnica, genérica) frente a la dominación que es articulada por la explotación (entradas insuficientes, salarios magros, negación de una vida digna o de prospectos futuros) y que es expresada institucionalmente a través de inseguridades, arbitrariedades, y coerción social tendenciosa. Ellas implican por tanto algún tipo de diferenciación y, últimamente, oposición al poder establecido (p. 6, traducción mía).

En Richard,

> las redefiniciones de lo popular como lugar de cruces variables entre lo local, lo nacional, lo transnacional (García Canclini, Barbero), nos dicen que lo hegemónico y lo subalterno no son categorías fijas, opuestas entre sí porque un sector de la sociedad ejerce la dominación mientras otro la sufre pasivamente, sino categorías relacionales que se hacen y se deshacen siguiendo un complejo juego de poderes, seducciones y complicidades: un juego multitensionado por procesos de desapropiación y negociación de valores [mimetismo vs. *performance of choice*], de asignación y reconversión de identidades. Lo "popular" deviene ahora un sitio reorganizado por el análisis cultural en base a experiencias más *vividas* (diarias) que las consignadas por la máquina distanciadora del saber academizado [...] (p. 8).

Hibridez no es pues a mi ver tanto un concepto descriptivo sino más bien operativo; señala más un proceso de articulación constante en el cual las identidades se van for-, de- y reformando según la dinámica de compresión espacio-temporal a que la "glocalización" somete al individuo y a las socialidades. El de *creolité* o inter/culturación de Brathwaite, en cambio, ya discute la relación que Guha establece entre hegemonía y dominio, constituidas en y por medio de la disciplina de la historia estatal, centralista, europea. La inter/culturación se relaciona con la constitución de hegemonías como consenso, al tener la virtualidad de convertirse en "norma," entendida en el sentido de la normalidad impuesta por el consenso (hegemonía), borde entre lo homogéneo como normalidad y lo heterogéneo como normalidad. Para Brathwaite, la prueba más grande de consenso como homogeneidad se da en la respuesta pública al mensaje. Como ejemplo podríamos presentar el despliege de sensibilidad masiva que ocasionó la muerte de la Princesa Diana. Lo mismo ocurre, argumenta Brathwaite, respecto a ideales de belleza, de virtud, de valentía, de coraje. Imaginemos, dice Brathwaite, que el Príncipe de Gales declara públicamente que la mujer más bella del mundo es Nina Simón –o que el presidente norteamericano declare que Saddam Hussein o Fidel Castro tienen derecho de defender sus respectivas hegemonías–. La respuesta a estos mensajes sería catastrófica, repulsiva, "universalmente" reprobada. Si no se ejerce inmediato control de opinión, explicaciones satisfactorias, puede haber una crisis que ponga el mismo símbolo de poder en cuestión. "La autoridad y la homogeneidad dependen de la continua intercomunicación entre Símbolo y Masa acerca de lo que son las normas/ideales" (p. 23).

CULTURAS GLOBALES

A mi ver, uno de los asuntos en juego en estos conceptos es que ellos tratan de explicar un residuo, remanencia, *ruralia*, estructura arcaica de la sociedad que, en Rama, genera un reclamo social al oponerse al proceso de modernización u occidentalización; que en Cornejo es aquello heterogéneo, no completamente absorbible por el ímpetu aculturador, lo que todavía no tiene realidad discursiva escrita, bailar versus escribir la historia; que en Canclini es aquello conjurado como la "tradición", intersecciones de las cuales las elites se hacen cargo para tratar de elaborar un proyecto global y construir la nación; que en Guha es aquéllo que está al margen de las epistemologías de lo nacional como herencia del iluminismo y racionalismo europeo; que en Walter Mignolo, Javier Sanjinés, y Sylvia Rivera-Cusicanqui es aquella contribución epistemológica marginada que, como dice Stuart Hall, sirve a la articulación de dos en la que sólo uno es enunciado, e.g., "Africa, el significado que no puede ser representado directamente en la esclavitud, permanece una presencia no hablada ni hablable [...]. Es lo 'escondido' detrás de cada inflexión verbal [...]. Es el código secreto con el cual cada texto Occidental es 're-leído'" (Spitta, p. 5).

En este sentido, residuo es gente, voces, etnias, sensibilidades, culturas y nuevos sujetos culturales presentes, aunque de manera subalterna o subalternizada, subordinada; en el mejor de los casos, en posición contra-hegemónica por y en su mera presencia; activa sólo en y por la incapacidad de ser absorbidas, es decir, formuladas no como esa plasticidad cultural que regula el tráfico entre lo que se absorbe del exterior y lo que se rechaza o, como dice Alberto Moreiras, "un aparato de promoción de supervivencia cultural" (Moraña, p. 213) de carácter reactivo frente a los procesos de modernización; residuo que no se absorbe, eso paralelo que en Cornejo se mantiene como sistema referencial; que en Guha marca los límites de la razón estatal como ideología occidental; que en Hall se mantiene como lo irremplazable local, que sin embargo "no debe confundirse con las viejas identidades firmemente enraizadas en localidades (provincias/regiones) bien delimitadas" (p. 304); contrapunto que presume una multisistemidad de lo que habla y responde, de lo que se mezcla y se separa, pero también división, compartimiento estanco, fragmento, parodia (mimetismo), desplazamiento, transferencia de significados, traducción –puente hacia lo postmoderno (Benítez Rojo en Silvia Spitta).

Una de las aproximaciones más atractivas a este residuo es la que Stuart Hall llama "contra-política", que en Ernesto Laclau, Antonio Gramsci, John Beverley y Carlos Vilas asume la discusión de la construcción de contra-hegemonías; esto es, el reconocimiento de la agencia de las nuevas identidades culturales locales dentro del proceso de globalización, lo que Chakravarti llama desestabilización del Eurocentrismo y del Occidentalismo, cuya agenda es la provincialización (o relativización) de Europa y el deseo de escribir una historia no-estadista, no ligada al poder sino aquella que registre lo que Ranajit Guha llama "las pequeñas voces de la historia", y Edward Glissant, aproximaciones a una historia de la heterogeneidad. En este sentido, el concepto de mimetismo, tal como lo estudia Sylvia Wynter y Homi Bhabha, especie de parodia, lo contrario a lo que sería un *performance of choice* como salida del estereotipo, podría servir de mediador (el afamado tercer espacio) entre lo que es significado por hibridez en oposición a sincretismo, o por heterogeneidad en oposición a transculturado. Al parecer, lo que está en cuestión en todos los transculturadores es el lugar, peso, idiosincrasia o visibilidad asignado a lo dominado (regional, indígena, campesino, étnico, genérico, subalterno), dentro del proceso de constitución de hegemonías; lo que está en juego en la heterogeneidad, en cambio, es que ella obedece, como sostiene Cornejo, a un proceso de producción en el que hay por lo menos un elemento que no coincide con la filiación de los otros [...] esta disparidad crea una zona de conflicto [...] [que] corresponde muy estrechamente al conflicto de sociedades no uniformes, partidas y bimembradas por la acción de una catástrofe histórica como puede ser la Conquista (Spitta, p. 11).

A juzgar por lo anterior, parecería que, como dice Richard Rorty, una filosofía interesante es raramente un examen de los pros y contras de una tesis y más una lucha entre un vocabulario establecido, cuya presencia constituye una molestia, y un vocabulario a medio formar que promete grandes cosas (Laclau, p. 107). Esta observación sirve a Laclau para distinguir entre liberalismo y liberalismo radical, entre consistencias y racionalidades, y entre filosofía y política, mismas que utiliza para proponer su noción de democracia social basada en la diferencia. Dice:

> Para mí, una sociedad democrática radical es una en la que la pluralidad de espacios públicos, constituidos en torno a cuestiones y demandas específicas, y estrictamente autónomas las unas de las otras, inspira en sus miembros un sentido cívico, el cual es un ingrediente central de su identidad como individuos. A pesar de la pluralidad de estos espacios, o, más bien, como consecuencia de ellos, se crea una cultura democrática difusa, la cual otorga a la comunidad su identidad específica. Dentro de esta comunidad, las instituciones liberales [...] se mantienen, pero ellas son un espacio público, no el espacio público. No sólo no se excluye el antagonismo de una sociedad democrática sino que él es la misma condición de su institucionalización (p. 121, traducción mía).

Este tipo de argumentación está basada en el reconocimiento de que los atributos de vocabularios compartidos, tanto como los juegos del lenguaje son construidos por agentes sociales, productos históricos contingentes, resultados de luchas por la hegemonía. Laclau sostiene que las socialidades no están estructuradas como un rompecabezas y que si la verdad/racionalidad de una proposición es una consistencia interna a la frase (y en este sentido limitada a ella), esto subraya la univocidad del aspecto representacional del vocabulario de tal manera que se fabrique un consenso sin violencia. La oposición, el pensamiento exactamente contrario, es sostener que el pensamiento liberal está justamente basado en la posibilidad de la persuasión (coherencia interna del pensamiento más el vocabulario), más el uso de la fuerza, porque toda persuasión presupone convencer, matar ideas, coerción, represión, lucha. El análisis interno de la articulación de presupuestos usando el vocabulario lógico de lo contingente, lo necesario, lo opuesto y luego llevarlo al terreno de las prácticas colectivas constata no su funcionalidad como sistema abierto (liberalismo), sino como sistema abierto y con fuerza (liberalismo radical).

Cómo recircular entonces los conceptos que vienen de las diferentes disciplinas, cargados de los lastres y virtudes de los dominios que los inauguraron, es entonces una de las cuestiones a pensar dentro de la etapa inaugural de los llamados estudios culturales, cómo esa hermenéutica alterna a las Ciencias Sociales que propone Richard. Es claro que tanto lo heterogéneo como lo híbrido y lo transculturado se refieren a esa aporía señalada por Rama con la cual abro este trabajo y que dice que "la modernidad no es renunciable y negarse a ella es suicida; lo es también renunciar a sí mismo para aceptarla" (Rama, p. 71). Así entendida, la transculturación se predica sobre el reconocimiento de la perdurabilidad de estadios diferentes de desarrollo o cultura, concebidos como localismos, regionalismos, tradiciones rurales orales, lo arcaico; y en esto, como en el caso del localismo de Guha, la transculturación tiene implícita una escala valorativa que Canclini evita al transformar esa misma escala en una construcción estética, un artificio del modernismo nacionalista que trata de cubrir el abismo entre modernismo y modernización.

En el trabajo de Guha, por el contrario, se trata de hacer visible la diferencia entre sociedades europeas y coloniales. El también arguye ese sentido de construcción, que localiza dentro del ámbito de la historiografía, al distinguir la naturaleza del documento histórico en sus tres variantes: el discurso primario del agente de gobierno o político que es oficial y compartimentado –gobernadores, soldados, misioneros, y todos los asociados al gobierno colonial que escriben partes; el discurso secundario, que usa el primario como material y que transforma un evento presenciado (aspecto de la vida cotidiana y diariedad colonial) en historia (disciplina formadora) para el consumo público– es el caso del administrador que se vuelve historiador; el discurso terciario que se basa en los dos anteriores. Los dos últimos tipos de escritos se realizan años después y resitúan y resignifican a distancia, dando origen así a nostalgias o tradiciones. O, como diría Gayatry Spivak, al "lugar donde, entre lectura y lectura, libro y libro, la inter-inscripción de 'lector(es)', 'escritor(es)' y lenguaje se encuentra siempre activa" (Spivak en Coronil, x).

Aquí ya podemos empezar a distinguir los campos tanto por su aproximación disciplinaria como por la acentuación en lo global o lo local, lo central y lo colonial neo- y post-. Los estudios postcoloniales (Guha) parecen tener una dirección opuesta, u otra agenda cultural, a la de los estudios literarios (Rama) y culturales (García Canclini) pero compatible con la de Hall y Cornejo. Aunque en ambos, Guha y García Canclini, lo subalterno y lo híbrido pueden entenderse como métodos de lectura e interpretación, lo que le interesa a uno son las ausencias, lo no dicho, lo subsumido, las pequeñas voces, que no se oyen o que se glosan en otra parte, en otras historias y dominios (disciplinas); lo que le interesa al otro son las presencias.

Esa búsqueda del objeto en diferentes esferas que propone Canclini como método para encontrar las aporías de la modernidad en la producción de los objetos artísticos rinde otros productos cuando colocamos el residuo o remanente como lo subalternizado dentro del campo de la historiografía. Las nociones de estado y de mercado son diferentes. En el trabajo de Guha, la noción del estado converge con la de Occidente en la medida que él opina que la historia de Occidente es una historia estadista, ligada a la formación de gobiernos y de ciudadanías en los países centrales, y a la dominación en las colonias. Su noción de consumo viene a colocarse dentro de una relación intelectual, letrada, que tiene que ver con el consumo de eventos como interpretación, historia e historiografía que deja al margen lo subalterno; no como arte. Guha considera que la historia y su institucionalización como disciplina, con un currículum establecido y un espacio social asignado, es el instrumento de la consolidación de la hegemonía del estado sobre la ciudadanía –saberes como poderes (también en Richard pero de otra manera). Esto se logra mediante la creación de narrativas y sus géneros –entre ellos, la literatura histórica–, de una imaginación que, promovida e impulsada por la imprenta (Anderson, Chaterjee), permiten al estado hablar de sí mismo y su formación como si esa fuese la historia de la totalidad.

La precondición de este ejercicio de constitución de hegemonías es vincular la formación disciplinaria a la del estado, y al aprendizaje de la formas de gobierno y ciudadanía, esto es, al poder. En las colonias, sin embargo, Guha (como Canclini) argumenta, la educación es limitada, la producción de libros también, y el estado está en manos foráneas, por tanto, no puede pretender representar aquéllo a que se refiere como nación –India o Guatemala– simplemente porque la sociedad civil, entendida como la comunidad en su totalidad, tiene siempre un sobrante, un exceso, que es lo que vendría a constituir, dentro de una teoría o dominio, el lugar de la heterogeneidad, y dentro de otro, la subalternidad. Este quizás es el lugar de lo comprendido por lo étnico, lo femenino, lo popular.

Digamos de paso que el sujeto subalterno colonial comparte con el sujeto étnico su condición recíproca: ambos son a la vez subalternos y étnicos; pero también comparte la ausencia discursiva. Siempre se habla por, o de o en vez de ella. Si buscamos su presencia en la ley, la encontramos como criminal; si en la historia, como ignorante; si en la antropología, como marginada; si en la sociología, como subdesarrollada. Por ende, sólo se encuentra presente en los estudios culturales como lo híbrido que vuelve a reinstalar lo que Cornejo llama "la inmanejable rispidez de las aporías", que no se pueden resolver sin desposeer, traducir, despojar de su peso específico a una de las visiones supuestamente representadas. O como la injerencia de lo bizarro en lo clásico que produce lo barroco. Indígena o subalterno es la presencia de aquello que no tiene discurso, como dice Ramos de Sarmiento; es el vacío; lo que demanda la lectura en reversa. Si hacemos caso de la presencia de lo subordinado como consumidor, es decir, sacamos al sujeto de sus localizaciones aisladas, concebidas como localizadas fuera de, y lo relocalizamos en el espacio citadino, lo que tenemos es, en el mejor de los casos, un usuario (Sarlo), lector de periódicos, consumidor de modernidades, sometido a procesos de homogeneización que le son favorables pero a los cuales no aporta más que su desentendimiento y su oposición, con lo cual, regresando a Cornejo, se vuelve a reinstalar la heterogeneidad al seno de la teoría, o, lo que es lo mismo, la imposibilidad del sincretismo de lo plural. Lo étnico como transculturado podría incluso ser más propiamente atributo de la formación de elites, (quizás la ciudad letrada e ideológica de Rama), aprendices de gobernadores o más bien administradores. O el caso del intelectual de las regiones periféricas, visto desde el centro como sujeto étnico–el latinoamericano que en EE.UU. deviene Latino para señalar su condición multicultural, esto es, étnica. Pero en realidad, historia y gente no son cotérminos. Este exceso o demasía, el *plus* –Sylvia Wynter le llama el *nec-plus-ultra*–, es aquéllo que interrumpe o impide el pensamiento sobre la totalidad como ciudadanía, que presupone la hegemonía. Por tanto, gobierno, o historia estatal, es dominio.

La relación de oposición entre hegemonía y dominación es lo que distingue la situación colonial- neo- y post-. Esencialmente, lo que la historia obstruye en las colonias es el diálogo con el pasado, la conversación con la multiplicidad de voces (el lugar de lo heterogéneo), que constituye ese exceso de la sociedad civil no representada por el estado o gobierno colonial –neo- y post-. La multiplicidad constituye uno de los predicados de la heterogeneidad. Lo que obstruye la hegemonía e instaura la dominación es la realización, la persistencia, la existencia de lo heterogéneo en Cornejo y lo liberal radical en Laclau. Visto desde este punto de vista, ni Fernando Ortiz ni Rama tienen sentido en su discurso de la transculturación puesto que éste presume una negociación entre iguales, y si no entre iguales, entre dos partes que conversan. O sea que el concepto de transculturación (como el de hibridez) presupone un pacto social, o en lenguaje actual, una concertación. Lo que Guha postula es que no hay conversación porque las otras voces no son escuchadas (misma diferencia que señala Cornejo entre la escritura y la oralidad). No es que no hablan, que no tienen voz, sino que no son escuchadas. Escuchar, sostiene Guha, es el gesto de inclinarse hacia el otro, pero también es el gesto de borrar o cuestionar lo propio:

> si las pequeñas voces de la historia fuesen oídas [...] lo harían interrumpiendo el cuento de la versión dominante, quebrando la línea de su historia y enredando su argumento. Porque la autoridad de esa versión es inherente a la estructura misma de la narrativa –una estructura instruida en la historiografía post-ilustración, como en la novela, por cierto orden de coherencia y linealidad. Es ese orden el que dicta lo que debe ser incluido en la historia y lo que

hay que dejar fuera, cómo el argumento debe desarrollarse de manera consistente con su resultado eventual, y cómo la diversidad de personajes y eventos debe ser controlada de acuerdo a la lógica de su acción principal (p. 12).

Esta sordera es lo que señala Cornejo en los parlamentos de los *wanka* pero realizada en el antagonismo entre la letra y la oralidad. Dice:

> Quien sabe que dirá esta chala/Es posible que nunca/llegue a saberlo yo./ Vista de este costado/es un hervidero de hormigas./La miro desde este otro costado/y se me antojan las huellas que dejan/las patas de los pájaros/en las lodosas orillas del río./Vista así, se parece a las tarukas/puestas con la cabeza abajo/y las patas arriba./Y si sólo así la miramos/es semejante a llamas cabizbajas/y cuernos de taruka (Cornejo Polar, p. 77).

En estas instancias teóricas, la relación del intelectual con su disciplina y su región se presenta como un diálogo sobre la historia de la representación de lo heterogéneo local como lo dominado. Para Glissant, la historia de la resistencia continua (lo no esporádico discontinuo –los *plateaux* que tiene la historia europea) sólo es posible donde existe la presencia de una memoria continua, de una memoria colectiva, que él llama la legitimación del "cultural *hinterland*", la no interrupción del diálogo con el pasado. Lo legítimo (¿tradición?) se constituye como continuidad y reconocimiento de un linaje –saber "que el hijo del hijo de mi hijo tendrá algún conocimiento de mí, tendrá algo [...] un retrato mío" (Glissant, p. 81), imposible de realizar en la historia colonial marcada por la interrupción o el trasplante. En el caso de los esclavos, la discontinuidad produce aun la incapacidad de relación con una cronología mítica de la nueva tierra, de tal manera que la naturaleza y la cultura formen un todo dialéctico, un (re) conocimiento del país como ámbito propio. La historia humana entonces deviene historia natural, marcada por huracanes y erupciones, historia geológica, agencia de elementos físicos. Eso es lo que él llama una conciencia colectiva desarticulada de la realización de sí misma. Siempre desconectada, siempre pensando en lo conocido como desconocido: la historia como aquello situado al borde de lo que se puede tolerar. El problema también es el pasado que no emerge como historia sino como obsesión. ¿Cómo salir de estas aporías? Cómo de la aporía con la que abro este trabajo, según la cual "la modernidad no es renunciable y negarse a ella es suicida; lo es también renunciar a sí mismo para aceptarla" (Rama, p. 71), es lo que define más propiamente la situación teórica de nuestra condición en tránsito hacia la globalización.

BIBLIOGRAFÍA

Aguirre Beltrán, Gonzalo. *El proceso de aculturación*. México: UNAM, 1957.

Anderson, Benedict. *Imagined Communities: Reflections on the Origin and Spread of Nationalism*. Londres: Verso, 1983.

Ashcroft, Bill, ed. *The Post-Colonial Studies Reader*. Londres: Routledge, 1995.

Beverley, John. *Against Literature*. Minneapolis: University of Minnesota Press, 1993.

Bhabha, Homi. *The Location of Culture*. Londres: Routledge, 1994.

Brathwaite, Edward Kamau. *The Development of Creole Societies*. Oxford: Oxford University Press, 1971.

—— *Contradictory Omens*. Kingston, Jamaica: Savacou, 1974.

Chaterjee, Partha. *Nationalist Thought and the Colonial World. A Derivative Discourse*. Minneapolis: University of Minnesota Press, 1996.

Cornejo Polar, Antonio. "Mestizaje e hibridez: los riesgos de las metáforas. Apuntes". *Revista Iberoamericana*, LXIII/180 (julio-septiembre 1997): pp. 341-44.

—— *Escribir en el aire. Ensayo sobre la heterogeneidad socio-cultural en las literaturas andinas*. Lima: Editorial Horizonte, 1994.

Coronil, Fernando. "Introduction". Fernando Ortiz. *Cuban Counterpoint of Tobacco and Sugar*. Durham y Londres: Duke University Press, 1995.

Fanon, Frantz. *Black Skins, White Masks*. Nueva York: Grove, 1967.

García Canclini, Néstor. *Hybrid Cultures. Strategies for Entering and Leaving Modernity*. 1990. Minneapolis: University of Minnesota Press, 1995.

Glissant, Edward. *Caribbean Discourse: Selected Essays*. Virginia: The University Press of Virginia, 1989.

González Stephan, Beatriz (ed.). *Cultura y Tercer Mundo 1. Cambios en el saber académico*. Caracas: Nueva Sociedad, 1996.

Guha, Ranajit. "The Small Voice of History". *Subaltern Studies* IX. Oxford y New Delhi: Oxford University Press, 1996, pp. 1-12.

Hall, Stuart. "The Local and the Global: Globalization and Ethnicity" y "Old and New Identities, Old and new Ethnicities". *Cultura, Globalization and the World System. Contemporary Conditions for the Representation of Identity*. Anthony D. King, ed. Binghamton, Nueva York: State University of New York at Binghamton, 1991.

—— David Held y Tony McGrew (eds.). *Modernity and Its Futures*. Cambridge: The Open University, 1992.

Laclau, Ernesto. *Emancipation(s)*. Londres: Verso, 1996.

Martín-Barbero, Jesús. *De los medios a las mediaciones. Comunicación, cultura y hegemonía*. México: Ediciones G. Gili, 1993.

Mignolo, Walter. *The Darker Side of the Renaissance. Literacy, Territoriality, and Colonization*. Ann Arbor: Michigan University Press, 1995.

—— "La lengua, la letra, el territorio (o la crisis de los estudios literarios coloniales)". *Dispositio*, 11. 28.29 (1987): pp. 137-160.

Moraña, Mabel (ed.). *Ángel Rama y los estudios latinoamericanos*. Pittsburgh: IILI Serie **Críticas**, 1997.

—— "El boom del subalterno". *Revista de Crítica Cultural*, 15 (1997): pp. 2-7.

Ortiz, Fernando. *Cuban Counterpoint Tobacco and Sugar*. Durham y Londres: Duke University Press, 1995.

Ortiz, Renato. *Mundialização e Cultura*. São Paulo: Editora Brasiliense, 1994.

—— "Ciencias Sociais, Globalização e Paradigmas". *Otro Territorio: Ensayos sobre el Mundo contemporáneo*. Jesús Martín Barbero, ed. Caracas: Fundación Andres Bello (futura publicación).

Rama, Angel. *Transculturación narrativa en América Latina*. México, España, Argentina, Colombia: Siglo XXI, 1982.

Ramos, Julio. *Desencuentros de la Modernidad en América Latina. Literatura y Política en el siglo XIX*. México: Fondo de Cultura Económica, 1989.

Richard, Nelly. "Signos culturales y mediaciones académicas". *Cultura y Tercer Mundo 1. Cambios en el saber académico*. Beatriz González Stephan, ed. Caracas: Nueva Sociedad, 1996.

Rivera Cusicanqui, Silvia. "Liberal Democracy and *Ayllu* Democracy in Bolivia. The Case of Northern Potosí, Bolivia". *The Challenge of Rural Democratization: Perspectives from Latin America and the Philippines.* Jonathan Fox (ed.), Londres: Frank Cass, 1990.

Rowe, William. *Hacia una poética radical. Ensayos de hermenéutica cultural.* Lima: Beatriz Viterbo Editora/Mosca Azul Editores, 1996.

Sanjinés, Javier. *Literatura contemporánea y grotesco social en Bolivia.* La Paz, Bolivia: ILDIS-BHN, 1992.

Santiago, Silviano. *Uma literatura nos trópicos. Ensaios sobre dependencia cultural.* São Paulo: Editora Perspectiva, 1978.

—— *Nas malhas da letra. Ensaios.* São Paulo: Companhia das letras, 1989

—— *Modernity and Its Futures.* Stuart Hall, David Held y Tony McGrew, eds. Cambridge: The Open University, 1992.

Sarlo, Beatriz. *Una modernidad periférica: Buenos Aires 1920 y 1930.* Buenos Aires: Nueva Visión, 1988.

Schmidt, Friedhelm. "Literaturas heterogéneas o literatura de la transculturación?". *Asedios a la heterogeneidad cultural. Libro de homenaje a Antonio Cornejo Polar.* J. A. Mazzotti y U.J. Zevallos (eds.), Philadelphia: Asociación Internacional de Peruanistas, 1996.

Spitta, Silvia. *Between Two Waters. Narratives of Transculturation in Latin America.* Houston: Rice University, 1995.

Sousa, Dinesh de. *Illiberal Education. The Politics of Race and Sex on Campus.* Nueva York: Vintage, 1992.

Vilas, Carlos. "Participation, Inequality, and the Whereabouts of Democracy". *The New Politics of Inequality in Latin America. Rethinking Participation and Representation.* Douglas A. Chalmers, Carlos M. Vilas, Katherine Hite, Scott B. Martin, Keriane Piester y Monique Segarra, eds. Oxford: Oxford University Press, 1997.

Wallerstein, Immanuel. *Geopolitics and Geoculture. Essays on the Changing World-System.* Cambridge: Cambridge University Press, 1992.

Wynter, Sylvia. "Beyond the Categories of the Master Conception: The Counterdoctrine of the Jamesian Poiesis". *C.L.R. James's Caribbean.* Durham: Duke University Press, 1992.

—— "1492: A New World View". *Race, Discourse, and the Origin of the Americas. A New World View.* Vera Lawrence Hyatt y Rex Nettleford (eds.), Washington y Londres: Smithsonian Institution Press, 1995.

En búsqueda del subalterno "auténtico": (aven)turismo ecológico

Regina Harrison
University of Maryland-College Park

Este simposio ha servido para hacerme reflexionar una vez más sobre el complejo acto de viajar, con propósitos culturales.[1] El ensayo no hace una alusión a *"Traveling Theory"* ni sirve para celebrar el viaje como una redención erótica/exótica de la labor *cyborg* cotidiana. Más bien, ofrece un espacio intersticial de imágenes alternativas, tratando de no disfrazar la opresión con el brillo neo-étnico. Se hablará aquí del espectáculo transnacional que es el turismo, ejemplo de un "endocolonialismo transnacional", en el sentido que Rob Wilson y Wimal Dissanayake la usan para indicar un colapso del interior y del exterior de un sistema global (p. 12).

Es la opinión de varios críticos que el desafío para el trabajador cultural de estudios pos/neo/coloniales es el proyecto de definir la política de estructuras locales en el contexto de la globalidad en la cual predominan los modelos económicos, no los modelos de administración colonial del imperio ni los mecanismos para una ocupación militar. Es el deber de los intelectuales indagar en las modalidades de las fuerzas económicas que trascienden las fronteras de la nación-estado, poniendo en peligro la existencia de identidades locales. Como indica Masao Miyoshi, los proponentes de programas multi-culturales y pos-coloniales no deberían felicitarse entre sí por la inclusión de estos tópicos académicos en los planes de estudio universitario (*curriculum*), sino estudiar con más profundidad el contorno político, la extensión económica:

> The plurality of cultures is a given of human life: "our own tradition" is a fabrication as it has always been, everywhere. It is impossible not to study the culture of others; the American curricula must include "alien" histories. But that is merely a beginning. In the recent rise in cultural studies and multiculturalism among cultural traders and academic administrators, inquiry stops as soon as it begins. What we need is a rigorous political and economic scrutiny rather than a gesture of pedagogic expediency. We should not be satisfied with recognizing the different subject-positions from different regions and diverse backgrounds. We need to find reasons for such differences –at least the political and economic aspects– and to propose ways to erase such "differences", by which I mean political and economic equalities (Miyoshi, p. 98).

Mi interés en el turismo comienza en unos congresos de LASA (Asociación de Estudios

---

[1] Este breve estudio forma parte de un proyecto más extenso sobre el turismo andino: un video de 30 minutos, un análisis de la publicidad en construir la imagen de la nación, el financiamiento del turismo nacional por medio de los NGOs y el Banco Mundial, y la "función" de los indígenas en el imaginario nacional. Quisiera agradecer a la comunidad de Capirona y la FOIN por su colaboración en el estudio y en la filmación.

Latinoamericanos) en la década de los ochenta. Animada por las teorías discursivas que proponían "leer" cualquier texto –guías telefónicas, la muñeca *Barbie*, el imaginario popular– investigué el anuncio publicitario en el siglo veinte. Mi ponencia, "The Selling of Mexico: A Study of Cultural Symbols" (1983), se basaba en numerosos ejemplos, incluso éste de "Who Stole the Banana?", publicidad de la *New Yorker*, 1956 (p. 83). El mensaje, que da "claves" para resolver el robo, demuestra una inocencia en su exposición (figura 1):

> "Clue No. 1: He was hungry and he was smart.
> Clue No. 2: He got away with one of the most valuable protective foods known to man".

Figura 1

La fingida queja del "robo" cubre otra verdad ya conocida, la de las actividades de la United Fruit Company, expuestas en *Bitter Fruit*, por ejemplo. Pero en los años cincuenta, la fecha del anuncio, no se clarificaba el trastorno de justicia que es mucho más estudiado en otras décadas, especialmente con respecto a las intervenciones políticas en Guatemala.

Otro momento clave fue el congreso de LASA en Albuquerque (1985) en el cual me referí a la imagen nacional peruana, vista en los anuncios de Panagra, Aeroperú y Jordan Marsh, "Images and Ideologies: Advertising in Latin America". En muchos de estos anuncios aparecen las alturas de Macchu Picchu, simbólica novedad turística para seducir a los futuros viajeros acostumbrados a vacaciones europeas (figura 2) (*Travel*, 70-71).

Tal vez lo más curioso de todas las campañas publicitarias es la de "los países difíciles": Ecuador, Venezuela, Colombia y Perú. Burlando al turista que requiere toda comodidad, el anuncio enfatiza el hecho de que *no* hay hoteles Hilton en estas naciones andinas: "Visit the Difficult Countries Before Conrad Hilton Does" (figura 3).

Se diferencia particularmente lo "americano" de "lo nativo" que se encuentra en estos estos países sudamericanos: "You may have trouble finding pizza, bagels or chow mein. Be prepared to dine on native dishes" (*New Yorker*, "Visit the Difficult"). El texto demuestra claramente la estrategia publicitaria; consiste en un *reverse chic*, tal como lo vemos expuesto en estos persuasivos párrafos:

> Then there is the sheer novelty of visiting places that have never been in. By the strange machinery of "reverse chic", this gives you a conversational advantage ("Visit the Difficult").

Figura 2

Figura 3

Al mirar estas imágenes, ya con lentes del fin de siglo, es obvio que bajo la sofisticación del texto yace un mundo económico en vías de desarrollo. Después de participar en los seminarios del Instituto de Estudios Políticos (Institute for Policy Studies) en Washington, D.C., estoy mejor capacitada para sobrepasar la sonrisa sardónica de los anuncios, a entrar en las estadísticas de la economía del turismo.[2] Ahora al releer las frases sobre Conrad Hilton, sé cómo probar que en poco tiempo Hilton tendría implantada su marca registrada en "los países difíciles". En informes en el *NACLA Newsletter* (Grynbaum), hacen evidente que Hilton opera hoteles en Caracas y Bogotá; los demás hoteles rascacielos pertenecen a grandes empresas como Pan American Airlines, United Airlines, I.T.T. (Grynpet, pp. 7-8). En Ecuador, hace poco, se realizó la venta del Hotel Colón, uno de los primeros hoteles de lujo construidos en el Ecuador, a Hilton International. Aún más, en 1996, la empresa Hilton invirtió 11 millones de dólares en renovar las 399 habitaciones de ese hotel; además Hilton construyó otro hotel en Guayaquil (299 habitaciones) por un costo de 45 millones en el mismo año (Dex 13).

---

[2] Agradezco la instrucción de parte de Martha Honey y John Cavanagh en los temas de eco-turismo e investigación de empresas.

Esta construcción, estas inversiones ¿qué importancia tienen para el Ecuador? Para situar los hechos ecuatorianos es necesario ver el panorama global del turismo. Al comenzar el nuevo siglo, el turismo va a constituirse en la primera industria mundial; desde 1950, la industria turística ha aumentado 7,1% cada año, de 25 millones de viajeros en 1950 a 595 millones en 1996. El turismo nacional e internacional realizó ingresos de 3.4 trillones de dólares, es responsable por el 6% del producto bruto interno (GNP mundial) y ha fomentado la creación de 240 millones de plazas de trabajo en la industria del turismo (Weaver, p. 5). En 2020, 1,6 billones de turistas viajarán gastando más de 2 trillones de dólares, lo que representa un aumento monetario de 6,7% (World Tourism Organization, p. 3).

Dentro del marco global turístico se destaca el crecimiento del turismo ecológico: el número de excursiones en la naturaleza ha aumentado de unos 33.738 *tours* en 1980 a 75.727 en 1989; 13,4% de crecimiento en este período. Ingresos de turismo *ecológico* en particular demuestran los mismos altos ingresos: 21 millones de dólares en 1980 y el doble en 1989, representando un aumento anual cumulativo de 20,4% (Weaver, p. 20). Sin embargo, lo que entusiasma al economista pudiera producir resultados graves, desde la perspectiva de un "trabajador cultural", especialmente cuando se trata de un turismo de masas.

El "salvaje" subalterno

En los sitios locales, donde verdaderamente entra la mirada turística (como *gaze*), los contornos de la realidad indígena contradicen las imágenes expuestas en las revistas, los boletines y en los periódicos. El "salvaje" siempre ha despertado la curiosidad del viajero; la propaganda viajera provoca el deseo de "contactar" al salvaje en su medio ambiente. Como veremos en el documento de Lan-Chile, otra minoría –las mujeres– a veces suelen ocupar el lugar reservado para el indígena.

El texto de 1970 (figura 4) retrata a unas mujeres "salvajes" latinoamericanas que bailan toda la noche en discotecas penumbrosas (rito de la tribu), que manifiestan gustos primitivos de coleccionar "piedras" de adorno (pero en este caso las piedras son esmeraldas), que tienen poderes misteriosos para enloquecer al viajero ("The Savages of South America", p. 4). Sólo la fotografía desmiente las palabras del texto porque estas salvajes son elegantes y *snob*.

Figura 4

En otros casos, la figura del indígena predomina en la fotografía y el texto de la publicidad para satisfacer la demanda externa, con el exoticismo del paisaje y de las comunidades. Así, centralizar a la figura selvática, con su bodaquera, en el anuncio de la compañía aérea, hace incapié sobre lo primitivo del viaje a la selva, donde el mundo es otro. Es un mensaje fácil que se transmite en la imagen y en el texto del anuncio turístico dirigido a las masas europeas y norteamericanas que buscan un sitio "diferente" para pasar sus vacaciones.

El texto del anuncio (figura 5) describe el viaje a la selva, con un guía indígena descendiente de "jíbaros" (cazadores de cabezas). La narración del anuncio explica que este hombre selvático todavía sabe usar bien una gran bodaquera de casi dos metros para traspasar una hoja a una distancia de 200 metros. El exotismo del evento se destaca al mostrar el pensamiento del turista presente en la escena de bodaquera: "Hace poco, esta hoja podría haber sido yo" (Ogilvy, p. 128).[3]

En el Ecuador, la proporción de ingreso turístico culmina con 63 millones de dólares en 1997, lo cual representa un cambio de 3,7%; mientras los ingresos de 1995 resultaron en un escaso 20 millones de dólares. El petróleo crudo todavía es el primer generador de divisas en la economía ecuatoriana, seguido por bananas y camarones para exportación (Dex, p. 8). La importancia del turismo se manifiesta en otras cifras; estadísticas de CFN (Corporación Financiera Nacional) demuestran que por cada plaza turística creada por la industria viajera, se produjeron unas 2.5 nuevas ocupaciones aliadas (Dex, p. 7). Es necesario el aumento; los viajeros indican una preferencia de visitas al Ecuador. En 1996 llegaron 482.000 personas, 32% más que en 1991, y unas 80 mil de ellas hicieron excursiones a Galápagos. A causa de la preferencia por las "Islas Encantadas", como las nombra Herman Melville, los visitantes se dirigen también, a la selva que es el segundo destino turístico del país. En la región selvática, con un promedio de cinco días, los turistas gastan para su estadía un total de 5.317.000 dólares anuales (Ceballos Lascuráin, p. 32).

Sin embargo, la bonanza de ingresos es mucho más limitada si miramos a las comunidades indígenas en vez de fijarnos en las cifras de las grandes empresas. Los cofanes en 1993 lograron recibir sólo 50,000 dólares por haber aceptado "visitas" de los turistas (Ceballos

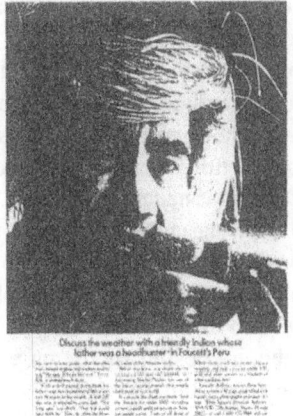

Figura 5

---

[3] Véase otro análisis de la publicidad en *Entre el tronar épico y el llanto elegíaco: simbología indígena en la poesía ecuatoriana siglos XIX y XX* (Harrison) y en el estudio de Blanca Muratorio.

Lascuráin, p. 176). No hay duda de que los transportes con motores fuera de borda son adquiridos como resultado del turismo y benefician a la organización del *Tour*, pero los ingresos de 50.000 dólares representan un mínimo porcentaje de los ingresos de 5.000.000 dólares gastados en la región selvática y los cofanes son los afortunados; raras veces familias indígenas se benefician tanto del turismo: "es justo reconocer que en general en el Ecuador la comunidad local no se encuentra actualmente en capacidad de incorporarse directamente como operador en la prestación directa del servicio ecoturístico en forma global" (Ceballos Lascuráin, p. 177). Por medio del estudio de Ceballos Lascuráin se entiende que la mayoría de los indígenas selváticos no han participado directamente en el turismo, por falta de una infraestructura adecuada, de un conocimiento de las expectativas del cliente de la amplia gama del turismo que sobrepasa las fronteras nacionales, etc (Ceballos Lascuráin, p. 177).

Al investigar esto más a fondo, es claro que la mínima parte del ingreso turístico llega a los nacionales que participan en la recepción del visitante en su país. Un 30% se gasta en la habitación, lo que revierte en las grandes empresas hoteleras donde prefieren alojarse los turistas. El consumo alimentario forma un 25% del gasto del "paquete viajero"; igualmente revierte al hotel en muchas instancias (Grynbaum, p. 6). Así es que estos ingresos no forman parte de la economía local.

El programa local elaborado por la comunidad indígena Quichua de Capirona se trata de un plan en el cual todas las familias se benefician de los ingresos.[4] Ubicado en las riberas del río Puni, en la región Napo (Ecuador), el pueblito indígena de Capirona, debido a los bajos precios agrícolas, decidió invertir en una colaboración turística en que ellos mismos realizarían gran parte de los ingresos. Su éxito en la campaña turística, reportado en los periódicos nacionales e internacionales, me llevó a filmarles. El lente de *camcorder* registró las conversaciones acerca de los triunfos y los problemas intrínsecos en "abrir" la comunidad a los "visitantes". Auspiciado por el financiamiento de FOIN (Federación de Organizaciones del Napo), en 1989 las veinticuatro familias indígenas de la comunidad desarrollaron un modelo de rotación, a base del cual ninguna familia tendría que servir a los turistas durante días, meses, años interminables. De acuerdo con la especialidad turística (canoísta, cocinero/a, hervidor de agua, guía, etc.) recibirían un pago individual por la actividad cumplida. Los ingresos de hospedaje, en cambio, volvían a la comunidad, para financiar proyectos determinados por las necesidades de la comunidad.

Los turistas llegan a Capirona por medios informales; no hay vinculación con las grandes empresas gubernamentales ni comerciales. Una turista catalana confesó para mi *camcorder* que se le ocurrió viajar a Capirona después de leer unos renglones publicitarios en una revista de modas mientras esperaba su turno en un salón de belleza. El motivo de su viaje a la selva ecuatoriana fue la esperanza de un "encuentro" cultural. Así, poco a poco, de esta manera, llegaron unas doce personas a Capirona en 1989, mientras arriban unas trescientas en 1994 (Brandon, p. 50). Con un costo por persona de treinta y cinco dólares al día, por una "aventura" de tres días, en 1994 resultaría en ingresos de 34.500 dólares anuales. Por contraste, los productos agrícolas (maíz, frijoles) no rindieron mucha ganancia en la venta. El entusiasmo hacia el turismo no fue instantáneo. La posibilidad de un programa de turismo surgió hace diez años; la decisión de comenzar el negocio de "visitantes" demoró unos dos años hasta que al final todos se pusieron de acuerdo.

---

[4] Me he beneficiado mucho de conversaciones con la Dra. Jean Colvin, asesora-investigadora del plan de turismo en Capirona. Otro ejemplo de turismo indígena contribuye David Schaller en el pueblo de Río Blanco, Ecuador.

El primer año de turismo resultó muy difícil para el pueblo nativo; los ingresos fueron dedicados a conseguir y mantener la infraestructura turística (barcos con motores fuera de borda, canoas, colchones "primor", utensilios para la cocina, construcción de cabañas). En dos años, sin embargo, ya tenían suficientes fondos como para mejorar su contribución al intercambio cultural con los turistas; compraron un equipo estereofónico con dos parlantes (y, por falta de electricidad, una generadora). Los bailes, ceremonias, canciones eran los medios que permitían que los dos grupos –indígenas y turistas– compartieran las riquezas culturales de sus respectivos países.

Tarquino Tarpuy indígena de la selva sirve como coordinador oficial para su comunidad de quichuas. Su oficina en Tena está repleta de máquinas de fax, de video, de VCR, y de teléfonos y radios, maquinaria que al principio donó FOIN para fomentar el turismo. Muchas personas ahora recuerdan la tranquilidad que era habitual en los días anteriores a la llegada del turismo. Igualmente recuerdan la pobreza de tales años. La explicación de Tapuy nos hace enfrentar nuestro anhelo de ver todavía a un indígena neo-romántico; su razonamiento es realista y basado en un análisis económico del futuro indígena:

> Creo que en la Amazonía para decir el "no" a las petroleras, hay que tener un "sí" a la mano. Entonces, nosotros planteamos como Capirona un "sí" a la mano y no decir "no" neciamente a las petroleras [...] pues, ahora estamos diciendo "cojamos al turismo", ¿no?, entonces estamos pidiendo al gobierno también que nos dejen manejar, que nos dejen trabajar con esta experiencia, que nosotros queremos demonstrarnos que "sí" se puede. Pienso que, no sé, el gobierno debe entender ¿no? Porque mi pregunta es al gobierno: ¿Qué hará después de que se termine el petróleo? ¿Qué está planeando el gobierno para conseguir rentas económicas para el Estado? [...] No sé [...] Pero nosotros tenemos aquí una respuesta, un programa pequeñito pero que lo hemos hecho con mucha voluntad, con mucho interés, con mucha perspectiva al futuro [sic] y creo que el gobierno debiera coger esto. Y quisiéramos que el turismo sea manejado así muy socializablemente [sic], o sea que la riqueza que da el turismo se distribuya lo más ampliamente posible para que no sea el beneficiado sólo el dueño de la empresa, sólo el dueño de la compañía de turismo, porque igual volveremos a otro problema: más ricos, más pobres. Entonces, también, nuestra propuesta es de socializar los ingresos económicos del turismo y nosotros también quisiéramos, en base a las ganancias del turismo, ayudar al gobierno en la gestión de obras hacia [sic] el pueblo. Nosotros queremos mejorar nuestra escuela, queremos mejorar nuestra salud, queremos mejorar nuestra calidad de vida, queremos mejorar nuestra producción (video, 1993).

A manera de conclusión pregunto: ¿llegaremos a encontrar al subalterno, este "salvaje" que nos elude por siglos a causa de los prejuicios que llevamos muy adentro? Dado ya el momento de transición entre el Estado y el Super Estado (o aún con la falta del Estado) y dadas las formas que asume el capital nacional y transnacional, al investigador(a) humanista no le queda otro remedio que exigir otras explicaciones, que sea creativo y explícito y a la vez producir materia para incrementar el conocimiento de las nuevas instituciones y las relaciones que emergen ahora; y tomar de esta manera el papel de contrario. Como ya se nos ha advertido: un sistema global tal vez tenga la posibilidad de localizarse en un sitio fuera de nuestro enfoque, fuera de nuestro alcance. Entonces, nos preguntaremos, ¿dónde tenemos que pararnos para ver, realmente, este globo? Así, nos dice Miyoshi que no hay solución definitiva:

> The return to authenticity [...] is a closed route. There is nothing of the sort any longer in much of the world. How then to balance the transnationalization of economy and politics

with the survival of local culture and history –without mummifying them with tourism and museums– is the crucial question, for which, however, no answer has been found (p. 95).

En última instancia, la pregunta podría ser formulada por Otros. Y en esa pregunta, ellos pueden cuestionar nuestros motivos como intelectuales, y el papel de la mediación cuando se trata de la representación de comunidades indígenas. Es así que el video sobre el turismo selvático termina con la voz de Berta Tapuy, guía bilingue castellano-quichua, mientras contempla la problemática adentro de su cabaña de guadua, en las orillas del Río Puni (video, 1993):[5]

> Es que realmente hay gente que vienen [sic] a visitarnos, hay personas que verdaderamente aman la Naturaleza y nos quieren apoyar [...] para seguir [...] para que mantengamos [sic] a nuestra cultura [...], pero no sé, hasta qué punto realmente es esta sinceridad de la gente para apoyarnos, porque no nos conocemos [...] o no tanto [...] como un dicho vulgar que se [sic] dice "aprende a hablar el mismo lenguaje para que te defiendas", ¿no? Pero sentimos mucho nosotros no poder hablar el lenguaje de las personas que nos visitan o así no podemos hacernos entender muchas veces, nosotros mismos a ellos porque muchos grupos nos visitan con traductores y yo no sé cómo le traducen los traductores y allí allí es cuando más me viene a mí, especialmente, un sentimiento de, de que, realmente nuestro pensamiento no se está transmitiendo como es (video, 1993).

Bibliografía

"After Europe". *Travel*, 1968: pp. 70-71.

Brandon, Katrina. *Ecotourism and Conservation: A Review of Key Issues*. Washington, D.C.: World Bank, Global Environment Division, 1996.

Ceballos Lascuráin, Héctor. *Propuestas de políticas de turismo en las áreas naturales protegidas del país*. Quito, Ecuador: Proyecto INEFAN/GEF, 1995.

Colvin, Jean. "Capirona: People of the Rainforest". *University of California, University Research Expeditions* (1993): p. 12.

Dex, Rachel. "Ecuador". *International Tourism Reports/Travel and Tourism Intelligence*, 3 (1998): pp. 3-20.

Grynbaum, Gail. "Tourism and Underdevelopment". *NACLA Newsletter,* 5/2 (1971): pp. 1-12.

Harrison, Regina. *Entre el tronar épico y el llanto elegíaco: simbología indígena en la poesía ecuatoriana, siglos XIX y XX*. Quito: Abya-Yala, 1997.

––––– "Images and Ideologies: Advertising in Latin America". Unpublished Paper. Latin American Studies Association Meeting, Albuquerque, 1985.

––––– "The Selling of Mexico: A Study of Cultural Symbols". Unpublished paper. Latin American Studies Association Meeting, Mexico, 1983.

––––– Directora de "ECOtourism, ECOnomics, ECOlogy". Proyecto de video. Por aparecer.

Helmstrom, David. "Encounter with a Rain-Forest Culture". *Christian Science Monitor* (23 June, 1993): pp. 10-11.

---

[5] Es obvio en el caso de Rigoberta Menchú el papel de la mediación al confundirse con la voz indígena.

Miyoshi, Masao. "A Borderless World?: From Colonialism to Transnationalism and the Decline of the Nation-State". *Global/Local: Cultural Production and the Transnational Imaginary*. Rob Wilson y Wimal Dissanayake, eds. Durham, N.C.: Duke University Press, 1996.

Muratorio, Blanca. "Nación, identidad y etnicidad: Imágenes de los indios ecuatorianos y sus imagineros a fines del siglo XIX". *Imágenes e imagineros: representaciones de los indígenas ecuatorianos, siglos XIX-XX*. Blanca Muratorio (ed.), Quito: FLACSO, 1994.

Ogilvy, David. *Ogilvy on Advertising*. Nueva York: Vintage, 1985.

"Visit the Difficult Countries Before Conrad Hilton Does". *New Yorker* (31 July 1965).

"The Savages of South America". *NACLA Newsletter*, 5/2 (1971): p. 4.

Schaller, David T. "Indigenous Ecotourism and Sustainable Development: The Case of Río Blanco, Ecuador", internet, 1996.

Weaver, David B. *Ecotourism in the Less Developed World*. NY: CAB International, 1998.

"Who Stole the Banana?". *New Yorker* (June 1956): p. 83.

Wilson, Rob and Wimal Dissayanayake. "Introduction: Tracking the Global/Local". *Global/Local: Cultural Production and the Transnational Imaginary*. Rob Wilson y Wimal Dissanayake, ed. Durham, N.C.: Duke University Press, 1996.

World Tourism Organization. *Tourism: 2020 Vision/A New Forecast*. Madrid: World Tourism Organization, 1997.

Postscriptum

John Beverley
University of Pittsburgh

Quiero enfocar mi comentario en lo que Stuart Hall ha llamado "el aspecto 'político' de estudios culturales" (*the "political" aspect of cultural studies*). Como se sabe, la idea de este simposio tuvo su origen en los debates del congreso de LASA en Guadalajara en 1997 sobre la incidencia de varias formas de "estudios" (culturales, poscoloniales, subalternos, etc.) en el campo latinoamericano –debates continuados después entre otros lugares, en *Revista Iberoamericana*, *Revista de Crítica Cultural*, y *Journal of Latin American Cultural Studies*. La intensidad inesperada de la discusión refleja, creo yo, el hecho de que lo que esta detrás de las preocupaciones inmediatas es otro problema: la dificultad de la reconstitución del discurso de la izquierda en las Américas ante el fenómeno doble de la globalización económica y comunicacional y la creciente hegemonía ideológica del neoliberalismo a casi todos los niveles.

Una serie de preguntas se nos presenta al respecto: ¿Estamos en un *interregnum* definido por la idea de un "capitalismo tardío" (el concepto en sí sugiere su superación inevitable y relativamente pronta), o más bien en una especie de nuevo imperio romano que puede durar muchos siglos? ¿Es de hecho todavía viable en estas circunstancias el proyecto de la izquierda? ¿Y si no es viable en su forma histórica, qué nuevas formas de poder de gestión pueden ocupar su lugar? ¿Hasta qué punto sirve el campo de estudios culturales como un espacio teórico-epistemológico para reformular el proyecto de la izquierda? ¿O se ofrece el campo más bien como una manera de desplazar a la izquierda?

Es útil recordar que la idea de estudios culturales surge en la academia inglesa y norteamericana paralelamente al cambio general con respecto al lugar que ocupa la cultura en el contexto de la posmodernidad. Fredric Jameson –en su conocido ensayo sobre el posmodernismo– arguye que este cambio es un efecto superestructural de la globalización, "la lógica cultural del capitalismo tardío". En el contexto de la diseminación global de la cultura de masas, el modelo weberiano de modernidad –en el que el arte y la cultura funcionaban como esferas autónomas o semi-autónomas de la esfera de la "razón instrumental" (de ahí que el formalismo sea su representación teórico-crítica)– comienza a desmoronarse. La cultura hoy, dice Jameson, atraviesa lo social en formas nuevas y todavía no teorizadas, de tal manera que todas las instancias de lo social –desde la estructura de la psique revelada por la teoría lacaniana hasta la economía política y la organización del Estado– son "culturales" en alguna medida. El desmoronamiento de las fronteras entre la esferas de la modernidad requiere, según Jameson, nuevas formas de cartografía cognoscitiva (*cognitive mapping*). Es evidente que los estudios culturales constituyen una de las formas de esa cartografía.

La nueva centralidad de la cultura (o del tema de la cultura, que no es exactamente lo mismo), y el correlativo concepto semiótico de identidad, confirió al campo académico de la crítica literaria la función de una vanguardia conceptual, paradójicamente en un momento en que ese campo comenzaba a perder su propósito y autoridad tradicional. Pero el reconocimiento de la dimensión cultural de la hegemonía –el gran tema de Gramsci– también viene acompañado por un sentido de la necesidad de abandonar lo que José Joaquín Brunner ha llamado "la visión 'cultural' de la cultura" propia de la crítica literaria y de las humanidades en general: es decir, la visión que identifica a la cultura con los suplementos de los diarios dominicales. Se trata aquí no sólo de desarrollar un concepto mucho más amplio de la cultura –un concepto que podría abarcar fenómenos como la telenovela, el internet, o la transnacionalización del rock– sino también de elaborar nuevas prácticas académicas inter- o transdisciplinarias para estudiar la cultura en sus nuevas (y viejas) modalidades.

Desde sus raíces en la obra de historiadores británicos marxistas como E.P. Thompson o Christopher Hill y los trabajos en sociología de la cultura del *Birmingham Centre for Cultural Studies* (donde Hall inicia su carrera), los estudios culturales desarrollan la noción de cultura popular o de masas –es decir, de la cultura que no tenía prestigio en el discurso académico de las humanidades, o que funcionaba allí sólo para designar la alteridad esencial de las clases subalternas– como una forma de poder de gestión –*agency*– popular-democrática. Las distinciones sociológicas tradicionales entre cultura alta y cultura popular ("high brow" y "low brow"), o entre cultura popular o folklórica pre-capitalista y cultura de masas capitalista, involucran no sólo una diferenciación funcional de esferas culturales, sino también el antagonismo social entre clases o grupos subalternos y clases o grupos dominantes o hegemónicos. De ahí que la voluntad de los estudios culturales de transgredir estas distinciones conlleve tácitamente o abiertamente un agenciamiento político. En el modelo de Birmingham, los estudios culturales producían como ideologema, en efecto, una identificación entre lo "popular" (en el sentido de éxito o difusión masiva: es decir, lo *pop*) y lo "popular" en el sentido sociopolítico (es decir, lo que representa los intereses y valores de las clases populares, del pueblo: por ejemplo, lo que Gramsci entiende por lo "nacional-popular"). Relacionado con esta identificación está el hecho de que el auge de estudios culturales representa también una proyección del protagonismo de la llamada generación de los sesenta, ya instalada en parte en posiciones de influencia y prestigio en la academia norteamericana y británica. De ahí la idea de estudios culturales como una forma de "resistencia" (o una manera de representar teóricamente y empíricamente formas popular-cotidianas de resistencia). Nelly Richard ofrece la siguiente caracterización de esta pretensión:

> Los estudios culturales reformulan así un nuevo proyecto democratizador de transformación académica que permite leer la *subalternidad* (exclusiones, discriminaciones, censuras, periferizaciones) en los cruces de "un amplio rango de disciplinas académicas y de posiciones sociales" [...].
> [P]retenden, al menos, dos cosas: 1) desjerarquizar el conocimiento y modificar las fronteras entre disciplinas para producir un nuevo saber más plural y flexible, es decir, un saber mezclado que permita comprender más adecuadamente las nuevas realidades –híbridas– de un paisaje social en extensa mutación de categorías e identidades, y 2) no sólo estudiar este paisaje sino *intervenir* en él, haciendo explícito, contra la voluntad de autonomía de las disciplinas tradicionales, su compromiso con los movimientos sociales y las prácticas culturales de sujetos contrahegemónicos. Esta vocación política de los estudios culturales los llevó a construir una especie de '*saber orgánico*' (Stuart Hall) destinado a fortalecer la demanda de ciudadanía de los grupos minoritarios en un contexto de transformaciones democratizadoras, y también a rearticular políticamente las significaciones culturales que plantean sus nuevas condiciones de emergencia social en el terreno de la academia (Nelly Richard, *Residuos y metáforas*, p. 155).

Sin embargo, es evidente que precisamente en el proceso de la institucionalización académica al cual Richard se refiere aquí, el campo de estudios culturales sirve también para ajustar el saber académico a las nuevas realidades del poder geopolítico. En ese sentido, se vuelve más bien cómplice de la razón instrumental de la globalización que "resistente" a ella (quizás se aproxima a esas otras formas de organización social posmoderna como el *"flex time"* o el internet que Lyotard caracteriza en *La condición posmoderna* como "no totalmente subordinadas a la lógica del sistema, pero toleradas por el sistema"). En particular, el énfasis que (partiendo de la teoría de la recepción) los estudios culturales dan a la "refuncionalización" de la producción de mercancías a través del consumo, conduce a pensar el consumo como una especie de política en sí (o a suponer que la política funciona hoy dentro de una lógica de mercantilización). Este es el significado de la famosa consigna de García Canclini de que "el consumo también sirve para pensar": es decir, la sociedad ha llegado a un umbral histórico en el cual ya no es posible pensar la ciudadanía y la democracia independientemente del consumo. Aquí, una postura supuestamente izquierdista e igualitaria –el deseo de desplazar la autoridad hermenéutica y el poder de gestión desde la "ciudad letrada" hacia las formas de apropiación cultural de las clases populares– coincide, paradójicamente, con las tesis de Fukuyama sobre el fin de la historia. Si el ejercicio de *market choice* es –como postula la teoría social neoliberal– esencialmente racional, y además "libre" en un sentido formal, entonces la "racionalidad comunicativa" –que Habermas ve como el horizonte utópico de la modernidad– está de hecho implícita en la globalización (que representa la universalización del principio del mercado) y en las instituciones de la democracia formal. La lógica misma de las "hibridizaciones" representadas por y en los estudios culturales apunta en la dirección de asumir que la hegemonía ya no es una posibilidad, porque ya no existen las bases para formar un nuevo sujeto hegemónico nacional-popular. Hay sólo identidades desterritorializadas o en proceso de desterritorialización. A la manera de Foucault, el poder es visto como una relación diseminada en todos los espacios sociales en vez de estar concentrada en el Estado y en los aparatos ideológicos del Estado. De ahí la tendencia a articular institucionalmente los estudios culturales como una especie de "correa de transmisión" entre la sociedad civil, el Estado, las corporaciones transnacionales, las ONGs y fundaciones, y la academia. Lo que está en juego en esta propuesta –George Yúdice hace esto explícito en su deseo de hablar de "políticas culturales"– es la capacidad de los estudios culturales para pensar y a la vez alentar nuevas formas de ciudadanía y "participación" en el contexto de la globalización y las nuevas formas de desterritorialización que está produciendo, y (en el caso particular de América Latina) de los procesos actuales de redemocratización y formación de mercados regionales, como el MERCOSUR. Richard termina su evaluación de estudios culturales haciéndose eco de la idea de que "la crítica académica institucionalizada por los estudios culturales sólo le permitiría ilustrar 'la metáfora oficial de un inerte realismo de época' [F. Galende] que busca *ajustar* su saber a los cambios, en lugar de potenciar el cambio como la fuerza de *des-ajuste* que debe sacudir la lengua normalizada del conocimiento y la disciplina académica" (p. 157). Defiende –hasta cierto punto en contra de ese "funcionalismo" de los estudios culturales– la idea de una *crítica cultural*.

   Como se sabe, es también contra ese funcionalismo y el correspondiente "neopopulismo de los medios" supuestamente implícito en los estudios culturales que Beatriz Sarlo arremete en su libro *Escenas de la vida posmoderna* (1994), y en su propia contribución al debate sobre estudios culturales en/sobre América Latina, particularmente en su artículo "Los estudios culturales y la crítica literaria en la encrucijada valorativa" publicado en la revista editada por Richard (*Revista de Crítica Cultural*). Como el título de su libro indica, Sarlo se pone allí en la posición del *flaneur* –el paseante urbano– de Walter Benjamin; pero en este caso la ciudad es Buenos Aires, y el equivalente de las arcadas comerciales de París son los nuevos centros comerciales, los video-clips, la cirugía cosmética, las campañas publicitarias. Donde el *flaneur* espera entrever detrás de la cabeza de Hydra del paisaje urbano degradado la posibilidad repentina de una redención de la historia (el modelo del *flaneur* para Benjamin fue Baudelaire), Sarlo, por contraste, ve en el paisaje de la ciudad posmoderna que ella atraviesa sólo una enajenación y despolitización que anuncia la creciente hegemonía de un autoritarismo "blando". Los medios de comunicación asumen el lugar previamente ocupado por la familia y la escuela como prácticas ideológicas formadoras de identidad. Como tal, generan nuevas posiciones de sujeto, nuevos deseos y nuevas identidades. El *público* desplaza al *ciudadano* –y el público es a la vez un fetiche producido por los medios–. El efecto livianamente narcótico de la televisión, de los anuncios publicitarios, o de los *video-games* parece tener más fuerza comunicativa que el discurso cívico de la esfera pública tradicional, erosionando así las bases para la racionalidad comunicativa. El simulacro desplaza al original; ya no hay original, ya no existe una autoridad, un patrón de valor o autenticidad, al cual uno puede apelar contra el espejismo de la cultura de masas. Sólo hay copias (y copias de copias) y pastiche deshistorizado y descontextualizado, como en los video-clips. La "epistemología televisiva" funda su propia intertextualidad autorreflexiva. Provee a las masas la sensación de ser participantes activos en el proceso de representación. Las masas sienten que la vida está más cerca en la televisión o en el *shopping*, prácticas culturales que erosionan la distinción entre lo sagrado y lo profano, lo público y lo privado, creando así una "fantasía cotidiana" –una pseudo-universalización de valores y afectos que parecen trascender también viejas distinciones de clase o de grupo social–. En ese sentido, los medios son para Sarlo el espejo positivo del nuevo estado neoliberal. Funcionan ideológicamente para producir consenso sin ser en sí abiertamente ideológicos.

Si los medios son de hecho los nuevos productores de legitimización en las sociedades globalizadas, esto pone en crisis la autoridad del intelectual tradicional, el "letrado". El letrado da paso al tecnócrata o a lo que Foucault llamó el intelectual específico. Sarlo defiende contra el intelectual tradicional y el tecnócrata a la vez la posibilidad de un "intelectual crítico" –alguien (como ella) que puede representar las nuevas formas posmodernas de producción y participación cultural y provocar una crítica negativa de las mismas–. Pero esta posibilidad requiere la distancia o "perspectiva" producida por las formas de "*high culture*" –lo que los formalistas llamaban *ostraneneie* o efecto de desfamiliarización– y esto requiere, a su vez, una defensa de los "valores" culturales del vanguardismo contra lo meramente popular. Como en el caso del pensamiento estético de Adorno y la escuela de Frankfurt –que sirve a Sarlo como modelo para su estrategia– son precisamente los valores estéticos de la gran tradición de la cultura burguesa los que permiten la negación crítica de la "razón instrumental" de esa misma clase expresada ideológicamente en la hegemonía del neoliberalismo y la cultura de masas posmoderna.

Sarlo se muestra claramente nostálgica de una esfera pública letrada que (piensa ella) existió en potencia en Argentina y otras partes de América Latina con el advenimiento de la modernidad, pero que fue aplastada antes de llegar a generalizarse. En ese sentido, su argumento coincide, desde un contexto latinoamericano, con el de Habermas sobre el "proyecto incompleto de la modernidad". Paradójicamente, sin embargo, Sarlo –que, como Habermas, se considera un intelectual de izquierda– comparte con ideólogos neoconservadores como Allan Bloom, Robert Bork, o William Bennett en los Estados Unidos la idea de la cultura de masas como una cultura "nociva", destructora de valores (aquí es importante hacer hincapié en la distinción entre neoliberalismo y neoconservadurismo: el neoconservadurismo defiende la autoridad de lo que es tradicionalmente entendido como "cultura" –la religión, el canon literario, la "gran narrativa" de la historia, etc.– mientras que, en principio, el neoliberalismo no implica ninguna jerarquía de valores aparte de la racionalidad expresada en el *market choice*). Para Sarlo, uno de los efectos nocivos de la cultura de masas es que los medios ponen en el lugar de la *comunidad* a la *comunicación*. Contra la idea de la televisión como un lugar de "resistencia" ante las enajenaciones de una modernidad capitalista, Sarlo se pregunta si la televisión no requiere precisamente una sociedad donde los lazos comunitarios sean tan débiles como para permitir que la televisión se presente como la defensora de la integridad social, marginando y demonizando así a los que no hacen caso a su fuerza y demandas. Para ella, el arte culto –"high culture"– sigue siendo el lugar donde la posibilidad de recuperar el Ser –en el sentido heideggeriano– permanece intacta en el paisaje "caído" de la sociedad de consumo posmodernista celebrada por estudios culturales.

Pero algo de lo *comunitario* perdura en la *comunicación*. Jameson ve al posmodernismo como una forma de populismo cultural; pero señala también que la cultura de masas es "masiva" solamente en la medida en que capta o expresa –aun en una forma degradada o cooptada por la lógica del consumismo– los resentimientos y las añoranzas utópicas que bullen en el interior de nuestras sociedades, generadas constantemente por las desigualdades de clase, género y etnia. El malestar del intelectual tradicional ante la cultura de masas que revela Sarlo es en parte un malestar ante la democracia y sus efectos. Uno de esos efectos es, para repetir, el desplazamiento de la tradicional autoridad hermenéutica de la "ciudad letrada" a la recepción popular. Este desplazamiento implica, a la vez, una negación *necesaria* de los "valores" estéticos y culturales de la modernidad burguesa (necesaria, porque los valores de grupos o clases en una posición subalterna o marginal, por definición, son no sólo *diferentes* de los valores que rigen la cultura dominante, sino activamente *antagónicos* a esos valores). Es decir, no se puede hacer una crítica de la modernidad desde los propios valores de la modernidad.

Desde este punto de vista, el peligro de la despolitización de estudios culturales reside no tanto en su "populismo" sino en el hecho de que el campo perpetúa inconscientemente la ideología estética vanguardista que pretende desplazar –una ideología que Richard y Sarlo y otros críticos de estudios culturales desde la derecha o la izquierda supuestamente defenderían. Paradójicamente, hay algo de este vanguardismo en las propuestas de Canclini sobre hibridización cultural, porque el lugar o posición de sujeto desde el cual se pueden registrar los efectos de la hibridización no es exactamente el del sujeto popular supuestamente involucrado en esos procesos de transmutación. Se trata más bien de una apropiación esencialmente *intelectual* de la cultura de masas por intelectuales del tipo tradicional, ubicados socialmente en la academia y en el mundo cultural de la clase media o la clase media alta profesional.

Quiero indagar más en las consecuencias teóricas y políticas de este problema haciendo referencia especial a la ponencia presentada en este simposio por Mario Roberto Morales, el cual es una especie de versión guatemalteca o (para usar el neologismo de Canclini) "glocal" de *Culturas híbridas*. Lo que Morales comparte con Canclini es un doble deseo de salir de una concepción "gutemburgueana" de la cultura (es decir, una concepción centrada en el libro y la *print culture*), y de deconstruir los binarios (tradicional/moderno, subalterno/hegemónico, indígena/ladino, oral/letrado, local/global) que rigen la manera de pensar las prácticas y políticas culturales.

La fuerza de su posición deriva en particular de su intervención en el llamado "debate interétnico" que acompañó la firma de los acuerdos de paz en 1996 y su posterior puesta en práctica en Guatemala. Lo que estaba de por medio en este debate era una doble coyuntura formada por la derrota de un proyecto revolucionario anterior y los efectos de la globalización que Guatemala comenzaba a enfrentar. El impulso personal de Morales hacia estudios culturales está condicionado directamente por esta doble coyuntura, que revela no sólo las limitaciones del modelo de la lucha armada de liberación nacional, sino también las limitaciones del modelo de protagonismo intelectual de "la ciudad letrada" y del "letrado" en la etapa en que, según la formulación de Rama, "la polis se politiza" (Morales comenzó su carrera intelectual como novelista asociado con el proceso de la lucha armada). Para Morales, como para Canclini, el proyecto de estudios culturales representa una práctica compensatoria de una anterior política de izquierda vista ahora como imposible y/o indeseable.

Lo que preocupa sobre todo a Morales es el problema de la representación de la población indígena de Guatemala –representación entendida en el doble sentido de *hablar de* (representar en el sentido mimético-cultural) y de *hablar por* (representar en el sentido político). Sabemos desde Gramsci que estas dos acotaciones se entroncan en la elaboración de lo "nacional-popular" y, hasta cierto punto, se podría ver en el proyecto de Morales un esfuerzo por construir un "ensayo nacional" sobre una Guatemala posmoderna. Pero, ¿cómo se construye lo nacional-popular en un país donde coexisten hoy la narrativa vanguardista de Asturias y el testimonio de Rigoberta Menchú, la poesía guerrillera de Otto René Castillo y las canciones de Selena emitidas por estaciones de radio de Texas, McDonalds con la tortilla, una multitud de ONGs y organizaciones de derechos humanos internacionales con 22 pueblos indígenas, cada cual con sus propia lengua y formas narrativas y simbólicas, la defensa de las tradiciones milenarias de estos pueblos con el ecoturismo? Evidentemente, piensa Morales, lo "nacional" tendría que ser lo "híbrido".

El emergente discurso de identidad "maya" en Guatemala que analiza Morales tiene su raíz en la incorporación de una gran parte de la población indígena a la lucha armada en los años 70 y 80; la correspondiente politización y autonomización de su conciencia étnica, impulsada muchas veces por antropólogos, ONGs, o activistas de la teología de la liberación; la respuesta por parte del estado y del ejército de la guerra contrainsurgente, cuyos efectos cayeron sobre todo sobre las comunidades indígenas del altiplano; la propagación de la evangelización fundamentalista en esas comunidades y, a la vez, la creciente entrada en ellas de una oferta de objetos de consumo simbólico masificados. Aunque nace de condiciones de extrema marginación y opresión, ese discurso significa, cree Morales, sobre todo el deseo de una negociación de una parte de la elite indígena con la globalización y con las condiciones de su inserción en ésta. En ese sentido para Morales el "esencialismo" identitario de ese discurso, 1) no representa adecuadamente –en el sentido de hablar *de*– al mundo indígena en sus múltiples acomodaciones, hibridaciones, negociaciones con el mundo ladino actual y con formas culturales transnacionales; y 2) no representa políticamente –en el sentido de hablar *por*– la posibilidad de una alianza interétnica e interclasista capaz de desplazar la hegemonía sobre el espacio nacional de los grupos afiliados al modelo neoliberal y/o a lo que sobrevive del antiguo régimen militar-oligárquico.

Contra el "binarismo" del discurso mayista –que contrapone en una relación antagónica indígena y ladino– Morales defiende un proceso de "mestizaje cultural" modelado sobre la base del concepto de hibridez de Canclini. Diferencia su uso del concepto de mestizaje de la acepción tradicional de ese concepto en el discurso mundonovista (en Martí o Vasconcelos). Reconoce la persistencia del carácter multicultural, multiétnico, y multilingüístico de un país como Guatemala, la justicia de muchas de las reivindicaciones indígenas, y la posibilidad de cierta autonomía relativa de los grupos indígenas dentro del espacio nacional. Entiende por "mestizaje cultural" más que la supresión de diferencias étnico-culturales en favor de una identidad nacional "compartida", la ampliación, negociación, e hibridación de esas diferencias en condiciones de democratización (para parafrasear su propia formulación). Esta posibilidad implica a su vez una nueva forma potencialmente hegemónica de lo nacional-popular, modelada sobre la representación (otra vez, en el doble sentido de la palabra) que ofrece estudios culturales de lo social. Es decir, la idea (y la metodología) de estudios culturales funciona en el discurso de Morales como un paradigma para un nuevo tipo de política.

Pero cabe preguntar entonces, ¿si tanto la cultura indígena como la cultura ladina en un país como Guatemala participan de un común proceso de mestizaje/hibridización/transculturación, entonces en qué consiste su diferencia? Porque indudablemente hay, al fin y al cabo, una diferencia (aunque sea del tipo de las famosas "contradicciones en el seno del pueblo"), como hay una diferencia (de "identidad", de valores, de acceso al poder, de privilegio, de ingreso y riqueza) entre negros y blancos en Estados Unidos o en Cuba, o entre hombres y mujeres en toda sociedad patriarcal (negros y blancos, hombres y mujeres, tocan y disfrutan del jazz –un producto cultural "híbrido" por excelencia– pero eso no salva las profundas diferencias –por no hablar de contradicciones– sociales, culturales, económicas que existen entre ellos en casi todos los niveles). Morales estaría de acuerdo en que no se puede fundar una política potencialmente hegemónica sobre la negación o el ocultamiento de esas diferencias. Más bien, es precisamente la diferencia lo que permite y hace necesario a la vez el "diálogo interétnico" que Morales promueve contra el discurso maya (porque no hay diálogo o –para usar el término de Rorty– "conversación" entre posiciones de sujeto desiguales).

Podemos resumir el problema de esta manera: si las políticas de identidad como el discurso mayista son esencialmente una demanda de igualdad de oportunidad o de representación formal –de acuerdo con la categoría legal del sujeto– entonces son compatibles con la hegemonía neoliberal. Es más: expresan el deseo y la posibilidad de la integración por parte de sectores relativamente privilegiados de grupos anteriormente subalternos al estado y mercado capitalista. A su vez, el estado y el mercado capitalista comparten la lógica de organizar poblaciones heterogéneas e híbridas en categorías identitarias fijas: indígena, gay, mujer, víctima del SIDA, protestante, etc. (El problema, por supuesto, es que una persona concreta puede ser todas estas cosas a la vez.) En ese sentido, Morales tiene razón en sospechar que la política de identidad mayista puede involucrar, paradójicamente, una despolitización de las demandas indígenas concretas.

Pero si estas demandas no son sólo de igualdad o "representación" formal, sino de una igualdad epistemológica, cultural, económica, y cívico-democrática a la vez, entonces la lógica de las políticas de identidad multiculturales sobrepasa la posibilidad de ser contendida dentro de la hegemonía neoliberal. Según un conocido argumento de Mouffe y Laclau (en *Hegemonía y estrategia socialista*), el multiculturalismo se conforma con un pluralismo "liberal" de interacción de sujetos autónomos gobernados en última instancia sólo por las reglas del juego democrático y del mercado, en el sentido de que esas identidades encuentran en sí mismas el principio de su propia racionalidad, sin tener que buscarlo en un principio trascendente o universal que garantice su legitimidad ontológica o histórica. Pero el multiculturalismo conduce hacia una posición de sujeto *popular* –es decir, capaz de dividir el espacio político en dos campos: el campo del "pueblo" y el campo de la elite o del bloque de poder– en la medida en que la autoconstitutividad de cada una de las identidades diferenciales es, a la vez, el resultado de un desplazamiento de un *imaginario igualitario* tácitamente compartido –un imaginario que nace de las desigualdades (económicas, étnico-raciales, de género, de cultura, etc.) producidas por la secuencia histórica de la modernidad capitalista (colonización, sometimiento y/o genocidio de los pueblos indígenas, flujos demográficos, esclavitud, dependencia, desarrollo combinado y desigual, etc.).

La idea inherente en este argumento es que se puede derivar una posición de sujeto colectiva y necesaria para la implantación de una nueva forma de hegemonía nacional-popular desde el principio del multiculturalismo. Como señalan Mouffe y Laclau, la posibilidad de sobrepasar los límites de la actual hegemonía burguesa sería, en un sentido primario, nada más que la lucha por la autonomización máxima de esferas sociales de acuerdo con la generalización de esta lógica igualitaria. Pero esto ocurre precisamente cuando se presiona desde dentro de las varias formaciones culturales y políticas de identidad para llegar al extremo de sus demandas; es decir, a un extremo en que estas demandas (de "reconocimiento", "derechos", igualdad formal, autonomía, bi- o multilingüismo, etc.) ya no pueden ser contenidas dentro de las formas legales y los aparatos ideológicos del estado actual y la lógica económica impuesta por la ley del valor capitalista. Esto no implica necesariamente, como muchas veces se ha dicho, reemplazar al proletariado y la "lucha de clases" con las luchas "multiculturales" de los nuevos movimientos sociales, vistos ahora como el nuevo agente "universal" de la historia dentro de una emergente sociedad civil global. Pero sí implicaría entender que la conciencia de clase es también una "identidad", y no sólo una "relación de producción" abstracta.

Para este propósito, que conlleva a mi ver la posibilidad de una rearticulación del proyecto de la izquierda desde los estudios culturales, me parece más útil que el concepto de hibridez en García Canclini la idea de una "heterogeneidad no dialéctica" desarrollada por Antonio Cornejo Polar en su ensayo, "Una heterogeneidad no dialéctica: Sujeto y discurso migrante en el Perú moderno". Pensando en el fenómeno del gran flujo migratorio de la sierra hacia las ciudades costeñas del Perú en las últimas décadas (que equivale a una especie de diáspora *interior al* país), Cornejo Polar rechaza la opción, que asocia explícitamente con García Canclini, de pensar la identidad del sujeto de esa migración como "desterritorializada". Aunque de hecho varias identidades y territorialidades co-existen en ese sujeto, no debe entenderse como transculturado o híbrido. Más bien, es un sujeto descentrado o esquizofrénico, construido alrededor de dos (o más) ejes de identidad que son contradictorios de una forma que no resulta en una supresión-superación (*Aufhebung*) de la contradicción: "Acoge [el sujeto migrante] no menos de dos experiencias de vida que la migración, contra lo que se supone en el uso de la categoría de mestizaje, y en cierto sentido en el del concepto de transculturación, no intenta sintetizar en un espacio de resolución armónica" (pp. 844-845).

La propuesta de Cornejo Polar sugiere la posibilidad de un nuevo discurso de lo nacional en relación a lo indígena o a otras posiciones de sujetos subalternos: pero no es un discurso de los muchos que devienen uno; más bien es un discurso del uno deviniendo muchos. Si se entiende la hibridez o el mestizaje como el campo de negociación o (para usar el concepto de Homi Bhabha) de "traducción" de diferencias, entonces la disputa es sólo terminológica: híbrido o heterogéneo, da más o menos lo mismo. Pero tengo la sospecha de que detrás de la apelación a la hibridez y/o la transculturación evidente en la propuesta de Morales y en varias modalidades de los estudios culturales latinoamericanos, perdura una ansiedad paralela al malestar de Sarlo ante las nuevas formas de la sociedad de consumo: una ansiedad de clase (burguesa o pequeño burguesa) y de estamento (ladino-letrado) ante el temor de ser desplazado por un sujeto popular-subalterno multiforme, que se traduce en un deseo de contener el protagonismo y la posibilidad desbordante de ese sujeto dentro de un marco aceptable *para nosotros*, por decirlo así. (En relación a eso, debo notar aquí un cierto falocentrismo en la producción de los estudios culturales: una falta de atención detenida al protagonismo cultural diferencial de la mujer. Las excepciones –en este simposio, los trabajos de Nelly Richard, Ileana Rodríguez, Brad Epps y Debra Castillo– confirman la regla.)

Jesús Martín-Barbero señala que las masas no piden tanto *representación* (es decir, no piden ser representadas por nosotros), sino un *reconocimiento* de su propia autoridad como sujetos –una autoridad que la autoridad de la academia y la "ciencia" precisamente niega. Si los estudios culturales son esencialmente un proyecto de *representar* (positivamente o –como en el caso de Sarlo– negativamente) a lo popular-subalterno *desde* la academia y *por* intelectuales, entonces es altamente compatible con una prolongación de las desigualdades de clase, género, y etnia que rigen nuestras sociedades: llegará a constituir, en última instancia, una especie de costumbrismo posmodernista. Pero si los estudios culturales son un lugar desde el cual podemos registrar en nuestras disciplinas una negación de su autoridad como tal –es decir, una negación de la autoridad de las formas de la cultura burguesa– entonces los estudios culturales preparan/anticipan/legitimizan la necesidad/posibilidad de una revolución cultural.

Lo que importa finalmente en las articulaciones de los estudios culturales expresadas en este simposio y en la actual discusión del tema en América Latina no es que se haya llegado a una formulación teórico-política exacta: gran parte del error de la izquierda tradicional fue precisamente la presunción de que sólo con encontrar –e imponer– la "línea correcta" se aseguraba el futuro. Su valor consiste más bien en asumir plenamente –como intelectuales, y desde la posición relativamente privilegiada de la universidad y del saber académico– los elementos contradictorios, no siempre conmensurables de la problemática del presente. Se trata entonces de una ocasión para un diálogo necesario sobre el lugar de la cultura en una coyuntura regional y global en que los patrones tradicionales de autoridad y poder de gestión cultural están cambiando radicalmente.

Una observación final: he sugerido aquí que quizás el problema de los estudios culturales no es tanto, como piensa Sarlo, que sean "populistas" sino que no son suficientemente *populares*. Pero esa posibilidad implicaría también una especie de crítica de la razón académica en sí, mientras que estudios culturales necesariamente tienen que legitimizarse institucionalmente como una nueva forma de "capital cultural" académico, capaz de generar debates, revistas, libros, asociaciones, programas, becas, carreras, y conferencias o simposios (como el que dio lugar a este libro). El entrecruzamiento entre estas dos urgencias contradictorias pero a la vez complementarias construye la territorialidad inestable y fisurada, pero también en alguna medida "libre" (como la "zona liberada" del palenque cimarrón o de la guerrilla rural), del campo.

BIBLIOGRAFÍA

Cornejo Polar, Antonio. "Una heterogeneidad no dialéctica: Sujeto y discurso migrante en el Perú moderno". *Revista Iberoamericana,* LXII/176-177 (1996): pp. 837-844.

Hall, Stuart. "Cultural Studies and its Theoretical Legacies". *Cultural Studies.* Lawrence Grossberg, Gary Nelson y Paula Treichler. Nueva York: Routledge, 1992.

Jameson, Fredric. *Postmodernism, or the Cultural Logic of Late Capitalism.* Durham: Duke University Press, 1991.

Laclau, Ernesto y Chantal Mouffe. *Hegemony and Socialist Strategy: Towards a Radical Democratic Politics.* Londres: Verso, 1985.

Richard, Nelly. *Residuos y metáforas.* Santiago de Chile: Ediciones Cuarto Propio, 1998.

Sarlo, Beatriz. *Escenas de la vida posmoderna*. Buenos Aires: Ariel, 1994.

_____ "Los estudios culturales y la crítica literaria en la encrucijada valorativa". *Revista de Crítica Cultural,* 15 (noviembre 1997): 32-38.

Autores

HUGO ACHUGAR es profesor de la Universidad de la República, Uruguay. Entre sus publicaciones se cuentan: *Ideologías y estructuras narrativas en José Donoso 1950-1970* (1979), *Poesía y sociedad* (Uruguay 1880-1911) (1986), *La balsa de la medusa* (ensayo sobre identidad, cultura y fin de siglo en el Uruguay) (1992), *La biblioteca en ruinas* (Reflexiones culturales desde la periferia) (1994). Es también autor de libros de poesía y narrativa, entre ellos: *Las mariposas tropicales* (1987), *Todo lo que es sólido se disuelve en el aire* (1989), *Orfeo en el salón de la memoria* (1992), *Cañas de la India* (novela, 1995). Es actualmente director del programa "Políticas Culturales del MERCOSUR", auspiciado por la fundación Rockefeller.

RAÚL ANTELO es Doctor en Letras de la Universidad de São Paulo y enseña Literatura Brasileña en la Universidad Federal de Santa Catarina. Ha publicado *Na ilha de Marapatá: Mário de Andrade lê os hispano-americanos* (1986). Ha organizado dos libros sobre Mário de Andrade, la correspondencia con Murilo Miranda (1981) y *El Paulista de la calle Florida* (1979); una colección de ensayos de literatura comparada (Confluencia, 1981) y un libro de ensayo, *Literatura em revista* (1984).

ARTURO ARIAS es Profesor de Literatura Latinoamericana en San Francisco State University y autor de varias obras narrativas, entre ellas: *Después de las bombas* (novela 1979), *Caminos de Paxil* (novela 1990), *Jaguar en llamas* (1989). También ha publicado *Ideologías, literatura y sociedad durante la revolución guatemalteca 1944-1954* (1979).

JON BEASLEY-MURRAY se doctoró en la Universidad de Duke y actualmente enseña en la Universidad de Aberdeen. Su tesis se titula: *Outline of a Theory of Cultures. The Relations Between Culture, The State, and Civil Society in Latin Americana from Peron to the Zapatistas*. Ha publicado artículos sobre peronismo, modernismo latinoamericano y teoría del cine.

JOHN BEVERLEY es profesor del Departamento de Lenguas y Literaturas Hispánicas de la Universidad de Pittsburgh. Fue uno de los fundadores del programa de Estudios Culturales de esa universidad, uno de los primeros en los Estados Unidos. Sus publicaciones recientes incluyen *Against Literature* (1993), *Una moderdidad obsoleta: estudios sobre el barroco* (1998) y *Subalternity and Representation* (1999). Es editor de *La voz del otro* (1993) y *The Postmodernism Debate in Latin America* (1995). Actualmente esta preparando un libro sobre Miami.

ROMÁN DE LA CAMPA es profesor de Literatura Latinoamericana y Comparada en la Universidad de Nueva York, Stony Brook donde dirige el Departamento de Lengua y Literaturas Hispánicas. Sus publicaciones incluyen libros y ensayos sobre literatura y cultura de América Latina y de las poblaciones latinas de Estados Unidos, al igual que estudios de teoría cultural. Sus libros más recientes: *América Latina y sus comunidades discursivas: literatura y cultura en la era global* (1998) y *Latin Americanism* (1999).

DEBRA A. CASTILLO es profesora en Cornell University. Ha trabajado sobre temas de literatura, cultura y feminismo en América Latina. Algunas de sus publicaciones son: *Translated World: A Posmodern Tour of Libraries in Literature* (1984), *Talking Back. Toward a Latin American Feminist Literary Criticism* (1992), *Easy Women: Sex and Gender in Modern Mexican Fiction* (1998).

SARA CASTRO-KLARÉN es profesora en Johns Hopkins University. Ha publicado estudios sobre la obra de José María Arguedas, Euclides da Cunha, Rosario Ferré, Diamela Eltit y sobre literatura colonial. Entre sus libros están: *The Space of Solitude in "Cien años de soledad"* (1978), *Escritura, transgresión y sujeto en la literatura latinoamericana* (1989), *Understanding Mario Vargas Llosa* (1990). Es co-autora de *Women's Writting in Latin America: An Anthology* (1991).

BRAD EPPS es profesor en el Departamento de Lenguas Romances de la Universidad de Harvard. Ha publicado *Significant Violence: Opresion and Resistance in the Narratives of Juan Goytisolo, 1970-1990* (1996); actualmente tiene un libro en prensa que se títula *Daring to Write (On Questions of Homosexuality in Spanish, Latin American, and Latino Literature)*; artículos sobre Reinaldo Arenas, Augusto Monterroso, Carme Riera, Pedro Almodovar, Valle-Inclán, Clarin, Juan Benet, literatura catalana, etc. Artículos en prensa sobre Benito Pérez Galdos, Manuel Puig, "Barcelona and Urban Culture"; "Cuba and Catalunya"; "Nationalist Discourse".

JEAN FRANCO es Profesora Emérita de Columbia University. Entre sus muchas publicaciones se encuentran: *Modern Culture of Latin America* (1967), *Introduction to Spanish American Literature* (1969), *César Vallejo. The Dialetics of Poetry and Silence* (1976), *Plotting Women. Gender and Representation in Mexico* (1989), *Marcar diferencias, cruzar fronteras* (1996).

NÉSTOR GARCÍA CANCLINI es director del Programa de Estudios sobre Cultura Urbana en la Universidad Autónoma Metropolitana de México. Obtuvo la beca Guggenheim y otras distinciones, entre las que se encuentran el Premio Casa de las Américas (1981) al libro Las culturas populares en el capitalismo (1991) y el Premio Iberoamericano Book Award de la Latin American Studies Association a Cultura híbridas. *Estrategias para entrar y salir de la modernidad* (1989). Es también autor de *Consumidores y ciudadanos* (1995).

REGINA HARRISON es profesora de la Universidad de Maryland. Se ha especializado en temas de cultura popular en los Andes. Entre sus libros están: *Signs, Songs, and Memory in the Andes: Translating Quechua Language and Culture* (1989), *Entre el tronar epico y llano elegiaco. Simbología indígena en la poesía ecuatoriana de los siglos XIX-XX* (1996), *"True" Confessions: Quechua and Spanish Cultural Encounters in the Vice Royalty of Peru* (1992).

HERMANN HERLINGHAUS es investigador en el Centro de Investigaciones Literarias del Centro de Humanidades de Berlín. Fue también investigador del Instituto de Historia Literaria de la Academia de Ciencias de Alemania del Este y Profesor de la Universidad de Rostock. Ha publicado: *Romankunst in Lateinamerika* (1989), *Alejo Carpentier. Persönliche Geschichte eines literarischen Moderneprojekts* (1991). Ha editado con Monika Walter: *Posmodernidad en la periferia. Enfoques latinoamericanos de la nueva teoría cultural* (1994) y con Jesús Martín Barbero *Al encuentro de Walter Benjamin, Conversaciones latinoamericanas en Berlín* (en prensa).

RICARDO J. KALIMAN obtuvo su doctorado de la Universidad de Pittsburgh y actualmente es Profesor de la Universidad Nacional de Tucumán, Investigador de CONICET y Director del Programa de Identidad y Reproducción Cultural en los Andes Centrales de Argentina. Ha publicado *Creacionismo y referentes en la poesía de Manuel J. Castilla: emergencia de la visión del mundo de los indígenas del noroeste argentino en la institución poética neoeuropea* (1990) y *Palabra que produce regiones* (1993).

JOHN KRANIAUSKAS enseña historia cultural latinoamericana en Birbeck College, University of London. Es editor del *Journal of Latin American Cultural Studies*. Ha publicado artículos sobre la obra de Augusto Roa Bastos, *Yo, el supremo* y también sobre peronismo y cultura bajo dictadura. Actualmente investiga el tema de crítica cultural latinoamericana.

NEIL LARSEN es profesor y director del Departamento de Español y Portugués en la Universidad de California-Davis. Ha publicado *Modernism and Hegemony: A Materialist Critique of Aesthetic Agencies* (1990), *Reading North by South* (1995), ha editado *The Discourse of Power: Cultural Hegemony and the Authoritarian State in Latin American* (1983).

HORACIO MACHÍN es profesor de Literatura Latinoamericana en la Universidad de Minnesota. Se ha especializado en movimientos intelectuales e historia de las ideas en América Latina, particularmente en el Río de la Plata. Ha escrito artículos sobre Vallejo, el movimiento de las "Madres de la Plaza de Mayo" y la función del intelectual en América Latina.

JESÚS MARTÍN BARBERO fue director del Departamento de Ciencias de la Comunicación en la Universidad del Valle (Cali-Colombia) y profesor e investigador en ese mismo departamento. Ha sido asimismo Presidente de la Asociación Latinoamericana de Investigadores de Comunicación (ALAIC). Entre sus muchas publicaciones se distinguen: *De los medios a las mediaciones* (1987), *Procesos de comunicación y matrices de cultura* (1989), *Televisión y melodrama* (1992), *Pre-textos: conversaciones sobre la comunicación y sus contextos* (1994).

MARIO ROBERTO MORALES es escritor, académico y periodista. Ha publicado cinco novelas, dos libros de ensayo, un libro de cuentos y dos de poesía. Sus obras publicadas más recientes son: *Los que se fueron por la libre* (novela testimonial, 1998) y *La articulación de las diferencias o el sindrome de Maximon* (ensayo sobre las relaciones interétnicas, 1999). Es Doctor en Literatura Latinoamericana por la Universidad de Pittsburgh, y actualmente es profesor de su especialidad en la University of Northern Iowa. Desde 1992 mantiene una columna periodística titulada "A fuego lento" en el diario guatemalteco Siglo Veintiuno.

MABEL MORAÑA es profesora de la Universidad de Pittsburgh donde dirige el departamento de Literatura y Lenguas Hispánicas. Es Directora de Publicaciones del Instituto Internacional de Literatura Iberoamericana. Sus publicaciones incluyen *Literatura y cultura nacional en Hispanoamérica, (1910-1940)* (1982), *Memorias de la generación fantasma* (1988), *Políticas de la escritura en América Latina. De la Colonia a la modernidad* (1997). *Viaje al silencio. Exploraciones del discurso barroco* (1998). Ha editado Relecturas del Barroco de Indias (1994), *Mujer y cultura en la Colonia hispanoamericana* (1996), *Ángel Rama y los estudios latinoamericanos* (1997), *Indigenismo hacia el fin del milenio. Homenaje a Antonio Cornejo Polar* (1998) y es co-editora de *La imaginación histórica en el siglo XIX* (1994).

ALBERTO MOREIRAS es Profesor Asociado de Literatura Latinoamericana en la Universidad de Duke. Entre sus publicaciones se cuentan: *La escritura política de José Hierro* (1987), *Interpretación y diferencia* (1992) y *Tercer espacio: Literatura y duelo en América Latina* (1999). Es co-editor de NEPANTLA View From the South.

RENATO ORTIZ fue profesor en la Universidad de Lovaina, UFMG y del Programa de Posgraduado en Ciencias Sociales de la PUC-SP. Actualmente trabaja en el Departamento de Sociología de la UNICAMP. Fue investigador del Latin American Institute en la Universidad de Columbia y del Kellog Institute de la Universidad de Notre Dame. Ha publicado entre otros, *A Consciência Fragmentada, Pierre Bourdieu, Telenovela: História e Produção* (1989), *A morte branca do feiticeiro negro. Umbanda e sociedade brasileria* (1988), *A Moderna Tradição Brasileira*.

JOSÉ RABASA es profesor de literatura colonial en la Universidad de California, Berkeley. Ha publicado *Inventing America: Spanish Historiography and the Formation of Eurocentrism* (1993).

JULIO RAMOS es profesor de Literatura Hispanoamericana en la Universidad de California-Berkeley. Ha publicado *Desencuentros de la modernidad en América Latina: literatura y política en el Siglo XIX* (1989), *Amor y anarquía en los escritos de Ana Capetillo* (1992), *Paradojas de la letra* (1997).

NELLY RICHARD ha dirigido el Programa "Postdictadura y Transición Democrática" de la Fundación Rockefeller. Ha coordinado el Diplomado en Crítica Cultural de la Universidad Arcis en Santiago de Chile. En 1996, obtuvo al beca Guggenheim. Es autora, entre otras publicaciones, de: *Márgenes e instituciones* (1986); *Masculino/femenino* (1993), *La insubordinación de los signos* (1994), *Residuos y metáforas*. (Ensayos de crítica cultural sobre el Chile de la transición) (1998). Desde 1990, dirige la *Revista de Crítica Cultural*.

CARLOS RINCÓN dirige el Instituto Latinoamericano de la Freie Universität de Berlin. Entre sus publicaciones se encuentran: *El cambio actual de la noción de la literatura* (1978), *Mapas y pliegos* fue una revisión de la crítica literaria latinoamericana. En 1980 fue asesor del Ministro de cultura nicaragüense, durante el tiempo de su cargo produjo junto con Dieter Eich la colección de testimonio *Contras* (1985).

ILEANA RODRÍGUEZ es profesora en Ohio State University. Ha publicado *Primer inventario del invasor* (1984), *Registradas en la historia. Diez años del quehacer feminista en Nicaragua* (1990), *House/Garden/Nation Gender and Ethnicity in PostColonial Latin American Literatures by Women* (1994), *Women, Guerrillas, and Love. Understanding War in Central America* (1996).

WILLIAM ROWE es profesor en Kings College, University of London. Se ha especializado en temas literarios culturales vinculados a la región andina. Es autor de: *Ensayos arguedianos* (1996), *Hacia una poética radical: Ensayos de hermenéutica cultural* (1996), *Mito e ideología en la obra de José María Argüedas* (1979). Con Vivian Schelling publicó *Memory and Modernity: Popular Culture in Latin America* (1991).

JAVIER SANJINÉS C. es abogado, diplomado por el Instituto de Altos Estudios para América Latina de la Universidad de París, Doctor en literatura hispanoamericana por la Universidad de Minnesota. Profesor Asistente del Departamento de Lenguas Romances de la Universidad de Michigan. Profesor visitante de la Universidad de Duke y de la Universidad Andina Simón Bolívar-Sede Ecuador. Ha escrito *Estética y carnaval. Ensayos de sociología de la cultura*

(1984) y *Literatura contemporánea y grotesco social en Bolivia* (1992). Muy recientemente, *El gato que ladra* (1999), junto con Fernando Calderon. Recibio la Beca Tinker en la Universidad de Pittsburgh (1981-1982) y la Beca Rockefeller en la Universidad de Chicago (1995). Tiene en preparación el libro: *From 'mestizaje' to 'cholaje': Political Aesthetics in Modern Bolivian Andes.*

BEATRIZ SARLO es catedrática de Literatura Argentina en la Facultad de Filosofía y Letras de la UBA. Ha sido investigadora del Wilson Center en Washington y "Simón Bolívar Professor of Latin American Studies" en la Universidad de Cambridge, Inglaterra. En los últimos años ha publicado *El imperio de los sentimientos* (1985), *Una modernidad periférica: Buenos Aires 1920 y 1930* (1988) y *La imaginación técnica: sueños modernos de la cultura argentina* (1992), *Escenas de la vida posmoderna* (1994), Dirige, desde 1978, la revista Punto de Vista.

ELLEN SPIELMANN se doctoró de la Freie Universität Berlin, investigadora en literatura y culturas latinoamericanas. Redacta actualmente un libro de ensayos sobre la cultura brasileña actual y co-edita un libro *Exzentrische Räume (Ensayos críticos de estudios culturales,* Stuttgart: Akademischer Verlag 2000). Entre sus publicaciones se encuentran: *Brasilien: Gegenwart als Pastiche* (1994) con lecturas de Clarice Lispector, Darcy Ribeiro, Ignácio Loyola Brandão, Jorge Amado, Antonio Callado y Silviano Santiago; "Paralelas e paradoxos: São Petersburgo –Brasília, Leningrado– São Paulo", en: Tempo Brasileiro; "El descentramiento de lo posmoderno", en: Revista Iberoamericana. Crítica cultural y teoría literaria latinoamericanas.

JOSÉ TEIXEIRA COELHO NETTO es profesor y director del Museo de Arte Contemporáneo en la Universidad de São Paulo y Director de Políticas Culturales y Acción cultural en la Escuela de Comunicación y artes de esa misma institución. Entre sus publicaciones se cuentan *Moderno/Pósmoderno* (1995), *Dicionário critico de politica cultural* (1997), *Arte e utopia* (1987), *A construcção no sentido da arquitetura* (1979). *Ficción narrativa: Neimeyer, um romance* (1994), *Seus deretidos* (1996), *As fúrias da mente* (1998), *O que é utopia?* (1993) y *O que é industria cultural?* (1995).

ABRIL TRIGO es profesor del Departamento de Español y Portugués de la Ohio State University. Sus publicaciones incluyen: *Caudillo, Estado y Nación* (1990) y *¿Cultura uruguaya o culturas linyeras?* (Para una cartografía de la neomodernidad posuruguaya) (1997).

HERNÁN VIDAL es catedrático de literatura latinoamericana en el Departamento de Español y Portugués y en el Programa de Estudios Comparados de Discurso y Sociedad en la Universidad de Minnesota. Es también miembro del directorio del Centro de Derechos Humanos de la misma institución. Entre otros, ha publicado los siguientes libros: *Dar la vida por la vida: agrupación de familiares de detenidos y desaparecidos* (1983), *El movimiento contra la tortura Sebastián Acevedo* (1986), *Poética de la población marginal: fundamentos materiales para una historiografía estética* (1987), *Cultura nacional chilena: crítica literaria y derechos humanos* (1989), *Mitología militar chilena: surrealismo desde el superego* (1989), *Crítica literaria como defensa de los derechos humanos* (1993) y *FPMR: El tabú del conflicto armado en Chile* (1995) .

ANDRÉS ZAMORA es profesor de literatura española y cine en la Universidad de Vanderbilt. Entre sus trabajos críticos destaca el libro *El doble silencio del enunco. Poéticas sexuales de la novela realista según Clarín* (1998). También ha publicado sobre discursos y ficciones ideológicas, así como sobre cine español. Actualmente prepara un libro sobre las inscripciones textuales del Escorial y otros sobre el inquietante mobiliario novelesco en la obra de Juan José Millás.

MARC ZIMMERMAN es profesor de Estudios latinoamericanos en la Universidad de Illinois en Chicago y director del MARCH Latin American/Latino Cultural Activities and Studies Arena (LACASA Chicago). Ha publicado varios libros sobre Latinoamérica, Cultura Latino en EE.UU. y teoría cultural. Su último libro es *New World [Dis]Orders and Peripheral Strains. Specifying Cultural Dimensions in Latin American and Latino Studies* (1998). Publicó con John Beverley, *Literature and Politics in Central American Revolutions* (1990).

www.ingramcontent.com/pod-product-compliance
Lightning Source LLC
Chambersburg PA
CBHW080752300426
44114CB00020B/2705